▲ 1997年4月8日北洺河铁矿开工建设典礼仪式

▲ 邯邢矿山局北洺河铁矿恢复建设工程试生产庆祝大会

▲ 邯邢矿山局北洺河铁矿挤身大型地下矿山

▲ 邯邢矿山局北洺河铁矿选矿厂开工典礼

▲ 2003年9月13日，北洺河铁矿从芬兰进口的TORO400E电动铲运机到矿，使北洺河铁矿的出矿效率大幅度提高。

▲ 2004年11月18日，芬兰Tamrock公司的3台AXERA D05—126（H）型高效凿岩台车顺利运抵北洺河铁矿

▲ 锚杆台车

▲ 主井

▲ 办公楼

▲ 洛河景物

▲ 中心广场

◀ 庆祝建国60周年文艺演出

▲ 选矿车间矿歌大赛

▲ 入职培训

国务院监事会主席闫克庆来矿视察

英国AMC公司高管人员参观考察

中国科学院翟裕生院士来矿考察

邯邢冶金矿山管理局北洺河铁矿

荣获第三届全国冶金矿山

十佳厂矿

中国钢铁工业协会
中国冶金矿山企业协会
二〇〇八年十一月

▲ 第三届全国冶金矿山十佳厂矿

授予：中国五矿集团公司邯邢冶
金矿山管理局北洺河铁矿

"中央企业先进集体"

荣誉称号

人力资源社会保障部　国务院国资委
二〇〇九年四月

荣誉证书

▲ "中央企业先进集体"荣誉证书

附表　《先锋洺河》主要撰写人员

序

　　十五年风风雨雨，北洺河铁矿由一个荒草丛生的河滩，幻化成井塔高耸、花团锦簇的现代化矿山，犹如一颗璀璨的明珠，闪耀在太行脚下，洺河之畔。十五年披荆斩棘，北洺河铁矿由基建到生产，由单纯采矿到采选一体，由落后的采掘生产方式到基本实现全进口机械化，由年产矿石70万吨到连续年产260万吨，由希望工程到年创效10亿元的支柱矿山，由粗放管理到精细管理、精益管理，由行业新兵到国内一流……，作为北洺河铁矿发展变化的见证者，我为这骄人的业绩深感自豪。

　　当我拿到这部《先锋洺河》初稿时，我认真地通读了一遍。虽然是一部管理经验总结，但我觉得它更是一部北洺河铁矿的创业史册。在书中，我看到了北洺河铁矿优秀超前的企业文化，快乐昂扬的队伍组织，高瞻奋进的领导团队，精干高效的赢利模式，自主奋斗的创业过程，科学严谨的制度机制，孜孜以求的创新精神，先进丰富的方法体系……它仿佛是一幅豪迈的画卷，为我们展现了北洺河铁矿十五年来波澜壮阔的建设历程。从中，我能够深切感受到洺河人的智慧和力量，正是他们先锋性的开拓精神，系统性的现代思想，创业、创新、创造性的工作魄力，才成就了北洺河铁矿持续的辉煌，才使得邯邢矿业在大建设、大跨越、大发展的道路上走得更快、更稳、更远。在这里，我不禁对勇挑重担、勇于创造、甘于奉献的洺河人油然而生崇高的敬意和感激！

　　科学的管理直接决定着企业的进步与成功。北洺河铁矿正是依靠科学的管理理念、模式和方法，才促使企业一直沿着现代化发展的快车道迅速前进。我们要在全公司范围内推广北洺河铁矿管理经验，启发新矿山建设和运营思路，为各单位完善管理提供借鉴。

《先锋洺河》是北洺河铁矿十五年管理智慧的结晶，必将为推动邯邢矿业整体管理进步，为公司矿业大开发作出积极的贡献！

2013 年 1 月 8 日于邯郸

前　言
——思想与方法的凝聚

世界大规模企业，大部分都是经过扩张发展起来的。企业扩张的基本条件有资金、技术人才和管理模式，其中最具特色性和唯一性的是管理模式，它相当于遗传基因，将企业成功的特质一路传载下去。

"十一五"期间至今，五矿邯邢矿业有限公司实行矿业大开发战略，这是邯邢矿业六十年历史中第一次快速扩张，期间，有多个矿山相继建成投入试生产。为使新开发矿山尽快实现正常运行，必须找到邯邢矿业自己的遗传基因，保证扩张战略成功。

北洺河铁矿是邯邢矿业在市场经济条件下建成的第一座矿山，也是目前中国冶金地下矿山中管理先进、综合排名领先的单位，就近梳理北洺河铁矿管理经验，供公司内部矿山借鉴学习，有得天独厚的便利。这也是最终形成邯邢矿业独有的矿山建设运营管理模式，造就先进遗传基因的第一步。公司领导从2011年底至2012年4月，多次在公司大会上强调梳理北洺河铁矿管理经验的重要性和迫切性，增强了北洺河铁矿责任感和使命感。北洺河铁矿现在的成就是全公司职工和几代领导人心血、智慧的结晶。北洺河铁矿深刻认识到只有深入、全面、系统地总结好这些年的建设运营管理经验，才是回报全公司职工、支持矿业大开发最好的体现。

在全公司战略一盘棋思想指导下，北洺河铁矿抽调精兵强将，深入调研，查找数据资料，按照现代企业管理理论，梳理提炼经验做法，形成了文化先行、系统建设、以人为本、自主创新的管理思想和实用、规范、先进、全面的方法体系，具有实践效果好，针对性强，拿来就能用的特点，对新开发矿山尽快正常运行有较强的指导意义，对管理尚未成型的矿山也有借鉴作用。

本书采用专项经验介绍的方法，在结合现代管理理论的基础上，总结和提升北洺河铁矿做法，形成了由系统到具体，由基建到运营完整的方法体系。

北洺河铁矿从实践中体会到，现代企业管理是一项系统工程。企业在不同发展阶段的管理方式和重点是不一样的，企业管理就是适应发展规律，不断设计优化管理系统，分清实施步骤，抓住阶段重点，创造工作方法，实现持续改进的过程。

北洺河铁矿经历了基建、达产、稳产三个发展阶段，不同阶段的具体任务不同，但是北洺河铁矿紧紧抓住文化先行、系统建设、以人为本、自主创新这几个基本管理思想，出色地实现了各阶段目标，使企业连续十五年，一直保持良好的发展态势。

文化先行是北洺河铁矿的重要管理认识。在基建时期，就提出了"建成冶金矿山样板工程"、"新模式建矿"、"新快好省"、"以人为本，科技兴矿"等一系列基建时期的企业文化，正是这些先进的理念目标，指导基建时期克服重重困难，取得了行业第一次"投资不超概算、工期不超设计"建设成绩。在基建转运营之际，再次系统建设企业文化体系，提出"求实求精求发展，创业创新创一流"企业精神和"创国内一流、国际知名矿山"的企业目标，指导北洺河铁矿以现代方式管理运营企业。在稳产阶段，提出"精细管理"、"精益管理"、"打造行业标杆"等新的目标，指导企业不断提升管理水平。紧紧抓住企业文化的引领作用、凝聚作用和鼓舞作用，解决了举什么旗、走什么路的根本问题。

系统建设是北洺河铁矿的基本经验。不但在工程上系统设计，不断优化，取得系统最优化；在管理上也是系统设计，分步实施，不断调整，追求最优。在文化先导与具体职能展开，三项制度改革与具体管理要求跟进，制度体系设计与执行力管理，全矿统一模式与车间变通方法结合等方面，都体现了系统建设思想。系统谋划与建设，是企业少走弯路、整体进步的重要保证。

以人为本是北洺河铁矿根本感受。北洺河铁矿本身就是为解决全公司两万多名职工出路而获批上马建设的，是国家以人为本思想的体现。基建时期，大胆使用矿内年轻人，靠事业激励人；达产时期推进工资、人事、劳动三项改革制度，在全公司首推岗效工资制、竞聘制、职工分类制管理，创造公平的人文环境；稳产时期，加强创新激励、情感沟通、积极的非正式组织建设等，使职工实现自我价值，获得团队归属感。坚持不懈的努力，营造了风清气正、公平公正、快乐昂扬的组织气氛。

自主创新是北洺河铁矿管理经验的最大亮点，也是支撑北洺河铁矿保持行业领先的不竭动力。在总结推荐的80个经验中，90%是创新性经验，80%是自主创新性做法。勤学习、不拘古、敢创先、勇实践，是北洺河铁矿自强不息的动力源泉。

北洺河铁矿这次梳理的经验总结，全都是经过实践检验过的，是针对具体工作方法的介绍，有文字说明、制度、表格、流程等，具有很强的可操作性，共四类十五个方面，比较全面客观地反映了北洺河铁矿的管理状况。

受能力水平限制，书中难免有错误和不足之处，敬请同行专家指正。北洺河铁矿这次梳理的经验总结，仅是抛砖引玉，希望激起兄弟矿山总结经验的热情，共同完成邯邢矿业矿山建设与运营管理模式的塑建工作，打造优质的邯邢矿业管理基因。

此次梳理管理经验工作，得到了各级领导的大力支持，五矿邯邢矿业有限公司总经理张文学为本书题写了书名、书记于会斌为本书作序，公司其他领导及以前在北洺河铁矿工作过的领导、同志提供了大量宝贵资料和指导意见，并且得到了河北工程大学经济管理学院老师协助编撰，在此一并表示衷心的感谢！

《先锋洺河》编委

2013.1.8

目　　录

第一篇　系统管理篇

第二篇　经营管理篇

第一篇　系统管理篇

　　企业是由各种生产经营活动组成的复杂系统。企业管理工作既要发挥各专项职能的效率，更要从总体上进行管控，以实现系统整体功能最优化。企业文化建设、组织建设、机制建设和体系建设是企业有效运行的基本保障。北洺河铁矿不断探索、勇于实践，塑造了独具特色的企业文化，引领其他各项工作顺利进行；采用现代组织理论和方法，建立了工序化生产组织，提高了劳动效率；建立和完善了一系列管理制度和运营机制，保障了企业高效运转；完善了计量体系、内控体系、质量保证体系和安全责任体系等，支撑了企业科学化、精细化管理。通过前瞻性、开创性谋划和建设这些基础要素，北洺河铁矿构建起先进的企业管理平台，有效规范和保障了其他各项管理活动的有序开展，达到了企业系统整体功能最优化的目的。

第一章　企业文化建设

企业文化是企业在长期实践中凝结、沉淀的经营宗旨、价值取向及行为规范。培育卓越的企业文化是引领企业良性发展、增强员工凝聚力、鼓舞员工士气、扩大企业影响力、提升企业核心竞争力的重要途径。北洺河铁矿十分重视企业文化建设，历经十五年的历史积淀，塑造了独具特色的优秀企业文化，引领了企业又好又快发展，实现了行业领先的发展目标。

一、塑造先导性企业文化

企业文化最主要的功能是对企业其他业务具有先导性作用，在企业各项业务中是需要优先考虑和实施的。根据相关理论，企业文化可分为四个层次：精神层、制度层、行为层和物质层，需要由里及表逐次塑造。

精神层　即企业精神文化，在整个企业文化系统中居于核心地位，是企业生产经营过程中，受到一定的社会文化背景、意识形态影响而长期形成的精神成果和文化观念，是企业意识形态的总和。

制度层　即企业制度文化，是指企业的各种规章制度、道德规范及行为准则的总和。既是人的观念与意识形态的反映，又具有一定的物质形态，是塑造精神文化的主要机制和载体。

行为层　即企业行为文化，是指在企业经营、教育宣传、人际关系活动中所产生的文化现象。是企业经营作风、精神风貌和人际关系的动态体现，也是企业精神和价值观的折射。

物质层　即企业物质文化，是由企业员工创造的产品及各种物质设施等构成的器物文化。包括企业生产经营的成果、生产环境、企业建筑、产品、包装和设计等。

（一）建设历程

北洺河铁矿的企业文化建设是一项系统工程，既满足企业发展的内在需要，又符合企业增强核心竞争力、扩大综合影响力的外在需求，也是推动企业管理创新的重要内容。其企业文化建设大致经历了以下三个阶段：

谋划阶段　北洺河铁矿是2001年5月份提出和有意识系统建设企业文化的，当时的背景是：①北洺河铁矿将从基建转入试生产，工作如何开展，需要企业确定指导思想及发展方向；②北洺河铁矿是新建矿山，上级领导提出了新模式建矿的总要求，如何建设，要求企业勾勒出清晰的远景目标及规划；③试生产前，面临很多经营管理的具体工作，如：机构设置，资源分配，组织协调等，需要企业确立组织机构，进行部门划分，明确权责关系。

正是在这样的背景下，北洺河铁矿提出企业文化建设的设想，通过对企业文化内容的研讨，确定了企业整体经营思路，明晰了企业的发展目标，对后续各项工作起到了提纲挈领的指导作用。

提出方案阶段　该阶段的主要任务是明晰企业文化的建设内容。北洺河铁矿经过系统调查及思考，确定了北洺河铁矿企业文化的内涵，对经营管理的基本原则、基本要求及运作模式进行了系统设计，指导各项工作的顺利开展。提出了"资源有限，开拓无限，不断超越、共享成功"的企业经营发展理念，以"求实求精求发展，创业创新创一流"的企业精神，通过若干年的拼搏，实现"创建国内一流、国际知名矿山"的目标。制订了北洺河铁矿企业文化中精神层、制度层、行为层和物质层的建设方案。

文化建设阶段　北洺河铁矿结合企业自身特点，确定先建设再培育固化的思路，通过找标杆，找差距，构建企业文化理念及制度规范。在建设过程中，坚持"领导重视、全员参与、协调一致、不断完善"的原则，将文化建设流程分为：①领导团队倡导；②前期调研分析；③方案征集设计；④精神文化提炼；⑤经营理念细化；⑥制度文化、行为文化构建；⑦形象文化设计、建设。基本流程如图1-1所示。

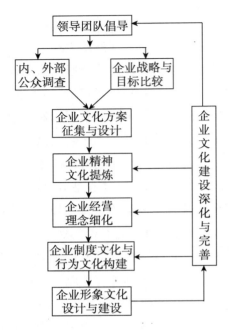

图1-1　文化建设流程图

（二）建设路径

北洺河铁矿在即将转入试生产时期，对如何经营管理企业，有两条路可以选择：一条是熟悉的现成道路，像其他老矿山一样，基建移交过来之后即正常生产，管理几十年，最后波澜不惊地闭坑下马。另一条路是向梅山等国内一流矿山学习，做精品企业，追求行业一流。面对竞争激烈的市场环境，企业做大做强成为必然选择。北洺河铁矿通过对比分析认清自身的三大优势：一是新建矿山，员工队伍年轻，价值观念可塑性强；二是矿体赋存条件好，矿山服务年限长，工艺先进，规模大，具有做大做强的先天条件；三是企业内聚力强，上下团结一致，心气正，干劲足。在这样的背景下，北洺河铁矿决定选择建设新型矿山的道路，探索实践企业文化建设新路径。主要包括以下几方面内容：

创建先进文化理念　2001年下半年，北洺河铁矿开展了企业文化建设的集中讨论，决定破除矿山企业只能是粗放管理的错误认识，树立精品企业意识；破除北洺河铁矿只能走其他老矿老路的自卑认识，树立追求卓越，敢当第一的自信意识。经过在全矿职工中广泛征集意见，反复提炼，提出"资源有限，开拓无限，追求卓越，共享成功"的企业理念。旨在鼓励员工突破对现有条件的思维认识，破除保守和安于矿山现状心理，追求工作业绩卓越，与企业的发展共享成功。

树立"以人为本"管理思想　北洺河铁矿坚持"以人为本",提出"以先进的理念动员人,以完善的制度激励人,以宽松的环境吸引人,以丰富的实践培养人,以适度的竞争锻炼人"的人本管理理念。并采取多种措施贯彻实施:一是引进人才,大量调入专业技术干部,充实人才结构。二是注重员工培训,针对员工的不同层次及特点,开展各种员工技能培训,提高员工素质。三是导入竞争机制,采取全员竞争上岗和中层管理人员竞争上岗,为员工展示自身才能搭建平台。北洺河铁矿2001年尝试中层管理人员全员竞争上岗,2005年正式确立全员竞聘上岗制度,从2005年至2011年,中层管理人员竞聘65次,共计216人参与竞聘;专业技术人员竞聘48次,共计170人参与竞聘;操作人员竞聘42次,共计65人参与竞聘。通过竞聘上岗竞争机制的实施,激发了员工上进意识,促使职工不断提高自身业务素质。四是激励创先争优,通过评比科技明星,技术带头人等活动激励各种岗位职工创先争优,鼓励员工早成才,成好才。

推进制度文化建设,严格行为规范　北洺河铁矿是新建矿山,试生产时期很多管理制度都是空白,制度文化建设主要从以下几方面入手:

(1)确立组织机构。北洺河铁矿产品单一,为提高管理效率,降低管理成本,采用了直线职能型组织机构。按工序划分了车间组织机构,包括开拓车间、采准车间、中深孔车间、采矿车间、运输车间、提升车间、动力车间等。职能科室按专业划分,共18个科室。组织机构设置体现了机构设置工序化,管理专业化的要求。

(2)建立规章制度。截至基建转生产的2002年底,北洺河铁矿按企业内控制度设置的要求,建立了8大类90多项管理制度,涉及经营、财务、劳动人事、技术生产、工程管理、办公、监察纪检、治安保卫后勤、党群等,包含了组织规划控制、授权批准控制、文件记录控制、实物安全控制、职工素质控制、预算控制、业绩报告控制、内部审计控制等八个方面,初步形成具有北洺河铁矿特色的制度文化体系,规范了企业各项工作的运行程序。

(3)强化制度执行。北洺河铁矿提出了"三严"方针(即制度要严密、执行要严格、处罚要严厉),强化制度的贯彻落实。以调度指令制度为例,每月少则三至五人,多则七至八人次受到执行调度指令执行不力的处罚。2003年推行以目标利润和提升经营质量为导向的全面预算管理以来,对该矿所有车间、科室,所有中层干部、矿领导都制定考核办法,显示了坚决贯彻执行制度,从严治矿的决心。经过两年的整饬,制度的执行力不断提高,员工自觉自治状态逐步形成。

（4）培养员工职业道德。为培养员工良好的自我管理习惯，造就一支爱岗敬业、团结向上的职工队伍，北洺河铁矿制定了《北洺河铁矿员工条则》，作为培养员工职业道德的基本文件，在办公场所悬挂醒目的《文明办公公约》，在操作岗位旁张贴岗位职责规范，时刻注意培养职工职业道德意识，建立"爱岗敬业、诚信文明"的企业道德观。

1．塑造形象文化，培养员工自豪感

北洺河铁矿根据经营理念和企业精神，设计了矿徽、矿旗、工作服、安全帽和矿服等形象标志，确定了企业标准色。矿徽悬挂于企业大门两侧，员工身着矿服、佩戴矿徽上班，员工每周一在国歌声中，注视国旗和矿旗冉冉升起，心中默念企业理念精神，感到无比自豪。同时，将企业理念精神做成巨幅的标语，悬挂于企业醒目的位置，让员工时刻铭记企业精神。

2．塑造环境文化，增强员工认同感

（1）优化作业环境。北洺河铁矿是井下矿山企业，良好的井下作业环境既是安全生产的需要，也是保障员工身心健康的需要。该矿通过溜井筑挡墙、挂警示灯，作业面顶板每班班前检撬、班中检撬、交班前检撬等措施，为员工创造了一个安全的作业环境。在文明生产方面，更是高标准、严要求，路牌、各类警示灯指示明确，管线悬吊敷设，巷道无积水积渣，物品、火工材料摆放整齐，符合安全要求，设备停靠专用地点，使整个井下作业场所整洁、清爽。

图 1-2　井下巷道

（2）优化人际环境。北洺河铁矿不仅靠事业激励人、待遇留住人，还注意感情温暖人。矿领导在职工遇到困难时，为员工排忧解难；逢年过节慰问退休职工；组织青工、先进工作者外出集体旅游；建立矿长接待日，鼓励职工参加民主管理；支持建立积极的非正式组织。通过种种措施，使广大职工气顺心齐，精神愉悦，全力以赴为矿发展作贡献。

图 1－3　矿领导慰问员工

（3）优化文化环境。北洺河铁矿投资数百万元建立了多种娱乐设施，包括图书阅览室、棋牌室、台球、乒乓球室，篮球场、OK 厅、闭路电视厅等。组织书画展、消夏晚会、各种文艺演出、文体比赛，既活跃了职工业余文化生活，又使其放松了身心，避免酗酒、外出参加不良社会活动，塑造了企业良好的文化氛围。

（三）建设效果

北洺河铁矿通过企业文化建设，提升了企业的整体素质，强化了企业制度的执行力，提高了企业经济效益和社会效益。主要表现在：

（1）建立了企业管理体系。经营理念、企业精神和企业目标的提出，奠定了企业管理的基本思想和思路；管理模式确定了经营管理的基本方法，形成了一系列的工作原则及方法，构成了具有北洺河铁矿特色的企业管理体系。其直接的效果是指导基建五年完成，在 2002 年 4 月 8 日顺利实现试生产，创

图 1-4　迎国庆歌咏比赛

造了国内大型地下矿山基建速度的奇迹；紧跟着实现当年投产、当年达产并超产，昂首跨入国内冶金大型地下矿山行列，创造了又一个冶金行业奇迹。

（2）经济效益显著。北洺河铁矿通过企业文化建设，在 2002 年试生产后，半年核算减亏 1450 万元，比上级预算翻了将近一翻；2003 年实现利润 4000 多万元，比上级预算增加 60%，各项经济技术指标比 2002 年提高 10%～15%，有的进入行业先进行列。2004 年正式生产当年实现矿石 202 万吨，创利 3.1 亿元，各项经济技术指标提高 5% 以上。

截至 2012 年，北洺河铁矿企业文化经过近十年的建设，已经基本成型，在经营管理中发挥了重要的推动作用，取得了良好的经济效益。其中，铁精矿品位提高到 65%，采矿从业人员劳动生产率 2546.22 吨/人年，选矿从业人员劳动生产率 9411.72 吨/人年，吨精矿成本 244.62 元/吨，实现产值 134274 万元，利润额 10.6 亿元。

（3）提升企业形象，扩大企业知名度。随着北洺河铁矿经济效益和管理水平的提高，北洺河铁矿在社会的影响力不断增强，企业知名度和美誉度不断提升。

近年来，北洺河铁矿共完成中央、省、市在北洺河铁矿举行的会议 90 余次，接待国有企业监事会主席、国家安监总局安全监察专员、英国 A 米 C 公司、毛里塔尼亚 SNI 米公司等省部级领导和外宾 856 人次，年接待量达 500 人次以上。由于北洺河铁矿生产工艺的先进性和管理的规范性，该矿承担了集团公司大量的培训任务，自 2008 年以来，该矿先后承担了首钢矿业公司杏山铁矿、河北省冶金矿山管理办公室、北京首云铁矿等众多企业关于矿山安全、矿山工艺、提升系统、地质测量等方面的培训。2012 年成功举办中纪委召开的"基层单位构建惩防体系工作现场观摩交流会"。这些活动的开展证明北洺河铁矿的知名度不断提升，社会影响力持续增强，树立了良好的企业形象。

北洺河铁矿重视加强与高校和科研机构的联系，将先进的知识用于生产经营实践，不断提升企业的技术水平。同时，该矿还主动承担接待高等院校的实习实训任务，为大学生提供了很好的实践平台。近年来，先后接待了安徽铜陵职业技术学院、安徽淮南技术职业学院、石家庄经济学院的大学生实习，使他们了解了现代化矿山的生产工艺，取得了良好的实习效果。

图 1-5　首钢集团矿业公司到北洺河铁矿参观学习

（4）增强企业内聚力。北洺河铁矿通过企业文化建设，使得员工士气高涨，内聚力显著增强。突出表现在：一是员工的集体意识增强，团队凝聚力提高，拉帮结派的现象得以消除；二是员工的整体素养得以提升，在文化建设过程中，北洺河铁矿通过各种形式的宣传活动及文明公约的实施，逐渐改

图 1 - 6　辽宁凌源钢铁集团公司到北洺河铁矿参观学习

变了员工的不良行为习惯。尤其是通过"争当文明员工"活动的开展，使得员工的整体人文素养不断提高，涌现出了一大批好人好事和优秀共产党员。三是企业员工流失率进一步下降，北洺河铁矿近五年人员流失率如表 1 - 1 所示。

表 1 - 1　　　　　　　　　北洺河铁矿人员流失率统计

年　　度	流失率（%）	变动率（%）
2008	1.00	0
2009	0.4	- 60
2010	0.6	50
2011	0.5	- 16.7
2012	0	0

（5）落实发展责任，促进和谐矿山建设。北洺河铁矿在企业文化建设进程中，铁矿石、铁精矿产量年年递增，正式投产九年来，平均每年生产矿石237 万吨，创效 7.2 亿元，累计为全局输出中高级人才 500 多人，80% 以上经

济技术指标位于全国同行业前十名，部分位于前三名，阶段性地实现了企业目标，落实了企业发展责任。

图1-7　建矿十周年十大典型表彰会

图1-8　党员光荣榜

　　同时，在制度文化建设中坚持公平、公正，建立企业与环境、上下级之间、员工之间和谐健康的社会关系、人际关系及工作关系，打造和谐矿山、幸福矿山，实现了企业理念追求。

二、系统化建设企业精神文化

北洺河铁矿企业精神文化包括企业精神、企业理念、企业道德、企业目标等内容，是北洺河铁矿意识形态的系统集成，反映了企业的信念和追求，体现了企业独特的经营思想和特征。

（一）企业精神文化

1. 企业精神

北洺河铁矿综合新建矿的特点及国有企业的地位要求，确立了"求实求精求发展，创业创新创一流"的企业精神。体现了北洺河铁矿全体员工发扬老一辈矿山人艰苦创业的精神，励精图治，建设现代化一流矿山，以新的运行机制使企业不断发展壮大。

2. 企业目标

企业目标是企业发展要达到的水平，是企业经营活动的行为导向。北洺河铁矿的企业目标为："创国内一流、国际知名矿山"，该目标是企业航向的灯塔，也是激励全体员工不断前行的精神力量。

3. 企业理念

企业理念是对企业精神的高度概括和凝练，是企业精神文化的外在表现形式。北洺河铁矿的企业理念为："资源有限，开拓无限，不断超越，共享成功。"

"资源有限，开拓无限"是指北洺河铁矿以矿石资源为基础，整合人力、技术、管理、研发、营销等资源，开拓创新，精细管理，不断开创经营的新局面，以有限的资源拓展无限的发展空间。

"不断超越"是指北洺河铁矿在管理目标上瞄准国内外先进矿山，不断超越自我，敢于否定自我，日臻完善，追求完美的层次，挑战更高的目标。

"共享成功"是指在企业内部，使全体员工从生产经营成果中感受到自豪、喜悦、快乐；在企业外部，与合作伙伴从发展成果中感受到美好、和谐、愉悦。共同分享成果、成就、成功。

北洺河铁矿凝练企业理念的基础上，分别概括了企业不同层面的理念内容，构建了全面的企业理念体系（见图1-9）。

4. 企业道德

北洺河铁矿的企业道德为："爱岗敬业、诚信文明。"爱岗敬业，是对待

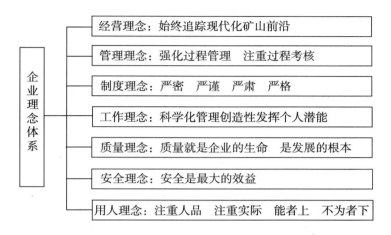

图 1-9　北洺河铁矿企业理念体系图

工作的热爱、认真和负责。有了爱岗敬业精神，就会正确对待工作中的苦与乐，树立正确的苦乐观。有了爱岗敬业精神，就会正确对待个人的得失，过好名利观。

"诚信文明"是员工恪守的道德准则。诚实、诚恳、诚信、做文明职工，是体做人的本分，也是北洺河铁矿倡导的员工道德品质和思想情操。

5．企业资源观

北洺河铁矿的企业资源观是："保护资源有功、节约资源光荣、浪费资源可耻"。资源是矿山企业生存的基础，矿石资源是不可再生的，北洺河铁矿提倡：保护好现有资源，同时加大科技攻关力度，搞好矿石资源的合理开发和回收利用，为矿山安全生产和延长矿山服务年限作出贡献。

6．企业分配观

北洺河铁矿的企业分配观是："高效高报酬，公平不平均。"

7．企业管理模式

北洺河铁矿结合外部环境要求及企业发展目标，构建了适合于自身发展的管理模式，即"机构工序化、工作标准化、操作程序化、责权合同化、考核数字化、管理专业化"。

"机构工序化"是根据北洺河铁矿的生产工艺，按工序设置生产机构，获得最高运行效率。

"工作标准化、操作程序化"是北洺河铁矿按照现代企业的管理要求，坚持走制度管理之路，产品和工程按照国家质量标准，工作按制度标准，实行标准化管理。按流程操作，按程序执行是北洺河铁矿规范化的基本模式之一。

"责权合同化"是指按照机构工序和人文管理要求，明确上下工序之间的服务关系，引进合同约束机制，有利于公正、高效地解决公平问题。

"考核数字化"是贯彻求实求精的企业精神，客观、准确地评价各项管理成果，量化考核，以数字说话。

"管理专业化"是指借助于现代化管理手段，应用现代管理理论，实行专业化、正规化管理。

8．廉洁文化精神

北洺河铁矿自建矿以来，形成了"以廉为荣，以贪为耻"为主的廉耻观。在企业廉洁文化建设中，北洺河铁矿有针对性地开展廉洁文化活动，通过培育廉洁理念、完善廉洁制度、创新活动载体等方法，努力构建具有洺河特色廉洁文化，使反腐倡廉工作向纵深发展，促进了企业和谐健康发展。

（二）车间精神文化

为保证企业精神文化的有效渗透，使企业各部门和全体员工能够准确理解和掌握精神文化的实质内容，北洺河铁矿要求各车间结合本车间实际提炼车间精神。车间精神是北洺河铁矿企业文化建设的重要组成部分，是各车间职工精神状态的整合，反映了各基层单位的整体风貌，是凝聚员工的强大精神力量。

1．开拓工区精神

"开拓无限，奋进不止"是开拓工区的精神。该工区担负着地下开采过程中的第一环节——开拓工程的施工，对矿山生产正常衔接具有重要意义。开拓工区坚持"开拓先行"，克服困难，开拓创新，圆满完成了各项任务。同时，为了北洺河铁矿的长远发展，他们奋进不止，不断拓展新的发展空间。

2．采准车间精神

"攻坚克难，勇攀高峰"是采准车间的车间精神。采准车间担负着井下掘进、支护任务，是矿山生产的第一道工序，面对危险性高、生产难度大、条件艰苦等困难，采准车间员工攻坚克难，不断攀登，向更高的目标迈进。

3．采矿车间精神

采矿车间主要负责井下采矿和中潜孔工作，车间员工奉行"真抓实干，拼搏奉献"的车间精神，为北洺河铁矿的辉煌贡献自己的力量。

4．运输车间精神

运输车间是主要辅助车间之一，"团结奋进，勇往直前"，是运输车间的精神，表明运输车间始终保持团结一心，不畏艰难，顽强拼搏，不断创新、屡创佳绩。

5．提升车间精神

提升车间是该矿设备最多、自动化程度最高的基层单位，该车间坚持"没有最好、只有更好"的工作标准，不懈追求，奋斗不止，以骄人的步伐践行着"提升永无终点"的车间精神。

6．选矿车间精神

选矿车间坚持"磨炼优秀队伍，精选优质产品"的车间精神，在理顺工艺、磨炼队伍上狠下工夫，不断提高职工的技术素质和操作技能，磨选出优质产品。

7．维修车间精神

维修车间的车间精神为："提供优质服务，铸造优秀队伍"，在具体工作中，该车间强管理，提素质；抓班子，带队伍；以精细维修、主动维修、超前维修，不断追求完美的服务，较好地完成了各类设备的维修、保养任务，为生产的正常运行提供了有力支撑。

8．动力车间精神

"为生产提供不竭动力"是动力车间精神。动力车间是该矿生产经营的能源库，是生产经营坚强的后盾和重要保障，该车间以"追求无止境，保障无终点"为宗旨，永不松懈，以畅通无阻的电力、供排水、供暖、通信为企业的腾飞提供了不竭动力。

三、持续完善制度与行为文化

（一）制度文化

制度体系是企业文化的重要组成部分，企业精神所倡导的一系列行为准则，需要依靠制度的保证去实现，北洺河铁矿通过制度建设规范成员的行为，并使企业精神转化为成员的自觉行动。

1．制度建设

北洺河铁矿由新建矿山发展为现代化矿山，是以制度建设为保证的，制度建设推进了该矿由"粗放式"管理向"精细化"管理的转变。沿着历史的脉络，北洺河铁矿的制度建设大致经历了四个时期：

（1）基建时期（1997—2002年）：当时的北洺河铁矿处于矿山的建设时期，企业的主要任务是基建，全面推行了"六制"管理模式，即招投标制、工程监理制、项目法人负责制、工程合同制、项目审计制、资本金制，并在此基础上，构建了其他相关制度，理顺管理流程和模式，明确管理责任，充分授权，提高管理及工作效率。

（2）基建转生产时期（2002—2004年）：该时期的显著特点是管理逐步走向规范化。随着基建任务完成，如何迅速达产并良性运行成为管理的首要任务。北洺河铁矿针对传统矿山容易出现的粗放式管理现象，采取了以下措施：①建立了企业内部的生产管理制度体系；②打破老矿分工区管理的传统，按照"工序化设置车间，职能化设置科室"的思路，分别设置了采准、采矿、运输、提升、维修、动力等基层单位和技术、企管、质量、机动、调度、安环等管理科室，使组织机构设置更加贴近生产建设实际，生产和管理更加趋于专业化、系统化和科学化；③从物质文化层、制度文化层、精神文化层入手，初步构建起系统的企业文化，为各项工作的开展提供指导；④实施全面预算管理和三项制度改革及竞聘上岗的竞争机制。

（3）推进精细化管理时期（2005—2007年）：在此期间，伴随着北洺河铁矿生产专业化程度越来越高，实施精细化管理、内涵式发展已成为企业做大做强的必由之路。北洺河铁矿的主要做法有：①推广精细化管理理念，培育追求精细化的文化氛围，推动精细化管理在各个领域的实施。②加强制度建设和完善。为落实精细化管理思想，2006年，北洺河铁矿对2002年试生产以来的管理制度进行梳理、完善、修订，明确、优化、固化管理流程程序，形成了比较全面系统的《北洺河铁矿制度汇编》。汇编首次按现代企业制度模式对该矿制度进行了分类归集，将147项制度分为企业文化、经营企划、办公、财务会计管理、审计监察、人事薪酬、员工勤务培训、生产管理、工程管理、采购仓储管理、销售、信息管理、后勤保卫员工福利和党群系统等14大类41小类，初步建立起北洺河铁矿制度体系。③大力实施"6S"管理，实现了对生产工作现场中的人、物、场所的科学配置，使生产工作现场达到科学化、规范化、标准化，从而改善了现场管理，建立起现场的文明生产秩序。④强化内控体系建设，创新预算、班组核算、考核管理方式。推行三级两类矩阵式全面预算管理，将预算分成矿、车间、班组三级，车间编制本单位综合预算，各科室编制专业专项预算，两类预算交叉进行，矩阵对照，依靠专业技术支撑，提高编制准确性，实现了全员、全面、全过程的预算管理。⑤建立了"六位一体"班组核算管理模式，将产量、质量、成本、安全、设备和经济指标等六项内容，归集到班组核算管理体系中，促进了精细化管理，确保了各项工作均衡稳定开展；在业绩考核中实行"六挂一否决"模式，将工资分别与产量、成本、设备管理评分、安全管理评分、质量管理评分和班组核算管理评分六项指标挂钩考核，用工资杠杆推动各项关键业务均衡进步。

（4）准精益化时期（2008—2012 年）：该阶段的显著特点是对北洺河铁矿的精细化管理成果进一步深化，使其从制度层面转变为精神层面和行为层面，从而使员工能够自觉、自愿做好每一件事情，养成良好的职业素养。北洺河铁矿在精细化管理的基础上，对企业各管理环节和管理活动进行了精益管理。

1）通过构建和完善企业内部沟通体系，如设立矿长信箱，公布矿长联系电话，实行矿长开门办公，建立起矿长联系点等方式，加强与员工的沟通，实现了建设和谐矿山的目标。

2）进一步加强制度体系建设。企业制度体系按层级理论分类，有四个分类（见图 1 - 10）。

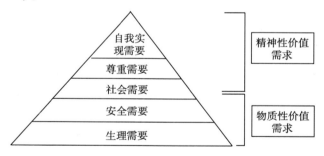

图 1 - 10　企业制度体系层级分类

相对来说，北洺河铁矿是新建矿山，管理制度接近现代企业要求一直是不懈追求。在 2011 年，北洺河铁矿结合自身实际，将制度理论上的第一层取消，第二、三、四层整合，形成新的制度体系（见图 1 - 11）。

第一层是基本管理制度和业务制度：包括以通告、文件等形式发布的矿级制度、规范，是各职能部门专业管理的基础和前提。

2006 年的制度汇编分为 14 类，分类方式和内容有一定缺陷。2011 年，

1−11 北洺河铁矿制度体系层级分类

根据制度理论和北洺河铁矿的实际情况，将制度分为 15 类：治理结构与组织系统；企业文化系统；战略与经营企划；财务与会计系统；审计监察系统；人力资源系统；计划与生产系统；质量系统；安全环保职业健康系统；工程系统；营销系统；物资系统；创新与进步系统；行政信息总务系统；党群系统。

第二层是一般管理制度和业务制度：以部门名义发布的，在系统内适用；或以矿名义发布，在全矿一般性、临时性工作适用的制度，如零星设备运行、区域安全文明生产、防寒防冻等专项规定。

第三层是专业规范：包括技术业务标准和技术业务规程，如 ISO 9000 质量管理体系，HSE 体系，点检操作规程等。

第四层是个人行为规范：是约束范围最具体、最具基础性的制度规范，如岗位说明书、员工道德规范、员工文明礼仪规范，以及车间和部门针对具体岗位、个人制订的规定等。

3）进一步完善了收入分配机制和竞争上岗及岗位轮换机制。

4）大力开展"优化系统、优化方案、优化管理、优化组织"的四优化管理创效活动。北洺河铁矿为激发各类人员的创新热情，发挥技术和管理在生产经营中的重要作用，实现企业效益最大化，围绕降本增效主题，开展了四优化管理创效活动，每年列支 100 万元奖励基金，重奖创新成果。采取"积极鼓励，提供资源，失败不予追究责任"的方法，通过宣传发动、加强职工创新思维和技能的培训、加强对标考察和走出去学习等手段，鼓励广大员工积极参与。同时将员工的创新成果获奖情况纳入晋升、评职称、评先进等的考核标准，通过激励方式进一步推动活动的开展。

北洺河铁矿通过制度的不断完善，取得良好效果：一是制度体系更为合理。该矿对原有 249 项制度淘汰删除 53 项，合并 34 项，修订 162 项，同时增补 25 项，形成 187 项、共 15 大类的制度体系。做到事事有人管，管事有制度，制度不重叠、不矛盾，执行有表格，体系合理，结构简明，内容简洁，实施方便。二是制度质量全面提升。主要表现在：①统一了结构和形式。通过制度模板，首次确立编制、执行、考评、监督、修订等约束关系；明确了制度标准化命名、总则、分则、附则、附件等构成，使制度更完整，利于执行。②统一了制度字体、字号、排序规则，使制度更规范。③通过内容要件的拆解列示，使内容更加规范全面。通过对制度目的、制度依据、适用范围、受约行为、行为人职责、人员行为分述、具体事项分述、制度关系等制度要件的拆解，使制度起草者不至于遗漏事项，混淆调理关系。④通过增加执行附表，补充了制度内容，提高了制度可执行性。

2．规范制度管理

北洺河铁矿为保持制度的统一性和协调性，进一步规范了企业的制度管理。

（1）规范制定制度程序。变部门立法为集体立法，以往订立制度的程序一般是部门起草—主管矿长审核—办公室行文，现调整为经营预算科下达—计划部门起草—经营预算科组织专家组（主管矿长在其中）审议—制度委员会平衡—办公室行文，提高了制度的科学性、统一性。

（2）统一制度编辑和管理关系。在多头行文方面，如消防管理，原来安全科和保卫科分别下文，现在调整为安全科统一下文，分述管理职责，统述执行职责，提高车间执行力和监管效率；原来废旧物资回收利用由供应、机动、调度室三个部门下文管理，奖罚失衡，现调整为一个制度。在管理关系方面，通过增补 25 项制度，划转 8 项制度归属部门，理顺和强化制度管理关系。

（3）增加制度执行再监督程序。制度执行检查由相关职能部门负责，以往有部门检查不勤、好人主义、官僚作风等多种不正常现象，通过增加再监督程序，完善责任追究制度，对那些假执行、乱执行，有令不执行，以及执行力不强、工作效果不明显的部门和个人，严格进行责任追究，该处罚的处罚，该通报的通报，遏制制度执行的不合理现象。

（二）行为文化

企业在运营过程中，全体员工的行为都有一定的规范，在规范的制定和履行中，就形成了企业的行为文化。北洺河铁矿面对改革发展的新形势，按照市场经济和建立现代管理制度的要求，建立了一系列科学、严谨的行为规范，主要包括行为标准、文明办公公约、职工行为规范等。

图 1 - 12　"做文明职工，创和谐矿区"主题活动

行为标准　北洺河铁矿各不同层级的行为标准如下：

领导班子行为标准：务实高效　清廉团结

中层领导干部行为标准：正确的做事　做正确的事　群众要求的是我要做的

职工行为标准是：遵纪守法　遵章守制　热爱本职　争先创优

工作标准是：说到要做到　要做就做得更好

工作作风是：雷厉风行　脚踏实地　敢于创新

文明办公公约　文明办公既影响企业的行政管理效率，也是企业员工形象的重要表现形式，同时影响着企业的形象。为此，北洺河铁矿制定了文明办公公约，在全矿开展"做文明职工，创和谐矿区"活动，不仅提高了管理效率，也提升了员工形象及企业形象。

职工行为规范　职工行为规范是约束员工基本行为的制度规范，是人文精神的外在表现形式。北洺河铁矿结合本企业员工的特点，制定了职工行为规范，使员工行为更加规范，企业管理水平迈上新台阶。

北洺河铁矿通过《文明办公公约》和《职工行为规范》的实施，以及"文明岗评选活动""青年文明号评选活动"等活动的开展，使得北洺河铁矿的广大职工的精神面貌焕然一新，行为更加文明，向社会各界展现了良好的企业形象，赢得广泛赞誉和好评。截止到 2011 年，北洺河铁矿先后荣获了

"河北省模范职工之家"、"省职代会星级单位"，邯郸市"劳动竞赛工作先进集体"、"创争工作"先进、安康杯优胜单位、厂务公开先进等多项荣誉称号。同时，提升车间荣获全国"工人先锋号"，主井提升班被授予"全国三八红旗集体"等称号。2010年邯郸市总工会在主井挂牌成立智庆周工作室。上述成绩为北洺河铁矿获得"全国十佳矿山"和"全国绿色矿山"奠定了扎实的基础。

图 1-13　主井提升班荣获"全国三八红旗集体"荣誉称号

图 1-14　动力车间 2009 年荣获"巾帼文明岗"荣誉称号

案例 1-1

做文明职工，建和谐矿区

为全面提升职工的综合素质和幸福指数，造就一支"爱岗敬业、诚信文明"的职工队伍，进一步在全矿营造"争做文明职工，创建和谐矿区"的浓厚氛围，2010 年 4 月 5 日下午，北洺河铁矿在副井文化长廊举行了"从自我做起，一言一行倡文明，做文明职工，共创和谐矿区"签名宣传活动。矿领导在百忙之中与基层单位党支部书记共同参加了此次活动。

活动期间，上下班经过副井长廊的职工纷纷驻足停留，郑重地在条幅上签下自己的名字，矿领导和工作人员还为职工们发放了活动倡议书，要求广大职工从基本行为和细微之处做起，倡导文明，转变观念，促进道德水准和文明素养的全面提升，争做有理想、有道德、有文化、有纪律的文明职工。此次活动共发放宣传单 300 余份，通过宣传，使广大职工进一步认识到提素质、树形象、构建和谐矿区的重要性，提高了他们的文明自觉意识。

图 1-15 "做文明职工，建和谐矿区"签名活动现场

附录 1 - 1

北洺河铁矿制度体系

章　次	制度名称
第一章　治理结构与组织系统	图略
第二章　企业文化系统	北洺河铁矿企业文化建设管理制度
第三章　战略与经营企划	北洺河铁矿制度管理办法
	北洺河铁矿执行力督察管理办法
	北洺河铁矿经营业绩考核管理办法
第四章　财务与会计系统	北洺河铁矿成本费用管理制度
	北洺河铁矿预算外费用审批管理办法
	北洺河铁矿增值税专用发票管理办法
	北洺河铁矿应收款项管理制度
	北洺河铁矿签字审批管理办法
	北洺河铁矿经营分析管理办法
	北洺河铁矿车间三级库存检查管理办法
第五章　审计监察系统	北洺河铁矿合同管理办法
	北洺河铁矿后续审计管理办法
	北洺河铁矿经济责任审计规定
	北洺河铁矿内部审计工作细则
	北洺河铁矿效能监察工作实施细则
	北洺河铁矿纪检监察信访举报工作制度
	北洺河铁矿党风和反腐倡廉建设责任制实施细则
	北洺河铁矿问责制实施细则
	北洺河铁矿中层管理人员廉洁从业档案制度
	北洺河铁矿关于对矿中层管理人员实施诚勉谈话的规定
	北洺河铁矿领导人员任职廉洁谈话制度
	北洺河铁矿领导（中层管理）人员廉洁自律专题民主生活会制度

续表

章　　次	制度名称
第五章　审计监察系统	北洺河铁矿领导人员廉洁从业若干规定实施细则（试行）
	北洺河铁矿（中层班子）党政主要负责人定期讲廉洁党课制度
	北洺河铁矿中层管理人员"诺廉、述廉、评廉、考廉"工作实施细则
	北洺河铁矿招（议）标工作监督管理制度
	北洺河铁矿领导人员收受礼品登记制度
	北洺河铁矿治理商业贿赂管理规定
第六章　人力资源系统	北洺河铁矿劳动纪律管理办法
	北洺河铁矿职工培训管理办法
	北洺河铁矿竞聘上岗管理办法
	北洺河铁矿科级岗位管理暂行办法
	北洺河铁矿专业技术岗位聘任办法
	北洺河铁矿技师、高级技师聘任暂行办法
	北洺河铁矿职工调配管理办法
	北洺河铁矿三类人员岗位轮换暂行办法
	北洺河铁矿临时性、辅助性用工管理办法
	北洺河铁矿特种作业人员管理暂行办法
	北洺河铁矿操作维护类职工分类管理暂行办法
	北洺河铁矿统招高校毕业生见习期管理暂行办法
	北洺河铁矿明星员工选拔管理暂行办法
	北洺河铁矿岗位效益工资制度实施细则
	北洺河铁矿基层单位薪酬分配管理办法
	北洺河铁矿人力资源系统维护管理实施细则
第七章　计划与生产系统	北洺河铁矿生产计划运行管理办法
	北洺河铁矿采矿设计管理办法
	北洺河铁矿采矿施工管理办法
	北洺河铁矿综合统计工作管理办法
	北洺河铁矿调度例会制度

续表

章　次	制度名称
第七章　计划与生产系统	北洺河铁矿溜井管理办法
	北洺河铁矿井下用风管理办法
	北洺河铁矿井下生产用材料及支护料下放管理办法
	北洺河铁矿启动应急预案管理办法
	北洺河铁矿井下无轨移动设备管理制度
	北洺河铁矿设备点检定修制度
	北洺河铁矿提升系统点检检修管理制度
	北洺河铁矿设备润滑管理制度
	北洺河铁矿设备事故与故障管理制度
	北洺河铁矿停送电联系制度
	北洺河铁矿设备例会制度
	北洺河铁矿备件管理制度
	北洺河铁矿外委加工与维修管理制度
	北洺河铁矿设备管理考核细则
	北洺河铁矿车间设备管理综合评定考核办法
	北洺河铁矿设备标准化检查实施办法
	北洺河铁矿固定资产管理制度
	北洺河铁矿能源管理制度
	北洺河铁矿外转供电管理制度
第八章　质量与资源管理系统	北洺河铁矿原矿质量管理办法
	北洺河铁矿精矿质量管理办法
	北洺河铁矿资源管理办法
	北洺河铁矿采场核销联合验收实施办法
	北洺河铁矿工程验收管理制度
	北洺河铁矿砂子、石子进厂监督管理办法
第九章　安全环保职业健康系统	北洺河铁矿安全生产责任制（总则）
	北洺河铁矿职业卫生管理制度
	北洺河铁矿安全目标管理制度
	北洺河铁矿安全技术措施审批制度

续表

章　次	制度名称
第九章　安全环保职业健康系统	北洺河铁矿危险源辨识与风险评价的管理制度（总则）
	北洺河铁矿安全生产会议管理制度
	北洺河铁矿安全检查制度
	北洺河铁矿安全教育培训管理制度
	北洺河铁矿安全生产经费投入及使用管理制度
	北洺河铁矿出入井刷卡管理制度
	北洺河铁矿顶板分级管理制度
	北洺河铁矿劳动防护用品管理制度
	北洺河铁矿应急管理制度
	北洺河铁矿安全生产事故、事件管理制度
	北洺河铁矿安全生产档案管理制度
	北洺河铁矿安全认可与奖惩制度
	北洺河铁矿环境保护管理制度
	北洺河铁矿消防管理制度
第十章　工程系统	北洺河铁矿工程管理制度
	北洺河铁矿施工企业准入管理制度
	北洺河铁矿工程立项管理制度
	北洺河铁矿工程招标管理制度
	北洺河铁矿工程施工管理制度
	北洺河铁矿工程签证管理制度
	北洺河铁矿工程竣工验收管理制度
	北洺河铁矿工程预结算管理制度
	北洺河铁矿工程资料管理制度
第十一章　营销系统	北洺河铁矿铁精矿销售管理制度
第十二章　物资系统	北洺河铁矿废旧物资回收利用管理办法
	北洺河铁矿东风井加油点管理办法
	北洺河铁矿供应商评价与管理制度
第十三章　创新与进步系统	北洺河铁矿"四优化"创效管理办法

续表

章　次	制度名称
第十四章　行政信息总务系统	北洺河铁矿公共关系管理规定
	北洺河铁矿印章管理制度
	北洺河铁矿参观管理制度
	北洺河铁矿档案管理制度
	北洺河铁矿文书管理制度
	北洺河铁矿会议管理制度
	北洺河铁矿保密工作管理制度
	北洺河铁矿车辆集中管理、交通费定额、台班费使用管理办法
	北洺河铁矿四项指令管理制度
	北洺河铁矿法律纠纷处理规定
	北洺河铁矿办公系统管理制度
	北洺河铁矿宿舍楼职工上网管理制度
	北洺河铁矿网站建设管理制度
	北洺河铁矿互联网浏览管理制度
	北洺河铁矿计算机耗材管理制度
	北洺河铁矿计算机软件管理制度
	北洺河铁矿计算机终端管理制度
	北洺河铁矿信息管理责任制度
	北洺河铁矿信息系统建设与运行管理制度
	北洺河铁矿矿区环境卫生管理办法
	北洺河铁矿计划生育管理服务实施细则
	北洺河铁矿宿舍管理实施细则
	北洺河铁矿职工家属户口迁入管理办法
	北洺河铁矿职工浴室管理制度
	北洺河铁矿爆炸物品安全管理办法
	北洺河铁矿导爆管电子引爆机操作规程及管理制度
	北洺河铁矿井下物资保管防盗管理办法
	北洺河铁矿内部治安管理办法
	北洺河铁矿暂住人口管理办法
	北洺河铁矿机动车辆出入矿区和停放管理规定

续表

章　次	制度名称
第十五章　党群系统	北洺河铁矿惩防体系实施细则
	北洺河铁矿党风建设讲评制度
	北洺河铁矿党建和精神文明建设考核制度
	北洺河铁矿党委参与企业重大问题决策的若干规定
	北洺河铁矿党委会议制度
	北洺河铁矿"党员责任区"活动制度
	北洺河铁矿矿务公开实施意见
	北洺河铁矿矿领导班子民主生活会制度
	北洺河铁矿"五好支部"创建制度
	北洺河铁矿党员提案制度
	北洺河铁矿矿班子中心组学习制度
	北洺河铁矿民兵（复转军人）突击队暂行管理办法
	北洺河铁矿职工思想工作纪实档案制度
	北洺河铁矿团委工作制度
	北洺河铁矿青年安全生产示范岗活动管理制度
	北洺河铁矿职工代表大会条例
	北洺河铁矿基层工会组织制度
	北洺河铁矿工会法律援助制度
	北洺河铁矿工会财务管理制度
	北洺河铁矿工会扶贫助困工作制度
	北洺河铁矿工会干部协管制度
	北洺河铁矿会员管理制度
	北洺河铁矿工会劳模管理制度
	北洺河铁矿工会慰问工作制度
	北洺河铁矿工会文体工作制度
	北洺河铁矿工会宣传教育工作制度
	北洺河铁矿五好班组创建实施方案
	北洺河铁矿女职工工作委员会制度
	北洺河铁矿职工书屋管理制度
	北洺河铁矿科技图书管理制度
	北洺河铁矿工会合理化建议征集奖励制度

附录 1 - 2

北洺河铁矿文明办公公约

一、严格遵守工作纪律

第一条　持证上岗；

第二条　不迟到、不早退、不串岗、不乱岗、中午不喝酒。

二、自觉维护环境卫生

第一条　上班前打扫卫生，做到窗明地净、物品摆放整齐；

第二条　环境标准：无烟头、无纸屑、无痰迹、无蜘蛛网、办公用品无积尘。

三、注意塑造自身形象

第一条　举止要文雅、态度要和蔼；

第二条　衣冠要整洁、语言要文明。

四、主动提高工作效率

第一条　深入群众，深入实际，深入现场；

第二条　不推诿、不扯皮、不刁难；

第三条　马上办、热情办、办得好。

附录 1 - 3

北洺河铁矿职工行为规范

第一条　严格遵守党纪国法，不盗窃、不赌博、不酗酒、不斗殴、不传看淫秽书刊和黄色录像。

第二条　遵守劳动纪律，不迟到、不早退、不脱岗、不睡岗、不违章。

第三条　顾全大局，维护稳定，不造谣传谣、不越级上访、不聚众闹事。

第四条　尊师爱徒，互相帮助，学习技术，钻研业务。

第五条　以礼待人，以诚为人，不讲粗话脏话、不恶语伤人、不讲空话假话、不欺骗他人。

第六条　认真执行矿上岗着装要求，衣帽穿戴整洁、端庄。

第七条　讲究卫生，维护环境，不随地吐痰、不乱扔杂物、不采摘花草、不损伤树木。

第八条　崇尚科学，移风易俗，婚丧俭办，不搞迷信。

第九条　坚守正义，主持公道，勇于制止不良行为和违法事件的发生。

第十条　关心子女，孝敬父母，夫妻恩爱，邻里和睦。

四、创造灿烂瑰丽的物质文化

物质文化是企业的表层文化，是有形的、直观的物质财富。北洺河铁矿秉承"求实求精求发展，创业创新创一流"的企业精神，从企业的物质环境、标识等方面入手，进行物质文化建设，创造了灿烂瑰丽的物质文化。

（一）物质环境

1. 矿容、矿貌

北洺河铁矿是新建矿山，从建筑风格到色彩选择都突出了新矿的独有特点。如：北洺河铁矿办公楼的设计，采用了欧式建筑风格，从外观到内饰，融入了很多现代元素，简洁又不失庄重，体现新建矿山充满朝气、不断进取的精神风貌。在建筑物色彩的选择上，选择了浅米黄色，一是突出矿山企业的特征，表示该矿山是地下矿山，与黄土地紧密相连；二是黄色属于明快的色彩，令人联想到灿烂、辉煌，体现新建矿山年轻而又富有活力的特点。

图 1-16　北洺河铁矿矿貌

　　地面办公区域按小区标准建设，草坪、常绿树、阔叶林错落有致，主干道、曲径小路阡陌交通，红花绿草与高耸的两座井塔辉映，置身其中，仿佛在徜徉花园，心旷神怡，增添了许多对企业的热爱。

图 1-17　北洺河铁矿生产区全景

图 1-18　北洺河铁矿主井

图1-19　北洺河铁矿办公楼

图1-20　北洺河铁矿办公区域一角

图1-21　北洺河铁矿办公区域景观

图1-22　北洺河铁矿工业广场一角

（二）企业标识

2. 矿徽

　　矿徽是企业的形象标志，有着丰富的内涵，北洺河铁矿的矿徽图案如图1-23所示。其含义有以下四方面：

　　（1）图案整体象形"北"字，底部"M"形为拼音"ming"的第一个字母，代表"洺"字，三个"M"形叠加在一起象征洺河水，表意为"河"，上部"丄卜"字是"矿"字的古体，因此，整体图形表意为北洺河铁矿。

　　（2）副井筒和与其相连的马头门，意为井下矿山，下部的水波既表现北洺河铁矿是一个大水矿山，又象征将汹涌的地下水踏在了脚下。

　　（3）上部图形平直厚重，下部图形飘逸流畅，象征矿山人既有大山一样刚健、稳重的粗犷性格，又不失水

图1-23　北洺河
铁矿矿徽

一样的儿女柔情。

（4）整个图形方正稳健，刚柔相济，简洁明快，形美意佳，象征矿山事业像江河水一样源远流长。

3．矿旗

北洺河铁矿矿旗的旗面底色为浅蓝，象征一片广阔的天空和充满希望的大地，旗帜中心是深蓝色的矿徽，象征稳重和恒久，其含义为：充满希望的天地间有北洺河铁矿巍然屹立。

图1-24 北洺河铁矿矿旗

4．洺字旗

旗面白色，高压素洁，矿名红色，活力四射，热情奔放，在重大活动、集会及公共活动等场合使用。

图1-25 北洺河铁矿洺字旗

北洺河铁矿始终把升国旗、升矿旗作为一项制度坚持执行，每逢周一、重大节日及矿内重大活动，都要举行隆重的升旗仪式，既提升了企业形象，又培育了团队精神，增强了企业凝聚力。

图1-26 北洺河铁矿升旗仪式

5．矿歌

北洺河铁矿的矿歌是《北洺河铁矿之歌》，词曲旋律铿锵有力，催人奋进，反映了北洺河人的不懈追求和美好愿景。歌曲在北洺河铁矿全体职工中广为传唱，尤其是在周一升旗、集体大会等场合齐唱，不仅提高了员工对企业精神的认同感、对企业的自豪感，也使企业的凝聚力大大增强。

图1-27 北洺河铁矿安全帽

6．其他器物文化

其他器物文化包括安全帽、车辆标识、员工着装等。北洺河铁矿在器物文化建设方面也着力进行器物的设计和推行，如图1-27、图1-28为北洺河铁矿的安全帽和员工着装。

图 1-28　北洺河铁矿矿服

附录 1-4

北洺河铁矿矿歌歌词

《北洺河铁矿之歌》

太行东麓，洺河岸边，

巍峨屹立着一座现代化矿山，

科学的管理，人本的理念，

让我们扬起时代的风帆，时代的风帆。

井塔耸立，矿旗招展，

北洺河铁矿是我们可爱的家园，

优秀的团队，光荣的职员，

我们把和谐矿山创建，和谐矿山创建。

创业创新创一流，求实求精求发展，

我们开拓进取

我们拼搏奉献

我们共同奋斗

共同奋斗铸明天

创业创新创一流，求实求精求发展，

爱岗敬业

我们诚信文明

我们未来生活

未来生活更灿烂

第二章　组织建设

高效运行的组织机构是企业持续发展的基础和保障。北洺河铁矿历届领导团队不断进行组织机构优化和管理制度创新，全面推进管理现代化、高效化、规范化、科学化进程。北洺河铁矿在工序化生产组织机构设置、领导团队建设、中层执行力提升、快乐型组织创建等四个方面不断探索，取得了良好的社会经济效益，其经验做法具有一定的推广应用价值。

一、独特的工序化生产组织

北洺河铁矿是"九五"期间国家批准建设的唯一一座大型地下黑色冶金矿山，截至 2012 年 8 月，全矿在册员工 1503 人，下设 8 个生产单位、2 个服务部门、18 个职能科室。北洺河铁矿组织机构采用典型直线职能型设计，在企业外部条件相对稳定的情况下，直线职能型组织既能保持指挥的统一性，确保指令畅通，又能发挥专业分工带来的效率提高。为了进一步发挥直线职能型组织机构的优点，最大限度提高生产效率，增加企业效益，北洺河铁矿在建设过程中不断探索生产单元组织机构设计的新模式，大胆引入生产流水线的管理理念，形成了按采矿生产工艺设置生产组织机构的模式，一改传统矿山生产单元的小而全为大而专，由传统的横向分片管理变为纵向垂直管理，适应了北洺河铁矿的特点，有利于生产组织及大型采掘设备的应用，提高了生产效率。

（一）传统矿山生产组织管理的特点与局限性

1. 传统矿山生产组织设置的特点

传统矿山生产组织机构设置常常采用将矿体分为若干片区管理的模式，每个片区成为一个管理工区，内部包含采矿生产的所有工序，如开拓、采准、中孔、采矿、运输、设备维修等，一个工区形成一个完整的作业单元，各工区之间相对独立，横向或纵向联系少。传统矿山的生产组织管理具有以下特点：

（1）有利于业绩考核方案制订。由于各工区作业方式、工艺内容、最终产品基本一致，使得各工区考核指标的选取和确定趋于同质化，便于业绩考核方案的制订。

（2）有利于形成生产竞争氛围。由于各工区相对独立，生产成本、产量、产品质量容易进行横向比较，有利于各工区之间比、学、赶、超氛围的形成。

（3）有利于生产目标的完成。企业的整体生产目标可以较好地分解到各工区，各工区可以将工区生产目标进行再分解，这种目标的层层分解落实，为企业整体生产目标的完成提供了保障。

2. 传统矿山生产组织管理的局限性

传统矿山生产组织管理的局限性主要表现在以下方面：

（1）对管理者要求高。小而全的管理模式，不仅要求工区管理者拥有较强的专业能力，更需要具备组织、指挥、协调、控制的综合能力。

（2）容易形成"小团体"思想。各工区自成体系，往往不重视工作中的横向信息沟通，加上狭窄的隧道视野和注重局部利益的本位主义思想，可能引起组织中的各种矛盾和不协调现象，对企业生产经营和管理效率造成不利的影响。

（3）可能产生骄横情绪。如果工区被授予的权力过大过宽，则容易干扰直线指挥命令系统的运行，造成有令不行、有禁不止。

（二）北洺河铁矿工序化生产组织机构的建立

1. 建立工序化生产组织机构的必要性

建立工序化生产组织是企业实施低成本战略的要求，因为它可以提高资源的使用效率，主要表现在：

（1）提高生产单元效率。亚当·斯密认为，分工程度越高，工作效率也会越高。各个工序内只需做好本道工序的工作，可以更好地实现专业化分工，有利于发现和处理本道工序内的短板，并且有利于装配大型采掘设备，提高生产效率。

（2）降低成本。生产效率的提高，产量的提高，使得生产成本得以降低。同时，生产基础设施的统一设计规划，可以避免传统矿山各自为政，重复投入的弊端。

（3）有利于信息沟通。工序化生产使得生产横向沟通减少，纵向沟通加大，确保了工序间信息的传达。

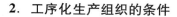
2．工序化生产组织的条件

北洺河铁矿按采矿生产工艺进行生产组织设计是与北洺河铁矿矿体赋存条件、企业目标等主客观因素和环境分不开的。

（1）矿体赋存条件为生产组织工序化提供了客观条件。北洺河铁矿矿体集中且厚大，最大的7号矿体长1620米，宽92米～376米，最大厚度160.68米，平均厚度44.91米，矿体的赋存条件使得采用大型采掘设备进行无底柱分段崩落法成为可能。为了更好地适应这种采矿方法，北洺河铁矿由基建转生产时期，基本确立了以采矿生产工艺进行生产组织设计的基本原则。

（2）适应"稳产、高产、低成本、高效益"的生产组织管理需要。北洺河铁矿上马建设时期，正值五矿邯邢矿业有限公司原矿资源极度短缺的时期，而2002年4月8日建成投产后，又恰逢我国铁矿石价格呈现井喷式增长，为了适应不断增长的矿石销售行情，更好地发挥支柱矿山的作用，寻找出适合北洺河铁矿的生产组织模式有着非常重要的意义。

3．工序化生产组织机构的建立

2001年7月在《北洺河铁矿劳动组织机构设置与用工制度》中明确提出了"按照精简、高效的组织原则，实行专业化生产，科学化管理。基层单位按生产工序为组织单元建立车间，不设立各类技术服务小组"，"形成分工协作，调度统一指挥，管理科学的劳动组织新模式"。

2001—2003年北洺河铁矿初步建立了以采矿工序设置依据的生产组织模式。设立了开拓工区（负责全矿开拓工程和残矿回收）、采准车间（负责全矿的采准工程施工）、中深孔车间（负责全矿的中孔和潜孔施工）、采矿车间（负责主要采矿分段的采场爆破和出矿）、运输车间（负责中段平面运输）、提升车间（负责竖井提升）、动力车间（负责供电、供水、供风、排水管理和简易维修）、汽车队（负责岩石外排）等基层生产单位，各个生产单位的生产活动严格受矿职能部门的监督、管理，并接受指导。2003年全年生产矿石145万吨，2004年达到设计规模180万吨，提前一年达产。2004年3月成立选矿车间。2004年12月撤销中孔车间，原有职责划入采矿车间，同期成立维修车间负责井下移动设备的大、中修及日常维护、保养。

至此，北洺河铁矿形成了以开拓工区、采准车间、采矿车间、运输车间、提升车间、选矿车间、维修车间、动力车间、汽车队为生产单元的生产组织机构（见图2－1）。

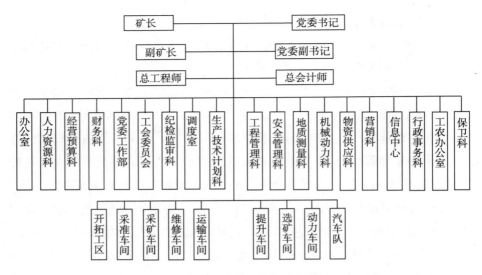

图2-1　北洺河铁矿组织结构图

（三）提高工序化生产组织运作效率的措施

工序化生产组织也存在着一些不足之处，主要表现在：

第一，生产单元间不易协调。生产上下游工序之间在工作计划、任务完成时间等方面相互牵制，在作业区域划分、职权划定等不明确的情况下，容易出现推诿扯皮现象，产生纷争，给生产带来不利影响。

第二，不利于综合性人才培养。分工的细化，专业化程度的提高，一方面提高了工作效率，但也在一定程度上使得工作内容单一，思考问题的角度变窄，不利于员工综合能力的提高。

对于工序化生产组织在实际运行中存在的问题，北洺河铁矿有针对性地采取了相应的应对措施加以克服。

（1）成立调度室，统一调度指挥。北洺河铁矿针对各生产单元间不易协调的问题，成立了调度室，统一全矿的调度指挥。每天召开调度例会，听取各生产单元计划完成情况，生产中遇到的问题和困难，统一加以协调解决。并在生产中倡导"准时化"生产，确保各工序间的有效衔接。

（2）强化"三项指令"。北洺河铁矿采取"矿长指令"、"计划指令"、"调度指令"对各工序间进行有力协调。同时，成立井下现场调度组，统一协调各工序生产，并利用每天调度例会，对各生产环节存在的问题进行协调解决。

（3）强调计划的可行性。生产技术计划科作为全矿生产计划的编制部门，在计划编制时，充分考虑各种可能存在的影响计划完成的因素，提高计划编制质量，避免某道计划落实中出现问题，影响整个工序的高效运行。

（4）注重发挥专业委员会作用。北洺河铁矿成立了包括安全管理委员会、预算管理委员会、业绩考核委员会、设备管理委员会等专业委员会，并积极发挥它们在专业领域的作用，促进生产高效运行。

（5）"工序评分"提升协作水平。北洺河铁矿在编制业绩考核方案时，将"工序评分"作为一项主要业绩考核指标进行考核，并根据各生产单元在上下工序中所处的位置及对其他工序的影响幅度将该考核指标与被考核单位5%～20%的工资挂钩，通过经济杠杆，进一步增强工序间的服务意识，提升协同水平。

（四）北洺河铁矿生产组织工序化的实施效果

北洺河铁矿生产组织工序化，按生产工序为组织单元建立车间是一种对铁矿石采选企业生产组织模式的大胆尝试，这种生产组织模式是与北洺河铁矿矿石赋存条件、企业目标等主客观因素和环境相适应的，对于北洺河铁矿尽快达产以及实现稳产高产，降低生产成本、提高经济效益产生了积极作用。正式投产的2004年至2012年，北洺河铁矿累计生产铁矿石2132万吨，年均237万吨；铁精矿796.43万吨（2006—2012年），年均114万吨。

二、创新奋进的企业领导者

北洺河铁矿十五年的现代化矿山建设成就，是历任创新型、奋进型领导者共同缔造的结果。他们共同具备了职业经理人精通业务、把握规律、创新进取、远见卓识、规划发展等必备素质，正是拥有这些素质，使他们能够敏锐把握企业发展变化的方向，认清生产经营形势的需要，紧扣工作重点，创新管理思路，以奋发进取的志向、正确超前的决策、饱满激昂的热情，带领广大干部职工克服重重困难，探索出一条北洺河铁矿建设发展之路。

（一）艰苦创业，筑牢基础

北洺河铁矿于1997年4月8日正式开工建设，当时，正值矿山行业低迷，投资主体——原邯邢冶金矿山管理局面临资金严重不足、技术设备落后等困境。在这种情况下，刘海宁同志成为北洺河铁矿第一任矿长。

建矿初期，北洺河铁矿面临的最大挑战是如何减少投资，缩短工期，早日实现投产。为此，邯邢矿山局高度重视北洺河铁矿基建工作，成立专门机构，对设计规划、项目审批给予高效、快速的协调支持。围绕邯邢矿山局的部署，以刘海宁同志为首的北洺河铁矿管理团队，坚持解放思想、排除阻力、勇于探索、大胆创新，充分把握时代发展的机遇，在"新、快、好、省"建矿宗旨指引下，打破思想禁锢和体制约束，趟出了一条市场经济条件下建矿的新模式。

首先，构建了高效的项目招投标制，使企业充分拥有自主选择施工单位、自主制定施工政策、自主进行项目管理、施工进度管理的权力。建矿初期，矿领导针对北洺河铁矿招投标经验缺乏，招投标制度不健全以及招投标人才队伍短缺的现实情况，从基层抽调年轻、精干的人员组成团队，通过边学习边摸索，克服工期紧、施工图纸不全、人情障碍等问题，认真对比，精挑细选，将中煤一建三十一处、中煤五公司三处、河北煤炭四处等一流的建设队伍招募进来，同时也开创了冶金矿山基建项目由煤炭系统建设公司来施工的国内先河。实践证明，正是这些优秀的施工队伍奋力拼搏，为北洺河铁矿减少投资、缩短工期起到了至关重要的作用。

其次，解放思想，创新设计思路和方法。为打破权威学术的禁锢，创新矿山建设思维模式，矿领导组织各部门专业技术人员对设计方案进行优化再优化，并进行大胆尝试。其突出表现在：①增加措施井。措施井工程和主体工程同时作业，使人员、设备提前进入到地下矿体并开始基建采准工程。措施井的增加，彻底改变了原来单线作业的采矿工艺流程，为缩短一年半的工期起到了决定性的作用。②优化设计方案，改变建设模式。在对支护模式、电机车选型、通风模式、空压机站等进行优化的基础上，突破传统地下矿山的概念，在不降低生产能力的前提下，由双石门大巷改为单石门大巷。各类优化减少了工程量 20 万立方米，极大地减少了工程概算的投入。

最后，落实工程监理制。北洺河铁矿项目建设之前，邯邢矿山局的基建工程没有监理制。工程监理公司的进入，改变了原来矿山企业大而全、小而全的模式，既解决了基建结束后富余人员的安置问题，又解决了工程监理人员不足的局面，同时对工程质量管理、投资控制、进度管理等方面，均起到至关重要的作用。

在刘海宁同志担任矿长的四年里，北洺河铁矿顺利完成了主、副井及西风井井筒掘砌工程、井下疏干排水系统、溜破系统、110 千伏变电站工程等主干工程的建设，实现了井下系统的畅通和完善。在此期间，北洺河铁矿还系统地落实了"六制"管理模式（即招投标制、工程监理制、项目法人责任制、工程合同制、项目审计制、资本金制），建立起了各项工作机制，组建了精干、高效的管理团队，设立了管理流程和模式，明确了管理责任，提高了管理和工作效率，为基建完成奠定了坚实的基础。

图 2 - 2　北洺河铁矿建设初期

（二）加快基建进度，规划发展目标

从 2000 年下半年开始，北洺河铁矿的基建工作进入到了最关键时期。2000 年 8 月，根据工作需要，连民杰同志成为北洺河铁矿第二任矿长。

连民杰同志担任矿长期间，北洺河铁矿基建加快进程，按期投入试生产，开创性地完成了企业试生产初期的各项工作。

1. 确立了"以人为本，科技兴矿"的办矿方针

（1）大力开展职工培训、职工再教育，提升职工技能；搭建职工进步平台，建立科技人员晋升机制，选拔优秀人员进入管理岗位，持续保持职工创业热情。

（2）以科技为先导、广泛应用先进工艺技术。大力开展科技应用和科发活动，强化科技管理、加大科技奖励力度，充分调动了技术人员科技研究、科技攻关、科技应用的积极性。

2．完善生产管理制度，加强计划管理

确立了"三严"管理原则，即制度严密、执行严格、惩处严厉；建立了"三项指令"制度，即计划指令、调度指令、矿长指令。从而提高了工作效率，确保了政令畅通，加快了建设速度。在建设过程中，加强计划管理，狠抓"计划、设计、施工方案和物资供应"四个超前，狠抓年度与年度计划衔接，季度与季度计划衔接，基建与生产计划衔接，外委与自营计划衔接，提高了计划的科学性和可行性。2002 年 4 月 8 日，北洺河铁矿按期顺利实现了试生产。试生产后，该矿一手抓基建收尾，一手抓生产经营，顺利实现了由基建向生产的过渡。2002 年试生产当年生产铁矿石 75.2 万吨，实现利润 400 万元。

3．建立起全新的组织机构模式

为落实国家计委"新模式建矿"方针，提高企业经济效益，北洺河铁矿打破老矿分工区管理的传统，按照"工序化设置车间，职能化设置科室"的思路，分别设置了采准、采矿、运输、提升、维修、动力等基层单位和技术、企管、质量、机动、调度、安环等管理科室，使组织机构设置更加贴近生产建设实际，生产和管理更加趋于专业化、系统化和科学化。

4．初步构建系统的企业文化，为各项工作的开展提供导向作用

北洺河铁矿从物质文化层、制度文化层、精神文化层入手，全方位营造企业文化建设良好氛围，在职工中普及、宣传企业文化基本知识，组织职工群众广泛进行讨论，提高职工群众对企业文化建设重要性的认识。同时，不断提炼、升华本企业的特色文化，以"创国内一流、国际知名矿山"作为企业目标，将"求实求精求发展，创业创新创一流"的洺河精神作为企业文化建设的核心，建立起一整套文化识别系统，充分发挥文化的导向作用，用文化管企业、聚人心、塑精神、促发展，增强职工的凝聚力、向心力、荣誉感、归属感，实现了两个文明建设的协调发展，走上了一条用企业文化促发展的快车道。

连民杰同志担任矿长的两年里，北洺河铁矿完成了基建向试生产的过渡，取得了多项科技创新成果，完善了生产管理制度，完成了组织机构设置，建立起系统的企业文化，在北洺河铁矿新模式建矿历程中，留下了浓墨重彩的一笔。

图 2 - 3　北洺河铁矿企业文化建设

（三）改革创新，推进矿山管理现代化

2002 年，北洺河铁矿经过五年的基建，创造了"按期投产，投资不超概算"的冶金矿山建设史上的奇迹。2002 年 5 月，时任邯邢矿山局副局长的刘乔同志兼任北洺河铁矿矿长。2002 年 11 月，北洺河铁矿领导层进行调整，魏书祥同志接任成为北洺河铁矿矿长。

魏书祥同志担任矿长期间，北洺河铁矿完成了基建收尾工作，于 2003 年年底通过了国家有关部门的整体验收，并于 2004 年 11 月 11 日，比计划提前 415 天实现达产，当年完成铁矿石 202 万吨，使北洺河铁矿一举跨入了国内大型地下冶金矿山行列。期间，在魏书祥等党政领导同志的带领下，北洺河铁矿强化生产组织管理，开工建设选矿厂和尾矿库，深化内部改革，强化党建工作，为以后的快速发展打下了坚实的基础。

1. 将按期达产作为首要目标

（1）积极探索工序化管理模式下，大结构参数无底柱采矿方法生产准备矿量的管理特点，建立了适合北洺河铁矿特点的生产准备矿量保有模式。

（2）成功应用地下矿山中深孔自动化设计系统，提高了矿山地质、测量、采矿的管理水平和设计精度，缩短了设计周期，优化了中深孔爆破参数，改善了爆破质量和矿石的损失和贫化指标。

（3）成功引进和应用掘进凿岩台车、4 立方米电动铲运机等大型进口移动设备。

（4）改善了巷道的成型，提高施工的安全性，降低了炸药单耗，节省了支护的工程量和费用，同时提高了采场出矿强度和劳动生产率，改善了井下作业环境。

（5）加大安全生产的投入，成功应用多级机站通风系统，实现了计算机远程集中监控。

（6）完成了北洺河河流改道工程和塌陷区防洪安全治理，消除了地表河流对北洺河铁矿井下开采所造成的致命水害。

（7）提出了"安全每一天"的安全理念和安全管理工作的新思路，健全了安全管理组织，推行规范化管理和标准化操作，严格落实安全确认制、安全生产责任制和安全责任追究制，为大幅度超产创造了条件。

2．积极兴建选矿厂

为降低选矿成本，减少矿石资源损失，提高经济效益，2004 年 5 月 8 日北洺河铁矿选矿厂正式开工建设。选矿厂建成后可年处理铁矿石 180 万吨以上，产铁精粉 100 万吨以上，财务效益显著。

3．推行以班组成本核算为中心的全面预算管理

对生产车间的各作业环节、生产部位的消耗按其连续性、相关性划分不同的工序，对成本项目进行了详细测算。同时建立了成本管理、成本控制网络和班组核算体系、机台核算体系、责任体系，形成了覆盖全矿的预算网络控制体系。2004 年铁矿石制造成本较预算降低 413 万元，各项主材及动力单耗均低于同期预算，实现了单位成本的控制目标。

4．深化内部三项制度改革，创新管理机制

以工资分配改革作为切入点，将全矿所有岗位、职务分为操作维护类、专业技术类、管理类三个等级序列，共设岗位 372 个。新的工资制度将原来执行的岗位技能工资作为档案工资存档，一律实行岗位效益工资制。新工资制度科学合理地优化了工资收入结构，实现了分配向管理责任大、技术含量高、工作环境苦、脏、累、险的岗位倾斜，真正体现了"坚持效益优先、兼顾公平"的原则，建立了以岗定薪、岗变薪变，同一岗位因劳动者技能水平和劳动态度不同而上下浮动的动态薪酬机制。

在分配制度改革的基础上，2004 年引入全员竞争机制，开始了全员竞聘上岗的人事制度改革。在实际操作中，从报名程序、竞聘岗位、演讲答辩到最后测评，每个程序、每个环节都始终严格坚持公平、公开、公正的原则。同时建立绩效考核体系，使工资人事制度改革成为一个完整的体系，在全矿形成了"尊重劳动、尊重知识、尊重人才、尊重创造"的良好工作氛围。

5．进一步深化企业文化建设

不断充实、凝练企业文化的内容，提炼了七个车间的车间精神，推动基层文化建设；加大对内、对外宣传力度，树立企业形象，创刊矿报《洺河园》，宣传矿重大新闻，生产经营情况，先进事迹等，增加了职工关心企业发展，参与企业管理的意识；积极开展健康向上的职工文体活动，增强职工的凝聚力和向心力，每周一升矿旗、职工篮球赛、元宵工农联欢会等活动，坚持长年不断线，一直延续至今。

图 2-4　三项制度改革动员大会

在魏书祥同志担任矿长的三年里，北洺河铁矿完成了基建矿山向生产矿山的转变，开始了单一采矿企业向采选联合企业的转变，完成了内部三项制度改革，实现了投产、达产、超产的跨越发展，矿山建设取得了长足进步，企业形象、职工素质和面貌得到大幅度提升，在北洺河铁矿现代化矿山建设的道路上留下了深深的足印。

（四）全面推进矿山精细化管理

北洺河铁矿正式达产，主要经营指标全面全局领先，奠定了在邯邢矿山局支柱地位后，2005 年 9 月，赵恩平同志继任成为北洺河铁矿矿长。

在赵恩平同志担任矿长期间，北洺河铁矿步入企业稳定发展时期，采矿生产能力不断攀升，选矿厂建成完工，实现了向采选联合企业的转变，确定了二期深部开拓工程方案并按计划实施。按照现代化矿山建设的要求，北洺河铁矿开始了全面落实精细化管理，走内涵式发展的道路。

1. 确定二期深部开拓工程施工方案，为持续稳定生产奠定基础

北洺河铁矿深部开拓工程是确保生产衔接及后续稳产、高产的重点工程。赵恩平同志上任后，高度重视此项工作，经过对设计方案的数次评估和优化，北洺河铁矿深部开拓工程施工方案最终得以定稿。深部开拓把西风井单独作为深部开拓基建区，形成了基建和生产分区作业模式，从系统上减少相互影响。

2. 顺应企业发展需要，全面落实精细化管理

自 2006 年起，矿党政领导将经济运行质量放在更加突出位置，着重在全矿职工中推广精细化管理理念，培育追求精细化的文化氛围，建立起了精细化生产管理体系、精细化成本控制体系和精细化运行体系为主线的一整套规章制度和管理措施，促使企业整体管理水平的提高。

（1）强化执行力管理。推行了层层复命制，要求各级承办机构在完成工作后，四小时内向上级主管领导汇报完成情况；同时加强制度建设，编撰了《北洺河铁矿制度汇编》，提高了制度执行力，解决了办事不畅、效率不高、遇事推诿等问题；在生产组织过程中，推行准时化生产，形成快速的生产反应机制。在中层管理人员中推行了《持续改善执行力管理手册》活动，提高了中层管理人员执行力和总结、谋划工作的能力。

（2）大力推进定置管理。详细制订了定置内容、定置管理制度、定置管理标准等。通过定置管理，实现了对生产工作现场中的人、物、场所的科学配置，使生产工作现场达到科学化、规范化、标准化，改善了现场管理。

（3）开展过程管理，加强细节控制。北洺河铁矿的工序化组织机构，使生产管理环环相扣。过程管理就是在生产经营过程中全面系统地去做好每一个环节的标准化管理，使每个系统每个专业都实现标准化、规范化、可操作化和可控化，有效地促进了整体工作效率的提高。

（4）强化内控体系建设，创新预算、班组核算、考核管理方式。推行三级两类矩阵式全面预算管理，将预算分成矿、车间、班组三级，车间编制本单位综合预算，各科室编制专业专项预算，两类预算交叉进行，矩阵对照，依靠专业技术支撑，提高编制准确性。同时实行"谁预算谁负责"原则，考核各专业科室的预算准确性，提高预算控制力，实现了全员、全面、全过程的预算管理；建立了"六位一体"班组核算管理模式，将产量、质量、成本、安全、设备和经济指标等六项内容归集到班组核算管理体系中，制订了制度、

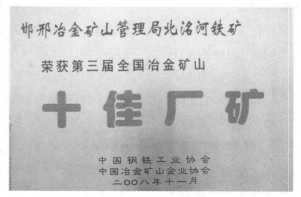

图2-5　荣获全国冶金矿山十佳厂矿称号

执行程序、资料归集、奖罚等相关措施，在八个基层生产单位全面实行，促进了精细化管理；在业绩考核中实行"六挂一否决"模式，将工资分别与产量、成本、设备管理评分、安全管理评分、质量管理评分和班组核算管理评分六项指标挂钩考核，成本超支的，还否决50%的成本挂钩工资，改变了以往工资只与产量挂钩考核的模式，用工资杠杆推动各项关键业务均衡进步。

在赵恩平同志担任矿长的四年里，北洺河铁矿狠抓生产组织落实，加快二期深部开拓工程的建设，强化安全、技术、设备、质量等各系统的管理，全面超额完成各项生产经营指标。同时，大力推广精细化管理理念，将精细化管理制度化、日常化并贯穿于整个经济活动当中，使企业走上了内涵式、科学型发展之路。北洺河铁矿先后被评为中国冶金矿山行业"十佳厂矿"、"中央企业先进集体"等荣誉称号，巩固了邯邢矿山局支柱矿山的地位。

（五）人本化管理，构建和谐矿山、幸福企业

北洺河铁矿经过十几年的建设发展，产品产量、经营管理、企业知名度等各方面都得到大幅提升。伴随企业的发展，周边村镇、内部职工的诉求也随之提高，同时国家对矿山企业的安全、环保、节能、社会责任等方面的要求也越来越高。因此，加快完成向现代化管理转型升级，建立"和谐矿山，幸福企业"，便成为北洺河铁矿新形势下的新追求。2009年12月，北洺河铁矿领导人员再次调整，李庆倩同志成为北洺河铁矿新一任矿长。

李庆倩同志到任后，通过对矿情的深入调研，充分了解各条战线职工的诉求，启动了安全、技术、经营、人力、周边关系、矿区建设等各个系统的

管理创新。将"以人为本，和谐管理"作为这一时期的总体工作思路，把握现代化企业管理内涵，充分发掘职工的内在潜力，发挥人力在生产经营、技术创新当中的核心作用，通过物质文化和精神文化的双重力量凝聚人心，统一思想，调动积极性，推动生产经营的全面发展。

1. 强化了北洺河铁矿制度体系和机制建设，进一步提升了企业的管理效率和效果

（1）构建了企业的沟通机制，积极倾听职工诉求，稳定人心。北洺河铁矿作为集约化办矿的典范和五矿邯邢矿业有限公司（原邯邢冶金矿山管理局）的支柱矿山，承载着为公司跨越发展提供资金、技术、人才保障的重任。随着任务指标的不断增加，特别是2008年国际金融危机后，在"过紧日子"和以产量、效益为本的思想指导下，职工的工作强度、精神压力以及对自身利益的诉求不断增强，职工的创业激情衰减，人员的意识疲态凸显，外部环境和内部关系时有不和谐情况发生。针对此种情况，李庆倩同志上任伊始，就按照"先发现问题，再解决问题"的工作思路，亲身深入基层一线，倾听职工诉求，鼓励职工充分反映问题，宣泄愤懑，平复职工情绪。同时，积极转变领导干部工作作风，设立了矿长信箱，公布矿长联系电话，方便职工反映心声心愿；施行矿长开门办公，随时接待职工前来反映问题；建立起矿长联系点等机制，使矿领导对各基层单位形成一对一的帮扶。通过种种措施，使得职工情绪得以稳定，为各项管理工作的开展取得了支持。

（2）调整了分配机制，通过工资激励调动职工积极性。一是加强经营预算管理，建立了工资倒推利润、产量、成本、费用机制，每月根据实际情况提出目标工资指导经济运行，保证了利润和工资目标的实现。二是修订了业绩考核体系，提高了基层单位业绩考核标准，将工资总额的85%用于绩效考核，最大限度地发挥了工资分配和专项制度的调节作用；对机关科室的集体考核改为个别考核，设立了多项科室直接负责的职能指标，打破了机关大锅饭做法，体现了贡献与收入的比例关系。三是梳理整顿了各类单项奖励，将发放凌乱、不合理、不公平的奖励予以回收。改变全矿一次性奖励发放方式和比重，发放方式由系数发放变成按井上井下人均发放，比重提高到38%，在物价高涨的社会形势下，起到了兼顾公平，稳定队伍的作用。四是大幅提高了中层以下职工的收入分配比例，基层职工人均年增加收入近万元，彻底扭转了分配格局，大幅度提高了职工满意度，和谐了干群关系，满足了职工对自身利益的诉求，促使职工积极性高涨。

图2－6　矿领导班子研究部署工作

（3）创新安全管理方法，深入融合人本理念。将安全管理的重心下移到现场，引入"交通管理"思路，将现场确定为事故防控重点，将班组长确定为指挥员，由班组长直接对本班组作业现场的安全负责。以此确立了"完善设施、健全制度、建立队伍、创新机制"四项安全工作指导思想，从组织、责任、检查和奖罚四个方面建立新的安管机制。在组织上，建立了从矿长到全部班组长在内的222人的安全管理网络；在责任上，将责任主体细化到班组，将班组长列为区域安全管理直接负责人，签订矿—车间—班组三级安管责任状。对每类现场制定安全工作检查标准，定期和不定期检查，将奖罚直接兑现到班组长；在考核方面，每年设立100万元安管奖励基金，与工资15%挂钩，重奖重罚，施行全员风险抵押金制度，用于安全责任管理。将所有外委施工队纳入安管体系，实现安全管理体系的全覆盖，同检查同奖罚。同时，加强井下采掘环境标准化治理，开展了文明生产"交钥匙"工程、"摘帽子"行动等各项举措，井下生产环境脏乱差的局面得以大幅改观。通过将人本理念融入到安全管理工作当中，北洺河铁矿职工安全意识明显提高，自我管理能力显著增强，同时，充分赋予基层班组长安全监管的权力，满足了基层职工参与企业管理的诉求。

（4）突破传统，紧扣"育才"理念，通过制度建立，开创了人力资源管理新局面。一是优化了人员和组织机构配置，对全矿各单位、各科室所有人员、所有岗位重新进行定员、定编，调整人员结构，增设、撤销、合并部分科室，实现工作效率的最优化。二是加强基层单位工资分配管理，制订了《基层单位薪酬分配管理办法》，严格审核基层单位工资分配方案，加大违规发放的处罚力度，把职工收入的梯度控制在合理范围内，充分调动职工的工作积极性。三是加强对专业技术人才和操作维护类职工的培养，把品德、能力和业绩作为选拔任用人才的根本标准，不断提高职工的操作维护技能及管理能力。制订了《三类人员岗位轮换暂行办法》，定期开展三类人员的岗位轮换工作，增强职工适应不同工序、不同岗位工作的能力。对所有基层技术人员全部施行挂职班组锻炼，将所学理论实实在在应用于实践并指导一线生产。对主体工种和技术含量较高的工种施行分类、分级管理，对不同种类、不同级别的职工制定不同绩效工资标准和工作考核、评比标准。充分调动了广大职工学知识、钻技术，努力提高岗位本领的积极性。四是突破以往基层管理人员任命制的传统方式，按照"公开、公平、公正"的原则开展基层段队长、班组长民主选举工作。候选人由职工自己提名，甚至是全员参加选举，矿人力、纪委、工会等部门对选举工作全程监督，杜绝了人情关系对选举的影响，给予认真负责、业务精通、有群众基础的职工一个追求进步的平台，大大促进了人力资源的合理配置和管理水平的提升，满足了职工追求进步和民主权利的诉求。

2．理顺采掘关系，创新生产组织模式，使工序化生产条件下的矿山产能得到进一步释放，实现产量的突破

（1）理顺采掘关系，使矿石开采工艺更加合理，缩短了生产周期，提高了生产速度。加快东部采准工程施工，使两翼退采平衡；集中力量施工－140米水平北部主线和外联巷，阶段性贯通主线和外联巷，同时，提前投入并完成部分深部溜井的施工；补充先进设备，加大采准工程施工量，使采矿、中孔、采准形成梯度作业，避免了多工序间交叉作业对生产衔接带来的制约。良好的采掘顺序促进了生产发展，2012年铁精矿产量将达到150万吨以上，连续连年以10万吨的速度递增。

（2）施行"分段招标"，强化井下工程管理。将工程内容按合理的逻辑关系，划分成若干个单体，以每个单体工程为标的，在矿内各工程队中招标，一

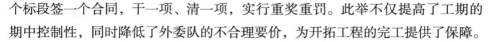

个标段签一个合同，干一项、清一项，实行重奖重罚。此举不仅提高了工期的期中控制性，同时降低了外委队的不合理要价，为开拓工程的完工提供了保障。

（3）精心组织生产转段衔接，提出了三分层出矿思路，实现了各分段水平梯度下降。

（4）强化深溜井的研究与管理。完成了《北洺河铁矿深溜井安全高效使用措施研究》，替补了公司空白，同时充分利用其成果，控制井口预留装矿高度，减少因溜井的堵塞或毁坏对生产的影响。

（5）充分利用采场空区、废弃巷道分流井下生产废石，减少废石崩落和升井，极大地提高了矿石的质量，2011 年和 2012 年，提质增产分别达到 13 万吨和 15 万吨。

3．大力开展"四优化"管理创效活动，点燃全体职工创新热情

自 2010 年开始，北洺河铁矿为激发各类专业技术人员、各级管理人员、各条战线职工创新热情，发挥技术和管理要素在生产经营中的重要作用，实现企业效益最大化，围绕降本增效主题，开展了"优化系统、优化方案、优化管理、优化组织"的"四优化"管理创效活动。每年列支 100 万元奖励基金，重奖创新成果。采取"积极鼓励，提供资源，失败不予追究责任"的方法，通过宣传发动、加强职工创新思维和技能的培训、加强对标考察和走出去学习等手段，鼓励广大技术人员和职工参与进来。同时将技术人员和职工创新成果的获奖情况纳入晋升、评职称、评先进等的考核依据，通过激励方式进一步推动活动的开展。自"四优化"活动开展以来，累计立项 236 项，完成 206 项，创效 5210 万元，发放奖金 110 万元，将群众技术创新活动推向高潮，满足了职工实现自我价值的诉求。

4．大力改善职工生活质量，满足职工福利保障的诉求，营造团结一心、上下和谐、内外和谐的良好局面

随着近年来效益不断攀升，北洺河铁矿进一步加大了物质文化投入，将"建设美好家园"作为后勤工作的指导思想，为职工营造一个整洁、安全、舒适、优美的生产、生活和创业环境。提高了职工福利待遇，增加了劳保用品的种类和数量。为职工赠送生日蛋糕，使职工感受到企业的温暖。开展职工带薪旅游，极大地缓解了职工的工作压力。对职工宿舍进行了装修，安装了网络、数字电视等设施，改善了职工工作和生活环境。修建了灯光篮球场、羽毛球场等娱乐健身设施，成立了钓鱼协会、乒羽协会、棋牌协会、摄影协会、书画协会并定期组织活动，进一步丰富职工业余生活。对矿区进一步实施绿化、美化工程，安设了灯箱、文化长廊等公益设施，并栽种了多种树木、花草。此外，按照"有利、有理、有节"的原则，高度重视周边关系工作，通过主动沟通，满足合理要求等手段，建立了与周边地方政府、村镇的协同机制，促进生产经营工作的顺利开展。

在李庆倩等党政领导的带领下，北洺河铁矿紧紧围绕"人本、和谐"的理念，突破传统，大胆创新，充分发挥职工的智慧和力量，开创出了各项工作的新局面，实现了企业与职工的共同发展。在矿党政的正确领导下，北洺河铁矿全体职工必将同心同德，开拓创新，向着更高的目标不断前进。

三、高效的中层执行力管理

执行力主要是指组织把战略分解并转化为具体行动的效力和能力，其核心在于三个核心流程：人员流程、战略流程和运营流程，并能够使这三个流程有机地结合起来。开展这些流程的过程实际上就是执行决策的过程。

执行力的形成过程是：①理念转化为现实；②计划转化为行动；③决策转化为操作；④目标转化为任务。北洺河铁矿正是按照执行力形成的基本原理，结合本企业的实际，通过抓中层人员的执行力，从而有效促进了企业全员执行力的提高。

（一）执行力管理实施背景

北洺河铁矿实行直线职能制组织结构形式，矿务管理分成四个层级：矿级领导—中层管理人员—队段（班组）长—一般员工，由于组织链较长，容易造成管理两端信息沟通和交流不畅问题。从实践中看，中层人员执行力是承上启下的中坚环节，是关乎矿事业成败的关键因素，为此，该矿从改善中层执行力方面着手，提高全员执行力。

北洺河铁矿一贯奉行的精干高效建矿模式，使得执行力管理一开始就直面挑战，一方面表现在工作量大，节奏转换快，要求创新提高的地方比较多；另一方面是人手少、新旧更替快。这就要求，凡事都要一次性尽可能100%做好；好的思路策略必须在第一时间就落实到具体执行时间表上；工作必须到位，杜绝拖拉；执行过程不能马虎，敷衍了事。鉴于中层人员在管理中的特殊角色与作用，在执行力管理方面，北洺河铁矿采取了抓中层，带动全员执行力的措施。

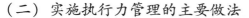
（二）实施执行力管理的主要做法

制订和运用一系列强制性措施、手段　矿中层管理人员在执行战略决策过程中起着至关重要的桥梁作用。中层既是执行者，又是领导者，是促进企业进步主要的群体，但如果作用发挥不当，也是阻碍企业，甚至拖垮企业的重要的群体。因此，该矿通过合理制订和运用一系列强制性措施、手段，加强中层执行力管理，组织带动员工完成目标任务。这个过程中，主要做法有：

（1）四项指令制。四项指令是该矿通常采用的一种促进中层执行力的手段，主要做法是根据生产经营中出现的实际问题，经过分析，形成指令，要求中层人员在规定时限内采取行动、进行反馈（见表2－1）。

表2－1　　　　　　　　　四项指令内容表

指令名称	指令下达	指令内容	考核主体	反馈周期
行政指令	矿长、书记、副矿长、副书记、总工、总会	重大事件或影响全矿系统运行的事件	经营预算科	每月第一周的周五
安全指令	安全副矿长	重大安全隐患整改，推进重大安全管理工作	安全管理科	每月2日前
调度指令	主管副矿长和调度主任	生产中的薄弱环节、重点工程及重要工作	调度室	每月2日前
技术指令	主管副矿长和各部门正职	影响生产衔接的重点工程及重要工作、关键技术的落实执行	技术科、地测科、机动科等	每月2日前

这种管理的优点在于为了确保工作落实到位，通过指令形式，明确每个问题的责任部门和责任人；明确完成进度的限定时间；配有调查跟进部门；所有待办事项追着人走。事项的提出、落实、反馈实现闭环管理，同时强化了过程管理和痕迹管理，避免部门因事多遗忘的情况，提高了执行力。

（2）四小时复命制。该矿2006年开始实行"四小时复命制"，主要是针对调度指令，要求矿中层干部在调度会或日常工作中接到工作指令后，在四小时内向指令发出人进行回复，说明工作进展情况或不能及时完成的原因。

此后，"追问制"作为四小时复命制的一种补充，在调度指令发出后四小时内未接到相关部门的回复时启用。

（3）签订责任状。矿与中层签订责任状，这也是该矿为促进中层人员执行的一种手段，主要应用于技术、安全和纪检方面。

（4）指令督办。矿专门设立指令督办岗位，一是防止中层接到指令时拖沓和延误；二是及时解决执行过程中车间、部门之间执行争议。

一般的，指令未按时、按进度完成的，不同的指令有规定数额的经济处罚，除此之外，指令的完成情况也作为中层人员年中、年底考评的一项指标，足以引起中层高度关注。

由于这些强制性措施、手段的运用，不给中层人员留有推脱机会。为了使指令能按期按质完成，或者能按期完成责任状项目，中层人员在执行过程中必然在任务的研究、布置方法、人员选择、执行条件的改善上都是狠下工夫，从而促成任务得到科学分解、有明确的执行流程、简单易行的操作要领，还有亲力亲为的现场督办。再加上一定程度上的物质和荣誉激励，为员工执行带来便利，促进员工的积极性，带动了员工的执行力。

持续改善执行力管理方法 在该矿，绝大部分中层管理人员都是从业务能手和技术骨干提拔而来，在工作中，多出于惯性作用只顾忙于埋头工作、忙于事务，而疏忽主要管理职责——计划、安排、督导等，陷入"行有余"而"思不足"的困境。为培养广大中层管理人员思行合一、精益求精的作风，塑造复合型人才，促进全矿管理进步，北洺河铁矿推行了中层管理人员持续改善执行力"手册式"管理方法。

（1）手册上规定中层人员需填写的内容。包括：年度、季度、月度工作计划；本月、本季的自我工作评价；每月或每半月一次三省的报告，包括对工作方法、工作态度、工作失误、建议体会等。

执行力手册，由于要写成书面形式，交上层领导查看，从而促使中层认真谋划。通过长时间的月度、季度、年度的工作谋划，在不知不觉中培养了系统思维的习惯；定期的三省报告，引导中层逐步养成了内省的分析习惯，面对问题，侧重反省自己的方法、能力、态度、技巧等，有效地改变了以往遇到问题，总是推脱责任，找别人过错的现象。

（2）明确了审阅人员填写的提示内容。上级人员是审阅人，包括正科长、主管副矿长、矿长、书记，提示填写的内容有：对年度、季度、月度工作任

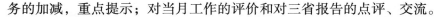

务的加减，重点提示；对当月工作的评价和对三省报告的点评、交流。

手册式管理有别于以往的自觉性为主的管理方式，以强制性带动，自觉性为基础。由于是书面形式，可以连续记录，痕迹化管理，便于双向交流和持续改进。

（3）执行力手册的管理流程。

1）手册持有人在元月 5 日前书写本人的年度工作规划，并留下半页以上页面供上级评写批语。

2）中层管理人员每月 3 日前撰写上月工作总结、自我评价和本月工作计划，总结与计划应分开在不同页面，并留有适当空白页面方便上级所写批示。

3）手册持有人至少每月撰写一次"三省"报告，自愿的可以每周撰写一次。

4）中层副职人员手册应交本部门正职批示，每月 4 日前（遇双休日顺延，下同）中层管理人员的手册由企管科收集，交主管矿长批示；每月 6 日前中层正职人员的手册再由企管科收集交矿长批示点评；每月 9 日前返还中层人员管理手册。

5）中层人员的"三省"报告及领导批语，由企管科摘抄经典的，在矿自动化系统和洺河园报纸上刊登交流。

6）未按时提交管理手册的人员，每月扣 3 分，提交手册在工作计划、自我评价、"三省"报告方面有缺项或明显不规范的，每月扣 1 分；累计达到 10 分的，在办公系统通报，达到 20 分的，扣 200 元。

7）企管科每季度撰写"持续改善执行力管理"活动组织和效果评估报告，交矿领导。

8）矿年底将选择优秀的管理手册和领导批语进行展览和奖励。

9）所有人员的管理手册需妥善保管，不得遗失，作为矿下一步升级执行力管理方式的基础资料。

（4）执行力手册式管理更好地带动了员工执行。以前的中层人员一般是随着工作的自然节奏走，有领导安排时，随安排走，谋划和执行没有约束；对工作缺乏反省、总结、思考，即使有也是随意性的；做事缺乏科学根据，缺少对内外部环境进行仔细分析；做事毫无章法，下达的命令也可能朝令夕改。刚开始，员工接到指令后，迅速执行，反而可能在不远的将来被推翻，让其不满意。再加上没有科学的做事流程和依据，员工的执行难度大，逐渐丧失做事的积极性。

因此，久而久之，员工就养成了对其指令先观望一阵子再说的习惯，不求有功，但求无过，执行力差的现象逐渐成为一种文化氛围，有时并非因为员工偷懒，而是规避朝令夕改的风险。

执行力手册式管理使得中层人员复合素质明显提高，表现在：①对上级管理策略和思路的领悟理解；②工作安排的条理性增强，下达任务科学、合理、可行，指导监督能力进一步的增强。这样，再通过深入对组织内每个成员行为进行引导和施加影响，能使个体和群体能够自觉自愿、有信心地为实现组织的既定目标而努力。

利用信息中枢作用，开辟各种途径，让其有效传递组织信息　从执行力所建立的基础和实施的主体来说，执行力有以下三个特征：

（1）可执行性。执行力的可执行性是建立在有效的战略基础上的，如果没有执行力，那么战略最终是一句空话；如果战略本身不符合实际或者缺乏可行性，那么执行力也无从谈起。可执行性是执行力与生俱来的特性。

（2）可接受性。执行力的可接受性是指建立在管理者和员工之间的关系，以及员工对有效的战略接受程度而言的。如果一名员工和上级关系不融洽，对于所要实施的战略认为期望的程度不高，那么可以说员工的可接受性就差，这个企业的执行力就差。

（3）实践性。执行力是与各项工作息息相关的，执行力的实践性是实践过程、实践成功与否的关键，它是全体员工共同为着实现企业的目标的能力的体现，也是在实践的过程中不断提高执行力的关键。

中层是各种信息的集结地和中转站，该矿通过开辟各种渠道，并保障其畅通，为中层发挥角色作用提供方便。

向上，中层人员传递、反馈来自现场的关于生产经营管理中的多种信息，并向上汇报现场执行中各种问题，包括计划进度、沟通、协调，质量控制、职工意见反馈等方面。反复的信息沟通，有利于上级战略制定，促进了战略可执行性和实践性。向下，中层人员传达上级的政策、精神还有当期生产经营的整体情况。

正是由于中层人员的不懈努力，促进全矿上下信息通畅，进一步融洽了上下级关系，增进了彼此了解，消除了一些工作误解，提高了工作指导的针对性，使得执行力的实施主体接受力明显增强，带动了职工执行力的提高。

制度约束和制度执行力督查 建矿伊始，北洺河铁矿就注重制度体系的建设，截至 2012 年，该矿基本完成了科学、合理、覆盖全面的制度体系建设，基本能做到事事有人管，事事有制度，制度不重叠、不矛盾。

制度对规范员工（包括中层）行为，促进员工个人的活动合理进行，提供了一种强制手段，体系合理、结构简明、内容简洁并附带执行表格的制度使执行变得更方便。但当执行过程中出现较复杂的跨单位、跨部门的执行关系时，员工就力不从心了，这时中层人员的执行作用就非常关键。理想的状态是，中层人员能积极摒弃从本部门的角度去思考问题，而是从全局、全矿角度分析问题，将自己的想法要和整体战略以及和其他部门的工作相衔接。中层人员的态度会影响员工执行的接受性和积极性，对于促进员工执行力的提升有很大的作用。

从 2011 年开始，北洺河铁矿设立了制度执行力督查。主要是监督检查专业科室对所起草下发的制度是否严格监管和执行，了解车间、部门之间执行争议，帮助中层人员理顺跨系统、跨单位、跨部门执行关系，从而提高了执行力。

（三）执行力效果

北洺河铁矿通过"抓中层执行力"的意义表现在以下几方面：①生产组织的计划性、协调性明显进步，计划执行率由以前的 75% 提高到 95% 以上，重点工程 90% 以上项目都按期完成；②在实际执行过程中涌现出一批非常实用的执行手段，如设备管理方面，车间涌现了格式化设备项目管理、销账式管理等一批非常适用的执行方法，到 2012 年，设备完好率提高到 98% 以上，故障停机率降到 1.33% 以下；在质量管理、成本管理、安全文明生产管理、党建工作等方面，涌现出了过程打分、实物量考核、班组量化考核等各种实用执行方法。

四、营造快乐型组织

（一）创建背景

快乐型组织就是在组织内全面推行快乐管理，为全体成员创造快乐工作氛围和条件，维护他们享受快乐的权益，提高他们的快乐指数，有效地开展全员快乐教育，全面实行快乐学习、快乐工作、快乐生活、快乐奉献、快乐成功。

在基建时期，北洺河铁矿就系统开展企业文化建设，提出了"资源有限，开拓无限，追求卓越、共享成功"的价值理念和"创国内一流，国际知名矿山"的企业目标。要实现这些价值目标，必须要有员工自觉、充分地参与，只有快乐的组织、宽松的氛围，才能最大程度地激发员工创造力和热情，参与到崇高的企业目标建设活动中。建矿十五年来，北洺河铁矿始终坚持营造风清气正，快乐、简单的企业氛围，靠良好的企业文化，凝聚员工，促进企业健康发展。

（二）创建举措

1. 人性化管理

所谓人性化管理就是一种在企业的整个管理过程中充分重视人性因素，以充分挖掘人的潜能为目标的管理模式。人性因素有多种，包括对人的尊重，充分的物质激励和精神激励，给人提供各种成长和发展机会，注重企业和个人的双赢战略，制定个人的职业发展规划，等等。人性化管理理论是建立在"以人为中心"的管理理论，北洺河铁矿坚持"以人为本"，通过创建快乐型组织，有效满足员工多样化需求，达到了调动员工积极性的目的，极大限度地发挥了员工的潜能，提高了企业的工作效率和经济效益。

2. 多种举措，促进快乐型组织建设

以科学发展和和谐社会理论为指导，以需求多层次等员工激励理论为工具，定目标，建机制，树正气，造环境，建立风清气正，公平公正，人际关系简单，未来可预知，现实需求合理满足的组织环境，让员工在快乐、宽松的氛围中发挥最大创造力。建立快乐型矿山的主要措施有：

（1）明确组织和个人目标。有明确奋斗方向，对未来充满希望，是一个人快乐的源泉。北洺河铁矿在建矿初期就致力于建立组织目标和个人目标，为组织和个人明确方向。

在基建后期的 2001 年，北洺河铁矿就组织开展企业文化建设，确立"资源有限，开拓无限，追求卓越，共享成功"的企业价值观，将追求卓越、享受工作作为引导员工的基本准则，将"共享成功"作为企业基本信条，引导员工积极参与企业建设事业中。确定"创国内一流、国际知名矿山"为企业目标，"求实求精求发展，创业创新创一流"作为业企业精神，以建设"现代化矿山"为组织愿景，从理念层面明确组织目标，为全体员工指明奋斗方向。

（2）帮助员工建立职业生崖规划，明确个人发展方向。对新入职的员工，介绍企业基本情况，发展前景，运作机制，帮助员工制定自己长远的职业生涯规划，使员工能够根据自己的能力、特长、兴趣，结合企业长远发展目标，确定自己职业生涯方向和轨迹。

（3）确定具体目标，使企业目标和个人长远目标有机地结合。该矿制定有五年规划、三年滚动计划，年度工作计划，月度工作计划等。使企业目标通过规划与计划层层落实，转化成个人目标，看得见，够得着，每年完成自己的工作目标，就离自己愿景和企业愿景更进了一步。

（4）建立通达快乐型组织的机制。

第一，北洺河铁矿建立了公平公正的分配机制。分配公平是组织消除员工怨气、取得员工信任的最基本保证。该矿确定公平、公正、公开、闭合的指导思想，倡导"高效高报酬，公平不平均"的分配观，坚持"效益优先、兼顾公平"和"向一线倾斜，向苦脏累险，向技术含量高，责任大岗位倾斜"的原则。全矿总工资70%用于挂钩考核，30%用于统筹奖励，既激励效率，又兼顾公平。向井下掘、支、凿、爆、采五大工种倾斜15%～30%，辅助生产车间内部向维修工、电工倾斜15%～20%，中层人员人均工资控制在职工人均工资的2.5倍之内。车间、科室、中层人员各分成五个以上级别，保持公平、合理的梯度。为兼顾公平，统筹奖井上、井下保持200元/人月左右差距。矿对车间实行"工资六挂"考核，车间对班组实行"六位一体"核算，每月矿和车间都召开考核委员会会议，公开审议下级考核、分配事项，并将考评意见、考核结果明细反馈给被考核下级组织，作为监督上级和改进自己的依据。除安全奖、科技管理进步奖之外，严格控制单项奖发生，防止分配不公平，对安全奖，科技管理奖严格评奖程序，定期监督，确保公平。面向个人的分配要经班组60%人员认可方能生效。

第二，建立完善的员工职业成长机制。北洺河铁矿按员工所在岗位划分，可分为三类：技术类、管理类、操作类。技术类员工中的大中专毕业生，其发展方向为：技术员→技术主任→部门负责人→总工程师以及更高的岗位；技术类操作工人发展方向为：技术主任→车间或部门负责人。管理类员工走部门副职、部门正职、矿副职及更高岗位的道路。操作类员工发展方向为：班组长→队段长→安全生产副主任→车间正职→矿安全生产副职道路。

员工职业成长的焦点是技术类工人和操作类员工能否真正走向上一级管

理岗位。为此，北洺河铁矿在基建时期就注重提拔他们中的优秀骨干，特别是2002年设立定型化的工序车间至今10年中，十个基层单位中每个单位至少配备一名从工人中提拔的管理人员，已经成为标准配置，当初工人提拔起来的人员中，有不少已经走到正科级岗位。

第三，为充分培养年轻人职业成长，矿实行多种配套机制。例如大学毕业生到矿班组实习，到班组任班组长；技术工人、工程技术人员岗位交流，选拔培训等。完善、连续的机制，稳定了年轻员工的成长预期，增强了以实绩博取职业成长机会的信心。

第四，建立员工挑战创新，参与管理的机制。北洺河铁矿是建矿时间不长的矿山，员工平均年龄35岁，大专以上学历的占27%，整体表现出挑战、创新、参与企业管理的愿望比较强烈。为此，该矿长期开展各类活动，为员工提供展示的机会，比较完善的机制有技术与管理创新活动、职工合理化建议活动、安全合理化建议活动、党员增效立功活动、突击队活动、各类文体比赛、技术比武、劳动竞赛、手工艺展示等。同时，定期开展职工代表安全督察、矿务公开督察、职代表、党代会、工作会、分析会、矿长信箱等，让员工充分表达管理意见和建议。这些活动与工作的开展为该矿员工提供了挑战竞争、创新求变、参与管理的机会，使员工获得地位与尊敬，享受自我实现的快乐。

第五，营造宽松适宜的企业氛围。北洺河铁矿在矿业公司内属于后建矿山，初期人员全部来自其他单位，以来源矿山为纽带，以来源矿山中职务较高、资格较老，影响力较大的人为核心，形成一个个"山头"，中间又夹杂着地域帮、校友帮、亲友关系等，这些山头、帮派关系明争暗斗，使人人自危，人际关系十分紧张。为此，该矿从2000年开始，为遏制这些不正常非正式组织的发展势头，通过批评、查处、撤职、调岗等多种手段，使帮派关系在两年多时间消退下去。与此同时，积极发展多种积极向上的非正式组织，如桥牌、棋类、球类等文体活动协会，各种技术协会等，增进员工企业集体归属感，培养新的友谊、情感、伙伴关系，淡化山头帮派思想。

第六，保持"准紧张"压力状态，凝聚组织活力。俗话说"无事生非"，也有人说"最好的奖励就是工作"，北洺河铁矿这些年一直保持一种适当的"准紧张"状态，这是建设快乐型矿山的一项重要因素。保持"准紧张"状态的措施有：车间主任、支部书记一岗双职制；每天矿、车间两级调度例会制；各种各样的创新、推进精细化管理要求；各种不间断活动；连续要求保持较高产量负荷状态；工序化组织机构设置形式；经常下达三项指令等，还有经常迎接计划外的各类参观、检查等，使员工的思想状态充分凝聚在工作上，从而保持组织关系的单纯性。

第七，改进管理作风，主动解决员工心中的疑问。采取方式有矿领导车间联系点制度，矿长信箱制度，矿领导开门办公制度，矿领导、机关管理人员下基层制度等，还有一些传统的上下级沟通方法，这些方式及时化解员工心中的疑问，处理萌芽问题，使员工心平气顺。

第八，多种途径满足职工的现实需求。员工的需要是多样的，除了一部分人关心职业成长以外，多数职工还是想快乐地生活，为此，该矿采取的措施主要有：①对技术型员工进行分类管理，多元激励，满足其多类型需求。②对高级技术型员工采取组织激励、榜样激励、绩效激励等方式，具体的有授权、委任、独立项目负责人，评选明星、标兵、绩效评价等。③对青年技术型员工关注其个人成长，如在职培训，提高学历，考察学习等。对中级技术型员工，增强组织尊重、理解和关心，创造良好的工作环境、沟通氛围、办公条件等。④对"大拿"型技术工人以特聘工程师的方式予以组织认可。⑤对初级技术型员工主要是创造让他们增加经济收入的机会，因为这部分人的年龄正是人生花钱的高峰期，该矿通过项目创新奖励，超额奖励等增加他们的收入，同时还组织婚介等。⑥对不同年龄、身体状况的操作类员工进行调岗管理。年轻、身体好的，安排在井下一线，收入高；年龄大、身体不太好的，允许向地表岗位调配；愿意学技术的年轻人向维修工、电工等岗位调整；长期在一个岗位有职业疲劳感的员工可以申请换岗。

第九，活动丰富化，在集体活动中体验生活的快乐。该矿经常性举办钓鱼、棋类、球类、手工十字绣、摄影书法、绘画、演出、演唱等活动，丰富业余文化生活，增加生活快乐。

第十，不断完善办公、工作场所环境与条件，改善集体生活条件。例如地表工作场所全部安装空调，集体办公室改造，上下班空调客车接送、厂区花园式绿化，井下强化文明生产美化亮化，食堂、单身宿舍硬件升级，让员工共享企业发展的成果。

（三）建设成效

北洺河铁矿创建快乐型组织取得的直接成效主要体现在三个方面：

（1）建矿十五年来，因为矿方的原因上访事件为零，因为其他原因上访人数、次数全公司最少。

（2）员工对企业满意度95％，尤其是对分配、晋升等敏感问题一直比较认可，交流到别的企业的员工回访满意度几乎100％。

（3）快乐型员工为企业创造了超值价值，以按期完成基建，快速达产和2011、2012年的大幅度增产为标志，北洺河铁矿实现了三次跨越式发展。

第三章 机制建设

机制原指机器的构造和工作原理，现已广泛应用于自然现象和社会现象，指其内部组织和运行变化的规律。在任何一个系统中，机制都起着基础性的、根本性的作用。在理想状态下，有了良好的机制，甚至可以使一个社会系统接近于一个自适应系统——在外部条件发生不确定变化时，能自动地迅速做出反应，调整原定的策略和措施，实现优化目标。

在长期的生产经营实践中，北洺河铁矿积极进取，不断创新，探索出一套适合于自身发展的决策机制、战略管理机制、运营机制、激励机制和约束机制，为企业生产经营有序运行提供了机制保障。

一、科学民主的决策机制

（一）决策与决策机制

决策是指一个组织为实现一定的目标，在充分预测各种不可控因素未来状态的基础上，制订各种可能采取的行动方案，根据各方案的执行效果，按照某种规则，选择一个最佳或比较满意行动方案的分析和判断过程。决策机制是企业在享有充分的法人财产权的情况下，对生产、经营等经济活动做出抉择的机制。这种机制包括决策主体的确立、决策权的划分、决策组织和决策方式的选择等方面。在企业的经营运行机制中，决策系统各要素之间的相互关系和内在功能，客观地反映着决策机体的运动变化规律，并决定着企业决策行为的有效性。企业决策机制在经营机制中处于主要地位，它不仅是设计其他机制的基础，而且又贯穿于其他各项机制的始终。健全的决策机制是有效决策的必要条件，其衡量标准就是看其是否与决策的运行规律相符。

决策是一个过程，而不是一瞬间的简单选择行为。一个完整的决策过程包括决策问题的识别、决策制定和决策实施，每个阶段又包含了若干个步骤，

（见图3－1）。

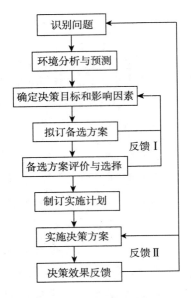

图3－1 决策步骤流程图

北洺河铁矿在十五年的建设发展中，按照科学、民主的原则，不断创新、完善企业决策机制，最大程度地克服了领导干部判断预见能力的缺陷，有效地规避了风险，减少了失误，做到了量力而行，讲求实效，高效地利用有限的资源，走出了一条符合本企业实际的稳健发展之路，促进了企业全面协调可持续发展。

（二）以制度建设为保障，建立各类决策机制

该矿结合企业实际，制订了《北洺河铁矿"三重一大"制度暂行规定》，按照依法、依权、民主的原则，分类梳理了重大决策、重要人事任免、重大项目安排、大额度资金运作所包含的主要内容、覆盖范围和额度标准等，形成了企业决策事项管理的各类制度规定，强化了对权力的制约和监督，实现了领导班子和领导人员决策科学化、制度化、规范化。制订了《北洺河铁矿矿长办公会制度》，规定了会议的召开、参会人员、研究和决策事项范围及落实等内容，为该矿最高决策提供了平台。同时建立健全了调研论证、公开公示、信息反馈、考核评价、责任追究和后评估等配套制度，形成科学完整的决策制度体系。

（三）完善的经营决策流程

该矿采用直线职能组织机构设置，管理层次包括"矿长→主管副矿长→职能科室或生产车间→班组"，该矿所有的决策活动都是基于这个基本框架进行。建立健全了以生产工艺和职能为纽带，与企业组织结构相匹配的适度集权与有效分权相结合的决策管理体制；建立健全了党委、工会、职代会参与决策、有效监督的渠道；建立健全了党委和行政之间决策的党政联席会议制度，实行重大决策审批和备案报告制度。同时，成立了多个决策委员会，成员由多专业、多层次人员组成，负责对各重大事项提供参谋咨询。对重大事项的决策程序一般按"情报收集→方案设计→方案选择→组织实施→信息反馈"五个步骤进行，采用委员评分、方案排队的定性决策方法，确保决策内容的科学性、及时性和可操作性（见图3-2）。

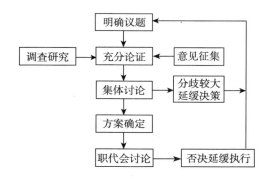

图3-2　北洺河铁矿决策流程图

（四）强化决策监督，明确责任追究

北洺河铁矿创新决策监督模式，着力构建党组织监督、职工民主监督、经营管理监督、业务部门监管、纪检监察和审计等跟踪监督的监督格局，建立健全矿党政参与决策、带头执行、有效监督的领导体制、工作机制和管理渠道。对企业经营管理方面的重大问题、涉及职工切身利益的重大事项、制定重要的规章制度等方面，及时广泛听取工会的意见。综合运用党风廉政建设责任制考核、惩治和预防腐败体系检查评价、民主生活会、企业领导人员述职述廉、矿务公开等形式，监督检查"三重一大"决策制度的执行情况。同时，建立了明确的责任追究制度和纠错改正机制，对决策出现重大失误后，清楚界定个人应承担的责任，避免出现集体负责，而最终无人负责的现象，保证责任到人，奖罚到位。对决策的执行情况进行跟踪和反馈，并及时调整、完善。科学的决策机制确保了企业效益的显著提升。

附录3-1

北洺河铁矿"三重一大"制度暂行规定

第一章 总则

第一条 为落实中纪委关于"重大事项决策、重要干部任免、重大项目安排和大额度资金使用，必须经集体讨论作出决定"的制度（以下简称"三重一大"制度），推动北洺河铁矿党风廉政建设和反腐败工作，强化对权力的制约和监督，实现领导班子和领导人员决策科学化、制度化、规范化。现结合矿工作实际，制订本实施办法。

第二条 本规定适用北洺河铁矿（以下简称矿）。

第二章 "三重一大"的范围

第三条 重大事项决策范围

1. 贯彻执行党和国家的路线、方针、政策和上级重要决定指示重要文件、重要会议精神以及要向上级请示报告的重要事项；

2. 矿的发展方向、经营方针，中长期发展规划、年度各种计划等重大战略管理事项；

3. 矿年度工作报告、财务预算方案、决算方案、审计工作和税后利润分配方案；

4. 计划外追加、更改项目；

5. 矿薪酬分配，以及涉及职工重大切身利益等重大利益调配和提请职工代表大会审议的重要事项；

6. 党建工作、纪检监察工作中的主要问题，以及党风廉政、精神文明建设中重要问题；

7. 矿机构设置、人员编制、重要管理规章制度的制定、修改及废除；

8. 涉及对矿有着重要影响的其他重要问题和应对重大突发事件方案。

第四条 重要干部任免范围

1. 中层干部任免和调整；

2. 重要岗位上的人事调整；

3. 后备干部人选推荐。

第五条　重要项目安排范围

1. 以现金、实物投资进行合资、合作项目；

2. 重大、关键性的设备引进、重大技术改造项目；

3. 工程招投标项目以及其他重大项目的安排。

第六条　大额度资金的使用范围

1. 投资计划、借款、贷款计划，维简计划；

2. 预算外资金使用；

3. 固定资产投资、大宗材料、设备采购的资金使用；

4. 对外赞助 5000 元以上的其他大额度资金使用。

第三章　"三重一大"决策的原则和程序

第七条　"三重一大"决策的原则

1. 依法决策的原则。矿"三重一大"决策必须遵循国家的法律法规、遵循党的方针政策和纪律。

2. 依权限决策的原则。矿"三重一大"决策必须按照局明确的职责和权限进行。矿党委会、党政联席会、矿长办公会应按照各自的职责和权限进行决策。

3. 民主决策的原则。矿"三重一大"决策必须实行集体讨论，充分发扬民主，不能少数人或者个人决策。要充分发挥职代会的作用，听取员工的意见。

第八条　"三重一大"决策的程序

1. 确定议题。"三重一大"的议题应在会前决定，不能搞临时动议。需集体研究的议题，要提前征集班子成员意见，汇总后由矿长或党委书记确定。

2. 充分论证。企业重大决策的动议必须进行调查研究，广泛征求意见，在客观真实和充分论证的基础上，提出讨论方案，有必要时需提前向参会人员提供书面材料。在议决"三重一大"事项的过程中要注意信息充分披露，提交议案的部门或主要负责人要确保信息的真实性和全面性，避免因信息不准确而造成决策失误。

3. 集体讨论。会议研究决策要执行民主集中制原则。讨论决定问题要有三分之二以上成员参加。决策时应进行表决，表决结果和表决方式应当如实记录在案。

第九条 依照《中华人民共和国工会法》的要求，矿研究经营管理和发展及关系员工切身利益的重大问题应当听取工会的意见。

第四章 监督检查和责任追究

第十条 矿"三重一大"制度执行情况，接受局的监督检查。

第十一条 矿"三重一大"制度执行情况，接受矿全体员工的监督。

第十二条 矿党风廉政建设责任制考核组，结合每年党风廉政建设责任制考核，对"三重一大"制度的执行情况进行自查。

第十三条 本暂行规定自下发之日起开始执行，解释权归办公室。

附录3-2

北洺河铁矿矿长办公会会议制度

第一条 会议的召开

会议一般每月召开一次。有重大或急办的事项，可随时召开。矿长办公会议必须有三分之二以上组成人员出席，方可召开。

出席人员：全体矿领导。

常设列席人员：副总工程师、办公室、党委工作部、经营预算科、人力资源科、财务科。必要时，根据会议内容吸收有关人员列席。

会议由矿长主持。

第二条 研究和决定事项范围

1. 决定贯彻执行上级决定、重要文件、会议精神的具体实施方案；

2. 决定矿中、长期战略发展规划；决定企业年度生产计划、精神文明建设工作的指导思想、奋斗目标和重点工作情况；

3. 制订矿的年度财务预决算方案；

4. 制订矿的考核方案；

5. 决定矿内部管理机构的设置、变更以及中层干部的培养、任免、调动、奖惩情况；

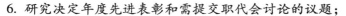

6. 研究决定年度先进表彰和需提交职代会讨论的议题；

7. 制订矿的基本管理制度；

8. 矿长或其他副矿长认为需要提交会议的其他事项。

第三条 议题的提出

1. 会议议题分别由办公室和党委工作部征集。与议题有关的材料，由议题提出部门按照必要的程序，做好充分准备，并经主管领导审查同意后，于会议前分别交办公室和党委工作部。

2. 凡提交的议题，会前要做好充分研究和沟通，具备决策条件后，方可提交会议。对于专业性较强的议题，应首先提交有关的专门委员会讨论通过后再上会研究。议题一经确定，不再增加临时议题，不开无准备的会议。

3. 议题提出人要明确议定时间和汇报人，汇报人由单位或部门的主要负责人汇报。

第四条 会议的决策

1. 科学决策原则。所有决策必须建立在科学决策的基础之上，尤其是重大项目投资决策必须经过反复考察和充分论证。凡是未经过论证的项目一律不予以立项决策。

2. 民主决策原则。"三重一大"问题的决策，一律按民主集中制原则决策，必须有出席会议二分之一成员赞成该议题才能做出决定。对意见分歧较大的，要暂缓决策。要在充分酝酿、充分考察论证的基础上再作决策。

3. 合法决策原则。凡是法律法规有明确规定程序的决策，必须严格按法律、法规允许的程序决策。决策不允许超越法律法规规定范围。

第五条 会议的落实

1. 凡经会议集体做出的决定，必须坚决贯彻执行。

2. 凡会议决定的议题，由分管领导组织实施，并及时向矿长通报实施情况。

3. 与会人员应保守会议秘密，不泄露会议决定的内容，妥善处理和保管会议资料。

4. 办公室负责会议记录。如需印发《会议纪要》，由办公室负责起草，办公室主任核稿，会议主持人审签后印发。办公室要加强催办，并向矿长及时反馈落实情况。

第六条 本暂行规定自下发之日起开始执行，解释权归办公室。

二、矿山低成本战略

(一) 战略抉择

著名企业战略管理学家迈克尔·波特将企业竞争战略分为三种，即差异化战略、低成本战略和集中化战略。实施差异化战略的基本条件是用户对产品的需求多样化；实施集中化战略的基本条件是企业利用其核心能力，专门为具有某种偏好的消费者提供产品或服务。铁矿业产品及用户需求具有高度同质化的特点，因此，铁矿开采企业只能选择"低成本战略"。

北洺河铁矿是1997年正式开始建设的，建设初期，邯邢矿山局提出"新快好省"的建矿方针和"五年建成，投资不超概算"的建矿目标。基建转生产时期，对长期经营提出了"创国内一流、国际知名矿山"的企业目标。为实现各阶段目标，必须要选择和坚持低成本战略。

(二) 低成本战略的实施

北洺河铁矿在实施低成本战略的过程中，从分析影响成本的因素入手，以系统优化矿山设计为抓手，以先进的采矿方法为基础，以技术创新为推手，坚持全过程管理与控制，以行业先进为目标，抓住矿山成本的关键因素，系统化、集约化、安全化、人性化、持续性推进成本控制，不提高经济效益和行业竞争力。其具体做法是：

1. 正确分析矿山企业开采成本的影响因素，为矿山系统设计奠定基础

一般而言，影响矿山企业开采成本的因素主要有以下几方面：

(1) 地理位置因素。矿山建设的地点为矿床产地决定，矿址往往需在地形、交通、水源、动力、生活等外部条件非常不利的地点建设，因此初步建设投资费用大，分摊的成本高。矿山闭坑后，善后处理费用也很高。

(2) 开拓方案和采矿方法的选择。矿床开拓设计决定矿山生产运行基本格局，一旦建成，就很难改变。开拓工程的投资占投资总额的40%～60%，对企业的成本负担影响很大。开拓方案基本确定了生产规模、服务年限、系统工艺、采矿方法、基建投资、年经营费用等诸多影响成本的前提条件，是决定整个矿山企业成本高低最主要的因素，所以一定要反复优化选择。

科学合理的采矿方法可以从创造安全的工作条件、充分开采资源、提高劳动生产率、减少选矿费用等方面降低生产成本。采矿方法可以随矿山的生产实践不断完善，但由于操作习惯、设备匹配等原因，一般不会彻底改变，所以在选择时也应反复比较。

（3）矿物属性。矿物的自然属性也是影响地下矿山企业成本的重要因素之一。以铁矿为例，矿石品位的高低决定选比大小，从而决定铁精粉成本高低。矿石和围岩的硬度、解理程度影响掘进、破碎成本，例如氧化磁铁矿比一般磁铁矿硬度高，掘进工序成本就高。磁性和比重影响选矿加工成本，例如磁铁矿比镜铁矿磁性高，相应的磁选方法比反浮选加强磁选方法成本要低。含杂质成分和程度也影响选矿成本，例如含硫高的铁矿在选矿工艺中要进行脱硫处理，会增加精粉产品的成本。

（4）经营管理效率。经营管理效率是整个矿山存续期间对成本影响最具能动性的因素。经营管理的效率主要表现在提高劳动生产率、减少材料和动力消耗、提高设备利用率和降低资源损失率和贫化率等方面。矿山企业由于不消耗主要材料，所以单位成本中工资费用所占比重较大，一般要达到30%，因此，提高劳动生产率可以明显降低单位产品成本。矿山企业生产要消耗大量的辅助材料和动力，这部分占成本的50%左右，是成本控制的主要对象。辅助材料中，火工材料是大宗消耗，要占辅助材料的30%～45%，是重要因素。除电量控制外，电价也是影响动力费的可观因素。设备利用率可以影响单位时间内产品数量，从而影响产品中摊销的折旧费、维修费。损失率和贫化率是矿山行业特有的经济指标。损失矿量会影响每吨矿石采矿权费用的摊销额，影响矿山服务年限和相应的折旧费用。贫化使矿石中混入岩石，增加开采、运输、选矿等工序费用，还在尾砂中带走一部分有用成分，增加损失。以上四项经营管理效率的高低，往往成为决定地下矿山企业成本竞争力高低的最后一块筹码，是日常成本控制的关键点。

2. 系统规划设计，奠定基础成本

即使在制造行业，80%的产品成本在设计阶段就被锁定了，在矿山行业比例更高。因此，系统、慎重地设计成为降低成本的最重要措施。

（1）系统设计开拓方案，积极优化开拓量，保证经济最优、成本设计最低。

北洺河铁矿是竖井开拓，原设计主井井筒直径6.5米，井深634.5米，两台提升机，分别提升矿石和岩石，总提升量210万吨/年。后经优化，改为井筒直径5米，井深621.2米，一台提升机专门提矿，提升能力210万吨/年，后再次优化，确定为250万吨/年。副井井深优化缩短了122.3米。其他2条开拓井也进行了优化，增加了盲竖井、措施井；对主要采矿工程进行优化，包括改变开采顺序，加大采矿结构参数；疏干排水、地下破碎系统优化；取消地面压气站；干选、贮运设施、供电、通信、供排水、供热、机修设施、运输、地表土建、改河工程等共十三大类。整个井巷工程由设计的 500706 立方米变为竣工时的 428644.02 立方米，减少 72061.98 立方米。

（2）总图集中布置，辅助生产、生活设施社会化，降低了系统成本。北洺河铁矿工业厂区只有 270 亩，安排了生产、办公、生活三项功能。生产中，除了地表变电、必要的生产辅助设施，如仓库等，还包括一座年处理量 250 万吨的选矿厂，可以说，北洺河铁矿是整个邯邢矿业公司工业场区布置最集中的矿山。工业厂区集中集约，是系统降低成本的主要方面。北洺河铁矿充分利用离县级市只有 8.5 公里的优势，取消设备备件库、汽、柴油库，加油站，地表维修设施，预制料场、坑木加工等，转成社会承担。不设医院、学校、生活住宅区等，转成市县社会化。通过全面优化，在功能不减的前提下，使地表设施减少到最低。

（3）积极利用先进合理的采矿方法，为降低运营成本打下良好的基础。北洺河铁矿在初步设计中，开采顺序是中间拉切割槽，分南北采区；采矿方法分有底柱、无底柱两种，其中有底柱采出量每年约占 1/6，生产期 10 年；采场结构参数阶段高 60 米，分段 12 米，进路间距 10 米。经过优化，取消中间拉槽方式，改成由上盘向下盘推进回采，减少采准量。取消有底柱回采方式，采场结构参数调为阶段高 60 米，分段高 15 米，进路间距 12 米，使千吨采准比由有底柱的 16.4 米和无底柱的 5.0 米下降到 3.6 米，减少基建期采准工程量 17 万立方米。后来再次优化，将无底柱分段崩落法的采场结构调整为 15 米×18 米，采准比降至 2.0 千米～2.4 千米/千吨，年减少采准量 3500 米，降低成本 2500 万元。

3. 技术创新与改造，降低本质消耗

技术创新是一个企业不断进步的原动力，北洺河铁矿始终坚持技术创新与管理并重的指导思想，不断加大科技创新投入，激发员工的创新热情，取得了良好的创新成果。

（1）采用高分段、大间距"四低一高"采矿法。北洺河铁矿具有矿体厚大特点，为此，该矿工程技术人员与高校合作，利用空场诱导冒落理论，研究实行高分段、大间距"四低一高"采矿工艺。将无底柱崩落法阶段高度从

60 米提高到 120 米，分段高度从 12 米提高到 15 米，进路间距从 10 米提高到 12 米，最终研究成果定为 18 米。结构参数当时居国内第二。"四低一高"即低损失、低贫化、低成本、低事故隐患，高效率。通过实际应用，这种采矿方法使千吨采准量从 3.6 米降到 2.1 米，每年减少采准成本 2500 万元。出矿品位从传统参数时的 40.6%，提高到 44.06%，年多产铁精矿 15 万吨。

（2）采矿系统优化及新工艺、新技术、新材料的应用。

第一，在通风系统方面，二期开拓工程Ⅳ级基站采用两台 370 千瓦风机，兼顾一期和深部工程，停止原Ⅳ级基站两台 110 千瓦风机运行；分别在 -230 水平东西部设置进风井，通过副井和西风井（经盲斜井）将新鲜风流引入二期各作业分段，简化了通风设备管理，提高了井下通风效率，相当于年增加作业时间 15 天。

第二，在溜井系统方面，-230 米中段溜井网度为 90 米 ×80 米 ~ 100 米，溜井服务区域有所扩展；采用了反井钻机施工，缩短溜井施工期；提高了溜井支护等级，放矿机硐室也改为大硐室、双台板，加大了放矿能力；在 4 米井径基础上进行了"烟囱型"结构创新设计，上部井筒净直径为 4.0 米，下部井筒最大净直径为 5.5 米，既可以减少溜井下部形成"卡塞拱"的概率，又能够增加溜井单次装矿量；井筒内安装了激光料位仪，在上部装矿水平和下部放矿硐室都能方便地获知井内料位，进一步提高了深溜井管理水平。通过这些综合措施，使溜井的施工成本、使用成本、安全隐患都成倍降低。

第三，在供风系统上，原采用分散式供风，每台用风设备配备一台移动式空压机，虽然供风效率高，但由于空压机安放在采场内，易受爆破、来往车辆碰撞、频繁搬家、环境湿度、粉尘等影响而损坏。2007 年改成空压机站集中供风，压风通过管道送到各分段的作业部位，年节约用电和维护维修成本 150 万元。

（3）选矿工艺系统改造。它包括一次磁滑轮大块甩岩，经二次筛选回收粉矿年可产生经济效益 300 余万元；四米放矿平台改造，用 24 台振动放矿机代替了原有的 24 台槽式给矿机，并采用了变频控制，从而提高了入磨量和磨机给矿的均匀性；用 ϕ12 毫米圆钢，梯形耐磨钢条制作条筛来代替圆孔筛，有效解决了自返装置堵塞导致自磨机"涨肚"问题。在球磨排矿端增加除渣装置，将 20 毫米 ~ -10 毫米闪长岩难磨颗粒排出磨矿分级系统，增加磨矿处理能力，磨机台时处理能力从设计的 76 吨提高到 90 吨以上；在每个系列增加一组 CTB1024 湿式弱磁场磁选机，与原来闲置三台 CTB1024 湿式弱磁场磁选机（浓缩磁选机）串联使用，使选别空间增加一倍；广泛使用变频器、耐磨衬板材料、双金属复合材料管、高分子聚乙烯 PE 管、尼龙管、陶瓷管等耐磨材料管道。通过一系列改造，选矿指标由原矿处理量 180 万吨/年，台时量 76 吨/小时，金属回收率 90%，提高到原矿处理量 250 万吨/年，台时量 95 吨/小时以上，金属回收率 92.96%，年节约电费 100 万元以上，维护维修费用 50 万元以上。

4. 设备大型化、现代化，提高效率，降低单位成本

扩大生产规模是降低成本的最常用方法，井下矿山又是劳动强度比较高的行业，因此，采用先进技术，提高设备机械化、自动化程度，不断降低劳动强度和增加生产规模，就成为矿山低成本战略的必然选择。北洺河铁矿在 1993 年的初步设计中，掘进使用的是 7655 手持钻机，台效 20 米/月，注锚使用 7655 钻机，喷浆使用 PZ－5B 喷浆机，中孔是 YQZ90，台效 1.8 万米/年，出矿是 2 立方米油铲，台效是 15 万吨/年。随着科技进步，北洺河铁矿不断引进大型液压无轨设备，提高生产效率。掘进引用 AXERAD05 台车，台效提高到 150 米/月，提高了 7 倍。中孔凿岩先是合作研制 QZg80A 中高风压潜孔钻机，效率 3 万米/年，到 2006 年，又引进 Simba H1354 采矿凿岩台车，台效达到 9 万米/年；在出矿方面，引进 4 立方米 TORO400E 电动铲运机，台效 50 万吨/年；另外还引进运料卡车、锚杆台车等。大型设备的应用，使吨矿成本降低 30%。

对主副井、西风井提升系统全面改进，采用 PLC 控制全数字直流调速系统，提高自动控制水平。主井提矿单循环运作时间降低 20 秒，相当于每年增加作业时间 20 天。采用新的换绳方法，竖井换绳时旧绳带新绳，一次性完成，首绳可以做到六根同时更换，每条井年缩短维修时间 10 天以上。增加井下轨道不停车刷卡称重系统和质量自动采集系统，每班增加作业时间 40 分钟。

5. 加强组织管理、经济管理，降低运行成本

（1）加强安全管理，减少事故性成本。井下矿山是高危行业，容易发生人身、设备、地质灾害等事故，带来巨大的直接或间接损失。北洺河铁矿持续推进安全标准化建设、HSE 体系建设、安全标准化检查、安全文化建设等，减少安全事故风险；推行 T 米 P 设备精细化管理、预知维修、标准化检查等，使设备事故与故障停机率多年保持在 1.5% 以下，完好率保持在 98% 以上；推行 ISO 9000 质量体系认证管理，避免质量事故，降低残次品成本。

（2）从组织、技能和激励等多方面加强管理，提高劳动效率，降低成本。在基建期间，实行项目法人责任制、工程招投标制、工程合同制、工程监理制、项目审计制和资本金制为主要内容的"六制"管理，降低项目造价，减少投资 7130.89 万元；按工序设置 8 个生产车间，极大地提高了劳动生产率，全员劳效列全国前十名。该矿长期坚持员工素质和技能培养和训练，请进来、送出去，师带徒。推行以"工资六挂钩"和"六位一体"班组核算管理为主要内容的工序拉动全覆盖业绩管理，加强经济责任制考核；建设"快乐型北洺河铁矿"，调动员工积极性。采矿全员劳效从初步设计的人年 623 吨，提高到优化设计的 1012 吨，2011 年和 2012 年实际达到 2500 吨。

（3）以精细化理念，开展全面预算管理，节约物耗和管理费用。推行矩阵式全面预算管理，实行三级预算分解，制定物耗定额、材料备件回收定额、设备运行经济功率标准和功效定额，严格考核控制。加强现场管理，减少跑风、冒油、滴水、漏气、长明灯等浪费。合理避峰就谷用电，减少非生产人员，严格财经纪律，减少管理费用开支。车间通过班组核算，分解落实企业管理目标，实行全员核算。通过持续改进，可变成本逐年下降，动力费单耗、炸药单耗、钢球单耗等经济指标居全国行业前列。

（4）严格控制损失率和贫化率，减少资源浪费和无效劳动。通过准确占有地测资料，合理布置采准工程，选择适当的采矿参数，加强工程质量和出矿作业管理，减少设计损失贫化和作业损失贫化。

（三）战略成效

通过实施低成本战略，北洺河铁矿取得了显著的成效，突出表现在：

（1）工程批准总投资 69700 万元，到全部竣工后投资 62569.11 万元，减少 7130.89 万元，降低 10.23%，从而有效降低了折旧成本，使产能从 180 万吨上升到 250 万吨。

（2）达产以来，矿石制造成本 115 元/吨以下，精矿制造成本 280 元/吨以下，居全国地下矿山最低。

（3）精矿年生产量从第一年的 100 万吨，提高到 125 吨，2011 年和 2012 年分别达到 140 万吨和 150 万吨，年均创效 12 亿元以上。

（4）按《冶金矿山动态》杂志的统计，80% 以上经济技术指标位于全国同行业前十名，部分位于前三名，行业竞争力逐步增强。

三、精干高效的经营模式

（一）模式内涵

一个企业从事某一行业产品的生产和经营，必须清晰地意识到该企业的商业模式或者盈利模式是什么。如果企业不清晰自己的商业模式，那么，它就很难准确把握自己的经营重点、管理重点和创利点，管理上的努力也会事倍功半甚至是徒劳！

对于处于黑色金属采掘业中的企业而言，影响其盈利的关键因素是企业内部价值链、核心能力、成本和产品与服务。这就要求铁矿石开采企业，一要整合企业的内部价值链，发挥资源的效率进行集约化生产经营；二要努力提高生产效率，降低铁矿石的开采与选矿成本；三要为支持上述活动效果开展必需的创新活动，包括技术创新、制度创新、管理创新。

北洺河铁矿正是基于上述认识，采取了精干高效的经营模式，实现了企业整体活动的有效整合，同时通过技术创新、制度创新和管理创新，提高了企业的生产效率，降低了产品的生产成本，为实施低成本战略奠定了坚实的基础。

所谓精干高效经营模式就是以经济效益为中心，在工程方面实行工程集约化，总图集中化，生活、辅助生产设施社会化；在技术方面实行工艺参数先进化、设备大型化、技术现代化；在管理方面实行基建"六制"管理，机构设置工序化，人员一岗双职化，责任制管理，组织和中层人员执行力管理，员工自主化管理。在企业不同发展阶段，创新不同做法，始终坚持快速、精干，以人为本的原则，促进企业跨越式发展的模式。

（二）选择精干高效经营模式的必要性

选择精干高效模式是建矿时期形势所迫 在北洺河铁矿之前，国内基建矿山都是国家投资，普遍存在建设周期长、投资成倍超过概算、生产效率低、效益差等现象。作为"九五"期间国家唯一批准建设的地下矿山，从北洺河铁矿开始，改成项目法人责任制，企业自己投资建矿，而且自有资本金比例不得低于25%。当时邯邢局一年收入不过3亿元，要投资建设6.97亿元新矿山，其中自筹资金要求达到1.77亿元，后来变更，需达到近4亿元。在这种资金需求与能力严重不成比例的情况下，挤掉一切水分，走精干高效道路，是唯一的选择。

选择精干高效经营模式有特殊环境机遇　选择精干高效经营模式既是客观环境条件的约束，又是企业主观努力的必然要求。主要表现在：

第一，北洺河铁矿矿体产状特殊，适合精干高效的工艺模式。北洺河铁矿共有 8 个矿体，总埋藏在 136 米~679 米之间，其中相邻的 6 号和 7 号两个矿体占总量的 93.6%。最大的 7 号矿体两翼侧面分别是 3°~45° 和 6°~60°，埋深 265.76 米~679 米，矿体长 1620 米，宽 92 米~376 米，最大厚度 160.68 米，平均厚度 44.91 米，剖面为大的透镜体，纵剖为"长蠕虫"状。这样的矿体产状非常适合精干的工程布置，工序化组织划分。矿石为磁铁矿、黄铁矿为主，平均品位 49.78%。两个最大矿体平均品位 50.8%，可选性好，选比低，便于选择简单的选矿工艺流程，降低选矿成本。

第二，避免北洺河铁矿走国企"企业办社会"的老路。由于北洺河铁矿离县级市只有 8.5 公里，可以将职工生活区、医院、学校等全部安置在市里，充分利用社会资源，减少企业办社会。

第三，依托邯邢局已有的辅助力量和毗邻市区的社会力量，减少地表辅助生产设施和机构。当时邯邢局有勘察、设计、建安、机修、物资仓库、汽车运输队等辅助生产单位，都在北洺河铁矿附近，再加上毗邻县城，所以大量的地表辅助生产实施都被精减了。

第四，选择精干高效经营模式是企业战略的必然选择。由于是国家部委在经济体制转型期的改革试验矿山，是两万多邯邢局职工勒紧腰带奋力一搏的"希望矿山"，国家计委提出"要采用新模式建设北洺河铁矿，控制好投资概算"；冶金部领导提出"要采用新模式建设北洺河铁矿，要闯出一条社会主义市场经济条件下冶金矿山建设的新路子，要建成冶金矿山的样板工程"；邯邢局领导提出坚持"新快好省"建矿方针，坚持"少花钱、晚花钱、早建矿、早投产、以矿养矿、滚动发展"的指导思想，达到"三年半简易投产，五年正式投产、投资不超概算"建矿目标。为实现上级领导下达的挑战目标，必须为建设和运行阶段找到最合适的经营模式，精干高效经营模式无疑是最佳选择。

（三）精干高效经营模式的实施

优化工程布置，选择最精干高效的生产线布置方式　地下开采企业的生产线布置不同于商业和制造业企业，生产线一旦布置，终身不能改变，所以要尽可能考虑超前，一步到位。

在井巷工程方面，实行集约化布置　一是开拓井集中布置，一井多用。

由于北洺河铁矿矿体产状较陡，在选择竖井开拓方案时，在保证安全矿柱的前提下，尽量缩短各条井的间距，以减少井下工程范围。在四条开拓井中，主副井间隔不过200米，最远的西风井不过1500米。这种布置，使井下两个主要中段－110米水平和－230米水平最长运距4000米，有效控制了井下工程范围。开拓井每条都做到一井多用，提高利用率。主井提矿、提岩两用，并做紧急逃生井；副井、西风井既是人、材井，又是进风井和安全出口；东风井既是回风井，又是大型设备上下井和人员紧急逃生通道。二是调整开采顺序，采矿方法，扩大结构参数。北洺河铁矿在初步设计中，开采顺序是中间拉切割槽，分南北采区；采矿方法分有底柱、无底柱两种，其中有底柱采出量每年约占1/6，生产期10年；采场结构参数阶段高60米，分段高12米，进路间距10米。经过优化，取消中间拉槽方式，改成由上盘向下盘推进回采，减少采准量。取消有底柱回采方式，采场结构参数调为阶段高120米，分段高15米，进路间距12米，使千吨采准比由有底柱的16.4米和无底柱的5.0米下降到3.6米，减少基建期采准工程量17万立方米。基建工程量由原来的50.07万立方米，减少到31.44万立方米，减少了18.63万立方米。

总图布置合并集中，辅助生产、生活设施社会化　北洺河铁矿工业厂区只有270亩，安排了生产、办公、生活三项功能。生产中，除了地表变电、必要的生产辅助设施，如仓库等，还包括一座年处理量250万吨的选矿厂，可以说，北洺河铁矿是整个邯邢局工业场区布置最集中的矿山。取消了精矿外运专线道路，外运道路与进厂公路合并使用；取消主、副井区至西风井跨河桥梁，改成简易道路；取消地面压气机站，转成地下移动供风；取消设备备件库，汽、柴油库，加油站，地表维修设施，预制料场、坑木加工等，转成社会承担。不设医院、学校、生活住宅区等，转成市县社会化。通过全面优化，在功能不减的前提下，使地表设施减少到最低。

积极采用先进技术，实现本质精干高效　选用先进合理的技术，是一劳永逸实现精干高效的根本办法。

第一，研究施行高分段、大间距"四低一高"采矿法。北洺河铁矿具有矿体厚大特点，为此，矿工程技术人员与东北大学合作，利用空场诱导冒落理论，研究施行高分段、大间距"四低一高"采矿工艺。将无底柱崩落法阶段高度从60米提高到120米，分段高度从12米提高到15米，进路间距从10米提高到12米，最终研究成果定为18米。选择的结构参数在着手研究时是国内第一，定型使用时居国内第二，仅次于梅山铁矿。"四低一高"即低损失、低贫化、低成本、低事故隐患，高效率。通过实际应用，这种采矿方法使千吨采准量从 3.6 米降到 2.1 米，中段损失率 5.22%，贫化率 2.36%，远低于传统 10 米×10 米进路参数结构的双 20% 指标。出矿品位从传统参数时的 40.6%，提高到 44.06%，可以使用 4 立方米以上大型液压设备，保证设备台效达到 50 万吨/年以上。

第二，不断改造投运大型设备，提高生产能力。北洺河铁矿在 1993 年的初步设计中，掘进使用的是 7655 手持钻机，台效 20 米/月，注锚使用 7655 钻机，喷浆使用 PZ－5B 喷浆机，中孔是 YQZ90，台效 1.8 万米/年，出矿是 2 立方米油铲，台效是 15 万吨/年。北洺河铁矿初步设计生产能力为 180 万吨/年，其中最大的限制就是采场生产能力。随着科技进步，北洺河铁矿不断引进大型设备，提高生产效率。掘进引用 AXERAD05 台车，台效提高到 150 米/月，提高了 7 倍。中孔凿岩先是合作研制 QZg80A 中高风压潜孔钻机，效率 3 万米/年，到 2006 年，又引进 Simba H1354 采矿凿岩台车，台效达到 9 万米/年；在出矿方面，引进 TORO400E 电动铲运机，台效 50 万吨/年；另外还引进运料卡车、锚杆台车，温式喷浆机。大型设备的应用，不但解决了效率问题，也在很大程度上保证了人员的安全。

第三，积极利用现代自动化信息化技术，改造生产管理系统。对主副井、西风井提升系统全面改进，采用 PLC 控制全数字直流调速系统，提高自动控制水平。主井提矿单循环运作时间降低 20 秒，相当于每年增加作业时间 20 天。采用新的换绳方法，竖井换绳时旧绳带新绳，一次性完成，首绳可以做到六根同时更换，每条井年缩短维修时间 10 天以上。增加井下轨道不停车刷卡称重系统和质量自动采集系统，每班增加作业时间 40 分钟。

创新管理方式，理顺工作机制，调动员工积极性，实现高效运转　首先，北洺河铁矿在基建期实行"六制"管理，提高了工作效率。在 1997 年至 2002 年的五年基建期间，北洺河铁矿创新性实行了项目法人责任制、工程招投标制、合同制、工程监理制、项目审计制、资本金制。这六项管理机制的实施，强化了项目主体和各参与方的责任，对控制投资，提高工作效率，保证工期，发挥了根本作用。其次，实行了工序化机构设置方式，提高企业工作效率。矿山传统的机构设置方式是按矿块划分采区，采区内部小而全，工作矛盾不容易暴露，工作对外没有制约关系，使效率长期低下，北洺河铁矿根据生产区域集中的特点，创新性地实行工序化设置生产车间方式，共设置了开拓、采准、采矿、运输、提升、选矿、维修、动力等八个基层车间。为了解决工序配合不畅弊端，该矿又成立了调度室，专门协调工序配合问题。这些年，北洺河铁矿产量快速增长，与这种工序设置方式有很大关系。

加强执行力管理，提高员工自主管理水平，提高执行效率　北洺河铁矿在基建时期就加强执行力管理，推行制度严密，执行严格，惩处严厉"三严"管理机制，改进了工作作风。建立计划、调度、安全和矿长四项指令制度和配套的"复命制"管理制度，树立雷厉风行的执行作风。通过实行矿对车间的"六挂一否决"工资考核制度，车间对班组的"六位一体"班组核算制度，建立压力传导机制；推行中层"手册式"执行力管理、过程管理、销账式管理等，加强执行力监控。打击矿派主义，建立各种健康的非正式组织，提高企业凝聚力，推行6S管理，企业文化建设，和谐矿山建设，提高员工素质，增强员工自主管理能力。

（四）精干高效经营模式实施成效

北洺河铁矿通过实施精干高效经营模式，在企业经营的各个方面都取得了显著的成效。

（1）基建期实现投资不超概算，工期不超设计，创造了国内冶金矿山建设史上的奇迹，实现第一次跨越。

（2）试生产一年半，正式投产当年实现达产，2004年11月份达到180万吨设计规模，全年达到202万吨，进入大型地下矿山行列，创造了冶金矿山的又一个奇迹，实现第二次跨越。

（3）在稳产六年，精矿主要长期徘徊在125万吨的情况下，2011年实现141.8万吨，2012年达到150万吨，实现第三次跨越式发展。

（4）劳效采矿，全员劳效从初步设计的人年623吨，提高到优化设计的1012吨，2012年达到2500吨。

四、多策略组织激励机制

（一）激励机制的内涵

激励机理　对组织来说，在了解员工需要结构的基础上，设置某些既可以满足员工需要，又符合组织要求的目标，并通过目标导向使员工出现有利于组织的优势动机并按组织所需要的方式自觉行动，这就是激励的机理。

激励机制　激励机制是指激励赖以运转的一切办法、手段、环境等制度安排的总称。它具有内在的按组织目标来进行运作、管理、调节、控制的功能。

激励理论　内容型的激励理论主要有马斯洛的需求层次理论、亚当斯的公平理论和赫茨伯格的双因素理论。

1. 需求层次理论

心理学家马斯洛把人的需求分为五个层次，即生理需要、安全需要、社会需要、尊重需要和自我实现需要（见图3-3）。这五种需要从低到高，低层次的需要得到了满足，就会向高层次的需要发展。同一时期的个体可能同时存在多种需要，每个时期的需要也不一样，已满足的需要就不再是一股激励力量；不同的人需要是不一样的，不能用千篇一律的激励方法对待所有人。管理者需要发现员工不同层次的需求，进而找出相对应的激励因素，然后采取灵活多样的激励形式来满足这些需求，最终提高企业利润。

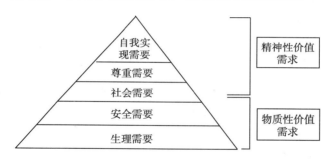

图3-3　马斯洛需求层次理论

2. 公平理论

美国心理学家亚当斯于1965年提出的公平理论，主要用于解决工资报酬分配的合理性、公平性及对员工产生积极性的影响。在该理论中，个体做出了成绩并取得了报酬后，他不仅关心自己所得报酬的绝对量，还关心自己所得报酬的相对量。因此，他要进行种种比较来确定自己所获报酬是否合理，比较的结果将直接影响今后工作的积极性。

3. 双因素理论

美国心理学家赫茨伯格把动机分为两种：激励因素（如成就感、晋升机会、被授予责任、个人发展等）和保健因素（如工资、环境、公司政策、管理水平、与上下级关系等）。赫茨伯格认为：保健因素并不能有效地、持久地激励员工更好的工作，但是缺少保健因素员工就会产生不满情绪；激励因素却可以有效地、持久地激励员工。

（二）组织激励策略

调动各级组织和个人积极性 北洺河铁矿坚持"以人为本"，通过各种激励手段的综合运用，开展员工的自我管理以及促进员工能力成长和开展各种有益活动，达到了调动员工积极性的目的，推动了北洺河铁矿战略目标和经营目标的实现。

如何满足员工的需求，刺激员工的工作热情，使他们的积极性和创造性保持和发扬到最佳状态，最终让企业的收益达到最大，这是北洺河铁矿不断探索的问题。经历了十五年的发展，北洺河铁矿探索了多种多样的激励策略，吸引并培养了大批优秀的人才，保持了极强的竞争力。

多种激励策略并用 员工激励是一个过程，北洺河铁矿在不同的发展阶段，对不同的员工的不同业绩和不同需求，采取不同的激励措施，兼顾了企业的承受能力和员工需求，采取多方面的激励途径和方法与之相适应。

1. 情感激励

北洺河铁矿在创业初期，尽管条件艰苦、任务繁重，但是绝大多数员工都有一份期盼和憧憬：只有把新矿山建设好了，才能有稳定的工作、丰厚的收入以及晋升的机会。因此大家都有一股十足的干劲，不计较付出与回报的丰寡，能够团结努力让新矿山早日建成。针对员工的这些心理特点，在这一阶段，北洺河铁矿采用的激励方式主要是情感激励。

一是宣扬北洺河铁矿的优势，向广大员工描绘一个美好的未来。领导和专家向员工详细介绍北洺河铁矿优厚的地质条件，采用的先进设备，杰出人才的加盟等，并构造令人兴奋的宏伟蓝图，这让员工有了向世界一流企业看齐的雄心壮志。

二是面对艰难险阻，领导们身体力行，率先垂范，做好员工的表率。比如，竖井的打建，虽然是在严寒的冬季，但是面对需要人工处理的环节，最先跳到泥浆之中的必是领导，这让员工们很受感动，也具有了很大的动力。

三是在工作和生活中，领导愿意与员工打成一片。工作时，领导与员工不分你我，脏活累活一样干。比如，铺设管线时，领导和工人一起抬重重的钢管和电缆；哪里出现问题，领导与员工一起商讨解决措施。生活中，领导也与员工一样，住宿在寝室，就餐在食堂。摒弃领导与员工的身份区别，员工们更加愿意与领导坦诚沟通，也更加愿意承担责任，工作积极性也更加高涨。

四是关心员工身心健康，丰富员工文化生活。北洺河铁矿经常组织丰富多彩的文化娱乐活动来努力营造宽松和谐的工作、生活氛围。

在北洺河铁矿的地表，该矿拨专款为职工建立了文化中心，有卡拉OK室、乒乓球室、台球室等，并且还在职工生活区安装了健身器材，建设了灯光球场等，这些娱乐设施都是24小时为职工开放，努力丰富员工的业余生活。另外，每年工会都会开展丰富多彩、健康有益的文体活动，比如组织职工篮球联赛、羽毛球、乒乓球比赛、竞技运动会、钓鱼比赛、绘画书法摄影作品展等。

图3-4　"洺河杯"棋牌比赛

在特殊的节日，比如三八妇女节，工会还会特意举办专由女职工参加的各种竞技比赛。春节、元宵、中秋等传统节日，该矿组织各单位展示代表本单位特色的工艺品，让职工充分发挥自己的创作才艺。除了娱乐活动，该矿还筹措资金建立了图书馆、阅览室，建设职工书屋，并且每年划拨专门的款项来为员工购买图书，不断满足职工精神文化生活需求。

2. 竞争激励

每个人都有不服输的特性，都不想被别人的成就压制在下面。利用人们的这种心理，北洺河铁矿采用竞争激励的方法来促使员工在良性竞争的环境中自觉成长和提高。北洺河铁矿采取的主要措施是：

第一，积极组织各种竞赛活动。矿以各车间为单元组织劳动竞赛活动。矿根据各车间的生产特点，制定相应的劳动竞赛评分指标和规则，每月收集数据，计算得分，根据分数排名，前三名给予物质奖励或拓展训练机会。为让员工学习矿山安全生产知识，提高全体员工安全生产技能，矿每年都会组织全矿性的安全知识竞赛活动，让员工在与其他单位的竞争中激发更高的学习热情。

除了矿组织的竞赛活动外，车间内部也开展各式各样的竞赛活动。比如，采矿车间为提高电动铲运机司机的业务技能水平，开展电铲司机岗位技术比武活动。参赛者完成相应的考核项目后，评审组对其进行评比打分，最终按照综合得分高低，评出一、二、三等奖，并分别给予物质奖励。比武过程的观摩以及最终的分数排名，让员工能够感受到自己与别人的差距，进而激发他们超越别人的内在动力。选矿车间为营造竞争氛围，提高员工技术水平，经常对维修钳工人员、磨矿工人举办分级管理测评考试。通过理论、实践和互评三个环节确定员工的考核成绩。有了成绩的量化，员工学习新技术、掌握新技能、开展技术改造、小改小革等活动的积极性自然随之提高。

图 3－5　紧张激烈的技术比武

　　竞争的结果，不管有没有物质的奖励，员工都很愿意参与，至少证明你在这方面胜过了别人，精神上的享受也足以让员工去尽力做得最好。

　　第二，对于管理人员的选拔，北洺河铁矿采用竞聘的方式，实现人才动态管理。竞聘上岗机制的引入让北洺河铁矿形成了能者上弱者下的局面。首先，北洺河铁矿营造人才脱颖而出的新机制，对有发展前途的年轻人才，实行定向培训和培养，破格提拔，为他们提供一个能充分发挥自己优势的空间；其次，管理岗位的竞聘活动在公开状态下进行。参聘人员公开演讲，然后结合其考核业绩和测评数据决定是否聘用。一经聘用，到岗任职，落实待遇。如不能胜任者，进行培训或解聘，空余岗位再行竞聘。

　　这种竞争机制一方面让晋升的员工产生了强烈的成就感和责任感，同时也为其他职工树立了更远大的进取目标；另一方面降职的员工会认真反省自己的不足，督促自己学习业务、提高素质。整体来看，员工有了压力，员工之间产出了竞争气氛，使北洺河铁矿富有了朝气和活力。

3. 荣誉激励

　　人人都有自我肯定、争取荣誉和被他人广泛认可的心理，对于一些工作表现突出的先进员工，给予必要的荣誉奖励，可以满足他们的自尊需要。

图 3 - 6　优秀员工表彰

　　在北洺河铁矿，你可以看到各种各样的奖励。每年定期召开安全、设备、生产、优秀党员等表彰大会，对上年度在这些方面表现优秀的单位、班组和员工予以表彰。矿领导给他们颁发荣誉证书，优秀员工的先进事迹写入光荣榜，北洺河铁矿媒体也会加强宣传报道。为了突出表现优秀员工，北洺河铁矿还用员工名字来命名班组。除了每年定期的表彰大会外，在日常的工作中，只要员工有自己的特点，做出了成绩，也会得到相应的奖励，比如员工参加完了某个项目或工程，北洺河铁矿会给予项目奖或工程奖。

在北洺河铁矿，荣誉和利益是捆绑在一起的，只要员工获得了一个任意的荣誉奖，就可以随之得到一定的金钱奖励或外出培训进修的机会，或公费旅游甚或晋升的机会。荣誉和利益的结合让员工感到了矿对他们工作的认可和赏识，成就感也油然而生，从而对矿事务有了更强的参与感和更多的自主性。

4. 物质激励

在成熟期，北洺河铁矿的运营已经较为规范，大部分的工作都有相应的制度作为执行依据，这时候的"人情味"已经没有基建和达产阶段那么浓烈，再加上社会物质环境的熏染，员工对高收入的渴望较为强烈。针对这种情况，北洺河铁矿主要采用物质激励的方法满足员工的物质需求。

（1）不断完善组织绩效考核体系。组织绩效考核关系到各单位每月的工资结算，也就是关系到单位每位员工的绩效收入，与员工自身利益息息相关。为了让工资结算有理有据，北洺河铁矿严格按照《业绩管理考核办法》结算单位工资，以拉开单位之间的工资分配档次。从某种意义上说，组织绩效考核体系的科学与否，会影响到员工在收入上的公平感。为了让组织绩效考核更加公平，北洺河铁矿对其进行不断的完善。北洺河铁矿创建伊始，对组织的考核主要是产量，2006 年，对组织绩效考核办法进行了改革，拿出了一部分工资与成本挂钩，同时，各车间设立 15～20 项专项管理指标，这种改革首次实现了工资与成本挂钩，而且找到了成本和产量以外指标挂钩的方法。接下来几年的考核中，通过总结实践，在考核办法中又加入了安全文明生产，设备管理和工序服务指标，形成了较为完善的六挂钩考核模式。绩效考核体系不断变化的过程，实际上是在考核中不断发现问题，解决问题的过程。目前的考核方案在目标设定上更加符合各单位的实际能力，在考核指标的选择上不仅更加全面，而且也更加符合各单位的生产特点，这是让考核更加公平的体现。

（2）不断改革薪酬分配体系。建矿初期，北洺河铁矿工资分配制度沿用计划经济时期转化而来的岗技工资制度，随着环境形势的发展，逐渐推行岗效工资，改革薪酬分配体系，使之适应不同类型人员的需求，发挥薪酬激励作用。

首先，制定岗类等级序列，建立与员工所处级别相适应的薪酬标准。根据北洺河铁矿生产性质，全矿分为管理、技术和操作三大岗类序列。操作类岗类序列，按照技能、责任、强度、环境等因素共设置12个岗类，16个岗级，每个岗类的同一岗位又分设三个岗级，执行一岗一薪、一岗二薪或一岗三薪。技术类岗类序列，设置首席工程师、主管工程师、工程师、技术业务助理等岗位，共设置8个岗类，22个岗级，每个岗类按照受教育程度和专业技术任职资格的不同，设置三个岗级，执行一岗三薪。管理类岗位序列，按照岗位的任务、责任、管理幅度、层次、权限、工作环境等因素，设置7个岗类，7个岗级，每个岗类设置一个岗级，执行一岗一薪。

其次，设置岗效工资单元，公平合理拉开收入差距。岗效工资设置为固定工资、效益工资、工龄工资、津补贴。其中，固定工资标准按所在地区最低工资标准确定，起到保障收入作用；效益工资与该矿经济效益挂钩，用系数形式表示，对应全矿工种，岗级越高，系数越大，从而拉开收入差距，操作类工资实现向苦、脏、累、险的岗位倾斜，技术类和管理类工资实现向技术含量高，管理责任大的岗位倾斜；工龄工资，每年5元；津补贴，是员工从事中夜班作业或接触有毒、有害岗位，给予一定额度的补偿性的岗位津贴。

岗效工资打破了分配制度上的平均主义弊端，通过缩小固定工资，加大效益工资分配比例，合理拉开了机关管理人员、专业技术人员、操作类员工因岗位苦、脏、累、险的不同而出现的工资差别，受到了大部分员工的接受和认可。

最后，给予生产性奖金。

除了每月正常的工资结算外，北洺河铁矿还根据每月生产总体情况给员工发放超产奖、一次性奖等，最大程度的让员工增资。奖励会使员工的物质利益增加，当然，如果员工或组织单位违反了一些规定，他们的行为影响了生产，给矿带来了一些损失，北洺河铁矿也会对他们实行相应的罚款，扣减其物质利益。由于奖罚是与员工的特定行为联系在一起的，它们的结合使用促进了员工增加可为他们带来物质利益的行为，减少和避免了导致其物质利益扣减的行为。

（3）定期组织职工体检。由于北洺河铁矿是地下矿石开采性质的企业，90%的员工都从事井下开采工作，和地表相比，井下环境相对恶劣，如果员工长期在恶劣的环境和紧张状态下工作，无疑会损害员工的健康。北洺河铁矿非常重视员工的身心健康，每年都要组织员工进行一次身体健康检查。通过检查，一方面让大家对自己的健康状况有个全面的了解，做到无病加强防范，有病及早发现、及早治疗；另一方面，北洺河铁矿可以掌握员工的健康状况，建立员工健康档案，以便更好地对员工的身体健康状况进行跟踪记录，确保每位员工都能以健康的体魄投入到工作中。

定期组织职工体检包括两项活动：一是每年的全体员工定期体检活动；二是每季度专门针对女职工的妇科检查活动。

每年的全体员工定期体检活动，由行政事务科联系邯邢矿山局总医院来为职工进行检查。这项活动按照车间部门有序进行，体检活动持续一周。对于普通职工检查项目包括内外科、心电图、血脂、血糖、血压、腹部B超、肝功能等项目；对于特殊工种的职工，比如掘进工、铲车司机等长期处于噪声和粉尘环境下工作的职工，还增加吸肺检查、听力等项目。

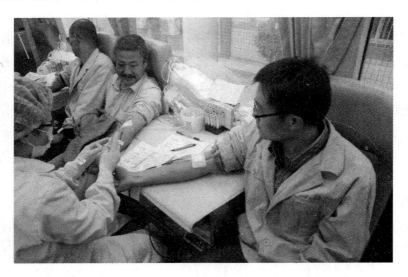

图3-7 一年一度的职工体检活动

除了年度的全体员工体检活动之外，对于女职工来说，北洺河铁矿还组织了每季度的妇科检查。这由北洺河铁矿卫生所来组织，检查活动持续两天。一般是通过腹部 B 超，尿检等方式来了解已婚女职工的健康状况。

这种由北洺河铁矿出资组织的体检活动，不仅有利于控制和防患员工职业病，也让员工感受到了北洺河铁矿对他们的人性关怀。

（4）千方百计增加员工福利。除了让员工享受国家政策规定的"五险一金"最基本的法定福利项目外，北洺河铁矿还自主增加了其他福利项目。

首先，对困难职工发放补助金。北洺河铁矿制定了《工会慰问工作制度》，把关心困难职工生活提升到矿工作任务的高度，以此保障其执行力。工会每年在职工中进行生活状况调查，并建立了困难员工档案。每逢节假日，北洺河铁矿领导会定期走访慰问困难员工以及特困劳模、离退休员工及员工遗属，给他们发放"送温暖"慰问金和慰问品，这让员工感受到了企业的温暖。北洺河铁矿对困难员工的关心还表现在它对矿外有关优惠政策的积极争取。比如，河北省工会组织了重大疾病医疗互助活动，了解到它是职工在享受基本医疗保险后再次享受的帮扶制度，可以在某种程度上缓解困难职工的困境，北洺河铁矿积极努力申请成为其会员。自 1998 年至今，该矿工会已陆续为 5 名职工争取到河北省工会会员重大疾病医疗互助金 78000 元，有效缓解了患病会员的经济压力。

其次，尽力解决困难职工家属就业问题。北洺河铁矿了解到一些职工家庭的收入来源仅仅是单职工每月的工资收入，这份收入不仅要解决家庭生活开销，还有解决子女上学，家庭成员的看病费用等，生活非常困难。北洺河铁矿依照人性化管理理念，努力创造条件，帮助困难职工家属就业。

最后，对于年龄偏大又没有特长的员工家属，该矿把他们安排到食堂、餐厅当服务员，或安排他们打扫澡堂、办公楼、寝室楼卫生等；对于较年轻的员工家属，北洺河铁矿根据需要对他们进行一些培训，然后再安排他们到相应的岗位中去。到目前为止，该矿已为 60 多名困难职工家属安排了工作，在某种程度上帮助他们走出了困境。

5. 培训激励

第一，为改进员工技能水平的培训。此类培训主要是针对操作工人，通过培训使他们能够胜任工作岗位的要求。对于这类员工来说，具备岗位要求的操作技能，能够完成分配的工作任务，保障工作稳定，是他们最直接的需求。针对此需求，北洺河铁矿给予相应的技能培训。理论知识方面，主要是通过课堂讲授的方法。北洺河铁矿人力资源科安排课程和授课时间、聘请讲师，将相应理论知识集中传播给众多听课者。操作技能方面，主要是通过师带徒方法。北洺河铁矿让一些经验丰富的、掌握一定技能的熟练员工，负责对新到任员工手把手传授各种技能，包括示范、讲解、练习、考核检查等。

第二，为帮助员工实现其发展目标的培训。此类培训主要是针对那些对金钱已经相对饱和的中上层管理人员，刚工作的年轻人，以及得到晋升需要技术和管理知识互补的管理人员。对于他们来说，学习和发展机会是主要需求。针对此需求，北洺河铁矿给予脱产培训或在职培训。矿聘请企业内外的专家和教师，对这些员工进行集中教育培训，比如组织短期的研讨和学习活动、各类管理培训、会议培训等。

图 3 - 8　安全技能培训

第三，奖励性质的培训。一些员工业绩突出，是车间或部门的骨干，这类员工希望承担更大的责任、参与更高挑战性的工作。培训可以丰富他们的知识结构，提高他们实现目标的能力，对他们是一种很好的激励方式。北洺河铁矿一是组织这类员工到优秀的同行企业参观学习或到与该矿生产结合的设备厂商接受集中培训等；二是到户外对他们开展拓展训练，混合户外技能和教室的研讨会，提高他们的领导力、团队工作和风险承受能力。

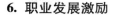

6. 职业发展激励

在职业发展方面，北洺河铁矿为员工提供不同的价值实现通道，实现员工的个人价值。

（1）提供纵向发展的渠道，即员工职务等级由低级到高级的提升。每隔两年，北洺河铁矿都会由人力资源科组织一次职称重聘工作，员工通过相关专业技术考试，符合工作年限，在工作岗位上有突出贡献的员工在职称应聘中都有机会提升自身的专业技术职称。

（2）提供横向发展的渠道。对于中层管理人员，北洺河铁矿每年都会根据需要对车间科室领导进行同级调动，使管理人员积累各方面的经验，为以后的发展创造更加有利的条件。对于技术人员和其他中层以下人员，当员工觉得其所做的工作已不再具有挑战性时，北洺河铁矿会对其进行岗位轮换，即把员工调换到水平层次相近的另一岗位上去，以让员工免受工作枯燥之苦，满足员工的求知欲。这对员工而言，他可以学到更多技能，更深刻地理解各项工作之间的关系，对组织的整体活动安排也会有更深刻的了解和认识，为员工担任更重大的任务、承担更重要的工作做好了准备。以上这几种发展都意味着个人发展的机会，也会不同程度地满足员工的发展需求。

7. 环境激励

（1）改善职工工作环境。北洺河铁矿建立后的最初几年里，车间管理方面存在一些不足，比如现场摆放杂乱，占据通道，混杂堆放，设备点检不到位，油污无人擦拭，地面卫生死角重复出现，职工进入工作岗位不佩戴劳保用品等，为了根治现场管理的不足，2008年矿实行了"6S"现场管理方法，即整理、整顿、清扫、清洁、素养、安全。通过人员培训、现场推进等措施，最终打造了温馨、愉快的工作环境。北洺河铁矿车间环境的改善增强了员工的安全感，进而激励他们提高工作效率。

（2）改善职工生活环境。为了让井下员工饮食更加健康，2011年北洺河铁矿对井下所有固定岗位，以及采准和采矿车间的移动岗位都配备了电磁炉。为了让员工住宿的更加舒适，2010年该矿给每间宿舍安装了空调。2011年，北洺河铁矿在宿舍楼的每一楼层都安装了电开水器，解决了单身职工热水饮用问题；同一年，该矿对澡堂进行了改造。2011年，该矿对宿舍安装了有线数字电视；对食堂环境的改造也在进行之中。另外，为了让员工有地方停私家车，以及规范停车秩序，该矿为员工建立了上百车位的停车场；为避免员工自行车、摩托车等车辆日晒雨淋，该矿特地建了地表非机动车辆停车库。

（3）重视软环境的构建。北洺河铁矿重视人力资源，把职工当作"自己人"、"决策人"。一是建立员工参与管理、提出合理化建议的制度。每季度工会以某一主题为重点组织合理化建议活动，收集员工的想法和建议，提高员工主人翁参与意识。二是加强对员工工作和生活的关心，比如建立员工生日情况表，工会负责发放员工生日蛋糕卡。三是加强与员工之间的信息和思想沟通，如信息发布栏、洺河园报、信息简报、汇报制度等。通过这些方式，北洺河铁矿最大限度地发挥员工的潜力，调动他们的积极性、主动性和创造性的文化氛围。

（4）营造美好的地表自然环境。道路硬化、场地绿化、粉尘污染控制等方面基本达到了省、市级创建绿色矿山的要求，并于2010年荣获河北省首届"十佳绿色矿山"荣誉称号。

图3-9　花园式矿区

（三）激励效果

北洺河铁矿针对员工的不同时期的不同需求给予的情感激励、竞争激励、荣誉激励、物质激励等，不仅提高了员工在薪酬、福利、工作保障、培训、事业发展机会等方面的满意度，同时也让员工感受到了北洺河铁矿对他们的尊重，激起了员工工作的积极性和主动性。近几年来北洺河铁矿产量、利润等的大幅度提升，员工的跳槽率降低，以及员工因对工作和工资的不满而进行的上访次数逐渐减少就是很好的例证。另外，北洺河铁矿也培养和提拔了一大批优秀的人才。一些员工被提拔为主任或科长或被调任到公司总部承担更重要的职责；一些员工被输出到新矿山施展才华，这让他们的工作能力得到了认可，职业生涯也得到了进一步的发展。

北洺河铁矿自 1997 年开工建设以来，员工的劳动合同签订率为 100%，已经连续 15 年没有发生一起劳动仲裁事件。在该矿近 1500 名员工中，有近一半的员工在北洺河铁矿工作超过了 5 年。这些都说明了员工从心里面承认北洺河铁矿是一个好企业，一个愿意为员工的幸福生活投资的企业，满足了员工的归属需求。

五、价值实现型自我激励机制

随着经济和社会的发展，员工自我发展的需求日益增强，在工作中，他们考虑较多的往往是个人发展而不是工资待遇。他们希望学习新的知识和技能，希望接受具有挑战性的任务，希望获得正面的赞赏和及时的反馈，实现人生自我价值。

近年来，北洺河铁矿人才结构发生了一些变化。每年招聘到该矿工作的员工中，累计受过高等教育的专业人才比例占到 27%，他们一般拥有丰富的知识资本，往往主观上不愿意受制于人，客观上不愿意受制于物，他们更强调在工作中的自我引导、自我控制和自我发展。

为了顺应这些变化，激发员工的工作热情，北洺河铁矿除了采取外部激励措施外，同时也帮助员工培养自我激励意识和自我激励的能力，致力于创造一种员工自我激励、自我约束和促进优秀人才脱颖而出的机制。

（一）自我激励的内涵及理论

自我激励是指个体具有不需要外界奖励和惩罚作为激励手段，能为设定的目标自我努力工作的一种心理特征。它产生于以人为本的现代企业中，是最有效的激励。对组织而言，是激励开发管理的最高境界；对个人而言，是个人从消极被动的执行者转换为积极主动的进取者，是个人成长与发展的最佳状态。做到自我激励，就能自觉地积极投入组织的工作中，将个人目标与组织目标很好的结合，通过实现组织目标达到个人需要的满足，并实施有效的自我监督、自我鞭策、自我评价与自我控制。

3C 理论是研究员阿尔菲·科恩提出的关于员工内在动力的理论，它包括三个方面：协作（Collaboration）、满意（Content）和抉择（Choice）。

协作：当员工受到合作的鼓舞或有机会互相帮助彼此成功时，会受到激励更加努力工作。

满意：当人们意识到他们的工作对组织的重要性的时候，员工会受到激励。

抉择：如果员工在自己的工作中被授权进行抉择时，会受到激励更加努力地工作。

针对协作需求的动机，管理者应建立自己与员工之间的绩效合作伙伴关系，让员工感觉到你不仅是他的上司更是他的老师和朋友，这样员工才可能愿意敞开心扉与你交流，才能激发员工参与的欲望，使工的才能能够在最大程度上得到施展，潜能能够在最大程度上得到发挥。

针对满意需求的动机，管理者的工作主要是将员工的工作表现反馈给员工，及时对员工的工作给予正面表扬和评价，让员工感觉到被尊重、被赏识，持续强化正面的行为，使之带来的影响产生倍数效应，不断挖掘员工的潜能。

针对抉择需求的动机，管理者要做好授权的工作，在对员工信任的基础上，做到用人不疑，放手让员工发挥，不能畏首畏尾，瞻前顾后，以保证员工的职责和权限相一致。

（二）自我激励措施

北洺河铁矿主要通过下列活动实现员工的自我激励。

1．构造企业愿景

北洺河铁矿建成投产后，管理人员、设计人员通过分析北洺河铁矿的优势，提出了建设"国内一流，国际知名"矿山的宏伟愿景。这个愿景规划传递了北洺河铁矿对人才的要求，吸引了无数对自己有较高期望的优秀人才加盟；同时，在这个愿景的指引下，员工也会为自己营造更高的职业愿景，因为对员工而言，当一个企业拥有宏伟、清晰、激动人心的愿景时，意味着员工在该企业工作可能会拥有更加宽广的发展平台，这让员工可以憧憬未来，进而愿意为之付出不懈的努力。

2．帮助员工建立职业愿景

（1）员工工作方向的选定。对于新入职的员工，北洺河铁矿对他们进行将近一个月的入职培训，让他们了解企业文化、矿建设历史、发展前景、组织架构、运作机制等。在此基础上，新员工可以结合自己的专业、能力、特长、兴趣等，为自己的发展选定方向。

（2）让员工明确自己的职业发展轨迹。首先，北洺河铁矿对技术类、管理类和操作类员工的职业发展都提供了相应的通道，员工可以根据自己的工作类型明确职业发展路径。其次，北洺河铁矿明确了每个岗位级别需要具备的知识和能力，员工可以通过自己的职业发展路径不断补充应该具备的知识，提高工作能力，为最终实现职业愿景打下基础。

图3-10　工程顺利完工后的庆功会

3. 为员工提供职业发展的通道

开展职业生涯管理，可以使员工清楚地看到自己在组织中的发展道路，而不至于为自己目前所处的地位和未来的发展感到迷茫。

（1）针对不同职位明确自我发展方向。北洺河铁矿的岗位任职资格体系对职位进行了合理的分类，这样员工就可以了解并选择个人最佳的职业发展途径。另外，北洺河铁矿对岗位任职资格标准进行了详细的说明，这样员工可以了解工作的具体要求、需要学习的内容，寻求不断改进绩效的方法。通过自己与自己比，不断规范自己的操作，提高自己的技能，为达到个人职业发展目标而不断努力。

（2）对现有管理人员的进一步职业化。每年北洺河铁矿对领导层进行半年期和一年期的两次考评。除了领导的自我述职，还有员工对他们的思想表现、工作能力、管理能力等方面的评分，以及职工代表对领导的评议。对于不合格的管理者，按照制度对其进行降职；对于表现优秀的管理者，保持其原职不变或者按照晋升渠道获得相应的晋升，对于表现特别优秀的管理者，甚至给予跨级提拔的机会。对于一些管理人员的工作职能和工作内容因为北洺河铁矿缺少晋升机会而保持不变的情况，一种做法是对他们进行横向调动，这种做法一方面保持了他们的地位和待遇；另一方面还让他们得到了发展新技能的机会。第二种做法是充实他们的工作内容，增加工作的挑战性，以增强他们的成就感。

（3）深入发掘培养新管理人员。一方面，北洺河铁矿注重从操作类工人中提拔优秀骨干。目前，每个生产单位至少配备一名从工人中提拔的管理人员已经成为标准配置。另一方面，北洺河铁矿也注重对年轻人的培养。对于大学毕业生，首先是到生产单位实习一年，通过师傅的引导了解井下生产情况；表现优秀的实习生，北洺河铁矿让他们担任班组长，充分锻炼他们的管理综合能力。除此之外，北洺河铁矿每年还挑选表现优秀的员工进行针对性的业务能力和管理能力方面的培训，进一步充实他们的知识结构。除此之外，为鼓励员工为自己设定挑战性目标，北洺河铁矿放开了晋升受年资限制的政策，允许工作表现突出且为该矿生产发展作出较大贡献的优秀员工获得破格提拔。

（4）让员工感受工作的丰富意义。

1）帮助员工理解岗位本身的价值。大部分工作从本质上讲都是乏味的、重复的，在企业实践中，要想改变工作任务还是有较多限制，不过，通过让员工理解岗位本身的价值，可以让工作内容有更多拓展的空间，使其更具挑战性。对于分配到新岗位的员工，不管是处于技术岗位、管理岗位还是行政后勤岗位，北洺河铁矿管理者都会让员工熟悉岗位职责说明书和参与岗位能力培训，让员工了解岗位具体职责及性质。明确了岗位职责及性质后，员工进一步思考在该岗位上必须掌握哪些新知识和技能，应该为自己确定什么样的工作标准，明确今后自我发展的方向等，从而激励自己更积极、努力地去工作，以及在工作中不断地挑战自己。

2）建立岗位轮换机制。北洺河铁矿大部分员工都是操作工，他们中的绝大多数在同一岗位上工作都超过了五年，这样的情况也包括一些技术人员。在同一岗位时间长了，不可避免地会产生厌烦感，适当的轮换岗位让员工接触到新的概念，会使人有一种新鲜感，调动员工积极性，减少员工的不满情绪。北洺河铁矿考虑到这些情况，建立了岗位轮换机制。本着员工自愿的原则，想调换目前岗位的员工，可以填写申请表，经领导审批通过后，即可调换岗位。另外，每年年初，人力资源部门召集一批在同一岗位工作年限较长的技术人员，与他们交流工作想法，有愿意调离目前岗位的员工，人力资源科会记录备案。这种做法提高了员工的工作热情。

（5）注重对员工进行充分的授权。北洺河铁矿对工作采用的方式一般避免行政命令方式，而是根据任务要求进行充分的授权，只要不超出管理者规定的界限，员工就可以自主制定他们认为是最好的工作方法，在工作上自由发挥。对于工作结果，北洺河铁矿一方面是让相关技术专家把关，但更重要的是在实践中检验，然后做信息反馈。这种做法，不仅让员工更有责任感地去工作，同时也在工作中不断提高自己，获得进步。另外，北洺河铁矿也非常重视创新活动。每年北洺河铁矿都会组织"四优化"活动，员工通过此活动申报创新项目，至于项目所需的资金、物资及人力支持则由矿上承担，以保证创新项目的顺利进行。每年年底对四优化项目进行汇评，按照给矿带来的实际效益评比，并给予相应奖励。这些做法，提高了员工的敬业精神和对工作岗位的忠诚度。

（6）领导与员工良好的沟通。北洺河铁矿构建了领导层与员工进行定期或不定期的沟通的制度，它可以让员工了解自己的工作状况，调整工作方向，及时消除困惑和疑虑，使员工能更快地提升能力。

对于新员工，在北洺河铁矿，每位新员工都有自己的"师傅"，学生可以在聊天、吃饭或娱乐的时候获得一些难以言传的知识与经验，在轻松活泼的氛围中建立彼此良好的关系。除了日常的非正式沟通外，每季度末，师傅和学生之间会有一次正式的沟通，学生总结季度收获和不足，师傅给出改进的建议，同时，学生也可以对师傅的引导方向提出自己的想法。朋友式的师徒关系让新员工愿意积极主动地参与到工作之中，缩短了工作适应期。

对于老员工，领导与他们的沟通主要是非正式沟通。北洺河铁矿注重培养一种亲情文化，领导愿意深入到员工中与他们聊天，在这种非正式的场合，员工更加愿意说出他们对一些事情的看法，领导对员工的赞扬或批评或期望他们也更加愿意接受。当然，如果员工有什么想法，领导也很乐意员工主动找他们沟通，给出自己的一些意见。

图 3 - 11　领导和员工进行技术切磋

北洺河铁矿领导与员工之间的正式和非正式的沟通，让员工产生了一种被信任、被尊重和被认同的感觉，也获得了更大的发展动力。

（7）为员工搭建学习平台。善于挑战自我的人一般都有良好的学习习惯，学生时代的学习与人的一生的学习时间相比是较短的，人生主要是结合实践学习。北洺河铁矿为员工搭建了理论和实践学习的平台。

在读书环境方面，北洺河铁矿建立了图书馆、阅览室，以期为员工提供安静的读书环境。在书籍的供应方面，北洺河铁矿按照生产所需分专业采购了相关书籍，同时也提供了员工书籍需求通道，及时收集员工的书籍需求意见，以供采购。

另外，北洺河铁矿还建立了档案室，用来存储北洺河铁矿从设计到建设整个过程的原始资料，以备日后查阅。在杂志、报纸的订阅方面，北洺河铁矿为管理层订阅了专业期刊和核心报纸，让他们及时了解相关行业的动态和创新知识，以期激发管理层在工作中的灵感；北洺河铁矿为基层员工订阅了报纸，以让他们工作之余通过读报来了解相关信息，以期让员工与社会发展不脱节。

除了理论知识的学习补充，北洺河铁矿还为员工提供实践学习的机会，这主要体现在该矿的"师带徒"机制。到北洺河铁矿工作的第一年里，每人都有自己的师傅，师傅与学生共同制订培训计划，在思想、技术能力以及生活等方面对学生进行帮助和引导。每季度末，师徒双方分别对对方做一次总结性的评议，指出对方的不足和今后的改进方向。实习期满后，学生提交专业论文和实习总结，矿组织专家考评小组对师傅和所带徒弟进行综合考评。实践证明，"师带徒"机制达到了很好的效果，学生在师傅的传授、帮助、带领下迅速成长，即使新员工快速适应企业，又满足了员工不断增长的知识需求，这种"师带徒"制受到了员工的高度好评，对员工起到了一定程度的激励。

图3-12　职工阅览室一角

（三）实施效果

北洺河铁矿通过提供优良的管理环境，激发了员工自我激励的情怀。在学习方面，这些年来，员工通过自我鞭策保持着对学习和工作的高度热忱。每一季度全矿的培训参与率都达到90%以上。另外，员工自主参与学习的氛围也逐渐高涨，高级工程师、工程师、高级经济师、会计师等符合要求的参聘人员逐年增长。在员工流动性方面，每年北洺河铁矿都会招进一批高学历的员工，向新建矿山输出一批优秀的员工，而跳槽的员工人数几乎为零。在工作积极性方面，员工们积极组织生产，每年的产量和利润都超额完成目标。在创新性方面，凭借四优化活动平台，员工们大胆创新，每年的公司创新性项目的评比北洺河铁矿都名列前茅。

员工的自我激励意味着企业管理的完善和发展。北洺河铁矿努力为员工提供自我激励的环境，员工在良性的管理环境下，通过自我激励、自我管理不断成长，而员工的成长又促进了北洺河铁矿整体素质的提高和竞争力的增强，两者构成了双赢局面。

案例 3-1

闪亮的螺丝钉——提升车间设备运行段段长智庆周

他被誉为提升系统的"维修专家"，参加工作34年来，他逐步成长为一名理论知识丰富、业务水平精湛的知识型优秀段长。他连续多年被评为公司、矿"先进工作者"、"十佳党员"等荣誉称号，2009年邯郸市总工会以他的名字命名的"智庆周工作室"挂牌运行。他，就是北洺河铁矿提升车间设备运行段段长智庆周。

图 3-13　智庆周在北洺河铁矿建矿十五周年荣获荣誉职工

刻苦钻研　崭露锋芒

在主提升井建立之初，工作繁重，智庆周刻苦学习，努力提高理论水平，熟练操作维护技能，将钳工操作和提升系统的维修有机结合起来。为更加透彻地了解提升系统的运行规律和工作特点，他不拘泥于钳工技能，自学了电器理论。还订阅专业杂志，从中收集有关机械的技术资料和先进技术理论，开阔视野，逐渐形成了一套自己对提升系统使用和维护的理论和思路，得到专家的一致好评。

日常工作中，他对每台设备都要亲手操作维修，结合资料一一对照，不断摸索积累经验。在此期间，他做了上万字的工作笔记，将自己维修经验和设备故障的现象都做了详细记录，为系统改造起到了关键作用。通过不断地实践学习，仅用不到两年时间，他就掌握了各种设备的性能参数，对系统做到了如指掌，系统发生故障只要经过他的处理，故障就会迎刃而解，因此他被誉为提升系统的维修工人专家。

勤奋好学　勇于探索

主副井、西风井、盲竖井提升系统运行近十年来，智庆周参与设计和施工的维护和改造工程近130余项，均获得了良好的经济效益，部分项目在国内处于领先地位，为企业的持续高效稳产打下坚实的基础。

在他的精心维护下主井创造了当年投产当年达产180万吨，次年超产20万吨的优异成绩，被国内同行业誉为"洺河奇迹"。但是，智庆周还在不断探索新知识，追求更高的目标！他经过上百次的探索和实地实验后大胆提出，在较小投入下增产20万～30万吨的主井提升系统科技优化改造方案，经专家论证后得到认可。作为方案设计小组里唯一的工人高级技师，他全身心地投入到改造工程当中，同科技攻关小组成员吃住在现场，查资料、做实验，终于设计出科学的实施方案。在方案实施阶段，他五天五夜没有回家，克服了液压站运行压力不稳定、制动油压高、电控系统与压力点不匹配等多道技术难关，提出20余条改进意见，使得改造圆满完成。经测试，该方案在符合安全要求的前提下，单次提升行程缩短了近20秒，日提升量由以前的360斗提高到390斗，可增加产量780吨。同时，降低了设备能耗，运行一年来，多提升矿石28.47万吨，为矿增效近7000万元，在全国同行业、同类设备的利用率上名列前茅。

智慧无量　创新不止

智庆周在工作中始终以一个共产党员的标准来严格要求自己，不断提高工作技能和管理水平，把自己锻炼成为一名理论知识丰富、业务水平精湛、管理能力突出的知识型段长。为了保证提升车间的设备安全可靠运行，车间成立以智庆周同志命名的"智庆周工作室"。成立以来，该工作室在智庆周的带领下解决了约 30 多项技术疑难问题，设计并编写方案 20 多项，如西风井罐道绳更换、主井首绳更换、破碎机大修等一系列大型工程。并在设备维护和保养方面也提出了很多的新方法和新举措，先后为矿和公司培育了一大批管理和技术复合型人才，为公司实现大建设、谋划大发展、实施大跨越提供了强有力的人才支撑。

六、多渠道人才培养机制

日本管理之父松下幸之助说："松下公司与其说是造产品，倒不如说是造人。"这是日本企业成功的秘密。

（一）人才培养——兴企之本

越来越多的企业都开始接受这样一个真理：人才是企业的第一资源，是企业的生命之源。企业间的竞争，实际上已演变成人才的竞争。因此，做好人才培养工作是积极应对人才竞争形势的必然选择。自 2003 年以来随着我国铁矿石价格的持续攀升，更多的资本涌入铁矿石采选业，从而造成对铁矿石采选业专有人才需求的急剧增加，促使这方面人才流动加快。北洺河铁矿在做好待遇留才、事业留才、感情留才工作的同时，充分认识到了采取有效激励措施，盘活现有人员，使他们迅速成为企业所需要的人才，以应对人才竞争对企业发展带来的各种不利影响。

做好人才培养工作也是支持公司跨越式发展的必然途径。随着五矿邯邢矿业有限公司在矿业上的大发展，北洺河铁矿肩负着向矿业公司输送各类管理人才、专业技术人才和高技能人才的责任。仅 2008 年以来，共计向矿业公司各新建矿山输送各类人才 134 人，其中输送中层管理人员 24 人、专业技术人才 26 人、高技能人才 84 人，有力地支持了新矿建设。

做好人才培养工作是北洺河铁矿健康发展的需要。外部人才竞争的加剧，对矿业公司新建矿山的人才支持，使北洺河铁矿隐隐感到人才匮乏给生产经营带来的负面影响。如何建立自己高素质的人才队伍，进行必要的人才储备，已关系到北洺河铁矿的健康发展。

（二）构建人才培养机制

目前，大多数企业言人才培养必言企业培训，但如单纯依靠培训体系解决人才培养问题是片面的。人才的培养是系统工程，需要运用系统理论加以思考。同时，一个人愿不愿意从事某项工作，工作积极性是高还是低，工作业绩是好还是坏，完全取决于他是否具有进行这项工作的动机及动机的强弱。在一定时期内人的能力相对来说是恒定的，只有提高员工的动机强度，才能提高他们的工作业绩。而激励的作用就在于激发人的内在动机，变消极为积极，变被动为主动，努力地谋求上进，并充分发挥自己的才能。从另一方面来说，通过激励，还可以鼓励员工不断地提高自身的能力，激发出他们的潜能。激励源于动机，动机源于需求。北洺河铁矿从人的需求出发，分层次、分类别采取不同的激励措施系统地搭建人才培养机制，并在实践中不断加以完善。

人人是才，赛马不相马　北洺河铁矿2003年根据矿山企业岗位的不同性质，将全矿所有岗位分为三大类，即管理类岗位、专业技术业务类岗位、操作维护类岗位。北洺河铁矿本着"人人是才，赛马不相马"的理念，在邯邢矿业公司率先推行了全员竞聘上岗制度，打破原来职工的干部、工人身份界限，实现了三岗变更，能者上，庸者下。为优秀人才脱颖而出，创造了条件，搭建了平台。

分层次，分类别开展培训，创建育才机制　"员工培训不是一项福利，而是一种有效激励手段"，北洺河铁矿基于这一观点，分层次，分类别开展员工培训，构建起了较为完善的培训体系，为育才提供了有力保障。

（1）构建了"学院制"——员工培训管理制度。北洺河铁矿员工培训组织机构采用学院制，下设大学和专业分院。根据现有组织机构将开拓工区、采准车间、采矿车间、运输车间、提升车间、选矿车间、维修车间、动力车间八个生产单位设置为大学，并根据各专业系统分为机电、采掘、地测、质量、土建和工程预算、财务及成本、企业管理、政工、信息建设九个专业分院。每个学院指定负责人，各个学院的职责是负责系统内培训计划编制、内外部讲师选拔、教材编写、实施、培训效果评估、培训材料整理等工作。人力资源部门则作为员工培训工作的牵头部门，负责年度培训计划统筹安排、指导、考核、培训费用控制等工作。学院制的推行，一是确保了培训计划编制的实用性、针对性，使员工的培训需求得以满足；二是作为专项考核指标纳入学院（基层单位）业绩考核中，考核结果与学院班子成员 5% 的效益工资挂钩，严格的考核充分调动起了各个基层单位开展员工培训的积极性，确保了培训计划的落实；三是培训计划的制订与实施由各分院负责，在教学方法选择、授课内容编排，更注重实践操作，这有利于知识向实践的转化。

（2）实施"前辈导师制"——统招高校毕业生见习期管理制度。2009 年北洺河铁矿出台了《统招高校毕业生见习期管理暂行办法》，正式提出了高校毕业生见习期实行"前辈导师"制。"前辈导师"由本专业领域专业能力强，富有实践经验，具备本专业中级及以上专业技术职务，作风正派、工作严谨，具有较强责任心的在岗人员担任，意在强调导师自身专业素养的同时，更强调导师的榜样效应，要通过"前辈榜样"影响学生对工作、生活的态度，增强学生对北洺河铁矿的文化认同感。同时，见习期满考核实行百分制考核，并分季度考核、见习期满考核、见习岗位所在车间（部门）鉴定三部分，所占权重分别为 40%、40%、20%。这种考核权重的设置一方面将学生平时的工作表现、工作态度作为考核重点，加强日常考核；另一方面把理论知识转化为实践技术能力作为考核要点，促使学生将专业知识切实转变为现实生产力。

（3）推行"专家型的技术人才，复合型的管理人才"——三类人员岗位轮换制度。北洺河铁矿人才培养目标始终坚持"专业才能培养和复合能力培养同步进行"的人才培养策略，即北洺河铁矿培养专家型的技术人才和复合型的管理人才。2009 年北洺河铁矿出台了《工程技术人员岗位轮换暂行管理办法》，在专业技术业务类岗位人员中开展岗位轮换工作，但轮岗范围小，人员有限，已不适合北洺河铁矿人才培养目标的实现。为此，2011 年北洺河铁矿出台了《三类人员岗位轮换暂行办法》，按照定期轮换与适时轮换相结合的原则，将轮岗范围扩大到管理类、专业技术业务类、操作维护类三类岗位人员中，岗位轮换一般采用跨部门轮岗和部门内部轮岗两种形式。岗位轮换制度的实行一方面使得轮岗人员的对各业务工作有了全面了解，丰富了其知识面，同时也提高了轮岗人员对全局性问题的分析能力；另一方面避免了长期从事某岗位所产生的"岗位惰性"，有利于重新激发其工作热情和创新精神。

（4）建立"新型师徒关系"——操作维护类职工分类管理制度。作为一座现代化矿山，先进的采矿工艺和自动化的采掘装备都要求北洺河铁矿需要拥有一支高技能人才队伍。为实现这一目的，满足生产对高技能人才的需要，2010 年出台了《操作维护类职工分类管理暂行办法》，在采准车间、采矿车间、运输车间、提升车间、选矿车间、维修车间、动力车间等七家基层单位的操作维护类矿山主体工种和技术含量较高的工种之中开展分类管理工作，根据劳动态度测评、实践测试考核结果，将同一工种从业人员划分为一级、二级、三级三个类别，并规定工种相同的每类人员在正常出勤情况下月效益工资级差不低于 60 元，同时开展了一级人员带徒弟活动，师徒关系采用组织搭桥，双方自愿的方式确立。为进一步开展好"师带徒"活动，2012 年出台了《"师带徒"培训活动效果评估细则》，进一步就徒弟知识、技能的提升、工作态度的改善等方面的效果评估进行了规范细化。

优秀人才的培养，离不开企业良好的外在环境建设。良好的外在环境即包括诸如规章、制度等政策环境，也包括良好的办公环境、设备、环境卫生等工作环境。北洺河铁矿在注重外在环境建设的同时，更注重在这些规章制度执行中的公平性。因为公平的环境能够平衡心态，完善人际关系，改善他们的行为，从而使其工作行为与工作态度向"高层次"发展。

（三）人才培养机制产生的效果

北洺河铁矿通过外在激励和内在激励的有效结合，系统性的搭建人才培养机制，在实际运行中取得了明显效果。

人才总量稳步增长，结构得以优化　截至 2012 年 8 月，北洺河铁矿在册职工 1543 人，具有研究生学历人员 11 人、大学本科学历人员 149 人、大学专科学历人员 256 人，分别占总人数的 0.7%、9.66%、16.59%。具备高级职称人员 15 人（教授级高工 1 人），中级职称人员 87 人、初级职称人员 143 人。分别占管理类、专业技术类岗位在岗人员（245 人）的 6.12%、35.51%、58.37%。高级技师 26 人、技师 93 人、高级工 344 人、中级工 311 人、初级工及以下 477 人，分别占操作维护类岗位在岗人员（1251）总数的 2.08%、7.43%、27.5%、24.86、38.13%。具体情况见《北洺河铁矿人员结构表》。人员从学历、职称、职业技能等级结构来看，无论在量和质上均有大幅提升。

人才作用得以充分发挥　北洺河铁矿注重发挥人才队伍在"管理创效"、

"科技增效"、"素质增效"中的主力军作用，并结合"四优化"创效活动开展，使得人人肩上有项目，各个手上有课题。仅2011年就完成"四优化"项目92项，创效2711.2万元。

附录3-3

北洺河铁矿竞聘上岗管理办法

第一章 总则

第一条 为深化人事制度与用工制度改革，建立一支精干、高效、富有创新精神的职工队伍，逐步实现干部能上能下，职工能进能出的用人机制，引入岗位竞争机制，实行全员竞聘上岗，鼓励优秀人才脱颖而出，根据上级有关规定，特制定本办法。

第二条 竞聘上岗的原则

1. 公开、公平、公正的原则。

2. 择优聘用的原则。

第三条 竞聘范围

1. 中层管理岗位。

2. 专业技术业务类岗位。

3. 操作维护类岗位。

第二章 竞聘机构

第四条 组建竞聘工作委员会，竞聘工作委员会由两个工作组组成。

1. 竞聘工作领导组。负责全矿竞聘岗位的确定，参聘人员资格审核，竞聘工作评审组成员的确定，竞聘结果的复核，向矿党政联席会提出推荐意见等工作，成员由矿领导成员以及人力资源科、党委工作部、工会委员会、纪委有关同志组成。

2. 竞聘工作评审组。负责各竞聘岗位的答辩测评、分值统计、结果上报等工作，根据不同岗位类别下设三个小组。

(1) 中层管理人员竞聘评审小组：

A. 中层管理人员正职竞聘评审小组构成

一般由9~13人组成，人员构成：矿领导成员，职工代表，主体专业人员，相关专业人员，本单位骨干。

B. 中层管理人员副职评审小组构成同上款，但需在人员构成中增加本单位正职。

（2）专业技术业务类人员竞聘评审小组，人员构成：

矿领导成员，部门、车间正职，业务技术主管，车间副职，主体专业人员。

（3）操作维护类人员竞聘评审小组，人员构成：

部门、车间正职，业务技术主管，车间副职，本岗位工段长、班组长、技术骨干。

第三章　竞聘办法

第五条　公布竞聘岗位，工作职责，工作标准，工作目标及上岗任职条件。

第六条　自愿报名，进行资格认证。资格认证的核心是由竞聘工作领导组对参聘人员以下任职条件进行审核。

1. 学历的认证。学历认证以公司人力资源部门备案认证为准。

2. 专业技术职称任职资格的认证。专业技术职称任职资格的认证范围为国家开考专业统一考试的任职资格和企业评审的任职资格，由参聘人员提供技术职称证书原件及复印件，企业评审的任职资格核对公司历年下发的关于确定各系列专业技术职称任职资格的通知。

3. 岗位职务工作年限和职工年龄的认证，以职工档案记载为依据。

4. 操作维护类人员的特种作业操作证，职业技能资格证书的认证，以本人持有的特种作业操作证，职业技能资格证书的初次领证日期和使用日期为依据。

第七条　组织召开竞聘大会，进行"竞聘演讲"与考核答辩。

1. 参聘人员演说竞聘材料，要求明确竞聘岗位，简述个人简历，相关业绩以及今后主要工作思路。评委对其进行质疑，竞聘人进行答辩。

2. 评委根据考核项目，结合演讲材料答辩效果，对竞聘人进行测评排序。

3. 评审小组根据测评结果，提出推荐意见由党政联席会研究决定，矿长进行聘用。

4. 专业技术业务类、操作维护类人员由竞聘工作评审组提出推荐意见，部门、车间正职进行聘用。

第四章　聘后管理

第八条　竞聘上岗的中层管理人员由矿长聘用，并下聘文。专业技术业务类人员，操作维护类人员由部门、车间正职聘用，待遇从次月起在什么岗位享受什么待遇。

第九条　对落聘的管理类（中层管理）岗位人员，矿将优先推荐其从事专业技术类岗位，仍未上岗的纳入人力资源科统一管理，按当地最低工资标准执行。管理类岗位人员落聘后从事操作维护类岗位的，享受同岗位职工待遇。

第十条　对落聘的专业技术类、操作维护类岗位人员，人力资源科在本人落聘后的三日内（节假日顺延），安排一次上岗；本人也可直接与基层单位联系，基层单位同意后（定员内），由人力资源科随时安排上岗。仍未上岗的纳入人力资源科统一管理，进行职业技能培训，培训期间生活费用按当地最低工资标准执行。

第十一条　建立中层管理人员空位备案制度，中层管理人员因竞聘升迁、退休、新设职位等情况出现职位空缺时，按人事管理范围和权限，由人事部门拟定空位职数，岗位职责，任职条件，提出书面报告，经公司人力资源部门批复同意后，采用竞聘上岗方式的，按本办法执行竞聘上岗。

第十二条　建立专业技术业务类、操作维护类人员，空岗备案制度。专业技术业务类、操作维护类人员因劳动组织变更，新设岗位、退休、竞聘升迁等情况出现空岗时，各单位部门在定员范围内，按所空岗位职数、上岗任职条件等情况以书面形式报矿人力资源部门审核，人力资源部门经审核同意增补人员时，原则上采用竞聘形式产生空岗候选人。候选人必须符合上岗任职条件，如不符合上岗任职条件，不得调动，必须经培训合格（特殊工种要取得特种作业操作证）后方可调动。各单位内部不得擅自调换岗位，否则按违纪处理。

第五章　附　则

第十三条　本办法由人力资源科负责解释。

第十四条　本办法自下发之日起执行。《北洺河铁矿竞聘上岗管理办法》（北洺河铁矿［2004］2号），《落聘人员暂行管理办法》（北洺河铁矿［2002］91号）同时废止。

附录 3－4

北洺河铁矿人员现状分析

岗位类别	人数	年龄构成					学历构成				职称构成					技能等级				
		25周岁以下	26~35周岁	36~45周岁	46~55周岁	56周岁以上	研究生	本科	专科	中专及以下	教授级高工	高工	中级	助理级	员级及以下	高级技师	技师	高级工	中级工	初级工及以下
公司领导	7			4	3			4	3			5	2							
中层管理人员	67		15	27	25			31	26	10	1	7	38	8	13					
专业技术人员	171	14	82	52	20	3	11	92	51	17		2	47	80	42					
操作维护类职工	1251	114	299	625	206	7		19	167	1065						26	93	344	311	477
不在岗人员	47		1	7	23	16		3	9	35										
合计	1543	128	397	715	277	26	11	149	256	1127	1	14	87	88	55	26	93	344	311	477

注：该分析数据以 2012 年 8 月在册职工数据为基础整理而成。

七、过程管控促进精细化管理

(一) 向管理要效率

管理是企业实现高效运行的基础，也是企业走内涵式发展的必然选择。北洺河铁矿选择过程管控推进精细管理主要是针对企业管理中存在不良的管理现象。突出表现在：

1. 北洺河铁矿存在粗放式管理现象

北洺河铁矿2002年从基建转入试生产，开始真正意义的自我管理。由于管理方式、人员等各方面都脱胎老矿山传统模式，使得各项管理与企业当代要求相比仍然是粗线条、简单化的。试生产以来，国内矿业形势年年高涨，为抢抓市场机遇，北洺河铁矿以高产高效为重点，产量和利润连创纪录，使得管理工作相对滞后，出现了一些制度不严、管理不细、大手大脚浪费等粗放式运行现象。

2. 推行过程管理是实现精细化管理思想的必然选择

我国工业化的历史总计只有几十年的时间，真正大规模发展是最近三四十年的事，当前整个工业生产中带有大量农耕文化粗放式经营的遗迹，北洺河铁矿置身这样的社会大环境中，也必然受其影响。从西方社会工业进程看，企业管理一般经历三个阶段五个层级：人治管理、法制管理和人本管理三个阶段，随意化初始管理、岗位责任制管理、精细化管理、企业文化管理、自主管理五个层次，这五个层次是逐级递进的层级关系。同国内大多数企业一样，北洺河铁矿目前正处于在岗位责任制管理层级，要提高管理水平，达到西方老牌工业企业的层次，具备国际竞争力，必须突破精细化管理阶段。

为推行精细化管理，邯邢矿山局在2005年倡导，2006年开始系统学习和探索活动。北洺河铁矿在探索实践精细化管理活动中，逐步认识到节点控制、制度化、规范操作、执行力管理等一系列精细化管理的关键点。在结合实践方面，由于本矿是工序化设置生产车间，专业化设置职能科室，管理上一环扣一环，一个专业连着一个专业，任何一个环节、一个专业出了问题，都会影响整个生产系统正常运行，因此，北洺河铁矿确立了以过程管理方法推进精细化管理的思路，预计用十年左右时间跨过精细化管理层次。

(二) 强化过程管控

以过程管理方法推进精细化管理的主要内涵是：在企业运行过程中，为

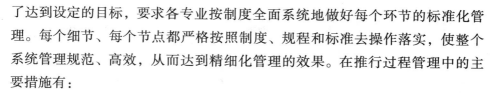

了达到设定的目标，要求各专业按制度全面系统地做好每个环节的标准化管理。每个细节、每个节点都严格按照制度、规程和标准去操作落实，使整个系统管理规范、高效，从而达到精细化管理的效果。在推行过程管理中的主要措施有：

1. 一把手重视，亲自过问

为推进过程管理，年初，将过程管理的内涵、意义、方法写入工作报告的第一章，作为全年工作重点，由矿长亲自详加阐述。在各专业系统会、日常调度例会等各种合适的场合反复强调，引导全矿管理人员操作人员深刻领会，积极实行。

2. 对如何开展过程管理进行样板示范

按照过程管理的基本要求，北洺河铁矿将一件工作分为事前制度、事中控制、事终结果和事后资料四个环节。

事前建立制度：包括确定责任体系、业务流程、标准化表格、奖罚标准等。

事中控制：包括计量器具、报告制度、操作方法、工作记录等。

事终结果：指与预算（或标准）对比的结果优劣。

事后资料：指对工作的分析总结、资料整理归档等。

通过对四个环节中各细项工作列示和设定分值，明确了工作，分解了过程，起到了整体控制的效果。矿选择了安全文明生产管理、设备管理、质量管理和班组核算管理四项工作作为示范，按上述四个环节设定分值，每月检查评分，将总分值与5%～10%的工资挂钩，取得了良好效果。车间工作由过去的以结果论英雄变成了现在的以过程加结果分高低，实现了结果管理向过程管理的转变。

3. 鼓励各专业系统创造性开展过程管理

专业化和数据化是精细化管理的基础，矿从2008年开始大力鼓励各专业开展数据化、标准化、规范化过程管理。

第一，创立了技术基础工作定量化评价考核体系，从细节上量化技术基础工作管理。

技术基础工作如何量化考评，在矿业中一直没有好的办法，导致这块业务外行不了解，内行不作为，业务打折扣，工资随大流。2008年北洺河铁矿探索用评分的办法量化考核，选择了技术计划科的采矿、工程专业，机动科的机、电专业，地测科的地质、测量专业，质量科的质检、化验专业，安全科的安检、通风专业，计量科的计量专业以及七个生产车间、两个工区与上述 11 项专业对口的业务，制定了 9 个专项评分办法，将技术基础工作按规范分解成几十乃至上百项细节，用分值一一对应，由专家组对照评分办法检查评分。评价结果按百分制计算，专家组占 85%，主要是资料检查；主管矿长占 15% 分，主要日常观察到的业务表现，合计总分与 20% 效益工资挂钩。每季度组织检查一次，通过这种方式，在专业人员更换频繁的条件下，北洺河铁矿技术基础工作仍在不断健全、完善。北洺河铁矿的业绩考核管理办法见 120 页附录 3-5。

第二，创立了设备管理信息电子日志，促进设备运行信息由月总结向日控制转变。

将北洺河铁矿各车间共 77 台主要生产设备、29 台重点设备的运行日志做成表格，发布到矿局域网。各车间指派专人每天填报当天设备运行数据，科室人员每天对数据进行汇总、统计和分析。所有工作均在网上完成，管理人员可以实时掌握设备运行状况，对促进基层车间加强设备管理，提高设备保障能力起到积极作用。

第三，创立了调度电子日志系统，提高数据集成程度、统计分析方便程度，更便捷地调控生产行为。

调度日志原来一直为纸质，传递时间长，可记录的信息有限，数据累计统计、交叉处理非常不方便，等到数据处理出结论，往往最佳的调控时机已过去。为满足过程管理需求，2008 年开发成功电子调度日志系统，井下数据实时传递到总台，一次录入，自动生成各种数据处理结果，高效便捷，可以适时调控生产发现的问题，与投影仪配套使用，还为调度会提供可视性界面，提高了会议质量。

第四，生产系统在支护料下放过程中推行准时化过程管理，在支护作业中推行过程管理，减少回弹，提高支护质量。经营考核系统在全矿实行工资与产量、安全、设备、工序服务、专项管理挂钩的业绩考核模式，在车间统一实行六位一体班组核算管理模式，都规范了专业管理，细化了节点控制，较好地实现了过程管理意图。

4. 鼓励各车间创造性开展过程管理

群众积极地、创造性地参与是精细化管理的最理想结果。在推行过程管理活动中，各车间涌现了很多创新性做法。

第一，在选矿车间开展"班组全面过程管理"活动。为把过程管理落到实处，选矿车间 2008 年开始以细节控制为主线，以痕迹管理和检查考核为手段，结合实际情况和专业标准，对每个班组从九个方面考核（包括产量、质量、安全文明生产、违章违纪、成本、基础工作、制度落实、数据传递、修旧利废）。当年就取得了显著进步，精矿产量用 11 个月时间完成全年产量预算；品位 66.63%，比标准提高 0.13%，全年不合格批次为零；节约材料备件 70.29 万元，节约电费 355.1 万元。现场推行 6S 管理，成为来矿参观宾客的必去之地。在当年 12 月中旬召开的车间班组全面过程管理交流会上，5 个班组作了经验幻灯片介绍，6 个班组作了即席发言，取得与会人员的一致赞扬。

第二，在运输车间开展全方位双向一体化月考核管理。运输车间在实施过程管理活动中，创造了全方位一体化考核办法。以生产任务、成本管理、安全文明生产、设备管理、分装分运等内容为基础，突出考核生产中本职工作和协作、配合，将全车间分成 19 个考核单元（包括车间主任、副主任、各班组），每个单元每月对其他 18 个单元打分，所得平均分与工资挂钩。通过一年运行，这种方法既促进了车间各关键业务点的完成，又促进了相互配合、服务，取得了良好效果。

第三，在动力车间推行月底检修责任倒追制度，维修车间推行井下移动设备定检定修制度，采准车间推行掘进台车包机制等，总的来说，各车间以业务细化，责任具体化，工作流程化为宗旨，开展了各种各样的过程管理活动，都取得良好效果，涓涓细流，汇聚成了北洺河铁矿整体进步。

5. 创新手册式连续管理方法，强化中层执行力管理

中层管理人员对矿领导班子的管理意图起着承上启下的关键作用，如何强化中层人员的执行力管理，防止不作为、乱作为，鼓励主动作为、创造性作为是一件重要工作。北洺河铁矿创新手册式连续管理方法，中层人员人手一本执行力手册，用以撰写年度规划、月度工作计划、月度工作总结、工作体会，每月交矿领导点评批阅，矿领导可以在批示时增减工作，提示重点，通过每月书面交流，全年连续地约束管理，极大地提高了每位中层执行力，达到以过程促效果的目的。

（三）实施效果

（1）提升了全矿精细化管理水平，通过开展过程管理，在众多工作中细化了工作标准，明确了管理责任，建立了定期检查的流程化机制，调动了各专业、各基层组织的工作积极性，广大技术管理人员、操作员工的痕迹化、数据化、程序化管理意识明显增强，以前重产量轻其他的现象已经明显扭转，企业呈现整体进步的良好局面。

（2）取得了良好的经济效益，经营质量显著提高。截止到目前，全矿完成铁矿石、铁精矿、内部利润均大幅度超过预算任务；与此同时，七个车间经常性材料备件、动力费等也都达到或超过目标水平；设备管理、文明生产、工程质量、产品质量管理水平稳步提高，班组核算管理在七个基层单位全面实行，班组覆盖率100%。

八、严谨实效的监督约束机制

北洺河铁矿自建矿以来，共招投标128次，重大工程、重要装备和物资的投资达10.8亿元，投产后每年的成本费用多达两亿元，在如此大额的投资过程中，十五年来全矿党员干部无一人违法违纪，其中一个重要因素就是该矿重视发挥了监督的作用，把党风和反腐倡廉建设融入企业管理、夯实制度保障，突出监督重点、创新监督模式，注重纠偏提效、强化效能监察，为矿山建设和发展创造了优良的软环境，保证了基建和生产的顺利进行。北洺河铁矿的具体举措是：

（一）完善的制度是推进监督工作的标准和保障

正是基于这样的认识，按照北洺河铁矿建矿的体制和模式，选准监督保障的途径，划定责任，实行分级管理，构筑起适合北洺河铁矿特色的监督工作格局，实现以制度促管理，以管理促成效。

首先，从规范决策行为入手，参与完善了企业重大决策、重要人事任免、重大项目安排和大额度资金使用决策程序，使权力运行得到监控，防止了决策失误和权力失控。先后对企业的内部的管理制度，进行了两次大规模的梳理和完善，按照"坚持、完善、废止"和"实际、管用、有效"的原则进行分类登记、甄别完善，最终形成了"制度统领"、"教育防范"、"规范决策"、"规范行为"、"监督制约"和"预警惩处"六大制度体系，使北洺河铁矿制度建设实现"具体化"、"本矿化"和"特色化"。

其次，从健全管人管事机制入手，协助党委建立健全了"党委议事规则"、"党风建设责任制"、"廉洁自律若干规定"、专题民主生活会制度、廉政档案制度、重大事项报告制度、廉政警示谈话等制度，形成了靠制度管人的长效机制，使制度建设与经营管理深度融合，实现了党风建设与经济效益协调发展的双赢。

再次，从监督检查入手，以"制度建设推进年"为契机，对全矿所有的管理制度分类别进行了一次全面、系统的清理和审查，健全了诺廉、述廉、测廉、评廉、考廉制度、实施了《党内情况通报制度》、《矿务公开制度》、党风监督员制度和问责制度，确保了重点部位得到重点关注，关键环节得到重点防范。

（二）落实主体责任是监督的有效途径

预防腐败，制度是保障，监督是关键。该矿党委坚持每年修订《党风和反腐倡廉建设责任制实施细则》，把党风监督员制度、廉洁承诺、践诺、述廉评廉、廉洁谈话、廉洁文化建设方面的内容，纳入责任制体系。按照党政领导班子正职负总责和"谁主管，谁负责"的原则，进行了责任的分解，将责任细划，落实到人头，增强落实的责任感。

紧贴生产经营的中心，以开展廉洁自律公开承诺为重点，强化完善责任制落实，每年初，矿党委与中层管理人员签订《党风廉政建设责任状》，将党风和反腐倡廉建设目标与业务管理、精神文明等工作同布置、同落实、同检查、同考核。在组织开展的年度中层管理人员廉洁从业、廉洁自律承诺活动中，着重突出"四个结合"：一是与岗位职责相结合。以忠于职守，爱岗敬业，认真履行好自己的工作职责，做到转变作风，廉洁高效。二是与公司纪委"双十"规定相结合。自觉遵守"十不得"和"十不准"所要求的条款。三是与"八小时以外"活动相结合。不去不该去的场所，不做不该做的事情，不交不该交的朋友。四是与自己身份相结合。牢记党员和领导人员使命，始终保持艰苦奋斗的作风，自觉做到非法之财不取，违规之礼不收，损公之情不近。在每年民主评议领导班子活动中，述廉、评廉、考廉优良率达95%以上，职工群众满意率达98%以上。

（三）形成合力发挥监督作用

具体做法和效果如下：

1. 坚持"两个结合"

进一步强化监督，为推进各项制度的有效落实，该矿纪委强化对制度执行的监督，多方协调配合，形成合力，做到了两个结合，即纵横结合、点面结合。在纵向监督上，实施系统抓，各系统领导具体抓好本系统和分管范围内的党风和反腐倡廉建设情况，并负有直接领导责任，每季度向矿党委汇报本系统党风和反腐倡廉建设情况。在横向监督上，做到了承诺示廉、个人述廉、群众评廉、组织考廉。每半年对全体中层干部进行一次廉洁从业情况测评，测评结果作为任免干部的重要依据。

在点上，该矿在干部任免、经营管理的重要环节、物资采购与销售的进出口做到全过程参与，强化对"三管六外"领域和成本、工资、奖金的执行和公开的监督，规范"三公开"运行。对"三管六外"人员，定期进行诫勉谈话，并把其从业行为作为监督重点。在面上，广开渠道，做到了"三个公开"，即：领导干部廉洁从业承诺公开；重大决策、年度生产经营、重大投资等涉及企业发展与职工切身利益相关内容进行矿务公开；基层单位做到工资、成本、奖金公开。通过信访、信箱、电话等公开渠道，引导职工齐抓共管，向组织反映意见和问题。做到有音必复、有信必访，有疑必查。对有问题反映的干部进行诫勉谈话，把一些苗头性问题消除在萌芽状态，防止了腐败案件的发生。几年来，强化中层管理岗位、专业技术岗位竞聘、职工子女招聘就业监督，严把聘前、聘中、聘后三个关口，着力培育清正廉洁的选人用人环境。在2011年的中层干部竞聘工作中，矿纪委明确了干部调整的纪律要求，从资格审查、现场答辩、调整后交接等环节进行重点监督，促进了中层干部调整、交接工作有序进行。

2. 依靠"桥梁和纽带"发挥"三个作用"

该矿纪委推行了党风监督员制度，收到了较好的监督作用。从关键岗位的工作人员、专业技术人员和职工代表中聘任政治素质高、敢于负责、职工群众拥护的人担任党风监督员，促进对党风建设工作的日常监督和检查，发挥了三个方面的监督作用。一是民主评议作用。党风监督员利用自身专业优势，通过明察暗访等方式，对生产经营中的不正之风予以纠正，推动了党员干部的廉洁高效。二是沟通协调作用。党风监督员既可以当好"群众的眼睛"，在反腐倡廉工作中充分集中民意，反映民情，起到反腐倡廉信息通报员的作用，在领导干部和职工群众之间架起"连心桥"，又可以把上级和本矿关于反腐倡廉相关政策、做法向职工群众宣传，引导群众积极参与到反腐倡廉工作中来。三是参谋顾问作用。党风监督员联系社会面广，接触人群阶层多，对本矿各项管理效能了解深入全面，积极参与到本单位的绩效评估工作中来，能充分发挥其特长，更好地为党风建设服务。

3. 注重纠偏提效是强化效能监察的突破口

在效能监察上，该矿注重从生产经营管理中的"热点"、"难点"、"薄弱点"入手，注重纠偏提效，选准效能突破口，找准监察切入点，开展不同的效能监察。

（1）狠抓融合点。按确立的效能监察项目组建领导小组、项目工作组，实行效能监察项目分级管理；合理选配监察人员，效能监察领导小组，成员由矿主要领导和有关监督部门的人员组成，工作组成员由主管矿领导和有关管理、业务部门的人员组成，实现了"监"、"管"职能的合理分离，解决了多年困扰监察工作越权越位或工作不到位的问题；明确职责，领导小组主要任务是监督工作组完善制度、执行制度和堵塞管理漏洞，工作组负责监察项目的落实，完善内部管理和监控机制，组织监察活动；效能监察办公室负责联络沟通、业务指导和组织协调工作，实现了"监"、"管"的合理融合，从根本上解决了监察定位不准和与管理脱节的问题。

（2）狠抓重要点。基建期间以节约资金，提高工程质量为重点，找准工程招投标、工程质量、物资设备采购、工程结算、大额资金运用的关键点，实施监察。招投标工作中，按照《北洺河铁矿招投标管理办法》，将工程预算编制化整为零，工作人员各管一块；在投标书汇总上掌握时间差，在招标会开始前2个小时确定，防止了泄标现象的发生。北洺河铁矿自建矿以来，招投标128次，重大工程、重要装备和物资的投资达10.8亿元，却无一人出现经济问题，无一人倒下，这得益于严格严密的制度和不折不扣的监督。

在生产期间，突出强化内部管理，提高经济效益的增长点，加大对全面预算执行、节能减排、降本增效项目的监察，有效地推进了企业管理，提升了经济效益，确保全矿管理人员的勤廉高效。矿纪委定期到车间进行走访，了解支部、部门对履行"一岗双责"和落实党风责任制存在困难和问题，主动查找案件线索。几年来，共收到举报信8件，经排查立案3件，结案3件。

（3）狠抓着力点。把监督渗透到管理工作的全过程，分别对成本管理、物资设备材料采购、工程管理、节能减排和安全管理五个效能监察项目的监察程序、监察重点、监察档案进行梳理整合，制定出规范的项目访问、座谈、现场勘察、查阅原始记录、分析制度，实施监察建议操作程序，确保效能监察每个项目工作方案，有条理、有步骤地开展工作。2011年五个重点项目共节约资金170.48万元，避免经济损失65万元，降低成本费用132万元，挽回经济损失 39 万元。2012 年上半年五个重点项目共节约资金 141 万元，避免经济损失 71.6 万元，降低成本费用 64 万元，挽回经济损失 34 万元。

附录 3-5

北洺河铁矿 2012 年业绩管理考核办法

为更好发挥考核业绩管理办法对企业活动的引导作用，根据公司要求，2012 年矿继续实行精准均衡业绩管理考核方式，内容如下：

一、经营形势

1. 公司对北洺河铁矿实行相对高产政策，目标任务量 128 万吨以上，对生产组织形成一定压力。

2. 受国内外宏观经济形势不景气影响，公司对矿精矿成本、管理费用、预算外工程费用实行单项重罚。因此，精打细算、厉行节约是今年经营管理重点工作。

3. 矿处于稳定发展期，做精做细是这一阶段的内在要求，尤其是安全管理，是各项精细管理的重中之重。

4. 公司处于战略扩张关键时期，关于公司战略、"十二五"规划、公司形象等重大行为成为管理重点和上级考核的目标。

二、任务目标

1. 继续保持高产高效，确保精矿完成 128 万吨以上，为各项管理奠定坚实基础。

2. 杜绝重特大事故，保证零伤害，提高经营美誉度。

3. 全面、适度从紧，在保证安全和质量的前提下，加强技改，杜绝浪费，增加效益。

4. 继续推进精细化管理，重点是原矿品位、资源回收、工程质量、动力运行、设备完好等，不断提高经济运行质量，以质量提升效益。

5. 全面完成公司维简项目、矿"十二五"规划目标、人才培养与输出等战略目标。

三、绩效管理总体原则

1. 均衡、可持续发展原则，长远规划目标与本年预算目标、作业量指标与经济技术管理、行为管理指标相结合，全面设立考核指标，促进均衡、科学、可持续发展；

2. 精准考核原则，对生产经营管理的重点、薄弱点设置专项指标，重奖重罚；

3. 激励与约束相结合原则，进一步调动积极性；

4. 效益优先，兼顾公平，促进健康、和谐发展；

5. 公开、公平、公正、闭合反馈原则。

四、内容程序

1. 继续实行基层单位工资"六挂钩"、"工序评分"、科室单独考核、中层模拟年薪制等上年业绩管理办法的基本做法；

2. 基层单位产量、安全、成本挂钩工资比例分别提高5%，以突出关键因素；

3. 对开拓、采准两车间变掘支分开考核为成巷考核，以提高支护及时性；

4. 调整专业指标，删减不便操作的一些专项指标，增设维简工程、预算外工程等公司重点关注指标；

5. 单项工程按职能范围、风险程度、工作量大小，适当增加加班补贴；

6. 允许基层单位适当留存工资，累计不超过200元/人标准，留存时间不超过一个加班集中发生期。

五、框架体系

（一）考核制度框架

1. 业绩管理考核办法

2. 单项管理办法

（1）工序服务考核办法；

（2）安全文明生产考核办法；

（3）设备运行检查评比办法；

（4）中层一次性奖励考核办法；

（5）全矿一次性奖励分配办法；

（6）其他单项考核办法。

（二）业绩管理办法框架体系：

业绩考核办法包括三部分：对各基层单位的考核、对各科室的考核、对各中层领导集团的考核。

1. 对基层单位的办法

全额工资挂钩，实行六挂形式。考核以结果类指标为主，占90%～100%，行为类指标占 0~10%。

(1) 45%工资挂产量；

(2) 15%工资挂安全文明生产（分值）；

(3) 10%挂钩设备管理（分值）；

(4) 20%工资挂成本（节超比例）；

(5) 5%工资挂钩工序服务（分值）；

(6) 5%工资挂钩专项指标（结果类指标3~5项，行为类指标3~5项）。

各单位根据实际情况比例有所变化调整。

2. 对科室部门的考核办法

按实有人数测算全额工资，实行两挂钩方式。结果类指标为主90%~100%，行为类指标在0~10%

(1) 70%工资与产量、利润类指标挂钩；

(2) 30%与本部门专项管理指标挂钩，突出部门管理特点。

各单位根据实际情况比例有所变化调整。

3. 对各中层领导集团的考核。

(1) 包括科室在内，全体中层实行模拟年薪制。年薪分四档，正副职参照局对矿班子成员的考核，按1:0.75设定。

(2) 全额工资切块，按比例与本单位任务职责挂钩，部门不同，项目和比例分配各有侧重。

六、其他规定

1. 各基层单位固定工资按实有人员核定支付，缺员部分效益工资按含量全额计提，超员部分补50%人均效益工资。

2. 机关部门和中层人员按实有人员支付固定工资和效益工资。

3. 负责考核的各单位、部门每月按规定时间向考核办公室（设在经营预算科）报送上月考核结果，延期扣罚部门正职30元/日。

4. 经营预算科每月将考核结果汇总向考核组、主管矿长、矿长汇报，季度向矿班子会汇报。

5. 对有关职能科室出具的考核结果由该科室解释，该科室的主管由矿长裁决，对考核结果由经营预算科解释，经营预算科的主管由矿长裁决。

6. 单位工资、领导集团工资严格按结算数发放，不得超发。各单位要加强工种间工资分配公平性管理，严格按矿有关专项制度执行。

7. 各单位在矿业绩考核办法下达 15 日内，制订车间—班组、班组—早、中、夜三个小班的考核办法，报经营预算科组织考核组审定通过后备案执行。

8. 本办法自 2012 年元月 1 日起至 2012 年 12 月 31 日止，解释权、调整权归考核委员会。

附：考核委员会成员：

1. 矿领导

2. 考核组核心科室：技术科　地测科　安全科　机动科　财务科　人力科　经营科

3. 考核组其他科室单位：根据业务需要临时确定。

第四章 体系建设

健全的体系建设是企业运行的必要内容。北洺河铁矿经过多年的积累，在计量体系、内控体系、质量保证体系、安全责任体系等方面取得了一定的成果。

一、完备的计量体系建设

（一）计量体系的内涵

计量体系是指"为完成计量确认并持续控制计量过程所必需的一组相互关联的或相互作用的要素"。计量体系是整个管理体系的一个组成部分，起着重要的技术基础作用，也是企业构建 ISO 9001 质量保证体系、HSE 体系的基础，处于体系建设的基础地位。计量活动贯穿于生产经营活动全过程的各个环节。如果一个组织没有建立完善的计量体系，就不会得到可靠的测量数据，生产过程就不可能得到有效控制，ISO 9001 质量保证体系、HSE 体系就不会起到应有的效果。

（二）生产环境与工艺

计量体系的构建，必须结合企业的生产特点和工艺流程特点，北洺河铁矿是一座集采、选为一体的大型黑色金属矿山，因此必须在掌握矿山生产基本规律的基础上，构建适合于北洺河铁矿生产经营环境和符合国家法律规范要求的计量体系。其显著特点是：设备的可靠性和节能性的检测（能源消耗降低、污染降低）、质量检验、工艺工程监控等。

北洺河铁矿的生产工艺概况是：

1. 井下采矿作业工艺流程（见图 4 - 1）

井下采矿作业的工艺过程是：矿床开拓完成后，随即进行采准、切割掘进施工（储量达不到采准级别，要进行生产勘探）。采准、切割工程施工中，如果矿岩不稳定，需要支护，根据矿岩不稳固程度，巷道存留时间，选择不同的支护形式。采准、切割工程完成后，进行凿岩，分中深（潜）孔、浅孔凿岩，装药爆破。通风，爆破后要进行一定时间的通风，然后进行出矿作业，矿石由出矿设备放至溜井中。井下运输，溜井中矿石经放矿机放到矿车中，由电机车牵引运至主溜井，经破碎站破碎后，由主井提至地表，经皮带运输进入矿仓。

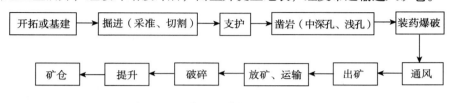

图 4-1　井下采矿作业工艺流程图

2. 选矿工艺流程（见图 4-2）

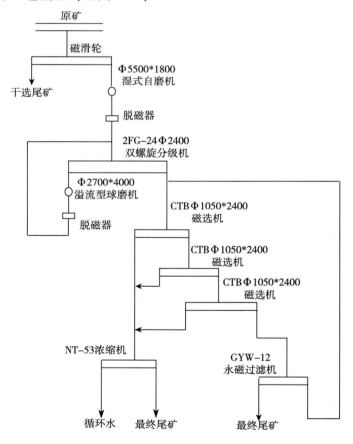

图 4-2　选矿工艺流程图

选矿的工艺过程是：井下自产矿石，经皮带机输送至磁滑轮干选作业，干选废石运至排石场，干选精矿输送至磨矿车间进行磨矿分级，磨矿的合格产品经分级机溢流给入选别作业，磁选精矿经过过滤脱水后，由皮带机卸至精矿仓；磁选作业尾矿经过浓缩后输送到尾矿库。铁精矿销售至各大钢厂。

（三）计量体系构建

计量体系建立过程中，需要遵从严格、规范原则。北洺河铁矿在计量体系建设过程中从成立领导机构、构建运管组织、明确计量检验流程、构建三级计量体系、制定和实施计量检测规范及重点计量检测对象、设备更新改造等方面，逐步构建了具有高可靠性的计量体系。

1. 北洺河铁矿为保证计量体系有效建立，坚持"一把手"原则，成立了计量体系领导小组和监督小组

成员构成如下：

矿计量体系建设领导小组

组长：设备矿长

副组长：机械动力科（负责计量职责）

成员：基层车间、相关科室

矿监督小组

组长：纪检书记

副组长：纪检监审科

成员：财务科、经营预算科、人力资源科等

2. 建立了计量体系组织机构（见图4-3）

3. 北洺河铁矿设计和建立了有效的计量检测流程（见图4-4）

北洺河铁矿计量体系涉及现场测量、质量检验、工艺工程监控等，主要包括单台面轨道衡、计量漏斗、核子秤、品位测定、地磅（汽车衡）等。单台面轨道衡用于各溜井出矿产量计量；计量漏斗用于主井矿石箕斗提升计量；核子秤用于入磨原矿计量；品位测定包括入磨原矿及铁精矿品位测定，人员定时取样，化学测定品位；地磅用于外运铁精矿计量。计量体系数据每天汇集于生产调度日志，从数据中掌握生产动态，特别是为高溜井生产组织提供有力的数据支撑，降低了其棚井或堵塞的概率。同时，以数据量化了考核，通过奖惩办法充分调动了基层车间的生产积极性。

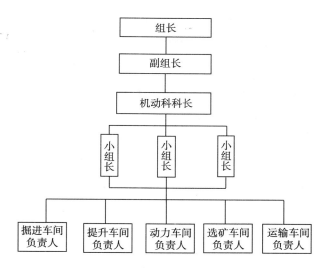

图 4-3　计量体系组织结构图

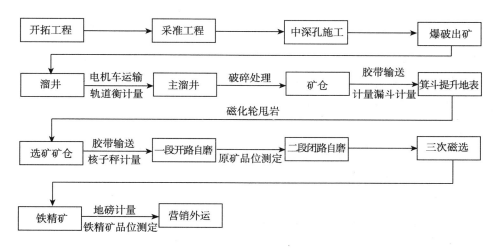

图 4-4　北洺河铁矿计量体系流程图

4. 建立了"三级"计量体系，保证了计量组织工作的整体性

北洺河铁矿的计量系统实行矿、车间（科室）、班组三级计量和管理体系。矿计量体系建设工作领导小组办公室设在机械动力科计量组，该部门为企业计量管理工作的监管机构，具体负责全矿日常级联管理的组织、监督、检查和协调工作。

各车间成立了由行政一把手任主要负责人的计量工作领导机构，具体负责本单位的计量管理工作。在各工段、班组设立兼职计量管理人员，明确岗位职责。

三级计量管理体系的建立为全矿上下开展计量工作提供了强有力的组织保障。

5. 制定和实施了计量检测规范

北洺河铁矿为确保组织的执行力，设计和建立了一系列计量检测制度和规范。如：设备例会制度、设备管理考核细则、设备点检检修制度、精矿质量管理制度、HSE检测考核管理制度等一系列制度，从而，从制度层面保证了计量体系的建立和有效运行。

6. 明确了重点计量检测对象，积极进行设备更新改造，全面提升计量管理水平

北洺河铁矿首先以能源计量检测为重点，通过设备更新和技术创新，全面提高了计量工作质量，也为矿山的质量管理工作及HSE体系的实施奠定了坚实的基础。

（1）节电技术应用。除设备避峰填谷生产节电外，该矿以公司、矿维简、单项工程或改造工程为依托，加大了变频器节电技术的推广应用。北洺河铁矿 -50米水平主通风机原为两台110千瓦自耦降压启动，耗能较大且不能满足井下通风需求。在2010年底对其进行了更换，针对新通风机功率较大的特点，从设计开始就要求使用变频调速技术。通过远程调节风机运行频率，实现不同时段井下通风需求，年可节约电能150万千瓦时，节电效果可观。

（2）西风井提升机原运行方式为手动，采用交流调速系统，电阻能耗较大，产生大量热能，对职工作业环境及设备运行不利。北洺河铁矿在公司领导的大力支持下于2010年9月份对其进行了直流调速改造，采用先进的PLC调速装置，在增加设备运行安全的同时也节约了能源，年可节约电能约6万千瓦时。

（3）选矿1#、2#皮带机原启动方式是自耦降压启动，由于启动频繁，压降大，启动电流大，对设备冲击大，造成设备损坏更浪费了能源，导致矿设备维护成本增加。北洺河铁矿在2010年8月份对其实施了变频改造，增加了设备运行稳定性，通过一年的运行，节电效果明显。针对井下 -278皮带能耗大的缺点，组织提升车间对皮带实施了变频改造，也节约了大量电能。仅皮带变频改造年可节约电能约2万千瓦时。

（4）在电机车、水泵等其他方面采用斩波调速、变频节电技术，从系统着手，拓宽节能空间，为企业创造更大的经济效益。

（5）完成了滚动轴承在矿山选矿厂大型磨机节能技术改造。

（6）引进大型采矿台车、凿岩台车，提高效率，降低能源消耗。

（7）引用新型低噪音节能风机解决井下局部通风不畅问题。

（8）提高选矿排尾浓度。

（四）效益效果

北洺河铁矿计量体系建设对其经济效益的提高起到了极大的推进作用。

（1）提供全面准确及时的基础数据，指导生产。包括产量类、质量类、消耗类、时间类、负荷类等。

（2）为对外处理供销、政府周边关系提供事实依据。

（3）为加强廉洁防腐、成本控制、节能减排等管理工作提供充分数据。

附录 4 - 1

地磅房暂行管理制度及考核办法

为了加强磅房管理，做好外销外运计量工作，严格劳动纪律，确保数据的真实统一，特制订本管理制度和考核办法。

1. 严格执行交接班制度，必须在岗位上当面交接班，并在交接班记录上亲笔签字。严禁在工作岗位外交接班，违者扣罚交、接班人员各 20 元/次。

2. 不迟到、早退；严禁脱岗、连班，违者扣罚每人 20 元/次，单岗、旷工一天扣罚当日工资。机械动力科人员在各种会议上手机出声或者接打电话，每次罚款 20 元；迟到，罚款 20 元；旷会，罚款 50 元。

3. 工作应认真、细致，正确打票、出票，出现差错扣当班人员每人 40 元/张票。

4. 严禁带孩子上岗，违者扣罚 20 元/次。

5. 严格遵守就餐时间，中午 11：00—11：40；下午 5 月 1 日—10 月 1 日 5：30—6：10，其他日期 5：00—5：40；晚上 23：00—23：40，提前停磅，延时开磅者，每次扣罚当班人员每人 20 元。

6. 严禁用秤重电脑上网、游戏，违者扣罚 20 元。

7. 认真填写交接班记录及数据统计，按时准确上报，记录和数据发生错误，当班人员每人扣罚 20 元。

8. 严禁闲杂人员进入磅房，违者扣罚当班人员每人 20 元。

9. 其他违纪现象，有反映到矿有关部门，给工作造成不良影响者，经查实加倍处罚当班人员每人 40 元。

10. 夜班交班前清理磅台及室内卫生，每周一8点班复磅，记录数据并上报；中午利用吃饭时间停电脑，违者扣罚当班人员每人20元。

11. 考核按月进行，由月效益工资部分进行相应处罚，所罚款额当月直接奖励给其他无违纪成员。季度核算时，无违纪和无工作疏漏者，奖励100元/人。

附录4-2

能源管理工作流程

第一步　能源管理及能源消耗是根据技术、计划科根据本年度的生产计划按月下达生产计划书的安排进行预算管理。

第二步　预算科根据生产各环节上年度用能情况（参照国内外同行业较先进的标准）按照矿山局向上级承诺的节能减排计划，经细化分解后（以动力费的形式）向各生产车间下达能源消耗预算指标。

第三步　计量科结合调度中心、各生产车间，根据生产计划、重点工程部位、工程轻重缓急的程度及交叉作业情况，合理地提出避峰生产建议并跟踪运行情况。

第四步　平行职能科室，机械动力科、计量科、供应科在采购、管理、分配主要能源煤炭、成品油时严格复磅出具机打票据，相关部门人员验收签字盖章后转财务科结算。

第五步　生产用电实行三级抄表计量，各车间各工序用电由机动科计量室会同车间共同在每月的固定日期抄表计量，三级计量所产生的误差严格按用电量按比例分摊，月底前由计量科制表、汇总后报财务科、预算科对各车间、生产单位进行成本考核。

第六步　各车间成本员根据上月成本中的能源消耗超节情况（动力费情况）写出书面材料上报主任，合理安排生产，在确保重点工程进度和生产任务完成的情况下，最大限度节能降耗。

第七步　建立健全能源消耗管理监督检查机制，由矿机械动力科组织相关人员进行定期与不定期的重点耗能设备进行检查，避免跑、冒、滴、漏现象的发生；对二次能源风、水的使用进行严格的规范，做到交接班停风，有条件的地方安装水表、利用高差自流等节能措施。纪检监察部门也按月进行节能增效检查，发现问题及时纠正，使能源管理工作始终处在常抓不懈的状态。

第八步　逐步建立完善该矿的能源消耗管理的考核奖罚机制，月末计量科根据电量、水、燃煤的消耗情况制表分别报财务科、预算科，同时发给各车间、生产单位。由预算科根据其耗能情况折算成动力费成本，按预算规定奖罚，与工资挂钩。

第九步　矿党群系统针对能源管理工作的重点问题、重点时期结合当前节能减排的重点工作，实时进行有力的宣传和舆论导向工作，及时在各报刊、宣传栏、各种展板上报道宣传能源管理工作中的先进经验、先进人物，起到积极有效的引导作用。

第十步　依靠能源管理体系，由下而上的反馈能源管理的各种信息，能源管理办公室（计量科）、预算科、预算委员会根据前期实际的能源消耗及管理工作中存在的问题，及时进行预算偏差调整使其更趋于合理，更接近于实际。

第十一步　矿能源管理委员会根据矿山局年度节能减排工作安排，结合北洺河铁矿生产特点，编制年度节能减排计划、安排节能减排项目、评定节能减排效果，表彰节能减排先进单位和个人。

附录 4 – 3

机械动力科计量工作流程

一、检斤工作流程

1. 80t 汽车衡刷卡回皮；

2. 100t 汽车衡刷卡过铁精矿重车、排岩及进出厂物料；

3. 井下 –110、–230 轨道衡过矿、岩兼质量系统数据；100t 汽车衡、–230 轨道衡实行有人值守三班制；–110 数据光缆远程传输到 –230 计量碉室。

4. 检斤计量统计工作主要流程：

每天及时统计前一天的精粉外销数据，录入日报表，按照外销单位汇总吨数和车数，并配合技术计划科、地测科、销售科做好每月的计量统计上报；

每天向提升车间主井卷扬工或其车间调度问询提升量；

每天统计外运排岩的吨数和车数，每月配合预算科和工程科做好外运排岩的结算工作；每天及时统计物料种类和检斤吨数，配合预算科和供应科做好物料供应计量和监督工作。参加每月的 9 日、19 日、29 日核产，每日按时以电子邮件将日报表发送至生产矿长、总工程师、总会计师、调度室、技术计划科、运销科、地质测量科、机动科、车队；每月 29 日将排岩报表汇总纸质版给工程科、企管科、技术计划科、工农办主任、财务科科长。

每周一上午监督 100t 与 80t 互相校泵，并做好记录妥善保存。

坚持定期与不定期对汽车衡、轨道衡的设施设备进行检查确保运行正常、计量准确。

二、能源计量工作流程

（一）电能计量

1. 每月 20 日上午 9 时（为了和邯郸供电公司同一时间）110 千伏电站抄表；

2. 每月 20 日下午地表联合泵站、西风井区抄表；

3. 每月 19 日或 21—22 日井下－110 中央变电、相关采变、主风机房、主排水泵站等抄表；

4. 每 3 个月职工宿舍用电抄表。

（二）燃油计量

1. 根据车队、矿办能源报表。

2. 供应科井下燃油采购报表分摊铲运机、台车用油。

（三）燃煤计量

1. 根据每年燃煤采购过磅计量的数据平均采暖月份；

2. 结合月底地测科测量盘库结果推测每月消耗。

（四）排水计量

1. 每月抄表西风井管子间排水电子流量计计量；

2. 根据地测科测水数据。

（五）电能计量统计工作主要流程

1. 运用抄表数据计算出 110 千伏变电站购入电量表《110 千伏参数表》，次月 3 日前报矿业公司资产处；

2. 运用抄表数据计算出 110 千伏变电站 6 千伏电量制作《电量消耗表》，计算出变损制作《6 千伏电量表》，次月 3 日前报矿业公司资产处；

3. 运用抄表数据计算出各单位电量，制作《各单位电量消耗表》，本月 30 日前报矿财务科，发各单位成本员、有关矿领导；

4. 根据燃油、燃煤、排水数据制作能源消耗表，次月 3 日前报矿业公司资产处；

5. 按要求编写《能源消耗分析报告》。

附表4－4

北洛河铁矿质量管理体系过程职能分配表

职能部门	矿长	管理者代表	矿长办公室	质量管理科	营销科	安全管理科	生产技术计划科	机械动力科	选矿车间	人力资源科	调度室	物资供应科	信息中心
4.1 质量管理体系总要求	●	○	○	○	○	○	○	○	○	○	○	○	○
4.2.2 质量手册	○	●	○	○	○	○	○	○	○	○	○	○	○
4.2.3 文件控制	○	○	●	○	○	○	○	○	○	○	○	○	○
4.2.4 记录控制	○	○	●	○	○	○	○	○	○	○	○	○	○
5.1 管理承诺	●	○	○	○	○	○	○	○	○	○	○	○	○
5.2 以顾客为关注焦点	●	○	○	○	○	○	○	○	○	○	○	○	○
5.3 质量方针	●	○	○	○	○	○	○	○	○	○	○	○	○
5.4.1 质量目标	●	○	○	○	○	○	○	○	○	○	○	○	○
5.4.2 质量管理体系策划	○	●	○	○	○	○	○	○	○	○	○	○	○
5.5.1 职责和权限	●	○	○	○	○	○	○	○	○	○	○	○	○
5.5.2 管理者代表	○	●	●	○	○	○	○	○	○	○	○	○	○
5.5.3 内部沟通	○	○	○	○	○	○	○	○	○	○	○	○	○
5.6 管理评审	●	○	○	○	○	○	○	○	○	○	○	○	○
6.1 资源提供	●	○	○	○	○	○	○	○	○	○	○	○	○
6.2 人力资源	○	○	○	○	○	○	○	○	○	●	○	○	○
6.3 基础设施	○	○	○	○	○	○	○	●	○	○	○	○	○
6.4 工作环境	○	●	○	○	○	●	○	○	○	○	○	○	○
7.1 产品实现的策划	○	○	○	○	●	○	○	○	○	○	○	○	○
7.2 与顾客有关的过程	○	○	○	○	○	○	○	○	○	○	○	○	○

续表

职能部门	矿长	管理者代表	矿长办公室	质量管理科	营销科	安全管理科	生产技术计划科	机械动力科	选矿车间	人力资源科	调度室	物资供应科	信息中心
7.3 设计和开发	○	○	○		○		○						○
7.4 采购		○	○	○	○	○	○	○	○	○	○	●	○
7.5.1 生产和服务提供过程的控制	○	○	○	○	○	○	○	●	●	○	○	○	○
7.5.2 生产和服务提供过程的确认													○
7.5.3 标识和可追溯性	○	○	○	●	○	○	○	○		○	○	○	○
7.5.4 顾客财产	○	○	○	○	○	○	○	○	○	○	○	○	○
7.5.5 产品防护	○	●	○	○	●	○	○	○	○	○	○	○	○
7.6 监视和测量装置的控制	○	●	○	○	○	○	○	●	○	○	○	○	○
8.1 测量、分析和改进总则	○	●	○	○	○	○	○	○	○	○	○	○	○
8.2.1 顾客满意	○	○	○	○	●	○	○	○	○	○	○	○	○
8.2.2 内部审核	○	●	○	○	○	○	○	○	○	○	○	○	○
8.2.3 过程的监视和测量	○	●	○	●	○	○	○	○	○	○	○	○	○
8.2.4 产品的监视和测量	○	○	○	●	○	○	○	○	○	○	○	○	○
8.3 不合格品控制	○	○	○	●	○	○	○	○	○	○	○	○	○
8.4 数据分析	○	○	○	○	○	○	○	○	○	○	○	○	○
8.5.1 持续改进	●	○	○	●	○	○	○	○	○	○	○	○	○
8.5.2 纠正措施	○	○	○	●	○	○	○	○	○	○	○	○	○
8.5.3 预防措施	○	○	○	●	○	○	○	○	○	○	○	○	○

注：●主要职能 ○相关职能 *信息中心职能未启用，手册中不体现

二、严密的内控制度体系建设

（一）内涵

内部控制制度是企业内部为了有效地进行经营管理而制订的一系列相互联系、相互制约、相互监督的制度、措施和方法的总称。建立健全的内控制度，对于提高企业会计信息质量，保护资产的安全、完整，促进企业规范健康发展，具有十分重要的现实意义。

北洺河铁矿结合 COSO 报告，在明确该矿所处的行业类型、规模、地域等方面的特征，综合所处的发展时期和自身管理实际情况之后，首先构建了自己的制度构架，明确了内部控制制度设计和建设的方向；其次重点从强化符合职务分离、授权审批、重大事项决策与执行程序、财产清查和定期内部审计这几方面的要求来加强制度和制约关系建设，将内部控制落实于企业各业务环节。最终建成包括十五个系统，187 项制度的制度体系，基本涵盖生产经营的各个方面。

（二）主要做法

北洺河铁矿在控制环境、控制活动、会计系统控制、财产保全控制、预算控制、业绩分析控制、绩效考评控制、重大风险预警机制和突发事件应急处理机制、电子信息技术控制和内部审计监督控制等方面建立了较为详细的制度体系，详见第十四章第九部分。

三、可靠的质量保证体系建设

北洺河铁矿为全面提升质量管理水平，充分利用矿产资源，最终达到稳定铁精矿质量的目的，创造最大的经济效益。在矿领导的正确决策下，加大从原矿质量、铁精矿质量的管理力度，推进了质量管理的信息化、网络化建设，系统地构建了质量保证体系。北洺河铁矿的主要做法有：

（一）健全制度

加强质量的精细化管理，首先是完善了质量管理机构（见图 4－5），健全了管理制度。基层车间按矿年度、月度质量管理总体目标，要求各车间结合实际建立健全质量管理机构，配备质量管理人员，完善基础工作台账，制订对队（段）班组的日常考核办法，以达到对质量管理工作的精细化管理。

目前北洺河铁矿运行的质量管理制度主要有：《北洺河铁矿井下工程施工

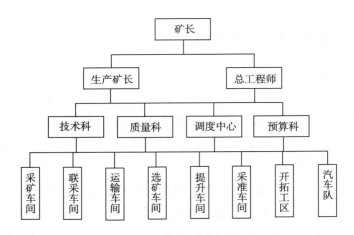

图 4 – 5　北洺河铁矿质量管理机构图

和验收管理办法》、《北洺河铁矿原矿铁精矿质量暂行管理办法》、《北洺河铁矿中潜孔施工及验收管理办法》、《北洺河铁矿水泥砂浆锚杆施工操作规程及验收管理办法》、《北洺河铁矿质量管理暂行办法》等。

（二）认证工作

质量管理体系指企业内部建立的、为保证产品质量或质量目标所必需的、系统的质量活动。它根据企业特点选用若干体系要素加以组合，加强从设计研制、生产、检验、销售、使用全过程的质量管理活动，并予制度化、标准化，成为企业内部质量工作的要求和活动程序。

ISO 9001 – 2000 质量管理体系经过公司、矿领导及质量人员的共同努力，通过了各种审核，目前该矿的 ISO 9001 – 2000 质量管理体系获得质量认证证书，标志着该矿的质量工作又有了新的进步。

（三）"质量月"活动

从质量基础工作入手，围绕每年 9 月质量月活动的主题，要求各基层单位完善内部质量管理，建立健全质量管理机构、配备相应的质检人员，完善质量基础工作，建立健全掘进、支护、中深孔、采场出矿、副井排岩、矿岩分装分运、稳定铁精矿质量的台账和具体管理办法，扎扎实实地开展工作。

组织机构上，从管理者代表到职能科室、基层车间要求成立相应的质量管理机构，明确质量管理人员，保证质量工作的稳步推进。

结合工程实际，制定具体的活动目标：

（1）掘进工程合格率达到 98% 以上；

（2）支护工程合格率达到100%；

（3）中潜孔施工合格率达到85%以上；

（4）铁矿石品位完成年度计划；

（5）铁精矿品位稳定在（66.50±0.20）%。

从活动的内容上，采用车间自行组织安排本车间质量活动，矿质量科组织质量基本知识考试答卷、质量基础工作检查、质量科组织职能科室对现场检查评比打分等形式进行检查评比。

（四）原矿质量自动化控制

为实现质量管理信息化、网络化，该矿建立了原矿质量控制系统，系统共包括四部分，即井下矿石自动检测系统、运输刷卡系统、计算机监控系统、原矿质量控制管理软件。

1. 质量控制系统的管理思路

建立质量控制系统管理网，将井下各生产车间（维修、动力车间除外），地表选矿车间及相关科室，纳入质量控制系统，使原矿生产质量、精矿生产、外销质量及尾矿质量，实现质量管理数字化、信息化、主要环节局部可视化管理。

（1）原矿质量管理方面。实行井下出矿质量配矿制度、矿岩分装制度，即根据每月计划制订的各出矿采场出矿品位，对应的川脉溜井、主溜井，掘进带岩的分装部位及对应的川脉溜井、主溜井，利用品位检测仪及高频摄像头按照计划监督实施，既而实现在计划控制内、品位及数量允许误差范围内，原矿的贫富搭配，岩石的单独排出，以此提高、控制、稳定原矿出矿品位。

（2）出矿品位控制与分装。以川脉溜井控制采场品位，每条川脉溜井装入的原矿质量有高有底，高质量的原矿进入装矿主溜井，低质量的贫矿进入贫矿主溜井，贫矿设截止品位。采矿车间按计划爆破出矿，在不超品位、数量允许误差范围内，装入计划规定的川脉溜井，并由本车间控制出矿截止品位，由质量科实施监督。掘进岩石由副井单独排出，提升贫矿主溜井时开动磁滑轮甩岩。

（3）运输车间运输分装。运输车间按计划运输，电车头全部编号，装车刷卡、过轨道衡刷卡，品位监测仪可自动提示、指令电车进入指定主溜井，对不按分装规定部位装入主溜井的，由质量管理人员根据监控录像发现的问题，每日报告给有关领导及相关科室，通报相关车间并作出相应处罚。

（4）数据信息管理。利用井下品位检测仪、井下轨道衡，将各川脉各溜井的运量、品位传送至：

第一，井下调度室质量显示器；以方便井下调度人员现场管理，及时制止不合格的矿石出矿。

第二，质量控制系统数据库利用电子表格管理基础数据，数据库设基础数据自动上传系统及报警系统，对川脉溜井拉出品位、数量超允许误差不合格的原矿，单班或每日自动报告给有关领导、相关车间及相关科室、质量管理部门并作出相应处罚。

2. 提升管理

提升车间按计划及指令将 1#、2# 主溜井的原矿、低品位矿及岩石分别装入指定的矿仓及部位，并根据调度指令或质量指令：

（1）及时开动磁滑轮进行甩岩。

（2）启动副井排岩系统。

（五）过程质量管理

1. 通过对生产工艺流程考查、改造来控制质量

该矿领导及技术人员通过对整个工艺流程进行考查、实验及现场调研，总结出影响精矿品位波动的原因并掌握了质量波动的数据。

通过数据分析查明了主要原因，并开始着手制订改造方案，经过领导及广大技术人员的共同商讨，采用相应对策，对主要工艺、系统进行了改造完善，实现了稳定精矿品位的目标。

2. 按《邯邢矿山局铁精矿企业标准》要求的精确采制样，及时向上反映质量情况，发现问题及时处理

（六）管理效果

截至 2012 年底，ISO 9001－2008 质量管理体系在北洺河铁矿运行已经将近六年。这期间，经历了质量管理体系初步导入阶段，顺利通过了世标认证中心对该矿进行的质量管理体系的一次次审核，完成了旧版质量管理体系向新版质量管理体系的平滑过渡和衔接。

六年来，各项质量管理指标不断提升。2012 年顾客满意度 99.00%，全年没有出现一起顾客投诉事件，合同的执行率达到 100%。在工作质量目标中，国家质量监督机构在对该矿产品铁精矿进行的 4 次抽查，合格率均达到 100%。

四、深入的安全责任体系建设

（一）建设背景

北洺河铁矿多年来认真贯彻落实"安全第一、预防为主、综合治理"的方针，建立健全和落实安全生产责任制，全面落实企业安全生产主体责任，通过实行安全生产责任制度来对生产负责人、管理者、操作人员的行为提供动力和约束，强制企业建立健全上至企业法人，下至班组长、普通职工的安全生产责任体系、安全规章制度，层层落实安全生产责任，形成上下互保的安全生产责任体系，按照"谁主管谁负责"原则，实行事故连带，从而解决"三违"事故居高不下的问题，形成了一整套安全生产责任体系，确保了全矿安全生产。

（二）主要经验

北洺河铁矿安全责任体系建设经验主要体现在以下几个方面：充分认识到了实行安全生产责任制度的重要性；健全组织，形成完整的安全管理网络体系；建立健全行之有效的安全生产责任体系等。主要内容见第十二章第二部分。

第二篇　经营管理篇

　　每一个成功的企业都会走过一条不同寻常的道路，每一个成功的企业都有其独特的管理方略。当翻阅北洺河铁矿的成功篇章时，每个人都会强烈感受到，北洺河铁矿的成功正是源于不断的学习、不断的探索、不断的创新和不断的超越……

　　十多年来，从基本建设到正式投产，从工程项目管理到技术创新管理、人力资源管理、公共关系管理和信息化建设，从企业层面管理到车间班组层面管理，北洺河铁矿均积累了许多成功经验，为我国现代化矿山建设提供了非常宝贵的管理经验。

第五章　基建项目管理

北洺河铁矿作为"九五"期间国家批准建设的唯一一座地下矿山，在新旧体制转换的历史时期，承载着当时国家计委、冶金部等领导对矿山建设模式的试验性课题。北洺河铁矿以开拓性的实践、丰富的内涵、出色的业绩，成功实现了上级领导对矿山建设新模式的要求，为我国矿山建设走向市场化闯出了一条成功道路。

一、决策的力量

决策是指组织或个人为了实现某种目标而对未来一定时期内有关活动的方向、内容及方式的选择或调整过程。五矿邯邢矿业公司最近几年实施矿业大发展战略，拿矿、建矿、开矿接连不断。在谋划决策拿矿、建矿过程中，遇到诸多困难和不确定因素，个中艰辛不是"创业"者、"亲历"者，很难体会。现在作为公司支柱矿山的北洺河铁矿曾经也经历了痛苦而漫长的决策过程，现整理一些经验，希望让新入矿者了解和谨记，也希望对当前的拿矿、建矿决策有所启示。

从决策范围来看，北洺河铁矿项目决策属于战略决策，该项决策直接关系到组织的生存和发展，是涉及组织全局性的、长远性的、方向性的决策。这种决策对决策者的洞察力和判断力要求高。该项目实施的成功彰显了项目决策者的高瞻远瞩和决策魄力。从决策性质来看，北洺河铁矿项目决策属于非程序化决策。该项目的实施成功，是我国矿山中首个自己投资、自己动手主导建设并取得成功的典范。从决策问题的可控程度来看，北洺河铁矿项目决策属于非确定型决策。项目决策者是在体制、经济、技术等多个方面面临诸多困难和不确定的情况下，冒着巨大风险，而勇于承担决策风险、大胆做出决策的。之后，北洺河铁矿通过采取一系列富有成效的措施，如优化设计、

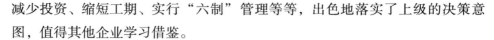

减少投资、缩短工期、实行"六制"管理等等，出色地落实了上级的决策意图，值得其他企业学习借鉴。

（一）决策背景

1.对是否上马该项目高层决策指导思想不统一

与当前各行业近乎疯狂地进军矿业不同，在20世纪80年代至90年代上半期，对于是否上马新矿山，从当时的国家计委、冶金部到邯邢矿山局领导层都有两种指导思想：部委部分领导反对上马的理由是"建矿不如买矿"，当时进口矿很便宜，只有国产矿价格的一半；反观国内的新建矿山，工期拖成胡子工程，投资变成钓鱼工程，达产变成无期工程。当时的齐大山、峨口、西石门等铁矿都属于这类情况，有色、煤炭系统情况也类似。北洺河铁矿作为国家"八五"期间列入规划，"九五"期间方才批准建设的唯一一座地下矿山，与此种思想有很大关系。邯邢矿山局领导反对的理由是铁精矿不赚钱，吨售价260元左右，吨利润长期只有二三十元，所以当时投资"鸡酒酸铁"疗养院等非矿产业。

与此相对，部委有一部分高层领导站在国民经济大局考虑，认为还是要有自产矿，一旦有战争等情况才不会受制于人。邯邢矿山局有部分领导从当时两万多职工出路和专业忠诚与热爱的角度，主张上马北洺河铁矿，在争议声中和非矿产业赔钱的背景下，1989年，邯邢矿山局终于决策上马北洺河铁矿。

2.新旧体制交替

新旧体制交替使北洺河铁矿决策过程一波三折。新旧体制交替有两层含义：一是计划经济向市场经济转变，以冶金部存去为界线，先期的工作，主要是向冶金部汇报，冶金部帮助做各种批准立项的协调工作，中间冶金部被撤销为冶金局，职能弱化和转变，各项工作都靠企业自己办理，原来办妥敲定的很多事也落空了。二是建设机制由国家投资转向自主投资。原来的矿山建设机制是国家投资建设，在邯邢地区一般委派华北矿建建设，建成之后，移交给邯邢矿山局进行生产运行管理。在跑项目过程中，这些体制发生变化，投资基建、生产运转都转成邯邢矿山局一个主体。北洺河铁矿是首个自己投资、自己动手主导建设的矿山，经验、技能、资金等都是重大考验，所以决策艰难。

3.投资主体经济十分困难

按国家计委1993年上报国务院的文件，北洺河铁矿投资5.6亿元，后来冶金部和国家原材料投资公司 1993 年的批复是 6.1965 亿元。到 1996 年国家开发银行又调整为 69704 万元。国家计委在 1996 年同意北洺河铁矿恢复建设的通知中批准是 69700 万元，其中开行软贷款 7000 万元，硬贷款 22000 万元，矿山开发费 23000 万元，企业自筹 17700 万元。

1993 年鞍山设计院做了《初步设计》，概算是 6.03 亿元，而实际情况是整个工程约 9.3 亿元才能完成，原来计划经济时期的钓鱼思想根本行不通了。邯邢矿山局自己根本没钱，精矿售价 260 元/吨，全年营业收入才 3 亿元左右，在工程开工后，冶金部撤销，矿山开发费 2.3 亿元只到位 1010 万元，其他 2 亿多元全部转为自筹，资金更是雪上加霜。在这种条件下，决策上马北洺河铁矿，其压力和风险是可想而知的。

4. 面临当时十分重大的技术难题

技术难题主要有两个方面：一是矿坑涌水量大；二是矿体在河床下部，又是崩落法采矿，必须改河。

北洺河铁矿在 1979 年停建，原因之一就是水文地质条件情况复杂。后来经 80 年代大量工作，摸清矿坑总涌水量为 −110 米水平 78120 立方米/天，−230 米水平为 93034 立方米/天。矿体全部在地下水位以下，矿体顶板及围岩为中奥陶纪石灰岩岩溶含水层，上部有第四系砂砾石含水层并有河流通过，下为火成岩托底，为水文地质条件复杂的岩溶充水矿床。在头顶大水缸的情形下，一切设计、施工方案必须以此为限制前提展开。

针对矿体赋存于河床之下的条件，原来的改河方案设计了南北两套线路是：北线沿山麓，工程量大，投资多；南线过村庄，河道长，需要搬迁、架桥，投资也很大，而且行洪对居民点威胁大。不论南线北线，都是解不开的死结。

可以说，北洺河铁矿是在争议中，在极度困难的条件下，决策上马和开展基建的。

（二）方针目标

鉴于上述背景，国家计委在计投资（1996）2692 号《关于同意北洺河铁矿恢复开工建设的通知》中就强调"按照投资体制改革精神，实行项目法人责任制，采用新模式建设北洺河铁矿，控制好投资概算"。原冶金部领导提出"要采用新模式建设北洺河铁矿，要闯出一条社会主义市场经济条件下冶金矿山建设的新路子，要建成冶金矿山的样板工程"。邯邢矿山局则明确提出"新快好省"的建矿方针，制定了"少花钱、晚花钱、早建矿、早投产、以矿养矿、滚动发展"建设指导思想，和"三年半简易投产，五年正式投产，投资不超概算"的建矿目标。北洺河铁矿结合实际，提出了"以人为本，科技兴矿"建矿指导思想，和"创国内一流，国际知名矿山"的企业目标。

（三）　主要措施

1．项目法人责任制

国家批复开工后，邯邢矿山局成立了建设领导小组，组建了北洺河铁矿，实行了项目法人责任制，制订了"权、责、利"统一的奖惩办法。领导小组（下设三个专业组）代表项目法人管理北洺河铁矿基本建设，定期召开例会，组织协调基建工作，专业组随时在现场解决专业技术问题。北洺河铁矿作为委托法人，代表邯邢矿山局全权负责北洺河铁矿建设，对建设项目的筹资、建设、生产、还贷负全面责任，按照建立现代企业制度配备领导班子，完善了工区、职能科室、综合委员会等组织机构，制订工作制度流程，开展具体工作。

2．优化设计

《北洺河铁矿恢复建设工程初步设计》是 1993 年 5 月编制的，8 月进行审批，设计思想中计划经济色彩较浓，偏于保守。至 1997 年开工建设时已近 4 年间隔，随着技术进步和人们思想认识的提高，初步设计中某些生产工艺和装备已不能满足矿山发展需要。

从 1995 年开始，邯邢矿山局与设计方鞍山冶金设计研究院协商研究，以建设方的设计院和邯邢矿山局内其他专业技术人员为支撑，在初步设计基础上，以保证规模，完善系统，减少工程量，降低投资，提高技术装备水平，提高劳效，辅助设施从简为原则，对设计进了优化。1997 年 2 月，鞍山冶金设计研究院吸收优化措施，编制了《北洺河铁矿恢复建设初步设计实施方案》。该方案通过优化五条开拓井，增加一条措施井，调整开采方法和回采顺序，加大采掘设备，优化采矿结构参数，重新设置疏干排水、地下破碎、压气、干选、地表设施等系统，使基建井巷工程量从 50.07 万立方米减少到 31.44 万立方米，总投资从 9.23 亿元降低为 6.96 亿元，为工程按期建成、投资不超概算奠定了基础。其中在矿体中间增设措施井的方案，增加了施工工作面，为按期投产奠定了关键基础。

初步设计中北洺河铁矿河道治理工程，原设计为河流改道，投资 8189 万元。后经优化，改为河道治理，采用沿矿体错动界限南和工业厂区北中间地段改河，相对原方案属中间线路，设防洪水能力50年一遇，投资不到3000万元，节省投资5000多万元，少占耕地660亩，目前运行良好，是一次经典的优化设计。

除了设计优化，日常还狠抓施工图优化，积小胜为大胜，累计节约500多万元。

3．狠抓"四个超前"

在建设过程中，邯邢矿山局逐步建立了专业配套的组织机构，强化了工程调度，狠抓了"计划、设计、施工方案和物资供应"四个超前，狠抓了年度与季度计划衔接，季度与月度计划的衔接，基建与生产的衔接，外委与自营计划的衔接，提高了计划的科学性和可行性。在计划的执行过程中，突出系统工程和重点主体工程的建设，严格按照网络计划图施工。充分利用自有设计院的优势，加快施工图出图速度，保证施工。

4．贯彻"自力更生、艰苦创业"的方针

随着工程进展，逐步实现了工程由外委施工为主向自营施工为主的转变，不断扩大自营工程比例。邯邢矿山局所属勘察、设计、建安、机修、井巷掘进等有关单位都尽最大努力，参加北洺河铁矿建设。全局自营完成投资7000多万元，为加快建设速度，缓解建设资金压力，发挥了积极的作用。

5．"六制"管理与"三大控制"

在北洺河铁矿建设过程中，按照国家对基本建设项目的要求，结合北洺河铁矿建设的实际需要，在行业中率先实行了项目法人责任制、工程招投标制、工程合同制、工程监理制、项目审计制、资本金制。通过招投标，以最低的价格，选择了当时全部是国内一流的施工队伍，排除了原来计划经济时期按惯例应指定的当地队伍，为控制投资起到了重要作用。在工程管理上，严格合同工期约定和考核，强化工程质量管理，充分发挥监理作用，加强签证、工期影响因素管理。对各个单项工程及时进行审计和决算，严格控制各个单项工程投资，使工程质量、投资控制、工期控制有了可靠的保证。

6．突出主体、精简辅助、不办社会

为节约投资，提高直接创效资产的比重，北洺河铁矿在主要生产系统技术方案和装备水平的选择上，积极引进国内外先进的技术和装备，争创国内一流水平。在生产辅助、生活服务方面，充分依托附近县市、矿山局内已经形成的生产辅助、生活服务能力，不搞重复建设，取消地表机修五个车间、

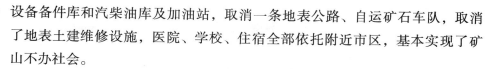

设备备件库和汽柴油库及加油站，取消一条地表公路、自运矿石车队，取消了地表土建维修设施，医院、学校、住宿全部依托附近市区，基本实现了矿山不办社会。

7．实行精干高效的劳动用工制度和先进的工序化管理模式

生产岗位实行操检合一、混合作业，工程技术、管理服务人员实行一岗多责、一专多能。用工形式以劳动合同用工为主，其他用工形式为补充。在机构设置上，打破一般矿山按矿块设置车间的传统做法，创造性地实行按工序设置七个基层车间，按职能设置十多个科室。在管理上，不断建立完善规章制度，搞好定岗定编，加强职工培训，为投入生产做好准备。

8．强化科研攻关

积极采用新技术、新工艺、新设备，加强与高等院校、科研院所联合攻关，努力提高矿山科技水平。北洺河铁矿在建设和试生产时期，取得了多项科研成果，其中五项成果通过省部级鉴定，两项成果获国家冶金局科技进步二等奖，三项成果获局技术进步一等奖。

与中国矿业大学共同完成了《北洺河铁矿建设项目计算机管理决策支持系统》，该成果获得 1999 年国家冶金局科技进步二等奖。

与长沙矿山研究院合作完成的《北洺河铁矿井下开采岩石移动规律研究》，为北洺河铁矿河道治理工程提供了设计依据。该成果通过国家冶金局组织的鉴定，获省部级三等奖。

2003 年，北洺河铁矿与东北大学合作实施的《大结构参数高效低贫化采矿工艺研究》，使矿石采出品位由 40.64% 提高到 44.27%，年增效 5000 多万元；采掘比由 3.6 米/千吨降低到 2.1 米/千吨，年减少采准工程量约 2500 米，降低采矿成本 650 多万元。

与华北有色水文地质勘测院合作的《北洺河铁矿矿床疏干放水研究》，通过矿床疏干方案优化研究，节约工程费用 244 万元。同时在确定疏干影响范围，进一步查清矿区水文地质条件并进行研究，为矿山二期工程的疏干和排水系统布置提供更加可靠的水文地质资料。

为节约投资，用高风压潜孔钻机替代进口的 H252 液压凿岩台车，节约投资 1000 万元，降低运营成本 10% 以上。

另外，还有《北洺河铁矿矿石综合利用及选矿工艺研究》、《井下多级机站通风系统研究》、《高效采矿设备的应用研究》、《地表沉降观测研究》等攻关项目都取得积极效果。

9. 制度准备及企业文化建设

在基建和试生产期间，组织有关职能部门在《邯邢冶金矿山管理局主要规章制度汇编》的基础上，根据新模式办矿的有关原则，对各项规章制度进行了修订补充，内容涉及岗位规范、技术规范、承包考核、设备运行、消防管理、通信、排水、工业卫生、安全操作规程、作业标准、党风廉政建设等，并汇编成册，发放到有关部门、人员，以不同形式广泛组织学习，使每个职工充分熟悉自己岗位应该遵守、执行的各项规章制度。

在全国矿山行业，率先系统性开展企业文化建设，用先进理念和目标引导基建和转入生产的各项初始工作。经过几年来的总结和提炼，北洺河铁矿形成了"资源有限，开拓无限，不断超越，共享成功"的经营理念，"创国内一流，国际知名矿山"的奋斗目标，建立了"机构工序化，工作标准化，操作程序化，责权合同化，考核数字化，管理专业化"的管理模式和"保护资源为功，节约资源为荣，浪费资源为耻"的资源观，树立了"高效高报酬，公平不平均"的分配观念。先进文化理念在工作中主要表现为：

（1）树立严厉高效的执行作风。通过建立制度严密、执行严格、惩处严厉的"三严"管理制度，建立计划指令、调度指令、矿长指令"三项指令"制度，改进了工作作风，提高了工作效率，确保了工作质量。

（2）建立科学、公平的考核体系。确立了"效益优先、一线优先、兼顾差距、安全第一、注重质量、节约成本"的分配原则和"内容公正、程序公开、结果公平"的执行原则，模拟市场的合同式考核机制，实行"三级合同"考核形式，明确了责、权、利关系，推动工序配合和企业快速成长。

（3）注重安全，加强基础工作管理。贯彻"四不放过"原则，实现安全生产"不敢、不会、不能"的"三不"管理，做到"四个万无一失"，建立职工安全档案，领导集团及职工工资收入与5%安全挂钩。

（4）以人为本，科技兴矿。通过解决两地分居、集体购房、专业培训、开展技术管理创新、项目技术负责制、专业主管制等，提高中高级技能人才经济和社会待遇，树立了全矿积极进取的正气，提高了企业管理效率。

（四）取得成效

1. 减少工程量和投资

初步设计工程量50.07万立方米，优化设计为31.44万立方米，实际

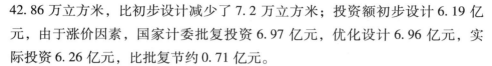

42.86 万立方米，比初步设计减少了 7.2 万立方米；投资额初步设计 6.19 亿元，由于涨价因素，国家计委批复投资 6.97 亿元，优化设计 6.96 亿元，实际投资 6.26 亿元，比批复节约 0.71 亿元。

2．提前达产

初步设计基建期 5 年，投产期第 6 年，达产期第 10 年，实际基建期 5 年，投产期第 6 年，达产期 7 年。1997 年 4 月 8 日基建，2002 年 4 月 8 日系统投入试生产，标志基建基本完成。2004 年 11 月份即达到 180 万吨/年的设计生产规模，比原计划提前 3 年。投资回收期初步设计 17.4 年，实际还不到 9 年时间。全面实现了上级领导要求的早出矿、早投产、以矿养矿、滚动发展的建设思想和五年试投产，投资不超概算的建矿目标。

3．成功实践"新模式"建设要求

作为"九五"期间批准建设的唯一一座地下矿山，在新旧体制转换的历史时期，承载着当时国家计委、冶金部等领导对矿山建设模式的试验性课题。最终，北洺河铁矿以开拓性的实践、丰富的内涵、响亮的业绩，实现了上级领导新模式建设要求，为矿山建设走向市场化闯出了一条成功道路。

4．培养人才

培养了大批开创性的管理干部，积累了建矿经验，树立了敢于建新矿的信心，为邯邢矿山局的发展奠定了必胜信念和丰富的人才、技术、经验基础。

（五）经验反思

1．重大决策应当以国家和人民群众的根本利益为出发点

在当时国家计委向国务院的报告中，给出的北洺河铁矿上马的理由就两条：一是邯邢地区自产精矿缺口 2/3，自产能力严重不足，进口依赖大；二是邯邢矿山局采矿能力在 2000 年前将消失 2/3，有两万多职工面临生存出路问题，"因此，建设北洺河铁矿是必要的"。后来二十年的发展是最好的验证：由于自产矿严重不足，国外矿山奇货可居，进口矿价格长期居高不下，使我国钢铁行业长期薄利直至全行业亏损；由于上马了北洺河铁矿，使邯邢矿山局在最近十年的市场经济浪潮中，得以生存发展，职工生活稳定。

2．勇于承担风险、大胆决策

在面临体制、经济、技术等诸多困难和不确定因素的情况下，决策成败，关乎企业存亡，确实风险很大。但是只要是对国家和人民有利，方向正确，困难总是会被克服的，要勇于承担决策风险，大胆决策。往往风险处就是常人不及的机遇所在。承担矿山基建改革试点任务的北洺河铁矿正是承担这种风险的回报。

（1）决策要有前瞻性，定位要高。当时的各级领导，从国家部委到邯邢矿山局、北洺河铁矿领导，在决策定位上是非常正确的，就是要建成最先进、最现代化的矿山。1993 年完成的初步设计要求用"80 年代最先进的技术"，后来建矿模式、管理模式、技术改造都是朝当时最先进的现代化矿山努力的，没有这个矢志不渝的目标，就不会有后来北洺河铁矿的"全国十佳厂矿"称号和每月一个多亿利润的业绩。

（2）发挥主业优势是支撑决策成功的支柱。邯邢矿山局搞"鸡酒酸铁"的失败和北洺河铁矿的成功，从一反一正两个方面印证了发挥主业优势的重要性。主业人员成熟的队伍，完整的技术，充分的人才，无限的忠诚与热爱，是北洺河铁矿项目决策成功的重要支撑。

二、自主力量优化基建设计

北洺河铁矿于 2002 年 4 月 8 日建成投入试生产，以"投资不超概算，工期不超设计"，创造了当时国内冶金地下矿山建设史上的奇迹，依靠自主专业技术力量优化设计在其中起到了关键性作用。

（一）基建设计优化的背景

1."初步设计"从设计到使用历时长

鞍山黑色冶金矿山设计研究院于 1991 年 11 月接受委托设计北洺河铁矿，于 1993 年 5 月提交了《初步设计》。北洺河铁矿正式拿到开工报告批准是在 1996 年 11 月，从受托开始设计到实际使用设计，中间经历了 5 年时间，使一部分设计思想和设计方案相对不实用。

2."初步设计"完成处于新旧体制交替时期

《初步设计》在 1993 年 5 月完成，正处于我国计划经济开始向市场经济过渡时期，原来设计中的一些技术、经济、设备、建设方案等偏于保守或不再切合实际，例如原来的"钓鱼"投资方法。

3. 投资主体经济拮据

当时投资主体是邯邢矿山管理局，投资来源是冶金部协调的矿山建设费 2.3 亿元，银行软贷款 0.7 亿元，硬贷款 2.2 亿元，企业自筹 1.77 亿元，后来由于冶金部撤销，矿山建设费只协调到位 1010.8 万元，剩下的 2.2 亿元转成企业自筹。而当时投资主体的情况是主产品铁精矿年销售收入只有 3 亿元，毛利率 10% ~ 20%，投资的"鸡酒酸铁"等非主业全部亏损，要解决近 4 亿元自筹资金，简直比登天还难。

4. 当时的邯邢矿山局自主专业技术力量十分强大

当时邯邢矿山局是冶金部直属的专业化铁矿山，有四十年历史，有一套完整的专业化管理组织机构、专业技术人才济济，除了有一个一百多人的冶金行业甲级设计研究院，还有地测、采选、机电、经管等专业技术人员几百人，其中很多是享受国务院津贴的专家、教授及高工，专业经验和能力十分丰富过硬，组织机构、器具配备、人员能力、工作方法等都是全国一流的。

正是有以上内外因素，才促成了北洺河铁矿后来的大手笔优化设计。

（二）自主专业技术力量的应用

自主专业技术力量在《初步设计》优化中的应用 主要做法表现在以下几个方面：

1. 同步参与、主动出击

投资主体邯邢矿山局与鞍山院签订委托书的同时，要求鞍山院同时与邯邢矿山局下属的矿山设计院签订辅助设计的协作合同。由于在初步设计阶段，邯邢矿山局的设计院全程参与了鞍山院的设计过程，对设计思想、设计意图比较了解，在遇到建设背景发生重大变化时，就主动出击，提出全面优化《初步设计》，最后形成了《初步设计实施方案》，一系列科学、合理的优化建议也得到了主要设计方鞍山院的认可。

2. 确定优化目标和优化原则

以邯邢矿山局领导提出的"一年半出矿，三年半投产，基建井巷工程量不超过 30 万立方米，概算投资不突破 6.97 亿元"为具体目标，提出"保证规模，突出效益"的总原则，遵照了下列具体原则：

第一，强化主要生产工艺，简化辅助生产设施。在初步设计基础上，对主要生产工艺，如开拓提升系统和装备水平等，都进一步强化，可保证国家批准的 180 万吨/年能力规模，并留有增产余地。对辅助生产设施，如机修设施和矿石外运设备等，充分利用现有条件和社会力量进行简化。

第二，在满足初期投产前提下，减少井巷基建工程量。

第三，采用国内外行之有效的地下矿先进技术和装备，向国内先进矿山看齐，争取超过国内先进矿山各项技术经济指标。

第四，严格控制劳动定员，提高全员劳动生产率。

第五，凡涉及安全生产、环境保护和职工待遇等，都遵照国家有关规定执行。

3. 就设计优化问题与主设计方鞍山院反复沟通，取得共识

主要沟通方式有专业直接沟通，邯邢矿山局、矿山设计院和鞍山院三方会议沟通，往来函件沟通等，将建设方及建设方所属设计院的修改意见充分表达清楚，说服主设计方采纳，形成的会议纪要三十多份，来信函件无数。

4. 主要优化的项目

建设方邯邢矿山局（包括所属的设计院，北洺河铁矿）提出的设计建议是全方位、系统化的。主要有开拓工程四条井的优化，增加了盲竖井、措施井；采矿工程优化，包括改变开采顺序，加大采矿结构参数和采用新的大型设备；疏干排水、地下破碎系统优化；取消地面压气站；干选、贮运设施、供电、通信、供排水、供热、机修设施、运输、地表土建、改河工程等共十三大类。在优化项目中，矿山设计院提出新增措施井项目，对保证工程工期起到了决定性作用；采矿工程中顺序结构和设备的优化对提高产能起到了关键性作用，一举克服了原来产能影响因素中的最低短板，使产能从180万吨上升到250万吨。改河工程项目是比较巧妙经典的项目，不但节约投资2/3，节约土地660多亩，而且为按期全面竣工验收提供了时间保证。

5. 施工图设计优化

《初步设计》经过优化，于1997年5月形成《初步设计施工方案》，以此《施工方案》为基础，设计施工图。在施工图设计阶段，建设方自己的专业技术人员也提出很多优化建议，节约投资500多万元。

6. 加快施工图出图速度，支持赶超工期

由于整个设计到开工，历时时间长，为节约投资，各阶段设计又多变，主设计方位于1000多公里以外地区，作为最终结果的施工图，出图速度很慢。在这种情况下，承担具体设计工作的本单位设计院显示了积极的作用，调动一切力量，加班加点出图，满足预算、投标、施工等工作用图需要。

自主专业技术力量在深部开拓工程初步设计中的应用　北洺河铁矿深部开拓工程是原鞍山院未作详细设计的二期工程，由于矿山系统工程框架已定，所以二期工程初步设计委托邯邢矿山管理局设计院承担。这次设计共有45人参加，其中北洺河铁矿21人，人员占47%，涉及地质与水文、采矿与井建、

矿山机械、电气、技术经济等五个部分，占此次设计涉及面的5/6。而且基本上是北洺河铁矿人员完成定稿，矿山院负责审核。通过矿内技术人员和矿山局设计院的协作，共同完成了深部开拓初步设计，完全不涉及外部人员，再次显示了自主专业技术力量的作用。

（三）效果对比

通过应用自主专业技术力量，优化设计方案，取得显著效果（见表5-1）。

表5-1　　　　　实施方案与初步设计主要技术经济指标对比

备　注	序号	指标名称	单位	实施方案	初步设计	差额
	1	基建时间	年	3	5	2
	2	投产时间	年	4	6	2
	3	达产时间	年	8	10	2
	4	基建工程量	万立方米	31.44	50.07	18.63
	5	全年耗电量	106千瓦时	61.083	73.110	12.027
	6	单位矿石耗电量	千瓦时/t	33.94	40.62	6.68
	7	职工人数	人	1778	2891	1113
	8	全员劳效	t/人a	1012	623	-389
	9	工人劳效	t/人a	1164	759	-405
含流动资金	10	投资额（现值法）	万元	72072	95554	23482
	11	单位矿石成本	元/吨	61.49	77.16	15.67
	12	平均税后利润	万元	3416	701	-2715
	13	内部收益率	%	9.04	4.03	-5.01
	14	投资回收期	年	11.7	17.4	5.7
	15	贷款债还期	年	10.74	14.59	3.15

（四）体会建议

1. 拥有自主专业技术力量是矿山企业做大做强的根本保证

不只是设计审查、优化概算，在之前的决策上马、项目立项，在之后的招投标、施工管理、预结算管理等多个重要环节，拥有自主专业技术力量，都是至关重要的因素。后来有的新上矿山，能看图纸的只有总工一人，更别提优化设计、合同谈价、造价控制了。

2. 自主专业技术力量应该是专业齐全的一个团队

既有地测采、地机选这种矿山主打专业人员，也要有造价、经济管理、法务、商务采购等方面的人员，才能取得最优效果。

3. 团队应有高度的敬业精神和责任意识

北洺河铁矿正是通过忧患意识、崇高目标与理想等方面的灌输教育，培养了团队高度的敬业精神和责任意识，才有了北洺河铁矿建设过程的不断优化、追求更好的结果。

三、率先推行"六制"管理模式

北洺河铁矿作为国家"八五"期间列入规划、"九五"期间批准建设的全国唯一一座地下矿山，根据国家计委、冶金部领导的要求，承担着当时"闯出一条社会主义市场经济条件下冶金矿山建设新路子"的任务。经过五年探索，形成以"六制"（项目法人责任制、工程招投标制、工程合同制、工程监理制、项目审计制和资本金制）为主要内容的基建矿山项目管理新模式，实现了探路要求。

（一）实行"六制"管理的背景

1. 经济体制转型，国家层面希望探索一条建矿新路子

1993年5月18日，国务院批准了北洺河铁矿《可行性研究报告》，1996年11月22日，国家计委下达《开工建设的通知》，1996年12月13日，冶金部下达《1996年基建计划的通知》，1997年4月8日，北洺河铁矿正式开工建设。在这4年期间，正是中国经济体制由计划经济向市场经济发生深刻转型的时期。

计划经济时期，国内冶金地下矿山投资主体是国家，投资是"钓鱼工程"，工期是"胡子工程"，达产是"无期工程"，当时的齐大山铁矿、太钢的峨口铁矿、邯邢矿山局的西石门铁矿都是这样的。在全社会向市场经济转型的背景下，探索一条克服旧弊的建矿新路子，是国家决策层十分希望的。国家计委在〔1996〕2692号《同意北洺河铁矿恢复开工建设的通知》中，最后一段特别强调"请按照投资体制改革精神，实行项目法人责任制，采用新模式建设北洺河铁矿，控制好投资概算"。冶金部领导则直接要求"闯出一条社会主义市场经济条件下冶金矿山建设的新路子"。

2. 投资主体转变，邯邢矿山局希望找到节约建矿、提高效益的新路子

由于投资主体改变，从国家投资变成企业自己投资，企业的责任骤然加重，邯邢矿山局原来没有自己动手建设过地下矿山，经验、技能、人才、经济方面压力很大。当时，铁精矿每吨售价 260 元左右，毛利润 20 元～30 元，全年总收入不过 3 亿元。要花 6.97 亿元建设新矿，其中自筹 1.77 亿元，贷款 2.9 亿元，经济压力可想而知，后来由于矿山开发费 2.2 亿元没有到位，又转成企业自筹，资金压力到了勒紧裤带的程度。在这种情况下，困中求变，置之死地而后生，是创新基建模式的内在动力。

（二）"六制"管理的内容

邯邢矿山局提出"新快好省"的建矿总方针，实行项目法人责任制、工程招投标制、工程合同制、工程监理制、项目审计制和资本金制为主要内容的"六制"管理，打开建设局面，闯出了一条矿山基建项目管理路子，顺利实现建设机制转型。

1. 项目法人责任制

国家批复开工后，投资主体邯邢矿山局实行项目法人责任制管理，成立了基建领导小组，下设三个专业组，代表项目法人管理北洺河铁矿基本建设，定期召开例会，组织协调和调度基建工作，专业组在现场随时解决技术问题。注册了北洺河铁矿委托法人机构，作为项目委托法人，代表邯邢矿山局全权负责北洺河铁矿的建设，对建设项目的筹资、建设、生产、还贷等负全面责任。邯邢矿山局选派了专业过硬、责任心强的人员组成高效的第一届北洺河铁矿领导班子，制订了"权责利"统一的奖惩办法。北洺河铁矿内部成立了相应的组织机构，制订了一系列制度规范和责任分解体系，项目运作得以全面铺开，实现了国家计委对北洺河铁矿项目法人责任制管理的要求。

2. 工程招投标制

在北洺河铁矿之前，矿山基建基本由冶金部统一安排队伍施工，不存在企业自己选择的问题。基于国家要求项目法人责任制改革和国家后来陆续出台的规则，北洺河铁矿在国内矿山建设中首次采用招标的方法自己选择施工队伍。由于当时建设资金的困难和一心想闯出新路子的决心，在招标过程中，顶住了各种人情压力，以纯竞争手段招到了中煤一建三十一处、中煤五公司三处、河北煤炭四处等一批国内一流的施工队伍，为节约资金，保证质量和工期提供强有力的支持，也打破了煤炭、冶金行业之间画地为牢、不相往来的格局，开创了跨行业合作的先例，激活了全国基建市场。按当时冶金部的常理，邯邢地区矿山基建是就近安排企业施工，这家区域内企业因实力差距没能中标。

3. 工程合同制和工程监理制

工程合同制和工程监理制是按市场经济原理进行工程建设的最直接体现，权利与义务、公平与制约、目标与例外等各类关系，通过平等民事合同的约定和监理机制的执行，体现得清清楚楚。通过这种市场机制和制约机制的建立，既是对当事者负责，也是对国家和公众负责，北洺河铁矿敢为人先，积极尝试使用。为落实监理制，当时的邯邢矿山管理局矿山设计院还专门成立了科锐监理公司，进驻北洺河铁矿进行工程监理。通过合同制和监理制，对工程投资、工期和质量三大控制发挥了重大作用。

4. 项目审计制

北洺河铁矿在建设伊始就引入项目审计制，建立矿内审计、上级审计和社会审计三级审计监督机制。矿内审计部门是最早成立的管理部门之一，全程参与潜在投标人考察、招标、合同签订、日常工程监察、工资结算等整个项目管理过程。上级（指邯邢矿山局级别）的审计，重大活动全程参与，日常监察、每年审计。社会中介聘请符合资质标准的工程造价咨询公司，进行单项工程审计和竣工决算审计，最后的竣工结算审计，社会中介在内部审计的基础上核减了 138.4 万元，只占 0.5%。

5. 项目资本金制

这也是经济体制改革和项目法人负责制改革的伴生制度。1996 年 8 月 23 日，国务院下达了《关于固定资产投资项目试行资本金制度的通知》（国发〔1996〕35 号），要求矿山基建项目实行资本金制度，其中：钢铁、邮电、化肥项目，资本金比例为 25% 及以上。据此，国家计委在 1996 年 11 月 22 日下达的《同意北洺河铁矿恢复开工建设通知》中，确定北洺河铁矿的资本金比例为 25.39%。这项规定：一是堵死向银行借贷的上限，所以后来国开银行的贷款只能是 2.9 亿元；二是必须自有资本金先到位，银行的贷款才能同步发放。这项制度对当时邯邢矿山局的筹资能力提出极大考验，再加上后来矿山建设费 2.2 亿元转成自筹，实际自筹比例达到 57%，对邯邢矿山局更是雪上加霜。

（三）取得成效

北洺河铁矿基建实行"六制"管理模式，取得显著成效：

（1）以 6.2 亿元投资完成 6.97 亿元的项目，实现了"投资不超概算"。

（2）以五年建成，实现了国家批准的《初步设计》预定工期。

（3）建成的 59 项单项工程验收合格率 100％，其中 4 项优良。

（4）6 亿多元资金投进去，一座现代化矿山建起来，北洺河铁矿没有一名参建人员因腐蚀腐败而倒下去。

上述（1）、（2）两项，在当时的国内冶金地下矿山建设史上均是第一次。

北洺河铁矿实行"六制"基本管理模式，取得了冶金矿山基建由计划经济向市场经济方式转变的胜利。此项目试验的成功，奠定了国家部委对矿山基建市场的信心，闯出了一条社会主义市场经济条件下冶金矿山建设新路子，给了部委领导满意的答复。十多年过去了，现在回过头看，"六制"管理已经不算什么了，但是，这其中体现的邯邢人、北洺河铁矿人对国家的负责精神、创新精神和不畏艰难的奋斗精神，是永远不应被忘记的，再建任何新矿山都应继承和发扬。

四、自主开展招标管理

招标是指招标人（买方）发出招标通知，说明采购的商品名称、规格、数量及其他条件，邀请投标人（卖方）在规定的时间、地点按照一定的程序进行投标的行为。工程项目招投标的目的就是在建设市场中引入竞争机制，这也是国际上采用的较为完善的工程项目承包方式。其好处是节约了成本，同时还减少了腐败现象。

实行工程施工招标制，是建筑市场全面推行竞争机制的必然要求。一个企业的发展、壮大，固定资产规模势必要扩大，组织招投标活动自然成为企业内部管理的一项重要内容。北洺河铁矿通过完善招标各项组织工作，招标前认真准备，认真考察与邀请投标单位，严格招标程序，加强招标工作监督，为该矿项目实施节约了成本，杜绝了腐败现象，收到良好效果。

（一）可行性与必要性

1．可行性

主要体现在以下两个方面：

（1）技术有保证。邯邢冶金矿山管理局具有 40 多年冶金矿山的开采历史，专业技术人员齐全，并且具备较高的技术水平和生产管理经验。

（2）有得力的协助单位。中冶集团鞍山冶金设计研究院（设计总承包单位）、邯郸科锐监理公司、邯邢冶金矿山管理局设计研究院、邯郸钢铁集团公司基建处等单位和部门对冶金矿山工程施工招标有着丰富的经验，能够对北洺河铁矿工程施工招标工作提供较大的帮助。

2. 必要性

主要体现在以下三个方面：

（1）节约时间。北洺河铁矿恢复建设工程自1992年开始筹建，工程技术人员对工程情况十分熟悉，可以在较短的时间内完成施工图设计审查及预算编制工作。如果委托咨询机构承担招标，还需要较长的时间，不利于北洺河铁矿早日恢复建设。

（2）节省费用。1993年，经邯邢冶金矿山管理局申请，原冶金工业部批准成立了北洺河铁矿恢复建设工程招标委员会，各专业技术人员对北洺河铁矿的招标工作已经做了大量的准备工作。如果委托咨询机构承担招标，还需要投入人力、物力，增加费用投入。

（3）进一步预测工程施工中可能遇到的情况。在招标过程中，通过对投标单位的施工等方面的审查和评比，可以进一步了解工程设计和概算中存在的问题，以及施工过程中各种因素可能产生的不利影响。北洺河铁矿是一座地下水丰富的矿山，含水层对施工的影响较大，在招标过程中可以全面了解各投标单位采取的防治水的措施。

（二）招标组织

1. 准备工作

主要包括以下三项工作：

（1）招标的工程项目必须具备"五落实"。计划落实，项目列入国家或省市基本建设计划；设计落实，项目要具备施工图设计深度及相应概算；投资来源和物资来源落实，项目总投资和所需设备、材料订货要落实；征地拆迁和五通一平落实，具备开工条件；项目建设手续落实，有政府主管部门签发的建筑许可证，这五项工作是组织招标的基本条件。

（2）招标申请的批准。这项工作包括两个方面的内容：①申请上级主管部门同意由项目建设单位组织工程施工招标工作。北洺河铁矿恢复建设工程施工招标的请示，经原冶金工作部建设司以（1993）冶建字第31号文件批准；②向工程所在地建筑管理部门报批招标申请书，接受政府监督管理。北洺河铁矿恢复建设工程施工招标申请报邯郸市建委招标投标管理办公室批准，并参与了招标的某些重要环节。

（3）确定招标方式。招标方式有三种，即公开招标、邀请招标和议标。

公开招标能体现全面、公开、平等竞争原则，建设单位优选的面比较广，但参加的投标单位越多，组织招标的工作量和费用就越大，会导致工程造价提高；邀请招标也称有选择性招标，适用于专业性强的工程施工招标，国内的经验以邀请的投标单位在 5～10 家为宜，但不得少于 3 家，最多不超过 10 家；议标通常仅适用特殊原因（专利保护、特殊经验、特殊设备）、特殊情况、工程主要部分已经招标承包、公开或邀请招标未成功等情况。

北洺河铁矿恢复建设工程工程量大、专业性强，适合邀请招标方式。所组织的主井、副井、措施井、西风井井巷工程和主井、副井永久安装工程等都采用了邀请招标的方式。

2．考察与邀请投标单位

具体包括以下两个方面内容：

（1）投标单位的考察。投标单位的考察工作是工程施工招标的一项重要工作，考察施工队伍一般主要了解以下几个方面：资信情况；近几年（一般考察近 5 年）承建工程的施工情况；承建项目竣工后的质量评定。

（2）确定邀请投标的单位。邀请投标的单位要从不同的行业和不同的地区选择，这样可以打破行业和地区的垄断，合理利用竞争，对工程造价的控制有着重要的作用。北洺河铁矿恢复建设工程的几次招标工作，分别邀请了冶金、煤炭、核工业 3 个行业，河北、山西、江苏、山东、黑龙江 5 个省份的施工队伍参加投标，在工程投资、施工工期、工程质量上均得到了较好的控制。

3．招标程序

主要包括以下三个阶段：

第一阶段：招标准备阶段。包括编制招标文件、编制预算书、复核预算书三个步骤。

第二阶段：招标的组织阶段。包括发邀请投标函、发售招标文件、组织现场勘察、工程交底和答疑、接收投标书、确定标的和开标七个步骤。

第三阶段：签约阶段。包括评标定标、签订施工合同两个步骤。

4．招标工作监督

主要采取以下三种监督方式：

（1）国家监督。主要是工程所在地的政府机构对招标活动进行指导和监督检查工作。它能够保证贯彻国家有关招标的方针、政策和法规，以及地方依据国家规定制定的具体实施办法，并监督和检查执行情况；参与必要的活动，指导招标工作正常运行；必要时调解和仲裁招标过程中的争议和纠纷。

（2）社会监督。是指由工程所在地的公证处对招标活动进行公证。

（3）内部监督。是指邯邢冶金矿山管理局和北洺河铁矿的审计、检察部门参与招标活动的整个过程。主要监督招标活动是否按照国家的有关政策和法律规定来组织。北洺河铁矿恢复建设工程施工招标活动中，由邯邢冶金矿山管理局政策法规处、北洺河铁矿纪律检察办公室的工作人员参加了招标活动的全过程，在招标工作结束后，根据企业管理的有关规定，把招标活动进行了厂务公开。

上述三个方面的监督措施，国家监督和内部监督是必不可少的，社会监督可以根据工程量大小和繁简决定取舍。

（三）注意问题

1. 标的编制的考虑因素

重点应考虑以下因素：

（1）预算定额。预算定额是编制工程造价的主要依据，是国家定额管理部门制定的有法律效力的文件，建设单位的工程施工招标，必须严格按照工程的性质，套用相关的定额来确定工程造价。

定额具有客观性、时效性等特点，在确定工程造价时，要对所采用的定额进行认真的分析和研究，将定额编制和修编的时代背景、社会平均劳动水平和工程施工的具体情况相结合，正确判断定额的偏差方向和大致幅度，对制定标底有重要的参考价值。北洺河铁矿恢复建设工程主要采用冶金行业预算定额，其中的井巷工程预算定额是 1989 年修编，机电安装定额是 1992 年修编，该定额存在的问题主要有以下几点：①时效性差，与本工程的施工时间分别相差 8 年和 5 年；②与原定额（1986 年编）相比，主要修订的是各种主、辅材料的价格，在劳动生产率、施工新技术、新方法等方面没有作应有的调整或调整得不够全面；③修编定额的参与单位基本上由施工单位组成，在一定程度上，该定额有一定的倾向性。因此，冶金定额存在技术指标相对落后、造价相对偏高的因素，确定标的时要进行适当修正。

（2）参考概算。预算编制完成后，与概算做同口径对比，相互验证。标的的制定要控制在批准总概算（或修正概算）的限额内，以保证工程投资不超概算。

（3）国家有关政策。建设单位要对工程开工前国家出台的有关政策进行全面了解，尤其是投资政策和价格政策，对工程施工期间将出现的主要影响因素有一个正确的预测。

（4）投标单位竞争。投标单位竞争会对投标报价产生影响。由于 20 世纪 90 年代，我国处于调整产业结构时期，经济发展由"粗放型"向"集约型"转变，国家压缩基建投资，使施工单位处于"吃不饱"状态，到处"找米下锅"，竞争是比较激烈的。因此，投标单位就会在提高劳动生产率、降低消耗上下工夫，从而降低工程造价。

2. 编制标的保密工作方法

编制标的是招标工作中最为主要的环节，直接关系到招标活动的成败，是招标组织中应慎之又慎的工作，如果标的出现泄密问题，那么对建设单位的影响是不可估量的。为了标的保密工作的可靠性，北洺河铁矿在组织过程主要采取了以下措施：

（1）预算编制阶段——化整为零。根据招标工程的具体情况，按照专业划分单项工程或分部工程，分别成立各专业预算组，每组设 1 名组长，负责本专业预算工作，专业预算组应以不少于 3 个，不超过 5 个为宜。各专业组"背对背"做好本专业的预算编制工作，相互之间不得沟通情况（指预算编制结果），各专业组的预算完成后，由组长负责审核并保存，按照招标工作计划安排在规定的时间提交预算主要负责人审核、汇总，不得提前上报。

（2）总造价汇总阶段。是指在总造价汇总阶段，参与人数控制在最少，汇总时间控制在距开标前的最短时间内。人数控制方面只吸收预算主要负责人和各专业预算组组长参加。预算负责人原则上只设 2 名，邯邢冶金矿山管理局预算处和北洺河铁矿主管预算的矿领导各 1 人，此阶段招标委员会的主要领导不得介入，预算负责人负责对各预算分别进行复核，各专业组的组长只负责本专业的预算编制结果的正确与否，不参与总造价的汇总，也就是总造价汇总结果只掌握在 2 个人手中，其他人员皆不知情。在时间控制方面，根据经验，一般在开标前 2 天才着手汇总，汇总工作在定标的前几个小时完成，不得提前完成汇总结果。

（3）制定标的阶段——打时间差。这是编制标的的最终阶段，该工作由招标委员会主任组织招标会中的主要成员，在投标单位的投标书送达后进行。北洺河铁矿的定标工作一般在接收标书后 2 小时内完成，即投标单位在规定的时间将投标书送达，由公证处收存保管，未按时送达标书的，视为放弃投标。制定标的的时间以投标书送达时间为起点，打时间差，彻底防止了标的泄密。

（四）管理效果

1. 建设单位提前了解工程施工的组织情况

建设单位组织招标活动，能够通过各投标单位对本工程施工组织设计，从不同的角度，全面综合地了解在将来施工过程中可能出现的有利条件和不利因素。对于预测到的不利因素，可以提前考虑各种应对措施。北洺河铁矿恢复建设工程招标中，各投标单位对防治水工作拿出了多种解决方案，为后期顺利施工起到了重要的作用。

2. 有效控制工程签证

在招标过程中，建设单位的施工管理人员和监理工程师应参与整个招标工作过程，尤其要参加签约阶段的工作，这样可以将双方的权利、义务弄清、吃透，对后期及时、妥善解决施工中出现的具体问题有着重要作用。工程签证在施工管理中是一项经常性的工作，明确了双方的权利、义务，划清了工作的范围，甲方的管理人员就能辨明情况，及时准确地做好这项工作；否则，不但会造成经济损失，甚至会带来法律上的纠纷，造成不利的影响。

3. 优化施工组织设计

各投标单位都是具有丰富经验的施工队伍，各个队伍都有自身的优点和长处，通过招标活动，各方都将施工中先进管理方法和施工方法作了详细的介绍，有利于甲方在审批施工组织设计方案时，结合工程的实际，综合各家的长处，对中标施工单位的施工组织设计，提出好的修改建议，同时也有利于施工单位吸收众家之长，提高本单位管理水平、优化施工组织设计。

五、多措并举的进度管理

项目进度管理是指在项目实施过程中，对各阶段的进展程度和项目最终完成的期限所进行的管理。它是在规定的时间内，拟定出合理且经济的进度计划（包括多级管理的子计划），在执行该计划的过程中，要经常检查实际进度是否按计划要求进行，若出现偏差，要及时找出原因，采取必要的补救措施或调整、修改原计划，直至项目完成。其目的是保证项目能在满足时间约束的前提条件下实现总体目标。北洺河铁矿通过创新"六制"管理模式，加强工期管理责任，精心设计，鼓励、支持施工单位采用新技术、新工艺加快施工进度，计划超前，发挥监理作用，进行人性化、艺术化工期管理等有力措施，实现了"五年建成、投资不超概算"的建矿目标，扭转了矿山建设周期长、投资高、效率低、效益差的局面，"新、快、好、省"建矿的崭新模式得以顺利实现。

（一）管理背景

20世纪90年代中后期，邯邢矿山局大多数矿山已经进入末期开采，企业效益差，富余人员多，后续再生能力弱，经营面临严峻的形势。邯邢地区自产铁精粉与区域消耗量存在较大的差距，因此，国家决定上马北洺河铁矿。

当时，我国正处经济体制转型期，鉴于以往矿山建设中，工期拖成"胡子工程"，投资变成"钓鱼工程"的教训，国家不再直接投资新建矿山，改由企业自主筹资建设。对于这种改革效果会如何，怎样进行，还需要试点，北洺河铁矿就是在这种历史背景下，国家"九五"期间批准建设的唯一一座地下矿山。在开工之初，原冶金工业部领导就提出：要采用新模式建设北洺河铁矿，要闯出一条社会主义市场经济条件下冶金矿山建设的新路子，要建成冶金矿山的样板工程。邯邢矿山局领导也提出了"新、快、好、省"的建矿方针，制定了"少花钱、晚花钱、早出矿、早投产、以矿养矿、滚动发展"的建矿思想和"三年半简易投产，五年正式投产，投资不超概算"的建矿目标。由于担负着经济困难形势下邯邢矿山局"希望工程"的角色，以及国家矿山建设改革试点和缓解邯邢地区精矿供应紧张矛盾的重任，早建成、早见效成为北洺河铁矿建设管理的关键工作之一。

（二）主要做法

1．创新"六制"管理模式，强化工期管理责任

实行项目法人责任制、工程招投标制、工程合同制、工程监理制、项目审计制和资本金制为主要内容的"六制"管理。项目法人负责制、项目审计制增强了建设单位的工期责任；工程招投标制招来了全国一流的施工队伍，如中煤一建三十一处、中煤五公司三处、河北煤炭四处等，为保障工期提供了基础；工程合同制强化了施工单位的工期意识和责任；当时的邯邢矿山局矿山设计院专门成立了科锐监理公司，进驻北洺河铁矿，工程监理制增强了矿山建设三大控制的专业技术力量。

2. 精心设计，缩短工期

《北洺河铁矿恢复建设工程初步设计》由鞍山黑色冶金矿山设计研究院于1993年完成，设计指导思想适应计划经济时期矿山建设思路，比较保守。从1995年开始，邯邢矿山局以鞍山院为依托，组织自有的矿山设计院和局内专业技术人员，在保证规模、完善系统、提高技术装备水平和突出效益的原则下，对原初步设计进行了大量的设计优化，经鞍山院完善和审核，完成了《北洺河铁矿恢复建设工程初步设计实施方案》。在设计规模、服务年限不降低的前提下，基建井巷工程量由原初步设计的50.07万立方米，减少到31.44万立方米，建设时间由5年缩短为3年，投产和达产分别由第6年和第10年，提前到第4年和第8年。在优化设计中，创新性提出在工程中部矿田开设措施井思路，增加了两个掘进面，为抢回工期和提前投产发挥了重要作用。

在搞好重大技术方案优化的同时，狠抓施工图设计优化，进一步节约了投资，缩短了施工工期。如井下破碎系统施工图设计优化，实现减少井巷工程量2490立方米，减少工期2个月。

3. 鼓励、支持施工单位采用新技术、新工艺加快施工进度

由于施工单位多为煤炭系统的，他们的成功施工经验，经反复论证后，得到了大力支持和采用。中煤五公司三处在主井施工中，采用伞钻中深孔凿岩、自动化砼搅拌系统、整体模板施工等先进技术，不仅使工程质量得到保证，而且曾创造了月进尺102.3米的施工记录。

河北煤炭四处在承担主井井塔施工中，采用滑模工艺，仅用63天时间完成高72.8米而且变断面结构的井塔，工程质量良好。邯郸中冶公司在承担6600立方生产水池施工中，采用泵送砼大体积无缝施工工艺，同样大幅度提高了工程工期和质量。

4. 计划超前，加强协调

在施工过程中，突出重点，以主要工程为主线，详尽编制、适时调整网络计划，运用科学的手段控制每一个结合部、每一个衔接点，确定工程节点，明确目标，确保在工程实施中每个环节上的管理人员、施工队伍、建设资金、材料物资合理配置。同时，把网络计划对各个专业、各个阶段的要求，逐级分解到科室和管理人员，做到人人心中有数，职责分明，充分调动每个职工的工作热情和工作责任心。

在网络计划实施过程中，始终坚持以网络为纲，各项工程分专业确定工程节点，并结合不同阶段的施工特点，明确强调各专业施工协调和管理要点，积极协调处理好井巷工程和地表辅助工程、关键部位与零散工程部位、主要衔接点与一般结合点的关系，在充分保证总网络干线顺利实施的前提下，合理安排好各部位、各个施工队伍，合理调配材备物资，及时处理解决好施工过程中的各种矛盾。

为了保证施工计划的实施，根据工程的需要建立严格的日调度例会、工程例会制度，对重点问题以指令形式明确责任单位和责任人，并加强检查、监督，使各项工作有序、高效地进行，对于促进工程建设起到了较大作用。

5．发挥监理作用，加强进度控制

加强进度计划审核，各项工程的合同工期就是监理的进度控制目标。监理单位的主要职责是采取有效措施协助建设单位对工程进度实施动态控制，保证合同工期目标实现。监理项目部根据建设单位对工程进度的规划安排和施工合同，明确进度控制的关键线路、关键项目及控制性工期，对承包单位提交的"实施性进度计划"进行审核确认，保证满足合同工期要求，要求措施落实、技术可行、质量有保证。

加强进度计划实施过程中的监督管理。北洺河铁矿恢复建设工程项目多，竖井施工期间地质情况复杂，涌水量大，施工难度大，不确定因素较多，严重影响工程进度。为此，监督项目部根据工程特点，结合施工单位制订的进度计划目标，按工程项目的构成及年、月、周层层分解，明确各相应目标应当达到的工程形象进度和完成的工程量，并认真检查落实，加强现场的组织协调，发现问题及时处理。同时，加强施工进度的记录，收集信息，并加以统计、分析、预测，发现问题调整进度计划，提出纠偏措施，定期向建设单位报告，使工程总进度计划得以实现。

正确使用监理的工期确认权，及时对合同工期进行核定确认。北洺河铁矿恢复建设工程工期较长，由于合同双方的各种原因、自然条件等主客观因素的影响，难免会使阶段性的工期目标发生变动，从而影响总工期目标。为此，监理部在合同执行过程中对合同工期进行及时的统计分析、核定和确认，公正地分清合同工期变动的责任。

6．注重细节，进行人性化、艺术化工期管理

具体做法有：

（1）合理确定工程价格。甲方在招投标的前期工作中对工程制定价格，面临资金压力，甲方从压缩投资的角度上会尽可能低地下压工程价格，然而，预算价格与实际施工存在偏差，乙方为了进场也会作一定程度上的妥协，但这往往是对工程施工不利的，尤其对工程工期和质量造成较大影响。

第一，在合理的价格区间内，适当地压低工程价格，不能一味压低。

第二，增加阶段性的工程奖励，适当使用激励政策。对于主线工程、困难工程的奖励，要把钱直接用在该项工程或者项目部上，以提高项目实施人员的积极性。

适当下压工程价格对于甲方来说是正确的，在总体的工程价格预期范围之内，增加阶段性奖励投入，总的投入没有增加，但实效性要提高很多，对于工程的顺利进行作用是积极的。

（2）艺术化处理甲乙方"主导"与"被动"的关系。虽然在招投标过程中，甲方占主导地位，但施工方进场后，对于工程施工的进度起决定作用的是乙方，也就是施工项目部。主导地位发生了转变，但这并不意味着甲方对施工工期失去了绝对控制，如何解决这一问题需要艺术化管理：

第一，甲方和施工方要共同根据合同，把工期和短期计划结合起来，重点突出关键工作和关键线路并达成共识，这是基础。

第二，甲方也不能只固执地坚持己方的管理思维，一味地压低价格或罚款等，把制约作为控制方法，这对工程是极为不利的。

第三，甲方要善于发挥施工方的长处。每一个施工单位都有其自身的特点，如：企业文化、优势项目、组织措施、工艺技术等，作为甲方不能试图去改变乙方长期形成的特点，而应支持其发挥，这样更符合工程的大方向，有利于工程建设才是最大的原则。

第四，不论是甲方还是乙方，都是在努力完成一项共同的任务，目标是一致的。因此，一切要站在对工程有利的角度看待问题，所谓的"主导"和"被动"应正确理解。

（3）定位好派出现场代表的目的和职能。甲方也就是建设单位，乙方是施工单位，建设单位是如何定位现场代表工作的，甲方代表怎样处理好与施工单位的关系，如何正确看待自身的权力与职能，如何运用技巧实现既定目标，这都将是决定工程能否顺利进行的基础，也是决定工期的重要因素。

第一，要有解决现场技术问题的能力，树立威信。

第二，善于听取多方意见，尤其是要尊重乙方的建议和工作特点，建立获取正确信息的有效渠道，提高综合协调能力，得到乙方的信赖。

第三，不能过多发表己方的意见和观点，不要事事参与，不是工程的关键问题少发言。

第四，由于工程管理的特殊性，在工程监督、管理、控制过程中，常常会与乙方发生意见分歧或争吵，在争吵中，甲方的代表与职能部门就要有不同的角色分工，扮演好白脸和黑脸的角色，职能科室不能只享有权利，没有责任，更不能做"好人"，"好人"的角色要留给日常与乙方打交道最多的现场代表。

第五，时刻对乙方的综合情况进行摸底，包括：人事、资源配置、施工状态、主攻方向等，增强预见能力，所有的事情都在自己的计划和预料之中，做到心中有数。

第六，放下"架子"，主动沟通，给予充分的协助和支持，因为在目标实现上双方高度一致。

案例 5 - 1

"诸葛亮" 献计

某项目部在斜井下山施工中遇到冒顶塌方，泥石流充满巷道，在没有判明原因的情况下，只能利用现有力量清除泥石流，经过一周时间的装运、清理，巷道没有向前延伸，随着泥石流涌出量增大，掌子面反而倒退5米~6米，在此期间，各方工程技术人员积极主动根据工程现状共同研究对策，分析判明遇到大型溶洞，位置在下山巷道的前上方，巷道要穿越溶洞，甲、乙、监三方中高层和院校专家多次研究认为在以往几十年的同类型施工中没有遇到过类似问题，也没有成功经验，没有好的方法穿越溶洞，此时工程已实施将近1/2，如果报废，不仅发生较大的经济损失，而且矿山整体建设周期将延长1年以上。在这种情况下，甲方现场代表根据分析结果和对现场情况的掌握，大胆地提出"造假顶配以管桩注浆施工方案"被采纳，运用此方案顺利通过了溶洞区。从时间和效益上挽回了重大经济损失，为矿山整体建设争得了时间，体现了甲方现场代表解决现场技术问题的较强能力，树立了威信，发挥了在工程建设中的积极作用。

某斜井铺底施工中，施工方按照自己的施工方案，混凝土浇筑在振捣后延坡度向下堆积，不仅质量不能保证，而且施工进度缓慢，甲方现场人员主动向乙方提出"滑膜浇筑工艺"，设计了滑膜形式规格、制定使用方法，被乙方采纳，使施工进度从原来的 8 米/天提高到 32 米/天，工期缩短到原工艺施工的 1/4。

案例 5-2

"默契"打破僵局

某公司在一期工程投标过程中，主动压低工程价格，是为了及早进场以争取到二期工程投标的主动权，也就是一期不挣钱、二期挣大钱，但二期工程并没有成功中标，此时一期工程也没有收尾，因此就在工程中与甲方矛盾凸显。该公司"赌气"施工，工期、质量都很难再得到保证，甚至停滞，导致二期工程不能顺利交接。此时的乙方已不接受甲方的工作安排和指令，甲方的中高层的指令已形同虚设，双方都在承受着较大的经济损失。此时，应该怎么办呢？

首先，作为甲方现场代表应积极发挥自身的主动性和灵活性，创造性地开展协调工作，谋求在乙方施工项目部这个层级上寻找突破，认真分析工程在乙方各个层级上不同的利益点，紧紧抓住并利用好这一点，与乙方项目部达成一定"默契"，使乙方在施工、收尾、交接过程中少找事或者不找事，同时施加政策，划段增加阶段性奖励，刺激现场施工人员的积极性，避免中高层指令和招投标失败导致退场带来的刺激，巧妙促成了一、二期工程的顺利交接。

（4）甲方要充分考虑施工单位的施工能力。对施工单位的考察不仅是招投标前期工作的重要环节，更是需要甲方在施工单位进场施工后逐步深入了解的必要过程，乙方的施工能力是否符合工期网络计划，如果出现偏差就会造成施工工期的滞后。

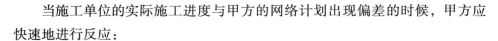

当施工单位的实际施工进度与甲方的网络计划出现偏差的时候，甲方应快速地进行反应：

第一，要求乙方立即调整、增加资源配置。

第二，在不影响整体网络计划的情况下，甲方可适度让步。

第三，在实际施工进度要超出整体网络计划（破网）的情况下，确实因能力问题，应下决心更换施工队伍。

甲方对施工单位工作能力深入了解，并作出正确的分析和判断，预测结果达不到整体要求的，果断处理是保证工期的必要措施。

（5）注意发挥施工项目部上级公司的作用

甲方代表直接要面对施工单位，而不重视施工单位上级公司的作用，当甲方代表与乙方施工单位在工程管理上出现分歧，意见相左的时候，甲方代表要使用沟通技巧来改善解决问题的效果。

举正反两个例子说明：

第一，当甲方与乙方意见僵持的时候，要开诚布公地与施工单位的上级公司沟通，反映实际情况，阐述己方道理，真实叙述而不是"告状"，谋求理解和支持，利用施工单位的上级来督促，以实现目的，这样的实际效果要比甲方直接强行压制作用更好。

第二，甲方对乙方的工作给予肯定的时候，要从物质、精神两方面给予奖励，这种奖励同样要反映到施工单位的上级，作为一种荣誉带到基层施工单位，这样双重的肯定和表扬会极大地刺激施工的积极性。

（6）合理利用永久性设施和甲方资源

在乙方施工过程中，利用好甲方已形成的永久性设施或固有的资源是缩短建设工期的重要途径。一是甲方可为乙方合理地提供技术、设备、设施的支持；二是形成的永久性设施可提前使用。这样可以降低施工成本，避免重复投入，缩短工程准备时间，实现甲乙方的双赢。

（三）实施效果

北洛河铁矿恢复建设工程自 1997 年 4 月 8 日开工建设至 2002 年 4 月 8 日正式投产，实现了"五年建成、投资不超概算"的建矿目标，扭转了矿山建设周期长、投资高、效率低、效益差的局面，"新、快、好、省"建矿的崭新模式得以顺利实现，为后期达产、发挥主力矿山作用奠定了坚实的基础，实现了接续生产、增加区域精矿供应和矿山建设改革实验的三项目标。

六、临时设施费用控制

(一) 基本概念

冶金矿山建筑安装工程中的临时设施费用由两部分构成：一部分按各类工程的相应费率计取，如：临时宿舍、生活福利及生产性房屋建筑物、仓库、办公室、加工厂以及施工现场范围内的道路、水电管线、通信线路等临时设施和小型临时设施的搭设、维修、拆除等；另一部分按建设单位审批的施工组织设计，发生的大型临时工程设施费用，如：矿山井巷工程施工用的提升机、竖井悬吊设备、提升井架、主通风机、竖井临时改装、主排水泵及加热锅炉的安装，以及临时卷扬机房、空压机房、井口棚等。

(二) 控制方法

经过北洺河铁矿基建工程发包的几年实践，针对矿山工程的特点，通过借鉴同行的经验和不断摸索，逐步形成了几种行之有效的临时设施费用节约方法，为降低工程造价发挥了重要作用。

第一，工程分段发包。利用已有的临时设施交给承包方使用，将造价中的临时设施费用从合同价中分离出来，按实物进行核算，按施工组织设计的高峰需求核准增补不足部分。

第二，临建回收管理。各阶段工程完工后临时建筑不拆除，回收后统一管理，既减少拆除费用（不用对承包方进行补偿），又可为后阶段发包工程临时建筑再次使用。

第三，新增临建包干结付。每阶段工程需新增的临时建筑按甲乙双方均可接受的价格包干结付，不再调增调减，使承包方既能满足最低需求，也有节约的动力，可减少对场区的占用。

第四，突发工程共同分担。对突发性强、工期短、规模较小的工程，甲方负责解决临时住房问题，造价中临时设施费用作为降低费用的主要因素免于计取。

第五，原有临建保护。原有临时建筑由使用者负责保管和维护。

(三) 控制效果

表5-2为以主井工程为例进行的分析：主井一期工程预算临时设施费47.51万元，现场有一部分"原来"遗留下来的临建房，故招标时标书中注明"临时设施房屋部分由甲方提供，投标单位报价时不再计取临时设施费。甲方提供的不足部分，根据工程需要或由甲方新建后提供，或由乙方新建由

甲方支付费用。"一期工程充分利用了原临时建筑房，完工后，后续的二期及安装工程，仍然利用了原有的建井临时建筑用工程。预算中各项临时设施费共计239.80万元。后续工程施工高峰到来之前，根据实际需要乙方提出了新增的申请，据此对照批准的施工组织设计，发生临时设施费仅为32.37万元，节约费用207.43万元，节约率为86.50%。

表 5-2　　　　　　　　基建工程临时设施费摘要

单位：万元

	单位工程	预算造价	预算临时设施费用	实际临时设施费用	节约量	节约率%
主井工程	一期工程	1547.41	47.51	0	47.51	
	二期工程	2500.34	127.17	32.37	94.80	
	安装工程	2100.56	65.12	0	65.12	
副井工程	一期工程	2890.42	88.45	0	88.45	
	二期工程	2560.24	78.34	13.29	65.05	
	安装工程	920.42	28.53	0	28.53	
西风井	一期工程	970.00	32.50	0	32.50	
	二期工程	2157.88	67.97	18.05	67.97	
	三期工程	1030.52	31.95	0	13.90	
措施井	一期工程	1015.50	34.43	0	34.43	
	二期工程	2242.20	76.01	42.38	33.66	
	三期工程	782.31	26.52	5.61	20.91	
回风井	一期工程	1650.40	49.51	50.90	-1.39	
	二期工程	470.30	14.11	0	14.11	
合　计		22838.51	768.12	162.60	605.52	78.83

通过对5项主要单体工程临时设施费用摘要汇总可以看出，节约费达到了605.52万元，节约率达78.83%，说明对这项费用的管理和控制是比较成功的，达到了从各方面控制工程造价的目标，为节约基建投资起了明显作用。

对已有临时设施的利用，还同时满足了建设单位对临时设施的需要，对概算其他费用也有大量的节约。

（四）存在问题

基建过程中对临时设施费用的管理虽然取得了很好的成绩，但因为缺乏基建管理的经验，也造成了部分浪费，主要体现在两个方面：

（1）临时建筑重复建设多，主要原因是设计总图规划变动多，设计滞后，导致临时建筑经常占用永久建筑的位置，拆迁多，如二期综合管理铺设、厂区道路、单身楼、安全化验楼等，搬迁拆除临时建筑 2900 平方米，直接损失约 45 万元。

（2）地表建筑滞后，如职工宿舍、办公楼到投产前夕才安排施工，不能满足建设单位组织机构设立和职工队伍组建的办公和住宿需要，特别在北洺河铁矿采取扩大自营，基建与生产逐步转移替代的措施后，此问题显得尤为突出，导致占用大量可供施工使用的临时设施，而且建设单位临时设施费用大量发生，基建期发生的临时建筑改造修缮费用达 273.91 万元。

（五）应用建议

（1）总图设计要超前，合理安排施工场地，避免临时建筑的拆迁，尽可能增加临时建筑的重复利用次数。

（2）改变先生产后生活、先井下后井上的习惯模式，先完成一些永久建筑来作为其他基建工程的临时建筑使用，更省钱，同时避免因职工宿舍新建不及时导致建设单位临时设施费用的大量增加。

（3）将工程分段发包，为节约创造条件。

（4）施工组织设计方案要切合实际，审查要严谨，监理公司及甲方代表要严格把关，避免施工单位为多争到临时设施费用而人为提高施工组织设计的规模。

（5）重视预算管理人员培训工作，提高其业务水平。要把握住最低的临时设施价格水平，争取不为工程多花一分冤枉钱。

七、签证工程管理

签证工程主要包括三个方面：一是超出设计文件或者施工组织设计范围的；二是合同未约定，但又必须同期施工的；三是发生的工程质量事先难以确定，而需要在现场进行测量认定的。签证工程管理是指对所发生的现场签证工程进行质量、投资和工期上的控制。签证工程不仅影响工程的正常进行，而且是施工单位进行费用索赔和工期索赔的主要托词，也造成建设单位投资增加和工程竣工延期，所以签证工程的管理就显得十分重要。

矿山基建期间发生的签证工程主要有以下几种类型：井巷工程中有超前探放水、注浆、临时支护、壁后充填、塌方处理、措施工程、设备台班运转

等；地表建安工程中有临建、挖槽、基础、小型设计变更、临时安排的工程等。

（一）管理程序

1．审批处理方案

发生签证工程时，一般先由施工单位提出处理方案，详细列出签证工程发生的原因、处理措施、技术规范、所需配备的人员、机械、材料数量以及处理工期，报送甲方技术部门审定后予以批复执行。

2．实施过程及结果

在施工现场，监理人员和甲方代表进行监督、协调，施工单位按批复方案的要求施工，并做详细施工记录，将记录的各类资料整理，报送监理工程师和甲方代表双方核定，最终形成现场签证单，施工单位以此作为向甲方进行费用索赔和工期索赔的依据。

3．结算审核

现场签证单是认证工程事实的根据和资料，由监理工程师和甲方代表双重签认。施工单位将签证单报送甲方作为结算依据，甲方结算部门进行审查，依照合同及有关文件要求，分类逐一核实。从结算角度，审核工程量及内容的合理性、签证时效性，以免误付或超付工程款。

（二）管理内容

北洺河铁矿建设工程从 1997 年 4 月 8 日开工建设，同时实行监理制，监理单位是邯郸市科锐冶金工程建设监理有限公司，北洺河铁矿派驻甲方代表进行监督。现场签证须经监理工程师和甲方代表双重认可，签证方可有效。矿方对现场签证工程管理制定了规章制度，有关单位、部门遵照执行。

1．处理方案的审批

3 万元以下签证工程由矿工程技术部门报请矿总工程师和主管矿长批准后，以技术联系单的形式下发给施工单位执行。

20 万元以下的签证工程，一般由施工单位报送施工方案，矿工程技术部门组织审查，报请矿总工程师和主管矿长批准后，下发给施工单位执行。

20 万元以上的签证工程，由施工单位编制施工组织设计，矿工程技术部门组织并邀请专家、局有关部门参加审定后，予以批复执行。

2．实施过程和结果认证

施工单位按要求组织施工，监理人员和甲方代表在现场进行协调、监督，并做记录。完工后，施工单位整理好资料，交监理人员和甲方代表进行对照、核实，最后由监理工程师和甲方代表一同签字认可，形成现场签证单。

3．核定费用和工期

视不同情况，分别处理。

（1）合同条款一般都约定非甲方或非不可抗力原因出现签证工程，甲方不予支付费用和顺延工期。双方这些条款，既体现了甲方对有关投资的控制力度，也体现了施工单位在市场机制下，加强管理、提高施工水平来承担风险的能力。

（2）一些事发突然、原因当时难以判明、如不及时处理将酿成严重后果的签证工程，合同内没有明确界定，这就需要双方本着公平公正、实事求是的原则进行协调，风险共担，合理分担费用和工期。比如，中煤五公司三处承担主井井筒施工，注浆治水完毕，正式掘砌过程中，注浆段内突发涌水，每小时200多立方米，造成淹井事故。施工单位在甲方配合下全力抢救，连续处理178天（1998年8月2日至1999年1月26日），投入大量设备、人员、材料等，发生费用370万元。经过认证、调查，先前注浆治水的效果是好的，而此次事故发生的原因主要是含水层裂隙各溶洞中的流沙所致。最后，监理、甲方、乙方三方达成有关纪要：处理费用甲方承担90％，乙方承担10％，工期相应顺延。

（3）合同条款中对个别由此可预见的签证项目在费用和工期方面，原则上都有所约定，比如井巷工程合同中，考虑到北洺河铁矿地质条件的复杂性，对可能发生的塌方和注浆治水作出约定：注浆治水要经甲方批准，费用按合同同等计价水平计取并顺延工期；原合格工程出现塌方，处理费用按合同同等计价水平计取并顺延工期；对未验收施工中的工程出现塌方，矿方只支付直接费，工期不顺延。

4．审核结算

审核结算由矿方结算部门负责实施。审核结算是签证工程管理的最后一道程序，是甲乙双方最关注的环节，具有十分重要的作用。

（三）管理措施

从北洺河铁矿基建过程看，合同单项工程基本上都增加了许多签证工程，结算费用占合同总结算的20％，个别的达30％；多项工程未按合同约定工期完成，签证工程发生是造成工期延误的一个主要原因。因此，采取有效措施，加大签证工程管理力度是必要的。

1．减少签证工程的发生

具体做法是：

（1）全面考虑、统筹安排，完善规划设计。工程开工前，有关各单位部门不仅要对单一工程的施工图设计做细致的审查，还应结合相关的其他工程一并会审，将可能出现的较大的设计更改及问题彻底解决，避免在施工期间，出现频繁的设计变更和调度指令，发生签证。

比如，主副井地表区域安排有多家施工单位驻地，分区分片都有临时建筑。作为单一工程所需，甲方将临时建筑费用包干一次性支付。但随着地表永久工程的展开，不少临时建筑要动迁，甚至有的动迁多次，给甲方造成投资损失。若先前完善确定好总图方案设计，不再有大的变动，甚至考虑先期完成一些永久服务性建筑，如办公楼、宿舍楼等，将会减少临时建筑的发生，从总体上节约了甲方投资，又可给施工单位有偿提供舒适的生活及办公环境。

再如，西风井 –122 米水平追加防水闸门工程，因前方巷道早已形成，揭露出大量涌水，后面的防水闸门工程施工难度变得很大，采取堵水、导水等措施，发生不少材料、人工、设备台班等签证。若当时防水闸门工程紧跟巷道施工，后来的这些签证工程是可以省掉的。

（2）周密布置、合理安排施工。施工单位完成合同约定的某些巷道工程后，将一些辅助设施撤离转移到另外施工地点，后因工程需要继续施工，就必须恢复原辅助设施，从而发生签证工程。比如，重新架设风水管线、铺轨等，甲方要支付措施费用。若前期施工安排合理，就可避免此类签证工程的发生。

2．进一步提高签证人员的管理素质

签证人员主要是指现场监理和甲方人员，他们要对施工进行监督，对工程内容进行核实认证。因此，要求他们做到：①具备高度的责任感和事业心以及良好的职业道德和技能；②认真学习基本建设理论和有关工程专业知识；③学习并了解工程施工合同、设计文件、施工组织方案以及工程的主要费用构成形式；④认真详细地填写工程日志，收集记录一切有价值的事件及其工程量、工时，整理好资料，为正确进行现场签证准备好确切数据；⑤按合同及有关规范及时办理现场签证，不能以不正当理由拖延或拒绝办理，要注意签证的时效性要求，施工单位在有效期内不办理的，应视为放弃索赔。

3．提高结算人员的业务水平

该矿通过提高结算人员的业务水平，把好签证工程费用的结算关。结算人员同样要具有高度的责任心和事业心，熟悉并掌握有关的结算原则。现场签证单作为签证工程的结算依据报送结算部门后，结算人员依据合同和有关文件对签证单内容进行审核。

具体做法是：①判明该项签证内容是否属于甲方支付费用的范围；②要确认签证单的时效性；③对不合理的内容要剔除；④要对属于甲方承担费用的内容进行分类筛选，归纳不同类别，分别按工程类型的计费规定执行。

（四）实施效果

通过加强签证工程管理，北洺河铁矿在每个环节上都尽可能考虑周全、约定明确，将签证工程的发生、处理及费用、工期限定在最小的范围内。通过加强签证工程管理，不仅使北洺河铁矿减少了部分追加工期投资，有效控制了工期，而且促使了施工单位通过加强和完善组织管理、提高施工水平来增强竞争力，对工程如期完工起到了积极作用。

案例 5-3

-230 米水平主副井车场塌方签证审核

原巷道由中煤一公司三十一处施工，后来发生塌方。矿方就近安排中煤五公司三处进行处理。签证资料认证从 2000 年 9 月 3 日至 10 月 11 日计 38 天，塌方区域总长 34.3 米，塌方量 122 立方米，附签证单 9 份。记录中显示，耗用耙矸机台班 33 个，喷射混凝土 60 立方米，木料 11.8 立方米，钢筋网 15 千克，锚杆 30 根，工日 121 个。施工单位申报处理费用 32.32 万元。但经审核，发现只有 2000 年 9 月 3 日的签证单才属于处理塌方的内容，记录塌方规模为高 2 米、宽 3.5 米、长 3 米，塌方量 21 立方米，其余 8 份签证内容不属于处理塌方，不能以处理塌方的定额方法来计算费用，而应执行支护定额的计算方法。审定后费用为 9.34 万元。再执行合同同等计价水平，实际结算 8.22 万元，最终核减费用 24.1 万元。

八、措施井淹井事故处理

北洺河铁矿主矿体埋深 265 米~679 米，地表有北洺河河床纵向穿过，为隐伏岩溶充水矿床，是邯邢铁矿田典型的"深"、"水"、"杂"矿山。矿山初步设计规模 180 万 t/a，属大中型规模地下矿山。为了加快基建速度，实现早出矿，在矿区中心地段主矿体最高位置增加了 1 条措施井，其主要目的是在基建期间完成部分采准工程。

（一）淹井状况

措施井是在西风井排水系统滞后的情况下施工的，成为一独立作业区，单独排水。因排水设备出现故障，于 1999 年 6 月淹井，淹井前本区已完成平巷工程 3940 米/34973 立方米，淹井时井筒静水位 +130 米，坑下涌水量 500 立方米/h，井筒淹没 3934 立方米，井区淹没量 38907 立方米。为安全掘井，在施工中建立 3 处挡水将措施井区分为 4 个独立的水体（见图 5 -1）。

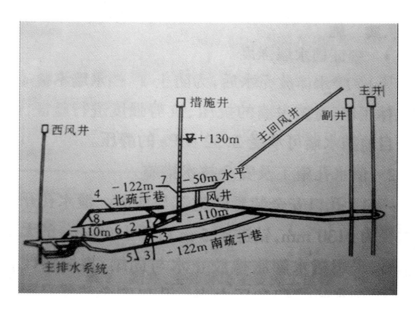

图 5 - 1　北洺河铁矿开拓系统及淹井状况示意图

1 -1#挡水墙；2 -2#挡水墙；3 -3#挡水墙

4、5、6、7 -1#、2#、3#、4#水体；8 -泄水孔

1#水体：-122 米北疏干巷，淹没量 2951 立方米，涌水量 90 立方米/h；

2#水体：-122 米南疏干巷，淹没量 2304 立方米，涌水量 100 立方米/h；

3#水体：-110 米下盘运输巷，淹没量 3303 立方米，涌水量 130 立方米/h；

4#水体：-110 米挡墙外（包括 -50 米巷道及措施井井筒），淹没量 30349 立方米，涌水量 180 立方米/h。

淹没区的特点是：水压高（2.52 米 Pa），淹没量大（38907 立方米），补给量大（500 立方米/h），对其治理具有很大的难度。处理前已淹没 6 个月，此时西风井已形成水仓 4843 立方米，最大排水能力达 3956 立方米/h。

（二）方案选择

措施井淹没后，严重影响基建工程进度，淹井问题亟待解决，为此提出两个方案。

1. 井筒强排水（追水）方案

选用高扬程、大流量潜水泵，将潜水泵一次放至井底马头门底板水平，连续不断进行排水，直至将井筒及平巷内贮水全部排出，然后人员进入平巷将挡水墙上的泄水闸门开启，或在井下平巷挡水墙内侧进行放水钻孔作业，将挡水墙内的贮水泄向西风井主排水系统。

优点：前人有成功经验，工作环境好；缺点：工序复杂，工期长，费用高。

2. 爆破拆除挡水墙方案

在 –122 米北疏干巷向 1#水体淹没区施工泄水孔，泄入西风井主排水系统，再采用挡水墙泄放其他水体的方案。

优点：费用少，工序简单，工期短；缺点：安全技术要求高。

经过综合对比择优，设计确定采用方案 2。

（三）方案实施

1. 验证挡水墙强度

当 1#水体放完水后，为防止 1#挡水墙不被 4#水体压坏，对挡水墙的抗压、抗剪强度进行验证，得出目前挡水墙可承受 2.52 米 Pa 的静压。

2. 泄水孔施工及安全技术措施

（1）孔口安全装置的施工与加固。泄水孔开孔孔径为 φ130 毫米，钻进 4.5 米后下 φ108 毫米的无缝钢管，采用遇水膨胀胶止水与固结，再用锚杆加固，并装高压阀门和压力表。孔口安全装置进行了 2.63 米 Pa 打压检验。

（2）钻机与钻具的加固。在钻进接近高压自由水体时，为保证正常安全钻进，需要对钻机和钻杆采用大于 16054N 的力进行加固，采用 2 个 5t 倒链对钻机与钻具进行了加固。

3. 参数设计理论基础

自由水的泄放是势能转换为动能的过程，由动势能转换公式：

米 gh = 1/2 米 v2,   (1)

得：v = $\sqrt{2gh}$.   (2)

泄水孔泄水量 $Q_泄$ = kAv   (3)

式中，米为质量，千克；g 为重力加速度，9.8 米/s^2；h 为水柱高，米；v 为水的流速，米/s；k 为经验系数，0.23 0.33；A 为泄水孔横切面积，平方米；$Q_泄$ 为泄水孔流量，立方米/s。

综合考虑安全系数及西风井主排水系统的排水能力，对每步泄水的参数进行计算。如措施井淹没区 1#水体水柱高 h 为 250 米，泄水孔孔径 φ91 毫米，A 为 0.0065 平方米，k 取 0.25，代入（2）、（3）式得 $Q_泄$ 为 409.5 立方米/h。

4．泄水顺序

第 1 步：利用泄水孔泄放 1#水体，北疏干巷西端 55 米疏干巷未掘通，以它为防水岩柱，由此向北疏干淹没巷 1#硐室处打泄水孔，但因两点间高差甚少，水平孔施工后因钻头自然下垂，未打透，后向前继续掘至淹没区 23 米处再打泄水孔，成功泄放了 1#水体；

第 2 步：待 1#水体泄放完后，掘通北疏干巷，因 1#挡水墙预埋的两条 φ159 毫米泄水闸阀在淹没区 4#水体一侧，因此采用小药包爆破，炸开阀门泄放 4#水体，泄入北疏干巷输入西风井主排水系统；

第 3 步：在 2#挡水墙上采用小药包爆破泄水孔，使 3#水体在 -110 米水平 6#川泄入北疏干巷输入西风井主排水系统；

第 4 步：采用小药包爆破，炸开 3#挡水墙，泄放 2#水体，待泄流后采用临时水泵将涌水排至北疏干巷输入西风井主排水系统。

用 3 台（每台排水量 100 立方米/小时）排水泵强排，设计排水时间 13 小时，实际排水时间 16 小时。至此淹没区水体全部排出，纯排水时间 60 小时，工程总耗时 10 天，计排出淹没区总水量达 67200 立方米。

（四）结论建议

鉴于北洺河铁矿基建期措施井淹井事故，可以得到以下结论：岩溶充水矿山的基建工程，首先应形成水仓、泵房及主排水系统，在永久排水系统未建成前，临时排水能力应大于预计巷道涌水量的 2 倍以上为宜。基于对北洺河铁矿淹井事故的处理，建议遇到类似情况或对贮量大、压力高的自由水体采用泄水孔直接泄水，在技术上可行，在经济上合理。

九、选厂基建高效管理

（一）建设背景

北洺河铁矿生产初期，采出的铁矿石全部外运到邯邢矿山局其他矿山选矿厂，每年仅矿石运费就需 2000 万元，矿石途耗损失高达 9000 吨；2003 年市场需求邯邢矿山局供铁精粉总量达 400 万吨/年，而邯邢矿山局该年度实际产量只有 248 万吨/年，远不能满足市场需求，需要外购矿石加工成精矿补充市场需求。根据北洺河铁矿矿石实际加工处理情况和市场需求，为降低选矿成本，减少矿石资源损失，提高经济效益，公司决定在北洺河建设选矿车间。

（二）选厂设计

邯邢矿山局于 2003 年委托中国冶金建设集团秦皇岛冶金设计研究总院对北洺河铁矿建选矿厂方案的必要性和可行性进行了研究。同年 11 月 15 日，设计方提交了《邯邢冶金矿山管理局北洺河铁矿选矿厂工程可行性研究报告》。选矿厂设计规模为年处理铁矿石 180 万吨。采用一段开路自磨，二段闭路球磨，三次磁选，铁精矿反浮选，浓缩磁选的工艺流程，并设计了采用重选摇床回收磁选尾矿中的硫的工艺流程，属二期工程。

北洺河铁矿选矿厂 2004 年 5 月 8 日正式开工，建设施工单位为邯郸中冶建设公司，监理单位为邯郸科锐冶金工程监理公司，质检单位为国家冶金工业局工程质量监督总站邯邢监督站。

2005 年 8 月 15 日，选矿厂主体工程通过了由邯邢矿山局生产处、邯郸中冶建设公司、邯郸科锐冶金工程监理公司、国家冶金工业局工程质量监督总站邯邢监督站、北洺河铁矿组成的竣工验收小组的验收。

（三）主要做法

北洺河选矿厂的建设高效、节能、环保，具体做法如下：

1. 可行性研究

主要包括的内容有：①可行性研究工作的依据和范围，建设项目提出的背景，建设的必要性和经济意义；②对建设规模、产品方案进行研究，并推荐最佳方案；对产品的需求、价格、销售等情况进行预测；③厂址选择及厂址方案比较；④建设项目内容、主要设计方案及外部条件；⑤企业组织、劳动定员及人员培训的设想；⑥建设周期及实施进度的建议；⑦投资估算和资金筹措；⑧预测建设项目对环境的影响，提出环境保护和"三废"治理的初步方案；⑨经济效果和社会效益分析，不仅要计算选矿厂本身的经济效果，还要计算对国民经济的宏观效果。

2．厂址选择

选矿厂（包括尾矿库、水源及生活区等）厂址选择直接影响基建投资、建设进度、投产后生产和经济效果以及地区环境和农业生产，因此它是设计前期一项政策性很强的工作。厂址选择必须贯彻我国工业建设的各项方针政策，满足工艺要求，体现生产与生活的长期合理性。

厂址选择工作一般是在上级主管部门或建设单位的组织下，会同当地政府、有关专业职能机构及设计单位有关人员对可能的厂址共同进行现场踏勘，收集有关资料并听取多方意见。在此基础上提出若干个厂址方案，经综合性技术经济比较推荐最佳厂址方案。

选厂的厂址定于北洺河铁矿生产现场东部。主厂房西临主井，缩短了原矿输送的距离。南临 11 万伏变电站，降低电力输送损耗。整体建筑属平地建厂，磨矿、选滤、磁选、胶泵四道工序充分利用空间，分不同的平台建于一座场房内，这样既减少了基建投资又节约了用地且缩短工艺流程。

3．总图布置

依据工艺流程、总图布置在满足工艺生产要求的基础上，建设单位应主要从后期生产组织，人员配置易于管理、节省建筑费用等方面与设计部门进行充分合理的沟通。北洺河铁矿选厂总图布置，初步设计是在主厂房外分别设计了中矿泵站、除渣厂房、环水泵站、尾矿输送泵站等厂房建筑。后经过与设计部门进行多方面沟通，将中矿泵站、环水泵站、尾矿输送泵站合并到一起，将除渣设备加装到了主厂房，这不但利于生产组织中人员、设备的管理，而且节约了建筑费用和辅助设备、设施约 600 余万元。

4．审图

在审图上应主要注意土建施工和设备安装的尺寸闭合。避免在建设过程中尺寸误标导致建设投资的浪费和工期的延误。

案例 5－4

审图也能出效益

北洺河选矿厂建设时共有两套图纸，一套为基建施工图纸，一套为工艺流程图纸。由于工期紧,图纸经初审后,建筑单位按照基建图纸施工,甲方技术人员按照工艺图纸准备设备安装,双方各自开展工作,某日上午11时,甲方代表杨继军及相关技术人员罗世勇、齐跃钢等到现场查看施工进度。当时施工单位已对自磨机主轴瓦基础放线完毕准备施工。经仔细观察,杨继军等人发现主轴瓦两端的基础尺寸与工艺图纸上的尺寸不符,通过现场测量和两套图纸的进一步比对,确定施工单位标出的主轴瓦基础位置比工艺设计中的主轴瓦基础位置长1.5米。如果按照施工单位的标准建设,将会出现主轴瓦两端的基础间距比设备长出1.5米,设备到位后安装不上,结果就需要重新返工,造成基建投入的增加和工期的延长。发现问题的严重性后,甲方立即通知乙方停止施工,经重新核对后把主轴瓦基础作了正确调整再行施工。这次事件通过精细审图、及时查看、果断叫停、查验改正,避免了几百万元的经济损失和工期延误。

案例 5-5

磁选系统改造

选矿厂充分考虑工艺生产中设备的互换性。选矿厂原设计工艺上每个系列一段磁选机2台,二、三段磁选机各1台(二、三段串联),按选别工艺要求,如果二、三段磁选中有1台磁选机发生故障停车,势必造成该系列全部停车,严重影响主机生产。鉴于以上原因,2007年9月对选矿厂磁选系统进行改造,三个系列增加三组磁选机参与生产选别,增加三台CTB-1024湿式弱磁场磁选机与原来闲置三台CTB-1024湿式弱磁场磁选机(浓缩磁选机)串联使用,不仅使二段、三段选别空间增加一倍,而且增加选别的互换性。对工艺进行微小调整后,不断稳定提高精矿品位。

5. 设备采购

在设备采购中,除设备性能、参数必须满足工艺生产的要求外,还要注意技术合同的签订,确保设备购置后便于维检。工艺生产指标符合要求,并要注意有利于下步对设备的更新和改造。必须在技术合同上要体现"细密"两字。另外,设备进厂前要严格的验货,按照技术合同要求逐项核定。

6. 施工过程监管

在施工过程中强化了监管职能,主要做法有:

（1）甲方提前介入，从基建初期甲方部分骨干和技术人员和监理部门同时介入。通过现场配合到位，能及时发现解决施工中出现的问题，结合现场合理进行施工调整。

案例 5-6

增加投入＝减少浪费

选矿工艺要求从磨矿到尾矿排放全部靠管道输送，管道是各工艺流程间的纽带，是选矿车间最普通、也是用量最多的材料。为了降低基建投资，北洺河选矿车间设计时所有的管道及沟槽均为普通材质。矿浆在管道内高压、快速地流动会造成管道磨损，如果使用普通材质的管道及沟槽，不仅使用寿命短而且不耐磨，必然会给以后的生产带来大量的维修、维护、更换工作，同时造成选矿成本增加。该矿研究后决定把所有管道及沟槽改用耐磨材质，这样虽然增加了基建投入，但避免了以后生产中不必要的浪费，减轻维修工作量，从而达到一劳永逸的效果。

（2）重点工程、重点部位、关键环节的施工进度督促。要求施工方方案合理，施工进度进行时间表控制，及时督促施工单位人力、物力到位，确保施工进度。

（3）要做到超前谋划，例如北洺河铁矿选厂建设中，设备、材料提前订货，减少由于到货不及时影响施工进度。

（4）要注意平台的设计。建厂避免不了有平台，在平台施工中，目前国内多采用砼筑平台，应考虑多采用有一定的坡度设计，因施工不可能做出"绝对"平整的砼平台。在选择中，总是用水冲卫生，平台积水不可避免。用拖把除水亦不方便，所以在设计中采用坡度设计，将卫生水引到最低点，再合理设计地漏即可。例如北洺河铁矿选厂 19 米、15 米、7 米、4 米平台全部砼平台都重新找坡，设置地漏，解决了平台积水问题。

（5）甲方全程跟踪管理，从审图、土工、设备安装调试到最终审核验收，选矿厂领导及技术人员全程跟踪，一方面能全面了解厂房的整体结构便于以后改造；另一方面充分了解设备性能、构造为以后的革新及改造打下基础；同时还可以督促施工进度、保证施工质量。

（四）实施效果

选矿厂基建的高效管理，从可行性研究到厂址选择、总图布置、审图，再到设备采购和施工过程监管，投资少，见效快，收到良好效果。①厂址选择既减少了基建投资费用，又节约了用地，且缩短了工艺流程；②总图布置不但有利于生产组织中人员、设备的管理，而且节约了建筑费用和辅助设备、设施600余万元；③审图避免了在建设过程中尺寸误标导致建设投资的浪费和工期的延误，避免了几百万元的经济损失和工期延误；④设备提前采购，缩短了建设周期；⑤施工过程监管有效督促施工进度，保证了施工质量，尽快让选矿工艺达到预期的目标。

第六章 技术创新管理

企业技术创新管理是在一定的技术条件下，为了使各种资源的利用更加合理、企业整个系统运行更加和谐高效、生产能力得到更充分有效的发挥而进行的发展战略、管理机制、组织结构、运作方式、管理方法与技术以及文化氛围等方面的管理。

企业技术创新管理的主要活动由产品创新管理和工艺创新管理两部分组成，包括从新产品、新工艺的设想、研究、开发、设计、生产和市场开发、认同与应用到商业化的完整过程。技术创新管理不仅是把科学技术转化为现实生产力的转化器，而且也是科技与经济结合的催化剂。

北洺河铁矿着重从技术创新管理机制、采矿技术改造、设备技术改造和选矿工艺改造等方面，加大技术创新管理力度，在缩短建矿周期、降低职工劳动强度、改善作业环境、提高生产安全性、节约资金、提高作业效率、提高企业经济效益等方面均取得明显成效。

一、与时俱进的技术创新管理机制

技术创新是技术工作的最高境界，也是企业实现降本增效、提质增效的根本途径。技术创新管理是企业管理工作的重要组成部分。技术创新管理机制是决策和推动技术创新工作的重要形式，它将技术创新管理工作提升到了制度化、常态化、规范化、高效化的高度。

（一）技术创新管理机制的内容

北洺河铁矿的技术创新管理机制可分为内生维创新管理机制和外源维创新管理机制两部分。内生维创新管理机制是指企业自主创新管理机制，主要包括创新组织机制、创新制度机制、科研投入机制、人力资源管理机制、绩效管理机制和激励机制等；外源维创新管理机制主要是企业与外部科研院所和高校开展科研联合攻关的创新管理机制。

（二）技术创新管理机制的运行

技术创新指导思想　在企业建设与发展的不同历史时期，北洺河铁矿根据企业生产实际，与时俱进，遵循了不同的技术创新指导思想。

1．建矿及投产期间

北洺河铁矿在建设过程中，随着基建工程的进展，暴露出许多与原始地质资料和初步设计不符的环节，也出现了初步设计与当时国内国际先进采矿工艺不符的现象。因此，为实现尽快投产出矿的目的，该矿围绕"优化设计，改进设备，缩短工期，提高产量"进行了技术创新。

例如，通过研究优化了初步设计的采矿方法，确定了 15 米 × 18 米的大结构参数，将中段高度由 60 米调整为 120 米，不仅节约了大量的采准工程量，还利用诱导冒落原理，大大提高了采场生产能力；自行研制了适合大结构参数的中高风压潜孔钻机，大幅度提高了中深孔作业效率；针对矿体形态的变化及时调整了局部的采矿方法和回采顺序，实现了提前达产。

2．"十一五"期间

"十一五"前一年，北洺河铁矿刚建成达产，虽然各主要生产系统运行正常，能够满足需要，但也暴露了一些不足，比如掘（进）采（矿）能力匹配性弱、中深孔凿岩与出矿能力匹配性弱、采（矿）选（矿）能力匹配性弱、支护工艺陈旧、爆破效果不理想等问题，主要表现在采场衔接压力大、支护工作严重滞后、爆破事故频发、大块产出率较高等方面。分析认为，虽然建矿初期对采矿方法、结构参数、爆破参数、主要设备选型等方面进行了大量的技术研究，但由于当时的工艺和设备水平所限，仍沿用了一些比较落后的工艺、技术和设备。必须不断地进行技术改造和升级。为此，确立了随后几年（即"十一五"）的技术创新思路，即：注重新工艺、新设备、新技术的引用，提升企业现代化水平；做好工艺、设备升级后的配套研究，实现高效率、高质量、低成本的采选生产。

3．"十二五"期间

"十一五"期间，北洺河铁矿凭借先进的管理模式和完善的技术创新体制取得了显著的效果，连续五年实现了稳产，铁精粉生产成本位居国内前列。进入"十二五"，该矿更加注重技术创新对企业发展的作用，编制了《"十二五"科技发展规划》，明确了技术创新思路，并以此为指导，首年即取得了可喜的成绩。

"十二五"科技发展规划明确了技术创新的指导思想，即"以安全生产为保障，以效益增长为根本，以持续发展为目标，以科研项目为载体"，并确立了技术创新思路："对标国内先进矿山，寻找工艺设备设施差距，力争超越；瞄准国际先进水平，弥补自动化数字化短板，勇于追赶"。

技术创新组织机制　北洺河铁矿的技术创新管理实行局、矿两级管理。矿成立科学技术委员会，实行矿长领导下的总工程师项目负责制。矿科学技术委员会下设相应的专业评审委员会，并设技术计划科为科技主管部门，负责日常管理工作及本矿技术创新项目的立项、评审及上报工作。北洺河铁矿技术创新管理组织机构如图6-1所示。

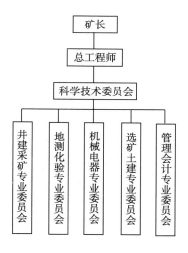

图6-1　北洺河铁矿技术创新管理组织机构

该矿科技工作实行归口统一管理，矿立项完成后的技术创新项目，经矿科学技术委员会审定后，确定科技成果鉴定，并统一由矿科技主管部门负责组织上报。为确保技术创新项目计划的顺利实施，计划内的项目全部实行项目负责人制，并签订项目实施合同。

为了鼓励和吸引更多的科技工作者和科技人员从事科技创新工作，北洺河铁矿专门成立了北洺河铁矿科学技术协会，该科学技术协会既是北洺河铁矿科技人员的一个群众组织，又是该矿科技进步工作的管理部门。

技术创新制度机制　北洺河铁矿很早就将技术创新纳入技术管理工作范畴，出台了《北洺河铁矿科学技术协会章程和管理办法》，先后制定并不断完善了《北洺河铁矿合理化建议管理办法》和《实施条例》、《北洺河铁矿科学技术协会科技进步工作管理办法》、《北洺河铁矿"四优化"创效管理办法》等，这些章程、办法和条例，对技术创新的意义进行了阐述，对技术创新项目的概念、立项思路、实施过程、成果推广、奖励原则等进行了规定，对上至企业领导、下至岗位职工在技术创新工作中的责任、义务和行为进行了指导和约束，对技术创新工作的组织和管理进行了规定和固化。这些章程、办法和条例，从不同角度对技术创新工作进行了规范，促进了技术创新工作的制度化、常规化，指导和推进了企业技术创新工作的开展。

例如，《北洺河铁矿"四优化"创效管理办法》是该矿于 2010 年在总结以往企业科学技术进步工作基础上出台的涵盖了技术创新工作在内的综合性的创效管理办法。该办法明确了全矿职工为创效主体，明确了创新对象（即生产系统、设计方案、企业管理、劳动组织），对项目的立项、实施、验收、评审、推广和奖罚进行了更全面、更详细、更具体的规定；并成立了创效管理委员会，明确了创效管理委员会是企业创效活动的主管部门和决策机构，明确了委员会下设的秘书处负责创效活动的日常管理。该办法把包括技术创新在内的企业创效工作提高到了一个新的高度。该办法实施两年来取得了明显的成效。据统计，2010—2011 年，完成的技术创新项目共 47 项，增效 4708 多万元，其后续效益还在不断显现。

科研投入机制　北洺河铁矿的技术创新投入已形成制度化、常态化的良好运行机制。技术创新经费来源于邯邢矿业公司和北洺河铁矿两个渠道，每个渠道又分技术创新项目经费和技术成果奖励基金，做到了专款专用。近几年来，仅北洺河铁矿每年用于技术创新项目的经费支出就已超 1000 万元，每年用于技术成果奖励的经费支出近 100 万元。

人力资源管理机制　北洺河铁矿技术创新工作的主体是全矿职工，主要是该矿广大科技工作者和科技人员。该矿允许和鼓励科技工作者、科技人员、工人技师、岗位能手等通过加入矿科学技术协会这个群众组织来更好地、经常性地参与企业技术创新工作。

绩效管理机制　为确保技术创新计划的顺利实施，北洺河铁矿将计划内的项目全部实行项目负责人制，并签订项目实施合同。合同明确了实施项目名称；委托方（甲方）、实施方（乙方），包括课题负责人及主要承担人员；项目技术内容、形式和要求等；应达到的主要技术指标、经济效益和社会效益；履行期限；承担责任；验收标准、方式和成果归属以及其他，进一步规范了技术创新项目计划管理。

该矿科技主管部门注重加强科技创新工作的日常管理。做好项目的立项审查、计划编制、承包合同的签订、督促协调、鉴定评审组织、奖励兑现及科技档案等工作。对立项的技术创新项目实行一季度一调度，年末要对所有的科技项目进行全面总结和考核验收，跨年度项目要编制分年度实施进度计划。

该矿科技主管部门对科技创新工作进行监督、检查，并负责解决在项目评审奖励工作中发生的争议。评审委员会和科技主管部门对提出的质询，给予及时认真的解答。

该矿对科技进步成果的申报、评定、奖励，要求采取实事求是、严肃认真的科学态度，对于弄虚作假人员，经查明属实后，撤销荣誉称号，折回所得奖金，对责任人按情节轻重给予批评或处分，情节严重的，给予行政处分。

激励约束机制　北洺河铁矿的科技进步工作主要包括科技攻关项目管理、合理化建议实施管理及技术人员管理三项内容，分别按成果的先进性、技术性、效益性给予奖励。

北洺河铁矿把科技创新活动作为该矿年终评定劳模、标兵、先进个人、先进集体的一个重要指标。

对于专业技术聘任方面，该矿把职工在"科技增效"活动中的业绩成果作为晋升的主要依据，在"科技增效"活动中既无责任目标，又无业绩成果，又不积极参加"科技增效"活动的人员，解除聘任。

对于职称评审方面，该矿将是否提出过科技进步项目作为大中专毕业生实习转正和初、中、高级技术职称评审的推荐条件。其中，申报中级技术职称的，至少应有一个合理化建议获一等奖项目；申报高级以上技术职称的，至少应有一个科技攻关项目获二等奖以上项目。

该矿鼓励专业技术人员撰写专业技术论文，并制定了相应的奖励标准。

科研联合攻关管理机制　为了满足企业生产需要，北洺河铁矿每年都要开展一些比较重大的科学研究或技术开发项目，考虑到企业自身科研力量的不足，该矿在部分技术创新项目实施上，采取了与企业外的科研院所和高校开展科研联合攻关的管理机制和做法，收到良好效果。科研项目团队成员由科研院所、高校和北洺河铁矿科技人员共同组成，科研经费和试验场所由北洺河铁矿负责提供，科研成果直接应用于北洺河铁矿生产实践。例如，北洺河铁矿与东北大学合作实施的《大结构参数高效低贫化采矿工艺研究》；与华北有色水文地质勘测院合作实施的《北洺河铁矿矿床疏干放水研究》；与河北工程大学资源学院联合开发的通风技术项目等，均收到良好效果。

（三）技术创新管理机制的运行效果

在筹建和初步设计期间，北洺河铁矿积极借鉴和引用先进的工艺、设备，通过加强技术创新管理，实现了"提前建成、提前达产"的建矿目标（2004年达产，计划2005年达产）。

经过八年的发展，北洺河铁矿在技术创新方面取得了一系列成绩，这些成绩的积累为企业持续发展奠定了坚实的硬件和软件基础，也使企业产能实现了超出原设计的合理增长。2010年，完成铁矿石245.38万吨，铁精矿122.63万吨；2011年，完成铁矿石274.71万吨，铁精矿141.81万吨；2012年预计完成铁矿石266万吨，铁精矿150万吨，达到历史最高。

1. "十一五"期间技术创新成果

"十一五"期间，该矿安排和完成了15个技术改造项目，增加效益1600万元。主要技术创新项目有：

（1）掘进台车的试验与应用。为提高掘进作业效率，降低职工劳动强度，2006年，该矿引进了AXERAD05掘进台车。该台车的应用，解决了大断面掘进的施工难题，掘进效率较7655凿岩机提高了7～8倍；所配套应用的光爆技术，提高了成巷质量，减少了支护量，降低了工人的劳动强度，改善了作业环境，更减轻了采场衔接的压力。经公司技术委员会鉴定，该项目达到了当时国内先进水平。

（2）Simba H1354采矿凿岩台车试验与应用。此前，该矿采用中高风压潜孔钻机进行中深孔凿岩作业，虽然设备投资小，比90台架先进，但是仍然效率低，劳动强度大、作业环境差。2008年，该矿引进了Simba H1354采矿凿岩台车。经过试验应用，单台月产量达到了7500米～8000米，是中高风压潜孔钻效率的3倍，中深孔合格率提高了10.4个百分点，一次炸药单耗降低了0.1千克/t；爆破效果方面，眉线破坏、爆破事故明显减少，大块率也明显降低。同时，极大地降低了职工劳动强度，改善了作业环境。

（3）二次干选系统研究。该系统于2008年完成。通过二次抛废，提高了铁矿石的入磨品位，增加了磨机的台时处理量，降低了铁精矿的生产加工成本，增加了金属矿物的回收，经济效益明显。

（4）应用三律适应性原理优化崩落法参数。2008—2009 年，该矿在 –95 米水平的采矿生产过程中，逐渐出现了大块率高、爆破隔墙事故频发与眉线破坏等爆破问题，严重降低出矿效率，增大了出矿成本，同时影响到了安全生产与矿石回采指标，为此开展了该项目的研究。

该研究提出了用不同分段高度和倾角不大于 7°～9° 的斜联巷或斜进路适应矿体形态变化的柔性采场结构。该采场结构已成功应用于部分进路回收边界复杂的底板矿量，显著降低了矿石贫化率，并提高了回采区段的矿石回采率。

该项目试验研究了炮孔布置形式与装药结构，查明了大块率较高的主要原因是爆破推墙，提出了炮孔布置形式与装药结构的改进方案。其中装药结构改进方案用于 –95 米分段，有效地减少了眉线破坏，试验采场炸药单耗从原来的 0.47 千克/吨降低到 0.36～0.4 千克/吨，每排炮孔节省炸药约 130 千克。

此外，该项目还提出了深部厚大矿体的诱导冒落法开采方案，为深部厚大矿体高效开采提供了技术储备；提出了依据放出体、残留体实验形态与出矿口废石出露信息优化崩矿步距的新方法，增大了步距优化的可操作性。

（5）WBN 系列铵油炸药的试验应用。为降低生产成本，北洺河铁矿 2009 年实施了该项目。经过试验，扩大了 WBN 炸药的应用范围，在掘进爆破中取得与 2#岩石炸药同等的爆破效果；同时，确定了 80 毫米孔径中深孔爆破的 WBN 与 2#岩石炸药最佳配比，降低了装药返粉率，保证了爆破效果。

2. 2011 年技术创新成果

2011 年是"十二五"的开局之年，该矿依据公司下达的科研计划并结合本矿实际，实施完成了 15 个技术改造项目，数量上与"十一五"期间完成的项目总数相当，但增效 2700 万元，远远高于"十一五"期间创效总和。其中，"双凿岩中心凿岩爆破参数研究"项目明显提高了爆破质量和本水平矿量的回收率，年效益达 380 万元；"副井提升电控设施优化"项目使提升系统的安全性得以进一步提升；"进口设备备件国产化"项目不仅节约了大量资金，还保证了备件的及时供应；"迪迈数字矿山软件二次开发与应用"项目实现了采矿设计工作的三维化，提高了设计工作效率。这些项目的实施均取得了比较明显的经济或社会效益。

北洺河铁矿 2007—2011 年获邯邢矿山局（邯邢矿业公司）科技进步奖项目如表 6 – 1 所示。

表 6 - 1 　　2007—2011 年北洺河铁矿获邯邢矿山局科技进步奖项目

序号	获奖项目	获奖类别	获奖等级	颁奖单位	获奖时间
1	北洺河铁矿软弱岩体掘支优化研究	邯邢冶金矿山管理局科学技术进步奖	3 等	邯邢冶金矿山管理局	2007 年
2	北洺河铁矿溜井振动放矿参数优化研究	邯邢冶金矿山管理局科学技术进步奖	3 等	邯邢冶金矿山管理局	2007 年
3	国家安监局《企业安全生产绩效评估办法》的试点项目	邯邢冶金矿山管理局科学技术进步奖	2 等	邯邢冶金矿山管理局	2007 年
4	北洺河铁矿人力资源管理方法研究	邯邢冶金矿山管理局科学技术进步奖	1 等	邯邢冶金矿山管理局	2007 年
5	废石干选工艺研究	邯邢冶金矿山管理局科学技术进步奖	1 等	邯邢冶金矿山管理局	2008 年
6	进口 Si 米 ba - H1354 采矿凿岩台车试验研究与应用	邯邢冶金矿山管理局科学技术进步奖	3 等	邯邢冶金矿山管理局	2008 年
7	推广应用米 icro 米 ine 软件系统	邯邢冶金矿山管理局科学技术进步奖	3 等	邯邢冶金矿山管理局	2008 年
8	应用三率适用性原理优化崩落法参数	邯邢冶金矿山管理局科学技术进步奖	一等	邯邢冶金矿山管理局	2009 年
9	进口设备部分备件国产化研究	邯邢冶金矿山管理局科学技术进步奖	二等	邯邢冶金矿山管理局	2009 年
10	井下混凝土运料车研究应用	邯邢冶金矿山管理局科学技术进步奖	三等	邯邢冶金矿山管理局	2009 年
11	WBN 铵油炸药在北洺河铁矿的推广应用	邯邢冶金矿山管理局科学技术进步奖	三等	邯邢冶金矿山管理局	2009 年
12	完善提升系统安全防护装置,保障提升系统安全运行	邯邢冶金矿山管理局合理化建议实施成果奖	二等	几个单位共有项目	2009 年
13	申办辐射安全许可证	邯邢冶金矿山管理局合理化建议实施成果奖	三等	几个单位共有项目	2009 年

续表

序号	获奖项目	获奖类别	获奖等级	颁奖单位	获奖时间
14	处置多种废弃化学品，消除安全隐患	邯邢冶金矿山管理局合理化建议实施成果奖	三等	几个单位共有项目	2009 年
15	北洺河铁矿转段期间高效生产研究	五矿邯邢矿业有限公司科学技术进步奖	三等	五矿邯邢矿业有限公司	2010 年
16	北洺河铁矿扇形中深孔凿岩爆破参数优化实验研究	五矿邯邢矿业有限公司科学技术进步奖	二等	五矿邯邢矿业有限公司	2010 年
17	中孔台车"双中心"凿岩爆破参数实验研究	五矿邯邢矿业有限公司科学技术进步奖	二等	五矿邯邢矿业有限公司	2011 年
18	北洺河铁矿深溜井安全高效使用措施研究	五矿邯邢矿业有限公司科学技术进步奖	二等	五矿邯邢矿业有限公司	2011 年

附录 6－1

北洺河铁矿科学技术协会章程和管理办法

第一章　总　则

第一条　北洺河铁矿科学技术协会（简称北矿科协）是北洺河铁矿科技人员的一个群众组织，又是矿科技进步工作的管理部门。

第二条　北矿科协受局科协和矿党政领导。

第三条　北矿科协需刊刻本协会印章。

第四条　北矿科协以科学管理和科技增效为宗旨。紧紧围绕科学技术是第一生产力，落实"以人为本、科技兴矿"的建矿总旨，把本矿科技人员广泛地组织起来，充分发挥他们的积极性和创造性，开展各种科技活动，进行科学交流，普及科技知识，开发与培养人才，提高全矿职工的科技水平，为矿创造更大效益。

第五条　北矿科协的主要任务

一、关心科协会员和科技工作者的思想、学习、工作和生活，维护他们的正当权益；收集及审定各会员提出的技术创新、合理化建议及技术改进项目；跟踪并监督矿科技进步和技术改造实施情况，并组织鉴定验收；表彰、奖励本会先进集体和个人；举办为会员和科技工作者服务的各种活动，把矿科协办成"科技工作者之家"。

二、组织矿内各专业权威进行项目审定和可行性研究，总结项目实施过程中成功的经验和存在的不足，本着省材、节能、安全、高效的原则评价项目所产生的效益。

三、采用多种形式开展科技教育，提高科技人员的专业技术水平。

四、开展矿内外技术团体的科技交流活动，发展同矿内外科技团体和科技工作者的友好联系。

第二章　组织机构和职责

第六条　北矿科协的组织原则是民主集中制。

第七条　北矿科协设立管理委员会和专业委员会。

北矿科协管理委员会设名誉会长一人、会长一人、副会长三人；下设秘书处（设在技术计划科），由秘书长一人、秘书一人组成。同时设专业委员会五个（井建采矿专业委员会、地测化验专业委员会、机械电器专业委员会、选矿土建专业委员会、管理会计专业委员会），每个专业委员会设主任一人（应具有中级以上职称）。北矿科协每次召开会议由秘书处负责通知。

第八条　北矿科协会长全面负责科学技术进步工作，对科技进步经费、人员、方案确定具有决策作用。

第九条　北矿科协秘书长负责科技日常工作，包括项目收集、组织审核、立项、跟踪监督实施、组织验收鉴定、工作总结、申请奖励、制订计划、指令上传下达等。

第十条　专业委员会职责：专委会主任负责组织该会全体委员对科协秘书处委托审核的项目，进行科学、公正的审定，提出可行性分析意见。并按照科协安排，组织验收鉴定，提出鉴定意见，评价该项目的经济效益。

名誉会长：矿长

会　　长：总工程师

副会长：生产副矿长、设备副矿长

秘书长：技术科科长

秘　　书：技术科科员

第三章 会 员

第十一条 凡承认并遵循科协章程的下列人员，均可成为北矿科协会员。

一、具有中专院校毕业以上学历的科技工作者。

二、具有技术员以上职称的科技人员。

三、工人技师或具有技术专长，并在技术革新、科学实践中有显著成绩的、授予劳动模范、先进工作者称号的技术工人。

四、热心支持科协工作的各级领导干部。

五、相当于技术员以上职称的管理工作者。

六、岗位能手。

第十二条 会员的权利和义务

一、享有本会的选举权和被选举权。

二、对本会工作有建议和评议权。

三、优先参加本会举办的各种活动和取得各种资料。

四、遵守本会章程，执行本会决议。

五、积极参加本会活动，完成本会委托的任务。

六、积极撰写学术论文和科普文章。

第四章 经 费

第十三条 北矿科协的经费来源于矿企业科学管理成果奖励基金，专款专用。

第五章 附 则

第十四条 本办法由矿科协秘书处负责解释。

第十五条 本办法自颁发之日起执行。

附录6-2

北洺河铁矿科学技术协会科技进步工作管理办法

第一章 总 则

第一条 为了激励北洺河铁矿广大科技人员和职工开展科学研究，发挥科技进步工作在企业生产经营中的重要作用，加强北洺河铁矿的科技进步工作管理，特制定本办法。

第二条　科技进步工作指以扩大生产规模，提高经济效益，增加产品品种，提高产品质量为目的，采用效率更高的劳动手段，先进的工艺技术和新型材料以及科学的管理方法等而进行的科学研究和技术开发、科技攻关、技术改造，新技术、新工艺、新材料、新设备的推广和应用，技术引进以及消化、吸收创新等。

第三条　为加强科技进步工作的管理，结合局情况，北洺河铁矿实行矿长领导下的总工程师项目负责制。总工程师具体负责科技进步工作，具有项目的审查立项、经费使用、人员组织及方案确定、成果评审及奖励等方面的决策权。

第四条　科技工作实行局及矿两级管理。矿成立相应的评审委员会，并设技术计划科为科技主管部门，负责日常管理工作及本矿科技进步项目的立项、评审及上报工作。

第五条　矿科技工作实行归口统一管理，矿立项完成后的科技进步项目，经矿科学技术委员会审定后，确定科技成果鉴定，并统一由矿科技主管部门负责组织上报。

第六条　为确保科技进步计划的顺利实施，计划内的项目全部实行项目负责人制，并签订项目实施合同。合同内容包括：

一、实施项目名称。

二、委托方（甲方），实施方（乙方），包括课题负责人及主要承担人员。

三、项目技术内容、形式和要求等。

四、应达到的主要技术指标、经济效益和社会效益。

五、履行期限。

六、承担责任。

七、验收标准、方式和成果归属。

八、其他。

第七条　矿科技主管部门要加强科技工作的日常管理。做好项目的立项审查、计划编制、承包合同的签订、督促协调、鉴定评审组织、奖励兑现及科技档案等工作。年末要对所有的科技项目进行全面总结，跨年度项目要编制分年度实施进度计划。

第八条　矿专业委员会和科技主管部门对科技进步工作进行监督、检查，并负责解决在项目评审奖励工作中发生的争议。矿各工会和职工代表大会，有权监督本办法的执行情况。评审委员会和科技主管部门对提出的质询，应给予及时认真的解答。

第九条　对科技进步成果的申报、评定、奖励，要采取实事求是、严肃认真的科学态度，对于弄虚作假，经查明属实后，撤销荣誉称号，折回所得奖金，对责任人按情节轻重给予批评或处分，情节严重的，给予行政处分。

第十条　科技进步工作主要包括科技攻关项目管理、合理化建议实施管理及技术人员管理三项内容。分别按成果的先进性、技术性、效益性给予奖励。

第二章　科技攻关项目管理

第一条　科技进步包括以下内容

一、研究、开发企业现代化建设中所采用的新的科学、技术成果（包括新产品、新工艺、新材料等）以及理论研究成果。

二、推广、应用已有的科学技术成果。

三、在工程建设和企业生产技术改造中，采用国内外先进技术。

四、引进、消化、吸收国内外先进技术设备。

五、标准、计量、科学技术情报和科学技术管理的方法及理论等科技成果。

六、科技技术管理（包括标准化、规范化）工作。

第二条　项目申报。矿属各单位职工（包括非科协成员）均有权利申报项目。可以先草拟材料直接向科协秘书处申报，填写立项申请表。

第三条　项目审定。矿科协秘书处负责对职工申报项目进行初审后，交对口专业委员会复审，专委会一般应在三日内复审完毕，提出审查意见交秘书处。重大或复杂项目的复审也应在七日内完成。

第四条　项目回复。秘书处接到专委会的复审意见后，须在两日内通知项目申报人，说明审核结果。审核结果分三类：

一、项目无价值，不予立项。

二、项目内容不完善，责成修改补充后仍按前述步骤进行申报和审核。

三、项目有价值，可报矿组织实施或安排计划。并以立项通知形式通知有关人员和单位。

第五条 项目实施。一经立项的项目，在矿同意调度资金、人员及技术配置的情况下，便可投入实施或运作。项目申报人要直接参加实施、进行监督或技术指导，一旦发现有不符合原设计方案的地方，有权向科协提出疑问或更正要求。

第六条 项目验收鉴定。对实施竣工或已正常运作的项目，矿科协届时组织有关专业委员会进行质量验收或鉴定，填写项目验收鉴定表。该验收结果不作为项目申报人评定奖励的依据，仅对施工单位或实施人完成的工程进行检查和评价，防止技术偏差和工程假冒。

第七条 项目评审及奖励。所有经过专委会审核，被矿科协确定立项并经过验收鉴定的项目，均可参加评审，并按评审结果给予奖励。奖金由矿科协秘书处负责分发。奖金来源为矿长专项基金和矿设科研费。奖励办法如下：

一、按照项目性质和创效情况，分三类八等进行奖励

A类：一次性投入，一次性见效的项目和设计变更减少投入的项目。

B类：一次性投入后，永远见效的项目。

C类：无法计算经济效益的项目，对于预结算审查降低的费用可比照C类执行。每类又分特等、一等、二等、三等、四等、五等、六等、七等共八个等级。

二、各类项目增效效益计算方法

A类：增效效益＝项目完成后所增加的经济效益－项目总投资或节约的投入、费用。

B类：增效效益＝年创效益－项目总投入1/3。

C类：可视其作用大小、解决问题的重要程度、应用范围和技术水平用评分方法确定奖励等级。

1. 解决问题的程度

（1）解决重大问题（全局性、深远性、开发性等）40分。

（2）解决主要问题（如老大难问题等）30分。

（3）解决较重要问题（如关键环节问题、紧迫问题等）20分。

（4）解决一般问题10分。

2. 应用范围

（1）可用于全部具有类似问题的各单位，20分。

（2）应用于本单位，15分。

（3）应用于车间、采区，10分。

（4）应用于个别岗位，5分。

3. 技术水平

（1）达全国先进水平，40分。

（2）达省级先进水平，30分。

（3）达市级先进水平，20分。

（4）达局级先进水平，10分。

上述三项所得分数之和为项目总分。

三、各类各等奖金额

类别	A类	B类	C类	奖金额
特等	100万元以上	50万元		3.5万元以上
一等	50万~100万元	30万~50万元	95分以上	2.0万~3.0万元
二等	30万~50万元	15万~30万元	91~95分	1.0万~2.0万元
三等	10万~30万元	5万~15万元	86~90分	5000~10000元

四、奖金分配办法

原则：重点奖励申报人和项目负责人、审核、决策者和参与项目实施者。分配办法：

（1）奖金总额中，申报人和项目负责人占30%。

（2）奖金总额中，审查、决策、评审人占40%；

（3）奖金总额中，组织和参与实施者占30%。

五、奖励人员的数量

一等奖：颁发证书和奖金11人

二等奖：颁发证书和奖金8人

三等奖：颁发证书和奖金5人

第三章　合理化建议实施管理

第一条　本办法所称合理化建议实施成果是通过改进和完善企业生产技术及经营管理方面的办法和措施的实施对原有生产工艺技术、设备等方面所作的改进和革新。其具有一定的进步性、可行性和效益性，具体包括以下方面内容：

(1) 产品质量和工程质量的提高，产品结构的改进及新产品的开发；

(2) 有效地利用和节约资源，降低原材料，降低工程造价及能源消耗；

(3) 生产工艺、环境保护、安全技术、医疗卫生、物资储运、劳动保护以及工程设计、施工、计算技术等方面的优化改进；

(4) 生产工具、设备、仪器、装置的改进完善；

(5) 科技成果的推广，引进技术、设备的消化吸收和革新。

第二条　合理化建议实施成果以精神鼓励和物质奖励相结合，实行两级管理，年创经济效益在 10 万元以上的获奖项目，由局组织奖励，年创经济效益在 10 万元以下的项目，由矿组织评审奖励，同时可以参照科技攻关项目管理办法。奖励标准如下：

类别	A 类	B 类	C 类	奖励金额
一等	5 万 ~10 万元	2 万 ~5 万元	81 ~85 分	2500 元 ~5000 元
二等	2 万 ~5 万元	1 万 ~2 万元	76 ~80 分	1000 元 ~2500 元
三等	0.5 万 ~2 万元	0.5 万 ~1 万元	61 ~76 分	200 元 ~1000 元
四等	0.5 万元以下	0.5 万元以下	60 分以上	50 元 ~200 元

对于借鉴已经应用的科技成果，通过实施取得的经济效益者，降低一个奖励等级。

第三条　对被采用的，不能直接计算经济效益的合理化建议实施项目，根据其作用的大小，技术复杂程度和推广范围，参照本办法第二条的规定，评定相应的奖励等级或根据北矿（1999）干字 5 号文给予相应鼓励。

第四条　被采用的合理化建议实施项目年节约或创造的价值，自实施之日起，按基本稳定后的连续十二个月为计算单位。对一次性节约或创效的项目，年经济效益按一次性创效的 0.4 倍系数计算，并经矿财务部门审核认可。

第五条　需要向局申报的项目，必须填写《科技进步项目推荐表》，再报局生产处。

第四章　技术人员管理办法

1. 为了鼓励专业技术人员提高自身素质，加强专业技术人员的管理，制定管理办法。

2. 鼓励专业技术人员撰写专业技术论文，并制定相应的奖励标准，具体如下：

（1）在国家级刊物上发表的一次性奖励350元。

（2）在省部级刊物上发表的一次性奖励300元。

（3）在市厅级刊物上发表的一次性奖励250元。

（4）在局级刊物上发表的一次性奖励200元。

（5）在矿级论文评选中获奖的

一等奖一次性奖励150元。

二等奖一次性奖励100元。

三等奖一次性奖励50元。

（6）在矿级论文评选中虽未获奖，但专业技术论文的论点正确，论据充分，经评选论证确有技术经济参考价值的奖励每篇每人20元。

3. 科技进步活动作为矿年终评定劳模、标兵、先进个人、先进集体的一个重要指标。

4. 对于专业技术聘任方面，把在"科技增效"活动中业绩成果作为晋升的主要依据，在"科技增效"活动中即无责任目标，又无业绩成果，又不积极参加"科技增效"活动的人员，解除聘任。

5. 对于职称评审方面，是否提出过科技进步项目将作为大中专毕业生实习转正和初、中、高级技术职称评审的推荐条件。其中，申报中级技术职称的，至少应有一个合理化建议获一等奖项目；申报高级以上技术职称的，至少应有一个科技攻关项目获二等奖以上项目。

第五章　附　则

第一条　本办法解释权属矿科学技术协会秘书处。

第二条　本办法自颁布之日起执行。

第三条　本办法内容有与上级有关文件条款相抵触的，以上级文件为准。

附录6-3

北洺河铁矿"四优化"创效管理办法

制度名称	北洺河铁矿"四优化"创效管理办法	编号	1-1-13-03-05
编辑部门	生产技术计划科	考评部门	生产技术计划科
执行部门	矿属各单位	监督部门	制度执行督察组

第一章 总 则

第一条 为激发各类专业技术人员、各级管理人员、各条战线职工参与企业管理的积极性，发挥技术和管理要素在生产经营中的重要作用，实现企业效益最大化，矿决定在全矿范围开展"优化系统，优化方案，优化管理，优化组织"的"四优化"创效活动，特制定本办法。

第二条 各职能科室和基层车间的班子、管理人员、专业技术人员、技师及广大员工为"四优化"创效主体。

第三条 各类创效主体对运行系统、专业方案、管理方法、组织措施进行优化，能取得经济效益、社会效益、安全效益的，均属"四优化"创效管理范畴。

第四条 矿分专业设置"参考创效点"，采取重点安排、定向分配与自发立项相结合的方式，各项目负责人在相应的"创效点"范围内完成项目约定目标。

第五条 为保证"四优化"创效方案有效实施，创效活动实行项目负责人制。

第二章 组织管理

第六条 "四优化"创效管理委员会是全矿"四优化"创效活动的主管部门和决策机构，以下简称创效管理委员会。

第七条 创效管理委员会以科学管理和科技创效为指针，落实"以人为本、科技兴矿"的建矿宗旨，组织本矿员工广泛开展"四优化"创效管理活动，进行学术交流，普及科技知识，培养人才，提高北洺河铁矿管理与科学技术水平。

第八条 创效管理委员会设主任一人、常务副主任一人、副主任二人、秘书长一人、副秘书长一人、秘书二人。委员会下设专业组五个（井建、地、测、采专业组；机械、电气专业组；选矿、土建专业组；经济管理专业组；

政工专业组），每个专业组设组长一人（由中级以上职称人员担任）。创效管理委员会日常工作由秘书处组织开展（秘书处设在生产技术计划科）。

主　　任：矿长

副 主 任：总工程师（常务）、生产矿长、设备矿长、总会计师

秘 书 长：生产技术科科长

副秘书长：经营预算科科长

秘　　书：科研管理员

第九条　创效管理委员会主要职责：

（一）研究制定四优化管理的年度规划、审核工作计划等；

（二）协调解决项目执行中的重大问题；

（三）审核项目评审结果。

第十条　创效管理委员会主任对"四优化"管理工作全面负责，对所需经费、组织机构、方案确定具有决定权。

副主任对"四优化"工作计划、制度、重大项目的立项、评审等事项进行审查监督，常务副主任兼对"四优化"的日常业务进行指导管理，定期向委员会做汇报工作。

第十一条　创效管理委员会秘书长负责日常工作，包括指令上传下达、项目收集、组织审核、立项、制订计划、跟踪监督实施、组织验收鉴定、效益效果评定、申请奖励、向上推荐等。

第十二条　专业组组长职责：负责组织对本专业项目进行立项审查、验收鉴定。

第三章　立　项

第十三条　项目立项一般包括四个步骤：申请立项、评估论证、确定立项、签订项目承包合同。

为了最大限度地发挥"四优化"在生产经营中的作用，发现有价值项目可随时与"四优化"创效管理委员会秘书处联系，办理立项事宜。

第十四条　立项申请采取重点安排、定向分配和自发立项相结合的方式。

（一）重点安排是指矿"四优化"委员会拟定的矿级重点实施的"四优化"项目，然后指派给基层车间（工区）班子、职能科室班子和受聘的高、中级职称人员实施。

（二）定向分配是指基层车间（工区）班子、职能科室班子和受聘的高、中级职称人员，结合本单位实际，按矿下达的"参考创效点"方向，确定创效项目。

（三）自发立项是指全体员工针对矿生产经营中存在的问题，自发提出创效项目的行为。

（四）各单位员工发现本单位、本岗位以外存在的问题，也可以提出立项申请。

（五）各类立项均需事前填制立项申请表，表格向秘书处索取。

第十五条　项目的评估论证：对申请立项的项目，秘书处对形式要件进行初审，符合立项形式条件的，送交专业组组长。专业组组长组织相关人员进行立项评估，提出是否立项意见。秘书处接到专业组的评估意见后，提交创效管理委员会审批。对矿同意立项的申请，秘书处须在两日内通知项目申请单位或个人。评估结果分三类：

（一）项目无价值，不予立项。

（二）项目内容不完善，责成修改补充后仍按前述步骤进行申请和评估。

（三）项目有价值，准予立项。

第十六条　项目立项汇总、资金费用预算：

（一）批准立项的项目，由秘书处汇编，形成"四优化"创效项目年度计划。

（二）矿预算委员会根据年度科技资金总预算确定项目的资金来源。

第十七条　矿同意立项的项目，由项目负责人编制实施方案，包括施工方案、材料费用明细等，按单项工程审批程序申报批准。

第十八条　签订"四优化"创效项目承包合同。

第四章　实施管理

第十九条　项目实施中，实行定期报告制度。

（一）项目承担单位或个人应当在每季度首月5日前，向创效管理委员会秘书处提交项目进度情况。

（二）遇不可抗力因素或者发生其他影响《"四优化"创效项目合同》按期完成的重大因素，项目承担单位或个人应当及时向创效管理委员会秘书处提交书面报告，经创效管理委员会认定，可以变更执行。

第二十条　出现下列情况之一时，项目应当及时调整或撤销：

（一）由于技术进步、产品升级换代或整体进行改造，造成项目无法继续正常进行的；

（二）经过实践证明，所选技术路线已不可行或无任何实用价值的；局、矿内已有相当或更高水平同类科技成果的；

（三）参加项目工作的技术骨干等发生变化，造成原定目标及技术路线发生变化，导致项目无法进行的；

（四）因经费或其他物质条件不能落实，或项目所依托的工程已不能继续进行，影响项目正常实施的；

（五）组织管理不力或其他原因使项目无法正常进行或预期目标不能实现的。

第二十一条　项目需要调整或撤销时，项目负责方应当就调整或撤销事由、费用情况等内容及时提出书面意见，报创效管理委员会审批。

第二十二条　创效管理委员会对需要调整或撤销的项目应作出书面意见书，及时告知项目负责方。

第五章　验　收

第二十三条　项目验收以批准的《"四优化"创效项目承包合同书》规定要约为依据。

第二十四条　项目承担单位或个人在完成《"四优化"创效项目承包合同书》规定的内容一个月内，向创效管理委员会秘书处提出验收申请，由创效管理委员会秘书处正式下达项目验收通知并确定验收方式。

合同规定期限内不具备验收条件的，需提出延期验收申请报告，说明延期理由及期限，经创效管理委员会确定处理意见后执行，但申请延期的期限一般不得超过6个月。

第二十五条　创效管理委员会秘书处根据《"四优化"创效项目承包合同书》的内容组织项目验收。项目验收工作可视具体情况，采取现场考察、书面评议、专业组会议验收等方式进行。

第二十六条　项目申请验收需要提供以下文件资料：

（一）项目验收申请；

（二）项目执行情况总结报告；

（三）项目研究报告和相关专题报告；

（四）项目经费决算报告；

（五）项目形成的成果推广应用前景及产生经济效益分析报告。

第二十七条　验收结果分为三种：通过验收，重新审议和不通过验收。

（一）按期完成项目内容、达到合同规定的实施目标、产生预期效益或效果、资金投入未超预算的，可以通过验收；

（二）由于提供文件资料不全面等原因难以判断，或验收结论争议较大的，需要重新审议；

（三）未达到合同规定的效益或效果的不通过验收。

第二十八条　项目验收由各专业组专家成员独立提交验收意见，并采用无记名投票的方式评定。项目验收与评审工作同步进行，产生经济效益由财务人员核算后，由专业组形成最终结论。结论需与验收文件资料一起装订归档。

第二十九条　需要重新审议的项目，项目承担单位或个人应在接到通知一个月内提出申请，仍未通过的，将按不通过验收处理；未通过验收的，将承担违约责任。

第三十条　项目验收完成后，项目承担单位或个人应将全部验收材料装订成册，上报创效管理委员会秘书处，并按照档案管理的有关规定将全部资料及时归档。

第三十一条　被验收项目存在下列情况之一者，不能验收：

（一）完成《"四优化"创效项目承包合同书》规定任务量达不到合同任务量60%的；

（二）预定成果未能实现或无实用价值的；

（三）未达到合同规定的效益或成果的；

（四）提供的验收文件、资料、数据不真实的；

（五）擅自修改《"四优化"创效项目承包合同书》中的考核目标、内容的；

（六）超过《"四优化"创效项目承包合同书》规定期限未完成任务，事先未作说明的。

第六章　评　审

第三十二条　项目评审。所有经过专业组审核，被矿创效管理委员会确定立项并经过验收鉴定的项目，均可参加评审，并按评审结果给予奖励。每年于12月或次年1月对当年项目组织一次评审。

第三十三条　按照项目性质和创效情况，分三类六等进行评审。

A类：一次性投入，一次性见效的项目和设计变更减少投入的项目；

B类：一次性投入后，永远见效的项目；

C类：有社会效益、安全效益、管理效益等无法计算经济效益的项目。

每类又分特等、一等、二等、三等、四等、五等共六个等级。

第三十四条　各类项目尽可能按照创效效益进行计算，主要计算方法：

A类：创效效益＝项目产生的价值－项目投入费用；

B类：创效效益＝年创效益－项目总投入1/3；

C类：可视其作用大小、解决问题的重要程度、应用范围和技术水平用评分方法确定奖励等级。

（一）解决问题的程度

（1）解决重大问题（全局性、深远性、开发性等）40分；

（2）解决主要问题（如老大难问题等）30分；

（3）解决较重要问题（如关键环节问题、紧迫问题等）20分；

（4）解决一般问题10分。

（二）应用范围

（1）可用于全局有类似问题的各单位，40分；

（2）应用于本单位，30分；

（3）应用于车间、采区，20分；

（4）应用于个别岗位，10分。

（三）技术水平

（1）达全国先进水平，20分；

（2）达省级先进水平，15分；

（3）达市级先进水平，10分；

（4）达局级先进水平，5分。

上述三项所得分数之和为项目总分。

第七章　奖　惩

第三十五条　矿将拿出100万元奖励基金对在"四优化"创效项目实施中取得突出成绩的项目承担单位和相关人员予以表彰及奖励。

第三十六条　按照评审结果进行奖金发放工作，发放标准如下：

类别	A 类	B 类	C 类	奖额
特等	100 万元以上	50 万元以上		5 万元以上
一等	50 万 ~ 100 万元	30 万 ~ 50 万元	95 分以上	3.5 万 ~ 5 万元
二等	30 万 ~ 50 万元	15 万 ~ 30 万元	91 ~ 95 分	2.0 万 ~ 3.5 万元
三等	10 万 ~ 30 万元	5 万 ~ 15 万元	86 ~ 90 分	5000 ~ 20000 元
四等	5 万 ~ 10 万元	1 万 ~ 5 万元	81 ~ 85 分	3500 ~ 5000 元
五等	5 万元以下	1 万元以下	60 ~ 80 分	1000 ~ 3500 元

第三十七条　奖金分配办法

（一）奖励对象：项目负责人和参与项目实施者。

（二）分配办法：

（1）奖金总额中，项目负责人占 30% ~ 50%；

（2）奖金总额中，参与实施者占 50% ~ 70%；

（3）项目创效成果分成由项目负责人分配，包括创效额度和奖金额度。

（三）参与项目人员划分定义：

项目负责人，是指项目的提议者、项目实施的组织者。参与实施人，是指实施项目的基层单位管理人员、专业技术人员和操检人员。项目申报人只能是项目负责人（含建议人）。

（四）对于审核、决策、评审人员矿给予评审奖励。

第三十八条　荣誉称号

获奖人员由创效管理委员会根据实际情况颁发荣誉证书，并作为职称评定、争先评优的依据。

第三十九条　项目实施过程中的组织及工作人员因组织不力，管理不严，工作失职，弄虚作假等原因造成项目未能完成的，矿将给予严肃处理。

第八章　合理化建议管理办法

第四十条　合理化建议是指改进与完善采选生产技术、降本增效、挖潜增效、设备管理、经营管理、安全管理的方法或措施以及精神文明建设新的方法或举措，是北洺河铁矿"四优化"创效项目的完善与补充。是发动广大员工群策群力、献计献策、服务企业的群众性活动。各基层车间、科室要鼓励广大员工积极参与合理化建议活动。

在生产经营过程中提出的合理化建议，需要3000元以上成本投资，或经评估产生效益较大的，升格为"四优化"项目执行；在3000元（含3000元）以下成本投资的，属合理化建议范畴，费用由基层车间承担。

第四十一条　合理化建议活动由创效管理委员会管理，各基层车间由技术主任领导技术组负责该项工作，科室指定人员负责。

秘书处负责每半年对合理化建议征集一次、评审一次、奖励一次。具体时间由秘书处掌握。

第四十二条　员工在生产经营过程中产生的好建议，并且能够在现场工作中及时将好的建议付之于实践当中产生效果的，员工要及时向本单位"建议负责人"上报，"建议负责人"现场确认后，本季度向矿"四优化"创效管理委员会秘书处申报《北洺河铁矿合理化建议成果审批表》（电子版），秘书处将全矿合理化建议成果汇总后，组织相关专业人员现场验收、评审，报创效管理委员会进行奖励。

对于需要投资，或需要车间（科室）组织解决的，车间（科室）要积极组织协调解决。需要矿组织解决的，基层车间（科室）要及时填写《北洺河铁矿合理化建议立项申请表》，完成后向矿"四优化"创效管理委员会秘书处申报《北洺河铁矿合理化建议成果审批表》。

第四十三条　凡是已在生产经营过程中实施完成且已取得经济效益或其他收益的项目，均可进行申报。

第四十四条　合理化建议项目实施后经济效益评审工作比照"四优化"创效项目评审程序与办法进行，获得奖励按照《合理化建议评审参考标准》进行。获奖人员由创效管理委员会根据实际情况颁发荣誉证书，并作为职称评定、争先评优的依据。

合理化建议评审参考标准	等级	奖金额（元）
1. 季度节约成本或增产价值 2. 发现与解决问题的重要性	A	2000～2500
	B	1500～2000
3. 质量、工效明显提高 4. 工艺与技术有明显改进	C	1000～1500
5. 安全管理、措施方法的改进 6. 设备改造、引进、管理方法的优化	D	500～1000
7、为企业荣誉、企业文化起到促进作用等	E	50－500

没有实施、未取得效益或效果的不得奖励。

第四十五条 经评审取得较好效益的项目，由"四优化"创效管理委员会推荐参加局合理化建议项目评审。

第九章 发表论文奖励办法

第四十六条 在正式刊物上发表属于与本企业研究工作相关或交叉领域的研究论文、综述文章或译文，可给予奖励。

第四十七条 奖励规定

国家级核心刊物发表	500 元/篇	为第一作者
省部级刊物发表	300 元/篇	为第一作者
市厅级刊物发表	250 元/篇	为第一作者
局级刊物发表	200 元/篇	为第一作者
矿级论文评选	150 元/篇	一等奖
	100 元/篇	二等奖
	50 元/篇	三等奖

第四十八条 奖金由第一作者签领和分配。

第十章 附 则

第四十九条 本办法由"四优化"创效管理委员会秘书处负责解释。

第五十条 本办法自 2012 年 1 月 1 日起执行。

附件1《＊＊＊＊年"四优化"矿控项目表》

附件2《北洺河铁矿"四优化"创效项目立项申请表》

附件3《"四优化"创效项目承包合同表》

附件4《北洺河铁矿"四优化"创效项目执行进度报告书》

附件5《北洺河铁矿合理化建议立项申请表》

附件6《北洺河铁矿合理化建议成果审批表》

附件7 北洺河铁矿"四优化"项目验收鉴定表

附件8 "四优化"创效项目管理流程图

编制日期		审核日期		批准日期	

附件1

＊＊＊＊年"四优化"矿控项目表

优化类别	序号	项目名称	专业类别	承办单位（个人）	备注
优化系统	1				
	2				
	3				
	4				
	5				
优化方案	1				
	2				
	3				
	4				
	5				
优化管理	1				
	2				
	3				
	4				
	5				
优化组织	1				
	2				
	3				
	4				
	5				

附件 2

北洺河铁矿"四优化"创效项目立项申请表

编号：01   20　　年　　月　　日

项目名称					
项目申报人		班子项目		个人项目	
项目负责人		班子项目		个人项目	
实施参与人					

主要内容：

经济效益估算或评价：

秘书长初审意见：	专业组组长意见：

创效管理委员会意见：

负责人签字：
年　　月　　日

备注：1. 项目申报人占创效金额40%；

       2. 项目负责人占创效金额60%；

       3. 实施参与人员不占创效金额；

       4. 立项申请应附项目的可行性分析、实施方案。

附件 3

合同编号：

"四优化" 创效项目合同

（内部试用）

项目名称：＿＿＿＿＿＿＿＿＿＿＿＿＿＿＿

委　托　方：＿＿＿＿＿＿＿＿＿＿
（甲方）

项目负责方：＿＿＿＿＿＿＿＿＿＿＿
（乙方）

签订时间：＿＿＿＿＿＿＿＿＿＿

签订地点：＿＿＿＿＿＿＿＿＿＿＿

有效期限：＿＿＿＿＿＿＿＿＿＿＿

为加强创效项目的管理，依据矿有关规定，对矿内部创效项目实行项目承包制，"四优化"创效管理委员会就＿＿＿＿＿＿＿＿＿＿＿项目同项目负责人签订合同。

一、项目的主要内容：

二、应达到的技术指标及效果

三、项目实施进度安排

四、项目组成员

    姓　名   职　称   职　务   主要职责

负责人：

成　员：

五、项目费用

费用总额：_____万元，其中建筑_____万元，安装_____万元，设备_____万元，其他_____万元

六、履行的期限：

本合同自　　年　月　日至　　年　月　日

在_____（地点）履行。

七、技术情报和资料的保密：

双方共同负责创效成果的保密工作，项目完成后，项目负责人及时将材料存档并报矿生产技术计划科。

八、验收的标准和方式：

项目完成后，达到本合同第一条、第二条的要求，由矿创效管理委员会组织验收鉴定，出具项目验收鉴定意见。

项目委托方：　　　　　　　　　　　　　（盖章）

负责人签字：

　　　　　　　　　年　　　月　　　日

项目负责人签字：

　　　　　　　　　年　　　月　　　日

附件4

北洺河铁矿"四优化"创效项目执行进度报告书

项目名称	
项目负责人	
项目进展程度描述：	
项目开展过程中遇到哪些困难？	
填表时间	要求每季度首月5日前报上季度进度

说明：要求各项目负责人在每季度初填报一次进度调查表，根据项目进度以及遇到的困难，秘书处将进行积极协调，以保证项目顺利开展。

附件5

北洺河铁矿合理化建议立项申请表

填报日期：　　　年　　月　　日

姓　名		部　门		职　称	
学　历		岗　位		技能等级	
合理化建议类型	节约成本 〔　〕增加产量 〔　〕提高质量 〔　〕管理创新 〔　〕企业文化 〔　〕				
合理化建议主题					
合理化建议具体叙述	（文字说明）				
合理化建议实施后预计产生的效益描述	（数据或事实进行描述说明）				
部门领导审核					
专业部门审核					
评审小组审批					

●合理化建议需要审批的，必须在审批完成后方可实施。

附件6

<h2 style="text-align:center">北洺河铁矿合理化建议成果审批表</h2>

填报日期：　　年　月　日

姓　名		部　门		职　称	
学　历		岗　位		技能等级	
合理化建议类型	节约成本〔　〕增加产量〔　〕提高质量〔　〕管理创新〔　〕企业文化〔　〕				
合理化建议主题					

成果评审	
评审标准	成果描述
季度节约成本或增产价值〔　〕	（评审工作小组填写，可附其他材料说明）
发现与解决问题的重要性〔　〕	
质量、工效明显提高〔　〕	
工艺与技术有明显改进〔　〕	
安全管理、措施方法的改进〔　〕	
设备改造、引进、管理方法的优化〔　〕	
为企业荣誉、企业文化起到促进作用等〔　〕	

评审领导小组综合评述	
奖励等级		奖励金额	
评审领导小组签核	

附件7

北洺河铁矿"四优化"项目验收鉴定表

编号：　　　　　　　　　　　　　　　　　　　　年　　月　　日

项目名称		项目类型	进步型□　　创新类□
项目负责人			
主要创造人			
参加人员			

成果主要内容介绍：

经济效益计算过程：

申报人
年　　月　　日

财务科意见：

年　　月　　日

专业组审查意见：	技术委员会评审意见：
1. 成果类型：进步型　创新类 2. 真实性 3. 应用时间 4. 经济效益（或分值） 5. 鉴定综述 　　　　　　负责人签字： 　　　　　　　年　　月　　日	1. 成果类型：进步型　创新类 2. 成果等级 3. 奖励额 4. 评审综述 　　　　　　主任委员签字： 　　　　　　　年　　月　　日

附件8

"四优化"创效项目管理流程图

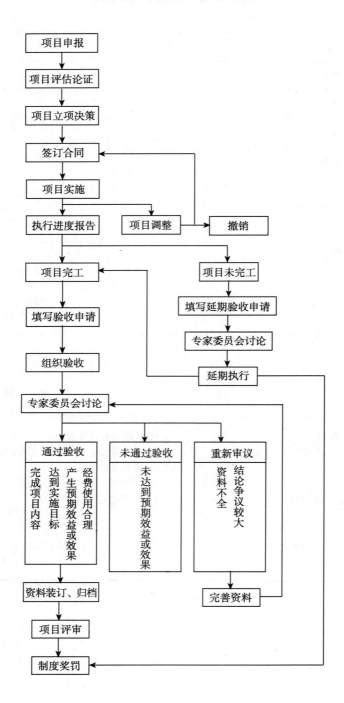

二、采矿技术升级改造

北洺河铁矿于 1997 年恢复建设，属地下开采，采用无底柱分段崩落法采矿。该矿建设分为一、二期工程，其中一期工程包括 -50 米辅助中段（-50 米及以上各水平）、-110 米中段（-110 米、-95 米、-80 米、-65米水平）开拓工程；二期工程（也称深部开拓工程）指 -230 米中段开拓工程。

一期工程建设规模为 180 万吨/年，于 2002 年建成并试生产，2003 年正式投产，当年产量达 145.08 万吨。2004 年达产，生产铁矿石 202.28 万吨。

二期工程自 2005 年开始建设，设计规模为 220 万吨/年，改造后达到 250 万吨/年。将于 2012 年底全部完工。

自达产以来，北洺河铁矿每年超额完成任务，并在安全条件下连续增产（见表 6-2）。

年份	2004	2005	2006	2007	2008	2009	2010	2011
产量	202.3	228.5	222.9	237.6	222.8	232.2	245.4	274.7

表 6-2　　　　　　　　北洺河铁矿历年产量　　　　　　　　单位：万吨

这些成绩的取得除了得益于先进的管理模式和全矿职工的努力以外，与持续的采矿技术改造密不可分；也基于这些技术改造成果，企业实现了产能的合理增长。

北洺河铁矿采矿技术改造主要包括三个方面的内容：采矿系统优化、设备升级及作业参数匹配性调整和改进、新工艺、新技术、新材料的应用。

（一）采矿工艺简介

北洺河铁矿采用无底柱分段崩落法采矿，阶段高度 120 米，分段高度 15 米，进路间距 18 米，主要巷道断面 -110 米中段各水平为 4.4×3.9 米，-230 中段各水平为 4.4×4.1 米。上下分层进路成菱形布置，切巷布置到矿体内，联巷布置下盘岩石中，每个矿块 5 条进路，对应两条穿脉，两条溜井。采场内联巷尽可能取直，满足通风顺畅和无轨设备行走方便。每个分层有电梯井、斜坡道、进风井和回风井连通。

1. 掘进凿岩和支护

采用 AXERAD05 掘进台车凿岩，巷道断面 4.4×（3.9~4.1）米，炮眼直径为 50 毫米，炮孔深度 3.3 米，进尺 3.0 米。支护采用喷浆机，在井下搅拌，料车运送，连续作业。

2. 中孔凿岩

采用 Si 米 baH1354 采矿凿岩台车。布孔方式为上向垂直扇形深孔，双凿岩中心，炮孔直径 80 毫米，边孔角 57 度，排距 1.7 米。

3. 装药爆破

装药采用 BQF-100 型罐式装药器，炸药为 2#岩石炸药和 WBN 粒状铵油炸药，一次爆破步距 1.7~3.4 米。爆破方式为孔底起爆，孔间、排间微差爆破。

回采顺序两翼向中间，自上盘向下盘呈阶梯式退采。

4. 出矿

出矿采用 ToRo400E 电动铲运机，局部采用 WJ-2A（C）内燃铲运机，将回采巷道端部放出的矿石运至采场中段矿石溜井。

5. ToRo400E

电动铲运机台效 50 万吨，投入四台，三台作业，一台备用。一个矿块内布置一台铲运机，备用一个矿块和一台铲运机。

6. 二次破碎

一次爆破允许的最大块度为 750 毫米，一次爆破的大块率控制到 8% 以下，大于此块度的必须进行二次破碎。采场大块采用液压锤破碎，也集中采用爆破方式。

7. 采空区和顶板管理

采用高效低贫化崩落法，首采分层布置到矿体内，空场内存留矿体厚度 20 米左右，顶板围岩冒落后，随着回采的进行逐渐回收，确保安全作业。

（二）采矿系统优化

在实际生产过程中，主要对以下几个方面进行了优化。

1. 通风系统

通风系统作为开拓系统的一部分，在初期开拓方案中进行了考虑。由于北洺河铁矿采矿工艺的变化和井下液压设备投入的增加，井下作业人员越来越少，井下的需风量也在不断地变化，为此通过详细的风量、阻力计算，确

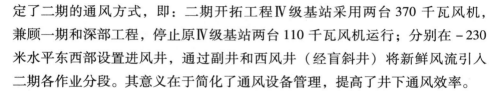

定了二期的通风方式，即：二期开拓工程Ⅳ级基站采用两台 370 千瓦风机，兼顾一期和深部工程，停止原Ⅳ级基站两台 110 千瓦风机运行；分别在 −230 米水平东西部设置进风井，通过副井和西风井（经盲斜井）将新鲜风流引入二期各作业分段。其意义在于简化了通风设备管理，提高了井下通风效率。

2．疏干排水

一期工程的疏干巷设在 −122 米水平，泵房设在 −128 米水平。二期工程各分段的出水和生产污水通过卸水孔下到 −230 米运输水平巷道，再通过 −230 米 ~ −240 米疏干巷的贯通巷道汇到东西疏干巷，由东向西经沉淀池进入 −255 米水仓，通过泵房加压通过管道送到 −122 米水平，通过一级泵站排到地表原系统。

3．溜井系统

区别于 −110 米中段，−230 米中段溜井网度为 90 米 × 80 ~ 100 米，溜井服务区域有所扩展。为缩短溜井施工期限和保证其在服务期限内的正常使用，该矿采用了反井钻机施工，提高了溜井支护等级，放矿机硐室也改为大硐室、双台板，加大了放矿能力。溜井管理方面，采用了控制放矿管理方式，降低了对溜井的破坏和棚堵现象的发生。

期间，针对深溜井使用过程中经常出现棚堵严重影响生产的问题，该矿进行了该方面的研究（见"深溜井结构优化"）。

4．供风系统

原采用分散式供风，即每台用风设备配备一台移动式空压机，其优点是供风效率高，但由于空压机安放在采场内极易受爆破、来往车辆的影响而损坏，且随着作业部位的调整需要经常搬家，辅助工作量大，因此，改用集中供风，即建立井下空压机站，压风通过管道送到各分段的作业部位。这样，虽风量有些许损耗，但管理方便，也有利于设备安全运行。

5．掘进凿岩设备

北洺河铁矿矿体比较厚大，无底柱的结构参数较大，采矿工艺先进，为使用先进的设备提供基础。该矿的出矿设备主要为 4 立方电动铲运机，矿体厚度 20 米左右的薄矿体采用 2 立方柴油铲运机，设备和采矿工艺配置合理；掘进、支护曾使用 50 年代的 7655 风动凿岩机和固定式小型喷浆机，由于作业效率较低，导致作业面增加，同时工程质量也差，也形成了采准能力不足的状况。为此，先后引进了 AXERAD05 掘进凿岩台车和锚杆台车，极大地提高了掘进支护作业效率；中深孔凿岩曾采用 QZg8OA 潜孔钻机，需要 8 台钻正常作业，同样存在效率较低、作业面较多的情况，给生产管理带来麻烦，因此引进了 Simba H1354 采矿凿岩台车，中深孔施工效率明显提高。

截至目前，巷道掘进、锚杆支护、中深孔施工、采场出矿等主要工序都采用了国内（国际）先进设备，下一步将对喷浆、装药工序进行设备升级，届时该矿将全面实现现代化的采掘作业。

（三）新工艺、新技术、新材料的应用

北洺河铁矿在采矿技术改造中注重新工艺、新技术、新材料的综合应用。

1. 采场地压活动监控技术

该技术通过研究井下采场地压活动现象，探寻地压活动规律，从而确定合适的支护形式和地压管理形式，保证系统工程安全和采场安全退采，提高采场回收率。

附录 6 - 4

北洺河铁矿重大工艺技改项目表（2001—2011 年）

序号	项目名称	主要内容	实施时间	项目效果	备注
1	北洺河铁矿无底柱分段崩落法大结构参数确定	北洺河铁矿初期分段高度为 15 米，阶段高度为 60 米，结构参数宽＊高为 12 米＊15 米，中段运输水平分别为 - 110、- 170 和 - 230 米水平。2001 年，对无底柱分段崩落法的结构参数进行了优化。优化后的分段高度为 120 米，取消了 - 170 运输系统；结构参数调整为 18 米＊15 米，该结构参数使千吨采掘比由原设计的 3.6 降为 2.1 米/千吨，大幅减少了掘进工程量；该结构参数还诱导了覆盖岩石的自然冒落，减少了放顶工程量。	2001—2004	北洺河铁矿采用自然冒落与爆破崩落相结合的大结构参数无底柱分段崩落法新方案，降低了采掘比和中深孔作业量，提高了产能，作业条件进一步改善，作业更加安全。创造了投产一年零七个月后即达到设计能力的国内最高记录。	北京科技大学研究生公共课技术委员会鉴定与东大同通司过

序号	项目名称	主要内容	实施时间	项目效果	备注
2	AXERAD 05掘进台车凿岩作业参数确定	为提高掘进能力和工程质量，2004年该矿引进了AXERAD05掘进凿岩台车。为充分发挥其效能，矿结合设备厂家对布孔方式、装药结构和台车作业指标等进行试验研究。	2004—2005	掘进凿岩效率明显提高，巷道成型率高，实现了光爆作业，可节约综合成本3.55万元/月。	通过公司技术委员会鉴定
3	Simba H1354采矿凿岩台车作业参数确定。	为提高中深孔施工效率和施工质量，2008年引进了Simba H1354采矿凿岩台车。为充分发挥设备效能，对布孔参数和装药结构进行了试验研究并确定了合理的作业参数。	2008	经过五个月的试验与应用，取得了显著的科研成果，台车月作业效率达到7500米，是QZg80潜孔钻机的3倍，并且爆破效果明显改善，经济效益显著提高。	通过公司技术委员会鉴定
4	应用三律适应性原理优化崩落法参数	针对实际生产中存在的大块产出率高、爆破推墙事故时有发生和眉线口破坏严重等现象，对不同岩性、不同布孔方式和装药结构的爆破效果进行试验研究，确定适合北洺河铁矿采场和Simba H1354采矿台车的中深孔凿岩、爆破作业参数。	2009	通过试验研究，确定了炮孔直径、炮孔数、边孔角、排间距、孔口不装药长度等重要指标，达到了预期目标。	与东北大学共同研究通过公司技术委员会鉴定
5	扇形中深孔凿岩爆破参数优化试验研究（大孔试验）	针对围岩破碎采场中深孔成型率差、破坏严重和大块产出率高的问题，进行了用Simba H1354采矿台车施工大直径孔的试验，即钻头直径由76毫米改为89毫米（孔径由80毫米增大到93毫米）时炮孔数、排间距及边孔角、孔口不装药长度等重要参数的确定。	2010	试验结果表明，炮孔质量、爆破效果明显提高，大块产出率、炸药消耗有所降低。该项目为围岩破碎、松软采场的中深孔施工提供了技术基础。	通过公司技术委员会鉴定

序号	项目名称	主要内容	实施时间	项目效果	备注
6	扇形中深孔"双中心"凿岩爆破参数优化研究	中深孔布孔及爆破参数经过不断完善，发现仍有一个问题未能彻底解决，即端部矿积压的现象。不仅本分层矿量损失较大，而且还容易造成后炮排爆破补偿空间不足，严重影响爆破效果。 为此，提出并试验了"将炮孔布置由单个凿岩中心改为两个凿岩中心"，通过"两个凿岩中心的位置在巷道中线位置上向左右各偏移400毫米"的方式将边孔角调整到57°。这样，既增大了边孔角度，又能保证出矿口宽度，满足崩落散体的顺畅流动，端部压矿问题得以解决。	2011	试验表明，双凿岩中心扇形中深孔布置增大了边孔角，改善了整个扇形面崩落散体特别是端部矿的流动性，避免了端部压矿和椭球体中部矿石的过早贫化。并且，端部矿被完全放出为后续炮排爆破提供了足够的补偿空间，爆破事故也随之减少。 同时，在孔数不变的情况下，最大孔底距均降低到2.6米以下（原最大2.8米），且炮孔分布更加均匀，大块率明显降低；也一定程度地改善了矿岩流动性。	获公司2011年度科技进步二等奖，矿2011年度"四优化"创效活动一等奖

目前，已根据现场实际情况初步制订了压力监测点布置方案，下一步开始实施地压监测计划，即购置检测设备、布置监测点、安装检测设备、调试运行并开始记录监测数据；然后根据已掌握的数据建立深部开采的大型三维FLAC数值计算模型，计算分析不同回采顺序、回采周期影响条件下的围岩和矿柱内应力动态转移变化规律、能量转移变化规律、破坏区域的分布状态等。

2. DImINE 数字化矿山软件的应用

DImINE 数字矿山软件主要适用于矿业企业的地质、测量、采矿专业的设计工作。经过近两年的不断努力，目前全面实现了从矿床三维地质建模、储量计算与动态管理、测量验收及数据的快速成图，实现了地下矿开采系统设计与开采单体设计、回采爆破设计。生产计划编制、矿井通风系统网络解算与优化等功能模块正在开发中。该数字矿山软件实现了设计工作的可视化、数字化与智能化，为企业进行数字化矿山建设提供了平台。

3. WBN 系列铵油炸药的应用

北洺河铁矿曾一度使用2#岩石硝铵炸药作为巷道掘进爆破和无底柱采场

中深孔爆破的主要品种。在使用过程中暴露出一些问题，如爆破后产生的有毒粉尘较多、中深孔装药过程中返粉率较大、2#岩石硝铵炸药价格较高等，为解决这些问题决定试验应用 WBN 增黏粒状铵油炸药。

试验表明，WBN 增黏粒状铵油炸药也适于压气装药，将其与 2#岩石硝铵炸药混合，会有效降低装药返粉率，且价格低，可以大大降低炸药成本。

三、设备技术持续创新与改造

从世界范围看，二战后北美、西欧及亚洲部分地区经济发展取得了举世瞩目的成就，他们快速发展经济的一条成功经验在于重视依靠技术进步。以美国为例，在 1947—1978 年间机器设备投资中的 77% 用于更新改造，新建、扩建仅占 23%。一定意义上发达国家发展经济的主要途径在于大力采用先进技术、提高装备水平、改善原材料质量、提高劳动者素质，从而提高各生产要素使用效率来不断取得巨大经济效益。我国矿山由于在建矿伊始，受制于当时设计者学识、经验及国内装备的技术水平、条件限制，建成运行后各系统设施必然存在一定的缺陷和不适应经济发展的要求。北洺河铁矿在结合具体矿情的条件下，以设备的安全、稳定、高效、经济运行为原则，不遗余力地开展技术改造，大力推广使用新技术、新材料、新工艺，最大限度地提高设备运行效率，追求经济效益最大化。

（一）含义及特点

设备的技术改造也叫做设备的现代化改装，是指应用现代科学技术成就和先进经验，改变现有设备的结构，装上或更换新部件、新装置、新附件，以补偿设备的无形磨损和有形磨损。通过技术改造，可以改善原有设备的技术性能，增加设备的功能，使之达到或局部达到新设备的技术水平。

设备技术改造具有如下特点：

针对性强　技术改造一般是由设备使用单位与设备管理部门协同配合，确定技术方案，进行设计、改造的。这种做法有利于充分发挥他们熟悉生产要求和设备实际情况的长处，使设备技术改造密切结合企业生产的实际需要。

经济性好　设备技术改造可以充分利用原有设备的基础部件，比采用设备更新的方案节省时间和费用。

现实性大　一个国家所拥有的某种设备总量，总是远大于年产这种设备的能力。单靠设备更新这种方式显然难以满足企业发展生产的要求。因此，采用设备技术改造具有很大的现实性。

（二）主要装备

北洺河铁矿按照工序划分车间职能，分为开拓车间、采准车间、采矿车间、运输车间、提升车间和选矿车间，另外根据工作需要设置动力车间、维修车间以及后勤、车队等部门。

采掘设备主要配置了 14 台 WJ-2C 型柴油铲运机、5 台 TORO400E 型电动铲运机、5 台 SI 米 BARH1354 采矿凿岩台车、5 台 D05 掘进凿岩台车以及少量的喷浆机、7655 气腿式凿岩机。

运输系统主要配置了 14 吨电机车 13 辆，-110 米水平 4 辆，-230 米水平 9 辆。生产时，-110 米水平 2 辆车运转，2 辆车备用；-230 米水平 6 辆车运行，3 辆车备用。-230 米运输中段每条川脉内配置若干双台板放矿机。

北洺河铁矿提升溜破系统于 2000 年 12 月份组建而成，所管辖的范围主要包括：副井提升系统、西风井提升系统、主井提升系统、破碎系统。主井提升系统采用中信重机洛阳矿山机械厂生产的 JK 米 -3.5×6 型多绳摩擦式提升机，副井采用 JK 米 -2.8×6（Ⅲ）型多绳摩擦式提升机，西风井采用 JK 米 D2.25×4 型多绳摩擦式提升机，-258 米水平溜破系统主要配置沈阳矿山机械厂生产的两台 gBZ150-6 型重板给矿机和 2 台沈冶的 PEJ0912 型简摆颚式破碎机。

选矿车间由中国冶金建设集团秦皇岛冶金设计研究总院设计，设计规模为年处理铁矿石 180 万吨。采用一段开路自磨，二段闭路球磨，三次磁选工艺。其主要设备配置：主厂房 3 台 5500×1800 湿式自磨机采用开路磨矿，3 台 2FC-24 沉没式双螺旋分级机与 2700×4000 溢流型球磨机组成闭路磨矿。分级机溢流由 6 台 6PNJB 胶泵给入一段磁选的 6 台 CTB-1024 永磁筒式磁选机进行一次磁选，一磁精矿自流给入二段磁选的 6 台永磁筒式磁选机，二磁精矿自流给入三段磁选的 6 台 CTB-1024 永磁筒式磁选机。磁选精矿自流给入 8 台 gYW-12 永磁筒型外滤式真空过滤机（2 台备用）进行脱水。

主排水系统采用 -128 米泵房和 -230 米泵房两级提升，其中 -128 泵房采用 10 台 D450-60/84×8 型水泵；-230 米泵房配置 DFSS300-700（Ⅰ）T 卧式蜗壳双吸泵 4 台、DFSS200-670A（T）卧式蜗壳双吸泵 2 台。

供暖系统配置 1 台 6 吨蒸汽锅炉、1 台 4 吨热水锅炉、1 台 1 吨蒸汽锅炉和 2 台井口预热用 1.4 兆瓦热风炉。

通风系统主扇采用 2 台 DK40 - 8NO. 26/2 × 185 千瓦矿用抽出式轴流通风机。

供电系统地表设置 110 千伏总降压变电站，两回路 110 千伏进线，两台主变为有载调压变压器，1#主变容量为 2 万千伏安，2#主变容量为 1.6 万千伏安。两台主变一用一备。井下 - 110 米水平设置中央变电所，由 643、644 两路电源供电，井下采区变电所均由此处双回路供电，担负着该矿井下采矿、通风、- 330 米水平排水、- 230 米水平生活供水供电任务及井下提升的供电任务。

（三）设备改造

北洺河铁矿自建矿伊始即以内涵式发展为导向，大力弘扬技术改造、系统优化，取得了我国建矿史上投资不超预算的先例。每年各车间部门实施各类技术改造数十项，特别是设备技术改造、小改小革具有针对性强、投资少、见效快的特点，解决了一批原有设备或设计的固有缺陷，极大地提高了该矿生产设备的使用效率。

近几年来，该矿大力推行以"优化系统、优化方案、优化管理和优化组织"为主导的"四优化"政策，广大技术人员和职工积极参与、不断创新，大力开展群众性发明创造和技术改造活动，调动了职工参与技术改造和科技创新的积极性，产生一大批具有北洺河特色的技术改造成果。

1. 采掘设备

现用南昌凯马生产的 2 立方柴油铲运机，主要用于掘进出渣及部分边角采场出矿任务。在引进之初，原车制动系统为液压制动，可靠性差，井下坡道行驶中因压力不足或失压曾发生多起斜坡道"溜车"事故。2003 年该矿结合实际将制动形式由液压制动改造为"弹簧制动/液压释放"，一旦系统压力不足或失压，弹簧制动器即可自动实现制动，保证设备可靠停车，杜绝了制动方式不合理产生的斜坡道溜车事故隐患，后来厂家照此装置生产。

WJ - 2C 铲运机改装碎石机。为了解决采矿过程中产生的大块二次破碎问题，减少二次爆破造成的采场巷道顶板、设备及风水管路的冲击损坏，2008 年该矿将车况较差的 WJ - 2C 铲运机改造为井下移动式碎石机。主要是将前机架部分拆除铲斗，配装锤头、连接架、液压泵、控制阀、液压管路等，调试、喷漆。先后共改装了 6 台，效果良好。减少了二次爆破量和其他采场设施的损坏、减少了二爆产生的顶板破坏安全隐患。

WJ－2C 铲运机驱动桥的改进。原铲运机驱动桥设计存在缺陷，桥壳强度不足，经常出现桥壳断裂事故。2003 年该矿改变桥壳焊接部位，增大桥壳强度和承载能力，重新选配主减速器和轮边减速器的速比，共改造了 6 台车，12 根驱动桥。后期厂家生产的铲运机都配装了新型改进桥。解决了 WJ－2C 型铲运机驱动桥桥壳断裂的技术难题，提高了设备性能，防止该事故的再次发生，减少事故损失及停车损失 80 余万元。

2．运输系统设备

电机车斩波调速改造。运输车间现有十几台电机车，调速方式均为传统的串电阻调速方式，存在能耗高、故障率高等缺陷。为此，2005 年该矿将电阻调速改造为斩波调速。安装斩波调速司控器、斩波箱等，重新布设供电线路。改造后实现机车的无级变速，机车故障率显著降低，机械磨损小，大大减少了电气维修工的维护工作量，在调速状态下，能够节能 30% 以上。

双台板放矿机的改进与制作。原来－110 米运输中段向矿车放矿均采用传统的 ZZ－6 型单台板振动放矿机，平均台效为 15 万吨/台·年。存在效率低、与 4 立方米矿车不匹配等问题。根据该矿溜井结构特点，2009 年引进了 ZDFK－2 型双台板放矿机，修改结构设计，－230 米运输中段全部采用改进后的双台板放矿机，安装使用效果良好，放矿效率提高 50% 以上，维修成本降低 10%，满足 4 立方米矿车使用要求。

－230 米水平曲轨卸矿设施改造。该矿－110 米运输系统采用传统摩擦梁式曲轨卸矿，对矿车损伤大，增加矿车维修工作量，因此在－230 米新的运输水平建设时改为采用挂钩式曲轨卸矿。2009 年 8 月拆除－230 米水平卸矿摩擦梁，调整曲轨高度，制作安装曲轨面、挂钩及自动引轨气缸等。改造后矿车材料备件消耗量显著降低，维修工作量大大减少，较好地保证了矿车运行质量。

3．供排水系统

井下生产用水自流改造。北洺河铁矿井下生产用水原设计是通过联合泵站 5 台 DA1－125×2 型离心式水泵自地表泵站吸水池吸水，经过副井筒向井下－110 米供水，再由－110 米主管道减压后向井下各生产用水地点供水。其中，泵站进水管道采用 Φ530 螺焊管，出水管采用 Φ325 钢管，副井筒采用 6 寸无缝管。根据现场勘察联合水泵站地表海拔标高 292 米，副井车场地表标高 284.5 米，－110 米水平管道压力约 4 米 Pa，－110 米水平减压后管压约 2 米 Pa。职工开动脑筋，在泵站直接敷设一段管道加装阀门通入吸水池，利用虹吸原理一次导流将生产水送入井下，生产水泵停运。改造后年节约十几万度电，材料费 2 万元，实现较好经济效益和社会效益。

水泵机械密封应用改造。北洺河铁矿现有 5 台选矿生产供水泵，型号为 SLQS100－400。该型水泵盘根磨损后大量泄漏，水泵效率降低；盘根不易掏出更换，更换轴套必须拆泵打开水泵上盖，费时费力。每天水泵密封产生大量泄漏，污水横流，满地泥水，文明生产环境极差。通过市场了解，引进新材料将水泵盘根密封改造为 AIg 第三代机械密封。该密封虽然一次投资大，但是具有寿命长、无泄漏优点，长期经济效益和社会效益非常显著，一年收回投资，自 2007 年安装实现无泄漏免维护运行，建成公司第一个无泄漏泵房。

新型管材的应用。长期以来该矿井下生产用风、生产用水所采用的管道为钢管，同等承压条件下以 Φ108×4.5 为例，重量约为 11.5 公斤/米，以 dn110×8.5 的 PE 复合管，复合管的重量为 2.6 公斤/米，约为钢管的五分之一。经过考察井下采场生产用水管道全部采用 PE 复合管，该种管材能够重复使用，法兰连接。使用后，省去了焊接工作量，拆装方便快捷，工作效率提高一倍以上，工作强度只有原来的一半，解决了原来焊接管道效率低、拆除浪费的问题。

4. 磨矿系统

二次干选洗岩改造。由于北洺河铁矿的矿石黏度湿度大，在废石上粘有一定的粉矿，这部分粉矿的粒径在 8 毫米以下，品位在 25% 左右，含量约占废石量的 10%，如果不加以回收利用将会对资源造成严重的浪费。因此，北洺河铁矿在废石仓下增设了振动筛，在筛上加水进行冲洗。经过冲洗后的废石通过汽车装运至北洺河铁矿塌陷区，冲洗下的粉矿自流至沉淀池，经过沉淀后的粉矿直接销售。后改造为二道干选，井下矿石经一次干选磁滑轮后，矿石进入选厂磨矿系统，岩石进入一次干选岩石仓，岩石再通过电振排放由一次干选岩石仓输送进入二次干选皮带通廊，经皮带输送至二次干选磁滑轮，岩石通过振动筛水洗后进入岩石仓，岩石由车辆拉至塌陷区填充。矿物再由车辆拉至主矿仓下部粉矿回收系统，由此进入选厂磨选系统，从而实现最终金属矿物的回收。改造系统概算投资 177.67 万元，洗岩运行成本 3.64 元/吨，年创效数百万元，年创效非常显著。

耐磨合金层应用及自磨机衬板改造。自磨机衬板原材料为 Zgmn13，这种衬板只抗砸不耐磨。在原有基础上通过渗铬技术，改变金属组织形式，提高衬板耐磨性。浇铸耐磨合金层后，自返装置由原来的 4 个月延长至 9 个月，每年可节约备件费用约 7 万元。改造后进料端衬板使用期由原来的 5 个月延长至 7 个月，三个系列每年可节省 2 套，每套衬板费用为 177120 元。每年衬板节约费用约 35 万元，减少停机时间高达 72 台时。

桥式起重机遥控改造。选矿车间主厂房内磨矿跨两台 32 吨桥式起重机在设备检修及更换衬板时，由于驾驶员视角狭窄，与地面辅助人员沟通不便，需地面人员配合才能完成操作，容易误解地面人员指令，存在吊装隐患。为了解决以上弊端，对两台桥式起重机进行遥控改造，使操作工既能在操作室控制（室控），又能在地面遥控控制（遥控），具有双重控制功能。增加遥控后，遥控功能与室控功能之间互锁，相互独立操作，达到提高作业效率，避免误操作的效果。

5．提升系统

具体内容包括：

（1）主井提升机参数优化。主井提升机担负全矿铁矿石生产提升任务，由于该矿生产产量较高，生产转段及深部开拓工程又进入了关键阶段，面对较高的提升量，为了保障提升机的安全运行，以及每天定时停车进行维护点检维护和定期的罐道绳、首绳的更换任务，为此进行主井系统优化，挖掘主井提升系统的生产潜能。将原来等速段速度 10.99 米/秒更改为现在的 10.69 米/秒；由于加速段时间比较长，为了节约时间，加速段时间 18 秒修改为 17 秒，加速度在范围之内；把减速段时间参数 P304 即斜坡下降时间 15 秒修改为 16.5 秒；爬行段距离缩短，由原来的 10 米变为现在的 6 米，时间由原来的 20 秒变为现在的 12 秒。经过优化，一次提升周期由原来的 96 秒缩短到 86 秒，这样一个提矿循环比原来节省了 20 秒的时间，提高了工作效率，每天可多提升 30 斗，即每天在原来的基础上增产 780 吨左右。每天可节余 2 个小时，用来点检、修理和保养，安全性能大大增强。

（2）主井冷却风机变频调节风量改造。主井主电机风冷机组为 ZKW－JJ－50，风量为 5 万立方米/小时。每年 6、7、8 月份都有不同程度的温度超温的现象，满足不了生产的要求，而到冬季后，风机仍保持 5 万立方米/

小时的风量进行运行，又不能实现节能的效果。风机改为 ZKW – JJ – 80 风机，增加风机风量；采用 PLC 控制变频在主井主电机冷却风机以实现提升机电机的降温需求。利用主井提升机电控的主控单元 S7 – 400PLC 作为操作的主控单元，对西门子变频器进行控制，对风机进行分频段、变风量段控制。

改造后，运行噪声污染得到了很好的控制；主电机温度较以往年份有了很大的缓解，没有出现超温现象，没有因为超温被迫停车，安全运行得到了保证；增产增效方面，按往年统计 6、7、8 月停车时间累计停车 21 小时计，三个月可多提矿石 8000 吨；在节能效果方面，即使按炎热季度设定的频率进行调节风量，其电流只有 28 安培左右计算，原来 50 风机电流在 45 安培，这样电流差为 17 安培，年可节电 93390 千瓦时。

（3）主井提升机半自动控制改造为全自动运行模式。自动方式与半自动方式的区别在于有了"开车信号"是否需要按钮开车的操作。为了保证生产任务的顺利实现，充分利用和发挥主井提升电控的自动化程度高和设备较先进的优越性，从各方面保证系统高效的要求，主井实施自动方式运行，修改添加自动方式确认程序，修改使能输出和工作闸输出。主井由半自动提升方式改为全自动提升方式，由往年最高班产 130 斗 3380 吨，提高到目前班产 133 斗 3458 吨，生产效率有了较大的提高。

（4）主井装载系统改造。主井装载系统与卷扬采用控制电缆进行信号传输，使用电缆芯数较多，线路杂乱，加之装载操作台闭锁不完善，随着设备长时间的使用，各电控元件和线缆有不同程度的老化现象，信号干扰严重，故障率增高，对于使用和维护带来很大隐患，影响到主井系统的正常生产。经考察和研究，将装载控制电缆改为光缆，并对装载操作台进行改造。从装载操作室至卷扬电控室敷设光缆，两端采用 OL 米模块进行光电信号转换，装载站用 ET200 分布 I/O 进行控制，实现装载 ET200 和卷扬主控 PLC 之间的米 PI 远程数据交换，可实现半自动、手动、皮带检修及溜槽检修四种方式操作设备，在卷扬电控室内 PLC（S7 – 400）的 CPU 模块对装载站进行信号处理、程序控制。改造后的主井装载系统不但提高了信号传输的可靠性，实现装载系统的安全正常运行，更方便了操作与维护。

（5）副井提升机传动系统 6RA70 装置改造。原副井提升机传动系统采用西门子 6RA24 功率组件和 6RA24 装置，反并联六脉动运行，由于运行不稳定及市场无备件等问题，将其升级改造成西门子6RA70装置，采用两台6RA70装置并联使用，重新优化装置电流环和速度环，使运行曲线更加完美，解决了运行过程中罐笼抖动现象，保证了系统的安全运行。6RA70装置比6RA24集成的基本装置价格低，且6RA70装置将易损部件作为一个独立单元板与主板联结，在出现损坏时，只需将损坏单元换掉，不需要更换整个装置，有效地降低了维修成本。

（6）液压调绳装置的引进应用。原来摩擦式提升机调绳人力劳动强度大、时间长，结合相关有资质厂家研制液压调绳装置，根据现场实际使用条件合理布置安装，改造安装使用后，调绳与换绳效率显著提高，减少停产时间1/3以上，工作系统安全可靠，劳动强度明显降低。

由于技术改造可以充分地利用原有的技术基础和社会经济条件，具有投资少，见效快，经济效益好的特点。作为新建矿山，北洺河铁矿技术改造能够充分利用已有的技术力量和管理水平，并使之在技术改造的同时相应地得到迅速提高，有利于降低生产成本、改善劳动条件和环境保护。

附录 6 - 5

北洺河铁矿设备技改项目表（2001—2012年）

序号	项目名称	实施时间	项目效果
1	WJ - 2C铲运机改装碎石机	2008—2012	改变了二次爆破的方式和方法，减轻了工人的劳动强度，减少了设备非正常损坏，年综合创效100万元以上。
2	移动空压机集中供风管理	2005—2007	提高了供风效果，减少了设备非正常损坏事故，降低了设备维修成本和维修量，提高了设备开动率。年综合创效100万元以上。
3	双台板放矿机的改进制作与应用	2005.9至今	放矿效率提高50%以上，维修成本降低10%，满足4立方米矿车要求。
4	进口设备备件国产化	2004—2012	降低备件成本、缩短备件采购周期、解决生产急需，累计创效300余万元。
5	皮带电机控制回路加装防撕裂保护装置	2008.7	1. 有效减少了皮带划伤长度和次数，提高了供矿系统安全运行系数和运行效率； 2. 节约皮带消耗成本，同时减少了维修工劳动强度，延长皮带使用寿命。

序号	项目名称	实施时间	项目效果
6	耐磨合金层的应用	2008.9	1. 浇铸耐磨合金层后，自返装置由原来的4个月延长至9个月，每年可节约备件费约7万元； 2. 改造后进料端衬板使用期由原来的5个月延长至7个月，每年可节省2套，每套衬板费用为177120元。每年衬板节约费用约35万元，减少停机时间高达72台时。
7	料位计的使用	2008年至今	操作人员通过显示仪表清楚了解了矿仓料位的实际高度，灵活调节放矿，减少了储矿仓的损坏、棚堵现象。
8	供矿皮带滚筒包胶	2010.5	滚筒包胶后，延长设备使用年限，减少备件的更换次数，缩短了维修工时，在主动滚筒使用专用胶粘接菱形橡胶块，有利于提高滚筒与皮带间摩擦力，提高设备运行效率，减少无用功的损失。在从动滚筒粘接光滑面的胶块，有利于减少皮带的摩擦力，减少能量浪费。改造后杜绝了滚筒粘矿现象，减少了皮带跑偏的不利因素，为皮带高效运行提供良好保障。
9	全自动取样机安装	2012.3	1. 自动取样机采用定时定量采集矿浆，做出的实验数据比较具有实际性，能够提高矿品的化验准确性，及时反馈给车间调度做好生产调整，合理控制品位，严格地把精矿品位控制在合格范围内，减少精矿的流失，提高精矿质量，所创效益是无法计算的； 2. 自动取样机的应用还可以减少员工因取样时上下楼梯发生的一切事故，减少员工劳动量。
10	CTB1030磁选机的应用	2012.10	1. 每年增产铁精矿317.86吨，创效30余万元； 2. 提高了一段磁选机的台时处理能力，减少磁选机的淤冒现象，在一定程度上减少了工人的劳动量，也有利于车间的文明生产； 3. 提高了金属回收率，减少了金属流失，提高了国有资源的利用率； 4. 为车间进一步提高磨机的处理能力提供了必要条件。
11	KU-6L运料车应用与改进	2010.3	优化设备性能，节约成本，减少浪费。
12	主井提升系统优化	2006.9 2008.11 2009.6	提高了安全性和工作效率，节约了电能。
13	主井提升系统数字化改造	2012.10	提高了安全性

序号	项目名称	实施时间	项目效果
14	副井数字化改造	2007—2009	提高了安全性
15	副井提升设施优化	2011.9.30 至 10.3	提高了安全性，节约了电能。
16	西风井提升机电控改造	2010.9.15 至 30	提高了安全性，节约了电能。
17	副井、西风井语音信号装置安装	2011.10 2012.11	提高了安全性
18	盲竖井卷扬电控改造	2009、2012	提高了安全性，节约了电能。
19	液压调绳装置安装	2010	提高调绳与换绳效率，减少停产时间。
20	提升容器防坠缓冲托罐装置	2002、2010	增加提升机保护措施，使之满足国家规定，提高提升系统安全性。
21	电机车斩波调速改造	2005.5—2006.5	机车故障率显著降低，机械磨损小，大大减少了电气维修工的维护工作量；在调速状态下，能够节能30%以上。
22	车门整形机的研制及应用	2007.10	提高矿车维修效率，降低频繁更换矿车门的成本。
23	供风机车的研制	2011.4—2011.8	机车改造完成后可用于溜井大块打眼、轨道维修等井下生产工作，降低炸药用取量以及提高运输效率。具有机动性强，反应速度快，维修效率高的优点。
24	洗车机系统安装	2011.3	每年节约回收铁精粉约100吨，经济效益约10万元。
25	太阳能洗浴系统安装	2011.9	每年节约用煤量约183.5吨，年节约12.84万元。
26	110千伏变电站电力故障录波分析装置安装	2011.1	及时准确地记录了电力故障的波形和故障线路，缩短了故障排查和处理时间，为查找故障原因提供了有效的数据。
27	110千伏变电站小电流接地选线装置安装	2011.5	实时监测电力系统运行，发生接地故障时能够及时准确地报告故障地点，缩短了故障点查找时间，提高了维修效率。

续表

序号	项目名称	实施时间	项目效果
28	110 千伏变电站微机五防装置改造	2011.6	大大提高了变电工倒闸操作时的安全性，同时提高了五防装置操作机构的可靠性。
29	110 千伏变电站自动跟踪消谐接地补偿装置安装	2011.4	自动调节线圈和阻尼箱，补偿无功功率，消除供电系统中的谐波分量，保证了电网安全运行。
30	－230 米水平电机软启动改造	2011.12	通过软启动装置降低了电机启动时产生的大电流对电网的冲击和伤害，保证了电气设备及电网的安全运行。
31	联合水泵站生活水泵变频改造	2008.8	通过变频器对水泵调速，保持水泵恒压供水，年节水约 500 吨。
32	选厂生产供水泵机械密封改造	2006.7	1. 密封可靠，在一个较长的使用期中，泄漏量少； 2. 使用寿命长，机械密封可使用 5 年左右； 3. 维修周期长，摩擦功率消耗少； 4. 水泵效率提高。
33	井下生产用水自流改造	2006.10	1. 电量节约：年节电约：$Q = 22 \times 24 \times 365 = 192720$ 度，$192720 \times 0.42 = 80942.4$ 元； 2. 年节约备件费用 1~1.5 万元； 3. 运行水泵材料费省约 5000 元。
34	中心锅炉房安装脱硫除尘设备	2010.10	1. 除去烟尘中 90% 的二氧化硫； 2. 除去烟尘中 80% 的尘。
35	空气热源泵代替电辅加热	2011.10	1. 每年可节约电费、煤款、锅炉工工资，三项合计 136600 元； 2. 改造后，热水产量稳定，供应充足，受天气因素影响小，管道不易结垢，确保职工洗浴热水供应。
36	井下风水管路新型材料的研究与应用	2011.12	1. 替代使用260 米 PE 复合管，节约资金 1.46 万元； 2. PE 复合管具有材质轻巧，便于运输和施工，降低职工劳动强度； 3. 电焊量少，对人体危害量小； 4. 不易腐蚀，容易修复和重复利用。
37	110 千伏变电站 6 千伏开关柜综合改造	2012	1. 保障了 6 千伏供电系统的安全； 2. 提高了保护系统的灵敏度和精确度，避免了因继电器引起的误动现象； 3. 保护装置数字化，体积小、维护方便； 4. 能够实现高压开关的远程操作。

四、选矿高效工艺改造

北洺河铁矿是一座采选一体化大型矿山，选矿设计年处理能力 180 万吨铁矿石，经过几年优化改造，年处理能力达 250 万吨，工艺生产紧密流畅，高效运行，这种进步主要得益于近年来不断进行工艺改造及技术革新的结果。

（一）基本状况

选矿车间于 2005 年 8 月 15 日开始试生产，试生产期间暴露的问题比较多，主要有：在磁滑轮干选工序，由于矿石黏度大，大量粉矿附着在岩石上被甩出，造成资源浪费；主厂房生产矿仓给矿不均匀，堵漏斗现象经常发生，主机空转造成能源浪费；选别设备互换性差，工艺波动较大，时常出现产品质量不稳定；磨矿选滤平台跑、冒、滴、漏时有发生，且平台自身积水，积矿现象严重，生产组织不畅，相互抱怨，文明生产不达标。

针对系统不畅影响生产的问题，北洺河铁矿决定成立一支以技术人员和生产骨干为主的改造小组，以顺畅、高效、节能为目的，发现问题、解决问题，优化系统，最大限度实现高产高效。

（二）优化改造

1. 一次磁滑轮抛岩中粉矿回收项目

北洺河铁矿当时采矿规模为 220 万吨/年，采出矿石经井下破碎后，提升至地表，经过皮带进行一次磁滑轮干选，干选的粗精矿经皮带运至选厂主厂房进行选别，磁滑轮干选废石进入废石仓。

由于北洺河铁矿的矿石黏度湿度大，在废石上粘有的粉矿，约占废石量的 10%，品位 25%，造成一定的资源浪费。

2008 年该矿新建了干筛选洗岩装置，通过二次筛选回收废石中的粉矿。一次磁滑轮干选产生的粉矿进入粉矿仓，废石给入直线振动筛，使废石上黏附的粉矿和废石再次分离，筛块岩自流给入岩石仓，直接装车运到塌陷区充填，为将来塌陷区的绿化做准备；二次筛下粉矿和一次干选回收的粉矿一起装车送到选厂选别。此项目年可产生经济效益 300 余万元，且系统改造后，减少了周边村民在废石场捡矿而产生的安全隐患。

2. 四米放矿平台改造

选矿设计中，供矿工序通过皮带把矿石输入到六个圆筒矿仓中存储，其中 1 号、3 号、5 号矿仓可直接对选厂三个系列自磨机供矿，其他矿仓供矿石外销使用。六个矿仓均由槽式给矿机进行放矿。由于选矿厂投产后取消外销矿石，1 号、3 号、5 号矿仓无矿石或漏斗堵住时，其他矿仓矿石无法向磨矿机给矿，而且槽式给矿机给矿不均匀，满足不了磨矿生产需要。

改造方案：四米放矿平台皮带改造，利用原有设施，增加集矿皮带和可逆电动滚筒，使其他矿仓的矿石，既可通过集矿皮带供给自磨机磨选，又可实现外销。用 24 台振动放矿机代替了原有的 24 台槽式给矿机，并采用了变频控制，提高了入磨量和磨机给矿的均匀性。

3. 磨选系统优化组合

北洺河铁矿选矿厂磨矿系统分三个系列，优化前单系列生产情况是：矿石由皮带给入 Φ5500×1800 型湿式自磨机，自磨机排矿，通过安装在排矿管上的脱磁器后，自流入 2FCD－24 沉没式双螺旋分级机。返砂进入 Φ2700×4000 溢流型球磨机，球磨机排矿通过安装在排矿管上的脱磁器后，自流进入分级机形成闭路磨矿。分级机溢流自流入磁选给矿泵池，由两台 6PNJB 胶泵（用一备一）输送到 19 米高处的分矿箱，然后进入一道磁选进行分选。一道磁选精矿自流进入二道磁选，二道磁选机和三道磁选机联合在一起，直接进入过滤机脱水，这样磨矿系统形成自磨开路磨矿、球磨与分级机闭路磨矿的两段一闭路的磨矿方式。

优化目的在于：①使磨矿系统达到最佳效率；②提高台时处理能力；③稳定铁精矿品位；④优化配置磨选系统。

磨选系统优化组合过程如下：

（1）磨矿系统的优化。2006 年试生产期间，对磨矿工序自磨机自返装置做了改进，用 φ12 毫米圆钢和梯形耐磨钢条制作条筛代替圆孔筛，有效解决了自返装置堵塞导致自磨机"涨肚"问题。改造后增大了分级机的翻砂量，减轻了自磨机的负荷，释放了自磨机的生产能力。

经流程考察，磨机对 10～30 毫米的闪长岩颗粒不易磨碎，这部分颗粒长时间占据了磨机的空间，常常造成磨机"涨肚"，影响磨机生产能力；为了解决磨机"涨肚"问题，需要将小于 20 毫米的闪长岩难磨颗粒排出磨机，增加磨机生产能力。

经过观察，如果在球磨排矿端增加除渣装置，将 20～10 毫米的这部分闪长岩颗粒排出磨矿分级系统，可以增加磨矿分级系统的处理能力。于是对球磨排矿口进行改造，自制排岩绞笼，抛弃难磨粒子，使磨矿台时得到了提高，进一步释放了磨矿系统的生产能力。

经过自返装置堵塞问题和难磨颗粒的处理，磨矿系统得到了优化完善，磨机台时处理能力从设计的 76 吨提高到 90 吨以上，稳定了给矿量和磨矿产品的合格率，为下道工序选别做好了物料的准备。

（2）磁选系统的优化组合。选矿厂建厂设计一道磁选机和二道磁选机的松散水和卸矿水都取自新水，三道磁选用水是选厂生产循环水。生产中，浓缩大井的水质直接影响磁选的选别，水浑时分选效果不理想。经过分析后把二、三道磁选机的卸矿水和松散水改成新水，一道磁选取水使用循环水，从而减少精矿的品位受浓缩大井水质的影响。

为提高选别能力，在三个系列增加三台 CTB1024 湿式弱磁场磁选机与原来闲置三台 CTB1024 湿式弱磁场磁选机（浓缩磁选机）串联使用，不仅使二段、三段选别空间增加一倍，而且增加选别的互换性。

通过对工艺进行微小调整，不仅进一步稳定了精矿品位，而且实现选滤系统小的检修不用停下主机，从而保证了主机作业率，进一步充分释放了磨矿系统的生产能力。

4．变频器的应用

选厂在电振给矿、原矿浆输送和过滤机上加装了变频器控制。电振采用变频器和自动调节装置配合，自动增减给矿量，使每台磨机的给矿量更均匀。根据原矿浆池液面的高低由变频器调节胶泵的转速，避免了打空泵，减少泵的磨损，杜绝了电机的频繁启停，降低电量消耗，基本实现了自动控制，减轻了工作人员的压力。过滤机采用阿尔法变频器调节转速，工作人员可以根据矿浆情况调节转速，从而可更容易地控制滤饼水分。

5．耐磨材料研究应用

磨矿设备在实际生产过程中，磨碎矿石的同时，自身的磨损速度也很快，3 台自磨机的衬板需要根据磨损周期频繁更换，原来用的自磨机衬板，每年需要更换进料端衬板 9 套。自磨机的自返装置每使用 4 个月就需要更换、修补。球磨机的勺头使用寿命为 3 个月。隔膜泵站使用的液动高压板闸阀使用寿命 6 个月，使用寿命短，工作烦琐。无论是更换自磨机衬板、自返装置、球磨机的勺头，还是更换电动阀，都需要将设备停下来进行，既影响生产，又需要投入大量的人力物力。

通过考察试验，北洺河铁矿选矿厂引进耐磨材料，自磨机进料端衬板、格子板和球磨机勺头的使用寿命可以提高1.5倍。自磨机出料衬套、自返装置采用耐磨合金进行表面铺焊，提高其使用寿命2倍。另外，还在工艺管线上大量采用了双金属复合材料管、高分子聚乙烯PE管、尼龙管、陶瓷管等耐磨材料管道。这些耐磨材料的应用不单提高设备的可开动率，提高设备作业率，又降低维护设备的成本投入，减少职工的劳动量。

尾矿库每年使用尾矿砂进行旋流器筑坝，需要通过调节放矿阀门的开度大小，来控制尾矿浆的流速，以保证坝面的平整，原使用的DN100阀门磨损严重，使用一天就需要更换，每年因筑坝产生的成本高达14万元左右。引进耐磨陶瓷阀门代替现筑坝用的普通闸阀后，其寿命是普通闸阀的35倍，而其价格仅为普通闸阀的6倍。

此外，还有通过增高分级机溢流堰来增加分级机沉降面积，提高了操作稳定性；增加磁选机补加水量与调整磁选机选别空间来减少选择过程中的机械夹杂；更换了较大功率的脱磁器，以此来减少磁团聚，分级机"跑粗"现象得到了较好的解决，分级机溢流 - 200目粒级稳定在66% ~ 68%之间，稳定了精矿品位。近年来选矿系统大小技术改造达100余项。

（三）取得效果

1. 经济效益显著

通过一系列改造，将选矿系统设计原矿处理量180万吨/年，台时量76吨/小时，金属回收率90%，提高到原矿处理量250万吨/年，平均台时量100吨/小时以上，金属回收率92.96%。

2. 锻炼职工队伍

几年来，北洺河铁矿选矿厂坚持"技改无止境"的理念，通过技改，培养了职工不等不靠，主动发现问题、解决问题的自主管理精神，员工技能不断提高，团结协作、积极进取、公开竞争成为选矿职工的主流作风。

五、进口设备备件国产化

备件国产化是企业降低设备维修成本、缩短采购周期的重要方法。近年来，北洺河铁矿通过机械动力科、维修、采准、采矿等多部门的联合攻关，不断探索进口备件国产化及提高国产化备件质量与性能的方法，取得了良好的成效和经济效益。

（一）产生背景

以前，北洺河铁矿掘进台车、采矿台车和电铲都是从欧洲进口。由于汇率、关税、运输等原因，该矿采购人员几经努力备件价格居高不下，交货期无法保证。备件国产化就成为降低设备维修成本、缩短采购周期的重要方法。

（二）主要做法

备件国产化要求无论从测绘、选材、精度设计还是制造工艺等都不允许有丝毫偏差，否则会直接导致国产化备件不能使用或成本超过进口件。因此，在选择国产化备件时尽量选择日常消耗多、配合尺寸少、材料要求低的非关键零件或必须改进结构或尺寸的零件、尽快交付使用的零件。

北洺河铁矿的备件国产化采取的主要做法有：①通过测绘自己加工制作或委托外部协作厂家加工制作，如销轴、轴套、斗轫板、铲斗等；②将国内标准与国外标准进行对比研究，将可用国内标准替代的进口备件国产化，如高压胶管、螺丝、电器元件等；③对进口备件进行技术改进，改进后，使得备件的性能如使用寿命、耐磨损性能等超过原厂件，如电厂的电缆导向轮、导向胶辊，采矿台车的挡渣垫等；④进口备件在我国国内设有生产厂家的，通过联系国内经销商，改为国内采购，如液压件、泵、阀、电器元件等，既缩短了采购周期，及时满足了生产需要，又降低了采购成本。

2010年，北洺河铁矿国产化的备件主要有进口销轴及轴套类，高强度连接螺丝、螺母类，高压胶管、管接头类，橡胶件、液压密封件类，电气标准件及成件等。

2011年，机械动力科连同维修、采准和采矿车间针对部分进口备件国产化之后，存在质量不稳定、性能差等后续问题，进一步探索提高质量与性能的方法。选材时，在充分考虑使用性质的基础上，考虑到国内材料相对国外技术标准偏低，价格便宜的特点尽量选择较好的材料。在精度设计上尽量在满足使用的条件下降低精度要求以降低成本。在工艺设计上，尽量适应小批量及单件生产以降低成本，如减少铸件多采用焊接结构，孔的尺寸靠向麻花钻尺寸等。在设计时还要考虑到国内外标准差异，如国内没有应用的U型密封，国内外O型圈的规格尺寸不同等，尽可能从互联网找到国外的标准，按照标准要求设计尺寸及精度。

（三）实施效果

以2011年为例，2011年北洺河铁矿完成国产化的备件有Simba H1354台车推进油缸、挡渣垫、机械手销轴及销轴套；AxeraD05 台车电缆、前扶钎器套、脉冲油缸机架、绳轮，电铲销轴轴套等；CY－4 柴油铲运机发动机空气滤芯。这些备件和进口备件相比，使用周期相差无几，性能相同，质量稳定，但价格便宜很多。主要备件国产化使用与创效情况如下：

（1）Simba H1354 台车的推进油缸，进口件价格为人民币 138200 元，其寿命周期为一年左右，几乎年年都要更换，占用大量维修费。机动科、维修车间人员经现场测绘推进油缸的外形尺寸、安装尺寸，结合手册与生产工艺确定行程、缸径、压力等性能参数，积极联系国内知名的液压件生产厂家，最后选定长江液压件厂定制生产。试车后，矿方将存在的问题，如连接凿岩机拖板的安装尺寸精度不合适，反馈到厂家改进。目前已经更换两件，第一件使用了 8 个月，第二件使用了 6 个月，性能达到进口备件的水平，寿命周期也有望与进口件持平，但价格却只有人民币 37000 元，订货周期只有 1 个月。该矿有 4 辆 Simba H1354 台车，以平均每年消耗 4 件计算，每年可节约备件费合计人民币 404200 元。安徽开发矿业亦大量采用了 Simba H1354 台车，此国产化项目具有推广价值。

（2）Simba H1354 台车的挡渣垫，是一个弹性极好的耐水圆盘，位于夹钎器上面的集渣器中。挡渣垫的外周固定在集渣器上，中心穿过钎杆，并与钎杆紧密接触，可以将从炮孔中流下的污水挡住防止流到凿岩机上，由集渣器的侧面流到地面。挡渣垫的中心孔很容易被钎杆磨损，若更换不及时，污水流到推进和凿岩机构，水中的岩屑会加剧推进油缸、滑轨及凿岩机的磨损。进口挡渣垫的寿命周期为 30～45 天，每次更换两件，每件价格为 3400 元，费用相当高。因此，该矿自 2009 年底就开始在国内寻找替代品，但几经国内厂家制作试验，效果不佳，主要问题就是聚氨酯配方不合适，造成国产件材较硬、弹性差，容易造成撕裂。2011 年，维修车间利用帆线胶皮加工，经过多次试验不断总结经验，在中心孔向圆周割开放缝，并在根部打止裂孔，终于设计出合理的结构可弥补材料缺陷。经使用，性能与寿命都能达到进口件的水平。由于该矿使用的是选厂用的胶带，由矿内加工，其成本不超过 300 元，每年可为矿节约 18 万～20 余万元。

（3）Simba H1354 台车的机械手停放油缸，摆动油缸连接用的膨胀销轴和轴套在磨损产生的间隙会影响机械手的定位精度，超过允许的极限后，机械手就不能可靠地从库中取出钎杆，必须更换，其寿命周期为 30～60 天。该矿技术人员首先查找了国内的标准，膨胀销轴不属于标准件，只能测绘外围加工。在选材上，对于轴套选用优质耐磨合金铜，销轴选用40gr，膨胀套选用较软的低碳钢。在工艺上，采用淬火加强销轴的耐磨性。经试验，外围加工件的寿命周期能与进口件持平。国产件的价格为600元，远远低于进口件8200元。按平均每年每台8套计算，每辆台车节约资金60800元，4辆台车合计243200元。

（4）对15号、16号4立方柴油铲车进行了发动机空气滤清器进行改造，由纸式空滤改为国产油浴式滤清器，每月只需要清洗，无需更换。每台4立方铲车每月更换滤芯2次，每次更换2个，滤芯每个1020元，全年可节约费用48960元。

（5）掘进台车电缆国产化，2011年对1号、2号台车电缆进行了更换，每条80米，总计160米，国产电缆每条13600元，进口电缆每条43000元，每条节约资金29400元，共节约58800元。

（6）掘进台车进口前扶钎器套存在设计缺陷，在使用中经常造成钎杆回位时钎头撞击扶钎器，致使扶钎器套过快损坏，同时，它会造成前扶钎器、牵引钢丝绳及凿岩机部件损坏，经济损失较大，每月每台车需要更换2~3个。通过改进扶钎器套设计，委托国内钻具资质企业莲花山钻具厂加工，使用时间等同进口产品，成本费用节约60%以上，进口件1410元/个，国产约450元/个，3台车每月按更换6个计算，每年节约资金6.912万元。

（7）其他还有电铲、掘进台车以及通用密封件等见所附明细。

根据以上备件国产化统计及计算，截至2011年10月底，实际节约备件资金91.3144万元，年综合创效100万元以上。

附录 6 - 6

2011 年备件国产化明细表

设备名称	备件名称	单位	数量	进口价格（元）		国产价格（元）		节约额（元）
				单价	总价	单价	总价	
采矿台车	推进油缸	件	2	138200	276400	37000	74000	202400
采矿台车	防渣垫	件	60	3400	204000	300	18000	186000
采矿台车	机械手卡瓦	件	10	5100	51000	2600	26000	25000
采矿台车	销轴及套	件	12	8200	98400	600	7200	91200
电　铲	导向轮	件	5	30000	150000	5000	25000	125000
电　铲	托辊轴	件	10	5000	50000	180	1800	48200
掘进台车	操作手柄	件	10	2200	22000	150	1500	20500
掘进台车	导向器	件	4	1441	5764	450	1800	3964
掘进台车	脉冲支架	件	5	3500	17500	500	2500	15000
掘进台车	电　缆	条	2	43000	86000	13600	27200	58800
掘进台车	前扶钎器套	个	72	1410	101520	450	32400	69120
CY - 4 柴油铲运机	空气滤芯	个	48	1020	48960			48960
通用件	密封圈等	件	200	180	36000	85	17000	19000
合　计			368		1147544		234400	913144

第七章　人力资源管理

人力资源管理是指根据企业发展战略的要求，有计划地对人力资源进行合理配置，通过对企业中员工的招聘、培训、使用、考核、激励、调整等一系列过程，调动员工的积极性，发挥员工的潜能，为企业创造价值，确保企业战略目标的实现。企业人力资源管理活动主要包括企业人力资源战略的制定，员工的招募与选拔，培训与开发，绩效管理，薪酬管理，员工流动管理，员工关系管理，员工安全与健康管理等。

北洺河铁矿在做好人力资源管理活动各项工作的同时，重点突出抓好薪酬管理、培训管理、职工分类管理及人性化管理体系建设等几项重点工作，对有效激励员工士气、提高员工素质与能力、调动广大职工学知识、钻技术、提高岗位本领的积极性，形成互助、友爱、和谐的工作氛围，起到很好的促进作用。

一、绩效优先兼顾公平的薪酬管理

企业人力资源管理活动的最终目的是激励员工与企业的共同发展。对员工来说，薪酬作为一种重要的激励手段，不仅是补偿劳动者的付出，更是对自身价值和贡献的肯定。薪酬管理牵动着企业上下每个员工的切身利益，运用得好则会激励员工，运用不好则会影响员工士气，破坏企业和谐氛围，影响企业生产经营。因此，建立科学合理的薪酬体系，构建公平有序的薪酬发放管控模式对企业和员工来说都至关重要。

（一）形成背景

为进一步贯彻党的十五届四中全会、五中全会精神，落实《国有大中型企业建立现代企业制度和加强管理的基本规范（试行）》的要求，2001年3月，国家经济贸易委员会联合人事部、劳动和社会保障部下发了《关于深化国有企业内部人事劳动分配制度改革的意见》，《意见》明确提出了"建立管理人员竞聘上岗、能上能下的人事制度"，"建立职工择优录用、能进能出的用工制度"，"建立收入能增能减、有效激励的分配制度"为内容的国有企业三项制度改革措施。

为了适应新的形势，建设国内一流矿山，在邯邢矿山局的关怀和指导下，2003年北洺河铁矿结合本矿实际，以创新人力资源管理，深化企业内部改革为切入点，在全局范围内率先完成了三项制度改革。

（二）主要做法

薪酬分配体系改革作为三项制度改革的主要内容，改变了原岗技工资只能升不能降、岗变薪不变、同工不同酬的弊病，实现了以岗定级、以级定薪、岗变薪变，同一岗位因劳动者技能水平不同而上下浮动的岗效工资分配体系。通过实践总结出了一套适应矿山企业实际的薪酬分配原则，如以岗定薪、岗变薪变原则；薪酬分配向苦、脏、累、险的岗位倾斜原则；专业技术业务类岗位与管理类岗位实现了横向对齐，纵向拉开，向技术含量高，管理责任大的岗位倾斜原则；岗位工资设定既考虑岗位自身价值，也考虑岗位所在部门价值原则；优化薪酬结构，减少工资构成单元；优化岗位工资岗级档级，合理设置三类岗位工资的重叠幅度；实现职务晋升双通道，避免千军万马走独木桥；等等。2008年五矿邯邢矿业公司（前身为邯邢矿山局）以北洺河铁矿岗效工资分配试点经验为基础，形成在全公司范围内予推广的公司级薪酬制度。

1. 薪酬分配权力下放与有效管控相结合

为了加强承包单位效益工资分配监管，优化非承包单位效益工资分配，落实公平、合理的分配原则，调动各类人员的工作积极性，解决在工资二次分配方面存在的一些问题，北洺河铁矿出台了《基层单位薪酬分配管理办法》（以下简称《办法》），《办法》的主要内容包括：

（1）明确了除工资中的固定部分（包括岗位工资、工龄工资、加班工资、各种津贴）外，基层单位有效益工资二次分配权。

（2）承包单位效益工资分配监管从以下三条线监控：

第一，生产车间段队长效益工资不得高于本段队职工人均效益工资的1.7倍；技术组组长和安全调度长可各保留一人参照段队长标准执行。

第二，生产车间班组长效益工资不得高于本班组职工人均效益工资的1.2倍（实行计件工资的班组长除外）。

第三，专业技术业务人员效益工资不得高于本单位职工人均效益工资的1.2倍。

每月对承包单位组织机构设置及队段、班组长职数设置情况进行监控，检查相应职数是否超编（段队长一般不超过职工总数的5%，班组长一般不超过职工总数的15%）。

（3）本着尊重历史、减小差距、体现行业特点的原则，对非承包单位效益工资进行优化。

第一，将原非承包单位专业技术类岗位由八岗24级（平均极差0.4），优化为八岗13级（平均极差0.2），每岗级按专业分为三个档次，该优化方案既缩小了极差也体现了该矿的行业特点。

第二，将原非承包单位操作维护类由12岗53级（平均极差0.4），优化为九岗27级（平均极差0.1）。

第三，缩小非承包单位专业技术业务类与操作维护类岗位横向差距，提高非承包单位操作维护类主体工种和低收入岗位收入。

第四，效益工资系数原则上作为工资结算依据，不作为分配依据。

（4）各基层单位应制订具体的工资分配方案，并经车间职工代表会研究通过后报经营预算科、人力资源科备案执行。

（5）严禁基层单位把职工工资挪作他用，确保工资全额兑现。

（6）人力资源科每月对基层单位上报工资进行审核，不符《办法》规定的，返回重新进行分配。

基层单位薪酬的二次分配，一方面给予了基层单位分配的自主权，使得薪酬分配更符合基层单位实际，确保了薪酬分配的灵活性、机动性、可操作性；另一方面，对基层单位薪酬分配进行必要的管控，避免了管控缺少所造成的分配混乱，为确保薪酬分配的内部公平性提供了有力保障。

2. 高激励与高稳定相结合

自2008年邯邢公司实行岗位效益工资制以来，不断加大员工总体薪酬所包含的固定薪酬部分（主要指岗位工资、工龄工资、各种津贴），给员工以安全感，有效地稳定了员工队伍。作为二次分配对象，效益工资分配合理与否直接关系到激励效果的好坏。为此，北洺河铁矿采取以下措施对效益工资进行合理分配，确保激励效果。

（1）设立专项奖励基金，确保工资收入向脏险苦累和技术含量高、责任重大岗位倾斜。

北洺河铁矿将效益工资分为每月考核兑现的月奖、超产时的一次性奖和各种专项奖励。北洺河铁矿对各种专项奖励项目进行了撤并调整，形成安全基金、"四优化"奖励、设备管理基金等专项奖励基金，并制定了相应的管理办法予以考核发放，专项奖励基金作为工资收入调节手段，有意识地将工资分配向特定人群倾斜。比如每年拿出100万元设立安全管理奖励基金，奖励那些对安全生产富有重要责任，敢于管理、巧于管理的专职安全管理人员及基层队段长；拿出100万元设立"四优化"奖励基金，奖励那些在"优化系统，优化方案，优化管理，优化组织"为内容的"四优化"创效活动中有突出贡献的职工。

（2）"效益奖挂钩业绩，体现激励；一次性奖，倡导普惠，兼顾公平"。

现行的岗位效益工资制作为薪点制的表现形式，在岗位工资系数确定上已经根据岗位价值大小给予了很好体现。为了在工资分配实践操作层面有很好地反映，经营预算科在制订年度工资分配方案时将工资总额的70%与岗位价值和业绩挂钩，合理设定工资收入差距幅度；将工资总额的30%作为一次性奖励实施普惠，避免工资收入差距进一步扩大，造成新的"不公平"。

3. 职工监督与薪酬透明化相结合

引入监督机制可以有效地避免薪酬系统运行中的不合理，减少人为的错误操作行为，而职工监督是最好的监督，因为其利益的相关性，职工会十分负责。

实行薪酬透明化，工资表签字反馈制度，可以监督公平。对有异议的工资，职工有权拒绝签字。薪酬透明化是建立在公平、公正、公开的基础上，其具体做法如下：

（1）由部门、段队、班组各级核定职工工资收入水平，这样既可以避免由于上下级矛盾或过于亲密引起的过高或过低的判断，同时也可以使管理者从更高层次上审视职工收入差距，确保内部公平性。同时，适当的工资收入差距，可以解决"大锅饭"而造成的"不公平"。

（2）制订详细的工资发放说明，各项考核指标描述准确到位，60%以上职工签字核定后，工资方可分配。

（3）改变工资保密的规定，向职工公开工资收入，实行职工工资表签字制度，职工对工资有异议时，有权拒绝签字。同时建立矿长信箱，随时解答职工在薪酬方面的疑问，处理职工投诉。

（4）人力资源科与经营预算科每月对基层单位工资分配依据进行联合检查，检查工资分配过程中采用的各种原始数据及账册是否"合规、合情、合理"，避免工资分配中的"厚此薄彼"。同时通过检查也可以避免职工工资被挪作他用。

（三）运行效果

北泃河铁矿通过薪酬结构调整、薪酬管理体系完善和薪酬的合理管控，初步建立起了内部具有公平性、外部具备竞争性，高激励与高稳定相结合的薪酬体系，极大地发挥了薪酬应有的激励作用。

一是建立了以岗效工资制度为主的新型分配制度，以岗位效益工资取代岗位技能工资制，更加适应了市场经济的大环境，更加符合广大员工的利益需要。岗位效益工资制以外部市场机制为导向，以内部公平体现岗位价值度为基础，其合理性是岗位技能工资制所不能比拟的。

二是根据管理类、专业技术业务类、操作维护类三类岗位确定的职级标准明确、职等归类划分清晰，并且各级别任职资格的确定，避免了薪酬分配中人情因素的影响，确保了薪资分配的透明性和可操作性，而且确保了公平性。

三是合理设置三类岗位工资的重叠幅度，实现职务晋升双通道，拓展了员工发展空间，对稳定员工队伍、吸引和留住优秀员工具有积极作用。

四是岗效工资制运作是以"岗位定薪、岗变薪变"为原则，通过将员工的工资收入与个人的能力和绩效表现挂钩，向员工传递了一种以能力和绩效为导向的企业文化，引导员工将注意力从完全的职务晋升转移到个人能力和素质的提升上。

二、目标导向型员工培训体系

人力资源作为一种资源要素与其他生产要素的不同之处在于其能动性，不仅可以支配、使用其他生产要素进行有目的的生产，而且在生产实践过程中，可以主动地进行自我能力的调度与支配。因此，在企业管理活动中，要想充分发挥人力资源的能力，就需要对其进行有效的培训与开发，一方面通过外在需求加给员工职位所需的知识和技能；另一方面，引导挖掘员工本身所固有的知识和技能，使这些知识和技能能够在企业发展中充分展现出来，并能融入企业发展之中。

北泃河铁矿作为冶金行业一座大型地下采选企业，无论是在无底柱采矿方法的运用，还是各种先进的大型采掘设备的使用，以及现代管理体系的建立上都对员工的知识、技能和综合素质提出了较高要求。持续、有效开展员工培训，既可以帮助员工更好地适应当前工作的需要，也可以帮助员工胜任企业发展对员工提出的新要求。而作为员工培训的结果，员工不仅在现有岗位上表现得更为出色，而且可以承担更大的管理责任和满足更高的组织需求。建立这样一种共生共荣的良性培训体系对北洺河铁矿健康、科学、持续发展具有重要意义。

（一）分析问题

北洺河铁矿在构建员工培训体系的过程中，从员工培训的具体操作层面以及存在的深层问题进行了认真剖析。

1. 表象问题

主要表现在以下五个方面：

（1）没有对员工进行培训需求调查。人力资源部门虽然制订了培训计划，但是却没有针对性地对员工的培训需求进行调查，而是通过发放表格让各部门自己提出各自的培训想法及计划，各部门也未重视此项工作，有的只是随便填写应付了事，使得培训工作在内容上产生偏差，导致后期的培训时间缺乏实际效应，并不能引起大家参与的兴趣，培训从一开始便偏离了目标。

（2）缺乏规范科学的培训计划。人力资源部门只是按照其他部门上报的培训计划来制订全年的培训计划，并没有按照现代人力资源培训工作的要求对培训需求进行科学的分析，即没有利用本部门所拥有的企业员工的基本人事档案对企业员工进行岗位分析和素质测评。而其他部门也只是根据本部门工作情况决定是否需要培训，培训哪些内容，长此以往，没有科学系统的安排，培训的效果也就大大缩水；同时企业的员工根据部门的安排参加培训，员工没有自己选择的权利，使得参与培训的积极性大打折扣。无论为员工提供何种培训，其目的都是为实现企业的总体目标，然而在实际培训过程中，往往容易出现内容、方式、课程与企业总目标联系不紧密的情况，培训流于形式。

（3）缺乏程序化、系统化的制度。虽然在企业发展战略规划和制定上对人力资源培训都有所提及，但是对企业的人力资源开发工作缺乏一个系统、长远的规划，没有明确的目标。开展培训工作时，不问需求、不挑对象，不讲效果，把教育培训看作是"软任务"，认为可有可无，可长可短。忽视对高级经营管理人才、高级技能人才和复合型人才的培养，在培训中重理论轻实践，没有在理论和实践的结合上下工夫，没有做到学以致用。

（4）培训控制不力，应付了事。培训计划落实缺乏控制力，没有严格的考核机制，造成培训工作能拖就拖，能应付就应付。

（5）缺乏健全的培训评估机制。人力资源部门只关心是否按计划举行了培训，却不关心培训参加的人数和效果，更不关心培训后的知识转化工作，使得培训活动对于实践工作的促进作用严重缩水。

2．本质问题

主要表现在以下三个方面：

（1）管理层对员工培训的认识不足。尽管各层级管理者都认识到员工培训的重要性，但对员工培训的认识还仅仅停留在表面上，认识不够透彻和深入。表现在只注重员工培训的具体操作层面，还没有认识到员工培训的战略意义，还没有把员工培训作为战略与其他企业战略联系起来。

（2）对员工培训的短视。美国著名心理学家麦克利兰于1973年提出了一个著名的素质冰山模型（见图7-1），他将人员个体素质的不同表现形式划分为表面的"冰山以上部分"和深藏的"冰山以下部分"。其中，"冰山以上部分"包括基本知识、基本技能，是外在表现，是容易了解与测量的部分，相对而言也比较容易通过培训来改变和发展。而"冰山以下部分"包括社会

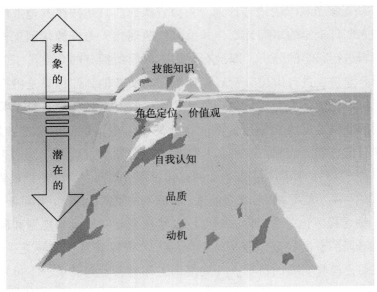

图7-1　素质体系的冰山模型

角色、自我形象、特质和动机，是人内在的、难以测量的部分。因此，往往把"员工培训"等同于简单知识和技能的灌输，力图通过一两次培训达到立竿见影的效果，而对于"冰山以下部分"属于"员工开发"范畴的工作，认为投资多、回报慢而不予重视。然而，员工培训是培训与开发的共同体，培训面对当前，而开发面向未来，二者不可偏颇。

（3）人力资源管理水平落后。矿山企业粗放型的管理模式使得人力资源管理总体处于低水平阶段，专业人员相对不足，自然无法在制度安排上将员工培训与开发有机地与职务晋升、岗位调整、薪酬、绩效考核等其他人力资源模块的工作进行有效融合，很少与员工当前及长远发展目标相结合。

（二）体系构建

面对员工培训体系所面临的问题，北洺河铁矿把完善员工培训制度体系建设，规范员工培训具体操作实施流程作为基点，在加强员工基础知识和技能培训的同时，不断拓展员工培训内容和方式，培育和挖掘员工自身潜能，实现员工培训与开发的有机结合，逐步树立起了"育才先育人，德才兼备，能力至上"的员工培训原则，并依据此原则构建起了符合北洺河铁矿实际的员工培训体系。

1．建章立制

北洺河铁矿通过建章立制，确保员工培训规范、持续、有效开展。依照员工培训与开发两个层面，分别出台了北洺河铁矿《职工培训管理暂行办法》、《统分高校毕业生见习期管理暂行办法》、《操作维护类职工分类管理暂行办法》、《"师带徒"培训活动效果评估细则》、《三类人员岗位轮换暂行办法》，从制度层面为规范、持续、有效开展员工培训创造了条件。

2．"雏鹰→飞鹰→精英"

北洺河铁矿以"雏鹰→飞鹰→精英"为路径目标，设定员工培训的内容和方式。

（1）作为新生力量，如何尽快使新入职的员工熟悉新环境、新岗位所需的知识和技能，并尽早融入组织，对企业文化产生认同感。为达到这一目标，北洺河铁矿在岗前培训环节采取讲授企业基本规章制度、矿情介绍、安全告知、发放企业文化手册、拓展训练等方式有意识地将企业文化、企业价值观、团队精神、基本知识和技能传播给新员工，并为他们指定"前辈导师"引领他们熟悉、适应企业环境，并定位自己的角色，初步规划自己的职业生涯。

（2）对于走向工作岗位两年以上的职工，有效提高、完善和充实员工各项技能，使其具备多方面的才干和更高水平的工作能力，减少员工工作中的消耗和浪费，提高工作质量和效率是员工培训的主要目的。为此，北洺河铁矿一方面结合岗位说明书对任职条件的设定，把岗位所需知识和技能培训提升作为重点培训内容；另一方面倡导员工通过自学提高自己的专业水平和工作能力，以便为工作轮换和横向调整以及日后的晋升创造条件。

（3）"让金子变钻石"，对于具有培养潜能的员工以及中层管理人员，培训的内容则以组织能力、沟通协调能力、决策能力、创新能力作为重点，并辅以岗位 AB 角色和岗位轮换制度的培养方式，使他们成为既懂技术又懂管理的多面手。

3.正式培训与非正式培训相结合

北洺河铁矿在重视年度培训计划实施的这种正式培训的同时，也通过柔性的方式来开发员工潜能，诸如提倡员工提合理化建议、参与或主持"四优化"项目等，通过员工参与提建议和实施"四优化"项目的过程，促使员工知识自主积累总结，并使理论知识与实践操作相结合，起到正式培训无法达到的效果。

4.完善培训组织机构

北洺河铁矿员工培训组织机构采用学院制，下设大学和专业分院。根据现有组织机构将开拓工区、采准车间、采矿车间、运输车间、提升车间、选矿车间、维修车间、动力车间八个生产单位设置为大学，并根据各专业系统分为机电、采掘、地测、质量、土建和工程预算、财务及成本、企业管理、政工、信息建设九个专业分院。并为每个学院指定了负责人，各个学院的职责是负责系统内培训计划编制、内外部讲师选拔、教材编写、实施、培训效果评估、培训材料整理等工作。人力资源部门则作为员工培训工作的牵头部门，负责年度培训计划统筹安排、指导、考核、培训费用控制等工作。

（三）取得效果

员工培训制度体系建立以来，产生的直接效果是培训项目增多，且执行效果明显提高。仅 2011 年完成各类培训项目 69 项，与 2010 年 34 项相比，多 35 项，增加一倍。2011 年受训人次为 3863 人次，与 2010 年 1266 人次相比，多 2597 人次，员工受训频率明显增多。人员从学历、职称、职业技能等级结构来看，无论在量和质上均有大幅提升。在产生这些直接效果的同时，在以下几个方面也取得了明显效果：

（1）有利于培训计划制订的针对性、系统性。各学院根据本系统生产运营中存在的问题制订培训计划，具有更强的针对性、系统性，也更符合员工培训需求。

（2）有利于培训计划的落实。由于培训计划制订的针对性、系统性较强，符合员工培训需求，并且严格的培训考核机制，确保了培训计划的有效执行。

（3）有利于增强培训效果。培训计划的制订与实施由各学院负责，在教学方法选择、授课内容编排，更注重实践操作，这有利于知识向实践的转化。

附录 7－1

北洺河铁矿职工培训管理办法

第一章　总　则

第一条　目的

为了充分挖掘员工的潜能，不断提升员工的操作技能和业务能力，使职工培训工作持续、系统、有效地开展，实现企业与员工共同发展，根据上级有关文件精神，特制定本办法。

第二条　适用范围

本管理办法适用于北洺河铁矿各类形式的员工培训工作。

第三条　培训的宗旨、指导思想和原则

员工培训工作以全员培训为宗旨。以因需施教，因材施教，灵活多样，学以致用，讲求实效作为指导思想。坚持以员工职业素养培养和综合能力提升并重，以在职培训为主，脱产学习为辅的原则进行。

第二章　培训体系

第四条　培训的内容

（一）知识培训

重点对员工进行岗位操作规程和相关知识的培训，使其具备完成本职工作所必需的基础知识和适应未来工作所需的新知识。

（二）技能培训

重点对在岗员工进行岗位操作技能的培训，使其在充分掌握理论的基础上，能自由地应用、发挥、提高和创造。

（三）素质培训

重点对员工进行企业文化、企业核心价值观的培训，建立企业与员工之间的相互信任关系，满足员工发展的需要。

第五条　培训的种类

培训种类分为入职培训、师带徒培训、专项培训、特种作业人员培训等。

第六条　培训形式

培训形式分为内部培训、外委（派）培训和员工自我培训。

（一）内部培训

1. 新入职人员岗前培训。

（1）入职培训。以适应企业环境、熟悉岗位工作内容为主的培训，培训内容包括企业文化建设，矿规矿纪教育，团队精神培养，岗位安全知识、操作规程灌输等。

（2）统分大中专学生见习期培养。新分配大中专毕业生在见习期间原则上安排在生产段队进行见习，见习期管理按《统分大中专毕业生见习期管理暂行办法》执行。

2. 岗位培训。岗位培训包括转岗培训，以提高岗位技能为主的培训；操作维护类人员岗位培训形式包括分类管理和师带徒活动等；管理类、专业技术类人员岗位培训形式包括岗位 AB 角色和岗位轮换等。

3. 专项培训。针对某项新工艺、新技术、新设备应用而组织的培训项目。

4. 特种作业取证培训。特种作业人员取证培训、考核以及证书复审考核等。

5. 其他培训。指除以上四种培训外，其他旨在提升员工的职业素养和综合能力的培训活动。

（二）外委（派）培训

外委（派）培训是指培训地点在企业或企业以外，需借助外部教育培训机构或其他组织（个人）实施的员工培训活动。

（三）员工自我培训

企业鼓励员工利用业余时间积极参加各种提高自身素质和业务能力的培训。

第七条　培训的组织机构及职责

（一）职工培训组织机构采用学院制，下设大学和专业分院，各个学院的职责是负责系统内培训计划编制、内外部讲师选拔、教材编写、培训效果评估、培训材料整理等工作。各个学院负责人如下：

开拓大学负责人：开拓工区中层管理人员

采准大学负责人：采准车间中层管理人员

采矿大学负责人：采矿车间中层管理人员

运输大学负责人：运输车间中层管理人员

维修大学负责人：维修车间中层管理人员

提升大学负责人：提升车间中层管理人员

动力大学负责人：动力车间中层管理人员

选矿大学负责人：选矿车间中层管理人员

安全分院负责人：安全管理科中层管理人员

机电分院负责人：机械动力科中层管理人员

采掘分院负责人：生产技术计划科中层管理人员

地测质量分院负责人：地质测量科中层管理人员

土建、工程预算分院负责人：工程管理科中层管理人员

财务、成本预算分院负责人：财务科中层管理人员

企业管理分院负责人：经营预算科中层管理人员

政工分院负责人：党委工作部、纪检监审科、工会委员会中层管理人员

信息建设分院负责人：信息中心中层管理人员

（二）人力资源科作为职工培训工作的牵头部门，负责年度培训计划统筹安排、指导、考核、培训费用控制等工作。

第三章　培训资源建设与管理

第八条　培训资源包括培训师、培训教材、培训设施设备、培训经费等。

（一）培训讲师分为内部讲师和外部讲师

1. 内部讲师。由各个学院负责人在全矿范围内统一选拔，每年依据培训效果的评估情况，评选优秀讲师，并给予一次性奖励。

2. 外部讲师。为广泛地引进与吸收先进技术和管理经验，加强与优秀企业、科研院所、专业培训机构、设备厂家的相互交流与合作，各个学院根据不同的需要，可以外聘优秀的讲师、专家来企业进行授课。

（二）培训教材包括内部教材和外部教材，教材的载体可以是书面文字、

电子文档、录音、录像等形式，教材由人力资源科统一管理

1. 内部培训教材通过以下渠道建设：

（1）工作过程中的经验分享与教训总结；

（2）企业本年度重大事件（成功或失败）的案例；

（3）企业各类规章制度、规程等；

（4）人力资源科统一购置的通用教材。

2. 外部培训教材引入和消化

（1）外部讲师进行培训时使用的教材（讲义），培训具体实施部门应及时整理，并交人力资源科统一归档管理；

（2）员工参加外派公开课程的，应在培训结束一周内将教材的原件或备份交人力资源科存档管理。

（三）培训设施设备

培训设施设备的建立、购置、维护和管理依照"资源共享、统筹协调、充分利用"的原则进行，各车间（部门）应积极配合矿相关部门开展职工培训工作。

（四）培训经费

员工培训经费按照上级有关规定执行，即按照工资总额的1.5%计提。培训经费的使用与控制由人力资源部门和财务部门负责，实行专款专用，严禁挪作他用。

第四章　培训的计划与实施

第九条　培训计划的编制。按照"符合实际、突出重点、解决问题、有所受益"的原则进行。各个学院在培训需求调查的基础上《员工培训需求调查表》（详见附件1），经过培训需求分析，编制培训计划表（详见附件2），最后由人力资源科汇总整理，形成矿年度员工培训计划安排。各学院年度培训项目数量要求及考核指标（详见附件3）。

第十条　培训工作流程

（一）内部培训工作流程

（1）培训大学实施的培训项目：实施单位告知人力资源科，人力资源科实施过程监控（检查出勤情况、评估培训效果），培训结束后实施单位提交培训归档材料。

（2）专业分院实施的培训项目。实施单位告知人力资源科，人力资源科实施过程监控（发布培训通知、安排培训场所、检查出勤情况、评估培训效果），培训结束后实施单位需提交培训归档材料。

（二）外委（派）培训工作流程

（1）外部讲师在矿授课的培训项目。实施学院与外部讲师签订培训协议并报人力资源科备案，人力资源科实施过程监控（发布培训通知、安排培训场所、检查出勤情况、评估培训效果、支付培训费），培训结束后实施单位提交培训归档材料。

（2）外派培训。外派培训包括年度培训计划内和临时性的外出培训项目。实施前由外派学院填报《北洺河铁矿专业技术培训审批表》（附件4）进行审批，外派培训人员应在培训结束一周内将教材的原件或备份交人力资源科存档管理。

（三）培训学院需提交的培训归档材料

包括：向主管矿领导提交的培训报告（附件5）、教学计划（附件6）、培训人员登记表（附件7）、培训通知、培训人员签到表（附件8）、培训符合性评价（附件9）、培训师使用的教材（讲义）。

（四）内部讲师培训课酬支付标准

单位：元/课时

	初级职称	中级职称	高级职称	教授级职称
工作时间	40	50	60	80
非工作时间	80	100	120	150

（五）外部讲师培训课酬按协议价格确定

（六）未经矿审批的外委（派）培训项目所发生的费用财务不予报销

第五章　培训服务协议

第十一条　企业常规性培训（职业培训）之外的需借助外部教育培训机构或其他组织（个人）实施的外委（派）专项培训项目。符合下列条件之一的，需签订《员工培训服务协议》（附件十一），约定服务期。

1. 参加国资委、五矿集团公司等组织的培训，培训时间超过3（含）天以上的。

2. 参加国家、省、市政府部门组织或行业系统内组织的培训，培训时间超过 3（含）天以上的。

3. 北泒河铁矿与外部教育培训机构或其他组织（个人）签订委托培训协议的培训项目，提供专项培训费用的。

4. 由矿业公司或北泒河铁矿组织，旨在学习先进的管理理念（手段）的各类外出考察（含进修），时间超过 3（含）天以上或人均各项费用合计超过 1000 元的。

第十二条　服务期限

1. 脱产培训 3 个月以上、不足半年的，服务期 5 年；

2. 脱产培训 1 个月以上、不足 3 个月的，服务期 4 年；

3. 脱产培训 15 天以上、不足 1 个月的，服务期 3 年；

4. 脱产培训 3 天以上、不足 15 天的，服务期 2 年。

多次培训的，培训时间累计。

第十三条　受训员工违反服务期约定的，应当按照约定支付违约金。违约金包括培训费、交通费、住宿费、生活补贴及培训期间的工资奖金等。

第六章　培训考核

第十四条　职工培训工作将作为专项考核指标纳入学院（基层单位）业绩考核中，考核结果与学院班子成员 5% 的效益工资挂钩，实行季度考核，考核办法如下：

1. 培训计划执行率（权重 1%）。该项指标考核各个学院培训计划完成情况以及按时提交培训备案材料情况。培训计划执行率低于 90% 的，每下降 1 个百分点，扣挂钩工资的 2%，扣完为止，不倒扣。

2. 考试通过率（权重 1%）。该项指标考核各个学院特种作业人员和技能升级人员的取证通过情况。考试通过率低于 100% 的，每下降 1 个百分点，扣挂钩工资的 2%，扣完为止，不倒扣。

3. 培训出勤率（权重 1%）。该项指标考核各个学院参加培训人员的出勤情况。参加培训人员出勤率低于 90% 的，每下降 1 个百分点，扣挂钩工资的 2%，扣完为止，不倒扣。

4. 培训及格率（权重 2%）。该项指标考核各个学院组织的培训项目的效果评估情况。各个学院培训项目结束后要及时对参加培训的职工进行考核，考核成绩60分为及格；及格率低于80%的，每下降1个百分点，扣挂钩工资的2%，扣完为止，不倒扣。

5. 超计划完成培训项目的学院，每多完成一项，经评估职工及格率在80%~90%的奖励学院班子成员1000元；职工及格率在90%以上的奖励学院班子成员1500元；以上费用从职工培训费中列支。

第七章　附　则

第十五条　本办法由人力资源科负责修订、调整和解释。

第十六条　本办法自下发之日起执行。《北洺河铁矿职工培训管理暂行办法》（北洺河铁矿〔2011〕14号文）、《北洺河铁矿专业技术培训管理暂行办法》（北洺河铁矿〔2008〕75号文）同时废止。

附件：

1. 员工培训需求调查表
2. 北洺河铁矿职工业务培训计划表
3. 北洺河铁矿职工培训工作年度考核表
4. 北洺河铁矿外委（派）培训项目审批表
5. 培训报告
6. 教学计划
7. 培训人员登记表
8. 培训人员签到表
9. 培训符合性评价

附件1

员工培训需求调查表

姓名		性别		学历		出生年月	
部门		职务（工种）				参加工作时间	

岗位职责与任务：

培训理由：

个人培训需求		培训内容	培训方式	培训时间	培训效果
	1				
	2				
	3				
	4				
	5				
	6				

职工签字：

说明：1. 此表作为统计职工培训需求，制订培训计划使用。

2. 要求培训内容不少于2项。

3. 此表一式一份，报人力资源科。

附件2

业务培训计划表

20　　年度北洺河铁矿＿＿＿＿＿＿＿＿单位（部门）

业务培训计划表
年　　月　　日

部门	序号	业务培训名称	培训内容	培训方式	培训范围	培训人数	培训时间	培训地点	预算费（万元）	备注

说明：1. 各车间（部门）按照本车间（部门）制订的培训计划做好培训的组织实施工作。

　　　2. 此表一式两份。一份本车间（部门）留存，一份报人力资源科备案。

附件3

培训工作年度考核表

北洺河铁矿基层单位职工培训工作年度考核表

考核项目 / 被考核部门		培训考核指标及标准					
		有无特殊工种	培训项目指标（项）	培训计划执行率（百分比）	考试通过率（百分比）	培训出勤率（百分比）	职工满意度（百分比）
职能科室	办公室	无	≥2	≥90	100	≥90	≥80
	人力资源科		≥4	≥90		≥90	≥80
	经营预算科	无	≥2	≥90		≥90	≥80
	信息中心	无	≥3	≥90		≥90	≥80
	财务科	无	≥3	≥90		≥90	≥80
	党委工作部	无	≥3	≥90		≥90	≥80
	工会委员会	无	≥2	≥90		≥90	≥80
	纪检监审科	无	≥2	≥90		≥90	≥80
	调度室	无	≥2	≥90	100	≥90	≥80
	生产技术计划科	无	≥4	≥90		≥90	≥80
	安全管理科	有	≥4	≥90	100	≥90	≥80
	质量管理科	无	≥3	≥90	100	≥90	≥80
	地质测量科	无	≥3	≥90	100	≥90	≥80
	机械动力科	无	≥4	≥90	100	≥90	≥80
	工程管理科	无	≥3	≥90		≥90	≥80
	物资供应科	无	≥2	≥90	100	≥90	≥80
	营销科	无	≥2	≥90		≥90	≥80
	保卫科	无	≥2	≥90	100	≥90	≥80

续表

考核项目　　被考核部门		培训考核指标及标准					
		有无特殊工种	培训项目指标（项）	培训计划执行率（百分比）	考试通过率（百分比）	培训出勤率（百分比）	职工满意度（百分比）
生产单位	开拓工区	有	≥3	≥90	100	≥90	≥80
	采准车间	有	≥3	≥90	100	≥90	≥80
	采矿车间	有	≥3	≥90	100	≥90	≥80
	运输车间	有	≥3	≥90	100	≥90	≥80
	提升车间	有	≥3	≥90	100	≥90	≥80
	选矿车间	有	≥3	≥90	100	≥90	≥80
	维修车间	有	≥3	≥90	100	≥90	≥80
	动力车间	有	≥3	≥90	100	≥90	≥80
	汽车队	无	≥2	≥90	100	≥90	≥80
	行政事务科	无	≥2	≥90	100	≥90	≥80

备注：1. 参加矿山主体工种分类考核的单位相当于完成一项培训。

2. 涉及特种作业取证培训、技能等级升级培训的单位考核考试通过率指标，其他部门不执行此项考核。

附件4

北洺河铁矿外委（派）培训审批表

填表时间：　　　年　　月　　日

外派培训项目	培训项目名称	
	培训地点	
	是否签订委托培训协议	是□　　　　　否□
	受委托培训机构（个人）全称	
	培训时间	年　　月　　日　至　年　　月　　日
	参加人员姓名	
	预算费用	
	培训需求原因	
	培训需达到的目的	
外派培训审批	部门意见	年　　月　　日
	主管领导意见	年　　月　　日
	人力资源科意见	年　　月　　日
	主管领导意见	年　　月　　日
其他事项		

附件5

关于进行×××××培训的报告

矿领导：

　　根据矿××××年系统培训计划安排，定于×月份对××××人员进行××××业务技能的集中培训，具体工作安排如下：

　　1. 培训时间：××××年×月×日××：××

　　2. 培训地点：矿培训室

　　3. 培训方式：集中上课

　　4. 培训费用：预计×××元

　　妥否，请批示。

×××××××××

××××年×月××日

附件6

教学计划

教学目的与要求	
培训内容	
培训时间	
培训课时	
任课教师	
考核方式	

单位（盖章）

年　　月　　日

附件7

培训人员登记表

培训班名称：　　　　　　　　　　　　　　　　　培训班人数：

单位	姓名	性别	学历	出生年月	职称	职务（工种）	考核成绩	备注

附件8

培训签到表

单位	姓名	年 月 日		年 月 日		年 月 日		……
		上午	下午	上午	下午	上午	下午	

附件9

北洺河铁矿××××年度××××××培训符合性评价

一、培训职工人数：××人

二、培训内容：

1.

2.

三、培训目的：

四、培训达到的实际效果：

评价人：×××　×××　×××

××××年×月×日

三、操作维护类职工分类管理

为了贯彻"尊重劳动、尊重知识、尊重人才、尊重创造"的理念，全面实施人力资源开发战略，创新人才培养机制，充分调动广大职工学知识、钻技术、努力提高岗位本领的积极性，为北洺河铁矿和邯邢公司提供人才支持。2010年6月，北洺河铁矿在矿山主体工种和技术含量较高的工种之中开展了操作维护类职工分类管理工作。

（一）产生背景

从邯邢矿业公司矿业发展的需要来看，邯邢矿业公司"十二五"规划进一步将公司主业定位于矿业开发，"十二五"规划为公司今后五年矿业开发描绘出了宏伟蓝图。随着公司矿业开发的不断深入以及大量先进采掘设备的应用，对冶金矿山主体工种和高技术含量职工队伍的综合素质、操作技能提出了更高的要求，正如"十二五"规划中提到的要"建立一支素质优良、技能过硬、勇于奉献的技能人员队伍"，如何建立这样一支队伍，通过怎样的途径和方法建立这样一支队伍，这项重要的管理课题，摆在了每一位管理者的面前。

从北洺河铁矿自身生产经营的需要来看，北洺河铁矿作为邯邢矿业公司支柱矿山，不仅肩负着为公司多创效益的重担，同时也肩负着为公司矿业开发提供各类所需人才的重任。如何培养人才，使他们尽快成长起来，怎样培养能到达较好效果，形成怎样的人才培养模式和人才梯队，既能满足人才输出的需要，也能满足自身生产经营的需要，这同样也是摆在北洺河铁矿每位管理者面前的重要课题。

（二）工作内涵

以人力资源管理中强制分布考核法为理论基础，从实践操作和劳动态度两个层面（各占权重50%），六个维度对参与分类管理的人员进行综合考量，根据综合分值分为特级、一级、二级、三级四个级别，并规定一级人员一般不超过工种人数的20%，三级人员一般不低于工种人数的10%，特级人员一般在一级人员中由车间推荐产生，并对特级人员推荐条件进行了详细规定。

为确保该项工作有效开展，还对参与分类管理人员采取了必要的激励措施，这些措施包括实行操作维护类职工分类管理，将职工考核（为效益工资分配提供考核依据）、培养积极的劳动态度和师带徒活动三者有机结合；为北洺河铁矿主体工种和高技术含量工种实践操作测试建立起了一套针对性强、可操作、测试效果明显的实践操作试题库；为培养操作维护类职工队伍，充分调动广大职工学知识、钻技术，努力提高岗位本领的积极性，北洺河铁矿持续发展提供人才支持搭建了平台。

（三）主要做法

（1）起草并下发了《北洺河铁矿操作维护类职工分类管理暂行办法》（北洺河铁矿〔2010〕47号，2010年5月8日），文件规定了参与分类管理的车间，以及该矿主体和技术含量较高的工种。明确了操作实施的程序方法和特级、一级师带徒活动及激励措施等内容。

（2）鉴于该矿生产任务重、参加分类管理的部门多、工种多、人员多的现状，采取先试点后推广的方式，每月一个部门的方式实施。

（3）以车间为单位，根据本车间参与分类管理的工种情况，由车间负责实践测试题出题工作，然后由人力资源科组织4~6人的审题小组进行审核，提出修改意见后，纳入该矿实践测试题库。

（4）组织劳动态度测评与实践测试，整理成绩，完成分类工作。

（四）实施效果

（1）此项工作自2010年6月29日开始实施，截至11月末，共完成维修车间、动力车间、提升车间、采矿车间四家车间的操作维护类职工分类管理工作。期间共有 218 人次参与此项工作。产生特级人员 3 人，15 对职工明确了师徒关系，签订了师徒协议。

（2）为该矿主体工种和高技术含量工种实践操作测试建立起了一套针对性强、可操作、测试效果明显的实践操作试题库。为今后该矿开展相关技能培训和测试工作提供了资料。

（3）实行操作维护类职工分类管理完善了岗效工资制度，为操作维护类职工效益工资分配提供考核工具，激励留住优秀职工，培养操作维护类职工队伍，充分调动广大职工学知识、钻技术、努力提高岗位本领的积极性，为该矿持续发展提供人才支持。

附录 7 - 2

北洺河铁矿操作维护类职工分类管理暂行办法

制度名称	北洺河铁矿操作维护类职工分类管理暂行办法	编　号	1 - 1 - 06 - 08 - 11
编辑部门	人力资源科	考评部门	人力资源科
执行部门	矿属各单位	监督部门	制度执行督察组

第一章　总　则

第一条　为了贯彻"尊重劳动、尊重知识、尊重人才、尊重创造"的理念，全面实施人力资源开发战略，创新人才培养机制，充分调动广大职工学知识、钻技术、努力提高岗位本领的积极性，特制定本暂行办法。

第二条　分类管理的人员范围

在矿山主体工种和技术含量较高的工种之中开展分类管理工作。

第三条　人员类别划分及所占比例

1. 参加分类管理的工种由高到低依次划分为：一级、二级、三级，三个类别。

2. 初次分类每类人员所占的比例：一级人员一般不超过工种人数的 20%，三级人员一般不低于工种人数的 10%。

第二章　人员分类程序及激励措施

第四条　人员分类按照以下程序开展：

1. 在全矿范围内发布《参与分类管理的工种表》（附件1），公布分类管理的工种。

2. 由人力资源科、工会、相关车间和生产科室的人员组成分类管理工作小组。

3. 考评方式分为劳动态度测评、实践测试两种方式，劳动态度测评权重占50%，实践测试权重占50%。

4. 车间在矿公布的工种范围内上报《分类管理的人员基本信息表》（附件2），明确参与人员。

5. 劳动态度测评：劳动态度测评内容包括工作积极性、劳动纪律、团结协作、内部作用发挥等内容；参加测评人员一般由本段队（班组）成员、车间班子成员、相关工程技术人员、上下游段队（班组）职工代表组成。

6. 实践测试：实践测试题由分类管理工作小组结合每一工种的工作内容进行统一命题，不同工种以及不同车间的相同工种在命题时都要体现出具有针对性的测试内容，评分标准要具体、明确、客观分段划分，并按照《实践测试题型及评分标准模板》（附件3）的样式向分类管理工作小组提供实践测试题，实践测试题应妥善保管，防止泄密；实践测试工作由分类管理工作小组在参加分类管理人员的作业现场进行。

7. 分类管理工作小组依据综合测评结果确定初步人选，提交矿党政联席会研究决定。

第五条　分类管理人员的激励措施：

1. 分类管理人员的级别作为效益工资分配的依据，工种相同的每类人员在正常出勤情况下月效益工资级差不低于60元；

2. 矿将对分类管理人员中一级人员进行奖励，并从评优、推先、技能等级聘任等方面予以政策上倾斜；

3. 一级人员的优惠政策：

（1）享受带徒奖励。带1名徒弟经考核合格者年奖励1200元，带2名徒弟经考核合格者年奖励1800元；

（2）优先推荐局矿标兵、先进生产工作者；

（3）优先聘任技师或高级技师。

第三章　分类人员的日常管理

第六条　分类人员实行动态管理，分类管理工作小组每季度测评一次分类人员的劳动态度，每年测评一次劳动技能，依据测评综合结果每年对分类比例及相应的人员构成进行调整。

第七条　针对参加分类管理人员个人绩效难以评估的特点，效益工资分配可以在劳动态度测评的基础上适时调整。

第八条　开展一级人员带徒弟活动，师徒关系采用组织搭桥，双方自愿的方式确立，徒弟需填写《徒弟申请表》（附件4）。经矿审批后师徒关系确立，师徒要签订《师徒协议书》（附件5），协议期为一年，协议期内享受相应的带徒奖励。

第九条　一级人员的带徒奖励在考核的基础上动态发放，考核分为师傅和徒弟两部分，考核结果分别与奖励金额的50%挂钩。

1. 师傅的考核按照《一级人员业绩考核表》（附件6）规定的内容，每季度由分类管理工作小组实施，考核内容包括传帮带作用发挥、协议落实情况、培养计划完成情况、出勤情况等；考核成绩在80分及以上的视为优秀全额兑现奖励，考核成绩在70分及以上的视为合格兑现80%的奖励，考核成绩在60分及以上的视为基本合格兑现60%的奖励，考核成绩在60分以下的视为不合格不予奖励。

2. 徒弟的考核每年进行一次，考核成绩以分类管理测试成绩为主，结合培养目标完成情况等。徒弟测试成绩在80分及以上的，全额兑现师傅奖励；徒弟测试成绩在70分及以上的，兑现80%的师傅奖励；徒弟测试成绩在60分及以上的，兑现60%的师傅奖励；徒弟测试成绩在60分及以下的，师傅不予奖励。

第十条　一级人员以及所带徒弟离开本岗位的或工作部门发生变化的，师徒协议自动解除，并取消一级人员相应的待遇。

第四章　附　则

第十一条　为确保此项工作有序开展，矿成立分类管理领导小组。

组　　长：矿长或党委书记

副组长：其他副矿长

成　员：人力资源科、生产技术计划科、机械动力科、工会委员会及相关车间的人员组成。

第十二条　本暂行办法与上级规定不一致的按上级规定执行。

第十三条　本暂行办法由人力资源科负责解释，自下发之日起执行。

附件：

1. 参与分类管理工种表
2. 分类管理人员基本信息表
3. 实践测试题型及评分标准模板
4. 徒弟申请表
5. 师徒协议书
6. 一级人员业绩考核表

编制日期	2011 年 10 月	审核日期	2011 年 11 月	批准日期	2011 年 12 月

四、选矿车间人性化管理体系建设

北洺河铁矿选矿车间于 2005 年初成立，10 月 18 日试生产。面对这样一个新的团队，管理是稳定生产的重中之重。如何加强管理，使之能成长为一支高素质、能打硬仗的队伍就尤为关键。该车间坚持以人为本，以精选优质产品，磨炼优秀队伍为目标，以操作规范化、管理制度化为路线，努力探索科学适用的管理模式。

（一）建设背景

北洺河铁矿矿石上井后全部由一个车间——选矿车间来完成后续所有生产工作，选矿车间是全矿包含生产工序最多的车间，各工序需衔接紧密，这就造成选矿车间独特之处。生产人员 220 名，职工均由其他岗位调入，多数没有从事过选矿工作，对选矿工艺了解较少，没有工作经验，其中还包括 1/3 的女职工。人员多、设备多、工序多、战线长，管理好这"三多一长"的车间首先要从管理机构抓起。车间成立之初主管领导明察暗访从其他车间抽调有经验、有能力的职工组成车间骨干团队，分别担任段长、班长、组长等职务。同时借鉴了其他矿山选矿车间的管理模式和制度。

2005年10月试生产后，随着各项工作的陆续开展，产量的不断增大，明显暴露出了老的管理模式的不足。工艺流程要不断改进，各工序间要默契配合，才能满足生产运行需要，无论从车间领导还是普通职工都在高度紧张的状态下工作。而老矿山的管理模式只适应于工序少、人员少、产量小的疏散型作业，借鉴的模式和制度根本不适合北洺河铁矿选矿车间的现状。职工们抱怨频频，"跑、冒、滴、漏"成了正常现象，设备小事故不断；人员滑倒、碰伤事故时有发生，作业现场淤、冒的精矿随处可见，管理状态一片混乱。

（二）体系建设

根据车间现状，领导们决定不能穿新鞋走老路，要探索出一条适合自己的管理模式。先从制度入手，对于借鉴的制度取其精华去其糟粕，制订出适合自己的管理制度。

建厂以来车间先后出台了100余项管理制度。并根据生产的需要不断对制度进行完善、补充。随着新制度的下发，职工们由原来的国企工作天天混的思想，逐渐向在制度约束下工作转变。当时职工经常挂在嘴边的一句话就是："白纸、黑字、红章有规定咱照办，没有制度的靠边站。"《调度会考核办法》、《粉矿装车标准》、《请销假制度》、《午餐时间值班规定》、《设备维修标准》、《班、段长操心费考核办法》等制度相继建立起来，制度下的一个比一个具体，基本细到进入作业现场的一举一动都得按制度来办。

领导要以身作则，职工要按章办事，全员处于紧张、焦虑状态。虽然有效地缓解了作业现场的混乱状况，做到了事事有人管，但人与人之间的关心少了，距离远了，感情淡了，这样的状况有悖于车间以人为本的初衷。

（三）人性化管理内容做法

如何激励职工，怎样才能让职工树立"厂荣我荣、厂耻我耻，以厂为家"的意识，形成职工间互助、友爱、和谐的氛围，成了车间管理的头等大事。以人为本、最终实现人性化管理，形成自己的一套管理体系才是车间管理的最终目标。选矿车间人性化管理体系包括三个方面：人的管理、设备的管理、生产组织管理。

1. 人的管理

车间职工来自不同的矿山，不同的岗位，受原有工作习惯、管理模式的影响，职工思想很难统一。怎样把大家拧成一股绳，劲往一处使，一方面，从思想上教育和感化，组织职工学习《工作为了谁》，使他们了解工作的实际意义，摆正心态；另一方面，根据现状，领导班子决定召开车间级职工代表大会。大会代表由班、段长、生产骨干和职工选出的本班组的代表组成。第一次职代会成功召开，大家的提案涉及车间方方面面的意见和建议。职代会的召开使职工逐步体会到了车间不是某位领导的而是大家的，车间的事情也要靠集体的力量才能管好。通过多次职代会的召开逐步理清了思路，解决了两个问题。

（1）尝试民主管理——顺利过渡工资改革。工资改革是职工最关心的问题，车间在工资改革前先逐岗做了大量调查，把每个岗位存在的问题及每个年龄段的职工存在的问题摸清、探透。民主选举产生了35名职工代表，成立了选矿车间职工代表组织。给各位代表下发了工资改革相关知识的材料，对选矿车间工资改革的目的、目前工资分配方法、目前工资分配方法的缺点、工资改革后的车间对班组的分配原则及方法、车间对班组再分配的指导原则等作了详细解释。讨论通过了5条工资改革方案。职工代表参与车间民主管理由热情高涨逐步过渡到理性。不仅打破了"大锅饭"式的平均分配方式，使该车间的工资改革圆满画上句号，而且对该车间在今后管理方面疑难问题的解决也提供了成功的方法和经验。

现行工资分配原则及程序如下：

第一，每月矿工资结算额下发到车间后，车间在第一时间召开工资分配会，根据车间内部承包方案及当月内部考核情况，由成本员出具班段当月考核结算单、劳资员出具工段工资结算单。

第二，工段（班）根据车间考核情况及工段（班）内部考核情况，对班（组）出工资结算单。

第三，各班段要根据上月各项考核情况把工资下发到各小组。

第四，各小组由小组长根据本月的个人出勤、劳动态度、遵章守纪等情况及本月业绩情况等进行分配，分配后编制说明予以公布并接受上级负责人监督。再根据小组工资分配制度把工资分配到个人头上。

第五，工资分配完后，要求职工签字认可（签字率达60%以上），统一由各班段长签字上交劳资员，然后由劳资员交由主任审批。

第六，主任审批完后，由劳资员造工资表、备案。

第七，工资表造好后在车间调度室公示，方便职工查阅和查疑。

本程序是本着内部定岗定员、同岗同薪的原则，指导班、段按劳分配。

车间实行工资公开透明化的目的在于使职工不仅对自己的工资构成有所了解，也可以通过这种方式监督和杜绝不合理分配现象的出现。这种做法的推行，需要工资分配者与广大职工积极沟通，把分配的每一项具体内容表述清楚，真正地体现出车间工资按劳分配、多劳多得的分配形式。分配方式运行至今职工就工资分配问题没有出现过质疑。

（2）深挖内潜，降本增效——成本管理严控制。如果说质量是企业生存的根本，那么成本是企业竞争的利刃。在成本管理方面，车间先从预算着手，逐一对矿下达的预算指标分到班、组，实物量预算达到80%以上。在生产过程中，严格控制领发料程序，强化材料、备件用量的考核管理工作，车间就经常性消耗物资在各班组跟踪定量，制定了各班组劳保常用定量表。班组成本核算从小处着手，从班组经常性、易浪费、易流失的物资着手，逐项进行定量，逐步进行落实、每月使用量与预算相比较进行差异考核，其结果在当月工资结算时成本考核项兑现。工作中能量化的指标全部量化，从每班的定量加球，定时、定量、定点注油，固定铲车停车位，规定班段使用铲车时间等等。长期以来的成本考核使车间班、组长及大部分职工养成了良好的成本节约意识，每次检修会把降低成本当成必要的大事，从每一项检修工作的计划期就把各种主、辅用料作详细计划，在准备会上与技术骨干一起研究最佳检修降耗方案。通过车间制定的一系列制度、考核、落实、兑现，使大部分职工能在"我要节约"的状态下组织生产。

2. 设备管理

选矿车间大小设备上千台，约占该矿总设备的1/3，设备出了问题，生产、效益一切都是空话。如何做好设备管理？该车间的主要做法是：①加强设备技术基础工作管理，设专人记录、整理、填写、保管设备技术档案；②建立健全各项设备管理制度，加强班组管理，强化设备管理意识；③车间定期进行设备检查，对不合格项目以"四定表"形式限期整改，并定期复查；④每月定期召开设备例会，加强设备检修、维护、保养，确保设备维护率、完好率；⑤设备润滑严格遵守"五定管理"，确保设备定期润滑保养。除了做好基础工作外，他们还自主开发了设备管理软件。

（1）设备管理软件的开发应用。为进一步深入推进精细化管理工程，该车间积极尝试计算机辅助管理软件的开发。根据该车间实际需要，利用 Visual Basic 编程工具结合 ACCESS 数据库，开发出适用于车间设备管理的软件系统。

其主要功能：根据设备的维护周期，按照系统设置的维护时间，定时提示比如机械备件更换、电气设备维护、设备润滑等信息；软件设置有车间备件和材料库存的管理模块，可实现车间库存的实时管理；可以将其他一些定期考核的项目输入考核管理模块方便车间管理。

（2）设备管理软件功能展示。设备管理软件的各项功能展示如下：

第一，系统登录：有操作权限的人员用户名显示在列表框中，鼠标点击用户名并输入密码，点"确定"按钮，即可进入系统主界面，同时弹出预警信息报警界面。

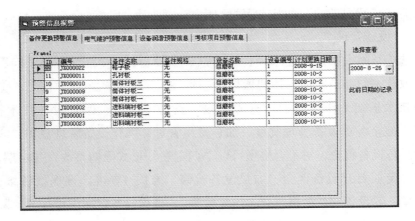

第二，预警信息报警界面。

显示符合报警条件的信息，即需要在近期安排工作的信息，车间可根据该界面显示的信息内容安排工作任务。

第三，主界面。

软件的所有功能都以图标的形式显示在界面中，鼠标点击功能图标即可进入该项功能模块。

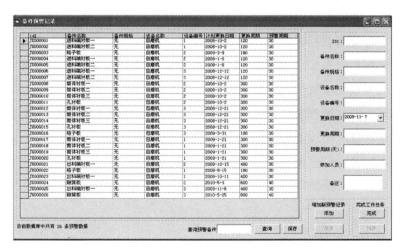

第四，设备管理模块。

一是备件预警记录界面。备件预警记录模块可向数据库添加新的预警信息，同时将该信息作为备件的更换记录添加到备件更换记录表中。对已完成的预警任务，可以在点击列表中的信息后，在右侧相应的信息栏中做好修改，点击 完成 和 保存 按钮将备件的更换记录添加到备件更换记录表中，同时更新预警信息中"计划更换日期"的时间信息。

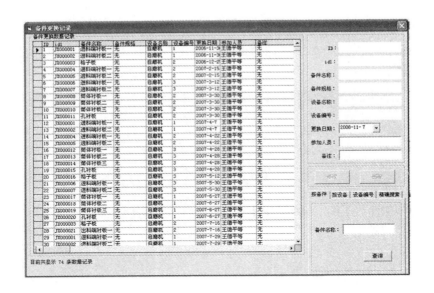

模糊查询功能：输入备件名称的关键字点击查询按钮即可查询到包含关键字的相关信息。

二是备件更换记录界面。列表框中显示所有备件更换信息，点击相应记录后可在右侧信息栏中作修改和删除等操作。可用右下侧的查询功能对备件更换记录作相应查询，从而达到分设备、分备件的归类汇总，方便车间对备件的使用周期作出科学的统计。

第五，电气管理模块、设备润滑管理模块和考核管理模块的功能和操作方法与设备管理模块类似。

第六，备件管理模块。

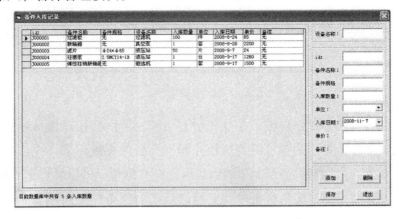

一是备件入库界面。

对车间备件入库情况作详细记录，并可以对已输入的数据进行相应的修改和删除。添加备件入库记录的同时更新相对应的备件库存数量。

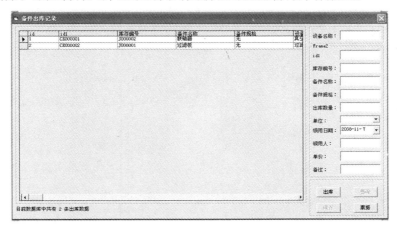

二是备件出库界面。对车间备件出库情况作详细记录，并可以对已输入的数据进行相应的修改和删除，添加备件出库信息的同时更新相对应的备件库存数量。

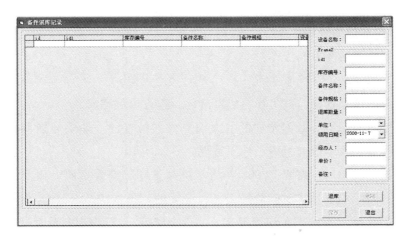

三是备件退库界面。对不合格备件的退库情况作详细记录，并可以对已输入的数据进行相应的修改和删除，添加备件退库信息的同时更新相对应的备件库存数量。

四是生产领料单界面。将机动科的备件出库票输入到数据库中，利用查询功能可以方便地统计出各种备件的出库量等信息。

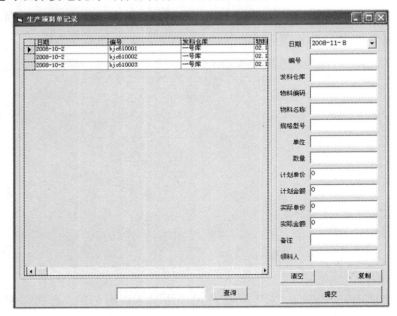

通过该软件的应用车间设备管理做到了预知维修，确保了设备完好率，为完成各项生产任务奠定基础。

3．生产组织管理

重点抓了两个方面工作：

（1）理念先行，方法护航——生产管理上台阶。

理念：负起责任，把工作当成自己的，想方设法完成。

方法：人们不会做你希望的，人们只做你检查的。如果你强调什么，你就检查什么，你不检查就等于你不重视。

根据生产和运行需要，2008年为了提高管理层综合素质、规范管理人员的言行，制定了《选矿车间管理人员对下属的八条戒律》、《选矿车间管理人员的八项准则》、《选矿车间管理人员的行为规范》、管理理念及管理格言，要求班长以上管理层学习并悬挂于车间调度室予以警示。

班长以上调度会开始推行工作任务单复命制。每天早调会由调度长下发当日工作任务单，次日通报上一工作日任务单完成情况。没有完成的需说明原因，是条件不具备？还是人手不够？还是技术达不到？做到不查清责任不放过，该谁承担谁承担的责任追究制有效避免了干工作相互推诿扯皮及"老好人"现象的出现。

严格执行周二的设备、安全文明生产巡检制度，发现问题以"四定表"的形式在周三早调会上下发给班段长，限时整改，由专人验收整改效果，做到不到位、不合格绝不放过。对没有及时整改和违章违纪的情况在当月工资结算中考核，按规定扣除结算工资调整分配。

调度室实行岗位信息采集、生产指令落实检查制度，每日当班调度接班后按工序在各岗位进行生产信息采集，能当场协调处理的立刻处理，同时对当日下达的生产指令核实落实情况，其结果按规定列入考核项目，有效地提高了生产组织力度，执行力和工作效率得到明显提升。

（2）重过程、看痕迹——班组管理精细化

2008 年在制订承包考核方案时充分考虑各班组实际情况，对班组管理从多方面、多角度制订考核项目落实责任人。对班组实行挂钩项目相同但考核内容不同，如生产班组在质量项挂钩的是精矿品位，维修班组考核的是维修质量，每月由技术组对维修质量进行验收把关。在做好班组全面预算管理准备的同时，2008 年正式运行班组核算。严格按照承包方案条款和车间现行的其他考核制度执行，并鼓励班组在承包的范围内制定自己的管理办法，提倡班组自我管理，开展班组管理工作互评，并成立考核监督小组。使月考核结果公平、公正、公开，有效提高了职工工作积极性。

在考核方面成立了考核、监督小组，工资分三部分挂钩考核，安全方面人均 1000 元，成本控制人均 1000 元，产量、质量等其他考核项为第三部分。各考核项目落实到具体负责人，由调度考核生产指标完成情况及指令执行情况，包括精矿水分，各班组主要设备的作业率，各班组影响大系统的时间，各种生产指令的落实，班前会及车间调度会考勤及其他有关生产的单项、临时性考核。成本员考核产量、质量、班组单项工程、班组成本考核、废旧物资回收、数据传递等数据方面统计指标。安全员考核违章违纪、安全指令落实情况、文明生产及综合治理等安全文明生产方面。技术组考核维修质量、修旧利废质量，设备运转情况，升旗人员出勤、记录本登记情况等技术项目。组长以上的工作业绩由上一级负责考核，段长业绩由主管主任考核。每月在规定时间内下发各种考核表，逐级考核逐级核算，严格考核和分配程序，及时公开考核、分配结果。这样的精细化管理方式使职工深深体会到，工作不能吃大锅饭，并有力地监督了班组长的各项分配权利，提高了职工的工作热情。尤其是 2008 年至今开展班组明星员工评选活动以来，每月当选的明星员工其事迹材料在班前会上由本人与职工交流，在职工中形成一种比、学、赶、帮、超的氛围，使选矿车间这个优秀的团队更加团结奋进，爱岗敬业，尽职尽责。

案例 7 – 1

先锋班组

为了加强职工管理，提高职工的工作积极性和主动性，并在车间范围内创建安全意识高、安全素质好、质量和成本意识强、工作积极性高、职工凝聚力强、执行力高的先锋典型班组，选矿车间制定了《先锋典型班组创建评审办法》。该办法规定了车间内部先锋典型班组的标准、创建、评审以及奖罚等工作流程，并在所有班组范围内开展先锋典型班组创建活动，采取班组自主创建、车间评审的方式进行，其主要目的是提高班组的自主管理能力和制度执行力。

先锋典型班组的创建，由班组在月初提出创建申请，车间评审小组在次月初对该班组的各项工作进行评审，而后根据评审结果给予一定的奖惩，并在车间范围内进行公告。该制度自 2012 年 8 月实施以来，供矿班、排尾班和厂内钳工班分别创建了全面典型班组、安全基础工作先锋班组和服务先锋班组，三个班组的工作积极性、责任心、自主管理能力和工作绩效较其他班组有了明显提高。

（四）实施效果

选矿车间在建立健全各项规章制度的基础上，以制度落实为工作主线，以过程管理和痕迹管理为手段，以班组业绩考核为依据，以车间及调度指令为补充，以严格工资分配程序为保障，充分调动了每一位职工的积极性。逐步形成了具有选矿特色的人性化管理体系，几年来职工对领导班子的信任度增强了，相互之间的感情加深了，自身素质提高了，职工幸福指数一路飙升。

（1）职工"三违"现象明显减少，从而降低了安全事故的发生。安全事故由原来的平均每年 17 人次，降低到 2012 年的 8 人次。

（2）职工自身素质提高了，相互之间的感情加深了，摩擦和冲突减少了，营造出宽松、和谐的工作环境。

（3）全体职工的凝聚力和向心力明显增强，职工对领导班子的信任度进一步提高。

附录 7 - 3

选矿车间管理人员对下属的八条戒律

1. 戒打骂员工。　　5. 戒参与赌博。

2. 戒侮辱员工。　　6. 戒接受员工的贿赂。

3. 戒包庇员工。　　7. 戒在工作中与员工称兄道弟。

4. 戒报复员工。　　8. 戒在员工中传播谣言挑拨离间。

附录 7 - 4

选矿车间管理人员的八项准则

1. 有明确的目标　　5. 践行沟通无极限

2. 做正确的事　　　6. 常以主人自居

3. 合作制胜的理念　7. 服务至上为己任

4. 具备积极的心态　8. 追求卓越的素养

附录 7 - 5

选矿车间管理人员行为规范

1. 务必负起责任　　2. 务必主动进取

3. 务必友好合作　　4. 务必敬业到位

5. 务必服从领导　　6. 务必谦虚诚实

7. 主导意识强烈　　8. 结果导向明晰

9. 法制精神浓厚　　10. 奉献精神强烈

附录 7 - 6

选矿车间管理格言

态度决定一切，现场发生的问题，90% 来源于心态、10% 来源于能力。

如果每天对工作进行改善与提高 1%，70 天以后，工作效率可以提高一倍。

员工的素质低，不是你的责任，但不能提高部下的素质，是你的责任。

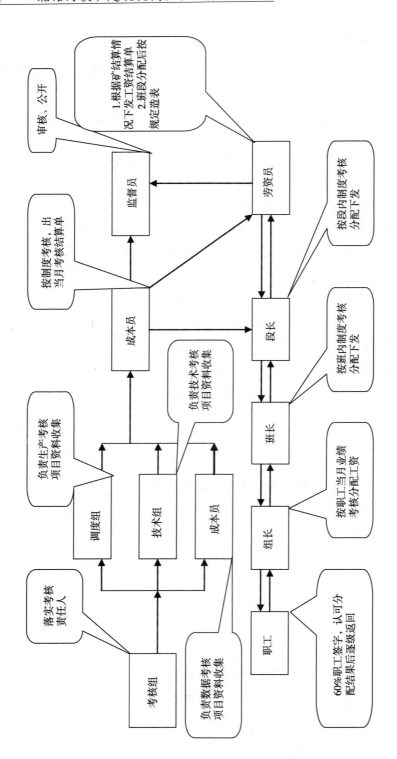

附录图7-1　选矿车间考核结算流程图

第八章　经营管理方法

在公开报道的国内外企业中，成功的企业无一例外都有独具特色的本企业核心管理方法，例如丰田的精益生产，通用电气的六西格玛，海尔的日清日结等。企业管理难的不在于基本原理的获取，而在于根据基本原理，创造出适合自己企业的特色方法。矿山企业本来就是各行业中的管理洼地，北洺河铁矿勇于实践，将基本管理原理与实际相结合，积极探索适合矿山特点的经营管理方法，并形成丰富的方法体系，是一种有益的创新性尝试。

一、矩阵式全面预算管理

（一）概念内涵

全面预算管理是为数不多的能将企业所有问题纳入一个系统思考和管理的方法，国内采掘行业企业都在使用。北洺河铁矿在实践中创新提出了矩阵式全面预算管理方法。

"矩阵式预算"是"两类三级矩阵式全面预算管理方法"的简称，是基于北洺河铁矿现行管理组织架构定义的，是一种将数学中的"矩阵"形式与全面预算管理方法相结合的预算管理方法。

1. 两类三级

两类指专项预算和综合预算。专项预算指产量、质量、工程、人员、成本费用等各职能部门的板块预算。综合预算是指车间编制的包括各种板块因素在内的车间综合预算。三级指矿级、车间级和班组级三级预算。矿级预算由专业预算和车间综合预算平衡生成；车间预算由矿预算按责任主体分解生成；班组预算由车间预算分解生成。

2. 矩阵式

北洺河铁矿是借用数学上的"矩阵"形式来定义预算组织的。以其现行组织机构为框架，由财务、供应、机动、技术、质量、人力资源等职能科室组成横向坐标，10个基层车间形成纵向坐标，组成一种交叉的、双向互动的"矩阵"组织形式，实现全员、全面、全过程的预算管理目的。

3．全面预算管理

全面预算管理是企业内部管理控制的一种方法，是利用预算对企业内部各部门、各单位的各种财务及非财务资源进行分配、考核、控制，以便有效地组织和协调企业的生产经营活动，完成既定的经营目标，是企业全过程、全方位及全员参与的预算管理。

4．矩阵式预算

为准确发挥矩阵式的优点和全面预算管理整合、控制和决策的核心功能，北洺河铁矿创造性提出"两类三级矩阵式全面预算管理方法"，其内容是以其现行组织机构为框架的一种全员、全面、全过程的管理行为。北洺河铁矿矩阵式预算编制示意图如图8-1所示。

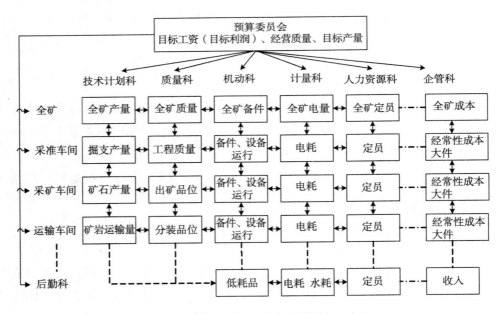

图8-1　北洺河铁矿矩阵式预算编制示意图

（二）主要做法

1．建立预算组织体系

预算组织体系主要是以现有组织机构为基础，按预算管理需要设立，包括预算委员会、专职管理部门、参与管理部门、责任中心。

预算委员会负责设立标准、协调预算、审定预算、监督执行、认定结果、评价考核等，由矿领导、主要业务部门组成。

专职管理部门负责业务组织、平衡调整、监控协调、反馈考核等工作，对公司财务预算由财务科负责，对内管理预算由企管科负责（2010 年转财务科负责）。

参与管理部门负责从专业技术角度参加专项预算的编制、平衡、控制、分析，包括技术计划科、机动科、人力资源科等科室。

责任中心负责落实执行预算，包括成本中心和费用中心，成本中心主要指车间。车间向下分解到班组，班组（或机台）也是成本责任中心；费用中心主要指科室。

2. 建立预算内容体系

包括矿级预算 19 项、车间预算 11 项、班组预算 6 项（见表 8 – 1）。

表 8 – 1　　　　　　　　　　　预算内容体系

	矿级预算内容	
序号	预算项目	简单说明
1	预算说明	编制原则、办法，运行管理职责分工，调整程序
2	预算目标表	年度生产经营管理十项主要控制指标
3	利润表	按财务核算规范编制的利润预算
4	产品产量	主要是采、掘、支的产量指标
5	经济指标	包括采矿指标、选矿指标、设备运行、安全指标
6	完全成本	精矿完全成本
7	铁精矿成本	包括入选原矿成本、选矿加工费构成指标
8	铁矿石成本	包括铁矿石的成本构成十项指标
9	选矿加工费	包括选矿加工费构成十项指标
10	矿控大件	各车间年度大件更新项目及费用预算
11	矿控大修	各车间年度设备大修项目及费用预算
12	单项工程	各车间年度单项工程项目及费用预算
13	外委工程费	包括开拓工程、外委掘进、联采矿、工程孔等
14	维修费预算	各车间年度维修项目及费用预算

续表

矿级预算内容

序号	预算项目	简单说明
15	低值易耗品	各车间年度低值易耗品项目及费用预算
16	管理费用	全矿管理费用的固定和变动两部分费用预算
17	定员预算表	各单位年度劳动力定员预算
18	车间库存	各车间年度物资库存定额
19	物资回收	各车间年度废旧物资回收计划

车间级预算内容

序号	预算项目	简单说明
1	产量指标预算	本车间涉及的产量指标年度预算
2	经济技术指标	车间涉及的采矿指标、选矿指标、设备运行、安全指标
3	经常性成本费用预算表	包括车间材料、备件、动力费、制造费、工资四项
4	较大构件更换	车间年度大件更新项目及费用预算
5	大修预算表	车间年度设备大修项目及费用预算
6	单项工程预算	车间年度单项工程项目及费用预算
7	维修费预算表	车间年度维修项目及费用预算
8	低值易耗品	车间年度低值易耗品项目及费用预算
9	定员预算表	单位年度各岗位（工种）劳动力定员预算
10	车间物资库存	车间年度物资库存定额
11	废旧物资回收	车间年度废旧物资回收计划

班组级预算内容

序号	预算项目	简单说明
1	产量指标预算	产量指标年度预算
2	质量指标预算	班组直接作业项目的质量指标
3	经常性成本费用预算	班组可控的材料、备件、动力费
4	设备指标预算	主要是设备管理综合评分指标
5	安全指标预算	主要是安全管理综合评分指标
6	经济技术管理指标预算	班组的作业、关键物耗、精神文明、指令管理、培训等

3．建立预算流程体系

预算流程体系包括预算编制、预算的执行监控和预算考核三部分：

（1）预算编制。预算编制采用两上两下的"米"型编制方法。基层车间和费用消耗科室作为预算执行主体，提出本单位综合预算，包括产量、质量指标、人员设备需求、成本能源消耗、生产运行困难等，其特点是综合性强，与实际执行结合全面。各专业科室提出本专业全矿预算，例如产量、人员、能源、成本、工程项目等，其特点是技术专业性强，对全矿各单位、各领域覆盖面全，与上级和历史同期结合性好。预算主管部门作为牵头者，对两种预算组织专业专家讨论，平衡各项因素，保证其准确性、合理性。平衡后的草案交车间确认，听取反馈意见，形成上报稿。矿领导及预算委员会对上报稿进行审议，从管理需要的角度提出进一步的修改意见，形成定稿。

（2）预算的执行监控。在运行方面，车间和费用消耗科室作为利益直接相关主体要随时提出各种执行问题，专业部门按"谁编制，谁管理"的原则负责监督、控制运行，是间接相关主体。例如：供应科负责编制各车间材料预算，那么日常过程中就需要对车间材料领发存情况进行控制，同时对各车间之间材料情况进行协调平衡，车间材料消耗情况将成为其被考核的一项内容；机动科对于其控制的备件等指标进行预算编制、预算运行控制，并对运行结果负责。预算主管部门和领导是综合协调角色。

（3）预算考核。预算是上级与下级责权利关系的契约性约定，考评必须以预算为基础，严格考核，否则会失去公平性。预算必须以严格考评为动力，否则，预算的运行最终会瘫痪废弛。考评在预算管理环节中起着承上启下的作用：一方面，通过考核和强化评价，可以发现问题，纠偏控制；另一方面，作为一个循环，预算的编制、执行、考核考评，可以推动预算循环运转，周而复始地进行下去。一定意义上说，预算本身并不是目的，而是企业策略与经营绩效之间联系的工具，而考核正是发挥这种工具作用的手段。考核的内容一般是关键业绩指标，就是与矿持续发展密切相关的指标，也是预算的核心。业绩指标评价按矩阵模式由相关职能部门负责，考核由企管科负责，结果由预算委员会主要领导认定。

（三）创新之处

该方法的创新点在于：克服原来单纯由财务、预算两科室靠统计数据编制年度预算的局限性，充分发挥各基层单位的了解生产实际和职能科室专业技术较强的优势，形成优势互补。其主要特征表现在以下三方面：

1. 弥补缺陷

以往预算仅靠统计数字手段，已经不能应变由于地质条件、生产现场实际因素的变化，矩阵式预算弥补了这一缺陷。比如：2007 年采场由 −80 米转到 −95 米水平，地质条件改变，各种预算指标不能简单进行数字的加减计算，必须借鉴专业科室的科学预测；运输车间运输产量不变，但运距加长，这时预算指标仅靠数字统计就不能解决问题，需要车间根据生产实际来确定各项指标数据。

矩阵式预算结合基层单位了解生产实际和职能科室专业技术优势，形成优势互补，使得预算编制更加科学合理。

2. 强调预算的全程性

以前的预算编制仅仅针对预算编制过程，矩阵式预算强调了预算的全程性。矩阵式预算中，各职能科室除了编制其专业预算外，还必须在预算执行过程中进行专业控制，负责各车间之间的平衡，执行结果纳入考核，作为科室的考核内容。它要做到上对公司和矿预算负责，下对各车间部门负责。

例如：供应科负责编制各车间材料预算，那么日常过程中就需要对车间材料领发存情况进行控制，同时对各车间之间材料情况进行协调平衡，与此同时车间材料消耗情况将成为其被考核的一项内容；机动科对于其控制的备件、电等指标进行预算编制、预算运行进行控制，并对运行结果负责。

预算工作体现了事前编制、事中控制、事后考核的全程性。

3. 克服单一部门编制预算的弊端

各要素之间优势互补，克服了单一部门编制预算的弊端。各职能科室负责编制本专业预算，并提供基层单位编制预算的最新全套资料，同时运用自身技术优势为车间提供技术上的援助，使各基层单位准确了解各编制项目的设计意图和指标含义，并进行专业指导。各基层单位发挥自身实战优势，按照要求的内容和格式以及各指标计算口径进行车间预算编制。

（四）优势特点

矩阵式预算除具有上述创新点外，还具有以下四个方面的优势和特点：

1. 信息传递便捷

信息传递线路缩短，使各要素间信息传递便捷、准确，提高了预算编制进度，提高了工作效率。

2．沟通协调增强

编制工作当中沟通协调增强，便于集思广益，促进整个编制过程的完整性和准确性。矩阵各要素间可以进行横向和纵向的沟通，当出现目标重叠或冲突时，双方能及时协调解决，最终使编制工作同时、同步进行并且数据内容完全一致；当二者的沟通确实出现问题时，有具体的解决措施。

3．分工协作加强

加强分工协作，使得预算编制有较强的专业性和实际操作性，同时又避免了许多重复性工作，节约劳动成本。

4．预算科学合理

预算的全员性、全程性得以体现，多方共同努力，保障预算科学、合理、管理透明，促进该项工作的圆满完成。

（五）实施效果

矩阵式预算管理方法的特点是：内容强调矿各项业务全面性、平衡性，手段采用统计推理与技术预测相结合的方法，管理主体是各专业部门，车间行为执行主体也取得了充分话语权，通过这样的方式和程序提高了预算的准确性，增强了预算的整合、控制和决策功能。北铭河铁矿从 2005 年探索实施矩阵式预算管理，连续 7 年创造了良好的企业经济和社会效益，促进了企业发展，收到了明显的效果。

1．激发了员工的工作积极性

矩阵式预算管理明确了矿经营管理思路，统一了职工认识，使员工有了努力方向。目标利润和经营质量指标的分解形成员工本人和整个企业的行动路线图。各项指标又与工资收入、奖励表彰相结合，职工在努力完成各项指标的同时，增加了收入，获得了荣誉，增强了对企业的认同感，彻底打破了原来分配大锅饭、评价糊涂账的管理状态，职工的工作积极性极大提高。

2．强化了企业控制，规范了各项工作运行的秩序状态

矩阵式预算管理整合了企业控制的内容体系，将原来分散粗放的管理归到了一个系统、集中的体系中；优化了企业各项资源配置，使企业的各项资源条件向有利于企业发展的方向合理流动；对各项生产经营活动做到了事前预计、事中控制、事后评价考核；促进了管理进步，提高了管理效率，降低了管理成本，增加了经济效益。

3. 提高了决策层的管理效率

以往决策层往往参与日常事务工作，亲自指挥，占用了很多时间精力，现在通过矩阵方式，在预算责任体系中合理授权，通过阅读预算反馈报告，处理差异，进行监督调整，既可有效地控制整个企业经营活动，又摆脱了日常琐事，将精力用于思考企业战略问题、创新问题，收到事半功倍的效果。

4. 取得了良好的经营效果

北铭河铁矿从 2005 年探索实施矩阵式预算管理，连续 7 年创造了良好的企业经济和社会效益，促进了企业发展，收到了明显的效果。在固化方面，形成了编制、领取、发生统计、核算、分析全套制度和相关表格，业绩考核做到月度化。北洺河铁矿 2008—2011 年主要技术经济指标如表 8-2 所示。

表 8-2　　　　　　　　2008—2011 年主要技术经济指标表

序号	项目	单位	2008 年	2009 年	2010 年	2011 年
1	一、财务指标					
2	利润	万元	111052	51412	80845	135321
3	矿石产量	万吨	222.80	232.24	245.37	274.71
4	精矿产量	万吨	105.56	117.01	122.63	141.81
5	矿石单位成本实际	元/吨	113.98	99.2	105.22	129.48
6	精矿单位成本实际	元/吨	277.34	246.86	261.01	299.79
7	二、采矿指标					
8	矿石品位	%	37.03	35.7	36.55	40.16
9	损失率	%	19.89	19.97	19.95	19.87
10	贫化率	%	20.65	20.95	20.95	19.73
11	采准、采矿炸药单耗	千克/万吨	6105.16	5394.59	5598.55	5464.92
12	铁矿石电力单耗	千瓦时/吨	14.37	14.41	13.69	13.53
13	三、选矿指标					
14	精矿品位	%	66.63	66.50	66.38	66.43
15	选矿电耗	千瓦时/吨	15.21	15.88	16.00	14.03
16	四、设备运行指标					
17	设备完好率	%	97.99	97.6	97.6	97.89
18	事故与故障停机率	%	1.3	1.2	1.31	1.37

二、工序拉动全覆盖业绩考核

组织业绩考核，又称组织激励，是以组织为对象进行激励的一种考核方法，目的是通过组织合作实现企业目标。北洺河铁矿由于实行工序化车间设置方式，为加强工序间协作配合，应用精益生产中拉动式管理原理，创造性提出工序拉动全覆盖组织业绩考核方法。该方法是适应工序化管理需要、为提高工序间协作水平进行的一次新尝试。该方法实施几年来，企业各项技术经济指标逐年提高，工序间服务意识日益增强，班组作用得到了进一步发挥。

（一）实施背景

1. 全面落实国资委关于业绩考核指导意见精神的需要

2009 年 10 月 16 日，国务院国资委印发了《关于进一步加强中央企业全员业绩考核工作的指导意见》。《意见》要求各中央企业充分认识全员业绩考核工作的重要性，按照"坚持考核的正确导向、坚持按照岗位职责考核、坚持公开公平公正、坚持持续改进"的原则全面落实全员业绩考核工作。"工序拉动全覆盖业绩考核"是该矿落实国资委"工作有标准、管理全覆盖、考核无盲区、奖惩有依据"的管理创新实践，通过拉动式、全覆盖组织绩效考核模式，做到"精确定位、精细管理、精准考核"。

2. 适应工序化管理需要、提高工序协作水平的尝试

工序化管理是现代制造业提升生产效率的重要组织方式。该矿在建矿时期运用这种理论，建立了工序化生产组织，奠定了十年来高产高效的组织基础。在实际运行中，工序化组织也产生了工序链之间横向配合不太协调的问题。丰田公司采用"看板拉动"进行工序管理，海尔集团采用索、索、跳（SST）方式进行校正，邯钢采用内部法庭的方式加强管理，北洺河铁矿曾经采用过二级合同的方式强化配合。目前该矿主要采用调度指挥的方式进行协调。调度指挥属于行政强制手段，通过近十年运行，有效性在不断降低，工序配合不畅影响生产的问题屡屡发生。对此，2010 年该矿尝试利用经济手段，与行政手段配合，提高解决工序协作问题的能力。

（二）基本内容

"工序拉动全覆盖业绩考核"是将考核责任按纵向和横向两个方向分别分解，覆盖到所有组织单元。

1. 纵向责任考核

纵向责任考核体现为两条线：一是组织线，包括矿—车间（科室）—队段—班组—作业班；二是组织领导线，包括矿长—副矿长—车间（科室）领导集团—队段长—班组长。两条线分别层层分解指标和责任。具体关系如表8-3所示。

表8-3 纵向责任考核关系

序 号	层 级	组织对象	个人对象	考核者
1	公司对矿	矿组织	矿长、书记	上级公司
2	正矿对副矿		6名副矿长	矿长、书记
3	矿对车间部门	车间、部门	车间或部门的中层领导集团	矿
4	车间对班组	班 组	班组长、队段长	车 间
5	班组对个人	班内横向组织	个 人	班 组

2. 横向责任考核

横向责任考核主要是按工序设计服务评价体系，反向打分，与工资挂钩。也是两条线：一条是主线，单位包括营销—选矿—提升—运输—采矿—采准（开拓）；另一条是辅线，包括生产主体车间—后勤、车队，生产主体车间—动力车间，采准、采矿车间—维修车间等其他有服务关系的流程。

（三）主要做法

1. 纵向延伸，层层分解组织目标

纵向从公司到班组，考核分为五个等级。

（1）公司对矿组织和矿级正职的考核。主要内容是安全、利润、成本费用、节能减排、党建和精神文明等关键绩效指标，具体由上级公司制订。

（2）矿级正职对副职的考核。矿根据上级公司要求，对不同分管副矿长拟定不同的绩效指标，报上级公司审查备案，并由上级公司进行年度考核兑现。

（3）矿对车间和部门的精准式考核，这是业绩考核体系中的主要部分。

第一，对基层单位的考核。采取的基本模式是工资六挂钩+专项指标。工资六挂钩是指35%的工资与车间生产作业量挂钩，15%与成本挂钩，10%与安全文明生产挂钩，10%与设备评分挂钩，10%与工序服务评分挂钩，

20%与车间关键经济技术指标挂钩。专项指标是生产经营中的短板指标、次关键经济技术指标或行为指标，体现精准化的考核原则，一般每个单位有5项左右。

第二，对机关部门的考核。采取的基本方式是各部门独立直接考核，工资三挂钩+专项指标。工资三挂钩是50%工资与紧密相关作业量挂钩，10%与本科室消耗费用挂钩，40%与本科承担的职能工作挂钩。专项指标性质同基层单位，一般每科室3~5项。

第三，对车间或部门科级领导集团的考核。考核内容和方式与本车间或部门相同，只是从车间或部门中独立出来，单独考核，并对指标挂钩工资的权重有所调整。

所考核的各项指标值的设定一般分基数和目标两档，其中基数对应上级下达的任务，目标为矿努力争取的上限。目标由利润为起点推导平衡，包括产量、成本、费用、各项管理进步等，形成目标体系。

对车间、部门和领导集团的考核每月兑现一次，由各专业科室提供执行结果，经营预算科结算，矿考核小组审查确定。

（4）车间对队段、班组的考核。车间对队段、班组实行六位一体班组考核形式，对队段和班组长实行职务津贴制，用专项办法考核履职情况，奖扣津贴。

车间对队段、班组的六位一体考核主要内容是将产量、质量、成本、安全文明生产、设备管理和主要经济指标等六类指标作为一个整体归入班组考核对象，与工资挂钩。这个方式在矿运行已有三年。目前考核班组比例已达到100%。

（5）班组对个人的考核。这个层次包括四块：一是班组内部对早、中、夜三个横向班组的考核；二是没有三个横向作业班组的，由班组直接考核到个人；三是车间领导集团对内部成员的考核；四是机关科室直接考核到科员个人。

由于该矿企业是连续生产型的，早、中、晚三班存在一定的分工协作关系，2011年在部分车间班组内试行了横向作业班的考核。

班组考核到个人，基础指标是出勤，违章性指标扣罚、临时安排工作的奖励等。

车间领导集团内部有分工，自定办法，奖罚差异不大，但是人员少，涉及面子问题，所以都很在意，激励作用很明显。

科室对科员的考核，多数采用针对个人工作完成优劣、加班情况等，在科内奖励分配时有所考虑。

2. 横向评分，强化工序协作

横向考核分为三个方面：

（1）主要工序车间之间实行"上道工序为下道工序服务，下道工序为上道工序评分"的方法。

营销科对选矿车间的装车及时性、准确性、均衡性评价打分。

选矿车间对提升车间的皮带杂物、大块、堵放矿口等评价打分。

提升车间对运输车间就主溜井进超长杂物、大块，以及大块棚井评价打分。

运输车间对采矿、采准、开拓车间就采场溜井大块、大块棚井、溜井进水、超长杂物、支护物料进入溜井的情况进行评价打分。

采矿车间对采准车间的采场整体移交项目评价打分。

（2）主辅工序车间之间实行"辅助工序为主体工序服务，主要工序为辅助工序评分"考核方式。

在该矿，开拓工区、采准车间、采矿车间、运输车间、提升车间、选矿车间为基本工序，维修车间、动力车间为辅助工序。

采准、采矿车间就维修车间的维修及时性、维修质量、维修成本、服务态度等评价打分。

风水管电力运行保障由动力车间提供服务，各使用部门就供电、供水、供暖、通风、通信、生活设施保障等各项服务指标对动力车间进行评价打分。

（3）车间为提供服务的科室、后勤评价打分

车间对材料备件供应一直意见较大，又缺乏制约手段，该矿设计了评价考核标准，由使用车间评价打分，对机动、供应两科室进行客观评价。

车队、后勤按服务内容设定服务指标，由接受服务的车间部门进行客观评价，纳入矿对该部门考核范畴。

各车间的工序服务评分与5%～40%工资挂钩，交由下道工序考核评价，每月兑现。

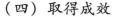

（四）取得成效

1. 业绩考核实施效果

以最近三年的业绩考核管理结果为参照（见表 8 − 4）。

表 8 − 4　　　　　　　　近三年业绩考核实施效果情况对比

项目	单位	2009 年			2010 年			2011 年		
		预算	实际	增长率 %	预算	实际	增长率 %	预算	实际	增长率 %
上级考核利润	万元	38800	43049	10.95	46200	53847	16.55	63300	85601	35.23
精矿产量	万吨	110	117.01	6.37	110	122.63	11.48	110	141.8	28.91
精矿成本	元/吨	227	225.7	− 0.57	240.11	227.45	− 5.27	297.6	280.48	− 5.75
吨精矿电耗	元/吨	35.85	30.61	− 14.62	32.77	29.16	− 11.02	38.24	27.99	− 34.06
精矿品位	%	66.5	66.55	0.08	66.5	66.57	0.11	66.5	66.5	达标
选矿金属回收率	%	90.5	90.54	0.04	90.3	90.41	0.12	90.27	90.91	0.71

2. "辅助工序为主体工序服务，上工序为下工序服务"的服务意识深刻体现

服务满意度高，2011 年工序服务评分平均分为 97 分，高于目标水平；由于工序衔接引起生产停滞的时间大幅降低，由以前的每月 40 多小时减少的 5 小时左右；在矿调度会上投诉工序服务质量的次数每月减少到 2 ~ 3 次；工序车间直接沟通、自觉协调性意识明显增强，在重大事件上多数能做到提前通报，协同解决。

3. 班组作用进一步发挥

十个基层单位的 119 个班组 100% 实行了绩效考核，选矿车间甚至分组安装电表，将动力费分解考核到班组。

采矿、采准车间一些班组内成功推行了横向作业班的考核，以行为类指标为主，以结果类指标为辅，建立更深入的考核机制，如生产准备、故障处理、基础记录填制等，提高了班次生产转换的流畅。

部分车间、科室已经完成考核到个体员工，动力车间、人力资源科率先实行内部评分方式，运行了两年时间，富有成效。

三、"六位一体"班组核算管理

班组是企业的细胞，是创造效益的源头。班组管理的成败，直接影响企业经济效益的好坏，标志着企业综合管理水平的高低。班组核算是在轮班、生产小组或流水线范围内，利用价值或实物指标，将其劳动耗费和劳动占用与劳动成果进行比较，以取得良好经济效果的一种管理方法。它是整个生产现场管理的基础，又是组织广大群众当家理财的好形式，也是现场成本控制的不可或缺的重要环节。

北洺河铁矿是1997年开始建设，2002年投入试生产的国有大型地下矿山。最终产品是单一的铁精矿，中间产品是铁矿石，年产量220万吨以上。采用国内先进的大结构无底柱分段崩落采矿法，配以进口的井下采掘设备，作业效率比较高。全矿采用的是直线职能制机构设置形式，生产组织按工艺顺序设立车间，用工形式全部为本企业职工。在企业文化方面，奉行追求卓越的理念和求实求精的精神，在管理过程中实行全面预算管理和精细化管理方式，追求创立国内一流矿山目标。鉴于在试生产期暴露出的一些管理问题，该矿通过几年的摸索，探索出一种以班组为责任主体，以产量、质量、设备、安全文明生产、成本和经济技术指标等6项关键因素为核算对象，以成本为连接点，将6类指标归到一个系统中进行核算的"六位一体"班组核算管理体系。该管理方法实施几年来，有效提高了班组加强各项工作管理的主动性、积极性，全矿各项生产经营工作稳定协调发展，企业进入良性发展阶段。

（一）产生背景

北洺河铁矿是市场经济条件下新建的矿山，在自然条件、外部环境方面都有建成现代化矿山的基础，该矿在经营目标上也致力于建设国内先进的现代化矿山，因此，加强内部管理，将基础工作做实做精成为必然。

北洺河铁矿是资源开采型企业，产品单一、工艺稳定、销售简单，成本领先是唯一战略。同时，北洺河铁矿按工序设立车间，车间内部按职能或作业对象设立班组，责权关系简单明确。班组作为企业组织的最小单位，是各项工作的最终承载体，因此，以班组为管理核算对象，是实行精细化管理的最佳选择。

2002 年到 2003 年，北洺河铁矿处于试生产时期，产量不断攀升。与此同时，小的设备事故、安全事故频发、井下文明生产差、浪费现象惊人，暴露了严重的管理不足。为此，2004 年该矿开始对如何开展班组核算管理进行调研。2005 年提出方案并进行了试验，2006 年进行试点和局部推行，2007 年正式在各车间实施至今。

（二）内容做法

1．主要内容

六位一体班组核算管理的内涵：以班组为责任主体，选择产量、质量、设备、安全文明生产、成本和经济技术指标等 6 项关键因素作为核算对象，以成本为连接点，将 6 类指标归到一个系统中核算，目的在于将车间各项管理以固定模式延伸到班组，促进管理精细化，实现各项业务的均衡发展和整体最优。

2．主要做法

具体包括以下几个方面：

（1）按精益管理理论，确立班组核算管理模式。该矿按精益管理理论，从系统整合的高度，选择 6 项关键指标，归集到班组，从责任网络建立、制度订立、预算编制、过程控制、经济核算等环节实行精细管理，发挥核算体系中成员的团队作用，实现全员、全过程控制，持续改进。

（2）制订制度，指导车间开展班组核算管理。该矿制定了《班组核算管理工作验收办法》，从 14 个方面对如何开展班组核算管理进行指导，包括组织机构、管理制度、班组范围、数据传递、物料领发存记录、产量记录、设备运行记录、经济技术统计、人身设备安全记录、运行统计表格、统计核算、资料保存、问题反馈和解决、奖罚兑现等。这 14 个方面包括班组核算的整个流程，对班组核算管理起到了提纲挈领的作用。

（3）各车间结合自身特点，建立执行机制。各车间充分认识班组核算管理的意义，结合自身实际，建立落实执行机制，制订本车间规定，对成本员、安全员、工艺技术员、机电技术员、调度员、领料员、班组长、车间主任等人在班组核算管理工作中职责、工作流程、使用的表格，奖罚关系都作了明确规定，主管职能科室逐个车间指导，对不能按期建立工作机制的单位每月按200元/班组扣罚车间工资。

（4）编制班组预算，制定考核办法。该矿要求车间将年度车间综合预算分解到班组，并将分解结果报矿审查。预算内容包括核算的6个方面，其中成本预算要求以实物量形式表述，实物量预算达到总额70%以上。在编制预算的同时，车间制订对班组的工资挂钩考核办法，奖优罚劣，每月兑现。

（5）全员参与、过程控制。班组核算管理的根本点就在于通过一套工作机制，将相关人员容纳进来，对关键业务进行过程控制、逐月改进，达到好的管理效果。在这个过程中，除了执行主体班组和组织者成本员以外，还包括工艺、机电技术人员，他们对工程质量、技术指标状态、设备良好状态进行监督、检查、统计，调度员对产量和生产过程进行检查、评价和提供过程数据，安全员对安全文明生产过程进行检查记录，并提供考核结果，车间领导组织协调，及时解决过程中的问题，最终达到提高产量、保证质量、强化安全、保护设备、降低成本和保持经济技术指标先进的管理目的。这其中以其他指标平衡状态下，成本降低为关键。

（6）加强服务、不断提高班组核算管理水平。班组是班组核算管理的执行责任主体，矿职能部门、车间职能岗位人员必须提供强有力的服务保证才能推动核算管理不断进步。在这个过程中，矿职能部门起草《日常数据传递细则》、《生产经营分析制度》、《成本员业绩考核办法》、《班组成本核算目标及工作安排意见》等，规范外部环境，指导具体业务。几个职能部门还组成工作小组，经常性到每个车间检查指导工作，解决具体问题。矿还组织相关问题知识讲座，提高相关人员认识和从业水平。车间职能岗位上专业人员定期统计执行结果，提供给班组长，使其做到心中有数，有问题时共同分析解决；还参与班组的小改小革，靠技术手段降本节支。

（三）取得成效

1. 提高了班组加强各项工作管理的主动性、积极性

实行新的核算模式以后，班组的各项工作优劣有了明确的评价标准，并且与工资收入挂钩，激发了职工干劲，争相进步。同时，参与班组管理的人员多了，班组管理受到了更多关注与帮助，各项工作也日益精益求精。现在班组越来越注重按标准程序作业，包括检查现场，点检润滑设备，施工完毕后，清理现场，回收可利用物资。班组主动修旧利废，以旧换新，爱动脑筋的一些班组还搞起小改小革，有的班组将成本消耗金额转换为消耗周期以便直观控制。

2. 全矿各项生产经营工作稳定协调发展

六位一体班组管理模式的实行，有效调动了基层员工工作的积极性，使各项生产经营工作稳步协调发展，企业进入良性发展阶段。

以正式实施的 2007 年为例，矿石产量完成 180 万吨，比上年同期增加 4.5 万吨；支护完成 5720 立方米，比上年同期增加 2111 立方米；提升量完成 202 万吨，比上年同期增加 16 万吨；精矿产量完成 80.4 万吨，比上年同期增加 44.7 万吨；掘进、支护合格率提高 15%，达到 98%；中潜孔合格率提高 10%，达到 67%；移动设备故障停机率降低 13%，保持 1%～2%，固定设备故障停机率小于 1%，设备完好率 98% 以上，安全文明生产综合评分一直保持 87 分以上，比上年提高 10 分，重大人身设备事故率为零，材料、备件比预算节约 191 万元，节约比例 7.46%，炸药单耗 0.48 千克/吨，比预算降低 20.8%，钢球消耗 0.2 千克/吨，比预算降低 4.76%，矿石损失率、矿石贫化率、轮胎单耗、钻头单耗等都比预算降低 5% 以上。相应职工人均工资比上年同期增加 200 元/月以上。

再以 2011 年为例，矿石产量完成 274.71 万吨，比上年同期增加 29.33 万吨；支护完成 7037 立方米，比上年同期增加 2230 立方米；精矿产量完成 141.81 万吨，比上年同期增加 19.18 万吨；支护合格率提高 0.76%，达到 100%，中潜孔合格率提高 0.05%，达到 85%，移动设备故障停机率保持 1%～2%，设备完好率 97.89% 以上，安全文明生产综合评分一直保持 94 分，重大人身设备责任事故率为零，材料、备件比预算节约 124.16 万元，节约比例 3.53%，炸药单耗 0.55 千克/吨，比预算降低 5.65%，钢球消耗 0.19 千克/吨，比预算降低 11.82%，矿石损失率比上年降低 9.19%，矿石贫化率比上年降低 1.35%，轮胎单耗比上年降低 4.76%，相应工人均工资比上年同期增加 994 元/月以上。在基层员工积极努力、各项业务协调开展的基础上，全矿也取得了良好的经济效益，全矿完成内部考核利润 87037.33 万元，创历史同期最高水平。

附录 8 - 1

班组核算管理评分办法

为落实精细化管理要求，推动企业关键业务管理向班组延伸，特制定本办法。

一、基本原则和方法

根据全面预算管理全员、全面、全过程的管理原则，以班组核算的过程为评判对象，采用百分制的形式评分。

二、评判内容和受评单位

班组核算管理包括产量、质量、安全文明生产、设备运行、成本费用、经济技术指标等六个方面关键业务，评判以此为内容，对组织制度、落实过程、效果成绩、档案资料四个环节工作进行量化评判。受评单位包括采准车间、采矿车间、维修车间、运输车间、提升车间、动力车间、选矿车间、汽车队等八个单位。

三、组织评判

检查评分由企管科组织，每月下旬进行一次。

月度参加打分人员包括生产技术计划科、质量管理科、安全管理科、机械动力科、企管科副科级以上管理人员。季度参加打分人员除月度人员外，增加经营矿长。无故不参加的扣罚 30 元/次。

分值采用加权平均法计算，矿领导占 20%，企管科占 40%（季度占 20%），其他科室各占 15%。

四、考　核

班组核算管理评分与车间单位及班子集团工资挂钩，具体办法按业绩考核办法规定执行。

五、本办法自 2008 年元月 1 日起执行。评分细则附后。单位之间差异调整按该单位评分表为准。

附录 8-2

班组核算管理评分表

___年___月份 ___车间班组核算管理评分表

类别	项目	评分标准	评分原则	分值	实际得分
一、制度机构（10分）	1. 制度健全	包括原始数据登记记录制度、考核奖罚制度、采集报送制度、核算分析制度、资料保管制度等	按缺省程度扣分	4	
	2. 职责清楚	包括职责分工、上下负责关系、工作时限、责任等	按缺省程度扣分	1	
	3. 制度运行表格化	各项核算管理制度附有标准化表格，按统一的表格填写、运行、装订	按缺省程度扣分	3	
	4. 机构完整	建立完整的核算管理机构，包括单位正职、专管副职、成本员、班组负责人、核算管理覆盖全员	按缺省程度扣分	1	
	5. 流程明了	具备完整的班组核算业务流程图，标示明确的传递关系、时限、周期等	按缺省程度扣分	1	
二、核算管理过程（60分）	1. 年度预算	具有完整的车间预算和班组年度预算。班组预算至少包括要求的6项内容，其中成本预算实物量达到80%以上的比例。车间预算应积极可行，留有余地，并有编制说明	缺班组扣1分，班组预算缺项扣1分，实物量不达比例扣1分，其他按缺省程度扣1~2分	3	
	2. 月度班组预算	每月1日前下达各班组预算，内容项目齐备，实物量达到80%以上的比例，重点工作有措施说明	滞后扣1分，其他缺项扣1~2分	3	
	3. 班组作业量、质量、工艺指标记录、上报	各班组作业量、质量、工艺指标有原始记录，有汇总上报表格，每日登记和上报	缺记录、上报表或不及时扣1分/项	3	

续表

类别	项目	评分标准	评分原则	分值	实际得分
二、核算管理过程（60分）	4. 班组设备运行、设备技术指标上报	包括点检保养记录、维修记录（包括轮胎、大件更换等）、设备作业记录、设备技术指标及各项记录的统计上报。记录每班（天）进行，统计上报每天（周）1次	上报不及时扣1分/次、内容缺项扣1分/项	3	
	5. 班组人身、设备安全记录	记录及时，至少每周统计上报1次	上报不及时扣2分/次，内容缺项扣2分/项	2	
	6. 车间领料计划	每月车间集中领料计划不多于2次，合计不超过车间月初预算，计划导签字完备	金额高于月度预算扣2分，领导签字不全扣1分	2	
	7. 车间领料	专人领料，不跨月领料，料单有每日入料、入账前有领导签字	做不到扣2分/项	2	
	8. 班组领料	专人领料，以小票形式书面发料，小票内容填制清楚完整	做不到扣2分/项	4	
	9. 收发存电子台账	车间领料、发料人员每日将发料票据交成本员录入电子台账，当日录入专门建账，结存数应与库存下库存存数（包括井下库存存数）一致。大宗交旧物品应建账登记	缺电子台账、录入不及时或结存不一致扣3分/项	3	
	10. 周核算报表	车间每周向班组报告一次简易核算表，包括产量、质量、安全、设备、成本等方面数据和简要分析说明、车间在周生产类会议上增加成本分析内容，并留有开展记录	缺班组周报或内容简陋、没有开展周分析扣5分/项	5	

续表

类　别	项　目	评分标准	评分原则	分值	实际得分
二、核算管理过程（60分）	11. 月核算报表	车间每月向班组报告一次月度班核算执行情况详表，包括预算的6个方面，出勤率、分析、要求等、进行班组核算管理专题分析，并留有会议记录	缺班组月报或内容不全、没有分析会折合扣5分/项	10	
	12. 现场班组检查	设备、安全文明生产、质量现场检查，落实情况良好，物料无明显浪费现象	分别按现场检查扣分的10%折合班组考核扣分，现场物料浪费严重的，扣1~5分/项	10	
	13. 班组考核	具备详细的班组考核办法，每月列表考核兑现	无结算表扣5分/班组	10	
三、核算效果（20分）	14. 事故控制	人身、设备、生产、技术质量类工作无事故	发生事故扣1~5分/项	5	
	15. 运行结果	设备、安全文明生产、产质量无大大小分，质量三类评分不低于季度标准，成本无超支，主要经济技术指标完成预算	达不到扣5分/项	15	
四、资料归档保存（10分）	16. 纸质资料保存	对纸质的原始资料和核算资料按月份分类别顺序装订放置，符合定置管理标准	装订不整齐或放置无序扣2分/项	5	
	17. 电子资料保存	在电脑中按月份或分类别顺序设置总分文件夹，能快捷查阅。季度结束后，资料应作备份处理	保存无序扣2分/项	5	
合　计				100	

填报单位：

填表人：　　　　　　　　　　　　　　　　　　　时间：

四、目标预算法

预算是行为计划的量化，这种量化有助于管理者协调、贯彻计划，是一种重要的管理工具。企业预算管理是在企业战略目标的指引下，通过预算编制、执行、控制、考评与激励等一系列活动，全面提高企业管理水平和经营效率，实现企业价值最大化。

近几年来，北洺河铁矿在管理实践中发现，原来实行的基数预算法容易出现激励不足，利润、工资关系失衡等一系列问题，进而探索出一种新的预算方法——目标预算管理法。该方法公平了管理基础，极大地调动了基层单位积极性，促进了全矿管理进步。

（一）实施背景

2007 年以前，北洺河铁矿都是使用基数预算法编制年度预算，制定考核办法。实践表明，这种方法会弱化预算的控制作用，影响基层单位积极性。

所谓基数预算法是指以上年度预算执行结果作为参考，加上预算年度的增减因素，测算预算指标的一种方法。这种方法的优点：一是考虑了各生产经营的连续性，在实际工作中容易操作；二是历史数据、增减因素清楚，容易被基层单位接收。不足之处是这种测算方法往往离不开历史数据和增减量指标，这两个因素是否准确便决定了预算年度指标的准确程度。从这些年的经验看，预算部门往往简单套用上年度的预算执行结果，再添加一些计划年度的增减变化因素。这种编制预算的方法缺乏预算数据背后原因和后果的认真审核和分析，以此考核评价基层单位，往往苦乐不均。

例如，2007 年，采准车间产量预算采用基数法，到年底实际完成量超过预算 30%，导致工资、成本控制失衡；同样，联采工区产量也大幅度超基数预算，结果是，严重挤占采矿车间的作业量，使得采矿车间没有完成基数任务，使车间工资、成本管理失衡。大幅度失衡不准，会挫伤基层单位参与预算管理的积极性。为了改变这种被动局面，2008 年企管科会同矿内相关部门开始推行目标预算法。

（二）具体做法

先用基数预算法编制一套上下对照预算，目的在于与上级（邯邢公司）预算同口径对照，找出矿对上级预算的盈缺，做到心中有数；在此基础上编制目标预算：

（1）以目标工资为起点，经营预算科用上级考核政策反推出利润目标、产量目标。

（2）技术计划科根据矿产量目标重新确定各车间考核作业量。

（3）财务科根据目标利润、目标产量，确定各单位科室在基数预算上的降低程度。

（4）各相关科室根据上级要求和矿内管理目标，确定各项经济技术指标进步程度。

（5）设备、安全文明生产、质量管理等由相关职能科室也分别做优化预算，从而形成了目标预算体系。

（6）目标预算经矿预算委员会审议通过后，作为计划编排、考核评价和全矿总体控制的主要依据。

不同于基数预算法，目标预算法更多是根据基层单位实际能力、管理特点、矿经营目标确定的，目的偏向于实际控制和激励，更多体现矿级领导的平衡和把控，虽然也是在基数预算上加码调整，但是力度并不一致，当然伴随的激励政策力度也不一致。经过目标预算法的调整，可以确保两类平衡：一是上下级任务、工资、成本等指标的平衡；二是基层单位之间各项工作管理难度的平衡，以及彼此工资收入的公平。

（三）　实施效果

（1）2008 年以来，每年全矿产量、利润与目标预算接近，剔除公司追加的统筹奖励，带来的工资总额也与预算相当，没有出现经营方面上下脱节的现象。

（2）矿内各车间关系中，产量增加、成本节约，设备、质量、安全文明生产进步程度等都与目标预算大致持平，保持了车间之间工作努力程度与工资收入的统一、平衡关系，公平了奖罚基础，增强了各单位管理能动性。

（3）日常各支出项目和数额也与预算相当，从而使全矿工资发放井然有序。

五、成本费用责任化控制

成本控制是企业根据一定时期预先建立的成本管理目标，由成本控制主体在其职权范围内，在生产耗费发生以前和成本发生过程中，对各种影响成本的因素和条件采取的一系列预防和调节措施，以保证成本管理目标实现的管理行为。

为进一步加强成本费用控制，面对经济形势转变，北洺河铁矿经分析认识到只有在企业经济活动中强化财务责任指标的事前、事中和事后控制，才

附录 8-3

2008—2011 年预算指标完成情况

序号	项目	单位	2008 年				2009 年				2010 年				2011 年		
			设定目标	计划	实际	差异百分比/差异%	设定目标	计划	实际	差异百分比/差异%	设定目标	计划	实际	差异百分比/差异%	计划	实际	差异百分比/差异%
1	内部考核利润	万元		44762	50108	11.94		38800	43049	10.95		46200	53847	16.55	63300	69664	10.05
2	矿石	万吨		197.97	222.80	12.54		220	234	6.36		220	244	10.91	222	250	12.61
3	精矿	万吨		85.25	96.31	12.97		110	116	5.45		110	123	11.48	110	141	28.18
4	矿石品位	%		37.00	37.03	0.03		37.00	35.72	-3.46		36.6	36.69	0.002	36.6	40.16	0.097
5	主井运输量	万吨		240.03	258.28	7.60		236.83	257.92	8.91		239	267.71	12.01	245	276	12.65
6	经常性材料备件消耗（此行无数据，是指第7至12项的内容是经常性材料备件消耗）																
7	采准车间	万元	-5%	844.66	845.91	0.15	-5%	724.01	700.04	-3.31	-3%	715.64	701.14	-2.03	902.68	878.40	-2.69
8	采矿车间	万元	-5%	1571.17	1509.83	-3.90	-5%	1349.95	1263.90	-6.37	-3%	1215.36	1294.51	6.51	1548.64	1539.89	-0.56
9	运输车间	万元	-5%	167.58	145.52	-13.16	-5%	130.38	115.68	-11.28	-3%	181.98	167.14	-8.16	191.93	183.24	-4.53
10	提升车间	万元	-5%	194.44	169.37	-12.89	-5%	150.82	136.16	-11.28	-3%	146.28	135.94	-7.07	142.88	133.17	-6.80
11	动力车间	万元	-5%	78.11	73.36	-6.08%	-5%	55.36	52.50	-5.16%	-3%	78.12	74.93	-4.08%	78.71	76.67	-2.59%
12	选厂车间	万元	-5%	971.31	926.29	-4.64%	-5%	587.84	572.98	-2.53%	-3%	576.58	568.20	-1.45%	608.76	588.24	-3.37%
13	车间安全评分	分	5分	80	86.50	6.50	5分	85	88.86	3.86	5分				89.5	93.91	4.41
14	车间设备评分	分	5分	86.25	90.20	3.95	5分	90	93.17	3.17	5分				88.75	93.71	4.96
15	车间质量评分	分	5分	83.75	89.53	5.78	5分	90	90.9	0.90	5分						

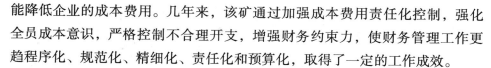

能降低企业的成本费用。几年来，该矿通过加强成本费用责任化控制，强化全员成本意识，严格控制不合理开支，增强财务约束力，使财务管理工作更趋程序化、规范化、精细化、责任化和预算化，取得了一定的工作成效。

（一）成本费用控制职责

矿职责矿每年根据公司下达的指标，将成本项目划分为可控成本、不可控成本和共控成本，制订内部成本指标和费用计划，做到先算后用，全年的各项成本费用项目开支消耗尽可能纳入年初财务预算，严格控制预算外临时项目开支，杜绝非特殊情况的计划性开支，并明确费用计划控制的责任部门，发挥各项费用由控制部门的控制及监督作用的具体职责。

1．财务科职责

第一，财务科负责编制矿《经营管理预算》，制订成本费用控制措施，负责各车间、部门的成本费用消耗报表并为考核部门提供考核数据。

第二，财务科对可控费用的各项指标落实到各车间及职能部门，按纵向负责，横向协作，谁编制、谁管理的原则进行运行控制。各个专业科室对本部门编制的专业预算负责运行控制，统计分析；财务科对矿内整体预算进行运行调节控制，适时分析。

2．领发料及车间收发存管理职责

物资供应科、机械动力科及物料消耗单位严格按照管理流程要求进行领发料，在领料过程中要分解到工序、班组、机台。车间要加强库存管理，做到账物相符，严禁库外存货，浪费物资。矿组织相关科室不定期对车间库存进行检查，对违犯车间库存管理规定的，财务给予处罚。

3．矿控大修、大件及单项工程、事故材料、备件及预算外项目管理职责

矿控大修、大件及单项工程应按《预算管理日常数据传递细则》的规定立项、编制预算、领发料和统计，不允许先发生后申请的管理规定；事故材料、备件，因生产、设备事故造成的材料、备件损失的按 10 万元/次以内的，由车间自行承担成本费用。10 万元/次以上的由矿承担 30% ~ 50%，其余由车间在当年分期承担；预算外项目费用发生严格按立项、专业科室和预算管理委员会审批程序办理。

（二）控制原则

1．成本效益原则

各职能部门都应树立成本观念和成本意识，在原材料及设备采购、技术改造、设备大修、维简项目等涉及资金投入方面，必须严格要求，按矿下达预算目标执行，避免盲目投入，不计成本、不重效益的随意行为。

2. 统一管理原则

按照财务统一管理的思路，矿财务管理由财务、企管及相关职能部门统一管理与协调。各车间、部门成本费用坚持不超预算指标。

3. 监督制约原则

根据矿制定预算管理的要求，通过预算分解、定额包干、程度奖惩、财务监控的手段，达到监督制约的效果。各车间及部门应对成本费用进行监督管理。矿每月对预算执行情况进行考核。

4. 依法合规原则

矿各项财务管理活动和行为必须依据和遵照现行法律、法规和规章制度办事，做到依法账务处理，照章办事。

（三）控制办法

1. 建立成本费用标准体系

成本费用标准是对各项费用开支和资源消耗规定的数量界限，是成本费用控制和成本费用考核的依据，并便于分清部门责任。该矿按照工序管理体系制定出炸药单耗、轮胎单耗、柴油单耗等成本费用标准，根据工序流程制定出各项单位成本。

2. 建立组织体系和责任体系

由财务科负责，在各个费用发生点建立成本费用控制责任制，对成本费用的形成过程严格按照成本费用标准进行控制和监督。该矿对预算外费用审批制订了严格的审批制度。

3. 建立信息反馈系统

及时准确地将成本费用预算与实际发生的成本费用之间的差异编制预算执行差异表，并将成本费用控制实施情况反馈到各职能部门及矿领导，对各项消耗指标及成本费用发生异常时财务及时召开专项分析，以便适时地采取措施。

（四）主要措施

1. 增强全员成本意识

成本费用控制是一项系统工程，需要各部门、各单位密切配合，得到矿领导的支持是非常重要的。而企业的日常事务，是由广大员工来执行的，他们会直接或间接地影响成本费用水平。因此，要加强宣传，使成本费用理念深入人心，让每一位员工知道，他们的行为也会对企业的成本水平产生影响。

2．建立健全成本费用控制体系

该矿建立成本费用控制组织机构，设立成本费用控制领导小组，成员由矿长、主管领导及各职能部门的负责人组成；设立成本费用控制工作小组，挂靠财务部门。同时，要求各车间建立相应的成本费用报表及台账；建立成本费用核算制度。该矿根据本单位特点，制定出成本费用核算制度。主要内容包括成本费用归集的基础工作、费用归集的方法、费用归集的程序、成本计算方法等。

细化成本费用控制指标，层层分解，指标分解到每个层次的每个队段及班组。用各项指标对各队段及班组的成本费用控制的完成情况进行考核。

3．强化成本费用预算管理

按照降低单位成本费用指标的要求，组织各部门编制成本费用预算。使其具有可行性、先进性与完整性。成本费用预算中成本项目的内容、费用的分摊、产品成本的计算，必须和实际成本核算的口径一致，以便考核预算的执行情况。

4．加强对成本费用形成过程的控制

加强对采购过程的控制。该矿物资采购实行归口管理，主要原材料由物资公司统一采购。按照"招标采购、货比三家"的原则。物资部门建立物资采购来源渠道档案，对物资采购来源渠道实行动态管理，定期评审，不符合要求的及时调整。

该矿加强对存储过程的控制。制定合理的存储定额，物资的存储定额通常是在一定管理条件下为保证生产顺利进行所必要的、经济合理的物资储备数量标准；不同的材料有不同的标准，特别是大宗原材料和燃料要根据不同的季节制定不同的合理库存，以减少资金浪费。加强存储管理。

5．推行作业成本法

加强成本费用控制与核算的结合：该矿根据新的企业会计准则、企业财务通则，逐步完善该矿的会计核算办法，重点是制定生产成本费用的核算细则。生产成本费用核算逐步推行作业成本法，使作业成本核算原理适用于所有成本费用发生的各个方面。从而对成本费用按作业成本法原理进行责任核算，使物资采购、制造费用、生产成本等的归集、分配、考核更加科学合理。

6．找出影响成本最灵敏因素并加以重点控制

根据该矿的成本费用发生的实际情况，建立成本费用分析机制，对影响

矿成本费用的各种因素分别赋予一定的变动百分比，由此计算分析得到影响成本费用的最灵敏因素，即成本费用控制的重要因素。集中力量，研究采取专门措施，实施重点控制。

（五）取得成效

北洺河铁矿 2006—2011 年矿石单位成本对比如表 8 – 5、图 8 – 2 所示。2011 年铁矿石单位成本材料 8.56 元，比 2006 年下降 1.75 元；备品备件 6.18 元，比 2006 年下降 0.08 元；动力费 10.36 元，比 2006 年下降 1.64 元；2011 年与 2006 年相比，铁矿石材料、备件、动力费节约成本 953.24 万元（2011 年生产铁矿石 274.71 万吨）。

表 8 – 5　　　　　　　　北洺河铁矿 2006—2011 年矿石单位成本　　　　　　　单位：元

年度	材料单位成本	备件单位成本	动力费单位成本
2006	10.31	6.1	12
2007	9.18	6.5	9.1
2008	10.28	5.56	11.28
2009	8.15	5.54	9.98
2010	8.15	5.54	10.66
2011	8.56	6.18	10.36

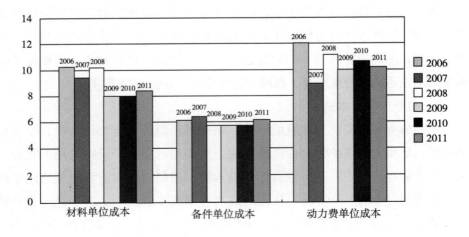

图 8 – 2　北洺河铁矿 2006—2011 年矿石单位成本对比

2006—2011 年精矿单位成本对比如表 8-6、图 8-3 所示。2011 年铁精矿单位成本材料 4.17 元，比 2006 年下降 4.14 元；备品备件 5.39 元，比 2006 年下降 0.27 元；动力费 13.3 元，比 2006 年下降 5.26 元；2011 年与 2006 年相比，铁精矿加工费材料、备件、动力费节约成本 1371.28 万元（2011 年生产铁精矿 141.81 万吨）。

表 8-6　　　　　　北洺河铁矿 2006—2011 年精矿单位成本　　　　单位：元

年度	材料单位成本	备件单位成本	动力费单位成本
2006	8.31	5.12	18.56
2007	5.74	4.7	15.31
2008	6.48	4.28	15.02
2009	5.6	3.66	14.69
2010	4.36	4.37	15.91
2011	4.17	5.39	13.3

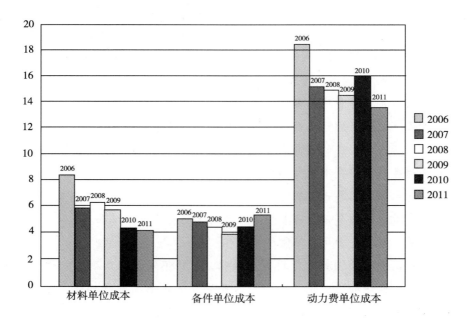

图 8-3　2006—2011 年精矿单位成本对比

附录 8 - 4

《北洺河铁矿预算外费用审批管理办法》

制度名称	北洺河铁矿 预算外费用审批管理办法	编号	1 - 1 - 04 - 07 - 03
编辑部门	财务科	考评部门	财务科
执行部门	矿属各单位	监督部门	制度执行督察组

第一条　为保证预算执行的严肃性，规范预算外费用的申请及审批行为，制定本管理办法。

第二条　预算外费用界定

本办法规定的预算外费用是指同时满足下述条件的成本费用：①未列入本单位年度预算或预算严重不足，已超出本单位的承受能力；②该项费用在本年度确实需要发生；③如果该项费用属于实物（如生产用低耗品、饮水机、文件柜、空白表格等）本部门无多余或虽有多余但不能替代。

第三条　预算外费用申请

各单位要认真研究分析本部门年度预算，根据工作进度需要合理安排成本费用，在不影响正常生产经营前提下最大限度避免或减少预算外支出，如因工作需求确实要发生预算外费用，应当事先书面申请。申请单位在报告中必须以充分理由说明所需的费用，同时满足第一条中所规定的三个条件，否则不予审批。

第四条　预算外费用的审核、审批

车间或部门提交的预算外申请应当先审核、后审批

①车间、车队提交的预算外申请应由财务科预算组领导先审核，部门提交的应由财务科领导先审核，如该费用属于控制费用，控制部门领导先审核。

②审核人应按照第一条规定的三条标准进行逐项说明并对其真实性负责。

③有审批权限的矿领导可参照审核人的说明决定是否批准。

第五条　预算外费用后续管理

财务部门要建立预算外费用备查台账，矿将不定期组织财务、供应、机动、企管、纪检等部门对预算外费用的购置及使用情况进行抽查，发现有弄虚作假行为的，将相应的虚假金额从本单位结算工资中扣除。

第六条　本办法自二〇一二年元月一日起执行，解释权归财务科。

编制日期	2011 年 10 月	审核日期	2011 年 11 月	批准日期	2011 年 12 月

附录 8 - 5

《北洺河铁矿成本费用管理制度》

制度名称	北洺河铁矿成本费用管理制度	编号	1 - 1 - 04 - 07 - × ×
编辑部门	财务科	考评部门	财务科
执行部门	矿属各单位	监督部门	制度执行督察组

第一章　总　则

第一条　为了规范北洺河铁矿成本费用管理，节支降耗，提高经济效益，根据《中华人民共和国会计法》、《企业会计准则》及国家有关财经制度，参照公司相关财务规定，结合北洺河铁矿实际制定本制度。

第二条　本制度所称成本费用泛指企业在生产经营中发生的各种资金耗费。其中：成本是指可归属于产品成本、劳务成本的直接材料、直接人工和其他直接费用等；费用是指在日常活动中发生、会导致所有者权益减少、与向所有者分配利润无关，除成本之外的其他经济利益的总流出。

第三条　各单位按照本制度的要求，准确认定成本核算对象，及时归集和分配成本费用，努力降低成本费用支出，并根据本制度要求做好成本费用的预算、核算、控制、分析与考核监督工作。

第四条　本制度适用于车间及各职能科室。

第二章　机构设置与岗位分工

第五条　矿成本费用管理实行统一领导、分级管理。主管财务领导负责组织矿的成本费用管理工作；财务科负责对公司成本费用管理与核算工作进行指导协调；财务负责人组织本单位的成本费用管理与核算工作。

第六条　财务科根据需要设立成本核算会计，具体负责本单位的成本费用核算和管理工作，下属车间（工区）、班组配备专（兼）职成本核算员，负责本车间（工区）、班组的成本费用核算和管理工作。

第七条　财务科应建立成本费用业务的岗位责任制，明确内部相关部门和岗位的职责、权限，确保办理成本费用业务过程中的相互制约和监督。

第八条　各车间可根据自身实际，建立与成本费用相关的严格的授权批准制度。

第三章　成本费用管理的基本原则及要求

第九条　成本费用管理工作是生产经营管理的核心内容，必须贯穿于生产经营活动的全过程。成本费用管理基本原则：

（一）全员参与、分工协作原则。

（二）全过程成本控制原则。

（三）成本最低化原则。

（四）责权利相统一原则。

第十条　成本费用管理的基本要求：

（一）遵守财经纪律，贯彻执行国家有关政策、法规；

（二）加强和完善成本费用管理的基础工作；

（三）掌握成本费用的范围和标准，合理划分产品成本界限；

（四）进行成本预算，参与生产经营决策，实行主要产品的目标成本费用管理；

（五）组织制订降低成本费用的措施，并与生产技术管理相结合，把日常成本费用管理渗透到生产技术等经营活动的各个领域；

（六）分解成本费用指标，控制生产耗费，落实成本费用管理责任，实行分级归口管理；

（七）准确、及时核算产品成本，控制和监督成本费用预算执行情况，进行成本费用分析；

（八）运用现代化管理方法，实行全面成本管理，建立网络式成本管理责任体系，不断提高成本费用管理水平；

（九）积极开展工序成本，并以此为依托，推进单机单车统计考核，为单机核算和建立定限额管理奠定基础。

第四章　成本费用预算

第十一条　成本费用预算是根据成本费用特点，结合本单位成本费用历史资料，依据将采取的技术措施和管理措施，考虑影响成本费用的主要因素，对未来期间成本费用水平和变动趋势进行预测。

第十二条　财务科具体负责组织、协调本单位的成本费用预算工作。

第十三条　各车间成本费用预算工作应与全面预算编制相结合，使其成为编制全面预算的依据和重要组成部分。

第十四条　费用预算主要根据上年实际费用水平和预算期内的变化因素，结合费用开支标准和降低成本费用的要求，分项目进行编制。

第十五条　各车间及部门确定的成本费用预算，结合本单位历史最好水平、同行业先进水平，按照先进合理的原则确定各工序、班组、机台耗费应达到的目标值，产品品种多的单位也可按品种耗费确定其目标成本费用。

第五章　成本费用核算

第十六条　成本费用核算是采用一定的方法对企业生产经营过程中的一切耗费进行正确的归集和分配，准确、及时地反映企业成本费用水平。

第十七条　矿成本费用实行两级管理（矿、车间），核算由各单位根据管理级次确定。

第十八条　根据成本费用管理的基本原则，核算必须做好以下基础工作：

（一）健全原始记录，主要包括：

1. 物资供应科、机械动力科对材料物资原始记录。主要包括材料、备件等物资验收入库单、领料单、退料单、材料物资盘点报告单、工具请领单等，并做好仓库台账的登记工作。

2. 人力资源科对劳动工资方面的原始记录，即职工人数、调动、考勤、工时利用、停工情况、有关津贴等项记录。

3. 动力消耗方面的原始记录，根据各计量仪表所显示的水、电、气的实际耗用量，并做好能源消耗统计报表。

4. 各生产车间要建立成本核算账簿及相应的台账，原材料的收、发要编制凭证，每月要编制车间的成本核算报表。

各部门应指定专职管理原始记录的机构和人员，按照统一规定的各类原始记录的格式、内容、填制、审核、签署、传递、存档等要求，保证原始记录管理的规范化和标准化。

（二）严格计量、验收工作，一切原材料、燃料、备件、辅料等物资，物资的收发、领用、退库等都要经过严格的计量验收，做到手续齐全，计量准确。各种计量设备、工具和仪表配备齐全，按时进行校正和维修。

（三）健全物资盘点制度，防止账外物资和亏库、做到账物相符。

第十九条　各单位进行成本费用核算时，为保证成本费用核算的准确性，应坚持本单位的领料数量与上工序的发料数量定期核对，本单位产成品发出数量与下工序的入库数量定期核对。同时，按有关规定定期对产成品和在产品进行盘点。

第六章 车间成本核算的基本要求与方法

第二十条 车间是生产经营的基层单位，属于生产经营管理系统的成本费用责任中心，是进行成本费用控制和考核的基础。

第二十一条 各单位应按管理需求，建立本单位车间成本核算的组织形式、核算的内容及归集方法，班组核算参照车间成本核算进行。

第二十二条 矿总体采矿生产成本按"钻探、掘进、支护、凿岩（中深孔）、落矿、运输、破碎、提升、排水、通风、充填"等工序进行核算；选矿生产成本按"供矿、磨矿、磁选、浮选、过滤、排尾、尾矿库"等工序进行核算。各单位在此基础上可进一步细化各道工序进行明细核算。

第二十三条 车间成本费用核算基本要求：

（一）车间核算必须指标细化并分解到人。

（二）车间核算规程、实施细则、有关台账、报表等原始资料要标准化、规范化、程序化。

（三）车间核算应日核算、旬分析、月总结，确保承担的成本费用指标控制在预算范围内。

为达到上述的要求，应坚持两结合和三建立制度，即经济指标与技术管理相结合，预算指标与业绩相结合；建立健全各项规章制度，建立健全各项原始记录，健全计量工作。

第二十四条 财务部门及有关职能部门负责分解本单位的成本费用及其他指标，并对车间核算负专业指导责任，协助车间建立核算组织及核算网络。

第二十五条 车间、班组设专职或兼职核算员，在车间负责人及班组长的领导下，以核算员为主，统计员、安全员、技术员等管理人员组成车间、班组核算网，承担上级下达的各种经济技术指标核算和指标完成情况分析工作。

第二十六条 车间核算的内容，要结合本单位生产工艺特点和成本费用的要求，以本单位负责的有关指标为中心，确定开展成本费用核算的具体内容。

一般生产车间核算对象为产品产量、质量、消耗、工段成本等；辅助车间除本身的生产任务、消耗和成本费用外，还应包括所服务生产单位的有关指标。

班组核算的内容包括产品产量、产品质量、消耗、成本费用、安全生产、设备利用率、出勤率、劳动工时等指标。

第二十七条　车间核算的方法：

车间成本核算要与预算考核相衔接，依据经济核算的要求及分解的指标建立各种台账和报表。

（一）车间成本总额，根据有关科室与辅助车间结合的费用登记相关账簿，归集各类生产消耗计算求得。车间合格产量（或工程量），根据生产报表确认的合格产量（或工程量）为准，不得以估计产量代替实际产量。

实际单位成本 = 车间产品成本总额 ÷ 合格产品产量（工程量）

单位成本升降额 = 实际单位成本 - 预算单位成本

车间成本升降总额 = 实际合格产品产量 × 单位成本升降额

（二）班组主要是以分解的定限额指标为依据进行核算。在具体核算中，既可以按价值量，也可以按实物量进行核算。计算方法：

实际单位成本 = 产品总成本（总费用）÷ 产品总数量

单位成本升降额 = 实际单位成本 - 定额单位成本

成本升降总额 = 实际产品总数量 × 单位成本升降额

或：费用升降总额 = 实际总费用 - 定额总费用

（注：维修班组费用的指标应结合其维护任务完成情况进行核算）。

第二十八条　在强化工序成本核算的基础上，应进一步细化可控成本，向单机单车核算延伸。

（一）单机单车核算的内容应包括柴油、汽油（具体到某种号）及主要配件等消耗情况，并建立台账。

（二）在大修或重要维修时，应对每次维修部位、投入的材料、备件、工时、维修参与人员、维修方式进行记录、反映；对连续两次在同一部位进行维修的应有重点说明、分析。

（三）对于大型检修应定时间、定内容、定检修人员，做到责任到人。

第七章 成本费用控制

第二十九条 成本费用控制是在成本费用预算指标层层分解后，对成本费用的各项耗费严格进行监督和控制，使其不超过预定目标，如发生偏差，应立即采取措施，加以纠正。

第三十条 制造过程中的控制内容主要包括：原材料的消耗、人工、能源动力、工序间物料运输费用、车间以及其他管理部门的费用支出等。

第三十一条 按照成本费用的形成过程，各单位成本费用控制可按原材料、人工、燃料动力、制造费用、企业管理费等项目进行控制。

（一）原材料的控制，相关职能部门应建立完善的"车间做预留—计划审核是否采购—机动、供应科长审核—采购—入库—车间打印领料单—由库工办理出库单—使用—反馈"的领发料制度；由车间根据产量和预算单耗提出领料申请，经本部门负责人签字同意，并经相关职能部门审核后办理领料手续；成本核算员应根据领料单按月汇总原材料耗用量，分析单位成本耗用量、单位成本预算的差异。

（二）人力资源科要控制定编、定员，保持一线生产工人的比例相对稳定，保证提高出勤率、工时利用率和劳动生产率，及时解决窝工问题。

（三）燃料动力的控制。一是所有能源消耗都应实行定额管理和考核；二是从线路、管道方面划清耗能责任归属，安装计量仪表，减少跑、冒、滴、漏和大功率负荷空载现象，保证能源单耗的降低；三是采取避峰填谷和无功就地补偿措施，降低电量电费。

（四）制造费用的控制，主要通过对相关费用明细项目进行具体分析对比，寻找差异产生原因，制订改进措施。

（五）期间费用的控制，主要指管理费用的控制，重点从实行费用指标限额管理和考核制度，明确各项费用权责归属，严格费用支出审批手续，按预算和限额耗费等方面进行。

第三十二条 成本管理人员要对成本费用的发生进行密切跟踪，发现异常波动，及时向本单位主管领导汇报。

第八章 附 则

第三十三条 本制度未尽事宜，遵从《中华人民共和国会计法》、《企业会计准则》、国家有关财经制度及集团公司相关财务规定。

第三十四条 本制度自二〇一二年一月一日起执行。

第三十五条 本制度由矿财务部负责修订、解释。

编制日期	2011 年 10 月	审核日期	2011 年 11 月	批准日期	2011 年 12 月

六、班组成本精益管理

成本管理是企业管理的一项根本任务。美国管理大师彼得·杜拉克认为："在企业内部，只有成本"，另外一位美国管理学者艾德华·戴明也指出："不断降低成本是企业管理创新的永恒主题。"北洺河铁矿是资源开采型企业，产品单一，工艺稳定，销售简单，所以成本领先是该矿唯一的战略。在成本管理活动中，该矿逐步理清了成本发生的项目本源和组织体本源，确立了班组成本精益管理模式，使得产量、成本、效益指标不断进步，促进了企业在同行业中保持较好竞争优势。

（一）产生背景

1. 继承历史经验

班组成本管理在国有采掘企业有着光荣的历史。实践中，该矿发现用企业组织的最小单元——班组作为成本核算的对象是最合适的，往上到队段和车间有点大，太笼统，再往下到个人又割裂了许多工业生产的联系，管理活动本身也不经济。

2. 适应工序化机构设置的特点

北洺河铁矿的生产组织机构是按采矿工艺划分的，即按掘进、采矿凿岩、爆破出矿、运输、提升、选矿等工序划分各个车间，车间内部班组作业对象单一，成本核算简单，适合采用班组成本核算的方式。

3. 全面预算管理班组化延伸

全面预算管理在成本管理方面阐述详细，内容丰富，把这些先进的观念纵向延伸到班组成本管理当中去，可以进一步深化各项管理措施，提升管理水平。

4. 学习先进观念的结果

成功的现代企业，不管是国内的还是国外的，在成本管理都有很多先进的观念和好的做法，该矿在工作中将其吸收到班组成本管理当中，做到为我所用。

5．发展企业文化的要求

该矿提出了"求实求精求发展，创业创新创一流"的企业精神，不断创新成本管理形式，创造一流业绩效益是该矿的精神追求。

经过一年多的学习、思考、实践和总结，该矿逐步趟出了自己的班组成本精益管理的路子，为提升该矿行业竞争力迈出了坚实的一步。

（二）主要内容

班组成本精益管理的内容如图8-4所示。

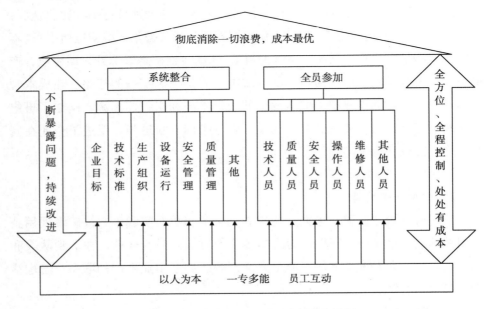

图8-4　班组成本精益管理·内容房式图

班组成本精益管理的含义，是把彻底消除一切浪费思想贯彻到成本管理当中，特别注意从系统整合的高度，以成本最优为目标，正视影响企业成本竞争力的薄弱点，全方位、全员、持续地推进成本精益改进，使精益思想在整个涉及成本的领域中得到应用和拓展。其主要特征是系统性、人文性、全程性和持续性。其中：

系统性　围绕成本运行活动进行整体思考，以最大限度地降低成本对效益影响为目标，以提高人的素质为基础，整合企业目标、生产组织、设备运行、安全管理、质量管理等要素，在涉及成本的活动中消除一切浪费。

人文性　强调班组成本管理以人为中心，充分发挥人的主动性。班组是工作团队，包括工艺、设备技术人员、操作人员、质量、安全人员、维修服务人员等，班组成员强调一专多能，彼此能沟通。

全程性　即成本运行的流程，包括影响成本消耗的技术参数选择，成本的领用、运送，生产中组织运行管理，维修服务，人员配置等，做到事前有计划，事中有控制，事后有检查、总结。

持续性　真正形成全员参与、自我求新、不满已有、持续改进的成本管理机制，不断提升成本管理水平。

（三）主要做法

现以北洺河铁矿采矿车间为例，介绍班组成本精益管理的主要做法。

人员培训　包括人员成本观念更新培训、人员技能、素质培训和团队精神培训。

人员培训的内容如图8－5所示。

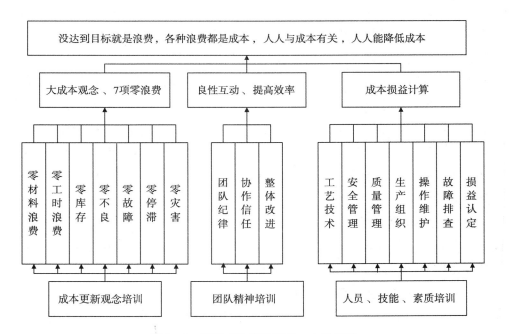

图8－5　班组成本精益管理·人员培训

成本观念更新培训是帮助员工建立"大成本"的概念，树立7个方面零浪费的思想。传统成本管理一般指修旧利废、节约成本、降低消耗等。这些内容非常重要，但是还不够。大成本概念还包括反对工时浪费，消灭库存，反对不良工作结果，反对事故故障，反对停滞，反对自然事故、安全事故等。以上7项零浪费，都是大成本的内容，必须建立各种浪费都是成本的概念。

人员技能与素质培训，主要是培训员工一专多能能力，例如跨专业人员、操检合一人员等复合型人才。培训技术人员会算成本增减账，质量、安全人员会算成本损失账，操作人员懂设备的构造、维护、保养和简单的维修；维修人员懂操作，会算运转率损失账；各类人员能了解其他人员业务的基础知识，便于相互交流。

团队精神培训主要是培训队员之间相互信任、相互尊重、相互团结协作，遵守团队纪律和以团队整体进步为目的。

总之，通过培训在员工中确立没有达到目标就是浪费，各种浪费都是成本，人人与成本有关，人人能降低成本的思想。

1. 完善硬件设施

针对班组成本精益管理7个方面零浪费的要求，车间完善了一系列硬件设施，包括设定领料专用车，改进运料通道的设备、设施，缩短物料运送时间；增加两趟从地表到井下的输油管线，提高油料输送速度；在铲运机作业水平增设临时维修峒室，减少铲车往返综合维修间的时间和途中溜车事故的可能性；增设作业水平临时药库，减少往返总药库运送炸药时间；增加井下加油计量装置，对单台车油耗进行准确计量；增加各大宗耗电设备电量计量装置；增加溜井挡墙、斜坡道挡垛、躲避峒室等设施，防止溜车事故；增加井下矿石品位简易分析仪器等十几项硬件设施，为实施精益管理提供了基础条件。

2. 完善软件建设

在班组成本精益管理中，软件建设是企业持之以求、重点组织的工作。软件建设主要包括制度建设和氛围建设。

制度建设包括建立作业标准，建立运行制度，包括成本发生、运行、损耗的表格、台账、记录、报告、会议、分析以及奖罚制度等，共八大类三十多项制度，有的制度即使不是专门规定成本管理的，但也必须估算在成本方面的损失影响。这八项制度有：

（1）生产管理类：例如井下交接班制度，标准是必须交清设备，采场状况、安全等注意事项，形式必须是填具标准化的表格，并签名，否则要对造成的损失负责。

（2）技术、质量管理类：例如矿石质量管理办法，规定截止品位及时封停，并下达书面质量指令，否则品位降低造成的损失要扣罚有关人员。

（3）安全管理类：例如顶板管理制度中，对长短撬杠的配套使用、捡撬人员的站位、监护等标准有详细规定，以保护捡撬人员的自身安全。

（4）设备管理类：包括铲车的操作、维护、点检、保养、维修、大修等，其中对点检不到位处罚得最重，目的是防患于未然。

（5）成本管理类：例如领发料制度，物资保管制度，班组成本核算制度等。

另外还有劳动工资类，党建、精神文明类和其他类等。

氛围建设包括培养与成本有关的但现在还不能形成制度的工作习惯，培养注重节约、避免浪费的思维习惯，培养以降低成本为荣的工作氛围。氛围建设主要通过非正式组织、会议、个人、团队交流等形式进行。

3．组建班组团队和开展班组成本精益管理活动

组建一支良好的班组团队是实现班组成本精益管理的关键。组织班组团队要求队员在一专多能的个人素质基础上，队员之间能相互信任、相互协作、技能互补，以充分发挥每个队员积极性和整体的效用。根据作业内容和现有人员条件，采矿车间组建了爆破、出矿和维修三类基本作业班组，一般9～15人组成；组建了采矿技术（兼产品质量）、设备技术、安全管理、成本管理4个综合服务小组，一般由3～5人组成，且小组之间成员相互交叉。小组之间有一定的专业分工，没有隶属关系。各小组挑选有一专多能特长、协调能力强、能干会算、最好是党员的员工，经培训后，担任班组长。班组长组织活动，分配一定范围的劳动成果。小组活动关系如图8－6所示。

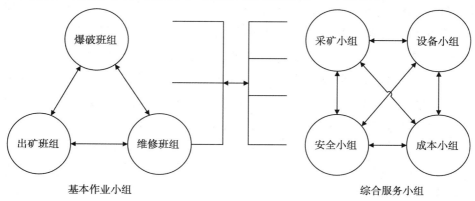

图8－6　班组成本精益管理·小组活动关系图

　　班组是一个小范围的利益共同体，班组内成员之间相互信任，相互支持，相互协作，追求团体效益最优化；班组之间相互补充，交叉参与，在特别项目上采用矩阵式组织形式，提高效率，协作进步。

　　各班组在成本精益管理方面的活动：

　　（1）爆破班组：爆破班组主要对火工材料消耗、火工库存、爆破故障（悬顶推墙）、爆破效果（大块率）、返粉率以及按时爆破等指标负责。班组每次放炮前检查炮孔良好状况，预先处理堵孔、错位孔，提高爆破质量，减少爆破故障；与采矿技术员一道计算当排炮药量和药型配比，减少炸药浪费和返粉，有零星返粉都及时回收。与采矿技术员配合，试行孔间微差挤压爆破技术，减少大块；大块二次爆破与采场一次爆破同时施行，减少出矿工时等待；参与工艺技术讨论，帮助改进炮孔施工质量，完善高分段、大间距采矿方法技术参数。通过改进工艺技术，加强作业管理，爆破班组炸药单耗比上年降低 0.05 千克/吨，单位落矿成本降低 0.4 元/吨，大块率由 8% 降到6%，爆破故障由 6 次/10 万吨降到 3 次/10 万吨。

　　（2）出矿班组：负责出矿量、出矿品位、油脂消耗、设备点检维护执行率、溜井和顶板安全确认率、文明生产达标率等指标。班组每天作业前坚持检撬顶板，完善照明，清理路障。每班前检查一次车况，紧固螺丝，检查润滑情况、存油状况，检查电动铲运机漏电保护装置；每隔一天，集中对铲车进行全面点检，早发现异常情况，加注黄油，清洗车辆，并做好点检纪录，提高设备完好率和作业率；出矿中坚持铲车不挑大块，杜绝了断桥事故的发生；坚持均衡出矿、不出过头矿，贫化率和视在回收率一直控制在设计水平；通过定期更换滤芯、减少跑冒滴漏、油标卡位、减少设备跑空趟等措施，控制油脂消耗；合理布置 4 立方米电动铲运机，扩大覆盖进路范围，充分发挥设备的出矿能力。通过精益管理，出矿班组的设备点检维护执行率达到 98%以上，设备完好率达到 96% 以上，保证了设备工作能力。顶板安全确认率100%，全年顶板类事故为 0，每月出矿量完成计划的 110%～120%，品位提高 0.2 个百分点以上。

　　（3）维修班组：维修班主要负责设备的可开动率、返修率、故障排查修复的及时性、管线维修等指标，通过技术练兵，提高技术水平等措施，故障排查速度、常见故障修复速度都好于标准时间，设备可开动率保持在 100%，返修率为 0，尤其轮胎更换速度，可以比以前提前半小时。全年回收废旧物资

20 多万元，攻克进口发动机大修技术，自行大修发动机 3 台，完成 6 台 2 立方米油铲充液阀滤芯改造，7 组铲运机桥壳改造和 3 台铲运机制动系统改造等共 18 项小改小革，创效 150 多万元。

（4）各综合班组的活动：采矿技术小组兼矿石质量和火工材料质量管理工作。该小组紧跟爆破和出矿班组作业，指导控制出矿品位和爆破质量，优化了损失率、贫化率和出矿品位的关系，减少了资源浪费和无效劳动，保证了爆破质量和矿石品位。设备技术小组，兼负责维修质量监督，备件质量监督等质量活动，积极开展设备评比、技术练兵、技术改造、电动铲运机备件国产化替代研究等技术管理工作，提高了设备效率，降低了成本消耗。安全小组直接分三班参与作业小组生产，检查安全确认执行情况，全年未发生一起责任事故和自然事故。成本小组每日对物料消耗、各种浪费事件进行检查，每周分析，提出改进意见，并在车间物料消耗方面形成看板拉动式领料、单机核算等成本管理方式，做到成本管理日清日结，推动了班组成本精益管理的开展。

4. 班组成本考核评价

充分的评价和严格的考核是推动班组成本精益管理不断进步的动力。除了直接消耗的成本节超奖罚外，对各种浪费和损失也要计算成本损失，予以扣罚。例如工时损失按年初核定的工资水平计算成本浪费，安全事故造成的恢复费用，贫化、损失，低品位出矿造成的浪费等。通过经济手段进一步树立浪费就是成本的意识。对技术进步形成的节约，当年全部兑现到班组，并对技术项目另外奖励，鼓励内涵发展式的成本进步方式。

（四）实施效果

1. 成本观念得到全面更新和提升

成本精益管理在统一各班组对成本管理的认识上，发挥了巨大作用，形成了达不到目标就是浪费，各种浪费都是成本，人人与成本有关，人人能降低成本的全新成本管理理念，同时也形成了系统化的成本管理思维方式。

2. 延伸全面预算管理

通过对产量、成本及各种经济技术指标进行分解，使全面预算管理向班组延伸，落实了预算管理全员、全方位、全过程、事前、事中、事后控制的要求。

3. 提升经营质量和经济效益

通过生产经营中经济技术指标、作业方式等量化为成本进行考核，进一步提升了经营质量，全年贫化率、损失率和矿石品位与预算比误差都在 0.3 个百分点之内，设备完好率、可开动率都在 95% 以上，没有发生一起重伤事故和重大设备事故，单台电动铲运机出矿效率达到 54 万吨/年的国内先进水平，全员劳效达到 2500 吨/人年，制造成本 116 元/吨，这两项指标均达到全国先进水平。2004 年，企业实现当年投产、当年达产并超产，全年完成矿石 202 万吨，迈入全国大型地下矿山行列。投产之后的 9 年中，矿石产量持续保持在 230 万 ~250 万吨，年平均利润 7.2 亿元，企业竞争力全面提高。

4. 发展企业文化

把"求实求精求发展，创业创新创一流"的企业精神引入班组成本管理中，丰富发展了企业文化。

七、全覆盖 6S 管理

在机械制造行业，6S 管理是被广泛应用的一种现场管理方法，内容包括整理、整顿、清扫、清洁、素养、安全六个方面，目的是追求作业空间最优化、流程最优化，提高维修效率，提高安全保障程度，降低成本，促进员工不断自我改进。

"6S 管理"由日本企业的 5S 扩展而来，是现代工厂行之有效的现场管理理念和方法，其作用是：提高效率，保证质量，使工作环境整洁有序，预防为主，保证安全。6S 的本质是一种执行力的企业文化，强调纪律性的文化，不怕困难，想到做到，做到做好，作为基础性的 6S 工作落实，能为其他管理活动提供优质的管理平台。

北洺河铁矿选矿车间实施的全覆盖 6S 管理，涵盖了该车间作业现场、设备管理、仓库、场区及办公场所等各个岗位，推动了全员素质的提升，打造了一支优秀团队。

（一）6S 简介

"6S"是指整理（SEIRI）、整顿（SEITON）、清扫（SEISO）、清洁（SEIKETSU）、素养（SHITSUKE）、安全（SAFATY）。因这 6 个词的日语的罗马拼音均以"S"开头，因此简称为"6S"。"6S"起源于日本，通过规范现场、现物，营造一目了然的工作环境，来培养员工良好的工作习惯，并自觉遵守各项规章制度，从而提高员工安全意识，做到安全生产，确保安全事故率为零。

整理：区分"要"与"不要"的东西，对"不要"的东西进行处理。目的：腾出空间，提高生产效率。

整顿：要的东西依规定定位、定量摆放整齐，明确标识。目的：排除寻找的浪费。

清扫：清除工作场所内的脏污，设备异常马上修理，并防止污染的发生。目的：使不足、缺点明显化，是品质的基础。

清洁：将上面3S的实施制度化、规范化，并维持效果。目的：通过制度化来维持成果，并显现"异常"之所在。

素养（又称修养、习惯）：人人依规定行事，养成好习惯。

安全：真正实现"以人为本"，安全、规范作业。

6S最终目的：提升"人的品质"，养成任何人对任何工作都持认真态度的习惯，真正实现"以人为本"，安全、规范作业。

（二）产生背景

北洺河铁矿选矿车间自2005年10月份试生产至实施6S管理的2008年，已经历了三年多时间，人员从建厂时的120人增加到220人，管辖范围从原有的三跨主厂房扩展到了由供矿、磨矿至尾矿库整条工序链，管理难度也在不断加大。自2006年至2008年该车间先后编制和下发了100多项管理制度和考核办法，在车间管理方面起到了很好的效果，但是仍然存在一些不足，如很多制度得不到落实，形同虚设；现场摆放杂乱，占据通道，混杂堆放，分不清好坏；设备点检不到位、油污无人擦拭；地面卫生死角重复出现，车间检查指出的整改，其他类似地方不管；职工安全意识淡薄，进入工作岗位不佩戴劳保用品、上下梯子不扶栏杆，摔伤、碰伤等安全事故不断，等等。

为了根治现场管理存在的不足，提升企业形象、增加员工归属感、减少浪费、保障安全、提高效率，2008年该车间通过学习、甄别，选择了成熟、系统的"6S"现场管理方法，在选矿车间所有岗位推行应用，取得了良好效果。

（三）基本内涵

2008年，该矿将制造行业的6S管理方法引入选矿行业，做到了行业升级，当年在选矿车间的球自磨岗位取得了4S级别的成功。2009年到2010年两年中，该矿一是将选矿车间4米平台岗位、隔膜泵等岗位推进到6S程度，取得6S管理真正意义上的高度；二是将6S管理拓展到选矿车间所有岗位，包括生产空间、设备点检、车间仓储、维修场所、办公场所，实现完整意义的车间单位达到 6S 程度，都取得了显著成效。

（四）主要做法

1. 编制学习宣传手册

通过编制宣传手册，组织全员学习培训，明确了 6S 管理的意义和作用。为了让每名职工都能参与到车间的"6S"管理中来，理解"6S"管理内涵、推进方针及目标、目标标准、管理方法、实施要领等，车间编制了 14000 字的"6S"管理手册，下发到各工段，由各工段组织职工学习、灌输。

成立了以车间主任为组长的"6S"管理领导小组，利用车间调度例会和周四安全例会对参会的工段长进行"6S"知识培训，印发学习资料，组织专题讨论，同时利用周五班组安全例会、黑板报等有效载体进行宣传，营造学习氛围，打消职工对"6S"管理的神秘感和不适应，使广大职工理清思路，统一认识，全员参与到"6S"管理中来。

另外，车间还制定了《选矿车间管理人员对下属的八条戒律》、《选矿车间管理人员的八项准则》、《选矿车间管理人员的行为规范》等管理理念及管理格言，要求班长以上管理层学习并悬挂于车间调度室予以警示。

2. 完善和修订车间制度，靠制度强制推行

为了将"6S"管理融入车间的日常管理，并得到逐步的推进和保持，车间还修订了《选矿车间文明生产管理制度》、《选矿车间修旧利废管理办法》、《选矿车间设备点巡检管理办法》、《选矿车间班组核算管理制度》等制度和考核办法，将"6S"管理逐步融入到车间"以精细化管理为目标，以过程管理和痕迹管理为手段，以班组业绩考核为依据，以车间及调度指令为补充，以严格工资分配程序为保障"的工作方针中，以此来充分调动每一位职工的积极性，逐步形成了车间的管理理念和方法。

3. 管理推进任务分解

将 6S 管理推进任务分解成五个部分，分别采取不同措施。

（1）作业场所。

部位 1：三条供矿皮带通廊与新排岩皮带通廊

措施：专门设置了安全绿色通道。通过对皮带通廊进行整理，清理废铁及其他废旧物品 30 余吨，释放了 100 平方米的工作空间，对三条皮带电机启动柜与控制箱上悬挂设备设置运行标识牌 20 个，通过挂牌标识，岗位工设备操作失误率降低为零。

部位 2：4 米放矿平台

措施：清扫和清洁，将不要的东西进行处理，要的东西摆放整齐，明确标识。清理废旧皮带 120 米，废旧滚筒 5 台，回收废旧电缆 1 万余米，拆除设备与控制柜 20 多台套，清理杂物 20 余吨，释放了 80 平方米的工作空间。

更换或刷新一些电气控制柜和设备漏斗，控制柜重新定位，悬挂设备运行提示牌，将其平台上的 24 台电振定量标识，要求其放矿平台不断整理，物品、材料不可乱放。

亮化、美化作业环境，将 24 个放矿漏斗进行除锈刷漆，规整正在使用的电缆 1200 米，修整更换损坏的电缆桥架 30 米，将其平台上墙壁及柱子进行涂料粉刷 800 平方米，将平台所有门窗玻璃进行清洗擦拭 30 套，为减少 4 米平台粉尘危害，共安装喷雾除尘装置 6 套，使整个 4 米放矿平台焕然一新。

要求岗位工做到长效保持，形成制度，已纳入车间每周二安全文明生产检查考核内容中。

部位 3：主厂房 0 米水平胶泵、7 米过滤平台、15 米与 19 米磁选平台

措施：进行清扫和清洁，实现前四个 S 的标准，将不要的东西立即处理，不可占用作业空间，共清除废旧物料 30 余吨，释放约 150 平方米的空间，对所有平台设置了安全绿色通道 300 米，要求通廊要经常保持清洁和畅通。

各平台墙壁内粉刷高 1.2 米的墙裙约 800 平方米，各水平所有管道、设备及钢结构进行除锈刷漆防腐约 1 万平方米、对上下楼梯处刷漆标注安全提示 20 余处，门窗玻璃进行清洗擦拭 50 余套，将胶泵、真空泵、罗茨风机、过滤机、除渣筛及磁选机共 44 台设备定量并按顺序标号，操作箱与其一一对应，制作设备运行提示牌 88 块，并且要按照统一标准悬挂，制作设备点检位牌 8 块，标注点检位及点检点 200 余处，由此节省了岗位工与维修工对设备的点检时间，原来三小时点检完的设备现在一小时点检完毕，大大提高了点检效率。

部位 4：两台浓缩机通廊支架及中心盘

措施：将两台浓缩机通廊支架及中心盘进行除锈刷漆防腐 200 平方米，两边扶手栏杆进行除锈防腐刷漆 50 平方米，主厂房两台楼顶爬梯及外墙墙裙进行除锈刷漆亮化 2000 平方米，6 千伏变电专门制定安全绿色通道，定制操作位 18 个，内侧墙壁进行刷漆亮化；三台变压器室及调度室刷高 1.2 米的墙裙 1000 平方米，使厂区整体得到亮化。

部位5：其他

措施：车间对厂区内所有雨水井盖进行刷漆标注，所属车间辖区内公路两侧马路崖砖进行黄黑相间刷漆1000余块，对厂外桥架通廊支柱进行黄黑相间刷漆安全标注，对精矿仓两侧外围墙进行粉刷，并附上标语，对职工起到引导与鞭策的作用。

车间将厂区东部空地进行平整1500平方米，清理报废备件、管道及其他废物料约200吨，在场地制作高1.8米的铁栅栏300米，并对其进行刷漆防腐，在地下设置地埋件30个，将栅栏焊成一个方形的备件物料存放区，将有用的备品备件及物料分区摆放，并做好标识，做到了大型备品备件定置摆放。

（2）库房。

措施：将仓库内备件材料按照电气、机械所属分类摆放，同一设备所需备件集中上架归类，并对备件及材料的名称、规格、型号、数量进行标识，做标识牌300套，通过定位定量摆放，节省了维修工领取材料备件的时间，相比原来节省了30%的时间，提高了维修效率，提高了生产效率。

（3）维修工房、电工房、工具箱。

措施：对维修电工与钳工值班室内工具箱定制管理，将工具箱内工具定位摆放整齐，按照各种工具的形状对形入座，采取形式管理，诸如扳手，放入按照扳手形状制作的工具包内，由此减少了维修工领用工具的时间，相比原来节约了20%的寻找工具的时间，提高了维修效率。

（4）办公场所。

措施：车间对其领导与技术组办公室和实验室达到6S标准，将不要的东西彻底清除掉，要的东西清扫干净。经常保持地面清洁，日常工作内容与责任分工挂牌上墙，文件的摆放与提取通过定义标识箭头来确定摆放位置，存档的文件标注序号和物品目录，常用设备诸如电脑，打印机，饮水机等要保持清洁，门窗及玻璃定期打扫、擦拭，办公桌水杯、笔筒要定位摆放，花卉挂牌，并使员工的素养提升。

（5）设备设施。

通过目视化管理，在皮带所属设备中标注点检位及点检点30处，由此节省了岗位工与维修工对设备的点检时间，原来两小时点检完的设备现在1小时点检完毕，大大提高了点检效率，车间将所有供矿皮带通廊内皮带漏斗、暖气片、管道、钢结构及电缆桥架进行除锈刷漆防腐2000平方米，将缺损的

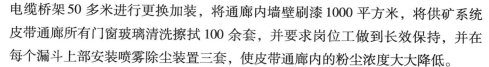

电缆桥架 50 多米进行更换加装，将通廊内墙壁刷漆 1000 平方米，将供矿系统皮带通廊所有门窗玻璃清洗擦拭 100 余套，并要求岗位工做到长效保持，并在每个漏斗上部安装喷雾除尘装置三套，使皮带通廊内的粉尘浓度大大降低。

4. 领导重视，定期检查，严格考核

6S 管理是一项改变人旧习惯的素质革新运动，开始阶段，员工抵触情绪大。车间领导抱着必成的信念，反复宣讲，按制度分工检查，兑现奖惩。2011 年累计处罚 120 人次，奖励 250 人次，奖励金额 5 万多元，确立了良好的执行氛围。

5. 鼓励班组自主管理，提高工作素养

选矿车间 4 米磨矿平台、隔膜泵站已推行到 6S 标准，增加第 5 个 S 与第 6 个 S，即素养和安全，职工由原来的靠车间强制性约束管理，转变到了自我管理，自发性得对其工作区域进行整理整顿。原来工作现场烟头及垃圾随处可见，现在职工自觉性得到提高，现场没有发现一处烟头及纸屑；自觉定期更新绿色通道，设备及管道的防腐亮化；现场卫生原来靠水管冲洗，现在用拖布定时进行清洁，而且每班进行多次清洁；设备点检由原来车间规定时间粗糙点检转变为不间断巡回按位精细点检，2011 年以来，磨矿主机及隔膜泵没有发生一起因设备点检不到位引起的故障停机，从而保证了设备的整体运行安全。隔膜泵站女工还自己动手设计班组园地、班组角，展示班组新气象，车间对这些自主管理行为及时进行了表扬。

（五）取得成效

对于矿山企业引进"6S"管理，因当时尚无现成的经验，在引进当初，许多人彷徨、猜疑，但经过近几年的推行和实践，"6S"管理所取得的成果，令车间全体职工既吃惊，又感到兴奋。

1. 职工素质明显提升，车间上下团结和谐

"6S"管理的最终目的是通过整理、整顿、清扫、清洁，从而提升人的品质。因此在管理上始终坚持"以人为本"，建立有效的激励机制，使每一位职工个人价值的体现与车间的发展有机地融为一体。

选矿车间是北洺河铁矿唯一的地表生产单位，职工由各单位调入，人员结构较为复杂，大多数人都未从事过选矿生产，很多人对车间管理不适应，起初有迟到、早退、脱岗、睡岗、不佩戴劳保用品的；有不按规程操作的；有散布谣言、破坏团结的；还有打架斗殴、寻衅滋事的，等等。自引进"6S"

管理后，车间加强了制度建设，以操作规范化、管理制度化为路线，强化班组业绩考核，严格车间工资分配程序，同时围绕工作需要，在工作上、思想上、生活上关心每一位职工。另外，车间还成立车间内部职工代表大会，把车间内部重大问题的决策交由职工代表大会讨论，广泛听取职工意见，争取做到职工的问题职工办。总之，通过"6S"管理工作的不断推进，充分调动每一位职工的积极性，逐步增强集体凝聚力、向心力、战斗力和亲和力，营造了一个和谐、融洽、奋进的工作氛围，提高了车间整体管理水平。

2. 经济效益显著提高

"6S"管理带来的规范化、制度化、标准化的工作方式，为车间经济效益的提高，提供了有力的保障。

由于受多方面条件限制，车间材料、备件一直使用同一库房，堆放杂乱，新旧物资交错，寻找相当不便，管理上向来被认为是"老大难"问题，有些物资连保管和技术人员也不清楚，盲目购进，造成物资积压，车间成本超支。"6S"推进以来，车间对库房进行了整理、整顿，理清了物资库存，适应了生产需要，降低了车间成本，同时还一次性处理废旧物资20余吨。

"6S"管理注重"现场、现物、现事"。经过对现场工具、备品、备件的整理、整顿，各种物料让人"一目了然"，通过这些看得见、摸得着的工作，无形中提高了职工的工作绩效，检修过程中不再为备品、备件不足而停工，不会因工具寻找不到而东奔西跑延误检修时间。以更换磨机筒体衬板为例，推行6S前，更换一套需48小时，还需领导、技术人员现场盯班；推行6S后，更换一套筒体衬板仅需24小时，大大缩短了检修时间，提高了设备运转率。

如何把每天的简单、重复的工作做好、做细，该车间对每个岗位都制定了操作规程和工作标准，并通过岗位责任制的落实，为生产带来了巨大潜能。如精矿品位，在推行6S前，出现品位不合格，各岗位相互推诿，无人主动查找原因，精矿品位总是处于不稳定状态。随着6S的推行，该车间加强了相关岗位的质量考核，相互推诿现象不见了，精矿品位稳定了，日平均精矿品位达到了$66.5 \pm 0.2\%$，月平均品位全部超过66.5%的设计指标。在实行6S管理的第一年2008年，精矿产量已达到105.56万吨，超局全年预算指标的105%，电耗17千瓦时/吨，比预算指标降低了1.16千瓦时/吨，年节约电量约200万度。

安全事故大都由于违章操作和责任心不强而造成的。"6S"提出的规范化、制度化、标准化作业，就是为安全提供了一个有力的保障平台。以上岗戴安全帽为例，推行伊始，职工总是以冬天冷、夏天热，工作起来不方便等为由，抵触情绪非常大。但随着6S推进的逐步深入，埋怨没了，指责没了，上岗戴安全帽已成为每个人的自觉行为，因为大家看到了安全帽的真正作用。

附录8-6

《选矿车间6S推行手册》目录结构

序号	章节名称	内容摘要
1	前　言	编写《6S推行手册》的目的
2	6S的定义与目的	6S的定义，推行6S的目的
3	6S的效用	推行6S的效用
4	6S推进组织网络及责任划分	6S推进组织网络，车间各级员工在6S活动中的责任
5	选矿车间6S推进方针及目标	车间6S推进方针及目标
6	选矿车间实施6S管理目标标准	车间实施6S管理目标标准
7	选矿车间实施6S管理管理方法	车间实施6S管理管理方法
8	选矿车间实施6S管理分步实施要领	车间实施6S管理分步实施要领
9	选矿车间6S的评分计算方法	车间6S的评分计算方法
10	6S的评比	6S的评比奖惩办法
11	附　录	工具柜管理规定；更衣柜管理规定；更衣室管理办法；设备提示牌管理办法

6S前车间货架

6S后车间货架

6S 前浓缩池桥架

6S 后浓缩池桥架

6S 前更衣间

6S 后更衣间

6S 前修理班工具箱

6S 后修理班工具箱

6S 前修理班工具柜 　　　　　　　　　　6S 后修理班工具柜

附录图 8 – 1　6S 管理实施效果对比图（部分）

八、全方位一体化双向考核法

"全方位一体化双向考核法"是北洺河铁矿运输车间管理中采用的一种考核办法。该考核办法自 2008 年 3 月起在全车间推行实施至今，取得了良好的应用效果。

（一）基本内涵

"全方位一体化双向考核法"是一个全新的概念，是北洺河铁矿运输车间结合本单位工作实际，以过程管理为主线，重视强化内部管理，增强创新意识，提高管理水平而创造性应用的一种考核管理办法。该考核办法从组织机构设置、考核内容、考核方式到考核要求等几个方面，都做了具体的规定。该考核办法规定从车间主任到各班组，以本职主要工作和相关联的工作标准为考核内容，进行百分制考核，各班组既是被考核者，同时又是考核者，重点突出班组工作的重要性、班组之间协调、配合与监督，考核结果直接与工资收入挂钩。该考核办法充分体现了所有考核单元全员参与考核、彼此相互考核的"全方位一体化"和考核的"双向性"。

（二）主要做法

1．设置考核组织机构

"全方位一体化双向考核法"将整个车间从车间领导至各班组共划分为19 个考核单元，分别是主任、生产副主任、技术副主任、设备副主任、维修段、设备管理组、经营管理组、安全调度、生产一段、生产二段、生产三段、溜井班、矿修班、电工班、道工班、水泵班、工程班、运料班以及政工班。在考核过程中，各考核单元之间没有上下级关系，彼此均为地位平等的考核单元。

2. 明确考核内容

根据各考核单元间的相互关系，围绕生产任务、成本管理、安全文明生产、设备管理、分装分运等方面的管理要求和工作过程中的相互协作、配合，设定不同的考核内容和权重（见表 8 – 7、表 8 – 8）。

表 8 – 7　　　　　　　　　　　生产副主任考核内容

序号	单位	考核内容	权重分值	考核得分
1	主任	1. 及时传达落实局矿精神、指令等工作要求。 2. 车间行政工作平衡有序。 3. 支部建设和思想工作。 4. 健全和改进车间管理制度。 5. 工资兑现办法科学、合理、透明。 6. 车间工作计划、目标和总结及时到位。 7. 按时组织车间级各项会议。 8. 车间级重大方案审定和工作决策。 9. 工作环境的改善。 10. 落实评先创优工作。	6	
2	设备主任	1. 制订车间设备管理目标、工作计划，落实设备管理责任。 2. 设备操作和点检制度的落实。 3. 文明生产管理达标。 4. 避免设备非正常损坏和事故。 5. 车间管理制度、方案的集体决策和贯彻落实。 6. 贯彻"安全第一"的方针，建立健全规章制度，杜绝"三违"，做到生产无事故。 7. 各工种岗位技术培训。 8. 重点检修项目方案制订和落实。	5	
3	技术经营	1. 根据矿计划，制订车间执行计划。 2. 制订生产、技术工作具体实施方案并组织实施。 3. 科技进步计划及技术革新、改造项目组织实施。 4. 协助健全和改进车间管理制度。 5. 车间成本管理目标、制度的完善和落实。 6. 成本及分装分运工作总结分析。 7. 职工技术培训。	5	

续表

序号	单位	考核内容	权重分值	考核得分
4	安全调度	1. 生产协调及任务。 2. 安全隐患查找及整改情况。 3. 生产运行状况的监督检查。 4. 车间制度及指令落实情况。 5. 安全工作目标管理和文明生产达标。 6. 应急情况的组织处理。 7. 生产情况的反馈。 8. 班组安全标准化建设达标。 9. 安全管理制度及操作规程宣传和落实。 10. 事故调查和分析。	9	
5	经营管理	1. 报表、台账等基础数据统计规范，准确及时。 2. 工资结算及时、公开。 3. 严格按定、限额控制成本，定期成本消耗反馈，进行成本分析。 4. 账账相符、账物相符，定置管理。 5. 职工福利等管理工作达到矿要求。	5	
6	设备管理	1. 设备管理基础工作。 2. 车间设备管理制度落实情况。 3. 科技进步计划及技术革新、改造项目实施。 4. 安全技术操作规程执行情况。	5	
7	维修段	1. 车间管理制度的落实和本段管理制度的完善。 2. 设备管理工作原始记录和劳动纪律。 3. 科技进步计划及技术革新、改造项目实施。 4. 岗位安全技术操作规程的执行，定置管理达标。 5. 加强库存管理，按时上报班组物料计划，领发票据清楚。 6. 加强设备设施运行管理、提高设备运行质量，严禁事故发生。 7. 班组的标准化建设。	6	
8	政工	1. "三会一课"、职工大会制度的组织落实。 2. 支部基础工作健全。 3. 党员增效立功、责任区、示范岗等的布置、统计、考评。 4. 协助书记、工会主席开展五必谈五必访和职工政治思想的宣传教育工作。 5. 开展劳动竞赛、职工娱乐、意见收集突击队、青安岗等工会共青团工作。 6. 车间好人好事的宣传报道和稿件的收集、整理、上报。	5	

序号	单位	考核内容	权重分值	考核得分
9	生产一段	1. 生产任务完成情况。 2. 安全文明生产。 3. 设备点检、记录。 4. 设备设施使用。 5. 均衡出矿和分装分运落实情况。 6. 安全、生产管理制度及操作规程落实情况。 7. 班组管理达标。	8	
10	生产二段	1. 生产任务完成情况。 2. 安全文明生产。 3. 设备点检、记录。 4. 设备设施使用。 5. 均衡出矿和分装分运落实情况。 6. 安全、生产管理制度及操作规程落实情况。 7. 班组管理达标。	8	
11	生产三段	1. 生产任务完成情况。 2. 安全文明生产。 3. 设备点检、记录。 4. 设备设施使用。 5. 均衡出矿和分装分运落实情况。 6. 安全、生产管理制度及操作规程落实情况。 7. 班组管理达标。	8	
12	溜井班	1. 溜井设施点检、定检等，工作记录。 2. 溜井维修及时性和质量。 3. 溜井运行质量。 4. 安全技术操作规程执行情况。 5. 沉淀池及泄水管路管理。 6. 班组安全标准化建设。 7. 班组管理达标。 8. 安全文明生产达标。 9. 对生产及其他班组的影响。	5	
13	矿修班	1. 设备设施点检、定检等，工作记录。 2. 设备设施维修及时性和质量。 3. 设备设施运行质量。 4. 安全技术操作规程执行情况。 5. −110 水泵设施及管路管理。 6. 班组安全标准化建设。 7. 班组管理达标。 8. 安全文明生产达标。 9. 对生产及其他班组的影响。	3	

续表

序号	单位	考核内容	权重分值	考核得分
14	电工班	1. 电气设备设施点检、定检等，工作记录。 2. 电气设备设施维修及时性和质量。 3. 电气设备设施运行质量。 4. 安全技术操作规程执行情况。 5. -110水泵电气设施管理。 6. 班组安全标准化建设。 7. 班组管理达标。 8. 安全文明生产达标。 9. 对生产及其他班组的影响。	3	
15	道工班	1. 轨道设施点检、定检、维修等工作及时和记录齐全。 2. 轨道设施和维修质量。 3. 轨道设施运行质量。 4. 安全技术操作规程执行情况。 5. 安全文明生产达标。 6. 班组安全标准化建设。 7. 班组管理达标。 8. 服从安排加强班组间协作。 9. 违章事件和安全事故为零。	3	
16	水泵班	1. 认真进行岗前检查和接班确认。 2. 按时交接班，不脱岗、串岗、睡岗、连班。 3. 熟练掌握操作规程和应急预案措施，操作准确无误。 4. 规范填写设备运行、检查和交接班记录。 5. 班中巡视、检查细致全面，发现异常情况及时处理，或汇报快速准确。 6. 积极配合电、钳工对排水系统的检查、维护维修。 7. 维护排水设备设施的完好不受损害，保持设备和区域卫生。	4	
17	工程班	1. 认真完成车间安排的工作任务。 2. 规范使用设备设施、不出现异常损坏和带病运转。 3. 工具、物料的使用、保管规范不丢失。 4. 作业中保护和不损坏周围的设备设施。 5. 作业现场清理彻底。 6. 严格按操作规程操作，不出现违章事件。	6	
18	运料班	1. 积极完成运料、排岩工作，不因自身原因影响下料。 2. 班前设备点检无误，不带病作业。 3. 不超速、不超限、不逆向行车。 4. 爱护设备，不因自身原因致设备受损，不强行顶车上道。 5. 保证红绿灯、阻车器在正确位置。 6. 严格按操作规程和车间规定运送火工材料，不得混运。	6	
合计			100	

表8-8　　　　　　　　　　　　　溜井班考核内容

序号	单位	考核内容	权重分值	考核得分
1	主任	1. 及时传达落实局矿精神、指令等工作要求。 2. 车间行政工作平衡有序。 3. 支部建设和思想工作。 4. 健全和改进车间管理制度。 5. 工资兑现办法科学、合理、透明。 6. 车间工作计划、目标和总结及时到位。 7. 按时组织车间级各项会议。 8. 车间级重大方案审定和工作决策。 9. 工作环境的改善。	5	
2	生产安全	1. 车间生产计划、目标的组织落实合理，协调有力。 2. 设备操作和点检制度的落实。 3. 文明生产管理达标。 4. 避免设备非正常损坏和事故。 5. 车间管理制度、方案的集体决策和贯彻落实。 6. 贯彻"安全第一"的方针，建立健全规章制度，杜绝"三违"，做到生产无事故。	5	
3	设备主任	1. 制订车间设备管理目标、工作计划，落实设备管理责任。 2. 设备操作和点检制度的落实。 3. 避免设备非正常损坏和事故。 4. 贯彻"安全第一"的方针，建立健全规章制度，杜绝"三违"，做到生产无事故。 5. 各工种岗位技术培训和对本班工作的指导。 6. 重点检修项目方案制订和落实。 7. 落实车间管理制度，组织技术改造、控制成本消耗。	5	
4	技术经营	1. 根据矿计划，制订车间执行计划。 2. 制订生产、技术工作具体实施方案并组织实施。 3. 科技进步计划及技术革新、改造项目组织实施。 4. 协助健全和改进车间管理制度。 5. 车间成本管理目标、制度的完善和落实。 6. 成本及分装分运工作总结分析。 7. 职工技术培训。	6	
5	安全调度	1. 生产协调及任务。 2. 安全隐患查找及整改情况。 3. 溜井及相关设施使用状况的监督检查、记录和反馈。 4. 车间制度及指令落实情况。 5. 应急情况的组织处理。	5	

续表

序号	单位	考核内容	权重分值	考核得分
6	经营管理	1. 报表、台账等基础数据统计规范，准确及时。 2. 工资结算及时、公开。 3. 严格按定限额控制成本，定期成本消耗反馈，进行成本分析。 4. 账账相符、账物相符，定置管理。 5. 职工福利等管理工作达到矿要求。 6. 按计划物料领发物料，保证维修工作正常不受影响。	6	
7	设备管理	1. 设备管理制度和基础资料工作的完善。 2. 车间设备管理制度落实与监督。 3. 科技进步计划及技术革新、改造项目实施。 4. 掌握备品备件计划、实物、质量和使用情况。 5. 设备故障、事故技术分析。 6. 新设备的使用操作规程和人员培训。 7. 大修和技改工作计划。	6	
8	政工	1. 法律法规、矿规矿纪、车间制度的宣传教育。 2. 职工生产生活的访谈、调查。 3. 党员增效立功、责任区、示范岗等的布置、统计、考评。 4. 劳动竞赛、职工娱乐、意见收集等工作开展。 5. 好人好事的宣传报道和稿件的收集、整理、上报。	4	
9	生产一段	1. 生产任务完成情况。 2. 安全文明生产。 3. 设备点检、记录。 4. 溜井及相关设施使用。 5. 支持本班组更好地完成任务。	7	
10	生产二段	1. 生产任务完成情况。 2. 安全文明生产。 3. 设备点检、记录。 4. 溜井及相关设施设施使用。 5. 支持本班组更好地完成任务。	7	
11	生产三段	1. 生产任务完成情况。 2. 安全文明生产。 3. 设备点检、记录。 4. 溜井及相关设施设施使用。 5. 支持本班组更好地完成任务。	7	

续表

序号	单位	考核内容	权重分值	考核得分
12	维修段	1. 车间工作目标、设备管理制度的落实和本段管理制度的完善。 2. 设备管理工作原始记录和劳动纪律。 3. 岗位安全技术操作规程的执行,定置管理达标。 4. 班组的标准化建设。 5. 加强库存、物料管理,按时上报班组物料计划,领发票据清楚。 6. 加强设备设施运行管理、提高设备运行质量,严禁事故发生。 7. 支持和指导本班组工作。	5	
13	矿修班	1. 电机车、矿车等设备设施维修及时性和质量。 2. 支持本班组更好地完成任务。	6	
14	电工班	1. 电气设备设施维修及时性和质量。 2. 支持本班组更好地完成任务。	6	
15	道工班	1. 轨道设施维修及时性和质量。 2. 安全文明生产达标。 3. 支持本班组更好地完成任务。	6	
16	水泵班	1. 积极配合本班对排水系统的检查、维护维修。 2. 维护和防护排水设备设施的完好不受损害,保持设备和区域卫生。 3. 排水系统运行正常。 4. 各水仓及管路监护到位。	5	
17	工程班	1. 认真完成车间安排的工作任务。 2. 规范使用设备设施、不出现异常损坏和带病运转。 3. 工具、物料的使用、保管规范不丢失。 4. 作业中保护和不损坏周围的设备设施。 5. 作业现场清理彻底。	4	
18	运料班	1. 积极完成运料、排岩工作,不因自身原因影响下料。 2. 班前设备点检无误,不带病作业。 3. 不超速、不超限、不逆向行车。 4. 爱护设备,不因自身原因致设备受损。 5. 保证红绿灯、阻车器在正确位置。	5	
合计			100	

3. 规范考核方式

第一,从车间领导至各班组共划分为19个考核单元,每个单元既是考核者又是被考核者,每个考核单元要对其他18个单元进行考核,不对自身考核。

第二,各考核单元对被考核单元规定的考核内容进行日常监督,并对其工作任务完成情况进行客观考评,给出相应分值。

第三，各考核单元的考核结果，由劳资员负责统计汇总，按得分比例直接与被考核单位的工资挂钩。

第四，由于车间领导工资由矿统一测定，本考核办法对车间领导的考核主要用于对其工作进行总体评价，一般不与工资挂钩，如得分偏低、确因其工作失误对车间工作造成重大影响的，考核扣 2 分以上时，也要与工资挂钩。

第五，考核结果要经车间考核管理组进行审核，并有权对不合理内容进行修正，公布考核结果。

4. 严格考核要求

第一，各考核单元要按照规定的考核内容认真对其他单元进行考核。

第二，在考核打分中，要遵照客观、公正、负责的原则。

第三，计分最小位为 0.1 分，扣分超过 1 分时，要在备注中说明原因和依据。

第四，各考核单元主要负责人要在考核表上签名。

第五，每月 28 日领取考核表，考核结果必须在次月 5 日前交车间，8 日前完成汇总工作，由劳资员负责日常工作和汇总，晚一天扣罚责任人 50 元，至车间结算工资前未交的，视为弃权，该班组对其他班组的考核分值按设定分值计算。考核汇总表如表 8 - 9 所示。

第六，被考核单元不得以任何形式干预考核单元的考核。

（三）实施效果

打破考核思维常规　该考核办法打破了"上级考核下级"的单向考核的思维常规，增加了纵向、横向考核，形成矩阵式考核网络，并且所有考核单元彼此之间的考核是双向的。

强化过程管理理念　通过全方位一体化双向考核法的实施，强化树立了过程管理的理念，提高了车间内部管理创新能力和对各生产环节的控制力，赋予了班组管理工作向更高、更深层次发展的内涵和要求。

重点突出岗位标准　该方法重点突出了岗位标准，丰富了量化考核内容。

提高班组管理综合效果　在明确划分各自职责范围的基础上，通过考核，车间各班组之间达到了相互理解、相互支持、相互配合、相互监督、相互促进和相互提高的管理效果，使班组管理质量得到整体提升。

保障生产经营任务圆满完成　该考核办法提高了单位工作效率和工作主动性，激发了广大职工的生产积极性，为车间管理工作再上新台阶以及生产经营任务的圆满完成提供了有力保障，奠定了坚实基础。

表8-9　　　　　　　　运输车间全方位一体化双向考核汇总表

考核单位　　被考核单位	主任	设备主任	生产安全	技术经营	安全调度	经营管理	设备管理	维修段	生产一段	生产二段	生产三段	溜井班	矿修班	电工班	道工班	水泵班	工程班	运料班	政工组	合计
主　任																				
设备主任																				
生产安全																				
技术经营																				
安全调度																				
经营管理																				
设备管理																				
维修段																				
生产一段																				
生产二段																				
生产三段																				
溜井班																				
矿修班																				
电工班																				
道工班																				
水泵班																				
工程班																				
运料班																				
政工组																				
合　计																				

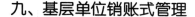
九、基层单位销账式管理

（一）基本含义

"销账"是一种财务运作中的名词，指勾销账目，或者是对之前的账目进行清理结算。北洺河铁矿提出的"销账式管理"是指各单位、各部门将一年的技措、维简、大修、单项工程等工作或对月度需要实施的各类重要工作列表制成清单，按照时间进度要求实施，做到完成一件销账一件，达到提醒、督办、落实责任、提高执行力的管理效果。

（二）内容步骤

1. 明确待办事项

收集汇总未办待办的工作任务。在基层单位中，通常会见到如表 8－10 所示的表格。

表 8－10　　　　　　北洺河铁矿动力车间 110 千伏变电站问题汇总表

序号	待办事项	完成时间	责任人	要求效果
1	变电站制度不全，缺少"变电站进出人员管理制度"	2012 年 9 月 30 日前完成	李东生	完成需张贴上墙
2	安全隔离防护栏老化	2012 年 9 月 5 号前完成	李东生	更新
3	安全记录本填写不规范	立即	李东生	填写规整规范
4	变压器西侧杂草多	2 天	李东生	除草，干净无杂物
5	6 千伏配电室空调漏水	2 天	李东生	委托外委修理

2. 编制台账

各单位、各部门将待办事项编制成台账，要求台账全面、系统、真实记载和反映工作内容、目标、责任人和完成时限。台账实例如表 8－11 所示。

3. 建立销账记录

在建好台账的基础上，将待办事项按照事项的内容、性质进行分解落实。一般车间主任是第一责任人，针对不同事项从副主任到技术人员肩上都有指标，落实相应牵头部门和协作配合部门，责任人对待办事项按照轻重缓急，明确目标、细化措施、明确完成时限，先易后难、先重后轻，做到完成一件

表 8 - 11　　2012 年北洺河铁矿维检项目落实责任表

序号	项目名称	预算金额（万元）	实施日期（月）	预计工期（天）	车间负责人		科室负责人		备注
					姓名	联系电话	姓名	联系电话	
1	双台板振动放矿机制作	32			苏跃臣	6287641	范旭明	6287572	开拓工程
2	-110-230 电梯井设备安装	150			付宝华	6287679	谭立强	6287574	开拓工程
3	液压调绳装置	96	5 月	4	庞明海	6287651	谷嘉庆	6287572	更新补充
4	磁选机	44	2 月		李子岐	6287660	高中华	6287572	更新补充
5	过滤机	32	2 月		李子岐	6287660	高中华	6287572	更新补充
6	双吸泵	10	2 月		李子岐	6287660	高中华	6287572	更新补充
7	脱磁器	10	2 月		李子岐	6287660	高中华	6287572	更新补充
8	SA-120A 螺杆空压机	56	3 月		苏跃臣	6287641	范旭明	6287572	局技措
9	料位仪	95	3 月		冯承林	6287637	谷嘉庆	6287573	局技措
10	11 万变电站变电设施改造	297	9-10 月		李军威	6287682	肖永鹏	6287572	局技措
11	内部网络改造	336	2 月		李新春	6287886	肖永鹏	6287572	局技措
12	更新东风井储油罐	40	1 月		冯承林	6287637	谭立强	6287574	局技措
13	副井卷扬操作台升级改造	11	6 月	2	庞明海	6287651	谷嘉庆	6287573	局技措

销账一件。销账记录表如表8-12所示。

表8-12　　　　北洺河铁矿动力车间110千伏变电站待办事项销账记录表

序号	待办事项	完成情况	验收情况	是否销账
1	变电站制度不全，缺少"变电站进出人员管理制度"	已完成	验收合格	是
2	安全隔离防护栏老化	正在制作	无	否
3	安全记录本填写不规范	已完成	验收合格	否，需持续加强教育
4	变压器西侧杂草多	已完成	验收合格	是
5	6千伏配电室空调漏水	已完成	验收合格	是

对于上述没有销账的两项事项，应定期进行落实，很多方面并不是一次解决到位的，需要经常检查督导。在实施的过程中，也要求各部门及时汇报。各基层单位将就工作事项完成情况进行逐级交账，单位普通党员干部向分管领导交账，副职领导向主要领导交账。各牵头责任单位、责任人严格依据台账明确的内容、目标、完成时限，进行逐一审核把关，做到待办事项件件有结果，件件有成效，对待办事项销账不得力、不彻底的单位和个人责令"补课"重新销账。

（三）主要成效

采取销账式管理的主要成效表现在：①待办事项以台账或表格的形式下发到下级单位和责任人，任务比较明确，一目了然；②杜绝口头上的无依据，容易扯皮的弊端；③工作上达到精细化管理，杜绝解决问题中的漏洞百出；④加强了上下级之间的沟通，及时掌握目前的生产状况和职工素质、心理状态等，做到了和谐化的管理。

十、巡检责任倒追机制

在北洺河铁矿生产的初期，由于制度上不是太健全，职工对工艺流程和设备维护不是太精通，很多职工从外单位调来，从事的不是原岗位工作，生产实践经验比较少，职责上的问题掌握不准。或者是有的职工工作上比较精通，但不精心，经常在工作职能上欠账，长此下去必然招致各种事故的发生，给生产带来损失，为了彻底解决这一问题，通常采用"巡检责任倒追机制"。

（一）基本含义

"巡检责任倒追机制"是指当生产中设备出现问题的时候，或一个问题长期没有解决的时候，为了分清责任、解决问题而采取的逆向追踪问题的根源，以求做到问题的彻底解决的一种管理方法。在分清责任时，究竟是谁没有尽到责任，还是所使用的备件出现了质量问题，要有刨根问底的态度。"巡检责任倒追机制"通常采用的流程如图 8 - 7 所示。

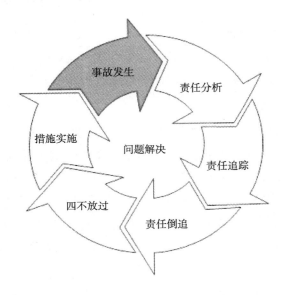

图 8 - 7   巡检责任倒追机制流程图

（二）主要做法

在车间的实际应用中，基本上采用了开分析会的方式，形成一种责任倒追机制。

当责任事故发生后，车间上至领导，下至每一名职工，都要进行认真的反思，坐下来回顾自己的工作方式与工作职能，是否尽到了自己应有的责任，要用"面壁思过"的态度与责任来解决与处理问题。从设备发生事故的背景、前提、前因、后果等方面进行认真的剖析，克服人情的因素和老好人的思想，如果说不是因为不可抗拒的因素，那就一定要分清责任，找出解决问题的方法。这里面有人为的责任因素，也有技术和管理上的因素，都要分清责任，分门别类加以分析与整改，从而达到一种本质上的教育与提高。

在实际工作中，北洺河铁矿通常采用以下六个步骤：

（1）详细了解事故发生的过程与特征。

（2）详细剖析事故发生时值班人员的工作地点与工作流程。

（3）掌握事故发生时，设备运行的参数与故障报警情况。

（4）了解掌握事故发生时，值班人员采取的补救措施和恢复情况。

（5）认真地加以分析，分清责任，进行整改，杜绝类似情况的发生。

（6）设备事故的处罚必须依据相关的考核制度来进行，对事不对人。

例如：选矿车间在3#供矿皮带划裂30米后对岗位和责任人运用了巡检责任倒追机制。

案例8－1

关于3#供矿皮带划裂30米的事故原因分析报告

1. 事故发生时间：2008年9月25日中班22：50。

2. 事故分析时间：2008年9月30日下午15：30。

参加人：杨计军　李子岐　崔田　李存良　付永军　赵爱明　王振铃
楚冬梅　王玉东　马永明

3. 事故分析地点：车间调度室

4. 事故经过：9月25日中班22：50分左右，供矿皮带李存良班在往3#矿仓上矿的过程中，皮带被1米长的钎杆划裂30米左右，钎棍遗留在1#矿仓口的位置，位置倾斜向3#皮带尾部的漏斗口。事故发生后，班组及时向车间调度、班长、值班主任进行了汇报，马上组织了抢修，26日1：40分抢修完毕，影响整体生产40分钟，造成了严重的后果。事故发生时，岗位上人员布置情况如下：3#供矿小车上为赵爱明，3#皮带巡视为付永军、张辉，事故发生时在打扫卫生。2#皮带尾部巡视为楚冬梅，1#皮带尾部巡视为班长李存良，头部为王振铃。

5. 原因分析：

客观上原因：由于井下巷道的支护和生产的原因，造成一定量的废弃铆杆和废铁涌入皮带，造成划皮带的客观因素。

主观上原因：

（1）1#、2#皮带岗位巡视没有尽到岗位责任，没有认真地捡铁，即便铁埋在底部，经过1#、2#供矿皮带输送时，铁应该在上面。

（2）在9月28日做试验后得知：岗位人员由于没有启用皮带防撕裂保护装置。在开车前没有进行认真的验证，没有确认皮带防撕裂保护装置的可靠性。

（3）皮带点检和防护意识比较淡薄，在开车时打扫卫生，没有及时发现事故情况。

6. 防范措施：

（1）加强岗位工的思想教育，严格岗位安全操作规程，皮带运转时，严禁干预工作无关的事，履行好自己的岗位职责，坚决不允许在皮带运转时打扫卫生。

（2）岗位工在开车前。一定要验证皮带防撕裂保护的投入和可靠性，完善保护装置，保护和皮带控制加上连锁。

（3）由于3#供矿皮带对应不同的矿仓口，电机工作电流不一样的特殊性，完善硬件设施，在软件上要加装保护。

7. 处罚结果：

（1）按照"车间班段长考核细则"的规定扣除厂外班长相应的考核分数，并扣罚每人100元。

（2）按照"选矿车间设备管理考核细则"第六条的规定，决定对厂外班处罚600元，罚款在当月的工资决算中扣除。

北洺河铁矿在处理这起事故的时候，应用巡检责任倒追机制，处罚上道工序运输车间、提升车间每个单位5000元，罚款在本人的工资中扣除。

（三）实施效果

通过采用巡检责任倒追机制，确实解决了工作中某些人责任心不强的问题，加强了职工的责任心，起到了非常良好的效果。

（1）加强了职工自身的学习，提高了职工学习科学技术知识的自觉性，自身素质得到普遍提高。

（2）促进了车间各方面的管理，杜绝了强制硬性管理，养成职工自觉地按照规章制度和操作规程行事的习惯。

（3）设备的性能、维护与安全管理等方面都得到本质上的提高。

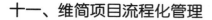

十一、维简项目流程化管理

流程化管理是指以流程为主线的管理方法。流程化管理模式是一种基于业务流程进行管理、控制的管理模式，代表着一种对新的企业组织工作模式的追求。流程化管理模式所强调的管理对象是业务流程，强调以流程为目标，以流程为导向来设计组织框架，同时进行业务流程的不断再造和创新，以保持企业的活动。北洺河铁矿根据多年来的实践操作经验，对维简项目管理程序规范化运作进行了有益的摸索，总结出一套行之有效的流程化管理程序。

（一）项目概述

维简工程项目管理是北洺河铁矿生产管理的重要组成部分，包括井下及地表工程的"安全、投资、质量、工期"等多方面的管控活动。维简工程项目管理点多面广，工程管理规范与否，直接关系到该矿项目管理效率的高低。在项目管理过程中应建立规范的管理程序，使其简单化、流程化。项目管理流程可分解为项目创建、图纸设计、预算控制、工程合同、现场施工、工程款审批、竣工验收、工程结算审批等流程，其目的就是要做到便捷、高效、易于操作，改变以往审批效率低下，多头管理，重复审批的状况。

（二）产生背景

以往维简项目从立项、设计、预算控制、竣工验收到结算等每一个环节都需要矿及公司的职能部门进行签字审批，有时到一个部门签一个字需要很长时间，这个部门签完后也不知道该找哪个部门再签，造成一个维简项目从创建到开工的审批时间需要两三个月甚至更长时间，先由谁审批后由谁审批，造成部门与部门之间踢"皮球"，项目谁也没人管的局面。由于没有清晰可见的程序可以遵循，审批程序杂乱无章，审批制度不健全，维简项目的审批每年都是推着走，审批项目管理没人愿意做。随着该矿生产量的逐年增加，维简项目的数量也在逐年增多。北洺河铁矿结合公司 ERP 上线要求，借鉴运用准时制生产（JIT）管理思想，从源头开始，把维简项目的各个环节细化分解，将其工序化、流程化，既简单明了，又节约人力物力，还可为类似工程项目管理提供借鉴参考。

（三）内涵做法

1. 基本内涵

维简项目流程化管理是借鉴准时制生产（JIT）的管理思想，将维简项目的子流程比作一个具有流水节拍的生产流水线，每个子流程均按照准确的时间来安排，以使它们在需要的时间提供到过程中的每一步。根据维简项目的报批、挂接等各个流程的特点，拟出子流程的准时制实施计划，以有效提高工程管理效率。

对于工程项目这样的复杂管理过程，运用准时制生产方式的思想，科学地组织好项目管理具体实施的各个环节，以及运行过程中各个板块所需要的繁杂供应，既能保证工程效率、进度与质量，又可将工程成本降到最低，节省大量的人力物力，降低管理成本。

2. 主要做法

根据历年来的实践操作，该矿对维简项目管理的程序规范化运作进行了有益的摸索，总结出一套行之有效的管理程序，其管理流程如下：项目创建管理流程→项目设计管理流程→项目预算控制管理流程→项目合同管理流程→项目施工管理流程→工程款审批管理流程→项目验收管理流程→单项工程结算审批管理流程，如图 8－8 所示。

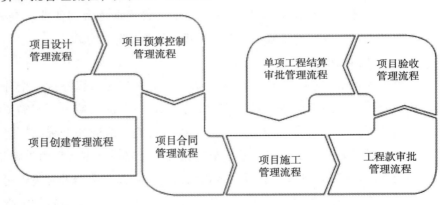

图 8－8　维简项目管理流程

（1）项目创建管理。以往项目创建的基本程序只停留在审批文件上，停留在办理人员的大脑中，没有规定动作，没有规定哪一级审批，到哪一级完成。现在把创建流程做了具体的规定，使各个规定动作有章可循，每一项审批动作清晰可见，容易操作。就是根据该矿的生产实际需要，结合公司发展规划部的上报投资维简计划通知，编制年度维简工程投资计划，通过矿及公司审批后，在 ERP 系统里创建项目并挂接相关文档，录入概算，更改用户状态到"开工"。

（2）项目设计管理流程。以往项目的设计，无论项目大小，投资多少，是否外委设计没有依据，有了流程以后，清晰地知道是否进行外委设计还是由自己设计。每个工程项目千差万别，没有统一的设计样本，所以要根据现场情况确定专业设计院所进行施工图设计，北洺河铁矿工程管理部门外委施工单位进行施工图设计，在 ERP 系统里挂接项目服务外包计划，进行服务单位招投标及服务合同审批，设计完成后进行设计图纸审查，审查通过后由工程管理部门发放施工图给施工单位及监理单位。

（3）项目预算控制管理流程。明确了由哪个部门编制施工技术方案和预算书，由哪些主管部门审核。北洺河铁矿工程管理部门编制施工技术方案，编制预算书，在 ERP 系统里进行预算录入并下达预算，平行作业到项目开工前准备，招投标，项目服务合同的创建及审批，项目物资计划的创建和调整。

（4）项目合同管理流程。流程规定了服务供应商招投标管理的主体，明确了各段的工作内容和要求，由谁起草合同文本，由谁进行合同审核，合同金额超过 30 万元的如何操作。矿工程项目要依据工程特点及专业要求，选择有施工能力、信誉度高、具备国家等级资质、资金雄厚、技术能力强，在业内有知名度的施工单位，进入该矿的施工单位必须签订施工合同，合同金额在 30 万元以上项目，必须由公司主管部门审批。由招标代理或项目单位编制投标文件，经发标、投标、开标、评标等一系列步骤，确定施工单位，签订施工合同。

（5）项目施工管理流程。流程规定了施工单位、公司及矿工程主管部门、公司投资主管部门、监理单位的工作范围。由施工单位施工组织方案及投资预算，北洺河铁矿工程管理部门做好"三通一平"等施工准备工作，在 ERP 系统里进行项目下达并将工程状态标为"开工"。服务单位编制进度计划书，编制质量计划书，编制安全施工方案，进行现场的"安全、投资、质量、工期"的控制。要求施工单位编写详细的施工组织设计，合理组织，确定工程工期。对进场的施工用料要严格把关，货比三家，质量不符合要求的坚决退场。对隐蔽工程部位要拍照留存备查，规避索赔和反索赔。出现变更的项目的程序为：施工单位提出工程变更申请→报工程管理负责人→根据变更申请内容现场勘察，确认变更申请→工程变更通知发施工单位。

（6）工程款审批管理流程。流程设计了服务单位如何进行预付款申请、甲供材料领用、工程量验收申请、工程进度结算，工程主管部门及监理公司如何审批材料、工程量、工程进度款等环节。由服务单位提出工程预付款申请表，工程甲供材料表，工程量验收申请表，工程进度结算书，北洺河铁矿工程管理部门根据服务单位提供的申请表进行工程款审批，并将工程质保金纳入工程款审批环节。

（7）项目验收管理流程。验收流程确定了设计单位、监理单位、施工单位、项目单位、公司工程管理部门、公司职能管理部门、质监单位、使用单位在工程竣工验收过程中的分工协作。项目完工后，北洺河铁矿工程管理部门要结合专业技术部门人员，按照批准的设计、施工图及现行工程技术验收规范等文件，组织各单位进行初步验收，现场测量工程量，并下发整改通知单限期整改，整改完成后，会同项目单位组织相关单位进行交工验收，并签署交工验收报告，将单项工程用户状态标为"验收"。验收合格后，项目交付使用。

（8）单项工程结算审批管理流程。该流程对单项工程结算审批进行了明确要求和规定，涉及的生产管理、项目竣工验收、工程预转固资料提交等环节进行了详细的说明，对流程中每个部门需要做的每一项具体工作内容进行了梳理和排列，对应了各自的工作范围和业务职责。就是根据合同、设计文件、开工审批文件、投资概算批复文件，施工组织设计、工程联系单、竣工图和竣工验收文件材料、工程结算报告等竣工资料编制竣工结算，项目资金拨付，必须按合同、按程序、按进度、按预算逐步拨付，仔细审核付款情况，对已支付的预付款、进度款要建立支付台账，已付多少，结算了多少，还需要付多少，留多少质保金，要做到心中有数。累计拨付的工程款最多不得超过工程造价的80%，在项目竣工验收合格及竣工结算审定后再拨付10%，剩余的10%作为质保金，在保修期满后再支付给施工单位。根据上述内容审核竣工结算，审核完成后出具审核报告，出具结算审批单，最后进行技术性关闭。

（四）实施效果

维简项目采用流程化管理以后，公司及矿职能部门明白了自己在维简项目审批中应该承担的责任和工作业务范围，项目的哪个流程和环节应该由谁来审批，将项目审批内容和主管职能部门一一做了对应，使工程管理程序有章可循，极大地提高了工程管理水平，使工程管理程序便捷、高效、易于操作，从管理源头上开始控制，提高了工程投资利用效率，降低了工程质量、工程工期等方面的管理风险，降低了工程成本，为其他工程项目的实施提供了宝贵经验。

维简项目程序化管理的实施，各个流程之间条理清晰，步步紧凑，像一条传送带使流程的每一步都能按计划实施，避免了部门之间踢皮球的现象，流程里的部门各司其职，子流程里的各个步骤均按照部门分工协作要求进行操作，使以往纷杂的管理程序得到了规范，该流程实施后，项目的审批时间明显缩短，项目办理人员积极性及审批效率得到了明显提高，还理顺了流程里的子程序，使子程序审批得到了规范，整体项目管理效率得到了大幅度提升，年节约管理成本约 20 万元，收到了良好的效果，取得较好的经济效益。

第九章 公共关系管理

同相关公众建立及维护良好的公共关系是企业赖以生存和发展的重要前提和基础。企业公共关系涉及企业各种相关公众，如政府公众、媒介公众、顾客公众、供应商公众、经销商公众、竞争对手公众、工会公众、社区公众、内部员工、股东等。北洺河铁矿良好社区公众关系的建立及维护，以及其公共关系应急管理的经验做法，值得其他企业学习借鉴。

一、和谐企地关系建设

矿山企业的社区公众关系，有着与一般企业不同的特点。矿山企业的建设、生产和发展，不仅要具备完善的内部管理体系，也要有一个稳定宽松的外部环境。矿山企业大多位于农村，同周边村镇有着不同程度的接触，存在着各种各样的利益关系，围绕利益关系难免产生矛盾和分歧。因此，加强企地关系协调，解决二者之间的矛盾纠纷，是建立和谐融洽的企地关系、优化经济发展环境的一项重要工作。

北洺河铁矿作为五矿邯邢矿业公司的骨干矿山，肩负着公司重要的生产任务。近年来，该矿按照科学发展观的要求，在公司的正确指导下，针对新时期周边关系的特点，以创新工作理念，健全工作制度，改进工作方法等手段，在履行社会责任、构建和谐企地关系方面进行了有益的探索，取得了明显的成效，走出一条具有北洺河铁矿特色的企地关系管理之路。

（一）分析形势

当前正处于社会转型期，企业在正常生产经营中与地方和村民之间各类矛盾逐渐凸显，出现了一些新情况、新问题。北洺河铁矿所处的武安市，煤、铁等矿产资源储量十分丰富，众多的矿山企业遍布武安全境。随着时间的推移，这些企业在发展壮大过程中，在土地征用、民房扒裂、地表塌陷、农业基础设施损毁、环境污染等方面存在一系列问题。这些问题都触及到村镇和群众的切身利益，处理不好会影响当地的社会稳定。同时，受经济和社会大环境影响，企地关系事件由原来偶发性、可控制、简单型、小规模的出现，逐渐朝着突发性、难控制、复杂化、群体性的方向发展，有的甚至会产生很大的社会影响。鉴于上述工作的不确定性，在形势多变的情况下，做好所在地企地关系特点及发展趋势的分析和研判，对企业来说就是占了工作先机，是妥善解决好工农矛盾纠纷，协调地企关系，提高工作质量，减少企业损失，维护多方利益的前提和基础。

（二）排查矛盾隐患

北洺河铁矿地下、地表和尾矿库的占地共涉及 5 个乡镇，10 多个自然村，其中仅地表生产厂区和尾矿库之间的排尾管线就有 10 多公里长的距离，企地关系的复杂程度可想而知。仔细地做好企地关系矛盾隐患排查，确保大多数不稳定因素化解在萌芽状态，是有效预防工农矛盾积累和激化，促进地企和谐相处的重要措施。

1．全面矛盾隐患排查

多年来，企业和村民之间由于土地塌陷、尾矿排放和生产生活用水等问题积累了一些矛盾，涉及千家万户。这就要求扩大矛盾隐患排查的范围，加大排查的力度，进行逐村逐户排查。一定要做到粗过筛子细过箩，抓大不能放小，对排查出来的矛盾隐患建立台账，归口管理，按照先急后缓的原则，在规定的期限内一一化解，切不可拖延，以免隐患酿成事故。

2．重点矛盾隐患排查

单位有较大工程项目建设时，就会触及个别村镇或者某户村民的利益，如若不慎，会产生矛盾纠纷，影响工程进度，还会对企业产生一定的负面影响。这时，对工程项目涉及的对象可能存在的企地关系矛盾隐患，列为重点进行集中排查。深入到群众中去，直接与他们沟通，尊重他们的合理诉求，共同分析突出问题产生的深层次原因，做到该项建设与群众的承受程度相统一，同时要耐心向他们宣传相关法律法规知识，本着疏导、说服维护双方合法利益的原则，促使多数矛盾隐患苗头化解在萌芽状态。

3．敏感时期矛盾隐患排查

国家和地方遇有大事、重大政治活动或者双节期间，单位内部和周边关系的稳定是所有工作的重中之重。为确保敏感时期的和谐稳定，应认真分析本单位在特殊形势下所面对的周边关系的实际情况，积极同地方包片干部或者村镇负责人约谈，掌握各种动态。对特殊的群体、重点人进行走访、摸底，发现影响稳定因素，要找出症结，及时疏通，从源头化解矛盾，不留后患，同时要有完善的应急预案，有效预防各类事件的发生。

（三）做好矛盾化解

处理企地关系，最大的难点在于没有统一的模式可照搬、可遵循。追溯至前些年，遇有企地关系问题，靠当地政府一纸公文或者公安派出所稍稍出面，在无伤大碍的原则下即可解决。现在随着国家法制体系的逐步完善，企业自身管理日趋规范、严格，与此同时村民的维权意识也不断提高，再沿用此方法就行不通了。新形势、新问题促使北洺河铁矿转变工作思路，改进工作方法，用新思维创造性地开展工作，做到符合政策的积极办，合情合理的协商办，无理要求的拒绝办。

1. 学习掌握国家和省市有关企地关系工作方面的方针政策和法律法规

为适应工作和形势的需要，工农办工作人员要熟知业务，掌握与之有关的法律法规知识，其他科室相关人员也要对此做一了解，以便日常操作中不处于被动。一个时期以来，先后组织学习了《土地法》、《合同法》、《物权法》以及省市有关建筑物、土地和青苗补偿等方面的法规文件。通过日积月累学习培训，工作人员综合素质和业务水平得以提升，自我约束能力加强，实践经验日益丰富，在处理北尖山尾矿库临时性用地、尾矿管线占地、河道治理、土地塌陷及附属物补偿等方面找到了政策和法律依据，签订合同（协议）时均做到有理、有利、有节。由此可见，解决企地关系问题时，有政策和法律法规作依据，把问题矛盾放在法律规范之内，就能把棘手的事情处理好。

2. 改进工作方法讲技巧情理并重

地企之间朝夕相处，我中有你，你中有我，加之前面提到的土地征用、地表塌陷等情况客观存在，时有摩擦是在所难免。一是遇有企地关系事件，要及时向单位领导和上级主管部门反映情况，内容应包括事件的来龙去脉、规模及可控状态等，为事件的处置争取时间和主动权。同时工农办等部门要尽快制订出可操作性强的处理方案，供领导决策参考，尽快平息事件影响。二是有时要根据不同村镇的自然情况、各类村民的不同诉求多动脑筋，处理过程中要注重方法的灵活运用和细节的把握，从对多方有利的角度去考虑事情。三是在企地关系工作中还常常遇到一些事情是介于政策法规和情理之间的灰色地带，如2012年7月份在处理该矿同小汪村供水、还水及西风井门前路权使用费遗留问题就属此类事情。双方当时没有留下书面材料能说明西风井门前公路使用的具体情况和费用标准，现在村方提出来要矿方支付费用。若是此时仍然坚持依照法律规定办，生搬硬套，肯定不利于事情的解决。这就促使要根据客观形势的变化，因势利导、情理并重，经济问题感情化，结合双方的承受能力灵活应对，通过其他方式和途径进行解决，避免事情进一步升级。

3. 提高应对各类媒体的能力

网络、报纸杂志等众多媒体是各类信息和新闻事件的集散地。在电子时代的今天，其传播速度之快和影响力之广都是空前的。当某一工农事件经媒体报道后，涉事双方自然会成为公众关注的焦点。如何把握时势，应对媒体化解危机，是摆在企业面前且绕不开的新问题。新华社旗下的《经济参考报》分别于2009年10月15日和11月5日刊登了3篇报道，指出了该矿在生产经营活动中同周边村镇发生的问题，后经一些网站转载，连锁反应可想而知。难能可贵的是五矿邯邢矿业公司和该矿对此事高度重视，不遮掩、不护短，在第一时间把事实与事件过程还原给公众，对相关问题给予答复，主动承担解决问题的义务，事件很快就平息下来。使得周边村镇和公众看到了该矿作为国有企业，勇于承担社会责任的担当，进一步加深了周边村镇对国企的信任。可见，适时应对媒体，提高与媒体的沟通能力在信息时代非常重要。

4. 坚持依靠政府解决突发的群体性事件

突发的群体性事件社会影响力大，人员参与多，事关当地的和谐稳定，无论企业解决此事的方法有多好、措施有多么得力，不可自行处理，都必须最大限度地争取当地政府对危机处理的理解与支持，在政府或有关部门的协调主导下依法公正进行解决，因为有些责任企业是负不起的。

5. 建立完善的工作机制，畅通化解渠道

通过学习借鉴其他单位在这方面的经验，结合该矿近些年在实际工作中的摸索，为便于处理工农事件时统一领导，行动迅速，坚决处置，该矿设立或指定专门机构，配备专职工作人员负责协调本单位的周边关系。确立了以主管矿长为核心，矿办公室、宣传部、工农办、保卫科等部门协调联动的工作格局，建立高效率的工作团队，明确处理企地关系的工作流程和工作要求，为妥善解决工农纠纷提供了组织保障。必要时成立工作组，充分调动各相关部门积极参与事件处理，以保证对事件的掌控和调解过程的顺利进行。

（四）履行社会责任

近年来，北洺河铁矿在规划建设中始终坚持企业发展不忘回馈社会，企业与地方共同发展，工农两利的指导原则，努力做到企业生产发展都切实兼顾地方利益。在灾区灾后重建、脱贫致富上，对周边村镇在塌陷区治理、覆土造田、道路修筑、河道清理、环境绿化、群众文化休闲娱乐场所美化及设施购置和安装等有关新农村建设方面事情，都给予人力、财力和物力的支持，有力地促进企地关系良好发展，扎实履行央企骨干矿山的责任和义务，在地企和谐相处的道路上迈出了坚实的步伐。

1. 全力帮助国家灾区灾后重建和贫困地区脱贫致富

同为炎黄子孙，本着对生命的共同尊重，都是华夏儿女，本着对幸福的共同渴求，在国家遇到急难险阻的关键时刻，国有企业总是冲锋在前，勇挑重担，发挥了主力军作用。

一是2008年5月12日四川汶川发生8级强烈地震，给当地造成巨大人员伤亡和财产损失，突如其来的灾情也牵动着北洺河铁矿全体干部职工的心，他们在第一时间关注灾情、了解灾情。为体现对受灾同胞的关爱之情和企业的高度责任感，矿党委积极响应公司要求，迅速组织全矿职工为灾区捐款捐物，在很短时间内全矿职工爱心汇集成的捐款共计103948元。2010年4月14日青海玉树发生地震，矿党委又以同样的形式组织全矿广大党员群众向灾区献爱心，此次捐款共计69415元。两次募捐及时为灾区人民提供了援助，与灾区人民共度时艰，表明矿区职工始终与灾区同胞心连心，充分发扬"一方有难，八方支援"的中华民族传统美德，体现了中华一家亲。

二是在2011年5月和2012年5月份公司党委两次组织开展的"缴纳特殊党费，寄递爱心包裹"活动中，矿党委组织全矿党、团员以缴纳特殊党、团费的形式为贫困地区和灾区的孩子奉献爱心，共有1251名党、团员踊跃参与，捐赠资金额达139400元。爱心包裹捐赠活动成功开展，使更多的灾区及贫困地区的孩子得到关爱，缩小了教育差距。

三是对革命老区和企业定点帮扶对象均伸出有力之手。地处北洺河铁矿西部的革命老区涉县在长期革命和现代化建设中，都为国家作出了不可磨灭的贡献，现在受地理环境和自然条件制约，经济发展一度滞后，按照小康社会划分标准，部分村镇仍处于贫困阶段。为使老区人民和该矿在当地的定点帮扶村早日从根本上脱贫致富，经实地详细论证，该矿认为，这些地方就业渠道少，劳动力富余且人员知识结构偏低、劳动技能单一，但具有吃苦精神的特点，该矿决定摈弃每逢年节送去生活必需品和慰问金的临时性措施，积极与当地劳动主管部门接洽，双方签订劳务合作协定，将那些适龄务工人员，通过劳务输出到企业从事工作相对稳定的矿山开采作业。

另外，在矿区地表建筑施工、苗木绿化和楼道保洁等技术含量低的临时劳务用人，着重倾向于矿区周边村镇进行招聘和录用，实现了工农共建共享，解决了富余人员就业问题。2006 年至 2009 年底，资助当地贫困农户和尾矿管线沿线七个村庄经济上和物资上的费用 80 余万元。

2．倾力支援当地农业基础设施建设

为进一步体现地企共建、和谐发展的目标，响应国家提出工业反哺农业的号召，实现矿山企业与农村协调发展的要求，北洺河铁矿在周边村镇农业基础建设上给予了有力援助。分别于 2008 年投资 150 多万元拓宽并硬化云驾岭村至郭家岭村之间的公路主干道。2008 年至 2009 年间，团城乡政府提出环乡道路修建，该矿又给予 13 万元的经济援助。2008 年至 2011 年，硬化了矿区通往高村、团城三街村的主干道和两村村内的主要街道。2011 年支援小汪村的硬化进村主干道和村内的主要街道。2012 年支援八里湾村硬化部分村内的主要街道。从改善村民的生产生活用水状况入手，该矿出资给多个村庄铺设供水专用管线，还为个别村庄修建了蓄水旱池、灌溉池及水泵房。另外，在每年的夏季农业灌溉时期，该矿还调整生产组织把紧张的生产用水，分配给高村、团城三街、小汪村等村庄用于灌溉庄稼。以上举措的实施方便了沿途群众的田间耕作和日常出行，大大改善了当地工农业生产条件和环境，确保了当地的农业得以丰收，农民得以实惠，农村得以稳定。

3．通力合作搞好地质环境综合治理

该矿针对矿区周边地表下陷、河道淤塞、尾矿砂不易固结的实际情况，合理规范处理生产过程中出现的情况，制订了切实可行的治理方案。应高村村委会的请求，利用尾矿砂在洺河南岸的坑洼地带造田 500 余亩。每年汛期前都要对洺河河道及白鹿寺村下游河道进行清淤疏通，修筑防护堤，完成土方 1 万立方米左右，避免了汛期洪水对当地人民群众生命财产的侵害。2012 年 3 月，由矿工农办牵头出资购买树种，先后协调小汪、高村两村委会组织 100 多名村民在塌陷区周边种植柳树、国槐等苗木 5000 余棵，在尾矿库区内种植沙棘 20 余万株，固沙绿化工作达到预期目的，并分别在 2009、2010、2011 年度获武安市驻武企业绿化先进单位。通过这些治理方案的有效实施，塌陷区和尾矿库的生态改善了，洺河两岸的环境变美了，人气旺了，为农民收入的可持续增长提供了保障。

图 9-1　工农联欢民间艺术节

4．大力推进地企文娱及其他方面共建，增进工农感情

该矿始终本着企业发展惠及职工和周边群众的精神，将提高他们的幸福指数作为工作的出发点，全力构建和谐矿区，在提升当地村民物质水平的同时，注重丰富群众的精神文化生活。一是高村、团城三街等村委会提出要为村民修建文体休闲场所和购置安装娱乐健身设施时，矿方安排技术人员在设计、施工方面予以指导，主动提供水泥等物料，并在资金上进行支持。场所和设施投入使用后，在村里出现了"三多三少"好现象：健身的多了，看病的少了；休闲的多了，聚赌的少了；探讨养生的多了，乱传闲话的少了。文娱活动丰富化，陶冶了人们的情操，让他们确立良好的生活理念，更是满足了其日益增长的精神需求。二是在每年传统节日矿举办大型文体活动演出时，该矿会向当地村镇发去邀请书，以期来矿共享文化盛宴。同时，矿工会每年还组织篮球队与当地政府机关或周边村镇球队进行联谊比赛。另外，每当周边村镇过庙会、物资交流会时，该矿都主动捐赠资金予以支持。逢岁末年初，矿领导还邀请政府人员和周边乡村的村支两委成员参加在该矿举办的工农联欢会、座谈会（茶话会）、招待晚宴等各类联谊活动，宾主欢聚一堂，共叙友情，畅谈未来，其乐融融，充满了祥和、友好的气氛。

随着经济的快速发展，社会的日益进步，各种矛盾正发生着深层次的变化。处理新时期的企地关系，就需要以全新的理念，与时俱进的工作方法，发挥多方面的作用，自觉增强服务意识和责任意识，不断提高工作效能。构建和谐社会，从邻开始，要充分利用工农共建平台，从经济发展和社会稳定大局出发，求大同，存小异，加强工农联系，增进工农友谊，确保企地关系和谐稳定，树立央企同地方合作共建共赢的典范，为公司生产经营和当地经济社会又好又快发展作出新的贡献。

二、公共关系应急管理

（一）项目背景

胡锦涛总书记在党的十七大报告中指出："社会和谐是中国特色社会主义的本质属性。科学发展和社会和谐是内在统一的。没有科学发展就没有社会和谐，没有社会和谐也难以实现科学发展。"构建社会主义和谐社会的过程，是妥善处理各种矛盾、不断消除不和谐因素、不断增加和谐因素的过程。具体到企业生产经营活动中，解决公共关系突发事件就成为企业和谐发展的一个关键问题。

随着生产经营活动进入有序发展和关键阶段，北洺河铁矿同周边公众关系出现了矛盾多样化的状况，出现了一些前所未有的新问题。如何去提高企业解决矛盾的本领，找到化解矛盾的正确途径和有效方法，形成妥善处置各种矛盾的体制机制，是企业必须面临的重要课题。2009年10月15日和11月5日，《经济参考报》分别刊登了——《中国五矿下属两铁矿非法排尾有恃无恐——当地政府称"不是不知道，就是管不了"》、《中国五矿邯邢矿山局两铁矿：非法排尾祸企殃民》、《非法排尾　触目惊心　铁证如山》的不实报道后，五矿集团公司、邯邢矿山局和北洺河铁矿对此事高度重视。北洺河铁矿一方面以法律法规为准则，以事实为依据，收集和整理了详尽而充实的资料，积极和集团公司、邯邢矿山局相关部门协作，对不实报道进行了回复和解释，在第一时间里消除事件的负面影响，维护企业在社会中的良好形象；另一方面，认真对自身工作进行检查，努力弥补前期工作中的缺陷和不足，在后续工作中，发挥国有企业政治、法律和道德的社会责任，主动承担解决问题的义务，推动企业和周边村镇更好更快地和谐发展。通过在整个问题的处理工作中不断地发现问题、解决问题，逐步改进应对突发事件的程序和方法，为今后应急处置的科学化、规范化、合法化奠定基础，提供宝贵经验。

（二）具体措施

在不实报道事件发生后，该矿立即启动了应对公共关系突发事件的应急预案，经过周密部署、合理组织、依法提证、部门联动、沟通协调，变被动为主动，从源头上寻找事件发生的原因，以法律法规为准则，以事实为依据，各专业部门发挥技术和整体优势，收集和整理了详尽而充实的资料，积极和集团公司、邯邢矿山局相关部门协作，对不实报道进行了回复和解释，争取媒体和不明情况群众的认同，在第一时间里消除了事件的负面影响。

1．勇于承担社会责任

在后续的工作中，通过帮助高村村委会履行法律义务，改善周边环境的一系列具体工作，使得周边村镇看到了该矿作为国有企业，勇于承担社会责任的态度和行动，进一步加深了与周边村镇相互支持，相互依存的企地情感。得到了地方政府、新闻媒体和周边村镇多数村民的肯定，维护了国有企业在社会中的良好形象。

2009 年 10 月 18 日，停止了向高村村北排放尾砂垫底覆土造田活动。

2009 年 10 月 27 日，国务院国资委、集团公司有关领导对尾砂垫底覆土造地项目进行督察后，该矿立即与邯郸市、武安市环境保护局进行了联系沟通。在武安市环境保护局的指导下，该矿积极配合高村村委会办理《关于高村利用北洺河铁矿尾矿砂垫底覆土造地项目》的环评事宜。

2009 年 10 月 28 日，接到邯邢矿山局转发的市政府呈办文笺，按照邯郸市市长郭大建和副市长崔永斌的批示及邯邢矿山局领导的要求，认真落实邯郸市国土资源局三部门的下步工作意见，在地方政府的指导下，开展覆土造地防治扬尘的环境保护工作。

2009 年 12 月 3 日，协助高村村委会制订了《高村村委会关于尾砂垫底覆土造地防止扬尘的实施方案》。

2009 年 12 月 14 日，北洺河铁矿与高村村委会签订了落实方案实施的具体协议，由北洺河铁矿每月出资，高村村委会安排专人定期对尾砂垫底覆土造地区域进行洒水降尘。从 2010 年年初开始，每天对此区域洒水 3 次，很好地防止了扬尘的发生。

2010年1月，五矿集团公司有关人员在邯邢矿山局、北洺河铁矿有关人员的陪同下，参加了由高村村委会组织的村民代表会议，会上村民代表对尾砂垫底覆土造地和后续的绿化防尘工作表示满意。

2010年1月19—22日，国家环保部、河北省环保厅、邯郸市环保局、武安市环保局到该矿对高村尾砂垫底覆土造地情况进行调查。对北洺河铁矿根据开发实际情况对高村尾砂垫底覆土造地项目进行环境评价提出了要求。

2010年1月，由武安市国土资源局土地开发整理中心编制了《武安市上团城乡高村滩涂地开发项目可行性研究报告》，报送武安市国土资源局批复。1月23日，武安市国土资源局主持，邀请林业、农业、水利等单位的7名专家组成评估论证委员会对此项目进行论证，认定开发项目符合县级投资土地开发整理项目要求，项目可行。1月29日，通过了武安市国土资源局审批。自此，高村排尾垫底覆土造地土地手续合法化。

2010年3月，安排专人到张北地区采购沙棘苗60万株。

2010年3月19日，经多方联系和认真考察，确定由中冶京诚（秦皇岛）工程技术有限公司（国家甲级资质）进行该项目的环评工作，并签订了《武安市上团城乡高村滩涂地开发项目环境影响评价合同书》。

2010年3月24日，中冶京诚（秦皇岛）工程技术有限公司安排专人对项目具体情况和现场情况进行了考察后，向该矿提供了环评资料清单，该矿立即安排专人和相关单位联系各项资料的筹集和准备。

2010年3月25日，五矿集团公司孙副总裁到北洺河铁矿对该矿向高村滩涂地排尾造田情况进行了调研和指导，提出了具体的工作要求，集团公司专门下发了《关于邯邢矿山局开展尾砂后续工作的通知》，根据孙副总裁的指导意见和集团公司《通知》要求，北洺河铁矿积极开展工作，邯邢矿山局将此项工作作为工作会督办项目。

2010年4月8日，中冶京诚（秦皇岛）工程技术有限公司给该矿提供了环境监测方案。

2010年4月，积极与高村村委会沟通，本着对社会高度负责的态度，对尾砂垫底覆土造地区域进行合理植被，大面积绿化，在原来植树12000棵、沙棘17万株的基础上，又种植树木5000棵，沙棘58万株，并和绿化公司签署协议，要求所种植的树木死亡一棵，补种一棵，所种植的树木和沙棘，成活率达到95%以上，起到了防尘固沙的作用，进一步改善了周边环境。

2010年4月，该矿委托武安市环境保护监测站对项目进行了7天的环境质量现状监测。5月5日，出具了检测结果报告。

2010年5月21日，向武安市气象局索取了气象资料。

2010年6月，国家环保部华北区督察组、河北省环保厅、邯郸市环保局、武安市环保局到该矿对北洺河铁矿向高村排尾垫底覆土造地情况进行后续调查。督察组对该矿所做的绿化防尘情况表示满意。

2010年6月30日，中冶京诚（秦皇岛）工程技术有限公司完成了《武安市高村利用北洺河铁矿尾矿砂充填垫地工程项目环境影响报告表（附专项评价）》（报审版）。

2010年7月11日，武安市环境工程评估中心在武安市主持召开了《武安市高村利用北洺河铁矿尾矿砂充填垫地工程项目环境影响报告表（附专项评价）》技术评估专家评审会。会议由3名专家组成技术评审组，形成专家组技术评审意见。

2010年8月11日，环评公司根据评审意见进行修改后，出具了修改后的环评报告（报批版），8月23日通过武安市环保局批复。

通过在整个问题的处理工作中不断地发现问题、解决问题，逐步改进应对公共关系突发事件的程序和方法，形成适应企业发展的公共关系应急体系，不仅圆满地解决了这次事件，更为今后应急处置的科学化、规范化、合法化奠定了基础，提供了可依据的宝贵经验。

2. 建立公共关系应急组织体系

经过媒体不实报道事件，北洺河铁矿对原有的公共关系应急组织进行了大幅度的调整，专门确立了以矿长为组长，党委书记为副组长，主管矿长负责直接部署，党委副书记负责对外信息发布，矿长办公室负责组织协调，各职能单位分工负责的组织网络，明确了组织人员的工作职责，形成了"一单位主控，多单位协同"的公共关系应急组织体系，为公共关系的应急处置提供了组织保障。

3. 完善公共关系应急制度及预案体系

进一步完善了《公共关系事件管理制度》、《信息交流与协商管理制度》等工作制度，制定了《公共关系文件与资料控制程序》、《公共关系记录管理程序》、《公共关系不符合与纠正预防措施控制程序》等工作程序，修订了《公共关系事件应急预案》，使发生公共关系应急事件时，工作有准则、操作有程序、处置有预案，做到了公共关系应急事件有法可依。

4. 健全公共关系应急法律保障体系

以矿长办公室为主控部门，各部门针对自身所负责的工作职责，通过定期在政府官方网站、报章杂志、上级文件收集，积极和地方政府及部门法制办联系获取国家、省、市相关的法律法规，并组织相关人员定期对照自身工作进行合规性评价，制定出16个分项共247个法律法规目录的《法律法规及相关要求清单》，并将清单下发给相关部门、单位，增强了处理各类事件及情况的法律依据。

5. 促进了上下级协作的公共关系应急处置体系

集团公司和邯邢矿山局领导对在处理记者不实报道工作的进展情况高度重视，多次到北洺河铁矿检查并安排部署具体工作，邯邢矿山局将此项工作的进展情况作为生产会督办项目，要求定期汇报工作进展情况。针对此情况，北洺河铁矿一方面根据上级安排的具体工作不折不扣地组织落实；另一方面及时将工作的进展、遇到的问题和解决方式向集团公司、邯邢矿山局有关领导汇报，使上级有关部门明确工作进展情况和对应急情况的态度。最终形成上下级思想统一、口径一致、处置合理、协作密切的公共关系应急处置体系。2011年9月份，国资委有意将原采访记者请回重新对此事件进行报道，该矿一方面积极做好迎接采访的各项准备；另一方面和邯邢矿山局有关领导一起到集团公司陈述记者前来的七点不利因素，得到了集团公司和国资委领导的认同，避免了又一次不利新闻事件的发生。

6. 构筑政府与企业的公共关系应急互支体系

在处理记者不实报道后续工作过程中，变被动为主动，通过积极开展扎实有序的后续工作，明确企业对问题处理的积极态度，通过有理、有节的工作方式，取得了地方各级政府的信任。在上级检查工作中，突出政府监管职责的到位给企业带来的重大影响，消除企地之间的矛盾，营造企地共建的和谐氛围，得到了地方各级政府的大力支持和指导，各级政府和相关部门领导多次亲临现场帮助协调和督导此事。这也为今后各项工作的开展创造了良好的工作氛围，构筑了政府与企业的公共关系应急互支体系。现在所有的合法手续均已完成，降尘和绿化工作正按预定计划执行。

7. 凝练应对不良媒体采访的应急方法体系

对待现在社会上一些不负责任的新闻记者采访，采取不相对、不应对的处置方法，摸清意图，收集对方不利的证据；使用婉转词汇，使记者抓不住自身把柄；通过热情而不积极、接待而不主动、耐心而不尽心、关心而不专心地工作方式去应对，减少不良媒体采访带来的不利影响。

（三）实施效果

1. 社会效益

一是积极应对突发事件，消除事件的负面影响，维护了集团公司、邯邢矿山局和北洺河铁矿的企业形象。

二是做好突发事件的后续工作，展现国有企业对社会责任的尽职尽责。

三是2010年9月，已覆土造田的42.28亩土地播种的玉米、红薯等作物喜获丰收，村民将两车玉米送到该矿共同品尝收获的喜悦，极大地促进了企地和谐的良好局面。

图9-2 覆土造田

2. 经济效益

一是以法律为依据，各部门联动，积极沟通协调政府有关部门，主动提供有力证据，减少各部门依照不实报道所开具的罚款100余万元。

二是检验了经过不断充实的突发事件应急管理体系，为今后突发事件的处理提供了可参考的规范程序和方法，减少人员及费用的支出。2010年以来，及时制止公共关系突发事件7起，减少影响生产时间300小时。

第十章 信息化建设

信息化是指培养、发展以计算机为主的智能化工具为代表的新生产力，并使之造福于社会的历史过程。与智能化工具相适应的生产力，称为信息化生产力。信息化管理是以信息化带动工业化，实现企业管理现代化的过程，它是将现代信息技术与先进的管理理念相融合，转变企业生产方式、经营方式、业务流程、传统管理方式和组织方式，重新整合企业内外部资源，提高企业效率和效益、增强企业竞争力的过程。

北洺河铁矿通过完善档案信息管理，为北洺河铁矿经营建设、科技进步、转产开发、工作考察、解决矛盾纠纷等方面发挥了积极作用；通过信息化矿山建设，对矿山生产、经营、管理各个环节逐步实现网络化、数字化、可视化、集成化、智能化、自动化的科学管理，有效整合各方资源，为矿山高效、安全运行和经济发展发挥了重要的技术支撑作用。

一、档案信息标准化管理

北洺河铁矿是国家"九五"规划重点工程项目，1997 年恢复建设，2002年建成投产。北洺河铁矿档案管理就是伴随矿山建设从无到有，从点到面逐渐完善规范起来的。

矿山档案管理涉及地质、测量、勘探、安全、采矿设计、质量管理、工程验收、矿山机电、周边关系等多专业、多工种资料的收集完善，该工作贯穿于矿山从基建、生产到闭坑的整个过程。

北洺河铁矿经过十几年的发展，凭借其先进的管理在国内赢得了较高的知名度，档案管理就是其中管理的一部分。

（一）完善机构

矿领导高度重视档案管理工作，把档案管理工作纳入企业长远发展规划和年度考核计划。目前已经形成了以总工程师为主要领导，办公室主任为直接领导，以专职档案人员为主要业务骨干，以各级职能部门兼职档案人员为网络的档案管理组织机构（见图10－1、图10－2）。

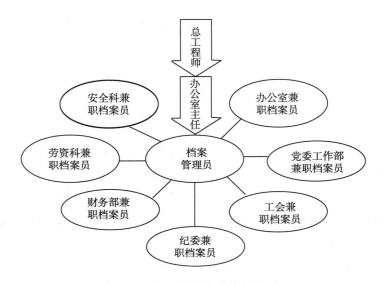

图10－1　科技档案管理组织机构图

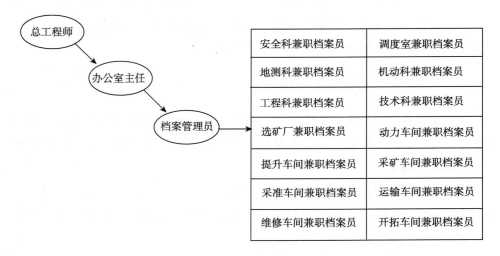

安全科兼职档案员	调度室兼职档案员
地测科兼职档案员	机动科兼职档案员
工程科兼职档案员	技术科兼职档案员
选矿厂兼职档案员	动力车间兼职档案员
提升车间兼职档案员	采矿车间兼职档案员
采准车间兼职档案员	运输车间兼职档案员
维修车间兼职档案员	开拓车间兼职档案员

图10－2　文书档案管理组织机构图

同时，结合北洺河铁矿实际情况，按照专业分工不同，成立了由各专业人员组成的"档案管理工作小组"。小组成员经常指导竣工资料的收集、整理归档情况，及时对存放在个人手中的档案资料进行收集、归档，确保了资料的完整、齐全。做到层层负责，紧密联系，密切配合，及时沟通信息，从而提高了档案管理人员与相关工程技术人员的档案意识和维护档案完整、准确、系统的及时性。让档案管理工作得到应有的重视，档案管理工作得以顺利开展。

（二）建立制度

档案制度是实现档案管理的目标和手段。为加强北洺河铁矿档案管理，使档案资料既能及时完整归档，又能更好地为各级领导和技术人员提供优质服务，依据《中华人民共和国档案法》、《河北省档案工作条例》以及邯邢矿山局《档案管理制度》等有关规定，结合该矿实际情况及增强管理可操作性的角度出发，北洺河铁矿制订了《北洺河铁矿档案管理制度》。该管理制度共分六章六十七条，分别从组织结构、科技档案的归档、文书档案的归档、档案的借阅利用、档案的保管、管理职责六个方面制定了详细的行为规范，保证档案管理工作的科学化、系统化和规范化，是北洺河铁矿管理制度汇编的重要内容之一。

在具体工作中，该矿结合实际，规定了从档案的接收、借阅利用、销毁的全部流程，设计有《档案资料交接清单》、《档案借阅审批表》、《档案外借申请表》、《档案利用效果登记表》、《档案销毁登记表》、《档案销毁审批表》等工作用表单，这些流程以制度的形式固定下来，增强了可操作性。

（三）收集整理

档案的收集和整理是档案管理工作的重要内容，从项目的初始立项就要对档案工作通盘考虑和统筹，遵循项目建设和档案形成的规律和特点，保持文件资料之间的有机联系，使档案能准确反映活动的真实面貌，符合规范要求，便于管理和利用。

档案管理内容多，专业面广，北洺河铁矿把归档范围共分为三大部分：文书档案、科技档案、会计档案。

文书档案分为：①党群工作类；②行政管理类；③经营管理类；④生产技术类。

科技档案分为：①产品类；②科学技术研究类；③基本建设类；④设备仪器类；⑤地质类；⑥设计类；⑦工程施工类。

会计档案由会计部门按要求整理装订后移交档案室归档。

为了把不同类别和专业的档案管理好，确保产生的文件资料能完整、系统、准确归档，北洺河铁矿科学设置档案管理组织机构，采取分级管理的方法，设立档案管理小组，每个科室都设有一名兼职档案管理人员。兼职档案人员的职责是保管本科室资料，负责本部门档案的收集整理，每月进行一次档案收集，及时地将存放在个人手中的档案资料进行收集归档，定期向档案室移交本科室资料。档案人员由各科室相关技术人员组成，由于相关技术人员熟悉本科室本专业文件材料的形成过程、内在联系和保存价值，把本专业内的归档工作列入专业技术人员的岗位职责，由专业技术人员立卷归档，有效保障了归档文件的系统性、全面性和及时性，做到步骤有序，记录系统全面。同时，档案管理人员与技术人员一起进行企业信息调查、捕捉生产经营和管理活动中产生的档案信息，取得了较好的社会和经济效益。

北洺河铁矿由于有健全的档案管理机构、管理制度和考核体系，保证了北洺河铁矿文件资料的形成、整理和归档与该矿建设同步进行。2003 年年底，北洺河铁矿凭借其归档率达到 99%，完整率、准确率达到 97% 以上的优异成绩，一次性通过由河北省、邯郸市档案局领导专家组成的专家组的评审验收。

（四）涉密资料管理

涉密资料的管理是档案管理的重要组成部分。北洺河铁矿建矿以来积累了大量的文件资料、图纸及工程资料，反映了北洺河铁矿生产及科研的全貌，有很重要的参考价值，其中，很多资料为涉密资料。为保证资料既能得到充分利用又不泄密，北洺河铁矿档案管理人员根据《保密工作实施办法》，对资料进行密级分类，把矿档案资料划分为内部秘密和商业秘密，商业秘密又分为核心商业秘密和普通商业秘密。按上级制定的《五矿邯邢矿业有限公司内部秘密事项一览表》、《五矿邯邢矿业有限公司商业秘密保护一览表》明确的内容确定密级和保护期限，并在秘密载体右上角显著位置做出明显标志。以总工程师为领导，办公室主任主管的保密体系，规定了借阅权限及审批制度，对密件的保管、复制、利用和销毁由保密委员会领导签字同意，登记后方可借阅，杜绝资料的丢失与泄密情况的发生。

（五）成果转化

专业技术人员不但有收集资料的责任，也是档案资料的利用主体，更是将档案资料转化为企业效益的生力军。北洺河铁矿把档案的利用工作作为档案工作的最终目标，积极主动采取各种方式利用档案资料，为北洺河铁矿经营建设、科技进步、转产开发、工作考察、解决矛盾纠纷等方面发挥了积极作用。

1．利用科技档案进行高效采矿方法试验与研究

北洺河铁矿利用科技档案进行了高效采矿方法试验与研究，提高了采矿经济效益，提高掘进支护、凿岩爆破、放矿控制与地压管理等技术，实现"四低一高"（低损失、低贫化、低成本、低事故隐患与高生产能力）开采目标。研究期间获得的年均直接经济效益为 0.46 亿元／年。

优秀专业技术人员组成的技术小组利用科技档案资料完成了北洺河铁矿溜井安全高效实用研究、新增矿体探采优化、实施 -245 米、-230 米通风泄水井空车巷改进工程，加快开拓进度等技术改造，获得了中国冶金矿山企业协会冶金矿山科学技术奖各等级奖项，在各自的领域取得了优异的成绩，创造了较高的经济效益和社会效益。

2．利用文书及科技材料解决矛盾纠纷

在关于 2009 年 10 月 15 日《经济参考报》失实报道澄清材料中，档案室出具了北洺河铁矿安全生产许可证、排放污染物许可证、选矿厂工程可行性研究报告、北洺河铁矿北尖山北尾矿库工程安全验收评价报告、建设项目竣工环境保护验收申请报告、新旧河滩复垦造田前、后地貌对比照片等相关资料 30 余份，用大量确凿真实的材料澄清了报道的不实言论，维护了北洺河铁矿的良好形象。

另外，在周边关系方面，通过查阅村委会利用北洺河铁矿尾砂充填造地的协议、青苗补偿协议、土地复垦协议、地质灾害区租地协议等，很好地解决了与周边乡村之间的矛盾纠纷，互惠互利，和谐共处，建立了良好的周边关系。

以上只是档案资料利用成果的部分实例，从这些实例可以看出，档案资料的成果转化在北洺河铁矿取得了良好的社会和经济效益。

档案资料量大、面广、烦琐、复杂，对档案管理人员的业务水平提出了更高的要求。北洺河铁矿领导不但注重全矿学习新知识、新技术和利用新技术的浓厚氛围的培养，还定期半年一次组织档案管理人员参加省市举办的档案业务培训，通过培训，使档案管理人员及时了解档案发展的趋势和现代科技在档案中的应用、熟悉档案工作的新知识新规范，使他们在实践中运用，在学习中提高。

二、信息化助力现代矿山建设

随着全球经济一体化的迅速发展，我国矿山企业正面临着越来越激烈的市场竞争压力，大力发展信息化矿山已经成为矿企适应市场需求、提高自身竞争力的必经之路。矿山信息化建设是指大力引进先进的管理理念，积极采取现代信息技术、数据库技术、传感器网络技术、过程智能控制技术等多元化的科学技术手段，在矿山企业的生产经营过程中对矿山生产、经营、管理各个环节逐步实现网络化、数字化、可视化、集成化、智能化、自动化的科学管理，有效整合各方资源，达到矿山企业工作高效、安全、绿色环保的目标。

（一）项目概述

北洺河铁矿作为一座"国内一流，国际知名"现代化矿山企业，2002年4月8日建成投产，在各方面走在了矿山企业的前列。为提高企业现代化管理水平，该矿从2003年开始进行企业信息化建设，目前形成了覆盖全矿的局域网，开发并应用了相应的管理信息系统，为矿山发展起到了重要的技术支撑作用。

（二）项目特点

北洺河铁矿的信息化建设体现出如下特点：一是侧重硬件基础的建设，网络建设，机房投入比较大，为企业信息化的发展打下了良好的基础。二是在软件方面，侧重于专业化软件的应用，如办公自动化系统、财务管理系统、人力资源管理系统、物资供应系统、人员定位系统等等。三是信息化管理机构已经形成，能够使企业信息化建设良好地运行下去。

（三）措施效果

1. 信息网络系统建设

信息网络系统是指以信息技术为主要手段建立的信息处理、传输、交换和分发的计算机网络系统，本文主要指北洺河铁矿局域网。它于2002年底筹划，2003年组织建设，当年投入使用，采用星型拓扑结构，目前接入矿办公局域网的计算机数量达240余台。主要是以办公楼为主墙内敷设网络线路，网络总控制中心（机房）位于机关办公楼四楼，集中管理全矿的网络设备。网络覆盖区域有办公楼、服务楼、化验楼、供应科仓库、文化中心、磅房等。网络系统的建立，为企业开发信息应用系统搭建了良好的平台。在网络系统畅通的基础上，根据工作需求，先后建立了 16 个信息应用系统，为企业信息化发展打下了坚实的基础。

2. 过程控制信息应用系统

作为现代化矿山企业，北洺河铁矿在生产领域大量采用过程控制信息应用系统，如风机远程控制系统、质量管理系统、计量称重系统、矿区、炸药库监控系统、PLC 提升机控制系统、磨矿自动控制系统以及各类生产调度监视系统等，整体自动化水平较高，生产成本低，生产效率高，各项指标在全国同行业矿山居首位。

3. 业务处理应用系统

北洺河铁矿先后建立了多项业务处理应用系统，如办公自动化系统、金蝶 K3 物流系统、V5 人力资源薪酬管理系统、生产设备运行管理系统、金蝶 K3 财务管理系统、Dimine 数字矿山软件系统等。通过开发使用先进的办公信息系统，减少了办公人员，降低了办公费用，加快了信息数据传递速度，提高了办公效率，与同类矿山比较人员减少一半。

4. 网站建设

北洺河铁矿网站是对邯邢矿业下属各部门、各单位开放的内部网站，是矿信息发布的重要渠道，是党和国家的方针政策、法律法规、上级和矿有关规定、企业文化等的宣传教育平台。网站设立了企业简介、企业新闻、企业安全、应用系统、企业党建、工会之窗、人力资源、企业管理、四优化、洺河园报、通知公告、视频新闻等多个栏目，将企业文化重要内容，如企业目标、企业精神等公布在网站上，引入先进的企业管理理念，提高了企业的整体管理水平。

5. 现代信息技术应用

信息技术在矿山安全生产装备、技术、人才、管理等方面都发挥着积极的作用。例如安全隐患管理系统，实现了危险源、安全隐患分类分级管理、超前预控管理、隐患闭合管理，增强了安全隐患整改的透明度，矿各级管理人员随时掌握井下安全信息和隐患整改情况，各类隐患和问题真正步入全矿干部职工的监督之中，提高了安全可控程度；井下刷卡系统，随时精确掌握井下的人员数量，人员身份，对安全生产起到了一定的作用；在建矿山企业"安全六大系统"中人员定位、无线通信和监测监控系统等直接采用了最先进的信息技术，形成安全监控预警、救援指挥功能齐全的安全管理平台。

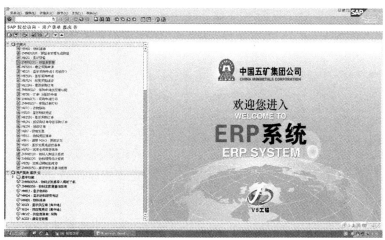

6．现代信息技术与现代管理相结合

北洺河铁矿按照五矿集团和邯邢矿业有限公司整体部署，在 2011 年，以北洺河铁矿为试点，经过现场调研、建立机构、集中培训、重点建设、分步实施等过程，率先在矿山物资供应、工程项目控制、产品营销、财务管理等方面，采用了企业信息化集成的最佳解决方案，企业资源计划系统，即 ERP 系统。它围绕市场导向开展业务活动，协调企业各管理部门，把企业的物流、人流、资金流、信息流等资源统一起来进行管理，在资讯技术基础上运用系统化管理思想，为企业决策层及员工提供决策运行手段的管理平台，最大限度利用企业资源，提高了企业的核心竞争力，从而取得最好的经济效益。

7．企业信息管理基础建设

北洺河铁矿建立了信息管理组织机构和信息管理网络，设立了专兼职系统管理员、信息管理员、信息发布员等岗位，明确了各单位、各部门的信息管理岗位职责，建立了信息管理责任制度等九项信息管理制度，制作了信息管理台账、表格，规范了办公流程，员工愿意接受并很好地使用网络平台和各种信息管理系统，企业信息化得到了平稳、流畅、高效的发展，在矿山科学发展、安全发展中，发挥了强有力的信息支撑作用。

（四）应用建议

根据北洺河铁矿多年的实践经验及目前网络暴露出的问题，提出矿山企业信息化建设的如下几点建议：

1．实施前期准备

实施前期需要做以下准备工作：

（1）合理定制信息化需求，做好项目可行性分析。信息化的需求分析和可行分析是矿山企业信息化建设需要解决的首要问题，主要包括现行企业管理模式存在的缺陷，信息化建设现实需求及定位，项目实施的可行性等。通过调查，综合企业各方面信息，来研究确定企业的信息化总体需求，进而选择合适的信息系统。如果企业对自身信息化需求把握不好，盲目追求信息化系统功能最大化，购置超出企业需要的"大而全"的应用系统，不仅会造成资金浪费，而且会为企业增加不必要的负担。

（2）应用系统要总体规划。一个企业各个领域是相互联系，相辅相成的，因此每个领域的信息系统建设要由一个部门统一管理，要有一个整体的规划，开发使用的系统之间能够互相兼容，数据报表能够共享，资源能够相互共享，减少基础数据需要重复输入，保证数据的一致性，提高数据的准确性，办公的效率性。

（3）搭建的信息平台既要满足现在的需求，又要有一定的扩展性。信息平台一旦建成，短时间内是不会进行大幅度更改的，因此，在制订信息建设方案时，要考虑信息平台的功能扩展性，设备技术采用市场上先进的、主流的，功能要相对比较强大，能够满足未来十年信息发展的需要，以保证企业信息化随着企业的发展而不断发展。

（4）做好市场调查，选择信誉良好的合作伙伴。根据矿山企业的实际情况，矿山企业信息化系统的获取一般采用委托开发，在选择信息产品时，要重点考虑两个方面：一是考虑供应商的综合实力和发展潜力，根据应用系统的知名度、应用客户群、售后服务水平和发展潜力等来考察供应商；二是考察信息产品的性价化、适应性和可扩展性，不仅满足当前需求，还要能适应未来变化，为企业业务发展做好相应的准备。

2. 实施过程注意事项

信息化项目在实施过程中，要完成从传统管理模式到先进管理模式的转变，它是一项实战性很强的系统工程，要组织专业人员成立实施机构，在其指导下，按计划、分步骤地组织实施，需要注意以下几点：

（1）选准信息化起点，稳步推进企业信息化。一个好的起点，可以有效地提高企业职工的认可度，降低系统实施风险，提高成功率，一般选择企业管理最薄弱、最需要解决问题的环节，或者从业务处理比较规范，实施难度较低的环节入手。

（2）尊重先进管理理念，塑造标准化业务处理流程。先进的信息系统代表了很多成功企业的先进管理理念和标准化业务处理流程，矿山企业由于行业的特殊性，业务流程与标准流程必然存在一定的差别，因此，在实施中，要采取积极的变革管理的态度，尽量向标准化方向靠拢，在需要的时候，对现有企业管理模式及业务流程进行重整，制定适应该企业的管理策略。

（3）重视网络安全防护措施。网络安全是信息系统运行稳定有力保障，造成网络不稳定的因素很多，因此要从各方面进行防范，最主要的是在网络中设有高效的监控和病毒防范软件，再次对客户端进行直接和行之有效的控制和管理，防止出现病毒入侵或攻击现象。

（4）发动全员积极参与，培养企业信息化管理人才。随着企业信息化系统的实施，管理模式的改变，所有人员的思维方式和行为方式也将发生变化，因此，要加大宣传力度，努力营造信息化建设的良好氛围，使职工了解信息化建设将给企业带来的变化，使职工对信息化建设有所期待。

（5）注重沟通链接，强化岗位交流和团队协作。矿山企业信息化建设的过程不仅是软件和硬件的结合，也是技术和管理上的融合，同时，也是人与人之间融合的过程。在企业信息化建设中，离不开各部门之间、各岗位之间顺畅的沟通交流，也离不开建设团队的通力协作。

图书在版编目（CIP）数据

先锋洺河——北洺河铁矿建设现代化矿山探索与实践：全2册／五矿邯邢

有限公司北洺河铁矿编著.—北京：企业管理出版社，2013.7

ISBN 978-7-5164-0399-0

Ⅰ.①先… Ⅱ.①五… Ⅲ.①矿业—工业企业管理—经验—武安市

Ⅳ.①F426.1

中国版本图书馆CIP数据核字（2013）第126527号

书　　名：先锋洺河——北洺河铁矿建设现代化矿山探索与实践（上册）

作　　者：五矿邯邢有限公司北洺河铁矿

责任编辑：刘一玲　崔立凯

书　　号：ISBN 978-7-5164-0399-0

出版发行：企业管理出版社

地　　址：北京市海淀区紫竹院南路17号　　　邮　编：100048

网　　址：http：//www.emph.cn

电　　话：总编室68701719　发行部68414644　编辑部68701322

电子信箱：80147@sina.com　zbs@emph.cn

印　　刷：北京媛明印刷厂

经　　销：新华书店　　　　　　彩　　插：0.5印张

规　　格：710毫米×1000毫米　16开本　25.25印张　420千字

版　　次：2013年7月第1版　　　2013年7月第1次印刷

定　　价：128.00元（上下册）

先锋洺河

北洺河铁矿建设现代化矿山探索与实践

（下册）

五矿邯邢矿业有限公司北洺河铁矿◎编著

企业管理出版社

ENTERPRISE MANAGEMENT PUBLISHING HOUSE

图书在版编目（CIP）数据

先锋洺河——北洺河铁矿建设现代化矿山探索与实践：全 2 册/ 五矿邯邢有限公司北洺河铁矿编著. —北京：企业管理出版社，2013.7

ISBN 978 - 7 - 5164 - 0399 - 0

Ⅰ. ①先…　Ⅱ. ①五…　Ⅲ. ①矿业—工业企业管理—经验—武安市

Ⅳ. ①F426.1

中国版本图书馆 CIP 数据核字（2013）第 126527 号

书　　　名	先锋洺河——北洺河铁矿建设现代化矿山探索与实践（下册）
作　　　者	五矿邯邢有限公司北洺河铁矿
责任编辑	刘一玲　崔立凯
书　　　号	ISBN 978 - 7 - 5164 - 0399 - 0
出版发行	企业管理出版社
地　　　址	北京市海淀区紫竹院南路 17 号　　邮　编：100048
网　　　址	http：//www. emph. cn
电　　　话	总编室 68701719　发行部 68414644　编辑部 68701322
电子信箱	80147@ sina. com　zbs@ emph. cn
印　　　刷	北京媛明印刷厂
经　　　销	新华书店
规　　　格	710 毫米×1000 毫米　16 开本　25.5 印张　420 千字
版　　　次	2013 年 7 月第 1 版　　2013 年 7 月第 1 次印刷
定　　　价	128.00 元（上下册）

目　　录

第三篇　生产运作篇

第四篇　党群建设篇

第三篇　生产运作篇

　　生产是指人类从事创造社会财富的活动和过程，是人类社会永恒的主题，如何提高生产运营效率也是企业所面临的共同课题。北洺河铁矿在管理实践中，探索出了一条新的路径，从生产管理、安全管理到设备管理，生产运营的每一环节都独具特色。这种探索实践正是时代所呼唤的，它不仅树立了一个样板，更重要的是提供了一种思想源泉。在企业生产实践中，理论并不匮乏，缺少的是将理论结合到实践中去，并在实践中再次升华的智慧与决策，只有从实践中来，到实践中去，并不断丰富和创新的理论，才是企业最宝贵的财富。

　　北洺河铁矿的生产运作过程，是不断走向完善的过程，也是先进思想与企业生产实际紧密结合的过程。在这里，可以看到工艺技术持续改进给企业创造的价值；领略精细化管理使企业不断创新、屡创佳绩的魅力；体会精益生产"精益求精，追求卓越"的深刻内涵……优秀的管理不仅是制订制度、强化制度，更重要的是员工对制度的理解和执行。北洺河铁矿的成功，不仅在于规范的制度体系，更是源于企业员工对制度的执行能力，制订与执行并重，才是企业科学管理的真谛。

第十一章　生产管理

生产管理又称生产控制，是对企业生产系统设置及运行的各项管理工作的总称，其目的是建立一个高效的生产运作系统，保证企业生产活动的有序进行，并有效利用资源，降低物耗、能耗及成本，提高企业经济效益。

北洺河铁矿自建矿以来，积极运用生产管理的先进方法及工具，不断提升企业生产管理水平，在实践中探索出了一条生产管理的有效路径。其特色主要体现在采选工艺技术持续改进、以发挥关键要素能力为导向的计划管理、生产流程少停滞管理、深溜井管理、应急管理精细化、原矿精矿质量精细化管理及节能减排等方面。

一、采选工艺技术持续改进

（一）实施背景

北洺河铁矿是资源开采型铁矿山，地下开采方式，年采矿 250 万吨，采矿方法是无底柱分段崩落法，采掘设备使用无轨移动设备，运输采用 14 吨有轨电机车，提升采用多绳摩擦单箕斗方式。采选一体化生产，选矿工艺是磁选方法，尾砂在地表尾矿库堆存。工艺具有地下生产、工艺方法稳定等特点，制约因素多，改进困难。主要工艺流程是开拓工程施工、采准工程施工、中孔凿岩、爆破、出矿、运输矿岩、提升矿岩至地表、磨选产生最终产品铁精矿。运输之前的各项流程统称为采场工艺技术或采矿工艺技术。

按冶金地下矿山分类方法，影响生产能力的有 8 个方面。北洺河铁矿在最初设计阶段，受到当时国内技术条件限制，在 8 项生产能力中，影响最大的就是采场生产能力。其本身是第一个能力，在其下游运输、提升等环节能力都宽松富余，工序间能力相差 70 万吨，占 40%，因此，采场生产能力成为必须突破的瓶颈。改进的目标就是使采场生产能力与后续工序能力匹配，发挥提升工序的最大作业能力。

围绕提高采场生产能力问题，经过分析，主要是需要提高落矿能力和出矿能力，方法是改进采矿工艺技术，扩大采场结构参数，选用大型化采掘设备，提高出矿作业能力。

在实行采选一体化生产以后，在选矿工艺流程内部有制约环节，也需要进行工艺改造，使工序能力匹配顺畅，实现及时、全部处理采出矿石量。

（二）采场工艺技术改进

北洺河铁矿《初步设计》中，采场工艺技术参数是20世纪90年代初选定完成的，相比80年代虽然有一定的进步性，但是仍然跟不上采掘提升设备、采矿技术进步速度，成为制约瓶颈。所以从最初设计产生以后，采场工艺技术改进就开始了。北洺河铁矿采场工艺技术改进的内容主要包括有底柱改无底柱、低分段改高分段、窄间距改宽间距、小断面改大断面、细溜井改粗溜井等。改进过程如下：

初步设计中采场结构参数 《北洺河铁矿恢复建设初步设计》是委托外面设计院设计的，完成于1993年，相比较80年代已经是最先进的了。采场参数如下：

（1）阶段高度为60米，中段运输水平分别为 −110米、−170米和 −230米水平。

（2）以12线以西60米为界，以西是有底柱分段崩落法，以东是无底柱分段崩落法，在矿体中间沿走向拉槽，分南北两个采区。

（3）无底柱采区进路间距10米，分段高度12米，每五条有效进路为一个有效矿块，一个有效矿块配一台2立方米铲运机，其效率15万吨/台年，矿块生产能力为15万吨/年。

对采场参数的一次优化

（1）调整开采顺序，将原来中间拉槽南北分区改成上盘向下盘推进开采，除12～15线用有底柱采矿法，其他全改成无底柱法。

（2）采场结构参数调为取消 −170米中段，阶段高120米，分段高15米，进路间距12米，使千吨采准比由有底柱的16.4米和无底柱的5.0米下降到3.6米。

这次优化结果体现在《北洺河铁矿恢复建设初步设计实施方案》中，以及 −50米以上工程中。

采场结构参数的再次优化　第二次优化是使用"四低一高"大结构采矿法，进路参数增加到 15 米×18 米，取消放顶工程，采用诱导冒落方法，千吨采准比从 3.6 米降低到 2.1 米。

经过优化，按目前产量推算，年节约工程量 3500 米，加大的工艺结构参数使得采准工程布置密度减小，对围岩整体稳固性破坏减轻，支护工程量减少，抵抗地压的能力增强。结构参数的优化也为以后采用先进的大型采掘设备打下了基础。

巷道断面扩大　2008 年，引进 Simba H1354 采矿凿岩台车，为满足支钻高度需要，巷道断面参数宽×高由 4.4 米×3.9 米，调整为 4.4 米×4.1 米。

采场溜井直径 3 米改成 4 米　采场溜井是地下矿山生产系统的咽喉，在生产流程中起着非常重要的作用。一旦出现故障，将会直接影响其服务范围内出矿的正常进行。

北洺河铁矿井下有 −110 米和 −230 米两个运输中段，其中 −110 米中段溜井直径为 3 米，深度不超过 60 米；−230 米中段溜井直径在深部开拓设计时也采用了 3 米，但在 2010 年转段生产初期，生产中出现了几次严重的棚堵，处理起来相当困难，影响了正常生产。

造成溜井棚堵的原因很多，但其直径太小是最主要因素。根据有关理论，溜井直径应为采场允许产出大块直径的 5 倍，北洺河铁矿允许大块直径为 800 毫米，则溜井直径应为 4 米。因此，后来设计的溜井直径均取 4 米。同时，为进一步减少棚堵现象发生，个别溜井还采用了烟囱式结构，如图 11 − 1 所示。

经过参数调整，新参数溜井棚井次数较旧参数溜井降低 90%，两三个月会偶尔出现一次。

通过五项采场工艺技术改进，一举突破了生产能力限制短板，使采场能力从 160 万吨提高到 230 万吨。

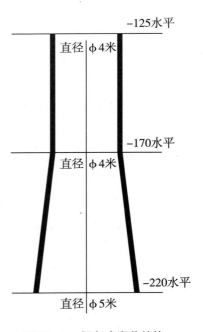

图 11 − 1　烟囱式溜井结构

（三）大型先进采矿设备的应用

北洺河铁矿生产初期采用 7655 手持式气腿凿岩机凿岩掘进，QZg80A 潜孔钻机施工中孔，柴油铲运机出矿。虽然能完成生产任务，但效率低，职工劳动强度大，作业环境差，安全隐患多。为改善这种状况，先后引进了具有世界先进水平的 TORO 400E 型电动铲运机、SIMBA H1354 采矿凿岩台车、AXERA D05 掘进凿岩台车和 Boltec 235 锚杆台车。

TORO 400E 型电动铲运机的应用　北洺河铁矿生产初期使用柴油铲运机出矿，2 立方米柴油铲运机效率 15 万吨/年，4 立方米柴油铲运机效率 30 万吨/年。为提高采场出矿作业效率，改善井下作业环境，2003 年开始引进 TO-RO 400E 型 4 立方米电动铲运机。与柴油铲运机比较，单台出矿达到 50 万吨/年，效率大幅度提高，且无噪声、无污染。目前，北洺河铁矿出矿已经全部使用 4 立方米电动铲运机。

AXERA D05 掘进凿岩台车的应用　北洺河铁矿使用 7655 凿岩机进行凿岩作业历时很长。由于设备性能所限，巷道断面成型较差，容易出现局部片邦、冒顶现象，造成安全隐患；超挖、欠挖较大，影响巷道质量，增大了支护量和支护难度。工人劳动强度大，一身泥一身水。

为改变这种状况，2004 年 5 月，北洺河铁矿考察引进了 AXERA D05 掘进凿岩台车。经过近一年的试验，于 2005 年 6 月正式投入使用。相比 7655 凿岩机，AXERA D05 掘进凿岩台车具有如下优势：

（1）掘进凿岩作业效率明显高。同是铲运机出渣，单台作业进尺每月可达 150 米（7655 月进尺单部钻 20 米），实现了掘、采工序能力的合理匹配。

（2）施工质量好，光面爆破率很容易达到 75% 以上，而 7655 钻机一次成型法一般只能达到 40%。

（3）炮孔利用率由平均 85% 提高到 90%，降低了爆破成本。

（4）减轻了围岩破坏，减少了支护工程量。掘进台车施工，周边布孔平行均匀，降低了装药量，减少了对周边岩壁的破坏和松动，超挖欠挖明显减少，增强了围岩的自稳性，节省了支护量。

（5）全面改善了工人作业环境，减轻了工人劳动强度。有效地降低了粉尘和噪声对周围环境的污染，有益于操作工人的身体健康；作业场地空气质量明显提高，清晰度高，易于及时观测顶板，及时检撬，减少事故发生。至 2012 年，北洺河铁矿全面淘汰了 7655 钻机掘进方式，全部采用掘进台车施工。

Simba H1354 采矿凿岩台车的应用及中孔参数调整 北洺河铁矿原采用 8 台 QZG80A 中高压潜孔钻进行中深孔凿岩，设备台效为 2500 米/月·台。由于冲击作业依靠高压风，每台需配备一台 13 立方米空压机，需 8 台空压机，设备数量多，动力费用高，巷道内布置管线多，管理繁杂，维修量大。同时，随着设备老化，钻孔精度低，施工质量难以保证，导致爆破效果差，大块率高，二次爆破量增加，降低了铲运机的出矿效率。

鉴于这种情况，北洺河铁矿于 2008 年引进了 Simba H1354 采矿凿岩台车，以替代 QZG80 潜孔钻机。台车月作业效率达到 7500 ~ 8000 米，是 QZG80 潜孔钻机的 3 倍以上，并且爆破效果明显改善，经济效益显著提高，当年即实现全部使用新设备。

为充分发挥设备效能，在应用过程中对中深孔布置参数进行了多次调整。

（1）设备改型后的初次调整（见表 11 - 1）。

表 11 - 1　　　　　　　　设备改型后的参数初次调整表

凿岩设备	凿岩中心高度	炮孔直径	排间距	炮孔数	孔底距	边孔角
QZg80 潜孔机	1.20 米	80 毫米	1.7 米	10 ~ 11	2.2 ~ 2.8 米	57°
Simba H1354 台车	1.82 米	80 毫米	1.7 米	11 ~ 12	2.0 ~ 2.8 米	50°

（2）作业参数的持续改进。自 2008 年采用 Simba H1354 采矿凿岩台车施工中深孔后，作业效率明显提高，但同时出现了大块率高、爆破推墙时有发生、眉线破坏严重等现象，严重降低了出矿效率，增大了出矿成本，同时也影响到了安全生产与矿石回采指标。为此，2009 年，北洺河铁矿对中深孔布孔参数和装药结构进行了调整（见表 11 - 2）。

表 11 - 2　　　　　　　　中深孔布孔参数和装药结构调整表

调整前后	凿岩中心高度	炮孔直径	排间距	炮孔数	孔底距	边孔角
调整前	1.82 米	80 毫米	1.7 米	11 ~ 12	2.0 ~ 2.8 米	50°
调整后	1.82 米	80 毫米	1.8 米	9	2.4 ~ 3.2 米	57°

调整的目的在于：增加孔间距，减少炮孔间穿孔概率，消除推墙现象，降低大块率；增加不装药长度，减少眉线破坏，试验达到了预期目的。

在中深孔施工及爆破过程中，有的采场因围岩软、节理裂隙发育、在回采作业过程中岩层相对错动频繁，造成炮孔破碎、堵孔、错位现象，致使爆破质量严重下降，为此 2010 年该矿进行了大孔试验，主要目的在于提高炮孔质量（见表 11 - 3）。

表 11 - 3　　　　　　　　　　大孔调整前后对比表

调整前后	炮孔直径	排间距	炮孔数	孔底距	边孔角
调整前	80 毫米	1.7 米	9	2.4～3.2 米	57°
调整后	93 毫米	1.8～2.2 米	9	2.4～3.2 米	50°

试验表明，由于炮孔直径增大，炮孔堵塞现象明显减少，爆破质量也随之改善。但也出现了施工效率明显降低、钻杆及其他配件损耗明显增加等负面影响，因此，只有在采场围岩特别松软、破碎的情况下才采用大直径炮孔。

（3）双中心凿岩参数。经过上述几次调整后，中深孔爆破效果有了持续改善。但发现仍有一个问题未能彻底解决，即存在肩部矿石积压的现象。不仅本分层矿量损失较大，而且还容易造成后续炮排爆破补偿空间不足，严重影响爆破效果。为从根本上改善爆破效果，提出"将扇形面炮孔布置由单个凿岩中心改为两个凿岩中心"方式，通过两个凿岩中心的位置在巷道中线位置上向左右各偏移 400 毫米的方式将边孔角调整到 57°，炮孔 10 个，放矿步距 1.7，孔底距 2.0～2.6 米；中间两个孔的角度为 80°～90°。这样，既可以增大边孔角度，又能保证出矿口宽度，满足扇形面崩落散体的顺畅流动，端部压矿问题就有望得以缓解（见图 11 - 2）。

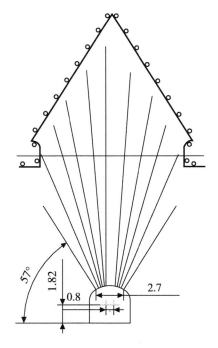

图 11 - 2　双凿岩中心布孔参数示意图

试验及应用效果如下：

1）增大边孔角，改善了整个扇形面崩落散体特别是端部矿的流动性，避免了端部压矿和椭球体中部矿石的过早贫化。同时，端部矿被完全放出为后续炮排爆破提供了足够的补偿空间，爆破事故也随之减少。

2）出矿口宽度增至2.87米，改善了进路掌子面的出矿条件。

3）在孔数不变的情况下，最大孔底距降低到2.6米以下（原2.2～2.8米），且炮孔分布更加均匀，大块率明显降低；同时，也一定程度地改善了矿岩流动性。

4）毛矿回收率明显提高。试验期间，某采场设计矿量116249吨，使用双凿岩中心布置炮排时本分层的实际出矿量114271吨，其毛矿平均回收率为98.3%，高于单凿岩中心95.8%的毛矿平均回收率。

锚杆台车的应用 北洺河铁矿围岩节理裂隙发育，岩脉穿插频繁，岩体结构以镶嵌碎裂结构为主，岩体的RMR分级为Ⅲ－Ⅳ级，多需进行锚杆支护。随着开采水平的下降，这种趋势愈发明显。统计近5年的支护作业量，实施锚杆支护（含锚喷、锚喷网支护）的部位比较多，约占支护总量的80%，每年需施工锚杆约8万根，岩体分级及其中巷道支护方式（见表11－4）。

表11－4　　　　　　　　岩体分级及其中巷道支护方式

岩体分级	岩体基本特征	支护方式
Ⅱ	较完整的灰岩。闪长岩体局部节理裂隙切割	局部锚杆支护
Ⅲ	闪长岩脉，破碎的灰岩及闪长岩体，节理裂隙发育	1米间距锚杆护或在必要时采用锚喷支护
Ⅳ－Ⅴ	破碎的灰岩，闪长岩，近矿蚀变带，矽卡岩及断层破碎带	锚喷网或锚索支护

北洺河铁矿已往支护作业均采用7655手持式凿岩机凿岩和注锚杆工作。由于巷道断面较大，人员作业劳动强度大，存在安全隐患，施工质量难以保证，同时作业效率低，支护工作往往跟不上掘进进度，造成长期的支护欠账，制约了掘进的进度，增加了支护成本。因此，引进高效、安全的锚杆施工工具迫在眉睫。

　　锚杆台车因其自身结构和特点，不仅能够克服人工作业时锚杆分布不均、角度不好把控、顶眼施工困难的缺点，缓解支护滞后对支护成本的影响，而且作业效率高、安全性好（人员有顶棚保护），因此，决定引进。经考察，由阿特拉斯公司生产的 Boltec 235 型锚杆台车比较适合该矿井下条件。

　　经过现场试验及三个多月的实际应用，锚杆台车的作业效率 48 根/台班（原来的 7655 凿岩机为 25 根/班），已达到或超过国内同行矿山使用该设备的作业效率，并且建立了一套较完善的安全操作、维护保养、检修维修规程体系，全面完成了对该设备的消化和吸收。Boltec 235 锚杆台车在该矿的成功应用，提高了支护作业本质安全度，大大减轻了职工的劳动强度，改善了井下作业环境，提高了作业效率支护质量，使掘、支工艺水平迈上了一个新台阶。

（四）选矿工艺技术改进

　　选矿车间于 2005 年 8 月 15 日开始试生产，试生产期间暴露的问题比较多，主要有：在磁滑轮干选工序，由于矿石黏度大，大量粉矿附着在岩石上被甩出，造成资源浪费；主厂房矿仓给矿不均匀，堵漏斗现象经常发生，主机空转造成能源浪费；选别设备互换性差，工艺波动较大，时常出现产品质量不稳定；磨矿选滤平台跑、冒、滴、漏时有发生，且平台自身积水，积矿现象严重，生产组织不畅，相互抱怨，文明生产不达标。

　　针对系统不畅影响生产的问题，北洺河铁矿决定成立一支以技术人员和生产骨干为主的改造小组，以顺畅、高效、节能为目的，发现问题、解决问题，优化系统，最大限度实现高产高效。

　　磁滑轮抛岩过程中粉矿回收项目　北洺河铁矿采出矿石经井下破碎后，提升至地表，经过皮带进行一次磁滑轮干选，干选的粗精矿经皮带运至选厂主厂房进行选别，磁滑轮干选废石进入废石仓。

　　由于北洺河铁矿的矿石黏度、湿度大，在废石上粘有的粉矿，约占废石量的 10%、品位 25%，造成一定的资源浪费。

　　2008 年该矿新建了干筛选洗岩装置，通过二次筛选回收废石中的粉矿。一次磁滑轮干选产生的粉矿进入粉矿仓，废石给入直线振动筛，使废石上黏附的粉矿和废石再次分离，筛块岩自流给入岩石仓，直接装车运到塌陷区充填，为将来塌陷区的绿化做准备；二次筛下粉矿和一次干选回收的粉矿一起装车送到选厂选别。此项目年可产生经济效益 300 余万元，且系统改造后，减少了周边村民在废石场捡矿而产生的安全隐患。

磨机给矿系统改造 选矿设计中，供矿工序通过皮带把矿石输入到六个圆筒矿仓中存储，其中1号、3号、5号矿仓可直接对选厂三个系列自磨机供矿，其他矿仓供矿石外销使用。六个矿仓均由槽式给矿机进行放矿。由于选矿厂投产后取消外销矿石，1号、3号、5号矿仓无矿石或漏斗堵住时，其他矿仓矿石无法向磨矿机给矿，而且槽式给矿机给矿不均匀，满足不了磨矿生产需要。

改造方案：四米放矿平台皮带改造，利用原有设施，增加集矿皮带和可逆电动滚筒，使其他矿仓的矿石，既可通过集矿皮带供给自磨机磨选，又可实现外销。用24台振动放矿机代替了原有的24台槽式给矿机，并采用了变频控制，提高了入磨量和磨机给矿的均匀性。

磨选系统优化组合

1. 磨矿系统的优化

2006年试生产期间，对磨矿工序自磨机自返装置做了改进，用φ12毫米圆钢和梯形耐磨钢条制作条筛代替圆孔筛，有效解决了自返装置堵塞导致自磨机"涨肚"问题。改造后增大了分级机的翻砂量，减轻了自磨机的负荷，释放了自磨机的生产能力。

经考察，磨机对10~30毫米的闪长岩颗粒不易磨碎，这部分颗粒长时间占据了磨机的空间，常常造成磨机"涨肚"，影响磨机生产能力；为了解决磨机"涨肚"问题，需要将小于20毫米的闪长岩难磨颗粒排出磨机，增加磨机生产能力。

经过观察，如果在球磨排矿端增加除渣装置，将20~10毫米的这部分闪长岩颗粒排出磨矿分级系统，可以增加磨矿分级系统的处理能力。于是对球磨排矿口进行改造，自制排岩绞笼，抛弃难磨粒子，使磨矿台时得到了提高，进一步释放了磨矿系统的生产能力。

经过自返装置堵塞问题和难磨颗粒的处理，磨矿系统得到了优化完善，磨机台时处理能力从设计的76吨提高到90吨以上，稳定了给矿量和磨矿产品的合格率，为下道工序选别做好了物料的准备。

2. 磁选系统的优化组合

选矿厂建厂设计一道磁选机和二道磁选机的松散水和卸矿水都取自新水，三道磁选用水是选厂生产循环水。生产中，浓缩大井的水质直接影响磁选的选别，水浑时分选效果不理想。经过分析后把二、三道磁选机的卸矿水和松散水改成新水，一道磁选取水使用循环水，从而减少精矿的品位受浓缩大井水质的影响。

　　为提高选别能力，在三个系列增加三台 CTB1024 湿式弱磁场磁选机与原来闲置三台 CTB1024 湿式弱磁场磁选机（浓缩磁选机）串联使用，不仅使二段、三段选别空间增加一倍，而且增加选别的互换性。

　　通过对工艺进行微小调整，不仅进一步稳定了精矿品位，而且实现选滤系统小的检修不用停下主机，从而保证了主机作业率，进一步充分释放了磨矿系统的生产能力。

　　变频器的应用　选厂在电振给矿、原矿浆输送和过滤机上加装了变频器控制。电振采用变频器和自动调节装置配合，自动增减给矿量，使每台磨机的给矿量更均匀。根据原矿浆池液面的高低由变频器调节胶泵的转速，避免了打空泵，减少泵的磨损，杜绝了电机的频繁启停，降低电量消耗，基本实现了自动控制，减轻了工作人员的压力。过滤机采用阿尔法变频器调节转速，工作人员可以根据矿浆情况调节转速，从而可更容易地控制滤饼水分。

　　耐磨材料研究应用　磨矿设备在实际生产过程中，磨碎矿石的同时，自身的磨损速度也很快，3 台自磨机的衬板需要根据磨损周期频繁更换，原来用的自磨机衬板，每年需要更换进料端衬板 9 套。自磨机的自返装置每使用 4 个月就需要更换、修补。球磨机的勺头使用寿命为 3 个月。隔膜泵站使用的液动高压板闸阀使用寿命 6 个月，使用寿命短，工作烦琐。无论是更换自磨机衬板、自返装置、球磨机的勺头，还是更换电动阀，都需要将设备停下来进行，既影响生产又需要投入大量的人力物力。

　　通过考察试验，北洺河铁矿选矿厂引进耐磨材料，自磨机进料端衬板、格子板和球磨机勺头的使用寿命可以提高 1.5 倍。自磨机出料衬套、自返装置采用耐磨合金进行表面铺焊，提高其使用寿命 2 倍。另外，还在工艺管线上大量采用了双金属复合材料管、高分子聚乙烯 PE 管、尼龙管、陶瓷管等耐磨材料管道。这些耐磨材料的应用不单提高设备的可开动率，提高设备作业率，又降低维护设备的成本投入，减少职工的劳动量。

　　尾矿库每年使用尾矿砂进行旋流器筑坝，需要通过调节放矿阀门的开度大小，来控制尾矿浆的流速，以保证坝面的平整，原使用的 DN100 阀门磨损严重，使用一天就需要更换，每年因筑坝产生的成本高达 14 万元左右。引进耐磨陶瓷阀门代替现筑坝用的普通闸阀后，其寿命是普通闸阀的 35 倍，而其价格仅为普通闸阀的 6 倍。

此外，还有通过增高分级机溢流堰来增加分级机沉降面积，提高了操作稳定性；增加磁选机补加水量与调整磁选机选别空间来减少选择过程中的机械夹杂；更换了较大功率的脱磁器，以此来减少磁团聚，分级机"跑粗"现象得到了较好的解决，分级机溢流 −200 目粒级稳定在 66% ~68% 之间，稳定了精矿品位。近年来选矿系统大小技术改造达 100 余项。

（五）工艺技术持续改进效果

北洺河铁矿通过工艺技术持续改进取得良好效果，主要表现在以下五方面：

（1）生产过程中的安全风险逐步降低；

（2）采矿能力实现了持续合理增长，从 180 万吨/年提高到 250 万吨/年，2004—2011 年产量统计表如表 11 −5 所示；

表 11 −5　　　　　　　　北洺河铁矿历年产量　　　　　　单位：万吨

年份	2004	2005	2006	2007	2008	2009	2010	2011
计划生产	180	180	180	180	180	180	220	220
实际产量	202.3	228.5	222.9	237.6	222.8	232.2	245.4	274.7

（3）井下作业环境明显改善，职工劳动强度大幅降低；

（4）选矿工艺技术日臻完美，主要技术指标保持稳定；

（5）采选生产成本降低，通过大结构采场参数调整、大型设备应用、流程改造等，降低矿石成本 30 元/吨以上。

二、以发挥关键要素能力为导向的计划管理

计划过程是决策的落实过程，是将组织在一定时期内的活动任务分解给组织的各部门、各环节及个人，包括计划编制、计划执行、计划检查及计划调整等步骤。计划管理是按照计划来管理企业的生产经营活动，其任务是充分利用企业资源，高质、高效、低成本地完成特定阶段的生产任务。

（一）计划工作简介

内容概述　计划工作，是指根据对企业外部环境与内部条件的分析，提

出在未来一定时期内要达到的工作目标以及实现目标的途径。

1. 基本内容

北洺河铁矿计划管理是针对全矿运行的总体考虑，是以生产计划为主，其他计划为辅的计划体系，是在计划期内（年、季、月）围绕最终产品——铁精矿所做的采、选、掘、支、提、运以及其他辅助工作等生产任务的整体安排。

2. 工作流程及工作方法

五年发展规划和三年滚动计划是北洺河铁矿的中长期计划，是依据上级公司战略、矿级发展目标制定的，北洺河铁矿组织编制，报上级公司审查确定。

年度计划编制主要是根据上级年度计划、中长期计划、当年经营目标编制的。矿成立编制领导小组，矿长、总工为正副负责人，生产技术计划科是总协调人。地测科、机动科、工程科、安全科、供应科、人力科、财务科、经营预算科等是参与部门。年度计划需经过上级公司审查确定。

季度计划编制主要以矿年度生产计划为基础，结合公司关于本季度计划编制指导性文件和矿上季度的生产实际，由生产技术计划科牵头，组织有关单位协作，按照"与基层单位和相关科室沟通→形成初步计划→向矿领导汇报、整理→召开沟通落实会（采用多媒体方式，主要矿领导参加、相关部门和基层单位参加）→整理会议意见并修订计划→下发执行"的程序完成季度计划编制工作。

月度计划编制主要以季度生产计划为基础，结合公司关于本月计划编制指导性文件和矿上月的生产实际，由生产技术计划科牵头，按照与季度计划相同的流程完成。

运作机制　北洺河铁矿计划管理的运作机制包括组织机构、职责划分、计划评价等内容。

（1）组织机构。北洺河铁矿计划管理运作机制是：矿长总负责，总工具体负责，生产技术计划科统筹管理。生产计划的谋划、编制和考核由技术计划科负责；其他计划由相关科室编制或提出，汇入生产计划书。基层车间把各项指标分解到队、段、班组，并组织实施；调度室统一协调计划执行节拍，处理出现的停滞。

（2）参与单位职责。经营预算科负责五年规划编制和监督运行；生产技术计划科统筹管理采掘生产衔接计划和年度、季度、月度计划编制工作，并负责计划执行情况考核。

地测科、机动科、工程科、安全科、供应科、人力科、财务科等科室负责依据生产技术计划科采掘计划，配套编制年度、季度、月度分管项目实施计划，如地测科负责编制探矿探水工程、地质储量、生产准备矿量计划；机动科负责备件、能源消耗、设备大修计划等，并参与年度投资计划编制；工程科、安全科主要参与年度投资计划编制；供应科负责年度材料消耗指标计划编制；人力资源科负责工资总额计划、人力需求计划、劳动生产率计划；财务科负责年度成本、利润计划的编制。

采矿车间、采准车间、开拓工区、选矿车间、运输车间、提升车间负责计划的具体落实。采矿车间、采准车间、开拓工区三个主要采掘车间在季度、月度计划编制前，结合生产技术计划科的总体编排思路，详细谋划本车间的生产组织，并在约定时间内与生产技术计划科做好沟通。

（3）计划管理评价。采掘生产计划管理评价的主要指标就是计划执行率，其他种类计划有专项评价方法。采掘生产计划执行率包括计划总量执行率和部位执行率两项内容，涵盖掘进、支护、中孔、采矿等四个方面，是采掘计划管理的核心。计划总量执行率是宏观控制；计划部位执行率是针对不同作业形式进行的控制，以保证工序间的平衡，优化生产准备矿量为目的，是微观控制、工序化管理的重要内容。计划部位执行率包括掘进部位执行率、支护部位执行率、中孔部位执行率、采矿部位执行率等。按照计划作业部位的重要程度还可划分成正常部位、关键部位、重点工程。计划执行率是车间绩效考核指标之一。

规章制度　北洺河铁矿在计划管理过程中，建立了一系列计划管理制度，提高计划管理效果，详见《北洺河铁矿生产计划运行管理办法》。

（二）产生背景

生产运营的客观需要　北洺河铁矿实施计划管理主要是基于以下三方面需要。

（1）解决矿山八大系统中能动环节能力的制约，发挥核心资产价值的需要。矿山一旦建成，在八大系统中，采矿环节对整体能力的发挥最具有能动作用。北洺河铁矿采矿环节的关键作业全部使用进口大型设备，如何发挥进口设备效率，提高采矿环节能力，必须优先计划。

（2）保障生产顺畅，发挥组织优势的需要。北洺河铁矿根据采矿生产工序组建了开拓工区、采准车间、采矿车间、运输车间、提升车间、选矿车间和其他辅助车间，这种单一生产线组织结构形式，工序内管理简单，效率高，工序间配合难度增大，容易一停俱停，所以要求计划准确性要高，指导性强，否则难以发挥工序化流水线生产的优势。

（3）发挥"四低一高"采矿法先进性的需要。北洺河铁矿"四低一高"采矿法是科研攻关成果，在国内具有领先地位。为实现其高效性，对涉及的上游采准矿量准备、备采矿量准备，本工序的设备作业控制、进路保障、下游的溜井、运输等要求计划充分。

北洺河铁矿投产十年，产量高低起伏，除了外部市场因素，内部影响产量、质量高低的最主要因素，就是看是否发挥了采场、采矿设备和工序的顺畅性。是凡结果高的年份，都是这三者计划得当、执行到位的年份。反之，就是计划失衡、计划执行打折的年份。

影响因素 围绕北洺河铁矿工艺生产的特点，通过分析，影响实现高产目标的主要因素是工序化车间设置、大结构采场、大型采掘设备三项，相当于篮球场上的三名主力：工序化车间设置特点是工序内效率高，工序间配合顺畅不容易，会发生一停俱停现象；大结构采场是指无底柱分段崩落法采场，分段高 15 米，进路间距 18 米，每排崩矿量 1800～2000 吨，适合高效率、高强度回采。反过来，有一个采场不正常，对总产量影响就特别大；大型采掘设备是指与采矿方法相匹配的采掘设备，掘进、中孔凿岩、出矿、注锚等每种工序工作都是有限的几台车即可满足全矿生产。反之，有一台异常，影响比例也很高。生产计划的任务就是兴利除弊，通过事先谋划的工作链条将其严密地联系起来，发挥出矿山的最佳产能效率。

解决方案 围绕发挥矿山最大生产效率的目标，北洺河铁矿建立了以生产计划为主，检修、劳动组织等计划为辅的计划编制体系，确定了车间、职能科室、矿级领导三级合议的计划编制机制；将采场的大结构特点和大型设备的应用有机地结合起来，形成设备—场地有机单元，围绕这样的组合，确定生产作业队伍和人员数量。

（三）经验内容

以发挥最大生产效率为目标，以保证工序能力匹配为基础，以采场为单元，以每台大型设备为对象，编制生产作业计划、检修计划、劳动组织计划、配矿计划、空间分布与转移计划等，不但创造顺畅的生产流程，还为安全文明生产、设备综合利用与维护、质量管理、减轻职工劳动强度等提供积极支持。

（四）具体举措

计划与战略目标、经营目标衔接　战略目标和经营目标是制定5年发展规划、3年滚动发展计划、年计划的依据。生产计划是落实战略目标和经营目标的基本手段，根据矿山现有机构、队伍、采掘选生产条件、设备状况，通过翔实准确的计划编排，可为实现战略目标和经营目标提供准确的数据支撑及实现保证。

生产计划与其他计划衔接　北洺河铁矿以生产计划为主线，制订出配套的销售经营计划、材料供应计划、设备保障计划、人才需求计划、质量控制计划等，其他各项计划围绕生产计划配套实施，为企业的正常运转提供支撑和保障。

上下结合编制生产计划　北洺河铁矿围绕工序化车间、大结构参数采场、大型采掘设备三项主要生产因素，不断总结经验，并积累形成了自下而上、上下结合的生产计划编制程序。即在计划编制前，生产技术计划科计划员在深入现场掌握工作进度的基础上，与生产车间（开拓、采准、采矿）生产技术管理人员和主要生产科室（安全科、地测科、机动科）充分沟通，结合各车间的生产实际情况（包括工程进度、人员队伍状况、设备状况）共同确立采、掘生产作业部位、作业量，确保编制计划的基础数据全面和准确。沟通的主要内容包括：上月重点工程完成情况、计划执行情况、工程（产品）质量存在的问题、设备运行状况和维修安排、生产中遇到和可能出现的技术问题、物料消耗供给、本月的任务量和重点工程等。技术计划科再结合矿当月生产计划意图，下达当月计划，上下结合，提高了计划可行性。

统筹安排安全管理、设备检修、单项工程施工、临时因素与生产计划的关系

通过前期基础数据的调研、沟通和初步整理，基本梳理清楚了在完成既定生产目标的过程中可能存在的问题，如安全管理工作需要重点完成内容，设备保障工作需要完成哪些设备维护内容、大修内容，单项工程、临时工程的队伍安排和人员调配等，最后由矿计划部门统筹考虑生产作业时间和设备检修维护时间，保证各项工作计划在整体管控下顺利实施。

统筹安排各工序生产，提高工序作业匹配性　在计划编制过程中，为保证有效生产作业时间内完成既定生产目标，计划部门对工序生产链条上的各车间和设备生产能力进行了匹配性校核。如提升车间年（月）提升能力的最大值和稳定生产能力与当期计划提升量的安排是否匹配；运输车间年（月）运输能力的最大值和稳定生产能力与当期计划运输量的安排是否匹配；采矿车间当前的采场生产条件和采场数量是否与当期计划安排作业量匹配等。通过对各工序环节生产作业条件的校核，保证了生产计划的准确性和可执行性。

以发挥大结构采场、进口大设备生产能力为导向的计划　随着大型设备的不断引进，以及大结构采掘参数的形成，北洺河铁矿逐渐摸索出以发挥大结构采场、进口大设备生产能力为导向的计划编制模式。该模式以发挥大型采矿设备有效台效为出发点，调整采场结构参数和巷道断面参数，配置合理的作业空间、衔接周期、人员组织，确定出本计划期内中孔作业量、采准工程作业量、出矿作业量，最终确定出合理的采掘生产计划。通过实践，该方法能够快速确定并发现采掘生产过程中存在的问题，成为提高计划编制科学性的关键。

1. 年度计划编制

年度计划是一年采掘生产工作的总纲，必须结合矿山实际情况和公司下达的年计划生产目标，以发挥大型采掘设备效率、合理安排大结构采场为主线进行编排。年计划编制的重点在于协调投入的采场和投入的采矿设备的关系，协调年度生产目标与生产准备矿量的关系，协调所需投入的采场溜井和运输设备的关系，还有年度生产目标与矿山整体生产能力的关系。由于生产矿山的提升能力已经确定，主要还是如何最大限度发挥大型采矿设备和大结构采场的生产能力，并和矿山提升能力相匹配的问题。围绕上述几个关系，由生产计划总量拆解需要消耗掉的采矿量，结合各采场实际情况，合理确定出需要投入的采场和采矿设备。通过作业部位确定投入的采场溜井和溜放作业量，再由溜井矿量和分布部位确定出需要投入使用的生产运输设备，从而保证矿石的及时运出，使采运关系匹配合理。为保证年度采掘生产正常衔接，以消耗的采场矿量为标准，同时安排能够准备出同样矿量的掘支、中孔作业量，从而保持正常的采掘生产平衡。为保证计划的顺利实施，围绕上述思路完成计划编制后，对计划执行过程中需要重点解决的工作和时间节点进行文字描述，以便执行计划过程中的针对性管控和调度。在采掘生产计划的基础上，其他相关计划由对应部门编制并融入年度计划书中。

2. 月度计划编制

月度计划编制主要以年度、季度生产计划为基础，依托大结构采场和采矿设备将计划作业量细化到具体采场进路和和采矿设备。从而提高月度计划的精确性、可执行性。围绕采矿计划中心工作，配套安排采准掘支计划、中孔计划、探矿计划、设备维简计划、单项工程计划，最后形成完整的月度生产经营计划书。

3. 计划执行与跟踪

在生产计划执行过程中，科室技术人员定期下井到现场跟踪检查计划执行情况，发现问题及时与施工单位沟通解决，采取周统计、月分析的形式对生产计划实行动态管理，确保计划的执行率。

4. 计划调整

在计划执行过程中，由于生产条件变化或生产单位原因，使某个采场计划无法正常执行的，要对计划进行调整。调整的依据仍然是如何充分发挥大结构采场和大型采矿设备效率。在采场和设备能力允许的范围内，适当分流作业量，在不影响整体采掘衔接的基础上进行计划调整，并以计划变更的书面形式下发执行。

5. 计划考核

依据矿年度生产计划及月度生产计划进行计划考核，考核的重点是掘进、支护、采矿、中孔。超过计划作业量5%以上部分（重点工程除外）当月不予验收；鼓励重点工程超产；非计划部位当月不予验收。严禁无计划施工。计划执行率、重点工程、重点工作均实行月度考核。具体考核按《北洺河铁矿生产计划运行管理办法》执行。

（五）实施效果

计划执行率提高 衡量计划绩效的指标有很多，包括计划执行率（计划作业量执行率和计划作业部位执行率）、计划编制精准性、计划编制可操作性、计划工作严肃性等。其中计划执行率是衡量采掘计划执行绩效的主要指标，也是反映计划执行效果的一个综合指标，便于操作和考核。北洺河铁矿采掘计划执行率从2010年的75%，提高到2011年的85%，2012年采掘计划执行率达到90%，采矿、中孔计划执行率达到95%。

设备效率行业领先 通过计划实施，主要出矿设备（电动铲运机）的台效都在45万吨~55万吨/年台之间，设备作业率达到85%以上；掘进台车效率达到了 1800 米/台年以上，锚杆台车效率达到了 4 万根/台年以上；各项效率均在行业前列。

采矿强度、空间效果提高 通过合理的计划编排和实施，自 2011 以来逐步消除了工序间交叉作业的局面，采掘生产空间衔接关系实现有序转移。在大型采掘设备和大结构采场充分结合的情况下，北洺河铁矿形成了多分段阶梯式开采的空间良好格局，采掘产能得到最大限度的释放，并在 2011 年达到了铁矿石产量的顶峰，当年完成铁矿石 273.8 万吨。

工序少停滞、全员劳效提高 由于计划编排合理，生产调度指挥到位，工序化车间积极组织，北洺河铁矿在工序化生产链条上高效率作业。采矿采场以 4 条进路为单元，每爆破 1 排，平均崩落矿量 1800~2000 吨左右，4 条进路循环爆破，为配套的 4 立方米电铲提供了充足的矿源，较好地保证了采场设备、人员最大限度发挥效率。采准采场以掘进台车为施工中心，每 3~4 条进路为一个施工单元，进路间循环凿岩爆破，保证了掘进设备效率的高效发挥。通过合理的计划编排，做到了扣除工序上设备正常维修点检必须占用的时间外，生产运转过程当中意外因素造成的工序间停滞非常少，运输设备开动率每天都达到了 16 小时以上，提升设备运转时间都在 19 小时以上，保证了高效高产。全员劳动生产率连续多年都达到了 2500 吨/人年以上。

附录 11-1

北洺河铁矿生产计划运行管理办法

第一章 总则

第一条 生产计划运行以矿山的发展战略为基础，通过合理安排生产计划，实现采准、备采和回采分区作业要求，改善作业环境，实现安全生产和文明生产，确保生产长远衔接，实现持续稳产高产，提高计划执行率，保证各项生产工作正常有序地进行。

第二条 北洺河铁矿根据矿体赋存条件，采用工序化管理模式，高强度集中化开采生产组织；采用先进的采矿生产工艺和高效的采掘设备，适应了井下分层作业面积较小、产量高的要求；采用工序化机构设置减少了部门间平行、交叉等管理环节，提高了劳动效率，实现了流水线作业和专业化管理。

第三条 生产计划编制贯彻采掘并举、掘进先行的原则，以稳定高限的采矿强度为目的，以充分发挥大型移动设备的效率为手段，优化生产准备矿量保有，合理配置采场和设备资源。在回采顺序上贯彻从两端向中央，从上盘向下盘的退采顺序，减少地压影响。在技术经济指标控制上以降低矿石贫化、提高回采率为重点，合理分流废石和充分回收上层矿。加大技改力度，完善生产系统，提高设备的运转效率。生产计划的编制、落实和考核是计划运行的三个重要环节。

第四条 工序化生产管控模式要求计划编制体现超前性、全面性和可执行性强等特点。计划落实注重整体推进、强化细节管理、需要协作配合等。考核上侧重重点工程、关键部位和计划部位执行率等。生产技术计划科是计划编制的主管部门。

第五条 生产计划主要包括月度、季度、年度计划和三年滚动计划等不同等级，不同等级的生产计划，其编制深度和侧重点要求不同，对生产指导作用也不同。三年滚动计划注重矿山的采场衔接和系统建设，侧重企业的发展战略，执行率约在60%。年度计划是三年规划的细化和深入，是企业年度生产活动的大纲，具有很强的操作性和指导性，执行率约在70%。季度计划对生产活动的具体内容和措施已经有明确的时间要求，执行率应达到80%左右。月度计划要求详细准确地描述生产内容和作业量，是计划的最低级，执行率应达到90%左右。随着计划等级的降低，要求计划的执行率越来越高，生产过程是对计划的检验和实践的过程。

第二章 生产计划编制程序

第六条 三年滚动计划和年度计划编制程序：根据上级机关文件要求，矿成立编制领导小组，组织有关部门按时完成。

第七条 季度计划编制程序：以矿年度生产计划为基础，结合上季度的生产实际由生产技术计划科牵头，组织有关单位协作。按照如下程序进行：首先与基层单位和相关科室沟通→初步计划形成→向矿领导汇报整理→召开沟通落实会（采用多媒体方式，主要矿领导参加、相关部门和基层单位参加）→整理会议意见并修订→下发执行。

第八条 月度计划编制程序：以季度生产计划为基础，结合上月计划完成情况，由生产技术计划科牵头。按照如下程序进行：首先与基层单位和相关科室沟通→初步计划形成→向矿领导汇报整理→召开沟通落实会→下发执行。

第九条　基层车间在月度和季度计划编制中要完成的工作：基层车间（开拓工区、采准车间、采矿车间等）在每月 18 号之前技术主任组织车间相关人员详细编制下月（季）车间计划，并加以简要说明，包括劳动组织、设备、生产作业量、作业方式，重点说明计划执行存在的问题。

第十条　相关部门在月度和季度计划编制中要完成的工作：相关部门（安全管理科、机械动力科、工程管理科、地质测量科等）在每月 18 号之前详细编制本管理系统作业计划报生产技术计划科。安全管理科侧重安措工程实施；机械动力科侧重维简项目的实施、设备大修；工程管理科侧重地表工程的实施和预决算工作计划；地质测量科侧重探矿、探放水计划和质量管理，并附有简要说明。

第十一条　初步计划形成：每月 19、20 日（节假日不顺延）生产技术计划科分别与相关科室和基层车间主管计划的科长和技术主任进行详细沟通，初步形成生产计划。

第十二条　计划汇报：生产技术计划科于 22 日左右向有关矿领导汇报月（季）计划初稿，然后补充完善。

第十三条　计划沟通会：生产技术计划科 24 前日召开计划落实沟通会，组织相关科室和车间参加，重点就各工序间存在问题进行协调，进一步补充完善。

第十四条　计划下达：25 日前以书面和电子邮件形式下达。

第十五条　计划指令是保证计划正常运行的必要措施，是矿山一定时期为了解决具体问题而制订的单项生产计划。计划指令内容包括工程名称、工作内容和考核办法等。计划指令必须有总工签字后才能生效。计划指令进入相关单位和部门年度业绩考核指标。

第十六条　技术联系单是生产计划的必要补充，主要内容包括设计变更、计划调整和有关报告批复，是保证计划顺利执行的手段。技术联系单应详细列明施工单位、工程内容、工程量、安全措施、施工工期等。

第三章　计划落实细则

第十七条　计划落实是计划运行的中间环节，也是最重要部分。北洺河铁矿计划落实强调整体推进、注重细节、要求配合，体现生产、安全、设备和技术的四位一体，调度中心是组织计划落实的主管部门。

第十八条　基层车间落实计划时注意事项：车间的生产活动要服从矿整体计划安排，按照矿下达的季度和月度生产作业量和作业部位，车间应召开车间级的计划落实会，将计划作业量和计划作业部位分解到队段和班组，技术主任负责本车间的生产计划管理。

第十九条　相关部门在落实计划时注意事项：生产活动的本质就是按照计划要求组织生产，创造效益。在落实计划时以调度为生产运转中心，发挥系统的服务、监督和管理职能，促进各道工序正常运转，保证生产正常进行。

第二十条　调度中心落实计划注意事项：调度中心是北洺河铁矿生产活动的组织中心，工序化管理使调度中心在生产管理上处于非常重要的地位。通过周密、全面和及时地协调组织，生产活动才能正常进行。

第二十一条　外委工程计划管理：开拓工区作为甲方代表，负责全矿外委工程队生产计划执行、协调等管理工作。开拓工程工期长，在工程合同的框架下，结合工程施工网络计划，分解到月份，由生产技术计划科通过矿月度计划书下达；长期协议（半年以上）的外委的采掘工程由生产技术计划科根据矿整体采掘生产衔接计划，结合外委队伍施工能力合理安排月度工作计划量，并通过矿月度计划书下达；工程主要包括天溜井、较为独立的小的封堵工作、支护工作、清淤工作等以及工程合同约定的工程内容。小的工程施工过程中需要矿方协助作业的，由施工队提出申请，开拓工区与调度中心协调落实。调度中心牵头，开拓工区、生产技术计划科、安全管理科、地质测量科和机械动力科参加。

第二十二条　生产技术计划科在落实计划时注意事项：

（一）服务职能：及时解决生产过程中的技术问题，确定技术方案，为生产顺利进行提供技术支撑。

（二）监督职能：经常下井了解生产实际，进行分析比较，对执行过程中存在的问题进行沟通，并督促改正。通过矿调度会对重要计划指标进行总结，对关键部位、重点工程执行情况进行阶段监督。

（三）计划调整：在计划执行过程中，由于生产条件变化或生产单位本身以外的原因，对该车间的生产活动产生较大影响，致使原定计划难以完成，应进行计划调整。调整单位应在每月的20日之前写出书面申请，报生产技术计划科，由生产技术计划科组织相关科室进行确认，报总工程师批准后执行。

第四章　计划执行率计算细则

第二十三条　计划执行率包括计划总量执行率和部位执行率两项内容，涵盖掘进、支护、中孔、采矿等四个方面，是计划管理的核心，计划考核是计划运行的最后一环，完善可行的考核办法是提高计划运行质量的保证，是促进生产有序进行的基础。计划总量执行率是完成产量和计划产量的比率，是宏观控制；计划部位执行率是针对不同作业形式进行控制，从而保证工序间的平衡，优化生产准备矿量保有，是微观控制，是工序化管理的重要内容。

计划总量执行率＝（完成产量/计划产量）×100%

计划执行率＝（计划总量执行率＋计划部位执行率）/2

第二十四条　计划部位执行率内容：包括掘进部位执行率、支护部位执行率、中孔部位执行率、采矿部位执行率等。正常部位是指按照一定条件确定的部位，关键部位指的是短期需要完成的部位，重点工程是指较长时间内关键线路工程，关键部位和重点工程完成计划量的90%以上（以当月验收数为准）为执行部位。由于地质条件变化和生产需要，对计划进行调整，在技术联系单中注明计划部位增减，并参与部位执行率计算。

第二十五条　计划部位执行率的计算方法

（一）掘进部位执行率：掘进部位确定原则为掘进量大于30米为一个掘进部位，掘进量小于30米的地点与相临掘进作业点合并为一个部位。完成计划量的60%以上（以当月验收数为准）为执行部位。

掘进部位执行率＝（已经执行部位/计划掘进部位）×100%

（二）支护部位执行率：支护方式主要有素喷、锚喷、锚喷网、砌碹（指的是施工部位的最终支护形式）和铺底等，不同支护方式执行率计算方式不同。

素喷支护部位确定：支护量大于30米为一个支护部位；小于30米支护量的地点与相临支护合并为一个部位，完成计划量的60%以上（以当月验收数为准）为执行部位。

锚喷、锚喷网支护以一个作业地点为一个支护部位，以上两种支护需两道以上工序，因此锚喷完成锚杆，锚喷网支护完成挂网工序，为已经执行部位。

混凝土砌碹支护完成计划量的60%以上（以当月验收数为准）为执行

部位。

铺底以采场或区域为一个部位，完成计划量的80%以上并通过月底验收为已经执行部位。

支护部位执行率 = （已经执行部位/计划支护部位）×100%

（三）采矿部位执行率：包括爆破部位执行率和出矿部位执行率。

爆破部位执行率：以进路为单元计算，该进路爆破炮排超过10排的为一个部位，10排以下与其他进路合并为一个部位。计算原则，考核部位炮排与计划比率在±30%以内为已经执行爆破部位。因超产而增加爆破炮排按产量进行核销。

爆破部位执行率 = （已经执行爆破部位/计划爆破部位）×100%

出矿部位执行率：实际部位出矿量与计划部位采矿量比值，以采场为单元计算，参考回收率指标和溜井运矿量等，比值大于90%为已经执行出矿部位。

出矿部位执行率 = （已经执行出矿部位/计划出矿部位）×100%

采矿部位执行率 = （爆破部位执行率 + 出矿部位执行率）/2

（四）中孔部位执行率：依据设备作业地点（采场）和设备作业量划分计算。作业地点以一台作业量为一个作业部位，完成计划量的80%并通过月底验收为已经执行部位。

中孔部位执行率 = （已经执行部位/计划中潜孔部位）×100%

第五章 计划实施管理考核

第二十六条 适用范围：矿属各部门科室、生产车间及在矿施工的各外委队伍，遵循客观、公平、公正、公开的原则。

第二十七条 考核依据：矿年度生产计划及月度生产计划，涉及内容包括掘进、支护、采矿、中孔施工。

第二十八条 各相关生产单位严格对照月度生产经营计划安排施工，严禁无计划施工。超过计划作业量5%以上部分（重点工程除外）当月不予验收；鼓励重点工程超产；非计划部位当月不予验收。

第二十九条 计划执行率的考核实行月度考核，计划执行率低于85%，每低于一个百分点，处罚相关单位500元，领导班子200元。

第三十条 重点工程、重点工作的考核实行月度考核，明确作业量的，依据当月井巷工程验收报表，上报的合格品作为实际完成量，每欠计划作业量1米，处罚相关单位200元，领导班子100元；明确时间的，较计划时间每滞后一天，处罚相关单位200元，领导班子100元。

第三十一条 计划指令实行月度考核，对未完成指令的单位包括各科室每项处罚300～600元，处罚单位主管领导100～200元。

第三十二条 技术联系单安排的工作实行单项考核，矿属单位施工的工程完工后，由施工单位提请相关部门验收；外委队伍施工的工程完工后，甲方代表应先期预验，预验通过后，再提请矿相关部门验收。各单位要严格按照联系单要求积极组织施工，由于组织不力造成工期滞后的，每滞后一天，处罚相关单位200元，领导班子100元。

第三十三条 由于不可抗力或其他因素只是计划无法继续执行，必须由施工单位书面向矿生产技术计划科申请计划调整（变更），矿生产技术计划科认定后，进行计划调整（变更），按照调整后的计划进行考核。

第三十四条 生产计划、计划指令、技术联系单的工作安排服从于矿长指令，在计划执行过程中，由于矿长下达指令安排了新的工程需要实施，使原计划执行中断，生产技术计划科要及时进行计划的调整，按调整以后的计划进行考核。

第三十五条 计划执行率、重点工程、计划指令、技术联系单的考核由生产技术计划科计算，每月报给预算管理科执行。

第六章 附 则

第三十六条 本办法解释权归矿生产技术计划科，如有与上级部门文件相抵触的，按上级文件执行。

第三十七条 本管理办法自2012年1月1日起执行。

附录 11-1

计划作业表格

附表 11-1　采准车间掘进作业计划表

项目	断面规 平方米	三季度 万	米 / 立方米	八月份 万	米 / 立方米	计划部位编号	备注
掘进量合计							
一、-140水平							
1　1-2进路							
2　1-3进路							
3　1-4进路							
4　1-5进路							
5　1#内联巷							
6　5-4进路							
7　5-5进路							
8　4#联巷							
9　3-16进路							
10　3-17进路							
11　3-18进路							
12　3-19进路							
13　3-20进路							
14　7-19进路							
15　7-15进路							
16　7-17进路							

附表 11－2

八月份出矿质量表

项目	核销地质矿量（万吨）	地质品位（%）	采出地矿（万吨）	采出毛矿（万吨）	损失率（%）	贫化率（%）	出矿品位（%）	爆破炮排
矿石量								
一、自产矿量								
1. 自产矿								
(1) －110 水平 5#采场								
(2) －110 水平 8#采场								
(3) －125 水平 4#采场								
(4) －125 水平 5#采场								
2. 回收矿								
(1) －99 米水平北矿石回收								
(2) －125 米水平 15#采场矿石回收								
(3) －110 米水平 11#采场矿石回收								
二、带矿量								
1. －140 米								
2. －230 米、－170 米、－140 米、－125 米、－110 米								

附表 11 - 3　　　　　　　　运输车间计划作业量

	项　　目	单位	三季度	八月份	备注（溜井使用情况）
	合　　计	万吨			
1	-230 中段 3 - 1 溜井	万吨			
2	-230 中段 3 - 2 溜井	万吨			
3	-230 中段 3 - 3 溜井	万吨			
4	-230 中段 8 - 1 溜井	万吨			
5	-230 中段 8 - 2 溜井	万吨			
6	-230 中段 1 - 1 溜井	万吨			
7	-230 中段 2 - 3 溜井	万吨			
8	-230 中段 2 - 2 溜井	万吨			
9	-230 中段 0 - 2 溜井	万吨			
10	-230 中段 0 - 1 溜井	万吨			
11	-230 中段 4 - 2 溜井	万吨			
12	-230 中段 4 - 1 溜井	万吨			
13	-230 米装运（主系统）	万吨			

三、高效通畅的生产流程管理

北洺河铁矿的生产管理由矿长总负责，生产矿长具体负责，调度室协调管控。管控过程重点包括计划执行和问题管控两个方面。其职能包括对该矿的生产进行计划安排，对各个车间的生产工艺进行管理和优化，对各环节的生产质量进行管理和监督，对车间之间的相互配合进行协调和组织，对各项生产指标进行考核，解决生产中的难题并进行精益化提升。主要的考核内容涉及生产是否顺畅，重大例外问题处理的及时性，整体产出效率和设备运行状况等。在生产管理过程中，北洺河铁矿将精益生产思想与企业生产实践相结合，探索出了一条高效通畅的生产流程管理之路。

（一）产生背景

工序设置的独特性　北洺河铁矿生产集中，产品单一，为提高生产效率，降低管理成本，采用直线职能型方式设置组织机构，按工序划分了开拓、采准、采矿、运输、提升、选矿、动力等生产车间，形成了该矿唯一的工序化生产线。这种唯一性，优点是效率高，缺点是如某一工序发生停滞现象，会导致整个生产工作的停滞，任一车间发生故障，都会影响其他工序的正常进行。因此，生产少停滞管理势在必行。

适应公司跨越发展的需要 近十年来，铁矿石市场长期保持高价格运行，行情处于卖方市场。为抓住市场机遇期，北洺河铁矿需要连续保持高产量状态，生产流程少停滞是管理重点。当前，公司提出"大建设，大发展，大跨越"的总体要求，新建矿山七座，亟待资金支持。在这一特殊的历史时期，北洺河铁矿作为稳产期矿山，少停滞，多出矿，多创效，是战略使命。

争创国内一流现代矿山奋斗目标的需要 多年来北洺河铁矿始终坚持"求实求精求发展，创业创新创一流"的企业精神，实现技术指标提升，经济效益递增的目标，生产少停滞管理是企业管理的基本要求，必须常抓不懈。

（二）经验内容

在生产管理过程中，生产出现停滞状态就是无形的浪费。北洺河铁矿的少停滞管理是指围绕生产线，抓工序匹配，抓重点部位、设备，及时处理重大例外事件，努力做到生产过程各个工序环节少停滞、不停滞，确保均衡连续生产。少停滞生产管理内容包括合理的生产计划、全面的生产检修、可靠的生产管控、生产问题的快速处理和意外事件的预防与预防处理等。

（三）经验做法

组织机构严密化 北洺河铁矿经过多年的发展，已形成了严密的管理网络及完善的组织机构，调度室在矿长、生产矿长的领导下具体负责全矿的生产管理工作。调度室由 1 名主任、3 名副主任、4 名地面调度员和 4 名井下调度员组成，各车间也设立了调度组，形成了生产调度管理网络，如图 11 - 3 所示。为强化现场处置的权威性、及时性，每天的早、中、晚三班均由 1 名副主任和 1 名调度员下井值班，1 名矿领导带班，值班时需巡视作业现场，以便及时发现和解决问题。调度室具体落实该矿生产计划，协调各车间生产活动，及时解决生产问题，并在调度例会中反馈生产信息。生产管理组织可以实时掌握该矿的生产状况、工程进度、质量指标和设备运行情况，以便对生产计划进行及时调整和完善。

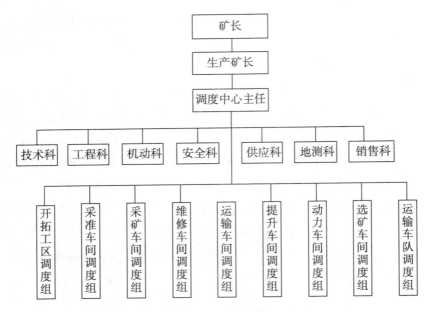

图 11 - 3 北洺河铁矿生产调度组织结构图

生产计划管理特色化　生产计划是该矿在计划期应达到的产量、质量、设备、成本等生产任务目标和对采场退采衔接的合理安排。科学合理的生产计划有利于合理回收生产资源，实现生产成本最低化，最大限度地减少生产资源的浪费，提高整体生产效率。

1. 完善计划体系

北洺河矿的生产计划按周期可分为月度、季度及年度计划等不同等级类型。年度计划根据上级机关文件要求，由矿成立编制领导小组，组织有关部门完成；季度计划以矿年度生产计划为基础，结合上一季度的生产实际，由生产技术计划科牵头组织有关单位完成；月度计划以矿季度计划为基础，结合上一月份的生产实际，由生产技术计划科牵头组织有关单位完成。

2. 突出计划质量

北洺河矿在制订生产计划中充分考虑全年的产量、质量要求、成本控制和设备维护等，突出超前性、全面性、工序安排匹配性等特点。

（1）全面性。生产计划不但包括采掘作业计划，还包括前端的设备检修、单项工程，后端的销售，伴生的质量、安全设施施工计划，辅助的钻探、地表工程、科研计划，临时的防寒、防冻、防洪计划，关键的重点工程计划等。

在采掘计划中，又细分为自营的掘、支、孔、采、运、选、排岩等；外委的开拓、采准各类施工。

（2）超前性。超前性是指统筹考虑各方面的生产因素，在计划中超前进行安排。例如三级矿量衔接超前；泄水孔、检修峒室布置超前；设备到货计划超前，溜井施工、安装超前；风水电设施安装到位超前；材料计划超前；人员组织超前；安全设施投入谋划超前等。

（3）工序安排匹配性。生产计划将采矿量与提升、运输、选矿的负担能力进行合理匹配，将出矿量与溜井的承载能力进行合理匹配，降低了由于工序间的影响而带来生产停滞的风险。

3. 突出大设备、大结构场采场的优势

北洺河铁矿采场结构为 15 米 × 18 米，单排崩矿量 1800～2000 吨，适宜高效率作业。在掘进、注锚、中孔凿岩、出矿等环节使用进口较大型设备，单台承担任务 20%～50%，效率高影响大。因此，采掘作业计划紧紧围绕这些大型设备的空间转换、效率发挥进行。

过程管理　北洺河铁矿的生产管控主要是过程管理，包括生产任务细化、执行检查及重点管理等三个方面。

（1）生产任务细化。北洺河铁矿成立了调度室，由调度室统一调度指挥该矿的生产任务。月计划在扣除集中检修等系统影响时间后，细分为周计划、日计划。下料计划、中深孔计划被细分到每个班，甚至每台车。使得每天生产指标明确，连续均衡。

采矿车间的原矿产量、运输车间的运输矿量、提升车间的提升矿量、选矿车间的精矿产量都细分班组，提高执行责任性。

为了避免出现由于设备故障而导致的生产瓶颈，机动科对动力车间和维修车间做了周密的设备大修计划和备件供给计划，确保了设备的良好运行。

（2）执行检查。北洺河铁矿严格实行井下调度制。每班的调度员和安全员对生产现场中的各个环节进行检查，检查内容包括工序配合、外部影响、工程进度、工程质量、设备状况、人员情况、隐患排查、风水电的使用和文明生产等，遇到问题，及时现场解决。检查中的重大事项实行痕迹化管理，填在调度日志上，并在交接班的时候交代清楚。执行检查有效确保了每班生产计划按时按量进行，及时发现生产中的问题，并快速的解决问题。

（3）重点管理。

1）深溜井管理。详见本章《深溜井管理》部分。

2）关键线路（重点工程）。井下生产条件有限，工序复杂，衔接关系紧密，常常出现关键线路工作，也称为重点工程。这类工程如果滞后，将引起整个工程的进一步滞后，因此是调度人员关注的焦点。北洺河铁矿制定下发了《重点工程管理办法》为工作指引，将此项指标作为车间和调度室业绩考核的挂钩指标。调度人员在现场每班巡视，协调用车、用井、供风、供料等，每日通报进度。需要车间外部支援的，矿协调解决。

例外生产事件处理　例外事件是指正常生产流程之外的事件，例如集中停产检修、各类单项工程、防寒防冻、防暑防汛、突发事件等。

对于每月例行的月末集中停产检修，北洺河铁矿一般提前半月准备；对于半年或年底的停产检修，则会提前 1~2 月准备。对于集中检修的管理，一般采用精益生产中的快速换模原理，尽量缩短内部工期，减少停产时间。

对于各类单项工程，多数应用网络图法，寻求单项工程与正常生产流程的无缝对接。应用价值流法，提高单项工程本身的工期、质量、安全程度。对于冬夏防冻防汛，则提前 2 月准备，确保万无一失。对于突发事件，矿制订了各类应急预案，由调度室每年组织演练 2 次以上，确保问题一旦发生，能将损失和恢复时间降到最低。

协调方式　北洺河铁矿的组织协调方式主要有两种：

（1）调度例会制度。为提高全面协调管控能力，北洺河矿制定并实施调度例会制度，每天早晨 7 时 50 分，该矿在调度室会议室召开调度例会，由调度长主持，矿有关领导及基层单位和职能部门负责人参加。调度例会主要负责对全矿生产系统中的问题进行指挥、协调和安排落实，确保生产过程的连续性和均衡性，主要内容为：

一是通报前一天全矿生产指标完成情况及设备运行情况；

二是对前一天所安排工作的落实情况进行反馈及当天工作进行安排；

三是各基层单位、职能部门提出生产系统中自身难以解决的问题，并由调度室给予协调、答复解决；

四是每周二召开大调度会，对该矿一周的工作进行总结及布置下一周的重点工作；周二调度会同时又是点评会，由各分管副矿长点评上周各单位完成情况；

五是每周二上午 9 时召开外委工程调度例会，由各施工单位负责人和相关科室参加，主要解决工程进度、工程质量和验收及生产中存在的问题。该矿调度例会在建设、生产过程中，发挥了重要的作用，体现了组织的科学性。

（2）指令制和复命制。北洺河铁矿实行四项指令制管理，分别是行政指令、调度指令、技术计划指令、安全指令。其中调度指令由生产主管矿长下达，调度室督办，用于重大、紧急任务的处理。对低于指令程度的事项，由调度室安排的，实行四小时复命制管理和追问制监督。

案例 11 - 1

追问制

北洺河铁矿实行工序化生产组织模式，包括开拓工区、采准车间、采矿车间等9个生产部门，分为7道工序，各工序间环环相扣，紧密相连，每道工序对上、下工序都有制约作用。

针对实际工作中常出现各单位互相扯皮，工作指令落实难度大等现象，该矿发布"四小时复命制"的矿长指令，要求矿中层领导在调度例会或日常工作中接到工作指令后，必须在四小时内向指令发出人进行回复，说明工作进展情况，以及未能按时完成的原因。如调度指令发出后四小时未接到相关部门回复，则启用追踪执行制，由调度长询问指令的执行情况和不能及时回复的原因，对指令执行中存在的问题及时解决，并对相关部门三项指令执行率进行考核。保证各单位提出的问题和困难，件件有回复，事事有措施，有反馈。

信息支持系统　生产信息准确、及时、有效传递是生产管控的重要保证。北洺河铁矿在生产信息管理方面的主要做法有以下几种：

（1）台账管理。北洺河铁矿各个车间都建立了调度台账，包括产量、质量、设备、安全、成本、人员等内容。调度员每班填写台账，并以电话形式报送调度室。营销科建立销售台账，并每天将销售信息报送调度室。根据当天的调度信息，调度室进行信息整理汇总，分析和提炼，在第二天的调度例会上，由调度室主任向矿领导及各个车间、职能科室中层领导进行汇报，并提出措施方案，进行讨论和实施。

（2）周、月、季度报表制度。每个车间需对本车间的生产任务信息做汇总整理，按要求制作周报表、月报表及季度报表，车间留档后，需给调度室传送一份。一是为车间内部的计划调整提供数据，使车间对生产任务能够做到实时管控；二是矿依据周报、月报、季度报对全年的整体计划作出合理调整，保证全年计划的顺利完成。

（3）通信保障。北洺河铁矿除了传统的调度电话系统，还安装了井下使用的移动手机，能使调度信息传达更加快捷准确，提高了信息传达的时效性，有效保证了生产问题的快速解决，稳定高效化生产管理的效果。

考核制度 为促进生产链运行顺畅，北洺河铁矿实行了工序拉动式考核。制定了 12 项下道工序对上道工序的评分办法，评分结果与 5% ~ 40% 工资挂钩，促进建立下游工序即客户的价值链意识。调度室对其他影响生产的相关因素制定专项考核办法，每月考核兑现。

（四）取得成效

保衔接，创高产 北洺河铁矿 2003 年正式投产，每年产量均超额完成计划目标。自 2004 年开始，一直保持在 200 万吨以上，其中 2012 年原矿产量达 266 万吨，精矿产量为 150 万吨（见图 11 - 4）。

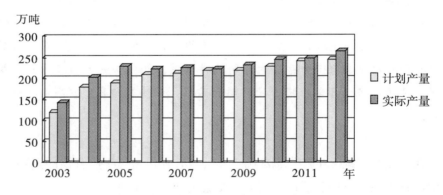

图 11 - 4　2003—2012 年原矿计划产量与实际产量比较图

在高产的同时，三级矿量保有期一直稳定在合理水平，符合采矿技术规范，生产保持了良好的连续性和均衡性，如图 11 - 5 所示。

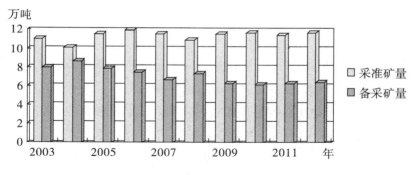

图 11 - 5 2003—2012 年采准矿量及备采矿统计图

生产流程停滞时间逐年减少 按采准—中孔凿岩—爆破—出矿—运输—提升—供矿—选矿—排尾这条主流程计算，每年停滞时间降低 20% 以上，2010 年 52 小时，2011 年 40 小时，2012 年只有 33 小时。

四、深溜井防棚堵管理

溜井是地下矿山运输系统的咽喉，在矿山生产过程中，溜井系统的安全畅通运行是完成生产任务的有力保证。然而，由于溜井设计参数、爆破矿岩块度、装放矿管理水平等因素的制约，北洺河铁矿溜井系统在运行过程中出现了一些问题，如堵塞、跑矿及井壁破损严重等，为尽量避免这些问题的出现，保证溜井系统（特别是深溜井）的安全、高效使用，北洺河铁矿在溜井设计、使用及管理方面进行了探索及实践。

（一）管理背景

北洺河铁矿目前的运输生产基本都集中在了 -230 米中段。该中段共设计有 21 条溜井，目前已有 13 条投入和即将投入运行（分别为 0 - 2、1 - 1、1 - 2、2 - 2、2 - 3、3 - 1、3 - 2、3 - 3、4 - 1、4 - 2、8 - 1、8 - 2 溜井），另外 3 条正在施工（分别为 0 - 1、6 - 1、6 - 2），其他溜井尚未施工。溜井按其所在位置编号，如 "3 - 1" 表示 3# 穿脉最靠近下盘的那条溜井，其余依次为 3 - 2、3 - 3……。

-230 米水平是运输中段。该水平穿脉间距为 90 米 ~ 108 米，溜井间距为 40 米 ~ 60 米，溜井深度均超过 100 米（ > 60 米，属深溜井）。穿脉间距大、溜井少和每年超过 250 万吨采掘总量的生产任务，使深溜井系统安全、高效运行显得尤为重要。北洺河铁矿第一批投入运行的高深溜井包括 3 - 3 溜井和 2 - 3 溜井（直径分别为 3 米、4 米），使用一段时间后发现存在以下问题：

设计未满足实际需要　主要体现在两个方面：①溜井深度增加但直径没有加大，溜井内的矿岩由于所受冲击力剧增和大块存在、粉矿固结、储存时间长等原因，比浅溜井更容易形成"卡塞拱"，造成棚堵。②井壁岩体较稳固，未能进行合理支护，致使井壁强度不够，难以承受巨大的冲击力。

运行不顺畅　主要体现在溜井棚堵的次数、程度以及井壁破坏程度明显高于浅溜井。如：3 - 3 溜井在使用过程中，就曾反复出现棚堵。通过分析主要原因有：①大部分溜井属多水平作业，井内料位有时不能很好控制。料位过低时，冲击力大，溜井内的矿岩被砸实，易形成棚堵；同时矿岩反复冲击井壁，导致井壁局部被破坏。②由于入井料控制不严格，喷浆料、泥水等被混装入井，如果井内料位较高又没能及时放矿，极易固结形成较严重的棚堵。

棚堵处理难度大　深溜井一旦棚堵，处理难度较大，北洺河铁矿曾使用以下方法处理溜井棚堵：

（1）竹竿爆破法。该方法是将药包捆扎在竹竿上，然后放置在棚堵部位下方进行爆破。该方法主要用于新形成的低位棚堵（高度一般仅在十几米以内），效果较好。但需要人工进入溜井底部安置药包，存在安全隐患。

（2）灌水法。该方法是将水从溜井棚堵物上方灌入，靠水的重力作用不断渗透到棚堵物中，以减小棚堵物之间的黏结力，使棚堵物垮落。这种方法可以处理不同的棚堵高度，但存在一定风险，一旦水灌入井内，整个溜井周围就形成危险区域。当棚堵物突然垮落后，溜井内的水与棚堵物会形成一股强大的泥石流，冲击破坏整个溜井底部结构，造成严重后果。

（3）钻孔爆破法。该方法有两个方案：①将溜井填满，用钻机在井中（碴渣中）打眼直至穿透棚堵，然后用绳索将炸药通过钻孔从溜井底部提至棚堵部位进行爆破；②在溜井的上方或侧面对棚堵物进行穿孔，然后直接在孔内（溜井段）装药爆破，但孔内的装药位置不易准确控制。棚堵位置较高、棚堵物停留时间较长，棚堵结构已具有较高凝结强度时，采用此方法（见图11 - 6）。

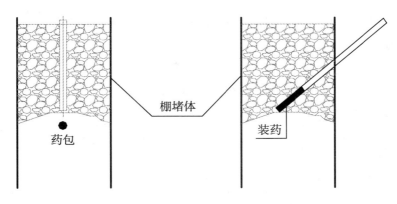

图 11 - 6　钻孔爆破法示意图

但该方法也存在明显缺点：方案一实施难度大（钻孔极易被堵塞）；方案二钻孔精度要求高，且爆破极易对井壁造成严重破坏。并且两个方案均施工复杂、一次处理费用较大。

（4）人工疏通。如果钻孔爆破法仍不能解决问题，则只能采用人工下掘的方法加以疏通，虽然费时、费力、费用高，但不至于破坏井壁。

通过上述分析可以看出，无论采用哪种方法处理溜井棚堵，都存在一定问题。特别是深溜井的严重棚堵，由于井内矿岩量多、高差大，其所储蓄的能量更为巨大，稍有不慎就可能导致严重后果，因此，加强深溜井管理，避免溜井事故才能实现深溜井的安全高效使用。

（二）改革实践

北洺河铁矿通过现场观察、收集数据以及查询相关资料，在对深溜井棚堵、井壁塌方等多种事故分析的基础上，总结出了深溜井设计、施工、使用和安全管理等一系列流程中的关键环节，并进行多方面改进，基本实现了深溜井安全高效运行。其经验及做法主要体现以下几方面：

溜井设计及施工

（1）溜井位置及数目。从矿体剖面图上的矿体分布情况、溜井布置区域矿岩特性、满足生产要求、采场出矿衔接计划等方面考虑，确定溜井的位置及数目。

1）水平方向。根据 -230 米水平穿脉的位置布置溜井，每条穿脉内一般布置 3 条，溜井间的间距控制在 100 米以内，上部各水平则根据溜井的位置布置采准工程，一般保证一个大采场（矿量在 20 万吨以上）或几个小采场至少有一条溜井可供使用,目前投入使用的 – 230 米中段溜井所服务区域如表 11 – 6 所示。

表 11 – 6   – 230 米中段在用溜井所服务区域

溜井名称	服务水平	服务区域
0 – 1 溜井	– 125 米水平	正在施工
0 – 2 溜井	– 140 米水平	– 140 米水平代矿、岩
1 – 1 溜井	– 110 米水平	6#采场
1 – 2 溜井	– 110 米水平	2#、3#采场
1 – 3 溜井	– 140 米水平	– 140 米水平代矿、岩
2 – 2 溜井	– 170 米水平	– 155 开拓、斜坡道出渣
2 – 3 溜井	– 110 米水平	7#、8#采场
3 – 1 溜井	– 110 米水平	5#采场
3 – 2 溜井	– 110 米水平	1#、2#采场
3 – 3 溜井	– 125 米水平	1#、2#采场
4 – 1 溜井	– 125 米水平	– 110 米水平 10#采场采矿、6 – 1 溜井下掘带岩
4 – 2 溜井	– 125 米水平	– 125 米 5#采场采矿、 – 125 米水平掘进带岩、带矿
8 – 1 溜井	– 110 米水平	– 125 米、 – 140 米水平掘进代矿岩
8 – 2 溜井	– 125 米水平	– 110 米水平 11#、 – 125 米水平 15#采场

2)垂直方向。 – 230 米中段设计的深溜井,并不是都从 – 110 米水平开挖,而是根据生产衔接计划确定溜井的开挖水平和开挖时间,保证在某个采场开始采矿后,在这个采场 150 米范围内有溜井可供使用(这也是出矿设备经济运行的半径)。采场的衔接计划即溜井的衔接计划,但溜井投入运行时间至少要提前采场回采一个月以上。因此,随着各水平采准、回采工作的进行, – 230 米中段的溜井也依次序开挖并逐步投入使用。

(2)溜井深度。北洺河铁矿 – 230 米中段的深溜井均为多水平溜井,目前在用和正在施工的溜井,其最上水平分别在 – 110 米水平和 – 125 米水平,因此，深度为 105～120 米（包括底部结构）。随着开采水平的下降，溜井深度也会逐渐变浅。如：从 –170 水平开挖的 2–1 溜井，其深度也只有 60 米左右，不再是深溜井。

（3）溜井直径。资料显示，当溜井直径 D 大于 5d（d：最大入井块度）时，才能避免"卡塞拱"的形成，北洺河铁矿允许的最大入井块度为 750 米米×750 米米，五倍是 3.75 米，考虑粘矿等因素，因此溜井直径至少应取 4 米。但在高深溜井设计初期，个别井筒净直径仍参照 –110 米以上浅溜井直径，为 3.0 米，如 3–3 溜井。因此，在使用的过程中表现出经常出现棚堵，甚至较严重的高位棚堵。为了改善这种局面，将溜井井筒直径增大至 4.0 米（如同批投入使用的 2–3 溜井及所有新施工的溜井）。并且，1–3 溜井还在 4 米井径基础上进行了"烟囱型"结构创新设计（见第 4 页图 11–1），即自 –170 米水平开始溜井直径渐增：该水平上部井筒净直径为 4.0 米，下部井筒最大净直径为 5.5 米，这样既可以减少溜井下部形成"卡塞拱"的概率，又能够增加溜井单次装矿量。

（4）溜井支护。在溜井设计初期，对于围岩条件差的井筒，一般采用锚杆支护的形式对井壁进行加固，而对于围岩条件较好的井筒一般则不支护。

然而，在深溜井使用的过程中，由于料位不容易控制，倒入溜井的矿岩混合物不仅冲击力大，而且反复冲击井壁，致使井壁磨损严重；锚杆支护也由于部分锚杆逐渐暴露出来，支护失效，井壁出现破损。随着时间推移，井壁破损的区域也逐步向深部扩展，形成坍塌，个别部位甚至达到了 14 米，这不仅会影响溜井的正常使用，而且也存在着重大的安全隐患，还会加快溜井报废。

为了解决上述问题，北洺河铁矿曾对个别溜井进行了二次维护，即用混凝土砌碹方式将井壁坍塌部位封闭，并用毛石充填空区。但由于维护过的部位与原井壁不是一体，且充填密实度难以保证，因此，受冲击后很容易再次破损。为了从本质上解决问题，自 2010 年下半年开始，该矿对所有新开挖的溜井采取了"全面支护"的方案：

1）井颈段：长度 5 米，钢筋混凝土支护，支护厚度 500 毫米，混凝土强度 C30。

2）井身段：钢筋混凝土支护，支护厚度 400 毫米，强度 C30。

3）钢筋混凝土支护均为双层筋布置，主筋和箍筋均采用 Φ20 毫米螺纹钢，网度为 300 毫米 × 300 毫米，钢筋保护层厚度不得小于 50 毫米。

（5）溜井设施。

1）井口格筛。为从根本上控制入井矿岩的块度，在溜井口设计施工了用 150 毫米 × 150 毫米方钢制作的格筛，其网度为 750 毫米 × 750 毫米，有效避免了大块引起的棚堵（见图 11 - 7）。

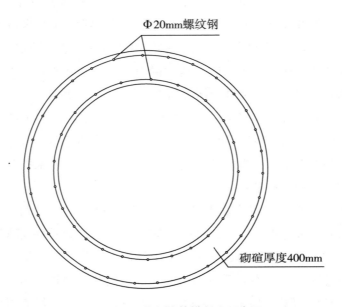

Φ20mm螺纹钢

砌碹厚度400mm

图 11 - 7　井口格筛横断面示意图

2）料位仪。为及时准确地掌握井内料位，2011 年 3 月份在 3 - 3 溜井安装了激光料位仪（型号 YKS3100 - D 伏 - PRg），并分别在井口、下端放矿硐室设置了数字传感器终端。用井单位和运输车间根据井内料位安排生产，使井内料位始终保持在 10 米左右。经过九个多月的使用，该料位仪运行稳定，应用效果良好；并简化了管理，提高了溜井使用效率。自安装井口格筛和使用料位仪以来，3 - 3 溜井再也没有出现棚堵现象。

溜井管理措施

总结矿石在溜井内的移动规律和生产实际中的经验，该矿确定了如下措施，并制订了《北洺河铁矿深溜井运行管理制度》。

（1）严格控制入井物料种类及块度。生产过程中，在强化配矿保质（品位配矿）的同时，做好粉矿、块矿搭配，大块块度控制在 750 毫米以内；采场放出的超过这个尺寸的大块，要在指定区域经二次破碎后才容许入井。同时，严禁向井内排水、倾倒混凝土支护料、泥沙、导爆管及其他容易引起溜井棚堵的杂物。雨季应特别控制粉矿比例。对于装入矿车的大块，不得掩盖，要随即通知主溜井卸矿人员，由主溜井人员进行打眼，并在指定位置进行爆破处理，然后再卸入主溜井。

（2）严格控制溜井内料位。溜井内物料高度应始终保持在距溜井口10米以内，这样才能避免对井壁的重复冲击（所谓"满井生产"）。但多水平同时倒矿时，料位往往较难控制。有时可能将溜井装满，所以必须及时掌握料位；或因整体生产安排需集中拉运某一条溜井的矿石时，必须预留10~15米的缓冲垫层，不能放空。

为控制料位，除应用激光料位仪外，北洺河铁矿还采取了如下措施：①每班根据矿调度指令安排运输生产，加强与使用溜井单位的沟通，准确地掌握当班矿岩装入量、矿岩性质等信息；②结合溜井实际使用状况，制定溜井的出矿量，如：3-3溜井井壁围岩状况较差，片帮严重，因此要保证溜井高位运行，以保护井壁；③特殊情况下需要空井装矿时，首先矿岩混装，其次上部装矿与下部松动同时进行，根据实际情况控制放矿频次和放矿量，做到"随装随松动"。

（3）控制溜井储矿时间。矿石在溜井存放时间较长时，尤其是粉矿，极易固结，易形成"卡塞拱"，造成堵塞，因此应严格控制深溜井储矿时间，经常进行放矿松动。同时，要做好溜井检修的沟通机制，及时向溜井使用单位和矿有关部门通报临时检修的时间，以调整生产安排，避免储矿时间过长。

（4）完善溜井安全设施。主要措施有：①在溜井口设置挡墙、围栏，以保证车辆安全、阻止大块和采场废水入井；②在井口悬挂提示牌，标明溜井使用注意事项等；③及时封闭不使用和出现问题的溜井，同时设置警告牌。

（三）实践效果

通过优化溜井结构设计和严格落实溜井管理措施，北洺河铁矿溜井整体运行顺畅，2012年溜井事故明显较少，仅为2011年的1/4（见表11-7）。

表 11 – 7   2012 年深溜井棚堵、片帮、窜井事故统计

溜井名称	较严重溜井事故			处理方法	备　注
	棚堵	片帮	窜井		
3 – 3 溜井	2 次			竹竿爆破法爆破清堵	
3 – 2 溜井	1 次			竹竿爆破法爆破清堵	3 – 3 溜井直径 3 米，安装料位仪；其余溜井直径 4 米，均砌碹支护
3 – 1 溜井			1 次	清理	
1 – 1 溜井	1 次			竹竿爆破法爆破清堵	
1 – 2 溜井	2 次			竹竿爆破法爆破清堵	
2 – 3 溜井	1 次			竹竿爆破法爆破清堵	
合　计	7 次		1 次	在用溜井 9 条，较严重事故 8 起	

北洺河铁矿通过落实溜井管理措施，取得了良好管理效益：

一是降低风险，节约费用。处理事故次数减少，安全风险随之降低，费用相应节约；

二是安全运行，避免浪费。每施工一条溜井需 8 ~ 9 个月时间，耗资 300 多万元。通过采取以上措施，确保溜井在其服务期内安全、正常运行就可以避免重复施工溜井造成的巨大浪费；

三是均衡生产，稳定成本。通过采取溜井管理措施，生产的均衡性得以保持，生产成本得以稳定（如果某个溜井因故障或事故停止运行了，而该区域的生产不能停，则必须使用较远的溜井，采场矿石搬运成本必然增加）。

附录 11 – 3

北洺河铁矿深溜井运行管理制度

1. 目　的

为规范高溜井运行管理，避免棚堵发生、及早发现井壁坍塌，保持溜井状况完好，特根据溜井运行规律，结合矿实际，制定本制度。

2. 适用范围

本制度适用于 –230 米中段作业深度大于 60 米的溜井的管理。

3. 相关术语

3.1 入井料：倒入溜井的矿石（岩石）。

3.2 合理料位：倒入矿（岩）时，矿岩首次冲击相对一侧井壁时的位置。

3.3 溜井冲击区：指溜井内合理料位上部的区域；其余为非冲击区。非冲击区的井壁只被摩擦，不受矿石（岩石）冲击。

3.4 单水平溜井：指只有一个倒矿作业水平的溜井。

3.5 多水平溜井：指有两个或两个以上倒矿作业水平的溜井。

4. 职 责

4.1 调度中心

调度中心负责溜井使用单位和运输车间日常作业的协调和监管。

4.2 运输车间

4.2.1 运输车间负责记录并报告入井料的品质。

4.2.2 运输车间负责监测溜井异常状况（棚堵、片帮等）。

4.2.3 运输车间负责维护溜井设施，负责处理溜井棚堵。

4.3 采准车间、采矿车间和其他用井单位

负责控制本单位入井料的品质和料位。

4.4 安全管理科

安全管理科负责对溜井棚堵处理过程的监管。

4.5 企业管理科、财务科

企业管理科、财务科负责相关考核和兑现。

5. 控制要求

5.1 一般要求：

5.1.1 溜井使用单位要做好入井料的块度配矿，杜绝大块入井，避免泥粉矿、泥渣比例过大。

5.1.2 保持合理料位，努力做到满井生产（每条溜井需恒定保有约3000吨矿石，需通过调节倒运环节来实现），避免对溜井非冲击区井壁的冲击破坏。

5.1.3 减少矿石在溜井中滞留时间，消除棚堵产生隐患。要合理组织放矿工作，减少检修时间，避免中断放矿。

5.1.4 放矿作业中，注重观察溜井棚堵和井壁坍塌迹象，避免重大溜井运行事故发生。

5.1.5 注重溜井设施、设备维护，保持溜井系统状况完好。

5.2 入井料，必须满足以下要求：

5.2.1 无大块。凡大于 750 毫米×750 毫米的矿岩块，严禁倒入溜井。

5.2.2 无杂物。废坑木、废钢轨、废胶管及回弹料等杂物严禁倒入溜井。要分类集中存放，或提至地表。

5.2.3 少泥水。掘进出渣巷道或回采出矿进路有泥渣、水时（包括喷浆料），要间隔与块矿（岩）混装，严禁大量渣泥连续入井。

5.2.4 少粉矿。掘进出渣或回采出矿有粉矿（特别是黏性粉矿）时，必须间隔铲装并与块矿（岩）混配（一般两铲块矿配一铲粉矿），严禁大量粉矿连续入井。

5.3 井内料位，必须满足以下要求（即合理料位）：

5.3.1 单水平溜井，料位要控制在距溜井口 15 米以内。

5.3.2 多水平溜井，料位要控制在距最下一个作业水平溜井口 10 米以内。

5.4 料位控制：

控制原理：在同一个作业班次，同一条溜井的放出矿（岩）量等于倒入矿（岩）量。

5.4.1 溜井使用单位必须向运输车间提供本班次溜井使用计划，包括拟使用溜井和每个溜井的倒入矿（岩）量。

5.4.2 运输车间必须根据各使用单位提供的溜井使用计划确定本班次运输作业计划。

5.4.3 为保持每条溜井的料位平衡和均匀下降，运输车间应在同一个班次均衡每条溜井的放矿（岩）量。

因特殊情况某条溜井不能正常连续放矿时，必须每班对溜井进行松动放矿。

5.4.4 溜井使用单位作业发生变化时，必须及时通过井下调度通知运输车间调整相关溜井的放矿（岩）作业。

5.4.5 运输车间作业发生变化时，必须及时通过井下调度通知溜井使用单位调整相关溜井的倒矿（岩）作业。

5.4.6 因整体生产安排需集中拉运某一条溜井的矿石时，必须预留 10～15 米的缓冲垫层，不能放空。

5.4.7 特殊情况下需要空井装矿时，首先矿岩混装，其次上部装矿与下部松动同时进行，根据实际情况控制放矿频次和放矿量，做到"随装随松"。

5.5 溜井棚堵出现：在正常放矿作业时，溜井意外被放空，说明溜井棚堵，应立即停止放矿并报告井下调度。

5.6 溜井棚堵处理

5.6.1 确定棚堵后，首先在溜井底部用少量炸药做爆震试验，以观察棚堵是否会冒落。

5.6.2 确定不会冒落后，人员再进入溜井观察、作业。

5.6.3 处理棚堵时，必须控制爆破药量，以减轻对井壁及底部结构的破坏。

5.6.4 处理过程中，安全管理科必须全程监督。

5.7 井壁坍塌出现及处理

5.7.1 放矿时，断续出现异常大块，如长条状大块或尺寸超过 750 毫米 × 750 毫米的矿岩块（因为生产过程中入井大块已被控制），提示井壁出现坍塌（片帮）。

5.7.2 发现有溜井坍塌（片帮）迹象，运输车间立即停止放矿并通知井下调度。

5.8 溜井设施、设备维护

运输车间应经常检查溜井底部结构，包括基础、漏斗及振动电机的状态和运转情况，发现问题及时处理或告知井下调度。

5.9 检查与考核

5.9.1 检查内容：不当操作。不当操作包括：

①使用单位正在将大块（或杂物）倒入溜井，或连续将泥渣、粉矿倒入溜井；

②使用单位倒矿（岩）作业计划调整时没有及时通知运输车间；

③运输车间没有按照溜井使用单位提供的作业计划（包括作业调整通知）均衡出矿；

④运输车间察觉到（或被告知）井壁坍塌（片帮）仍继续放矿操作；

⑤运输车间处理溜井前，没有进行爆震试验；

⑥运输车间处理溜井时，炸药用量过大（如超过两包）；

⑦运输车间处理棚堵时，没有安全管理科人员在现场进行监督。

5.9.2 调度中心在日常巡查过程中，如果发现不当操作，填写"溜井违规运行督查记录单"并递交企业管理科。企业管理科据此出具罚款通知单并交财务科兑现。不当操作，原则上每项次罚款 100 元。

若故意违规，根据危害程度，每项次罚款 500～3000 元。

5.9.3 运输车间在放矿过程中，发现大块（杂物）或泥渣、粉矿连续放出，应填写"溜井违规运行督查记录单"并递交调度中心；调度中心确认后递交企业管理科，企业管理科出具罚款通知单，财务科兑现。

5.9.4 财务科兑现。所扣罚款项部分用于奖励违规行为的发现并记录和报告者。原则上，给予举报者 200 元/次奖励。

5.9.5 因不遵守本制度规定造成重大溜井事故的，除对直接责任人进行罚款外，矿还要追究单位负责人的相应责任。

附录 11－4

高溜井违规运行督查记录单

编号：

溜井编号			违规单位	
违规报告人			记录时间	年　月　日　时　分
不当操作或入井料品质不符合要求	①	使用单位正在倒入大块（或杂物）		（块·次）
	②	使用单位正在连续倒入泥渣或粉矿		（次）
	③	溜井放矿过程中出现大块（或杂物）		（块·次）
	④	溜井放矿过程中连续出现泥渣或粉矿		（次）
	⑤	使用单位倒矿作业计划调整时没有及时通知运输车间		（次）
	⑥	运输车间没有按照溜井使用单位提供的作业计划（包括调整通知）均衡出矿		（次）
	⑦	察觉到（或被告知）井壁坍塌仍在放矿		（次）
	⑧	处理溜井前没有进行爆震试验		（次）
	⑨	处理溜井时炸药用量过大		（次）
	⑩	处理溜井棚堵时没有安全管理科人员在现场进行监督		（次）
	⑪	溜井设施、设备损坏未得到及时修复		（次）
备注		此单仅一份，由矿调度中心交企业管理科作为考核凭据		

五、快速响应式应急管理

(一) 管理经验

应急管理是指在应对突发事件的过程中，为降低突发事件的危害，达到优化决策的目的，在对突发事件的原因、过程及后果分析的基础上，有效集成各方面的相关资源，对突发事件进行有效预警、控制和处理的过程。

科学设置组织机构　北洺河铁矿为更好地开展应急救援工作，成立了矿生产安全事故应急救援中心，下设指挥中心办公室和专家咨询组两个职能部门，并设应急抢险现场指挥部和各应急救援专业组负责具体应急救援工作（见图 11－8）。各组织机构的职能在各预案中均有详尽的描述。

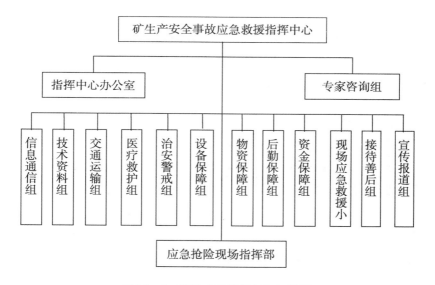

图 11－8　事故应急救援组织机构图

建立健全指挥体系　北洺河铁矿应急组织指挥体系由协调指挥、抢险指挥及信息反馈三大系统共同组成（见图 11－9）。

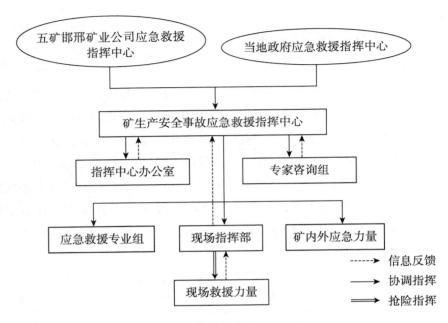

图 11 – 9　事故应急指挥组织协调关系图

1. 确定科学救援程序

北洺河铁矿本着"加强预防，快速反应，联动处置"的应急原则，设计了一套科学的事故救援程序（见图 11 – 10）。

规范管理应急预案　北洺河铁矿对应急预案的管理主要有两方面：一是应急预案的编制及分类；二是严格应急救援预案管理程序。

（1）应急预案的编制及分类

按照应急救援基本原则，北洺河铁矿应急预案体系由 1 个综合预案和 6 个专项预案构成，如图 11 – 11 所示。综合预案和五矿邯邢矿业公司及当地政府应急预案相衔接，由矿应急救援工作指挥部直接负责；专项预案包含了现场生产安全事故的各方面，作为综合预案的支撑，由矿应急救援工作指挥部领导，相关单位直接负责。

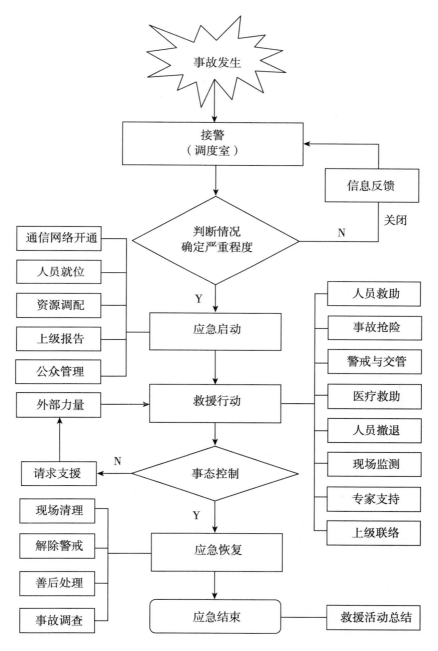

图 11 - 10　事故救援程序方框图

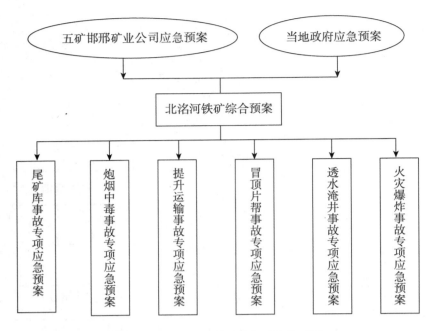

图 11 – 11　北洺河铁矿应急预案体系图

（2）严格应急救援预案管理程序

1）应急预案的评审与发布。北洺河铁矿应急救援预案经过内部/外部评审后，由矿长签发并报辖区政府备案。

2）应急预案的发放与登记。批准后的北洺河铁矿应急预案，由调度室建立登记表，统一下发各单位。

3）应急预案的实施。北洺河铁矿应急预案的实施包括以下三个方面：预案的宣传与培训；应急资源的定期检查；应急演练。

2. 准确把握关键环节

应急救援的关键环节主要有两个：一是事故特点和危险性分析；二是危险源监测监控的方式、方法及预防措施。

（1）事故特点和危险性分析

按照矿山固有和生产过程存在的危险性，可将矿山生产中产生的事故分为八类，如表 11 – 8 所示。

表 11 - 8　　　　　　　　　　　　　事故分类

序　号	事故类型
1	冒顶片帮事故
2	爆破事故
3	矿山火灾
4	矿山水灾
5	中毒窒息事故
6	变坡事故
7	尾矿库事故
8	其他事故

　　危险严重度指危险源的危险因素一旦被触发所引起事故的损失程度。危险严重度分级标准如表 11 - 9 所示。

表 11 - 9　　　　　　　　　　　危险严重度分级表

级　别	损伤程度
0	特大伤亡事故或社会灾难
I	重大死亡事故或主要系统毁灭
II	个别人死亡、重伤或主要系统损坏
III	个别人轻伤或主要系统轻度损坏
IV	人员微伤或装置部件受损

　　北洺河铁矿危险源辨识及危险程度如表 11 - 10 所示。

表 11 - 10　　　　　北洺河铁矿危险源辨识主要部分结果汇总

危险源名称	危险严重度
炸药库	0 级
- 128 米、- 255 米水平水泵房	0 级
其他水泵房	I 级
井下变配电系统	II 级

续表

危险源名称	危险严重度
中深孔凿岩工作面	Ⅱ级
放炮作业场所	Ⅰ级
出矿、出渣工作面	Ⅱ级
平巷、斜坡道掘进工作面	Ⅰ级
斜井提升系统	Ⅰ级
天、溜井掘进工作面	Ⅰ级
支护工作面	Ⅰ级
竖井提升系统	0级
采场溜井放矿工作面	Ⅰ级
尾矿库	0级
塌陷区地表	Ⅰ级
尾矿库范围内的非法生产及生活活动	Ⅰ级
矿体范围内非法矿点	Ⅰ级

（2）危险源监测监控的方式、方法及预防措施

北洺河铁矿危险源监控方式及相应预防措施如表 11 - 11、表 11 - 12、表 11 - 13 所示。

3. 适时开展培训演练

北洺河铁矿为防患于未然，定期开展应急救援培训及演练，其具体内容如下：

（1）应急培训

1）应急培训组织。在该矿范围内发布《北洺河铁矿生产安全事故应急救援预案》、公示值班电话，宣传应对突发事故的应急法律、法规和预防、避险、避灾、自救、互救的常识等。

2）应急培训要求。对新参加应急救援人员在上岗前必须经过培训。关键应急岗位的人员必须经过培训考核，不合格者视情况进行单独培训或调离岗位，保证在岗人员应对突发事故的能力水平。

表11-11　危险源清单及预防措施

序号	所属车间	作业点	部位	危险源名称	安全													是否重点危险源
					火灾	水灾	冒顶	中毒	机械伤人	爆炸	高处坠落	车辆伤害	灼烫	触电	物体打击	起重伤害	其他	
1	开拓	卷扬	盲斜井	斜井提升	√	×	×	×	√	×	×	×	×	√	×	×	×	否
…	(略)	(略)	(略)	(略)														(略)
…																		
…																		
…																		
32	采矿	爆破	各水平采场	爆破	√	√	√	√	×	√	×	×	×	×	×	×	×	是
33	采矿	铲装	各水平采场	铲装	×	√	√	√	√	×	√	√	×	√	√	×	×	否

表 11－12　　危险源辨识及防范措施

车间：采矿车间（其他单位略）　　危险源名称：井下临时油库　　危险暴露时间：141 工时/日

危险严重度：O级　　管理级别：A 级　　同类危险源个数：1

危险部位	作业名称	危险模式	事故后果	事故类别	应采取的措施
油罐	储油加油	1. 油泵进油管、加油枪缺乏防静电装置，输油过程中引燃柴油	重大死亡	火灾	加强防静电措施
		2. 油泵疏于保养，润滑油缺乏或干枯，油泵运转摩擦热引发火灾	重大死亡	火灾	定期维护设备
		3. 棉纱、纸张等未及时清扫，浸油受潮后缓慢氧化，自燃诱发火灾	重大死亡	火灾	危险辨识和安全确认
		4. 油罐或油管漏油，遇明火发火灾	重大死亡	火灾	及时发现并处理隐患
		5. 油罐无通气管和阻火器，蒸汽挥发遇明火引起火灾或爆炸	特大伤亡	火灾或爆炸	1. 油罐装通气管和阻火器 2. 危险辨识和安全确认
	卸油	6. 油罐装油过程中柴油可能溢出，遇明火引发火灾	重大死亡	火灾	1. 设油位自动检测报警联锁装置 2. 危险辨识和安全确认
	检修	7. 油罐补焊时因未彻底放尽柴油充分清洗，同时打开罐盖，可能引发爆炸	重大死亡	火灾或爆炸	危险辨识和安全确认

表 11－13

车间：选矿车间（其他车间略）

危险严重度：O 级

危险源辨识及防范措施

危险源名称：尾矿库

管理级别：A 级

危险暴露时间：72 工时／日

同类危险源个数：1

危险部位	作业名称	事故模式	事故后果	事故类别	应采取的措施
主　坝	放　矿	1. 坝体因暴雨冲刷产生沟壑、塌方、泥石流等	特大伤亡	溃　坝	危险辨识和安全确认
		2. 库水位因突然上升、进而浸润线过高，影响坝体稳定性	特大伤亡	溃　坝	危险辨识和安全确认
		3. 放矿不均匀，造成滩面拉沟，子坝脚塌陷，局部存水，影响坝体稳定性	特大伤亡	溃　坝	危险辨识和安全确认
		4. 坝上巡检时，不注意脚下，可能摔伤或陷入泥沼	死　亡	其　他	危险辨识和安全确认
		5. 山石坠落伤人	死　亡	物体打击	危险辨识和安全确认
排尾管线	巡　检	6. 容易发生交通事故	死　亡	车辆伤害	危险辨识和安全确认
		7. 沿管线巡检时，可能因为尾矿浆高压喷溅伤人	死　亡	其　他	危险辨识和安全确认
		8. 人员在铁船上作业，容易落水	死　亡	溺　水	穿戴救生衣、安全带
溢流塔	拱板拆装	9. 溢流塔塔身倾斜、拱板脱落或断裂，造成大量尾砂外泄	环境污染	水污染	工程监理和危险辨识

3）应急培训内容及学时。各生产单位的应急培训内容主要包括：培训内容应急操作程序、如何启动应急警报系统、如何安全疏散人群等应急功能的基本操作、如何采取必要的应急措施、了解和掌握如何辨识危险、针对特殊风险的应急操作、基本防护知识、自救与互救基本常识等。安全管理科和相关科室部门每年至少进行一次培训，培训课时不少于12学时。培训方式有课堂培训、专业指导和现场教学等。

4）应急培训效果检查。应急救援指挥中心办公室根据实际工作需要对培训效果进行检查，包括培训课程、日期、人员、培训结果的评估和考核等。

（2）应急演练

1）演练周期。所有综合和单项预案每年演练一次。演练包括以下关键要素：接警与通知、指挥与控制、应急通信、应急抢险、事态监测与评估、应急人员安全、现场医疗救护、人员疏散与安置等。

2）演练规模及范围。应急救援指挥中心办公室和各专业小组负责制订全矿应急演习计划和方案，矿应急救援指挥中心组织实施演练，演练时要对影响周边环境的因素一同组织演练。

各单位针对自身特点可对应急预案中的应急处置方法做全面或部分的演练，并做好相应的记录。

3）演练评价及总结。应急演练后要有评价，对问题提出改进的意见和建议，如：应急预案演练上存在的问题、应急预案与有关执行程序的改进建议、应急设施、设备维护与更新方面的建议等。

案例 11 - 2

应急演练——为安全护航

2012年6月13日，北洺河铁矿举办井下透水应急演练现场观摩会，演练活动邀请省、市政府领导，邯郸市属六个主要县、市、区领导，邯郸市重点铁矿领导，矿业公司及所属二级单位领导参加，这是北洺河铁矿历史上举行的观摩人员最多的一次应急演练活动。该活动从筹划到演练，每个环节都精心部署，科学规划，演练活动的圆满成功，再一次验证了北洺河铁矿的应急实战能力。

领导重视　组织保障　应急救援演练活动从筹备到正式演练共历时三个

月，3月10日接到正式通知，12日成立演练活动指挥部，矿长担任总指挥，其他矿领导担任副总指挥，下设总筹备与综合协调组，成员单位为：安全科、党委工作部、矿办室，主要负责整体演练活动全过程的协调，包括场地、电源、人员、各个工作组之间及外委单位的协调等。

分工协作 统一指挥 筹备组下设现场布置组、现场演练组、接待组等三个专业组，分别对演练活动具体负责，安全管理科统一调度与协调。

精密部署 稳步推进 北洺河铁矿将演练活动分为7个阶段（见表11－14）。

表11－14 北洺河铁矿井下透水应急演练活动安排

序　号	时　间	工作任务	工作内容
1	3月12日—4月11日	编写剧本	按照井下透水应急预案和北洺河铁矿井下实际情况，编写了《北洺河铁矿井下透水应急救援预案演练剧本》，并组织专家会审
2	4月12日—4月30日	影片拍摄	进行非现场演练活动的拍摄，共动用人员300余人，涉及全矿所有单位，并由各级领导和相关专业人员对影片进行反复会审、修改，直至达到要求
3	5月12日—5月18日	组织排练	组织全部参演人员进行了现场排练及现场直播的排练，由公司安全环保部和邯郸市安监局进行了初步验收
4	5月19日—5月31日	反复修改	根据公司安全环保部和邯郸市安监局提出的修改意见，对影片和现场部分进行了反复修改
5	6月1日—6月10日	方案细化	对实施方案进行细化，各专业组均制订了详细的活动方案，对活动涉及的现场布置、应急演练、引领接待等各个环节逐一责任到人
6	6月11日—6月12日	二次彩排	进行第二次彩排，各项工作全部就绪
7	6月13日	正式演练	正式进行演练并取得圆满成功，达到预期目的

图 11 – 12   应急演练活动现场

图 11 – 13   应急救援现场

本次演练取得了三方面成效：

一是提高能力，通过演练使各部门及工作人员进一步掌握了应急处置流程；检验了应急救援预案的科学性和可操作性，提高了从业人员和应急队伍抢险救灾的实践能力、应变能力。

二是提升形象，本次演练受到省、市及集团公司领导的高度评价，被称为邯郸市历年来最好的一次应急演练活动，为全市树立了一个应急演练示范样板。并大幅提升了北洺河铁矿、矿业公司的良好形象及知名度，增强了企业影响力。

三是积累经验，通过演练，摸索出一套高规格接待模式，为北洺河铁矿举行大型活动（包括现场布置、引领接待、就餐等）积累了宝贵的管理经验。

（二）实践效果

北洺河铁矿通过应急管理精细化组织，取得良好效果：一是应急组织不断完善，建立了权责明确的应急救援指挥体系，应急响应能力大幅提高；二是企业构建了完善的应急预案体系，应急预案的科学性及可操作性进一步加强，对各种灾害的抵御能力持续提升；三是通过应急演练，规范了应急处置流程，提高了从业人员和应急队伍抢险救灾的实践能力、应变能力。

总之，北洺河铁矿将精细化管理的理念贯穿于应急救援的每个环节，是企业对管理认识的升华和飞跃。对于矿山企业来讲，应急管理是企业管理的重要组成部分，北洺河铁矿针对应急管理的关键问题，积极探索，勇于实践，由过去简单的模仿到今天的持续创新，实践经验从理论上不断凝练、升华，使企业的管理创新从广度和深度上向更高层次拓展。

附录 11 - 5

北洺河铁矿透水淹井事故专项预案

1. 事故类型和危害程度分析

1.1 矿井排水系统基本情况介绍

-122 米排水系统负担 -50 米和 -110 米中段矿坑水的排放。-50 米和 -110 米中段矿坑水通过本水平的水沟及泄水井，泄到 -122 米水平的疏干巷，经进水巷、沉淀池后流入 -122 米水仓，再经 -128 米水平主排水泵由西风井排出地表，然后通过输水管道排到主、副井附近的地面联合泵站的蓄水池中。

-255 米排水系统担负 -110 米以下深部开拓工程 -230 米中段矿坑水的排放。-110 米至 -230 米之间各分段水平通过本水平的水沟及泄水井，泄到 -245 米水平的疏干巷，经进水巷、沉淀池后流入 -255 米水仓，再经泵排至

-122 水仓, 由 -122 米排水系统排至地表。

(1) 泵站。

井下 -128 米水平泵房, D450 -60/84 ×8 多级离心水泵 10 台; 正常排水时两台泵工作, 设计最大涌水量时可 10 台泵同时工作。

井下 -255 米水平泵房, 卧式蜗壳双吸泵 DFSS300 -700 (I) T 型 4 台, DFSS200 -670A (T) 2 台; 正常排水时 1 台泵工作, 最大涌水量时可 3 台泵同时工作。

(2) 水仓。

-122 米泵站的水仓长度为 429 米, 容积为 4221 立方米, 可容纳 5 小时的正常涌水量, 另外在 -122 米水平有长 1899 米, 容积约为 11394 立方米的疏干放水巷可以作为水仓用, 总水仓容积可以容纳 18h 的正常涌水量。

-255 米泵站的水仓长度为 1103 米, 容积为 11940 立方米, 可容纳 24h 的正常涌水量, 另外在 -255 米水平有长 2797 米, 容积约为 11394 立方米的疏干放水巷可以作为水仓用, 总水仓容积可以容纳 48h 的正常涌水量。

(3) 排水管径。

-122 米泵站共安设三根 D426 ×11 米米无缝钢管用于排水。正常排水时, 两台水泵对应一根排水管, 最大排水时, 三台水泵对应一根排水管。

-255 米泵站共安设三根 D426 ×11 米米无缝钢管用于排水。正常排水时, 两台水泵对应一根排水管, 最大排水时, 三台水泵对应一根排水管。

(4) 防水闸门。

-110 米水平主副井车场附近空 (1#)、重车石门 (2#) 各 1 个, Fe4 区域 1 个。

-110 米水平西风井车场附近上 (3#)、下盘运输巷 (4#) 各 1 个。

-122 米水平西风井附近南 (5#)、北疏干巷 (6#) 各 1 个。

-230 米水平空车石门巷 (空重车度线北) (7#)、重车石门巷 (重车线东以北) (8#)、盲斜井通道 (9#) 各 1 个。

-245 米水平疏干变电所 (10#) 1 个。

-255 米水平水泵房 (11#) 1 个。

矿井如有突发性涌水, 超过矿井排水能力, 及时关闭防水闸门。防水闸门主要保护的对象:

1) 主副井井筒

2）西风井井筒

3）－110米水平中央变电所

4）－122米水平中央变电所

5）－128米水平泵房

6）－230米水平中央变电所

7）－245米水平中央变电所

8）－255米水平泵房

1.2 事故类型及危害程度分析

（1）地下容水场透水。主要是由于井下有容水老窑或溶洞，在实施掘进或回采过程中突然释放，造成透水事故。此类事故特点为：具有一定的突发性，水量瞬间释放，逃生和救援难度很大，对井下人员安全影响最大，故应以技术手段预防为主。

（2）地表水灌入井下。主要由于降雨或上游水库泄洪使塌陷区和井口存有大量积水，灌入井下，造成淹井事故。此类事故特点为：恶劣天气或气候条件影响较大，多发生在每年的7—9月份，技术手段不好预防，但可通过充分的防洪防汛准备来避免事故或减小事故影响。

（3）排水设施排水能力不足。主要是由于设计缺陷、设备设施或动力故障造成的积水上涨淹井事故。此类事故特点为：有一定的预警时间，可通过及时处置或增添设备设施来解决。

2. 应急处置基本原则

2.1 安全第一，以人为本

首先要把保障职工的生命安全、最大限度地减少生产安全事故造成的人员伤亡作为首要任务。切实加强应急救援人员的安全防护，充分发挥人的主观能动性、专业救援力量的骨干作用，同时，要尽量减少事故损失，最大限度减少人员伤亡和财产损失。

2.2 统一领导，分级负责

在矿统一领导和组织协调下，各有关部门按照各自职责和权限，负责有关生产安全事故灾难的应急管理和应急处置工作。

2.3 依靠科学，依法规范

采用先进技术，充分发挥专业作用，实行科学民主决策。采用先进的救援装备和技术，增强应急救援能力。依法规范应急救援工作，确保应急预案的科学性、权威性和可操作性。

2.4 查明原因，积极救援

尽快查明事故原因，采取措施，不再使事故进一步扩大。恢复提升，最终满足恢复正常生产。

3. 组织机构及职责

3.1 应急救援体系

以矿党政领导及有关部门、相关单位组成应急救援总指挥部，下设五个小组。在统一指挥下，实行分口负责，各尽其责进行应急救援处理行动。

3.1.1 组织机构

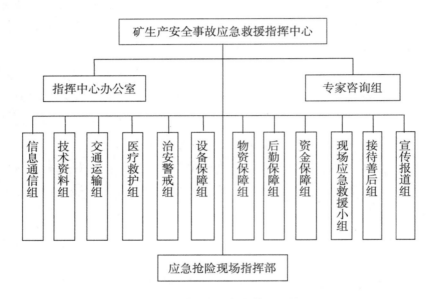

附录图1 事故应急救援指挥组织体系图

3.1.2 透水淹井事故应急救援指挥中心职责

（1）事故发生后，分析判断事故，决定启动应急救援预案；

（2）决定成立应急救援总指挥部；

（3）批准或调整现场抢救方案；

（4）根据事态的发展，决定是否请求救助；

（5）协调物资、设备、医疗、通信、后勤等工作。

3.2 指挥部下设各小组

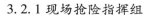

3.2.1 现场抢险指挥组

设在事故附近安全地点，由调度室、安全管理科、机械动力科等人员组成。

职责：

（1）24 小时跟班督察抢险救灾工作落实；

（2）维护现场秩序，保证现场安全技术措施的落实；

（3）及时向抢险指挥部汇报现场进展情况；

（4）侦查事故现场灾情，完成遇险人员的救援和事故抢险工作；

（5）负责执行指挥部下达的抢险救援指令，并及时汇报现场抢险进度，做好相关记录；

（6）负责及时上报现场发生的意外情况，并迅速调整救援措施；

（7）监督抢险救援人员的防护措施执行情况，确保抢险救援人员的生命安全；

（8）救援结束，负责清理施工现场，清点人数，待一切恢复正常后方可离开。

3.2.2 信息通信组

设在矿井调度室，由调度室、安全管理科、机械动力科、动力车间等人员组成。

职责：

（1）根据指挥部安排、编制、发布现场抢险救援方案和调整方案；

（2）制订并发布抢险救援各项制度；

（3）传达指挥部下达的各项命令，通知抢险救援人员赶赴事故现场；

（4）在事故抢救过程中，协调各专业组、各成员的抢险救援工作；

（5）负责现场通信管理，确保现场通信通畅；

（6）及时统计汇总各项工作进展情况，并做好相关记录。

3.2.3 技术资料组

由技术计划科、地质测量科、档案室组成。主要职责为：

（1）收集、保管、更新矿井事故应急救援所需的技术资料；

（2）应急响应时，提供应急抢险工作所需要的矿内各种技术资料，并根据矿领导的指示参与应急响应的有关工作；

（3）负责进行事故原因分析，查找事故根源、发生的具体地点，分析事故的发展状况；

(4) 制订抢险救援方案，报总指挥部批准，及时进行灾情预测；

(5) 现场分析、查找、制订抢险路线、技术方案等。

3.2.4 物资保障组

由物资供应科、机械动力科、动力车间等单位相关人员组成。

职责：

(1) 负责抢险救援所需材料和设备的储备，为井下抢险救援提供应急材料和设备，并提供运输保障；

(2) 按命令负责将材料和设备运送到指定地点；

(3) 根据需要向兄弟单位协调借用抢险材料和设备。

3.2.5 后勤保障组

由调度室、矿长办公室、企业管理科、财务科、人力资源科、工会、经济护卫队、动力车间、汽车队、物业管理科等部门主要负责人组成。

职责：

1) 负责事故现场治安保卫，维持现场秩序，必要时进行管制，确保抢救工作的顺利进行；

2) 负责交通疏导、交通管制，确保运送抢救物资及人员的畅通；

3) 协助对现场及周围人员防护指导，协助组织人员安全疏散或转移；

4) 负责组织抢救车辆；

5) 负责运送事故抢救人员和抢险物资；

6) 负责现场伤员的紧急救治工作；

7) 负责联系外部医院支援；

8) 负责抢救人员的生活、后勤保障工作；

9) 负责接待上级领导、兄弟单位增援人员。

4. 预防与预警

4.1 危险源监控

4.1.1 危险源监控方式方法

加强对岗位工及维修人员的业务技能培训，提升岗位工的业务技能、判断事故的能力及事故发生后减少事故范围、配合抢修的主动意识；加强维修人员及管理人员对设备的巡检力度，提前发现事故苗头，及时采取措施并上报。

北洺河铁矿透水淹井危险源监控及责任单位（见附表1）。

附表1

故障模式			负责单位
潜在危险因素及触发条件	故障后果	影响范围	
地表塌陷区的防水、堵水、疏水措施未适应生产形势的变化进行必要的更新和完善，大量地表水涌向塌陷区	透水事故	全系统	地质测量科、工程科
地下老窿、溶洞等含水构造尚未完全探明，如不能够有效实施超前探水，生产中与地下水沟通	透水事故	相关区域甚至全系统	地质测量科、技术计划科、开拓工区、采准车间、联采工区、采矿车间
井下排水设备事故时可能影响水泵的正常运转	透水事故	相关区域	机械动力科、动力车间
井下防水闸门的位置、强度、操作可靠性和设计如果存在缺陷，紧急情况下不能有效发挥作用	事故后果扩大	井下水泵房和配电室	防水闸门管理单位

4.1.2 透水淹井事故预防措施

4.1.2.1 超前探放水

当遇到以下情况时必须进行超前探水：

（1）在疏干区内，当工作面接近孤立及悬挂的地下水体预测区时。

（2）巷道接近大断层带或含水发育带时。

（3）巷道必须穿越工程控制不足地段或通过含水性分布状况不明的各种类型接触带时。

（4）工作面出现滴水、淋水、涌水、射流、冒汗、发雾、水响、底鼓、温度异常等水文地质迹象，影响井巷施工时。

（5）当工作面接近淹没井区、规模大的岩溶、裂隙、陷落柱、封闭不好的地质钻孔等部位时。

4.1.2.2 井巷注浆堵水

当遇到以下情况时可采取井巷注浆堵水技术措施：

（1）井巷涌水量或超前探水孔出水量大于临时排水能力，施工难以继续进行时；

（2）工作面岩石破碎，顶板塌落无法掘井时；

（3）涌水点已直接被巷道揭露，若涌水量过大，而该段已不再利用，为了减少排水费用时；

（4）在接近淹没井区或其他积水区，围岩破碎渗水，达不到隔水要求时。

4.1.2.3 停止作业条件

发现以下异常情况，立即停止作业，并通报安全管理科，安全管理科会同有关技术部门对情况进行评估：

（1）岩壁或顶板突然渗出水珠，或岩层突然松散发潮；

（2）工作面温度下降，空气变冷或工作面水蒸气大并且常产生雾气；

（3）在石灰岩里工作时，有时发现工作面出"汗"，见黄泥或上部岩层的破碎物质，有时能听到水啸之声，此时溶洞可能就在附近；

（4）工作面顶板淋水增大，或顶板突然涌水；

（5）工作面顶板来压、掉渣、冒顶或出现支架倾倒、折梁断柱等现象；

（6）发现涌水有异味。

4.2 预警行动

4.2.1 预警条件

Ⅱ级预警：

（1）矿区上游与本矿井下透水有可能存在补给关系的大型水库、河流等有垮坝或决堤、漫坝或泄洪危险时；

（2）根据天气预报，矿区有长时间强降雨时；

（3）井下已经出现大量涌水征兆时；

（4）排水系统水泵机组运行时出现异常，排水设施出现断裂、堵塞等不易处理的问题，电力系统出现故障短时间内无法恢复等。

Ⅰ级预警：

（1）地表向井下大量涌水；

（2）井下出现超常透水；

（3）排水或电力系统故障时间较长，水位已接近安全警戒线。

4.2.2 预警行动

Ⅱ级预警行动：

（1）现场人员立即向应急救援指挥中心办公室发出预警信号；

（2）应急救援指挥中心成员手机应 24 小时有效开启，应急救援小组负责人有事离矿应请假，并指定临时负责人；矿调度室及各车间每天 24 小时有 2 人值班；

（3）水泵房及相关供电、提升系统的操作人员及关闭防水闸门的操作人员做好随时投入抢险工作的准备；

（4）矿抢险队、救护队做好随时投入抢险工作的准备；

（5）所有水泵都应处于可以随时有效工作的状态，所有水仓、排水管路应保持完好；

（6）所有防水闸门随时保持可有效关闭状态，所有逃生通道保持畅通；

（7）与防水、排水、逃生相关的供电系统、提升系统、通信系统、照明系统均 24 小时保持完好；

（8）有关医疗救护设施保持完好；

（9）做好重点要害部位的警戒和职守。

I 级预警行动：

（1）调度室通知应急救援指挥中心、各职能组及现场救援小队负责人到调度室集结；

（2）各职能组及现场救援小队负责人通知本小组人员到指定位置集结做好应急准备；

（3）应急抢险现场指挥中心人员现场勘查，并进行风险评估；

（4）根据需要，应急救援指挥中心发出指令，通知相关车间紧急疏散危险区域的人员；

（5）根据需要，应急救援指挥中心发出指令，通知相关车间关闭相应部位的防水闸门；

（6）应急救援现场指挥中心为全面撤离井下人员做好准备。

4.2.3 信息的发布程序

（1）应急救援指挥中心根据现场情况进行评估，确定发布相应级别的透水警报；

（2）调度室直接向各变电所发出透水警报；

（4）调度室直接向各水泵房发出透水警报；

（5）调度室直接向各提升系统发出透水警报；

（6）各水泵房根据需要启动相应数量的水泵，必要时，满负荷运行。

5. 信息报告程序

5.1 报警程序

（1）透水淹井事故发生后，事故首先发现者，立即报告本班班组长（工段长）、车间调度和值班主任。值班主任接到报告后，必须立即转报至矿调度室、事故应急救援指挥中心办公室。特殊情况下，事故首先发现者可直接上报矿调度室。

（2）井上值班调度严格执行24小时不间断在岗值班和现场值班调度副主任带班制度，井上调度员接到事故报告后根据事故性质和严重程度，通知事故应急救援指挥中心相关人员。

井上调度值班电话：外线：　　　　　　　内线：

5.2 报警方式

报警方式可以采用直通电话或应急电话联系；特殊情况下，可通过人员直接汇报。

5.3 报警内容

报告时要报清透水事故发生的时间、地点、透水程度、初步了解事故简要经过和原因及需要有关部门单位协助事故抢救和处理的有关事宜。

5.4 求援方式

根据事故现场情况，由应急救援指挥中心总指挥向上级或周边应急救援机构申请救援。

上级或周边应急救援机构联系方式：

局应急救援指挥中心办公室：

外线接警电话：

内线接警电话：

邯郸市安监局生产安全应急救援办公室：

邯郸市矿山救护队：

6. 应急处置

6.1 响应分级

矿调度室接收到事故报告后，按事故灾难的可控性、严重程度和影响范围及时启动本预案，对超出本应急预案处置能力时，及时请求局应急救援指挥中心、邯郸市人民政府、武安市人民政府启动局、政府应急预案。

透水淹井应急响应由高到低分为三级：

Ⅰ级：由于突发老窿或溶洞透水事故和汛期降雨或上游水库泄洪，导致洪水由塌陷区和井口灌入，造成淹井事故，涌水水量特大或瞬间释放造成人员被困井下。Ⅰ级应急由矿应急救援指挥中心启动综合应急预案Ⅰ级响应程序，组织内部救援队伍开展救援的同时，请求外部救援队伍帮助救援。

Ⅱ级：由于突发老窿或溶洞透水事故和汛期降雨或上游水库泄洪，导致洪水由塌陷区和井口灌入，造成淹井事故，涌水水量较大，超过井下排水系统排水能力，并且涌水水面逐渐上升，对水泵房和变电所造成影响，但对人员安全一段时间内还不会造成影响。Ⅱ级应急由矿应急救援指挥中心启动综合应急预案Ⅱ级响应程序，组织内部救援队伍开展救援。

Ⅲ级：由于突发老窿或溶洞透水事故和汛期降雨或上游水库泄洪，导致洪水由塌陷区和井口灌入，造成淹井事故，涌水水量较小，但有逐步上升的趋势，一段时间内对水泵房和变电所不会造成影响，人员安全能够保证。Ⅲ级应急由矿应急救援指挥中心办公室不启动综合应急预案，组织相关单位开展救援。

6.2 响应程序

事故应急救援系统的应急响应程序按过程可分为接警、响应级别确定、应急启动、救援行动、应急恢复和应急结束六个过程。

（1）接警与响应级别确定。接到事故报警后，按照工作程序，生产安全事故应急救援指挥中心对警情做出判断，初步确定相应的响应级别，如果事故不足以启动应急救援体系的最低响应级别，响应关闭。

（2）启动准备状态时，矿调度室根据态势发展和现场抢救进展情况，执行如下应急救援程序：

1）立即向北洺河铁矿生产安全事故应急救援指挥中心报告事故情况；

2）应急救援指挥中心办公室及技术资料组提供相关的预案、装备、物资等信息；

3）向局调度室通报事故情况，请局调度协调应急增援。

（3）进入启动状态时，应执行如下应急响应程序：

1）应急救援指挥中心成员接到通知后，在现场居住的成员5分钟内到达调度室，在矿苑小区和团城铁矿居住的成员15分钟内到达调度中心；

2）矿生产安全事故应急救援指挥中心进入应急响应状态；

3）资料信息组、医疗救护组、治安警戒组、通信联络组、设备保障组、交通运输组、物资供应组、后勤保障组、接待宣传组进入工作状态；

4）组成应急抢险现场指挥部；

5）参与现场应急抢险的抢险组、警戒组、监测组、支援组集结待命；

6）矿生产安全事故应急救援指挥中心根据事故情况提出的相应应急处置措施制订事故现场应急抢险方案；

7）事故应急抢险现场指挥部具体负责实施应急抢险方案；

8）根据事态发展，超出矿应急救援的处置能力，需要更多的部门和单位参与处置时，应急救援指挥中心请求局应急救援指挥中心进行协调指挥。建议局应急救援指挥中心、武安市人民政府启动局、政府相应的应急预案。

（3）应急行动。有关应急队伍进入事故现场后，迅速开展事故侦测、警戒、疏散、人员救助、工程抢险、事故处置等有关应急救援工作，抢险技术组为救援决策提供建议和技术支持。当事态超出响应级别无法得到有效控制时，向应急处理指挥部请示实施更高级别的应急响应。

（4）应急恢复。事故处置、救援行动结束后，进入临时应急恢复阶段，该阶段主要包括事故后期处理、事故分析、警戒解除、善后处理和事故调查等。

（5）应急结束。执行应急关闭程序，由指挥部总指挥宣布应急结束。

6.3 处置措施

6.3.1 透水淹井事故应急处置一般措施：

（1）迅速弄清突水地点、性质，估计突水的积水量、静止水位、突水后的涌水量、影响范围、补给水源及有影响的地表水体。

（2）部分或全部启动排水系统水泵。现有排水设备能力不足时，应增设水泵和管道。

（3）受透水威胁区域的所有人员按照事先规定的安全路线撤离。

（4）需要部分撤离井下人员时，首先撤离 –110 米水平以上的人员和 –122 米水平以下的人员。

（5）有流沙涌出时，应构筑滤水墙。

（6）保持排水设备不被淹没。当水和沙威胁到泵房时，在下水平人员撤出后，应将水和沙引向下水平巷道。

（7）针对具体情况采取阻水措施。

（8）采取措施防止二次突水事故发生。严禁由下往上进入突水地点，防止二次突水伤人。

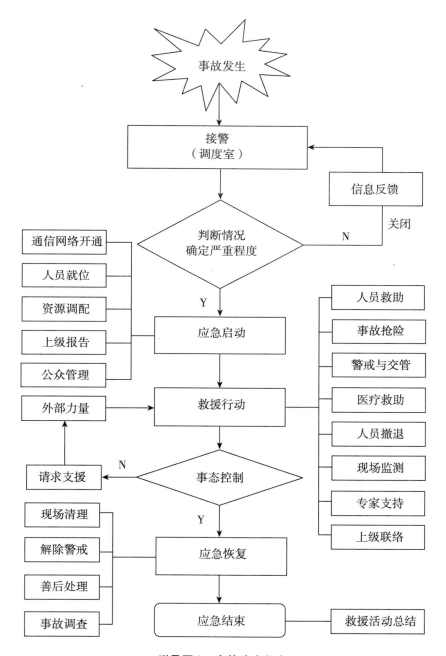

附录图 2　事故响应程序

6.3.2 关闭防水闸门

（1）矿生产安全事故应急救援指挥中心下达关闭防水闸门的指令。

（2）-230米水平空车石门巷（空重车度线北）（7#）、重车石门巷（重车线东以北）（8#）、-110米水平主副井车场附近空、重车石门、Fe4区域共5个防水闸门，由运输车间负责关闭。

（3）-230米水平盲斜井通道（9#），-110米水平西风井车场附近上、下盘运输巷2个，-122米水平西风井附近南、北疏干巷2个共五个防水闸门，由动力车间负责关闭。

（4）-245米水平疏干变电所（10#）1个、-255米水平水泵房（11#）1个，共两个防水闸门，由动力车间负责关闭。

（5）运输车间、动力车间在接到关闭防水闸门的指令后，在15分钟内将所有防水闸门关闭。

（6）关闭防水闸门的工具，动力车间放在-122米水平西风井6千伏变电所、-255米水平水泵房，运输车间放在-110米水平和-230米水平铲修硐室，并指定专人负责保管。

（7）井下调度员负责监督各水平防水闸门的关闭，保证各水平人员撤出防水闸门以外。

6.3.3 人员紧急撤离信号与路线

（1）应急救援指挥中心电话通知各井下车间或工区，车间或工区通知各自作业人员。

（2）专人通知。

（3）井下照明灯间隔灭、亮3次，每次间隔3秒。

6.3.4 紧急撤离组织

（1）紧急撤离现场工作由矿事故应急救援指挥中心统一指挥，各车间具体组织实施。

（2）每年汛期前应急救援指挥中心和防洪防汛指挥部共同组织一次紧急撤离演练，为紧急撤离工作做好准备。

（3）各车间确定专人负责组织紧急撤离现场工作。紧急撤离以每个作业部位为一个基本单位，确定各基本单位全部安全撤离现场后，各车间要将撤离工作情况向指挥中心进行汇报。并组织好本单位已撤离人员待命。

（4）各单位必须明确专门人员负责组织本单位的紧急撤离工作，负责人员必须熟悉紧急撤离线路、信号，能带领本单位职工快速及时撤离现场。撤至安全地点后要立即向车间领导汇报。

（5）加强对全矿职工进行教育，使每个职工均能熟悉掌握紧急撤离工作的信号和路线，以便及时撤离。

6.3.5 撤离程序与路线

（1）井下各泵房、配电室、变电所值班人员在接到调度中心撤退通知后方可撤退。

（2）配电室、变电所和中央变电所在接到调度中心拉闸通知后，方可切断相应动力电源。

（3）当水位涨至水泵平台以上，且仍有上涨趋势时，各泵房值班人员方可通知调度后，关闭水泵电机电源。

（4）井下各水平提升信号及把钩人员，在接到调度中心撤退通知后方可撤退。

（5）井下人员应急撤离路线依照矿水灾撤离路线图。

7 应急物资及装备保障

7.1 透水淹井事故应急物资保障

（1）各单位透水淹井事故应急物资、材料、备件计划应于每年5月20日前书面报矿防洪、防汛办公室、物资供应科、机械动力科。物资供应科、机械动力科务必于5月30日前供应到位。

（2）调度室、汽车队务于每年5月25日前将西风井、东风井、主副井井口的抢险用沙土备足。

（3）物业管理科将西风井、工业园区食堂每年6月15日前必须准备足够的粮油、副食和药品等。

7.2 透水淹井事故应急人员保障

矿成立透水淹井事故抢险突击队

队 长：

副队长：

下设12个分队共计450人。各抢险突击队名单于5月25日前报防洪防汛办公室。

（1）开拓工区抢险分队：队长1名、队员30名（包括华冶公司及其他驻矿项目部）。

（2）采准车间抢险分队：队长 1 名、队员 60 名。

（3）采矿车间抢险分队：队长 1 名、队员 60 名。

（4）运输车间抢险分队：队长 1 名、队员 50 名。

（5）提升车间抢险分队：队长 1 名、队员 40 名。

（6）选矿车间抢险分队：队长 1 名、队员 70 名。

（7）维修车间抢险分队：队长 1 名、队员 30 名。

（8）机关、后勤科抢险分队：队长 1 名、队员 40 名。

（9）机动抢险一分队：队长 1 名、队员 40 名。

（10）机动抢险二分队：队长 1 名、队员 20 名。

（11）机动抢险三分队：队长 1 名、队员 10 名。

7.3 供电系统保障

（1）坚持供电线路巡检，保证线路的畅通和安全。

（2）储备足够的材料备件，以便抢修。

（3）110 千伏电站除保证到武杜Ⅱ350 千伏电站线路畅通外，电站→团城 6000 伏电站→会兰→涉县 110 千伏电站的反送电系统必须畅通，以保证因电站至武杜Ⅱ350 千伏电站线路出现问题时能保证最基本的安全电量供应。

（4）雨天及北洺河河床行洪期间，动力车间分别在 110 千伏电站、西风井区安排值班电工，24 小时值班。

7.4 西风井泵房保障

（1）西风井井下泵房、变电除 633、634 线路正常外，在井下 -110 米水平通过下盘运输大巷敷设安装的一条备用线路必须随时启用，保证四台机组运转的电量供应。

（2）汛期 -134 米水仓、-128 米泵房水仓的水量分别应控制在 100 立方米~1000 立方米以内；-134 米水仓、-128 米泵房水仓的水量分别应控制在 100 立方米~1000 立方米以内；尽可能减少两水仓内水量，加大两部位水仓的储水容量。

（3）加强水泵的维修、维护，汛期主要泵房水泵必须保持能全部正常运转。

（4）雨天井下备足材料、备件，方便及时抢修。

（5）防洪期间，钳工要坚持在泵房 24 小时值班。

7.5 主、付井排水系统保障

（1）-110 米水平备用一条排水管道。

（2）加强维护维修 - 330 米水平 3 台水泵，确保副井井底水涡至 - 278 米水平排水巷和 - 278 米水平至 - 330 米水平泄水孔排水顺畅。

（3）现场备足排水材料备件。

（4）雨天及河床行洪期间，电、钳工必须在井下 24 小时值班。

7.6 东风井井口，南、北防洪坝保障

（1）坝体两侧备足废石、沙子、黄土、尾矿砂。

（2）井口 24 小时防洪值班。

（3）井口备足铁锨、镐、草袋、塑料编织袋等抢险物品。

（4）部分河沙、黄土、废石装袋备用。

7.7 抢险抢修保障

（1）汛期各单位要按矿要求组织建立抢险突击队，全体突击队员要保持高度警惕，随时待命。突击队长无故不准离开武安。确因工作需要出差，要指定专人负责，并报防洪防汛指挥部备案。

（2）汛期组织 1 ~ 2 次抢险演习。

（3）抢险救灾物品要提前到位。

（4）物资供应科仓库安排好抢险物品的保管，并 24 小时值班。

（5）汛期抢险车辆 24 小时值班。

（6）维修车间每天要保证 1 台铲车值班，大雨及河床防洪期间，保证 2 台铲车在现场值班。

（7）动力车间、维修车间、提升车间要专门组织电、钳工抢修队伍，雨天及河床防洪期间抢修队伍要现场值班。

7.8 通信保障

（1）值班联系电话：

（2）主要领导联系电话：

六、原矿、精矿质量精细化管理

原矿、精矿质量管理，是矿山全面质量管理工作的重要组成部分，也是衡量矿山企业生产经营好坏的关键经济指标。落实原矿、精矿质量管理，提高原矿及选矿入选品位，是降低采矿、选矿成本的重要途径。北洺河铁矿通过对矿体地质赋存条件的研究，分析采矿工艺、采场综合管理等因素对原矿质量的影响，用精密化验仪器对精矿质量进行监督，剖析了影响精矿质量的因素，并运用精细化管理的模式探索出了保证原矿、精矿质量稳定提高的有效路径。

（一）提高原矿质量

北洺河铁矿提高原矿质量、减少岩石混入的主要方法及措施有以下几种：

科学施工　中潜孔施工过程中，利用中潜孔对矿体进行探边摸底。根据中潜孔施工过程中，流出岩粉的变化情况，判断矿岩界线的变化，修正二次圈定资料矿体界线。再根据地质变化情况及时调整回采工艺及爆破参数，降低围岩混入，提高原矿质量。

加强管理　一是加强原矿质量管理人员及出矿作业人员的培训工作，并对其进行考核，组织与质量相关的多种活动，加强原矿质量管理人员及出矿作业人员的质量意识。二是成立专门的原矿质量管理小组，对原矿质量进行跟班管理，做到班班原矿品位上账，及时指导原矿生产作业。三是加强采场出矿截止品位、出矿量管理，有专人负责对回采工作面进行巡检，对于达到出矿截止品位的出矿作业面及时用红漆封堵，通知车间放炮。

合理规划　北洺河铁矿在生产实践中，根据回采设计炮排剖面矿岩界限的分布情况，确定合理的退采速度及出矿车数，确保矿产资源的合理回收，减少岩石混入降低贫化，提高原矿质量。出矿过程中利用井下废弃巷道堆放岩石，对采场岩石采取合理排放，避免岩石进井，做到分装分运。

严格控制　一是在出矿过程中，如果遇到大块、推墙、悬顶现象，及时进行处理，避免不均衡放矿，而导致岩石的提前混入；二是利用井下品位检测系统，及时了解每个采场的出矿品位，对于出矿质量差、混岩大、贫化率高的采场即时分析情况，提出处理建议，严格控制混岩进入主溜井，提高原矿质量及出矿品位；三是利用井上磁化轮一、二次干选系统甩掉井下混入原矿中的岩石，杜绝原矿中的岩石进入矿仓，提高原矿的入选品位。

资料准确

一是监督生产勘探资料的及时性、准确性，做好探边摸底工作，进一步研究矿体形成的地质规律，准确掌握矿体的形态、产状、赋存状态及矿石品级，清晰了解矿体与围岩的边界线，为采准设计提供可靠、准确的地质资料，减少岩石巷道掘进量，从而减少掘进带岩量混入原矿。

二是强化矿山地质日常基础工作：地质技术人员深入现场及时对井下掘进坑道进行原始地质编录、整理，利用原始编录的地质变化情况修图，分析矿岩界限的变化情况，为技术部门做到科学、合理地布置中潜孔，优化回采设计提供准确的地质资料，减少废石的混入量，从而提高原矿质量。

建立模型　利用中南大学的 DI 米 INE 数字化矿山管理系统软件，建立矿体模型，为回采设计提供直观、可靠的矿体及岩体模型，矿岩界限更为直观明了，使回采设计参数及中潜孔布置更为合理，避免了崩落矿体围岩，减少了围岩混入，提高了崩落矿石的质量，从而提高了原矿质量。

（二）稳定铁精矿质量

北洺河铁矿稳定铁精矿质量的主要方法及措施有以下几种：

应用新设备　2011 年 5 月，北洺河铁矿引进生产取样 SLDN 型全自动取样机。取样机安装在原矿、尾矿生产管道上，通过取样管定时直接截取一定代表性的样品供化验分析使用。取样机使用后，稳定了原矿质量，对矿井下生产提供了指导性意见，为选矿车间提供了准确的依据；减少了尾矿品位的波动影响，杜绝了临时跑尾现象。

2011 年 12 月，将外销日报单改为机打票，提高数据的准确度，减少误传误报的可能性，为诚信销售打好基础。

2012 年 2 月，使用了聚四氟乙烯滴定管，严格了数据控制，防止过滴和仪器使用不当带来的随机误差和失误。

进行数据分析　北洺河铁矿在生产实践中加强数据分析，对原精尾品位数据按次、班、日、月、年逐层分析，按品位等级分析，按时间同期、同比进行对比分析。应用数学统计分布的方法，对数据与生产设备运行状况进行关联，找出数据超标的原因，并进行改进，预防相同或相似的情况发生。

化验室有效使用选厂生产数据分析，使该矿销售与生产平衡。根据选厂生产情况，合理配制原矿，调整精矿生产、控制尾矿品位。针对个别生产超标现象，通过精矿矿仓内混合、留存等手段，使外销精矿出厂合格率达到 100%。

加强工序考察　北洺河铁矿选厂 2006 年开始正式生产，历经大小改造，不断完善系统生产工艺。为进一步了解生产状况，及时发现生产中存在的问题，选矿车间于 2011 年 5 月组织人员对选矿主厂房磨选工序、厂外供矿系统进行了考察。

通过考察发现：①尾矿经过选别之后精矿产率很低，最高的也只有 0.95%，而且此时的磁场强度为 0.2T，高于实际生产（实际生产中三段磁选的磁场强度依次为 0.16T、0.14T、0.12T），同时选别之后的精矿品位在 26% ~ 31% 之间，均不高，这说明在实际生产中磁选已经将原矿中的磁性铁全部回收，尾矿中不存在磁性铁的流失，而尾矿所含有的是弱磁性铁和非磁性铁，而且这些铁用磁选工艺无法回收。②尾矿中具有弱磁性的黄铁矿（FeS_2）含量较高，且尾矿含硫有时可以达到 5.20%，据此认为其中铁占 4.55%（在黄铁矿中，铁和硫的质量比为 $56 : 32 \times 2 = 0.875$，即黄铁矿中含铁量是含硫量的 0.875 倍），其他矿物如硅酸铁、碳酸铁等由于条件限制没有进行分析，但由以上数据可以看出，尾矿品位较高的原因是由于黄铁矿含量较高。

设备改造管理　选矿车间根据工艺流程的需要，多次进行工艺参数研究和设备改造。2011 年，更换了 1 系球磨机衬板，减少了系统损耗；2012 年升级更换了 3 台磁选机，将 1024 型磁选机换为 1030 型磁选机，增加了设备处理量，以适应日益增加的产量要求，满足精矿品位与产量的平衡。

每年组织质量管理小组进行设备改造、工艺改造等科技创新成果申报工作，参加河北省和国家冶金协会组织的 QC 发布活动。2012 年动力车间动力 QC 小组的"降低井下风机耗电量"荣获河北省冶金系统优秀质量管理成果一等奖，动力车间、选矿车间、采准车间、生产计划科的 5 个 QC 成果获得二等奖；采准车间的"提高光面爆破合格率"小组被中国质量协会冶金工业分会评为"冶金行业优秀质量管理小组"。

严格业绩考核　选矿车间每年根据公司计划，将工作任务层层分解，直至个人。同时，完善各项工作标准和考核细则，明确责、权、利的工作范畴，大力推行标准化。从采样、加工、化验到报送，各步骤详细规定了量和时间，记录规范，并建立了抽检制度、奖罚制度等。

对员工考核采用平衡计分卡方法，依靠个人能够影响到的计量因素来评估个人业绩。通过测量与具体职责相关的一系列确定的目标来考核员工的业绩，根据员工在几个指标上的得分而建立奖金制度。如：化验员工作分解到每一项化验，化验室每月进行内验，对化验员进行严格考核。

加强质量认证工作　2007 年 2 月 13 日，北洺河铁矿开始实施 ISO 9001 质量体系认证工作，进一步提升了产品质量，夯实企业管理基础，提高了"邯邢"牌铁精粉的知名度。公司将质量方针定位为"以人为本，诚信为天，树立品牌形象；顾客至尊，改进致远，追求行业领先"。为更好进行质量认证工作，北洺河铁矿成立了认证领导小组，培训了专职和兼职内审人员 45 人，编制了《质量手册》、《程序文件》及相关三级文件。同时完善了企业的各项管理制度，强化了基础管理，明确了相关部门质量工作目标，促使企业管理按制度执行，每年组织内审和管理评审，顺利通过世标认证公司的外审，至今保持 ISO 9001 质量认证资格。

（三）实践效果

原矿质量提高 北洺河铁矿由于在原矿质量管理方面措施得力，制度配套，在保证资源充分利用回收的情况下，使原矿品位都能超计划完成，原矿质量逐年提高。2009 年实际采出原矿量 232.23 万吨，预计混岩 48.77 万吨，实际混岩 48.66 万吨，比预计少混岩 0.11 万吨，原矿品位比计划提高 0.02 个百分点；2010 年实际采出原矿量 245.38 万吨，预计混入岩石 52.76 万吨，实际混岩 51.40 万吨，比预计减少混岩 1.36 万吨，原矿品位比计划提高 0.22 个百分点；2011 年实际采出原矿量 274.71 万吨，预计混岩 60.11 万吨，实际混岩 53.66 万吨，比预计减少混岩 6.45 万吨，原矿品位比计划提高 0.78 个百分点；2012 年 1～6 月份，实际采出原矿量 142.55 万吨，预计混岩 29.78 万吨，实际混岩 24.03 万吨，比预计减少混岩 5.75 万吨，原矿品位比计划提高 2.12 个百分点。具体原矿品位及混岩情况详如表 11－15 所示。

表 11－15　　　2009—2012 年原矿品位、混岩情况计划与实际对照表

矿石、岩石量：万吨，品位：%

年份	采出矿量	品　位			混岩量			井下废巷道排岩	干选系统甩岩
		计划	实际	超计划	预计	实际	减少		
2009 年	232.23	37.00	37.02	0.02	48.77	48.66	0.11	—	48.41
2010 年	245.38	36.60	36.82	0.22	52.76	51.40	1.36	—	44.85
2011 年	274.71	37.00	37.78	0.78	60.11	53.66	6.45	1.78	44.18
2012 年	266.05	37.20	40.58	3.38	55.58	38.04	17.54	3.32	34.61
合计	1018.4	36.92	38.05	1.13	217.22	191.76	25.46	5.1	172.05

经济效益显著 北洺河铁矿通过加强原矿质量管理，提高原矿质量产生的经济效益主要在节约采矿及选矿成本上，2009—2012 年，通过加强原矿质量管理，减少废石混入，共计节约成本费 750 万元。

七、科技型节能减排

（一）工作背景

2007 年，国务院出台了《节能减排综合性工作方案》，方案包括节能减排目标任务和总体要求，调整和优化结构、加大投入，全面实施重点工程、创新模式，加快发展循环经济、依靠科技，加快技术开发和推广、强化责任，加强节能减排管理、健全法制，加大监督检查执法力度、完善政策，形成激励和约束机制，加强宣传，提高全民节约意识、政府带头，发挥节能表率作用。同时，政府将建立节能减排"工作问责制"和"一票否决"制，将节能减排指标完成情况纳入各地经济社会发展综合评价体系，作为政府领导干部综合考核评价和企业负责人业绩考核的重要内容。

节能减排是实现"绿色生产、绿色经营"的前提条件，也是企业在现代经济环境下生存和发展的必要条件之一。北洺河铁矿建矿以来，认真落实《国务院关于加强节能减排工作的决定》和公司《节能减排工作安排意见》，坚持节约发展、清洁发展、安全发展，不断加大节能减排的工作力度，取得了较好的效果。

（二）方法措施

北洺河铁矿节能减排工作的指导思想是：以科学发展观为指导，以贯彻落实国家节能减排方针政策为主线，坚持"节约与发展并重，并把节约放在首位"的方针，树立"节约就是效益、创新就是发展"的理念，通过强化管理和技术进步，不断优化采选工艺和调整用能结构，严格控制能源消耗和污染物排放，提高用能效率和经济运行质量，促进北洺河铁矿健康持续发展。其主要工作方法与措施如下：

强化领导，落实责任　一是矿领导班子牵头成立节能减排领导小组，明确工作职责。确立了单位产品综合能耗降低3％的奋斗目标，并层层签订目标责任状，将目标分解落实到了车间、队段和班组。按照定量考核与定性考核相结合的原则，将全矿各单位的用电、用水、用油、用煤统一纳入考核范围。设立节能工作专项考核基金，2011 年，累计发放节能减排项目奖励 1.8 万元。大的项目奖励由"四优化"创效管理办公室进行。二是加强日常管理，重点对外委施工工程进行监管，使电量的变损、线损基本控制在 2.5％之内。

加强宣传，提高意识　北洺河铁矿在矿内局域网上，不定期发布节能减排宣传知识，每年以节能宣传周为契机，开展多种形式的节能宣传，通过全矿职工参与节能答题、宣传展板、网络媒体、征集节能项目等各种形式和途径，进行了多角度、全方位的立体宣传，扩大宣传范围，强化宣传力度，切实提高了宣传效果。

采取措施，提高效果　北洺河铁矿在节能减排方面采取了多种措施，主要有：

（1）变频技术不断推广应用。对主副井风机电机进行变频改造，根据风机主电机温度适时调节，年可节约电能 3 万千瓦时。井下通风机有 2 × 185 千瓦风机两台，90 千瓦风机 4 台，75 千瓦风机 1 台，均实现了远程变频控制。

（2）不断引进节能减排的新技术，−230 米水源地 3 台 160 千瓦水泵采用软启动控制，减少电网冲击，效果理想。洗浴系统使用空气源热能泵，取代电热管，功耗减少 2/3，每年至少节约电能 20 万千瓦时。

（3）加大日常照明用具管理，生活区域做到声光时控管理，井下推广使用节能灯，运输巷更换节能灯 700 余盏。斜坡道及联巷更换节能灯 800 余盏。

（4）不断进行系统改造，−330 米水泵房，1#和 3#水泵由原来的 4 级泵改造为 2 级泵，流量不变，扬程降低为原扬程的一半；2#水泵重新选型，使之更符合生产需要。改造后的水泵年可节约电能 2 万度以上。

图 11－14　北洺河铁矿水泵房

图 11-15　北洺河铁矿节能灯设施

图 11-16　井下巷道节能灯

选矿回收水再利用，变电站投切电容器、调节主变分接开关，提高系统功率因数等措施都起到了很好的作用。

合理规划，避峰用电　北洺河铁矿通过优化生产组织，坚持避峰用电，主要措施有：

图 11 -17　家属区节能灯

（1）严格落实避峰填谷工作制度，合理组织运输、主井和破碎系统避峰填谷生产，尽量把检修时间定在用电高峰期的早 8 点到 11 点，既保证了产量，又在用电高峰期完成了检修的任务。

（2）根据峰谷时段合理优化设备开动率，根据生产组织变化对真空泵运行模式进行优化，要求磨矿系统停系半小时后，停运真空泵一台，以达到既能均衡供风又达到节能效果。

（3）高浓度均衡排尾，根据检测尾矿浆浓度数据及时调整隔膜泵的开动台数，降低频率或停运隔膜泵一台，以达到高浓度均衡排尾，降低电能的无故浪费和机械设备的磨损。

加强源头控制，提高入磨品位　北洺河铁矿利用井下各水平废旧巷道和联采空区存放岩石，2011 年减少岩石上井量 6.45 万吨，缓解了运输、提升、选矿三道工序的繁忙生产；选矿通过磁化轮，甩岩石 44.18 万吨；强化入磨品位由 39.51%，提升到 43.59%，对选厂三系列进行了减负；加强了粉矿回收力度，共计回收 6.5027 万吨粉矿，创效千万元以上。

此外，该矿积极加强环境治理，履行社会责任，开展塌陷区充填、尾矿造田、植树、清洁生产等活动，近年来尾矿库种植沙棘 4 万多棵，运销洗车机一年共计回收铁精矿 160 吨。

图 11-18　尾矿库沙棘

（三）实践效果

北洺河铁矿通过节能减排一系列举措的实施，不断提升企业管理水平、降低生产成本，从而实现企业经济效益与社会效益的双赢。其主要成效体现在以下两方面：

主要耗能指标　北洺河铁矿近年主要耗能指标，如表 11-16 所示。

表 11-16　　　　　　　　　　北洺河铁矿近年主要耗能指标

时间	产品 （万吨）	能耗标准 （千克）	实际能耗 （千克）	比计划 降低（%）	避峰节电 （万元）
2010	122.63	14.85	12.55	15.49	88.12
2011	141.81	14.14	11.32	19.94	84.04
2012	150.11	13.47	11.13	17.37	61.10

以 2012 年统计为例：单位产品能耗 11.13 千克标准煤/吨精矿，比预算降低 2.34 千克标准煤/吨精矿，降幅 17.34%，节约标煤 351 吨。

主要减排指标　北洺河铁矿近年主要减排指标，如表 11-17 所示。

表 11-17　　　　　　　　　　北洺河铁矿近年主要减排指标

时间	采掘总量 （万吨）	入选原矿 （万吨）	计划排岩量 （万吨）	实际排岩量 （万吨）	实际排岩量 降低（%）	备注
2010	269.49	245.26	65.42	35.07	46.39	
2011	295.06	274.65	55.11	37.55	31.86	
2012	283.17	266.05	55.58	38.04	31.56	

第十二章　安全管理

安全管理是管理科学的一个重要分支，是为实现安全目标而进行的有关决策、计划、组织和控制等方面的活动。主要运用安全管理原理及方法，分析各种不安全因素，从技术、组织及管理等角度采取有力措施，解决和消除各种不安全因素，防止事故发生。其管理对象是生产中一切人、物、环境的状态管理与控制。

北洺河铁矿本着安全第一的经营主旨，在管理实践中从安全标准化管理、安全责任体系构建、HSE 管理体系构建、现场安全管理及安全文化建设等五个方面探索出了一套行之有效的安全管理运营模式。

一、严格规范的安全标准化建设

安全标准化是指通过建立安全生产责任制，制订安全管理制度和操作规程，排查治理隐患和监控重大危险源，建立预防机制，规范生产行为，使各生产环节符合安全生产法律法规和标准规范的要求，人、机、物、环境处于良好的生产状态，并持续改进，不断加强企业安全生产规范化。

（一）实施背景

2006 年，国家修订了《金属非金属矿山安全规程》（GB16423－2006），制定颁布了《尾矿库安全技术规程》（AQ2006－2005），为加强对国家标准和规范的宣传贯彻，同时为了加快金属非金属矿山安全标准化建设步伐，根据《关于开展安全质量标准化活动的指导意见》和《金属与非金属矿山安全质量标准化企业考评办法及标准》，国家安全生产监督管理总局发出了《关于做好金属非金属矿山安全标准化企业考评工作的通知》，对达标企业考评定级。这标志着矿山企业安全标准化建设正式起步。

安全标准化既是国家相关法律、法规和政策的要求，又是提升企业安全管理水平的有效路径。对此,北洺河铁矿高度重视,相继发布了安全生产管理制度汇编手册,并深入贯彻落实各项制度、规程、规范和标准,以实现企业安全标准化达标定级的要求。

(二) 实施路径

北洺河铁矿在安全生产实践中,积累了大量的安全风险防范措施,并将其融入安全规章制度和安全操作规程中,不断提升企业安全管理水平。具体做法及措施有:

构建安全制度和规程体系 北洺河铁矿结合实际,对标建设,形成了规范的安全制度体系和规程体系,约束人的行为,提高安全控制力。

1. 构建安全制度体系

2010 年,北洺河铁矿以安全标准化建设为契机,对该矿的安全管理制度进行了梳理,严格按照制度制定的规范、标准,逐项进行符合性审查,从而保证制度的公平性、合理性、科学性和可操作性。

安全制度体系的设计充分结合了安全标准化建设的思路,将该矿的安全管理制度共分为 18 大类,内容基本涵盖了该矿目前所有的安全职能领域。

在安全标准化建设中,制度梳理范围为该矿现行所有的安全制度、文件,共计近 300 个。通过梳理,提出了制度框架草案及制度的合并、修订或废止建议,经与各部门充分讨论后,形成了含 14 章、90 项的《北洺河铁矿安全标准化·地下矿山管理制度汇编》和含 48 项制度的《北洺河铁矿安全标准化·尾矿库管理制度汇编》,7 项《北洺河铁矿环境保护管理制度》以及 11 项《北洺河铁矿职业健康管理制度》,实现了安全管理制度的规范化、程序化和标准化。2011 年,根据实际工作的需要,先后修订了《劳动保护用品发放标准》、《井下消防安全管理制度》等安全生产制度。2012 年,对职业健康方面的制度进行了修订,新增了《职业健康岗位职业卫生操作规程》、《职业病防护设施维护检修制度制度》、《建设项目职业卫生"三同时"管理制度》,从而保证了制度的有效性、时效性和科学性。目前北洺河铁矿已建立起一整套全面系统的安全管理制度(见图 12 – 1)。

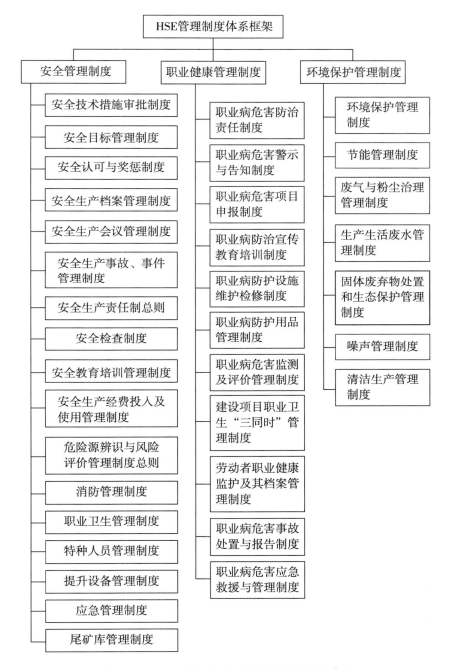

图 12 - 1　北洺河铁矿 HSE 管理制度体系框架图

2. 建立健全安全操作规程

北洺河铁矿建立健全安全操作规程的主要做法有：

一是建立安全操作规程时，根据国家安全生产、劳动保护政策法规及本单位的安全规章制度，并结合本单位的工序、现场环境、机械设备性能、产品等特点，按照生产工艺流程的要求，在分析事故原因的基础上，补充修改各工种安全操作规程。

二是在建立健全安全操作规程工作中，为了保证安全操作规程的实用性、可操作性，组织有经验的工人、干部、技术人员进行技术讨论，广泛征集他们的意见，认真加以修改完善，力求做到条文具体、切合实际、简明易懂。

三是安全操作规程编写完成后，按照文件会签要求进行会签。充分征求各部门意见，特别是管理部门和使用部门，经过反馈，进一步修改完善，最后经过矿长审批，上报集团审批备案后执行，作为内部标准严格执行。

四是操作规程覆盖面广，符合实际。北洺河铁矿岗位安全操作规程包括全矿 97 个岗位，详细规定操作过程中人的行为及设备状态等内容，对预防事故具有重要意义。

建立规范运作机制　北洺河铁矿建立了保证制度体系规范运作的机制，确保制度的执行力。

（1）制度宣贯和组织沟通。北洺河铁矿充分利用典型案例的警示和激励作用，营造良好的制度执行氛围，发挥制度的激励作用及约束力。每一项新的或修订的安全管理制度出台后，安全管理科都及时以书面形式或网上发布形式进行告知，举办培训班，组织各科室及基层单位管理人员、安全人员、段队长、班组长进行培训。各基层单位分别组织职工学习，通过宣传贯彻落实，使每一名职工对制度有一个基本的了解，从而满足安全工作的需要。

（2）建立健全监督检查机制。安全管理科建立健全监督检查机制，对制度落实情况进行检查。成立了 45 人的安全专职检查队伍，三班对该矿所有岗位、人员进行日常执法检查，另外矿内每月组织安委会综合检查、专项检查及节假日安全检查等，每月由安全科进行考核，从而强化制度的监督落实，切实做到了有章必依、执章必严、违章必究。

（3）维护制度的公平性。在制度执行过程中，坚持制度面前人人平等。无论身居何职，工做好，贡献大，则奖；工作违纪违规，发生事故，则罚。有效维护制度的严肃性和权威性，确保制度贯彻实施的刚性。2011 年，该矿共发放安全奖励 92.28 万元；2012 年上半年，全矿共发放安全奖励 49.1 万元。

建立制度日常维护和年度审视及维护机制

一是制度的日常维护。在日常工作中，由安全管理科负责收集制度在执行过程中的存在问题及改进建议，需要立即改正的问题，以补充规定的形式暂时修订并执行，在正式修订时合并为一个制度。

二是制度的年度审视及维护。每年年初，由安全管理科组织开展制度的年度审定，在征询各部门、车间意见及建议的基础上，提出制度调整和完善的建议及相应的工作计划并组织落实。

（三）实践效果

北洺河铁矿通过安全标准化制度及规程体系的建立，充分体现了北洺河铁矿内部管理工作的完整性、统一性和规范性。使安全生产过程有序可控，确保安全平稳。同时，实现了安全管理制度的规范化、程序化和标准化。特别是现场文明生产和环境治理得到了彻底改观，井下大巷电缆管线吊挂规范（见图 12 - 2），各硐室实现了定置管理。通过安全标准化三级建设，全矿职工安全理念和意识进一步增强，安全管理水平大幅提升。

图 12 - 2　北洺河铁矿 - 110 米水平运输大巷电缆吊挂

2011年5月4日，北洺河铁矿获得由河北省安监局颁发的安全标准化三级证书，这标志着该矿安全工作达到了国家规定的标准化三级水平。从2009年7月25日开始筹备标准化三级建设，到2011年5月4日取得证书，北洺河铁矿以安全标准化为契机，在不到两年的时间里，在建设"国内一流、国际知名"大型地下矿山的征途上又迈出了一大步。

图12-3 北洺河铁矿安全标准化三级证书

案例12-1

四化班组

班组是企业的细胞，是员工从事活动的基本单元，班组安全是企业安全的基础。北洺河铁矿在安全标准化进程中开展了"四化班组"建设活动，掀起了安全标准化建设的新篇章。四化即安全管理标准化、作业现场标准化、岗位操作标准化和过程控制标准化。

安全管理标准化　通过制定科学的管理标准来规范员工的思想行为，确定班组成员必须遵守的行为准则，要求工作过程中的每一个环节，都必须按一定的方法和标准来运行，实现管理标准化。

作业现场标准化　通过实施作业现场标准化管理，实现人—机—环境的和谐完美统一，使安全生产管理达到最佳状态。一是现场的各类设备、设施、安全防护装置和安全警示标志要符合国家和行业标准的要求。二是工作环境要符合安全要求。防护措施到位，有职业危害的场所应符合国家及行业标准和有关规定，并采取相应的防护措施。三是工作结束后，现场应做到清洁、卫生、文明、整齐，物料及工具符合定置管理要求，做到文明生产。四是员工着装、劳动保护用品的穿戴等应符合现场工作性质所要求的标准，现场的人流、物流必须统一、规范、有序。

岗位操作标准化　操作人员必须经过严格的培训，熟知工作现场、工作程序、工作方法，掌握岗位操作技能、自我防护、应急处置和各种预防措施，并经严格考核合格，才能担任起该岗位的工作，满足特种作业的安全要求。操作人员在作业时要严格遵守安全技术操作规程，在生产操作过程中做到"三不伤害"。

过程控制标准化　通过实施预防控制、更正性控制、行为过程控制和事故控制实现过程控制标准化，其核心是控制人的不安全行为和物的不安全状态。

（1）预防控制。一是人的教育训练：标准化班组的所有成员必须经过矿三级安全教育和相关培训，通过考核取得操作资格证和上岗条件的方可上岗作业。二是对物的不安全状态的控制措施，生产设备、设施要符合安全要求，从源头上把住安全关。在使用中的定期检查，保养，强制维护，强化预防控制措施。

（2）更正性控制。通过定期和不定期的检查来执行更正控制，发现问题，及时处理，督促更正，并制定相关的补充规定来达到标准化的不断完善。

（3）行为过程控制。矿安全技术部门和车间安全技术人员经常深入生产现场，及时发现和纠正作业过程中违规违纪现象，使行为过程始终控制在预先设定的轨道。

（4）事故控制。通过对事前、事中和事后的控制，采取必要的防范措施，防止不安全行为重复出现和消除物的不安全状态，以事故预案的方式做好事故的预防，并定期进行事故预演，达到对事故的控制。

通过开展班组安全标准化建设，夯实了班组安全基础，丰富了企业安全文化内容，促进了全矿安全管理水平的提高，达到了预期效果，为在全矿乃至全局实施安全标准化打下了坚实的基础，为建设安全、和谐的矿山生产秩序创造良好的条件。

二、全员化安全责任体系建设

（一）实践经验

安全生产责任制是根据我国安全生产法规建立的各级领导、职能部门、工程技术人员、岗位操作人员在劳动生产过程中对安全生产层层负责的制度。

北洺河铁矿认真贯彻"安全第一、预防为主、综合治理"的生产方针，建立健全安全生产责任制，全面落实企业安全生产责任。通过贯彻实施安全生产责任制度，对生产负责人、管理者、操作人员提供行为约束，构建了一整套安全生产责任体系，确保了企业安全生产形势的平稳。其主要经验及做法体现在以下几方面：

思想重视 北洺河铁矿始终秉承"安全责任重于泰山"的发展理念，充分认识实行安全生产责任制度的重要性，把安全生产工作摆在第一重要的位置，每年的第一件事情是研究下一年的安全发展规划；第一个会议是安全工作会，部署下年安全工作；第一个文件是安全环保工作安排，始终将安全工作当成头等大事来抓。

健全组织 北洺河铁矿不断完善安全生产监督管理体系，成立了以矿长为主任的安委会，统一领导该矿的安全生产工作，定期研究解决安全生产中的重大问题。同时，层层落实车间安全生产责任制，明确各部门的安全监管作用。安全管理科在矿长、生产副矿长领导下具体负责该矿的安全管理工作；各生产车间配有专门的安全副主任，全面负责所属车间的安全工作。建立了专兼职安全管理队伍，实现了安全管理网络纵向到底、横向到边，覆盖到该矿各岗位，为该矿安全监管工作提供了可靠的组织保障。

构建体系 北洺河铁矿在实践中积极探索，建立健全了行之有效的安全生产责任体系，明确了各级安全责任。该矿自2001年起推行安全生产责任制，并不断修订完善，做到了单位部门层层有责任，岗位职工人人有职责。

一是按照"横向到边，纵向到底"的原则，建立责任体系。明确班组对车间负责，车间对矿负责的管理体系，实行一级抓一级，层层抓落实；二是按照"谁主管、谁负责"的原则，建立领导体系。明确矿长为全矿安全生产的第一责任人；各车间、科室行政一把手为本单位安全生产的第一责任人；职工在自己的工作职责范围内，对安全生产负责。

贯彻落实　北洺河铁矿为更好贯彻落实安全生产责任制，采取了以下四种方法：

（1）层层签订安全承诺，认真执行"一岗一责制"。

一是矿长与各生产单位、主要职能科室一把手签订《安全生产管理目标承诺书》，将安全生产管理目标责任贯彻落实到有关科室、车间（工区），并对承诺书进行公示，接受职工监督。

二是进一步明确和细化各级安全生产责任，结合岗位实际情况，制定出具有实效的岗位安全责任制，真正做到一岗一责。通过矿与车间、车间与工段、工段与班组层层签署责任状，班组成员之间签署互保协议，签订责任书等措施，做到了层层有目标、人人有专责、个个有压力，使安全成为该矿共同承担的责任和任务，形成健全完善的安全生产责任制体系。

（2）突出"一把手"作用，强化安全目标责任制。北洺河铁矿不但要求各级领导签订安全文明生产承诺书，确保本单位的安全，而且要求在矿组织的月安全检查中，都必须由单位"一把手"陪检。检查中，一是对单位"一把手"进行安全岗位责任制的考核，二是对检查中发现的问题，要求单位主要领导要当场拍板，能当场整改的，要立即拿出方案进行整改；不能立即整改的，安全管理科下达《隐患整改通知书》，令其限期整改，限期完不成，则按规定给予处罚。该项举措加强了各单位主要领导对安全生产的关注和了解，工作中少了推诿、扯皮现象，加大了整改力度。

（3）实行事故隐患及违章连带责任制度。北洺河铁矿颁布实施了《北洺河铁矿安全文明生产考核办法》，该办法鼓励安全第一责任者、分管领导、安全员纠正违章，及时整改隐患。同时，实施违章连带责任制，被检查单位发生一起违章现象，除对违章者本人进行处罚外，还要对本单位的安全第一责任者、分管领导、段队长进行相应的连带处罚，将安全责任与个人经济利益挂钩，增强安全管理人员的责任心，有力促进了安全生产责任制的全面落实。

（4）贯彻23号文件精神，落实企业主体责任。北洺河铁矿制订了《领导带班暂行办法》，从制度上明确了带班领导的范围、工作职责，要求带班领导必须与工人同时下井、同时升井。发挥领导带班的关键作用，赋予生产现场带班领导直接决策权和指挥权，提高了隐患处置效率和应急反应速度，使企业主体责任得到了真正落实。同时，调整了对外委队的管理思路及模式，变粗放监管为直接管理。由矿配备的开拓工区对外委施工单位的生产组织、人员、工资分配和资金投入进行直接管理，制订了配套的管理制度，对生产组织、人员、分配和安全投入全面负责，并实行双向考核模式，一是由工区考核安全抵押金；二是由矿考核进度工程款中的安全管理费。解决了由于安全资金投入不足、工资分配不当造成的施工人员不稳定等直接威胁安全生产的问题，取得了明显实效。

（二）运行效果

实践证明，只有充分认识实行安全生产责任制度的重大意义，完善各级岗位安全责任制，以《安全生产法》为法律依据，严考核、硬兑现，建立健全安全生产责任体系，抓好各项制度的落实，做到职责明晰、运作规范，才能扎扎实实地做好安全管理工作，全面实现安全管理目标，为企业的经营管理创造一个良好的环境。

北洺河铁矿通过构建上下互保的安全生产责任体系，按照"谁主管谁负责"原则，实行事故连带，使得该矿"三违"事故发生率逐年降低，由过去每年的1000多人次，降为每年400～500人次。员工安全生产意识不断提高，安全生产水平逐年攀升，安全生产形势日趋平稳，确保企业完成安全生产任务，实现安全生产目标。

三、优质高效推进 HSE 管理体系建设

HSE 管理体系是健康、安全与环境管理体系（Health Safety and Environmental manage ment System）的简称。以行为科学、系统论为指导，以人为本，在生产经营活动中将人的健康放在第一位；强调对安全和环境的管理，应着眼于预防，防范生产事故和破坏环境事故的发生，推行"清洁生产"，尽量减少污染物的产生。

2008 年以来，北洺河铁矿积极组织人力、物力和财力，将 HSE 体系建设作为提高企业本质安全水平的一次机遇，按照"先重点、后全面；先局部、后系统"的工作思路，将 HSE 体系拆分为职业卫生、安全生产、环境保护三个部分，以安全标准化建设为抓手，分阶段、抓关键，在企业内部创建和推

行 HSE 体系建设工作，取得了良好效果，2011 年被评为五矿集团公司 HSE 建设先进单位。

（一）经验做法

宣传教育为引导　北洺河铁矿以宣传教育为引导，营造 HSE 管理体系建设的浓厚氛围。针对井下作业点多、线长、面广、三班作业，集中组织大规模宣传教育活动困难，小范围的活动又难以达到预期的效果的特点，通过"分层次、抓关键、重引导、造氛围"，利用培训骨干、会议部署、牌匾张贴、网络宣传、手册下发等形式，使 HSE 管理的理念深入人心，提高员工的 HSE 管理意识，为全面推行 HSE 管理体系奠定了坚实的思想和理论基础。

组织机构为保障　北洺河铁矿以组织机构为保障，将 HSE 体系融入到该矿的管理体系之中，将 HSE 体系定位为该矿综合管理体系的一个分支，最终融入到总的内控体系。成立了 HSE 体系建设领导小组和办公室，矿长为建设领导小组组长，并任命了安全生产副矿长为管理者代表，在 HSE 体系建设办公室下设置了职业健康、安全、环境保护和综合协调及考核四个职能小组，小组成员由相应科室的主要负责人担任，HSE 体系的运行绩效考核和内部审核职能由企业管理科负责统一协调管理，为 HSE 体系在该矿各项活动、产品和服务中正常有序开展创造了条件。

制度建设为基础　北洺河铁矿以制度建设为基础，不断细化和规范体系要求。通过多次和集团公司、邯邢矿业安全环保部共同组织专题讨论会，研究和部署体系建设的具体工作事项，开拓新思路做好 HSE 体系建设。组织精干人员参加了公司统一组织的 HSE 体系制度建设工作小组，小组成员积极和咨询公司专家、矿相关单位和部门沟通，结合自身工作特点，汲取其他单位成熟的管理经验，制定出符合体系要求和现场实际的管理手册、7 套程序文件、26 项制度及 120 余项记录文件的文件体系。

安全标准化为抓手　北洺河铁矿以安全标准化为抓手，突出危险辨识和环境识别的管理重点。借鉴安全标准化所取得的经验，以危险辨识和环境识别活动作为体系建设的重点工作。自下而上开展危险源和环境因素辨识活动，由各单位、部门的基层班组、岗位对自身所处的环境因素（污染源）及危险源进行识别和辨识，矿安全和技术部门依照生产工序的活动、产品和服务确定环境因素和危险源，汇总统一后，共同分析环境影响，确定控制措施，并对所辨识的危险源和环境因素进行评价。对该矿 7 个生产工序 29 个生产场所活动和 13 个服务场所活动确定影响环境因素 185 项，产生危险因素 235 项；制订环境控制措施 378 项，危险控制措施 637 项。通过评价确定的重要环境因素 5 项，重大危险源 1 个，均采取措施进行了系统布控和重点管理。

现场环境整治为突破口　北洺河铁矿为了达到 HSE 体系建设现场标准的要求，开展了现场隐患整改达标活动，体现了体系运行的良好效果。一是生产单位对所辖区域内的文明生产制订阶段性整治计划，安全管理部门依照计划每周进行验收；二是设备运行车间对自身设备设施进行隐患排查，技术设备科室进行跟踪检查；三是固定场所和工作现场实施"6S"和定置管理；四是火药库、临时油库、塌陷区、尾矿库等重点危险源重新制定工作标准。自 HSE 体系运行以来，该矿未发生人身及设备事故，工作环境大为改善，职工劳动保护和环保意识不断增强，现场管理水平整体提高。

（二）运行效果

推行 HSE 体系建设是一项对企业和职工都有利的工作，HSE 体系的建立，能够实现企业和职工的双赢。北洺河铁矿通过开展 HSE 体系建设，取得良好效果。

形成 HSE 管理网络体系　根据 HSE 体系建设要求，北洺河铁矿成立了 HSE 管理委员会，结合本矿特点，下设了七个安全环保工作专项小组（法律保障小组、采掘安全技术小组、设备安全技术小组、选矿及尾矿库安全技术小组、应急救援技术小组、环境保护技术小组、职业卫生技术小组）。管理委员会主要成员担任专项小组组长，并对七个专项小组的责、权、利进行明确规定。建立了以管理委员会为首的"横到边、纵到底"的 HSE 管理网络，有力地促进了安全环保工作的全面开展。

建立 HSE 责任考核体系　从矿长、车间主任（各科室科长）、段队长到最基层的班组长，层层签订了《HSE 目标管理责任状》，班组内部成员签署《职工互保协议》，有指标、有职责。同时，制定完善了《北洺河铁矿责任制实施细则》，有责任，有追究。

夯实 HSE 管理基础体系　开展 HSE 体系工作后，北洺河铁矿结合本单位健康安全环保基础工作的实际情况，逐一对照体系导则进行分析总结，对 HSE 体系和安全标准化建设在基础工作中所要求的相关内容进行分类、整理、汇总，使该矿的 HSE 管理进一步规范化，收到了明显的效果。

规范 HSE 管理投入体系　根据体系建设要求，北洺河铁矿规范了 HSE 费用的提取和投入制度。HSE 体系投入主要包括两部分，一是硬件投入：严格按照国家和行业规定，完善、配齐系统健康、安全、环保设施，为职工创造必备工作条件，二是软件投入：针对技术含量高和关键性强的技术课题，积极与高校、科研机构等合作，联合研究攻关，逐步构筑起科学技术支撑体系，做到了超前预防。

细化 HSE 教育体系　北洺河铁矿在 HSE 管理过程中分层次进行系统培训。对企业高层管理人员进行意识培训，明确高层管理人员在体系实施中的关键地位和主导作用；对中层管理人员进行管理培训，使其掌握国家、集团公司、矿有关 HSE 的方针、政策、法律、法规，有关规章制度、标准对本部门的管理要求；对执行层进行现场技能培训，使执行层人员明白遵守方针、程序和体系要求的重要性，清楚其工作区域存在的实际或潜在的 HSE 风险，以及个人工作在处理事故和紧急情况的作用及职责、了解不遵守程序的潜在后果等。做到了重点突出，责任分明。

建设 HSE 文化体系　根据集团公司管理体系导则的要求，矿行政对健康、安全、环保工作总负责，把握大局，统筹安排，周密部署；矿党委、团委积极参与，将健康、安全、环保纳入精神文明考核内容；矿工会发挥矿职代会的作用，把维护职工的合法权利尤其是保护职工的生命权作为首要任务，形成了齐抓共管的 HSE 文化体系。在 2011 年的国家"安全月"活动中，党政工团齐力配合，创办《洺河园》安全月专刊，开展了安全承诺签字、优秀安全管理者的推荐和评选、安全知识有奖问答竞赛等活动，有力地推动了该矿"人人相互要安全"的安全文化氛围。

案例 12 – 2

二十字秘诀

北洺河铁矿在 HSE 体系建设中，总结出 HSE 体系推行要做到 20 个字，即：领导重视、思想不松、组织不散、基础规范、突出一线。

领导重视：领导对 HSE 的重视不是口头承诺，而是以身作则，积极参与体系的建设和实施，如：定期主持召开 HSE 例会，签发 HSE 文件，组织体系审核、管理评审，为 HSE 管理方案的落实提供人、财、物等方面的支持等；部门领导应以身作则，认真履行本部门 HSE 职责，积极配合 HSE 管理部门完成各项 HSE 工作；基层车间领导要发动本单位员工严格执行 HSE 管理制度，参加危害识别和作业安全分析等 HSE 活动，规范个人 HSE 行为。

思想不松：是指全体员工，特别是管理人员要有紧迫感，从思想上高度重视保持体系的良好运行，做好扎实、细致的基础工作。

组织不散：是指 HSE 体系建设工作小组、归口管理的办公室要认真履行职责，做好文件审查、修改和协调运行等日常工作，及时调整人员，配备资源，带领全体职工顺利开展 HSE 体系试运行，并保证各项工作按计划完成。

基础规范：体系运行的基础工作按制度要求规范操作，不能编一套，做一套；如果发现制度要求和实际相差较远，或是有更好的方法，要及时反馈到体系建设工作小组，达到不断修订和提高的目的。

突出一线：HSE 体系建设的最终目的还是为一线服务，要把现场的标准和体系建设的要求相融合，将主要精力放到现场的 PDCA 良性循环上来，不能够舍本求末。

北洺河铁矿在 HSE 体系建设的进程中，牢牢把握"领导承诺、全员参与、预防为主、持续改进"的精髓，稳步推进 HSE 体系有序进行和持续改进，实现了企业健康、安全、环保目标及社会责任目标。

四、前馈式现场安全管理

现场是各种生产要素的集合，是企业各项管理功能的"聚焦点"，现场管理就是对现场各种生产要素的管理和各项管理功能的验证。现场管理最重要的特点就是有序化，即各项管理功能有序化，物流受控有序化和人的行为有序化。对于安全管理而言，现场安全管理贯穿于安全生产的全过程，是安全管理的重中之重。

（一）管理经验

北洺河铁矿充分认识到现场安全管理工作的重要性，始终将现场安全管理当作头等大事来抓。坚持科学化安全管理，依靠"创新体系、创新管理、创新模式"，预先对危险进行识别、分析和控制，变"事后处理"为"事先控制"，预防为主，关口前移，防患于未然，确保了现场作业安全，在不断的学习和实践中积累了宝贵经验。

实施标准化检查法 北洺河铁矿对该矿 45 个岗位或工种均制定了详细的安全检查标准，并将常见"三违"和隐患进行了归纳整理，形成了北洺河铁矿安全文明生产检查标准手册，分别下发到各车间、班组，从而使安全检查、班组创建先进均有标准可依，安全工作进一步得到规范。

　　加大现场隐患排查力度　北洺河铁矿分层次、全覆盖地开展现场隐患排查工作，加大现场隐患排查力度，防患于未然。

1. 检查方法及模式

　　北洺河铁矿实行矿、车间、班组三级检查，并采取专项检查与综合检查相结合、车间隐患自查与矿安全抽查相结合、巡检与点检相结合的模式，具体检查方式包括：

　　（1）日常巡查。安全管理人员每天到生产一线巡回检查，检查路线、地点、时间不确定，随到随查；对管理差、违章多的单位重点查，反复查，对习惯性违章的职工一再敲警钟，提醒他们遵章作业。

　　（2）节假日检查。节日前夕，都组织全矿安全、消防、卫生大检查。由矿长组织，生产、安全、机动、保卫、工会等职能部门参加，形成党政工团齐抓共管安全的态势。

　　（3）青年安全监督员检查。在主要岗位开展青年安全监督岗活动，轮流当一天监督员；开展监督员身边无事故活动。通过活动的开展，提高青年职工的安全责任意识，规范操作，文明生产，消除安全隐患，杜绝事故发生。

　　（4）各单位自查。由各车间自己组织安全检查活动，狠抓隐患整改，及时查处人的不安全行为和物的不安全状态，将各种事故苗头消灭在萌芽状态，并将自查整改情况上报。

　　（5）在检查中实行互查机制，每月由安全管理科在各车间随机抽出一个班组列入检查范围，由各车间安全主任、安全员进行互查考评，同类班组中排名第一的对班组成员每人奖励500元，排名最后的每人处罚300元，排名最后的班组直接列入下月检查对象，连续3个月排名最后，提请车间对其班组长免职。

　　（6）现场重大施工项目的安全监督检查。每年年终和年中检修、提升机换绳、罐笼更换等重大检修项目，从矿领导到职能部门安全管理人员，都到现场监护，现场警示安全注意事项，确保安全。

2. 执行值班制度

　　北洺河铁矿的安全执法队伍常年工作于井下一线，三班开展隐患排查活动。严格安全员三班值班制度，明确值班检查重点，实施值班检查档案制度，注重隐患排查闭环管理。除抓好顶板、通风、防探水、火工材料的日常检查以外，还根据不同季节、不同部位开展防洪防汛、防寒防冻等专项检查，做到了检查范围和检查内容的全覆盖。

3. 建立隐患信息管理系统

北洺河铁矿结合实际情况，对隐患信息管理系统进行了升级改造，形成了独具特色的隐患信息管理系统。一是所有检查出的隐患全部录入系统，而且全部为处罚项，取消了原有的"四定"表，要求矿属各车间、科室每班关注本单位的隐患检查情况，及时进行整改；二是对专职安全员进行隐患排查量化考核，每人每班查出的安全隐患不得少于 5 项，完不成月累计指标的，除免除安全奖励外，按 10 元/项扣罚工资；三是加强现场安全确认力度，将原来班组长单独确认，改为由安全主任、安全员和班组长共同确认，未经安全确认的地点，严禁作业，从而提高安全确认水平，确保作业现场无隐患。

4. 实行危险源分级管理

北洺河铁矿实行危险源分级管理，变"事后处理"为"事先控制"。一是各单位对岗位的隐患进行梳理和排查，根据 LEC 打分法对隐患逐项进行评估，共分为五个危险等级，其中一、二级由矿统一管理，三、四级由车间管理，第五级由班组管理，隐患的检查和整改坚持"四定两不交"的原则，即定项目、定措施、定责任人、定完成时间；班组能整改的不交车间，车间能整改的不交矿，形成了矿、车间和班组三级隐患管理体系。二是对每一项隐患均制订详细的防范措施，在该矿所有作业岗位、作业现场共安装了隐患辨识牌 86 块，对职工进行岗位危险因素告知，使其正确掌握防范措施并严格遵守，保证危险因素始终处于可控状态。三是严格按照重大危险源管理制度对尾矿库进行管理，完成了尾矿库重大危险源评估和备案工作。

重点部位安全管理 北洺河铁矿在现场安全管理中，对井下重点作业场所一一进行了规范。

（1）规范通风工作。一方面，在主要通风联巷和设尘部位定制了 23 块公示牌，由专门人员负责定期检测，监测数据现场公示；另一方面，加强各水平独头掘进作业区域的局部通风检查，添置轴流风机，规范风筒延伸设施，改善局部通风环境，特别是强化开拓工区部两翼的局通风检查，发现问题及时处理。

（2）加强井下顶板管理。一是加强顶板的日常检查，重点强化了顶板的安全确认和检撬，每班由当班人员对自己作业区域进行检查，车间安全员对车间所有区域顶板情况进行确认，安全后方可施工，矿安全员每班进行抽查，发现问题及时整改，保证了作业区域的顶板安全。二是加大了破碎地段的支护力度，对顶板差的巷道采取了随掘随支、短掘短支和小断面掘支的施工工艺，确保了作业安全。三是严格执行防探水制度，做到"逢掘必探，先探后掘"，各单位密切监视井下巷道顶板的淋水变化情况，如有异常及时上报处理。

同时，创新井下顶板管理模式，实行"一多一强三标准"管理法，"一多"即在掘进和支护作业前，对作业区域的顶板、两帮及周围环境实行作业人员、安全员和车间主任多重共同确认后，方可施工；"一强"就是强制推行光面爆破，提高工程质量；"三标准"是要求井下所有巷道支护面距离掌子头的裸巷不得超过10米，未成巷巷道不得超过20米，打锚杆作业时，必须做到打一根注一根。以此来提高安全确认水平、工程质量及支护的及时性，确保安全作业。

（3）强化危爆物品检查管理。北洺河铁矿组织开展涉爆安全隐患大排查工作，加大了矿属涉爆单位、各外委施工单位对民用爆炸物品的领取、发放、背送、使用、退库等各环节的安全管理。并成立了井口检查站，三班查处私藏乱带火工材料的行为，严禁火工材料上井。

（4）落实尾矿库专项整治。一是完善尾矿库各项管理制度，完成尾矿库突发事故的应急预案的编制工作；二是矿工农办加大尾矿库周法小围非企业的清理工作；三是技术计划科、地质测量科加强位移观测和筑坝工作力度；四是选矿车间强化尾矿库调洪放矿等日常安全管理；五是安全管理科、调度室等部门加强日常安全检查，尤其是汛前的防洪防汛排查，确保尾矿库的安全运行。

夯实班组安全管理　事故案例分析表明，90％以上的事故发生在班组。班组是企业的细胞，是企业最基层的生产组织和管理组织，只有抓好班组的安全管理，整体安全才有保障。北洺河铁矿班组安全管理的主要做法有：

（1）班组安全教育做到"三坚持"。一是坚持安全教育责任制。明确班组长为安全生产的第一负责人，负责班组安全教育工作。二是坚持安全教育科学化。班组安全教育要结合自身的实际，采取科学的方法，注重"三个结合"，即理论学习与典型事故案例分析相结合；日常学习与阶段性总结相结合；规章制度学习与提合理化建议相结合。三是坚持安全教育经常化、现场化，时时、事事地进行，边工作边进行。通过坚持不懈地安全教育，使每个职工真正地将安全理念和安全知识内化于心，从而外化于行。

（2）实行安全联保、互保制度，建立互保联保机制。班组内部签订互保协议，实行班组内部人员联保互保。要求各联保组织在执行过程做到"四不伤害"。克服以往那种"别人违章，与我无关"的错误思想，实现了由"要我安全"向"我要安全"的本质性转变，营造人人参与安全管理，群策群力保安全的良好安全氛围。

（3）坚持"四必做"，严格现场安全工作管控。从预防着手，强化现场"四必做"流程管控，努力消除现场不安全因素。一是坚持现场安全确认。进入工作面首先对生产的各个环节、设备认真检查，每个细节都由专人负责，坚决做到"隐患不排除，不生产"。二是坚持现场巡查。班中对各个工作地点进行巡回检查，发现违章作业行为及时制止、纠正。并把需要注意的安全重点写在"安全警示小牌板"上，警示大家时刻注意安全。三是坚持现场标准化作业。班组工友必须严格按标准作业，达不到标准的按制度处罚。四是坚持班后收工会。在井下值班室召开班后收工会，针对现场实际总结当班安全、质量、工作任务完成情况及个人表现。

推行"6S"现场管理模式 "6S 管理"是现代工厂行之有效的现场管理理念和方法，其作用是：提高效率，保证质量，使工作环境整洁有序，预防为主，保证安全。6S 管理的主要内容是：整理、整顿、清扫、清洁、素养及安全。落实基础性的 6S 工作，能为其他管理活动提供优质的管理平台。

选矿车间大力推行 6S 管理，从最基础的"整理"、"整顿"开始，逐步开展"清扫"、"清洁"，旨在最终达到"素养"、"安全"。对所有作业平台逐一进行 6S 推广，通过职工全员对工作环境的改善，达到了提高工作效率，实现标准化操作，进而使员工养成良好的工作习惯，形成好的文化与素养，较好地约束和控制不安全行为，促进安全生产的目的。

（二）实践效果

北洺河铁矿通过扎实的现场安全管理工作，安全作业条件大为改善，员工安全意识大幅提高，由"要我安全"变为"我要安全"，安全素养逐渐养成，企业安全管理水平不断得到提升。

五、以人为本的安全文化建设

安全文化是指安全生产管理及实践过程中累积形成的价值观念、思维方式、行为规范、工作及生活环境的总和。企业安全文化一般分三个层次，即物质层、制度层、精神层。物质层是企业安全文化的表层部分，是企业创造的安全器物文化，是精神层的载体，它往往能折射出企业的安全生产思想、安全管理哲学、工作作风等；制度层是企业安全文化的中间层次，主要指对企业职工和企业组织行为产生规范性、约束性影响的部分。如企业的组织结构和安全规章制度等；精神层是指企业领导和职工共同信守的安全价值观和精神、安全意识、安全态度等，是安全文化建设的核心和灵魂，是企业员工对安全问题的个人响应和情感认同。

安全文化建设是企业安全管理的一项重要工作，而文化建设并不是一蹴而就的，需要长时间的积累及沉淀，才能塑造出企业独具特色的安全文化。国家制定的《安全文化建设"十二五"规划》中，提出了"着力加强企业安全文化建设，推动安全文化建设示范工程加强安全文化阵地建设，创新形式，丰富内容，形成富有特色和推动力的安全文化，为实现我国安全生产状况根本好转创造良好的社会舆论氛围"，将企业安全文化建设提升到战略的高度。

（一）建设经验

北洺河铁矿在安全文化建设的过程中，坚持人本理念，充分发挥安全文化"教育人、约束人、规范人"的作用，强化安全教育，增强安全意识，严格安全制度，全方位构建安全文化，不断提升企业安全水平，为企业实现健康持续发展提供了保证。其主要经验及做法有：

安全理念文化　安全理念是企业安全文化的核心，也是企业精神及灵魂的重要体现，北洺河铁矿坚持"以人为本"，充分发挥安全文化"教育人"的作用，塑造了独具特色的安全文化理念系统。

1. 构建安全理念体系

在北洺河铁矿安全文化中，安全理念文化是核心，只有内化于心，才能固化于制、外化于行。北洺河铁矿坚持继承与创新并重的原则，提出了"全员主体、依法治理、过程防控、安全每一天"安全生产方针和"重大责任事故为零，重伤及以上事故为零；劳动保护用品配置率、合格率100%，职业卫生防治率100%；安全教育培训合格率100%；安全设施完好率、通风合格率、隐患整改率100%；降低不可抗拒的自然灾害造成的风险"。的安全目标。

提出了"平安洺河、和谐洺河"的安全愿景；建立了"安全第一、尊重健康和生命"的安全思想理念；"安全生产、我有责任"的安全责任理念；"零违章、零隐患、零事故"的安全追求理念；"安全就是责任、安全就是效益、安全就是幸福、安全就是政治"的安全价值理念；"全员主体、依法治理、过程防控、安全每一天"的安全标准化理念；以及"文化引领、打造本质安全型洺河"的安全主导理念，形成了独具特色的安全理念文化体系，如图12-4所示。并分层级建立了矿、车间、班组三级安全理念。

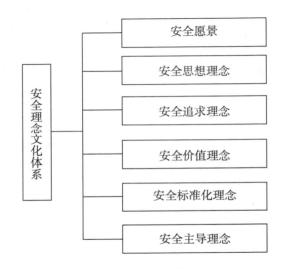

图 12 - 4　北洺河铁矿安全理念文化体系图

2. 安全理念宣传贯彻

北洺河铁矿在安全文化建设中，采取形式多样的宣传手段，进行安全理念的灌输，提高员工的安全意识，规范员工的安全行为，收到良好效果。其具体做法为：

一是加大安全文化宣传力度。通过安全宣誓、安全承诺、理念诵读等有效手段，唤醒职工对安全的渴望，使安全文化理念为广大职工所认知、认同和接受，将理念化为行为习惯和价值取向，外化于行。

二是建设安全文化长廊。结合北洺河铁矿开展安全生产、班组安全标准化管理、反违章警示教育等活动，发挥矿洺河园报、安全网站、视频及宣传栏等媒体的作用，在副井、−110 米水平、−230 米水平以及井下工作现场分别建立了副井文化长廊、安全文化墙、岗位安全文化园地。在厂区、工作现场设置悬挂了大量的安全文化警示牌、告知牌、宣传牌，大力宣传企业的安全理念和安全文化。通过这些活动，将安全文化理念渗透到生产经营活动的全过程，营造"人人讲安全、时时讲安全、事事讲安全"的良好氛围，促进了员工由"要我安全"向"我要安全、我会安全"的转变。

图 12−5　副井新通廊内的安全全家福

案例 12−3

安全月活动纪实

2011 年是全国第十个全国安全生产月，根据集团公司和矿业公司关于开展"安全生产月"活动的通知要求，北洺河铁矿以"安全责任，重在落实"为活动主题，围绕上级部门的总体部署，开展了安全生产事故警示教育、安全宣传教育、应急救援演练、班组安全建设等主题活动，普及安全知识，在全矿营造了浓厚的安全文化氛围。

安全宣传　制作安全月宣传条幅，向职工发放安全知识传单共计 800 多张。利用通勤车播放安全生产技能宣教片《常见违章作业事故案例——反"三违"事故篇》，组织全矿驾驶员观看一次安全警示教育片《危在瞬间》。

安全活动　矿工会组织开展"我为安全进一言"主题签字，党委工作部创办了《洺河园》安全月活动专栏，宣传报道安全月活动工作进展及各单位活动开展情况，充分发挥党委、共青团和工会组织的积极作用，不断提高广大职工和群众的安全生产知识和自我防护能力，营造浓厚的安全生产氛围。

专项行动　开展了"安全设施和文明生产专项整治行动"，重点进行隐患排查治理，完善安全基础设施、改善井下作业环境。2011年6月上旬由各单位自查整改，6月13日，矿工会、安全管理科组织职工代表进行全矿安全综合检查，检查中职工代表共查出隐患和问题36项，并以"四定表"形式下发车间，6月20日，检查问题全部整改完成。

图12-6　职工代表安全大检查

安全培训　从2011年6月12日开始，进行全矿安全知识培训，包括矿领导、安全管理人员、特殊工种人员、其他从业人员和外委施工单位人员共计近2000人参加了培训考试，6月18日，完成试卷回收和批改工作，并于月末对成绩优异的个人进行抽奖。

主题活动　开展"安全从家庭做起"主题展示活动。各车间征集全家福照片及安全寄语，在新建的副井文化长廊中展示，使职工在出入井时就能够感受到家庭的氛围，提高职工安全意识，营造和谐平安的安全文化氛围。

应急演练　为配合全国安全月应急演练周活动，2011年6月13日至19日，组织全矿事故应急综合预案和透水淹井专项预案联合演练。各车间结合自身特点，组织了适合本车间的应急演练。如提升车间组织了 -330 米水平突发水事故演练；动力车间组织了 110 千伏变电站反事故演练等。通过开展各项活动，在全矿营造出了浓厚的安全氛围，职工安全意识进一步提高。

图 12 -7　提升车间突发水事故演练现场

班组建设　以安全月为契机，开展了"安全示范车间、示范站所、示范生产班组和示范岗位"建设活动。各车间做好单位及班组建设，从安全基础、安全设施、安全环境、安全技能和安全文化中展现自我、比学赶超。并组织专项的交流和评比，对评比中的优胜者推荐参加矿业公司样板示范活动，将北洺河铁矿班组建设活动推向新高潮。

北洺河铁矿通过组织安全月活动，提高了各级安管人员工作主动性，提升了全矿职工安全意识，加强了安全工作执行力。真正体现了"安全责任，重在落实"安全月活动主题，保证了安全生产工作平稳、有序地开展。

案例 12 -4

矿嫂下井

"你是平安的，我就是幸福的"，对于矿工的家属来说，亲人的平安是最大的幸福。2012 年 6 月 20 日，北洺河铁矿工会组织了 10 名矿嫂带着慰问品到井下慰问了一线的亲人和矿工兄弟。

在井下工作面上呈现出一幅幅动人的画面，矿嫂们见到了正在工作的矿工兄弟，纷纷拿出慰问品及装有安全嘱托的平安瓶发到他们的手里。有的矿嫂在井下遇到了自己的丈夫，亲自把慰问品送给丈夫并深情拥抱，这样一个特殊场合的相遇，比任何时候都感动，都更有意义。她们每到一处都会对矿工说一声"你们辛苦了，你们的安全就是我们的幸福"，以此来表达自己对亲人和矿工兄弟们的深厚感情。

图 12-8　矿嫂给矿工送慰问品

升井后，在下井体验座谈会上，矿嫂们饱含热泪地说："通过下井体验，我们对井下有了深刻的了解，体会到了亲人在井下工作的辛苦。我们向矿上保证，今后一定做好贤内助，照顾好老人和孩子，让丈夫安心工作，只要亲人平安了，我们就会感到幸福。"

矿嫂下井活动增强了矿工"一人安危系全家，全家幸福系一人"的安全意识，让职工意识到自己担负着整个家庭的幸福责任。同时，矿嫂参与到安全生产工作中，充分发挥了亲情慰藉的力量，让亲人牢记安全，按章作业，共同为自己的小家做好后盾，为企业大家保驾护航。

图 12 − 9　矿嫂座谈会

安全制度文化　北洺河铁矿坚持从严管理，充分发挥安全文化"约束人"的作用，建立完善的安全管理制度及行为规范，约束员工行为，提高企业的安全管理水平。其具体做法有：

1. 建立全面系统的安全管理体系

北洺河铁矿注重安全制度建设，在建矿初期就组织修订了各项安全管理制度，为矿山初期的安全生产奠定了制度基础。

2005 年，以安全生产责任制、安全管理制度和安全技术操作规程为框架的三项制度建设支撑起全矿安全管理体系。

2. 构建安全管理四大机制

北洺河铁矿在安全文化建设实践中，构建了安全生产战略目标、安全目标考核、安全制度落实以及安全自控等四大机制，不断提升企业的安全管理水平。

（1）完善安全生产战略目标机制，增强安全文化的目标性。北洺河铁矿按照"安全第一，预防为主，综合治理"的方针，以上级部门安全工作部署为指导，结合企业实际，确立安全生产指导思想、工作目标和重点，明确了安全工作的主攻方向和战略方针，做到了安全工作有的放矢。

（2）完善安全目标考核机制，增强安全文化的持久性。北洺河铁矿结合该矿实际制订了《北洺河铁矿安全文明生产考核办法》，建立可行的目标考核机制，严格考核和兑现。一是将被考核单位月工资总额的15%与安全生产、安全指令、文明生产等安全职责挂钩，月考核月结算；二是为充分调动全员参与安全的积极性，预留100万元作为安全奖励基金，奖励在安全工作中作出贡献的集体和个人。安全考核以安全检查的问题及各单位问题整改情况为依据，按规定分值对单位进行量化考核，并细化到段队和班组，考核结果在车间公示后，到安全管理科备案，增加考核的透明度，极大促进了基层人员工作积极性，夯实了现场安全管理的基础。

（3）完善安全制度落实机制，增强安全文化的执行力。北洺河铁矿在落实安全管理制度工作中，切实做到有章可循、有章必循、违章必究，形成规范运转的长效机制。一是加大"三违"打击力度，制定了该矿中层干部和安全员查处"三违"指标、车间查处"典型三违"指标，并将完成情况与安全奖励挂钩。二是制定反违章工作重点，反管理性违章从提高生产科室、班组安全管理水平抓起；反指挥性违章从落实生产人员安全责任抓起；反作业性违章从现场安全作业抓起；反装置性违章从工程设计、施工、验收和设备定货抓起。调动了各级人员齐抓共管抓安全的积极性，将反违章工作从"人、机、环"辐射到"人、机、环、管"，形成完整有序的反违章体系，把各种不安全因素及时消灭在萌芽状态，确保了企业的安全生产。

（4）营造安全文化场，形成安全自控机制。安全文化就像一只看不见的手，自觉不自觉地指导员工的行为。北洺河铁矿通过种种措施，形成了浓厚的安全文化环境：一是各级领导从自我做起，严明纪律，以身作则；二是工作人员要自觉遵守规章制度，发现违章违纪主动进行纠正。在企业范围内形成一个很强的安全文化场，每名职工自觉地遵章守纪，形成安全自控机制。

3. 制定相应行为规范

北洺河铁矿在安全文化建设过程中，针对员工的不安全行为，制定了相应的行为规范并严格执行，从"本质安全"入手，约束员工行为，提高员工安全意识，时刻警示员工行为。

安全物质文化　安全物质文化是指整个生产经营活动中所使用的保护员工身心安全与健康的工具、原料、设施、工艺、护品护具等安全器物及工作环境。北洺河铁矿结合自身特点，安全物质文化建设主要从以下几方面着手：

1. 安全标志设置

北洺河铁矿按照国家及上级主管部门的要求，在作业场所及办公区域设置了安全标志，包括以下两方面内容：

（1）安全标志制作：严格执行国家安全标志标准的相关规定，使用标准安全色及标准图形；

（2）安全标志设置地点：北洺河铁矿在地表重要工业场地、重点部位及重要站所设置了安全标志，并对设置区域的安全标志类型、内容等作出相关规定，以制度的形式贯彻落实。

2. 配备安全设施及用具

为提高本质安全化水平，北洺河铁矿不断加大安全设施投入，实现设备的本质安全化，改善工作条件，创造安全工作环境。其具体做法有：

（1）加大安全设施投入。北洺河铁矿不断加大安全投入，提高科技兴安能力。每年的安全费用投入总额都高于国家规定的安全费用提取标准（10元/吨），且安全费用单独列支，专款专用，保证安全生产资金及时到位。近几年，安全设施投资项目主要有：

1）通风系统改造：通风系统采用多级机站计算机远程集中控制系统，加装了反向控制程序，使系统的稳定性和及时反应能力大幅提高，并成功进行了建矿以来首次全系统反风实验。同时，通过对 -110 米水平局部通风系统改造，解决了交叉作业通风困难的局面。

2）安全避险六大系统：投资 2000 多万元建设安全避险六大系统，提高了矿山的安全救援能力。

3）供电系统改造：投资 18.5 万元将 110 千伏变电站模拟盘改为具有光电同步显示、停钟显示、微机五防保护等功能的新型模拟盘，提高了供电系统的安全可靠性。

4）提升系统改造：通过西风井提升系统电控改造、盲斜井平巷防跑车装置的安装等措施，提高了北洺河铁矿提升系统的本质安全化水平。

（2）配备防护设备与装置。北洺河铁矿配备了作业场所职业危害检测和防护设备与装置，按照国家规定或行业标准完成了作业场所通风防尘、隔音降噪等各项工作。如：针对井下 -128 米水平和 -255 米水平水泵房噪声较大的情况，投资 15 万元，将值班室改为隔音材料值班室，保证了职工的职业健康；每年委托职业病防治机构对有毒有害作业点进行监测；组织全体在岗员工进行健康检查，对接触有毒有害作业的人员进行专项体检工作，并建立职工健康档案；公司成立 15 年来没有发生一例职业病例。同时，投入 153 万元安装环保空调 162 台，每年发放防暑降温物品 40 余万元，有计划、有重点地开展各项防暑降温工作，矿成立 15 年来没有发生一例员工中暑事件。

在劳动用品发放方面，北洺河铁矿按照国家职业健康要求，按最高标准配备劳动防护用品。一是矿安委会审议通过了新修订的《劳动防护用品发放标准（2011 版）》，对涉及全矿的 68 个工种的 7 大类 44 种劳保用品进行了修订，更新了新式劳保用品，强化了职业健康防护。二是严格劳动保护用品的购入环节审核、发放环节职工本人亲自签字、使用环节穿戴齐全化、规范化，并加大对劳动防护用品佩戴的检查力度。

案例 12 - 5

人为本，保为先

2012 年 10 月，北洺河铁矿对《北洺河铁矿劳动防护用品发放标准》进行了部分修改，不仅增加了该矿个人劳保防护用品发放品种数量，而且大大缩短了发放周期，真正体现了企业"以人为本"的管理思想。

缩短发放周期　矿山企业工种繁多，而且大部分是井下作业，由于井下作业环境复杂，工人的劳保服装不可避免地破损。所以，该矿将工作服的领取时间由原来平均每 30 个月一套改为现在的平均每 12 个月一套；另外，防尘、防毒口罩等职业防护用品的发放周期也由原来的每 3 个月一个变为每月一个。

提高发放标准　过去，北洺河铁矿电工发放的劳保绝缘鞋是 20 世纪七八十年代的帆布绝缘鞋，质量差，冬天不保暖。经过调查研究，该矿按照最新的个人劳保防护用品发放标准，将绝缘鞋改为高强度牛皮鞋绝缘，不仅防绝缘性好，而且美观大方，保暖性极佳。

增加品种数量　北洺河铁矿的劳保防护用品由过去发放的 36 项增加到现在的 44 项，其中，对国家增加的职业卫生保护项目，如电机车司机要带护目镜，掘进工要带护耳装置等都一一贯彻落实。

体现以人为本　过去北洺河铁矿劳保用品的发放，过多地考虑价格高低、是否符合国家标准等要求，没有顾及员工佩戴时的舒适程度。经过对工人们的走访调查，新的劳保防护用品发放标准更具人性化，如：将易融化造成堵塞的耳塞换成了罩住全部耳朵的耳麦；把沉重肥大的双胶小雨衣换成轻便合体的纺绸小雨衣等。不仅提高了防护用品的性能，更重要的是，大幅提升了员工的舒适度及满意度。

规范发放过程 过去北洺河铁矿劳保防护用品缺乏规范的管理，劳保用品由队、段长签字认领，劳保卡片没有本人签字的痕迹化管理，而且劳保卡片的发放项目还存在缺失。经过对劳保发放标准的修改，该矿的劳保卡片做到一人一卡，且必须本人签名领取劳保，同时，增加劳保卡片的发放项目，年度办卡，最少保存三年的发放标准。

3. 创造安全工作环境

2010年以来，该矿先后投入近600万元，实施了多项亮化、美化工程项目，使矿区环境面貌发生了翻天覆地的变化，职工工作、生活条件得到明显改善。

（1）井下采掘环境标准化。以井下采掘环境标准化治理为重点，高标准治理，上档次、展形象。进一步加强固定场所美化、亮化环境治理工作，从根本上改善职工作业环境。

按照"分区负责、谁污染谁治理"的原则，明确责任区域和责任范围，制定各部位文明生产标准，加大检查考核力度。实施各工序交钥匙工程，以采准车间为突破口，强化工程验收中的安全文明生产验收，做到下一工序接收前，现场环境要达到标准化要求。同时积极为井下环境治理创造条件，提前完善排水设施，水沟、泄水孔分区域负责，从根本上改善井下作业环境。在该矿各固定工作场所实施"6S"管理模式，提升该矿文明生产的整体水平。

（2）美化、绿化矿区环境。在矿区主干道、地面工业广场等处安装了低能耗、高亮度的照明灯，解决了普通路灯光线弱、数量多、维修多等方面的难题，将矿区夜景装点成了一道亮丽的风景。对井下主要行人运输巷道、地面候车棚、抽风机房、井下机电设备硐室等多处的规章制度牌板进行改装，全由普通牌板换成了灯箱，不仅美化了环境，更给职工带来美的享受。建造了多处小型花园，安装健身器材，为职工提供了晨练、休闲的好去处。该矿每年投入100万元，在工业园区、尾矿库、塌陷区等共种植花草树木20万棵，将北洺河铁矿打造成为花园式矿山。

图 12 - 10　厂区一角

员工安全素养　提高职工安全意识的根本在于加强安全知识技能教育，北洺河铁矿将加强安全知识技能教育放在安全文化建设的重要位置，不断提高职工队伍的整体素质。其主要做法有：

1. 建立培训专家库

北洺河铁矿将矿山各级领导、具有丰富经验的一线段队长纳入安全专家库，根据其特长安排教学任务。同时，利用矿地、矿校交流的优势，外聘多名专家，有效保证了教学力量，满足了安全培训的需要。

2. 制订培训计划

制订全年培训计划，计划涵盖矿决策层、中层管理人员、安全管理人员

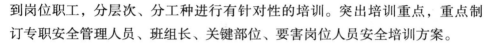

到岗位职工，分层次、分工种进行有针对性的培训。突出培训重点，重点制订专职安全管理人员、班组长、关键部位、要害岗位人员安全培训方案。

3. 创新培训机制

采取理论考试与现场实践相结合的培训和考核办法，确保培训实际效果。对安全资质培训根据国家各级政府文件要求实施对标式管理，在内部培训中引入全过程安全培训，并将培训考核延伸到现场，实施理论与实践闭卷随机抽题，考核成绩分比例计入，合并考核。所有从业人员必须持证上岗，严格按照规定要求进行新工人入矿三级安全教育、转岗培训教育和年度安全学习教育，保证培训的时间和质量。外来参观学习人员下井前，进行安全培训，观看安全教育片。

4. 开展安全教育培训活动

以"强化安全意识，提高安全素质和技术素质"为重点，坚持月度安全分析会、安全学习日等制度，开展安全培训考试、安全经验大家谈、典型事故案例分析等活动；工作中开展创建绿色安全生产岗位竞赛、安全技能比赛、安全工作合理化建议等活动；并组织进行各种应急预案的演练活动，使员工在参与中逐渐由了解到认知，由认知到认同，由认同到成为自觉的行为。最终达到让员工潜移默化地接受安全价值观，并逐渐用以指导自己的行动。

5. 定期组织学习

组织职工学习掌握各项规章制度、安全生产技术知识、紧急情况应急处理及逃生知识、自我保护知识等，提高职工的安全素养及技术创新能力，发挥广大职工在安全生产管理中的主动性、积极性。

6. 强化班组安全建设

班组是企业的基本单位，企业的安全生产最终要通过班组来实现，因此，班组的安全文化建设应当作为重点工作。班组的安全文化建设是一个细、实、杂的工作，北洺河铁矿结合开展争创学习型班组、先进班组和班组标准化建设、"双争双优（争创优秀班组，争做优秀职工）"等活动，认真落实班前、班后会和周、月安全活动等制度，形成一种安全文化氛围的约束力，调动职工搞好安全生产的主观能动性。

图 12 - 11　提升车间安全知识竞赛

目前，该矿形成了一整套职工教育培训体系，每年各种安全培训达到3000 人次，培训合格率 100%。

安全信息沟通　为更好地进行安全信息的交流与沟通，北洺河铁矿创立安全心语信箱、安全网上论坛和多形式互动安全例会三种方式组成的多层次安全交流平台，营造"人人抓安全、人人要安全"的良好氛围，不断提升安全管理水平。

1. 安全文明生产心语信箱

该矿在职工工作和生活地点开设安全文明生产心语信箱，鼓励职工提出安全文明生产方面的建议，由安全管理科安排专人每周统计上报，并于下周在安全例会上给予答复和公示，对采纳的建议给予一定物质奖励。

案例 12 - 6

安全心语信箱

小信箱，大贡献。安全心语信箱是北洺河铁矿进行安全信息沟通时的重要工具之一，为征集职工合理化建议提供了良好平台。

1. 征集建议

北洺河铁矿为更好地和一线员工进行信息沟通，在副井井口、选矿车间、西风井厂区和 −110 米水平电梯井四个职工工作和生活地点开设了安全文明生产心语信箱，激发职工的主人翁意识，鼓励职工为安全文明生产献计献策。

图 12 − 12　职工正在向心语信箱中投送合理化建议

2. 实施奖励

安全心语信箱由安全管理科安排专人每周统计上报，并于下周在安全例会上给予答复和公示，对采纳的建议给予一定物质奖励。

如选矿车间职工韩庆龙在心语信箱中提出了：在放矿漏斗检修时安置安全气囊，防止落矿对作业职工的事故伤害的建议。安全管理科收到建议后当天组织人员进行了调研，并给予了明确答复，并反映至矿相关部门安排实施。再如运输车间职工梁俊峰提出的开展每周安全研讨的建议得到采纳后，安全管理科给予个人 500 元的奖励，并在井口 LED 显示屏上予以公布。

安全心语信箱自开设以来，共收到合理化建议 158 条，其中已经落实 96 条，实施率为 60.8%，使北洺河的安全文明生产水平不断提升。安全生产事故多发生于生产现场一线，所以安全生产工作的重点在一线，而一线的重点在职工。广大职工是企业的主人翁，也是企业安全生产的直接参与者，他们掌握着企业安全生产的最基本信息，他们的智慧是企业发展的动力和源泉，他们的经验是企业安全发展的宝贵财富。

2. 企业安全专页

北洺河铁矿开设了企业安全专页，设有安全信息、政策法规、安全标准化、职业健康、安全技术、环境保护、安全管理、通知公告等八个板块和一个安全交流论坛。安全管理科利用八个板块向职工发布各级文件精神和矿安全生产动态等各类安全信息。职工可以在"安全交流论坛"实名或者匿名注册登录，对该矿安全工作提出合理化建议和意见，安全管理科在论坛中对于提出的问题有问必答，实现了双向互动交流（见图 12 – 13）。

图 12 – 13　北洺河铁矿安全网络专栏

3. 多样互动式安全例会模式

北洺河铁矿积极探索新的安全例会形式，创建了多种互动式安全例会模式。

（1）搭建决策层、现场单位的安全沟通平台，以每周三安全例会为主要载体，参加人员进行现场沟通互动，解决工作中的实际困难；开创安全生产现场办公会模式，矿领导和相关职能科室定期到车间、班组参加安全例会，了解职工安全生产工作动态，现场提出解决措施，提高安全生产网络各层次间的沟通效率。

（2）搭建职能科室与生产单位之间的安全沟通平台，每周的矿级安全例会职能科室必须参加，对生产单位在会上提出的问题要给予解答和处理，安全管理科负责监督和考核，形成了"安全管理科统一监管，各职能科室分工负责"安全生产工作专业性管理模式。

（3）搭建各生产单位间的安全沟通平台，实施安全例会联开模式，每月车间级的安全例会要安排一次和上下工序或相关工序车间共同召开，了解其他单位的安全生产工作重点和难点，提出相互间需要沟通和解决的问题，共同制订措施，提高了安全工作的执行力，解决了工序间安全工作推诿扯皮现象。

信息交流体系正式投入使用短短一个月的时间，共收到职工合理化建议12条，采纳实施6条，奖励金额2200元。开展网络论坛讨论9次，共收到附贴43张，点击次数达到300余次。随着宣传的深入，各平台收集上来的信息呈不断增加的趋势。

通过安全信息交流平台的有效运转，使广大职工认识到：信息交流平台不是形象工程，更是展现矿职工安全素质，增强职工责任心和主人翁参与感，提升企业安全管理水平的有效手段。

（二）建设效果

企业安全文化不仅表现在提高安全意识，强化安全管理，消除事故隐患，确保组织机构安全运行，还包括对环境的保护以及对社会的责任等。因此，北洺河铁矿将安全文化建设作为提升该矿安全管理水平的有效手段，把生产安全的概念扩展至"人员安全"、"健康安全"和"环境安全"等，全方位地抓好职工队伍稳定以及消防、保卫、职业安全健康等各个方面。在不断夯实安全生产基础的同时，切实做好职工队伍思想的"安全"工作，坚持生产安全、思想安全两个"轮子"一起转，共同构成了以人为本的"大安全"和谐理念，促进了企业安全、稳定运转，增强职工责任心和主人翁参与感。多年来没有发生影响北洺河声誉和企业稳定的事件，保持了政治稳定、思想稳定、企业稳定的良好局面。

附录 12 - 1

北洺河铁矿"三违"计分及处罚管理制度

第一章 总 则

第一条 为强化现场安全管理，明确现场"三违"行为，杜绝和减少因"三违"而造成的事故的发生，根据矿实际，结合《北洺河铁矿安全文明生产考核办法》，特制订本办法。

第二章 适用范围

第二条 适用于在北洺河铁矿全体职工及外委施工队人员。

第三章 实施细则

第三条 有下列"三违"情形之一的，记 1 分，并处罚 100 元。

（1）劳动保护用品佩戴不齐，不能正确使用的；

（2）超过颈根的披发或发辫，未戴工作帽或不将头发置于工作帽内而进入生产现场的；

（3）在规定场所不戴安全帽、不按规定系紧安全帽带等违反《北洺河铁矿安全帽管理规定》（见附件）的行为；

（4）涉尘、涉毒或涉噪部位不佩戴防尘、防毒或耳塞、耳罩的；

（5）岗位记录本不按规定填写及乱写乱画和不会背诵操作规程、岗位责任制的；

（6）在工作时间内脱岗、串岗、睡岗及做与工作无关事情的；

（7）用电机车滑线接地照明的；

（8）矿车掉道用铁器顶车上道的；

（9）操作有故障矿车或安全装置不全的矿车的；

（10）用手直接搬动矿车曲臂和提前摘钩的；

（11）矿车超速行驶的；

（12）编组运行中的矿车没有挂好车门的；

（13）短距离顶车无人监护、无可靠安全措施或顶车数量大于 8 个矿车、矿车之间没有连接销的；顶车时监护人对驶来车辆发出停车信号的；

（14）同向行驶的两组空车或重车距离小于80米的；

（15）使用手动电动工具无护罩或切磨部位超过规定要求的；

（16）采用设备拉、挑带电电缆的；

（17）在变电、泵房、机修厂房、主副井内等工作场所停放摩托车的；

（18）未使用专用工具操作（用手排拉铁屑等）的；

（19）电耙耙矿（渣）时，人员跨越钢丝绳的；

（20）凿岩工骑气腿作业的；

（21）非操作人员从铲运机旁通过时，未与司机联系的；

（22）有人从铲运机旁通过时联系后，铲运机没有停止行进的操作人员；

（23）使用时氧气和乙炔瓶距离不够5米、氧气和乙炔瓶10米内有火源、乙炔气瓶直立不足20分钟，乙炔瓶无防回火装置、瓶身两端无防震圈、瓶身只有一个防震圈或俩防震圈在瓶身上下端距离不在200～250米米范围内、运输时无防护帽的；

（24）气焊操作人员不戴防护眼镜的；

（25）井下采用明火、电炉、灯泡取暖的；

（26）未经允许而私自进入要害部位者和接待者；

（27）井下人员随意乱扔、乱画，有不利于精神文明行为的。

（28）操作或检查旋转设备时，戴手套、未扣领口、袖口及下摆、衣襟敞开，戴围巾、领带、长发外露的；

（29）工作时有颗粒物飞溅，未戴护目镜或面罩的；

（30）在易燃、易爆、明火、高温等作业场所穿化纤衣服操作的；

（31）电气作业未穿绝缘鞋或单人作业的；

（32）擅自扩大工作范围，移动跨越安全围栏的；

（33）高空作业未穿软底鞋，随意抛掷物件的；

（34）非本岗位人员随意在危险要害部位、区域内逗留的；

（35）私自开动非本工种、本岗位设备的；

（36）双岗部位单人上岗进行操作者、缺岗者或组织指挥者；

（37）设备保护动作后，未查明原因前，下令恢复运行的；

（38）未取得与所从事本工种相符的操作证而从事本工种作业的；

（39）不经矿有关部门同意而私自雇用矿外人员的主要领导者；

（40）运行操作过程中，随意更换操作人和监护人的；

（41）应办理操作票的工作项目，未办理前，即下令开始操作的；

（42）工作前未检查设备（设施），或操作设备（设施）有故障、安全装置不齐全者；

（43）随意拆除设备（设施）的安全、照明、信号、仪器、仪表、防火、防爆装置和各种警示标志的；

（44）设备运转时，跨越或接触运动部位及隔机传递工具、物品的；

（45）测量工件时未停车的；

（46）安装作业时，手进入危险区域的；

（47）攀登吊运中的物件或在吊物、吊臂下行走、逗留的；

（48）矿内机动车辆行驶违反规定载人、载物的；

（49）容器内部作业时，未按规定使用通风设备及照明的；

（50）调整、检修、清扫电气设备（设施）时未停电、验电、接地及挂警示牌操作的；

（51）带负荷运行时，随意断开单个（或回路）配电闸刀或开关的；

（52）违反起重作业"十不吊"之一的；

（53）2米以上（包括2米）的高空作业及在坡度大于45度的斜支撑面上工作，不使用安全带或吊笼的；

（54）在情况不明时，开启或关闭动力源（电、气、油等）的；

（55）违反电、气焊使用规程的；

（56）井口和井底上下拥挤和罐笼内将身体各部位探出者；

（57）随意开启安全门的；

（58）罐笼升降人员时不关罐笼门或关不到位的把钩工（拥罐工）；

（59）罐笼超员升降、有人乘罐违反规定而不予制止的把钩工（拥罐工）；

（60）乘坐罐笼、通勤车打闹或扒车者；

（61）在距井筒5米以内候罐、随意进入信号房或不听从信号工指挥的乘罐人员和不予制止的把钩工（拥罐工）或信号工。

第四条　有下列"三违"情形之一的，记3分，处罚300元：

（1）对自己所从事的安全生产职责范围不清晰，越级指挥的；

（2）特殊工种人员无证操作或持超期证操作的（在岗时未随身携带证件原件或复印件的视为无证）；

（3）非特殊工种作业人员从事特种作业的；

（4）在禁火区域吸烟或违章点明火的；

（5）使用Ⅰ类手持电动工具，未配用漏电保护器或绝缘手套的；

（6）带电拉高压保险开关或隔离刀闸时，未使用合格绝缘工具的；

（7）操作高压电气设备主回路时，未戴绝缘手套，未穿绝缘鞋并未站在绝缘台上的；

（8）斜井罐车掉道不用复轨器，用卷扬硬拉的指挥者；

（9）提升系统安全装置不齐全，无安全措施而指挥开车的直接责任者和当班卷扬司机；

（10）斜井使用非斜井专用矿车提升物料的把钩工（拥罐工）；

（11）斜井专用矿车安全锁损坏或连接销无安全装置的；

（12）用罐笼或电梯同时提升人员和火工材料的，或炸药、导爆管同层运输的把钩工（拥罐工）或电梯工；

（13）掘进打残眼、干眼的；

（14）对掘进工程贯通部位，无贯通通知单、未设置警戒和信号的责任者；

（15）爆破前不通知相邻作业地点人员，不在与爆破地点相通的各巷道口放警戒或有疏漏的现场指挥人员；

（16）火工材料不按规定分类存放，账物不相符，账面记录混乱的；

（17）库工无凭证发放爆破器材的；

（18）在采矿巷道眉线卡块状态下，用机头打眼或人员直接爬渣堆安设药包，不使用有效长度的竹竿捆绑炸药处理的；

（19）眉线卡块不能及时处理的；

（20）无底柱采场进路爆破出现"悬顶"和"推墙"时，不制订专项安全措施和无专人指挥，盲目进行处理的；

（21）掘进面盲炮不处理而进行作业的；

（22）采用违反规程的处理方法处理盲炮的；

（23）无爆破证者从事与爆破有关作业的；

（24）单人从事爆破作业的；

（25）在爆破材料处抽烟、点明火的；

（26）违反双人领取和双人发放火工材料制度的涉爆人员和库工；

（27）不执行火工材料领取使用日志者；

（28）作业地点不按规定配备炸药、导爆管箱或有缺损；管药箱内存放雷管、炸药不上锁的；

（29）炸药、导爆管箱内存放杂物、炸药、导爆管混放或不放在专用箱内的；

（30）生产地点无人生产，火工材料箱内有爆破器材不退库的，或当班剩余的爆破材料不退库的；

（31）爆破后，爆破地点炮烟不排除干净而顶烟进行作业的；

（32）用导爆管捆绑炸药或其他物件的；

（33）切割导爆器材用卡丝钳剪切或用石块砸断的；

（34）铲运机更换轮胎，在充气时正面站人或未使用气压表和使用高压风的；

（35）未经领导同意，未采取必要的安全措施，私自进入悬挂"严禁入内"的巷道和空区的；

（36）撤换独头巷道拱（支）架时里面站（有）人的；

（37）支护期间锚杆孔注锚杆不及时，留有空孔（正确做法是打完一个孔，立即注入锚杆，方可开凿下一孔）的；

（38）电机车头除跟车工外，乘坐其他人的；

（39）未经批准和制订安全措施矿车、车盘装载不得超重、超长、超宽、超高的；

（40）斜井运输超规定多挂矿车的；

（41）违章扒车的；

（42）电机车头上装有易燃、易爆危险品的；

（43）电机车司机工作前未对车辆进行安全确认，驾驶车辆安全设施不全或不可靠，或机械故障没有及时处理，运行矿车存在严重变形等缺陷的；

（44）电机车在经过弯道、过大门、道岔、车场、大巷维修处、视线被阻时及遇有人员行走时，未鸣钟减速的；

（45）顶车速度大于1.5米/秒的；

（46）设备转场通过滑线不按规定路线、不停电、不安排专人监护的；

（47）搬道岔时跟车工或司机未下车操作和在车上探身扳道岔的，下车扳道时，未停稳车辆、未拔掉钥匙的；

（48）随意在主运输巷停车或车辆故障不在规定距离设置警戒和停车关闭

车灯的；

（49）人、料同一层罐提升的组织者或把钩工，汽车上人、货混装的组织者和司机；

（50）采、掘、中深孔、支护作业面无长、短两根符合要求的撬棍的；

（51）检撬作业无良好照明的；

（52）检撬次序错误的；

（53）顶板检撬不彻底，由检查人员在顶、帮撬下一块约 10 厘米×10 厘米×10 厘米及其以上矿岩的现场当班生产指挥者和当班人员；

（54）不采取安全措施随意跨过溜井挡墙的；

（55）不及时摘、挂溜井防护链而带来隐患的；

（56）不系安全带在溜井口旁或格筛及溜井平台上作业的；

（57）井筒范围内维修作业不系安全带的；

（58）用顶杠处理大块的；

（59）放矿工放矿时站位不当或站在车厢上处理大块的；

（60）漏斗放矿时，放矿工未阻止人员在漏斗下面和空车侧面通过或作业的；

（61）溜井堵塞未经请示也无具体安全措施私自处理的；

（62）无底采场进路出矿口过高，没有采取可靠安全措施而继续出矿的；

（63）井下通风系统的设备和设施，随意关闭、拆卸或拆除的；

（64）主扇、辅扇无故停机的，因故障停机检修不向矿主管领导和主管部门汇报的；

（65）无证驾驶厂内机动车辆的；

（66）移动设备在斜坡熄火下滑的、铲斗方向朝斜坡道下方的；司机下车未熄火和拔钥匙的；

（67）外来参观、实习、检查人员及外委项目部人员，不进行入矿（入坑）教育；

（68）新招、新调入未经三级安全教育或转岗未经转岗教育上岗的职工；

（69）未经调度室、运输车间同意在运输大巷推罐运送物料的；

第五条　有下列"三违"情形之一的，记 5 分，处罚 500 元：

（1）现场工作的从业人员不听安全管理人员劝阻和继续违章操作的；

（2）放矿工未经允许放空溜井的；

（3）导爆管、炸药、导爆索混装、混运的；

（4）设备设施停车或停止运行时，操作人员未采取断电、落锁等措施而私自离开的；

（5）斜坡运输不执行"行车车不行人、行人不行车"规定的；

（6）火药库、卷扬、油库、锅炉房等危险要害部位，操作人员、值班人员脱岗的；

（7）无作业指导书、指导书中安全措施内容不具体、未对职工进行技术交底、施工人员未按照指导书要求施工的；

（8）锚杆支护巷道锚杆间、排距及打设角度、外露长度及网片连接等不符合设计要求的；

（9）各种罐挡人为提前打开的；

（10）井下冲撞风门和，同时打开双风门的。

第六条 有下列"三违"情形之一的，记10分，处罚1000元：

（1）作业人员酒后上岗，班中饮酒的；

（2）无卡下井或代刷卡、替刷卡的人员；

（3）扒蹬正在运行的井下电机车、矿车的；

（4）私藏乱放、玩弄爆破器材和丢失火工品的；

（5）故意破坏安全、环保设施及宣传设施的。

第七条 以上条款未规定但违反国家有关法律、法规、文件、规程及矿现行的其他安全管理制度的，记1分，并处罚100元。

第八条 "三违"计分的管理及考核

1. 凡由局或矿在各类安全检查中发现及职工举报属实的"三违"现象，安全管理科依据本制度进行管理及处罚。实行月度统计，年度销分。个人扣款在月度安全文明生产考核中执行，同时个人扣分列入单位月度安全文明生产考核扣分。

2. 凡一个人"三违"计分累计达到10分，由矿安全管理科停工教育，并经考核合格后方可上岗（停工教育期间只发生活费）。如在三个月内再次违章，责令所在单位对当事人进行下岗处理。

3. 班组内职工违反安全规程及劳动纪律，班组长比照违纪职工计分标准进行计分。

4. 对调动岗位的人员，原计分对该单位分值不动，个人"三违"计分仍保存在"三违"计分安全档案内。

5. 凡一个单位"三违"累计计分达到 50 分，该单位安全主任须到矿安全管理科进行第一次"三违"登记。取消该单位班子当月安全奖励，并对该单位扣罚 1000 元，扣罚主任、安全主任各 500 元。

6. 一个单位"三违"累计计分达到 80 分，该单位主任须到矿安全管理科进行第二次"三违"登记。取消该单位班子当月安全奖励，并对该单位扣罚 2000 元，扣罚主任、安全主任各 1000 元。

第四章　附　则

第九条　本制度自 2012 年 1 月 1 日起实行。

第十条　本制度解释权归安全管理科。

附录 12 - 2

安全交接班制度

1. 各岗位接班人员提前十分钟到岗，办理交接班手续。

2. 接班人员未到，值班人员不得下班。

3. 接班后，对所操作设备、机械、电气、施工现场必须进行一次全面检查，发现问题及时处理，机电设备不得带病运转，有隐患的场地，不准冒险作业。

4. 交接班时，必须对场地安全情况、机械设备安全运转情况，做到交班清，接班明。

附录 12 - 3

竖井口安全管理十不准

1. 班前、班上不准喝酒。

2. 班上不准睡觉、干私活。

3. 乘人时不准拥济打闹，不准抢上抢下。

4. 罐笼未停稳，不准上下人。

5. 罐帘不完好，不准乘人。

6. 要害工种，不准无证操作。

7. 闲人、未成年人、小孩不准进入。

8. 不是自己分管的设备、工具不准动用。

9. 没系安全带不准进行高空作业。

10. 劳保用品不全，不准乘罐。

附录 12 – 4

竖井口操作工八个严格

1. 严格禁止无证操作。

2. 严格执行交接班制度。

3. 严格检查分管业务范围内的安全设施。

4. 严格执行乘罐制度。

5. 严格禁止非工作人员进入操作间。

6. 严格检查设备，不准带病作业。

7. 严格遵守劳动纪律。

8. 严格按管理网进行管理。

附录 12 – 5

变电站安全管理十大禁令

1. 严禁酒后上岗或在岗时间内喝酒。

2. 严禁脱岗或擅自离岗。

3. 严禁未使用防护用具操作电气设备。

4. 严禁没有操作票进行操作。

5. 严禁没有工作票进行操作。

6. 严禁不验电不接地在停电设备上工作。

7. 严禁约时停送电。

8. 严禁未经培训考试取得操作证单独上岗工作。

9. 严禁没有监护人在电气设备上单独工作。

10. 严禁违章指挥，违章作业。

第十三章　设备管理

设备管理是以企业经营目标为依据，通过一系列技术、经济及组织措施，对设备寿命周期内的设备物质运动状态、价值运动状态进行的综合管理工作。其目的是做到综合规划、合理选购、及时安装、正确使用、精心维护、科学检修、适时改造和更新，不断提升企业技术装备的素质，为提高企业经济效益服务。北洺河铁矿在设备管理实践中，不断创新，理论与实践紧密结合，探索出一套行之有效的设备管理模式。

一、设备基础工作规范化管理

在设备过程管理过程中，设备管理基础工作的顺利实施，直接影响企业设备管理与维修工作的质量与效率。主要包括设备原始凭证管理、设备数据管理、设备定额管理、设备档案管理和设备规章制度管理等5个方面。

（一）管理背景

北洺河铁矿整体装备技术水平处于国内地下矿山前列，建矿以来，先后从山特维克、阿特拉斯等公司引进了大量设备。这些设备的投入极大地提高了该矿采掘设备的装备水平，为高效生产奠定了坚实基础，同时也对设备管理提出了更高的要求，特别是管理制度、规程、基础工作体系建设等方面提出了新的课题，要求设备管理必须适应时代的发展。

北洺河铁矿建矿初期人员均为各矿调入，基础工作延续了原有设备管理工作体系，无论是原始记录、凭证、档案资料等收集整理，还是规章制度的制定等，均能按照要求收集、整理、制定、保存，并形成一套北洺河特色的基础工作检查标准。

凭证管理　凭证管理是记录设备管理和技术活动，以及经济核算，并明确管理各方责任的书面证明。北洺河自建矿之初在设备管理的各个环节制定了大量的规范性的凭证，如前期设备购置申请单、订货合同、出入库单、验收调试记录，使用中建立了点检、维修、保养、润滑记录和外委维修保修单等。

设备数据管理　主要指设备管理与维修领域内所产生的数据。具体包括设备台账和设备卡片。主要包括设备资产状况统计台账、技术状况统计台账、维修状况统计台账、运行状况统计台账等。北洺河铁矿各车间部门分别建立上述各类台账，每月汇总上报机械动力科，机械动力科汇总后上报矿业公司资产管理部。机械动力科以及车间部门定期分析数据，找出数据反映出的问题，进一步指导下一步的设备维护管理。

定额管理　企业定额是产品生产过程中消耗的一种数量标准，是指在一定时期内和一定的生产技术组织条件下，为完成单位合格产品或任务所规定的物化劳动和活劳动的消耗量。设备管理与维修中，主要定额一般为：①设备日常维护时间定额；②设备维修时间定额；③设备修理停歇时间定额；④设备维修材料消耗定额；⑤设备维修费用定额；⑥设备配件储备定额。

档案资料管理　北洺河铁矿设备档案一般包括设备前期与后期两部分。前期档案包括设备订购、随机供给和安装验收的材料，如说明书、合格证、验收竣工资料等；后期档案包括使用后各种管理与修理的材料，如车间每班或定期统计填报的故障、维护检修记录，大修任务书、技改图纸资料等。

北洺河铁矿设备管理资料包含内容较多，主要包括：①综合管理资料，如国家、行业、地方有关设备管理文件，企业设备管理方针目标、年度工作计划与工作总结、企业设备资产管理规章制度、设备资产管理状况年报、专项请示、报告及批文等；②设备资产管理与技术管理资料，如各类技术标准、三大规程、配件手册、特种设备预防性试验规程等。

设备管理规章制度　设备管理规章制度是指导、检查有关设备管理工作的各种规定，也是设备管理、使用、修理各项工作实施的依据与检查的标准。矿业公司设备管理规章制度主要包括：①设备前期管理办法或制度；②设备使用与维护管理办法或制度；③设备润滑管理办法或制度；④设备检修管理办法或制度；⑤设备备件管理办法或制度；⑥设备技术改造管理办法或制度；⑦设备事故管理办法或制度；⑧设备资产处置管理办法或制度；⑨设备档案管理办法或制度；⑩设备统计管理办法或制度；⑪设备管理与技术人员培训管理办法或制度；⑫设备工作考核与奖惩办法或制度等。北洺河铁矿一直延续使用公司制度，在公司制度的基础上制订了一套适合北洺河铁矿管理的工作制度。

（二）管理创新

北洺河铁矿设备管理人员在传统管理模式基础上，逐步推行计划检修与预知维修相结合的管理模式，强化过程管理和精细化管理理念，不断改进设备管理基础工作，在基础管理体系的各个层面都有所创新。

设备凭证科学管理　在凭证管理方面按照简明、实用、科学、规范的原则，规范了设备入（出）库单，对设备安装地点、编号等作了详细规定；重新整合了部分不合理的检修、交接班、点检等记录本；在移动设备管理方面推行维修任务单、需要外委维修的须由车间提交申请单，机械动力科勘查后外委维修，如果外委工程量数额较大，需要进行比价后确定维修方。另外，特种设备专人管理，特种设备定期检验取证。

设备数据信息化管理　在数据管理方面，北洺河铁矿采用信息化管理手段，不断尝试信息化措施。在设备运行状况统计方面，为改变以往月底统计上报的弊端，缺少实时监控监管手段，该矿自行开发了设备运行日志网报平台，每天8点10分之前，各车间技术人员对上一个工作日设备运行情况进行统计上报，机械动力科根据情况确定当日的工作重点。另外，为保证每日数据的准确性、及时性，建立了网报考核制度，列入各车间设备评比。

设备定额全方位管理　从设备定额管理方面看，北洺河铁矿在移动设备、提升机系统、排水设备管理方面，每月检修严格执行定检定保；每月月底停产检修，机械动力科严格把关，确定每一项检修的时间定额，减少不必要生产影响；常用备件建立了设备配件储备定额；非易损重要部件也根据时间、磨损状况进行储备，以保证生产的衔接使用，如提升机用钢丝绳、摩擦衬块等。

档案资料分类管理　在档案管理方面，北洺河铁矿严格执行设备的前期管理与后期管理。前期机械动力科严格执行订货合同，收集装箱单和说明书及资料、附件、工具明细表（原件）、出厂合格证书、检验记录（原件）交矿档案室留存；设备基础及隐蔽工程图纸、动力管线图纸由工程科负责收集整理，安装、调试验收单等由机械动力科负责整理。后期设备档案管理，车间部门严格执行设备运行、故障、检修、大修等记录，记录留存2年以上。同时矿每月组织设备基础工作检查，档案与资料管理作为车间设备管理工作挂钩 10% 分值考核。

北洺河铁矿设备资料管理严格执行国家方针政策，为了更好规范各类设备设施操作维护，于 2011 年针对各类设备组织编制了设备维护保养检修等三大规程。特别是针对近年新增加的进口移动设备，如山特维克的 TORO400E 电动铲运机、DO5 液压掘进凿岩台车；阿特拉斯生产的 Sim baH1354 采矿液压凿岩台车等。此外，针对上述进口移动设备，北洺河铁矿在试验应用的基础上，组织专业人员翻译、整理了大量资料，结合日常维修工作编制了电动铲运机、采矿凿岩台车等《维修手册》，力求为现场职工及技术人员提供一套便捷维修的参考资料，指导日常操作和维护。

规章制度创新管理 北洺河铁矿自 2004 年投产以来，根据自身特点和需要，先后颁布了大量的设备管理规章制度。主要目的有两个：一是弥补设备管理制度空区；二是对现有制度进行修订，补充便于操作的考核性措施，使制度落实更加细化，增加可操作性。

（1）在原有制度基础上，该矿根据自身实际情况，细化、完善建立相应管理制度，如《备件管理制度》、《固定资产管理制度》、《设备点检定修制度》、《设备润滑管理制度》、《设备事故与故障管理制度》、《设备例会制度》等。同时，根据该矿装备技术条件、设备管理思想与模式相继推出了一系列独具特色的设备管理制度，如《井下无轨移动设备管理制度》、《停送电联系制度》、《车间设备管理综合评定考核办法》、《设备标准化检查实施办法》、《设备管理考核细则》等。

（2）北洺河铁矿不断引进当前国际上较为先进的无轨采掘设备，由于装备水平较高，成立了专业化维修队伍，专门制订了《井下无轨移动设备管理制度》对设备的维护保养、费用归属等作出了详细的规定，明晰了采准车间、采矿车间、维修车间三个部门的使用、维护、保养与维修职责，加强几个车间的分工与合作，防止部门间的扯皮、推诿现象。

（3）为了适应基础工作体系建设要求，推行过程管理，规范车间专业技术基础工作，北洺河铁矿制定了《车间设备管理综合评定考核办法》，明确工作标准，实行量化考核。评定考核分五个方面：

1）设备标准化检查。根据《设备标准化检查客观打分表》，每月对全矿各车间进行多次抽查，计算考核结果，体现过程管理。

2）设备运行状况鉴定。机械动力科根据每日登记的《主要生产设备运行

《日志》，月末综合计算考核结果，体现结果管理。

3）基础工作检查。根据机械动力科每月技术基础工作检查，计算考核结果，检查车间技术基础工作管理水平。

4）现场知识问答。与设备标准化检查同时，检查在岗操作工、维修工的岗位知识，检查操作工、维修工的设备管理水平。

5）设备运行日志网报制度考核。根据机械动力科《主要生产设备运行日志》网报制度考核办法考核结果，体现过程监控。

机械动力科每月检查考评一次，按照不同权重折算出百分制月考核得分，低于得分标准按照10%挂钩工资考核到车间，激励车间不断做好设备管理的各项工作。

（4）加强设备过程管理，确保设备安全、可靠、高效运行，对设备标准化检查工作专门制定了《设备标准化检查实施办法》。该办法的制定是在该矿推行基于 TP 米全员设备维修管理模式的前提下，为了提高全员故障判别能力、点检水平、增强预防意识的目标，配合标准化打分表而制定的一套检查实施办法。

该矿成立专门的设备检查组，每月进行至少一次标准化设备检查，检查时按成员构成从成员名单中选取 7 人组成临时设备检查组，每次设备检查组成员均变化。其中组长 1 名、内聘专家 1 名、联络员 1 名、检查员 2 名、车间人员 2 名，共计 7 人。使用随机函数自动生成被检查车间的设备，其中重点设备中抽取 1 台，在一般设备中抽取 1 台。检查组根据《设备标准化检查客观打分表》逐项检查，内聘专家、联络员、检查员打分，打分表的每条检查项目，本身已按重要程度确定了标准分值（5 分、10 分或 15 分）。重点设备和一般设备加权计算总成绩，重点设备占 70%，一般设备占 30%，检查结果经加权处理后得检查分。

（5）为了保证各项设备管理制度的执行，全面提高设备管理水平，将设备管理制度的考核执行工作落到实处，北洺河铁矿制定了《设备管理考核管理细则》。针对制度在落实过程中存在的问题进行专项考核，详细规定了考核细则及额度，目的是进一步激励车间将各项工作落实到位。

考核内容主要包括单项工程管理、计划管理、大修、日常检修、外委维修管理、事故与故障管理、例会制度、网报制度、标准化检查及综合评定管理，共计 13 章 55 条考核条目。考核分单项考核与最终月评考核分，如

表 13 − 1、表 13 − 2 所示。月底报企管科，企管科根据月评考核分决定奖惩金额，两者累计即为车间最终考核额度。

随着新情况新问题的出现，考核细则每年或每半年修订一次，年初机械动力科修订后推行。通过该考核细则的制定，增强了执行力，考核额度减少人为因素影响，激励车间进一步做好各项管理工作。

表 13 −1　　　　　　　设备管理综合评定考核

被考核单位：提升车间　　　　　　　　　　考核月份：2012 年 1 月

序号	考核项目	标准分	权重（%）	标准权重分	检查分	考核分
1	设备标准化检查	100	50	50		
2	设备运行状况鉴定	100	20	20		
3	现场知识问答	100	10	10		
4	基础工作检查	100	10	10		
5	设备运行日志网报考核	100	10	10		
	合计		100	100		

表 13 −2　　　　　提升车间 1 月份设备管理考核结果汇总表

序号	项目	处罚金额（元）/得分	原因说明
1	单项工程实施管理考核		
2	设备大修管理考核		
3	设备检修管理考核		
4	设备外委维修管理考核		
5	设备事故与故障管理考核		
6	备件计划管理考核		
7	设备例会制度考核		
8	设备日志网报制度考核		
9	设备标准化检查考核		
10	设备综合评定考核办法		
	本月考核处罚金额合计		

（三）实践效果

北洺河铁矿自建矿以来，形成了一套颇具特色的设备管理制度，并按照精细化管理指导思想和矩阵式、网络化管理的要求，结合该矿实际不断创新，取得良好管理效果。主要表现在以下三方面：

（1）完善管理体系，通过不断创新，该矿形成了较为完整的设备管理基础工作体系，包括相应的考核办法和检查实施标准，使得设备基础管理体系更加科学、客观，具有较强的可操作性，设备管理制度体系如图 13 - 1 所示，设备规程如图 13 - 2 所示。

（2）夯实基础工作，通过管理制度的实施，设备基础工作更加扎实有效，为科学指导日常生产运行积累了大量基础资料。

（3）提高管理水平，北洺河铁矿设备管理水平逐年提高，设备完好率和可开动率均保持较高的水平，重点设备多年来保持了安全、稳定、高效的运行，设备管理、操检人员知识水平、职业技能逐年提高，为其他新建矿山输送了大量的设备维护与管理人才。

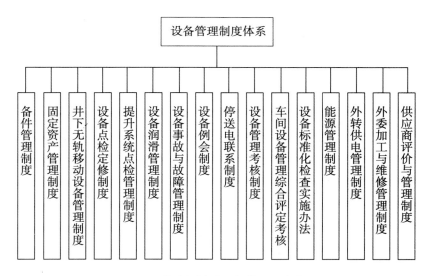

图 13 - 1　北洺河铁矿设备管理制度体系图

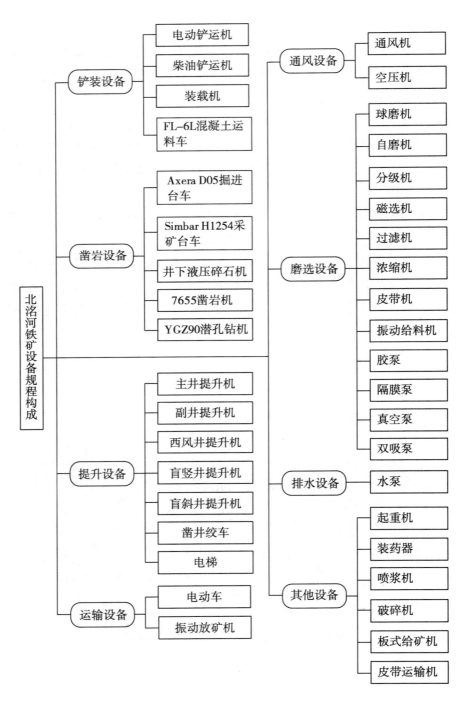

图 13 - 2　北洺河铁矿设备规程构成图

附录 13 - 1

北洺河铁矿设备管理基础工作检查标准

一、适用范围

本标准北洺河铁矿所有设备。

二、检查内容

1. 原始记录，包括运行、点检、润滑、故障、保养、检修等记录。

2. 管理台账，包括固定资产台账、低值易耗品台账、设备运行记录台账、设备检修记录台账、备件消耗台账、设备润滑台账、设备事故与故障记录台账等。

3. 设备技术档案，包括设备履历书、使用说明书、备件手册等。

4. 电子日志，包括主要生产设备运行日志填报。

5. 报表，主要生产设备技术状况报表、主要生产设备可开动率报表、主要设备维修记录报表、设备事故与故障报表、月末检修计划报表、备件需求计划报表等。

6. 规章制度，包括三大规程、设备管理考核制度等。

三、检查与考核标准

1. 原始记录

检查标准：各项原始记录要齐全，填写应及时、准确、认真，不得有乱写乱画、胡乱涂改等。

考核标准：①缺原始记录，每项扣5分；②没有及时填写，每本扣4分；③填写错误，每处扣2分；④记录不认真，不整洁，每处扣1分；⑤每缺一页，扣3分。

2. 管理台账

检查标准：各项台账要齐全，填写应及时、准确、认真，不得有乱写乱画、胡乱涂改，应有文字版（可月底打印）和电子版。

考核标准：①缺管理台账，每本扣5分；②没有及时填写，每本扣4分；③填写错误，每处扣2分；④记录不认真，不整洁，每处扣1分；⑤每缺一页，扣3分。

3. 设备技术档案

检查标准：内容要按要求填写齐全，及时补充，填写要认真、准确。

考核标准：①及时补充，内容齐全，得满分；②没有及时补充，每份扣5分；③填写错误，每处扣2分。④主要内容不齐全，每处扣2分。

4. 电子日志

检查标准：填报要及时、准确。

考核标准：①填报不及时，每次扣1分；②数据不真实，每次扣3分；③发生设备故障不报，每次扣5分；④发生设备事故不报，每次扣10分。

5. 报表

检查标准：填报要及时、准确。

考核标准：①填报不及时，扣5分；②数据不真实，每处扣3分；③发生设备事故不报，每次扣10分。

6. 规章制度

检查标准：制度要齐全。

考核标准：①制度内容不符合，扣5分；②缺规章制度，每项扣10分。

四、各车间具体检查内容和标准详见《北洺河铁矿设备管理基础工作检查表》。

五、本标准自2012年2月1日起执行。

北洺河铁矿机械动力科

2012年1月

附录 13 – 2

设备管理基础工作检查表

2012 年（　）月设备管理基础工作检查表

检查人员签字：　　　　　　　　　　　　　　　　　　　检查时间：2012 年　月　日

序号	采准车间			考核标准	基准分	扣分原因	得分
	考核项目	考核内容					
一	原始记录（运行、点检、保养、检修、润滑、故障）	掘进凿岩台车		抽查。①缺原始记录，每本扣 5 分；②没有填写，每本扣 4 分；③填写错误，每处扣 1 分；④记录不认真，不整洁，扣 2 分；⑤每缺一页，扣 3 分。	20		
		柴油铲运机					
		井下运矿卡车					
		井下混凝土运料车					
二	管理台账	机电设备台账		抽查。①缺管理台账，每本扣 5 分；②没有填写，每本扣 4 分；③填写错误，每处扣 1 分；④记录不认真，不整洁，扣 2 分；⑤每缺一页，扣 3 分。	20		
		柴油铲运机运行记录台账					
		掘进凿岩台车运行记录台账					
		井下锚杆台车运行记录台账					
		井下混凝土运料车运行记录台账					
		设备事故与故障记录台账（附报告书）					
		设备润滑台账					
		低值易耗品、备件消耗台账					
		能源消耗台账（电、柴油）					

续表

2012年（　）月设备管理基础工作检查表

检查人员签字：　　　　　检查时间：2012年　月　日

序号	采准车间考核项目	考核内容	考核标准	基准分	扣分原因	得分
三	主要设备技术档案	掘进凿岩台车	抽查上一季度。①及时补充，内容基本齐全，得满分；②没有及时补充，每份扣10分；③填写错误，每处扣2分；④主要内容不齐全，每处扣2分。	20		
		柴油铲运机				
		井下运矿卡车				
		井下混凝土运料车				
四	电子日志	主要生产设备运行日志填报	根据机械动力科日常记录考核。①填报不及时，每次扣1分；②数据不真实，每处扣3分；③发生设备故障不报，每次扣5分；④发生设备事故不报，每次扣10分。	20		
五	报表	主要生产设备技术状况报表	根据机械动力科记录考核。①填报不及时，每处扣3分；②数据不真实，每处扣5分；③发生设备事故不报，每次扣10分。	20		
		主要生产设备可开动率报表				
		主要生产设备维修记录报表				
		设备事故与故障报表				
		备件需求计划报表				
		月末检修计划报表				
		能源消耗报表				
合计				100		

二、基于 TPM 模式的设备管理

TPM（Total Productive Maintenance）意思是"全员生产维修"，它是以达到最高的设备综合效率为目标，确立以设备为对象的全系统生产维修，涉及设备的计划、使用、维修等所有部门，从最高领导到一线工人全员参加，依靠开展小组自主活动来推行的生产维修，通过建立一个全系统员工参与的生产维修活动，使设备性能达到最优。概括为：T——全员、全系统、全效率，PM——生产维修（包括事后维修、预防维修、改善维修、维修预防）。我国自 20 世纪 90 年代引进 TPM 管理模式，但是 TPM 管理模式必须结合国情文化、社会及企业环境、员工素质、装备水平等诸多因素才能发挥其最大功效。

（一）管理背景

我国企业设备管理过去一直沿用计划经济时代的事后维修管理模式，此种模式存在诸多缺陷和弊端，维修管理一直处于被动状态。后来，维修管理发展到预防维修（PM）和计划维修（MP），现在随着设备诊断技术的发展，正在逐步走向设备状态预知维修。北洺河铁矿随着国外高技术装备的不断引进，对设备管理提出了更高的要求，逐步推行基于 TPM 模式的精细化设备管理。

北洺河铁矿从建矿伊始，就着力于现代化矿山的建设。在生产工艺前沿，适时引进 TORO400E 电动铲运机、AXERA D05 全液压掘进凿岩台车、Simba H1354 采矿凿岩台车等国际先进无轨设备；主副井提升系统选用了国内一流的摩擦轮提升机，采用了 6RA7O 系列传动装置及 S7 - 400PLC 电控装置；选矿工艺实行全流程自动控制，实现了精矿品位的有效控制；在压气通风、运输机车、皮带运输、放矿破碎、高低压供电等系统设备开展了一系列技术改造，把新的技术不断地在设备中得到推广和应用，使该矿具备了矿山企业设备大型化、自动化、数字化、机电一体化的现代化特征。

高起点、高定位的系统设备选用，大大提高了北洺河铁矿的生产效率，同时也给设备管理提出适应生产能力和生产过程的更高要求，在这样的时代背景下，该矿逐步推行基于 TPM 模式的现代设备精细化管理。

（二）思路举措

北洺河铁矿根据自身实际情况，借鉴吸收国内外成功经验，逐步尝试推行基于 TPM 模式的现代设备精细化管理新举措，强化设备管理责任意识，实施以安全可靠、节能降耗、精密高效为目标的技术改造，以达到技术上适用，经济上合理的目的。一方面以精细化、专业化为依托，抓好设备日常点检维护、保养管理，严格定期点检考核制度，促进各项制度规定执行到位；另一方面落实员工培训计划，提升员工操作技能。使该矿各系统设备得以安全、可靠、高效、经济的运行，为企业生产经营目标提供了可靠保障。其具体举措如下：

优化设备管理组织　按照分级管理、分工协作的原则梳理科室和基层车间的职责，构建矩阵式设备管理组织结构。矿机械动力科作为设备管理的专业科室，是矩阵式设备管理与维修组织机构的核心部门，需要发挥其专业化管理的优势。机械动力科按需要组成设备运行客观现状检查组和信息数据基础工作检查组，按周期组织机电专家、科室专职检查员进行各系统设备现场检查和基础工作检查，检查结果纳入考核。机械动力科按科室人员的各自特长进行联络员制度分工，联络员负责指定车间的设备管理情况调研和专业技术工作的协助落实，包括：各项工作安排的落实及执行情况的了解和协办；设备运行日常管理的检查监督；备件需要量和库存情况了解掌握；月检修计划的参与安排；解决处理技术难题、隐患整改，技术改造；督促预防性检查试验、调试工作落实；日常检查基础资料收存整理；职工技术培训的参与等。

各基层车间要梳理车间领导在内的管理人员、专业技术人员在设备管理方面的管理职能内容，按专业化分工的原则分别从纵、横管理上突出各自专业优势，如技术人员和工段长的分工、各专业主任之间的分工等。技术员从专业化的角度对分管系统设备进行定期专项点检，组织周期性的检测、调试和试验，提出技术改造方案并协调实施，做好新技术的推广应用，进行大修和较大施工项目的方案编制等，对段队班组做好专业技术上的指导和设备管理上的监督，当好主任的参谋。段队长从强化责任心和所属人员职责落实的角度，对系统设备落实日常点检、维护保养和日常修理，配合做好周期性的检测、调试和试验，实施可行的技术改造方案，组织实施大修和较大施工项目等，做好人员管理和任务落实。

设备管理精细化　机械动力科在牢固树立设备全员预防管理（TPM）理念的基础上，将设备管理精细化，实现了"设备非计划停机为零，设备影响生产为零"的预防管理目的。具体做法如下：

1. 检评标准化

北洺河铁矿逐步实现设备月检月评的专业化、标准化，为周期性综合评价各系统设备提供科学依据。

（1）组织编写设备状况客观打分表。以机械动力科长为项目牵头人，共分15个编写组进行任务内容编写，经充分论证、确认合理后，作为设备现场检查打分使用。各车间设备现场检查时间每月随机排序，按主次搭配的检查方式进行随机抽检，以防基层车间依赖"以点带面"的侥幸心理应付检查。同时，组成由内定专家、专职检查员组成检查评审组，机械动力科对检查评审组评定结果统计汇总。

（2）编写被考核设备的使用守则、操作规程、维护规程、岗位责任制等，其中操作规程包括系统设备型号规格、主要参数、传动系统图、润滑要求、操作要领、常见故障及其处理、紧急情况处理或应急预案、操作保养等内容。检查评审组在每月设备现场检查时对操作维护人员进行现场知识提问，对操作维护人员回答正确率进行分数确定。

（3）信息中心协助机械动力科建立了该矿主要系统设备运行状况日志填报平台，每日在确定的时间段，登记该矿主要系统设备的运行状况。

对以上三项分值都折算到百分制，按确定的各自权重进行分值合计，合计结果作为企管科对各基层单位的设备管理综合评定考核依据。

2. 严格点检制度

严格"三级点检"和"三级保养"制度的落实，实现全员参与到设备过程管理中。设备点检是根据相关的标准、周期对设备的各个关键薄弱环节进行状态检查，在发展过程中就将可能发生的故障消除在萌芽状态。为了抓好设备点检实现技术状态过程性掌握，进行了定人、定点、定量、定周期、定标准、定方法、定记录、定作业流程。在确定以上条件的基础上，设备点检在实施过程中分三个层面进行，即操作人员的岗位点检；维修人员的巡回点检；专业人员的定期点检，以点检过程的规范实施来达到计划外故障停机为零的目的。

日常维护保养由操作工负责进行，班前对设备各部分进行交接和检查，按规定进行试验和润滑；班中严格执行操作规程，发现异常及时处理或通知维修人员；下班前认真做好清洁工作，填写记录。使所辖设备达到"整洁、安全、润滑"。定保是以定期检查为主、辅以维护性检修的间接预防性维修方式。这一工作按规范要求是以操作工为主、由维修人员配合进行的，但在一定时期内，北洺河铁矿还得依赖专业化的维修队伍落实定保，在定保过程中，由使用设备的车间（采准、采矿车间）、段队班组按周期提请保养任务单，并由设备管理部门签认下达到维修部门。

定保的主要内容应包括：①对指定机械部件、箱盖、护罩进行拆卸等，检查、调整操作、传动机构的配合间隙，各部位紧固；检查油泵，疏通清洗油路，更换或清洗密封，检查油质油量；修整接触移动面变形或划伤；②清扫电气装置灰尘，进行安全试验，对各环节进行必要的检查、调整、试验；对线路进行检查或更换等。在定保过程中操作人员全程参加所操作设备的定保内容，操作人员和维修部门技术人员一同验收并签认，保养任务单定期汇总上交到机械动力科主管人员处。

二级保养是以维持设备技术状况为主的检修方式，由维修部门根据设备使用周期和现状进行必要的修复和更换，测定和校验，检查关键件，综合考虑可靠性和经济性。

通过"三级点检"和"三级保养"落实，所有操作维护人员、机电专业技术人员、各级机电设备管理人员都按其职责范围参与到设备过程管理中，维修车间、采准车间、采矿车间成为一个合作团体，机械动力科全过程参与；其他四个车间以内部为独立单元，按此方式进行逐步深入落实，机械动力科侧重于其结果检查评定。

3. 设备故障全过程管理

北洺河铁矿重视故障发展规律研究，实现设备故障全过程管理。主要做法有：①加强材料备件质量购买过程的控制；②不要超负荷运行拼设备；③做好周期性防腐和润滑管理；④保证正确操作使用设备；⑤规范做好设备的周期性调整调试（包括电气控制软件、系统部件等）、维护保养；⑥保证专业化精细修理设备，从而达到预防故障发生，保证设备正常运行，减少经济损失，有利生产指标完成。

4. 项目实施过程管理

北洺河铁矿重视设备大修、技术改造、大件更换施工组织方案的审定，做好项目实施的过程管理。

一是根据施工队伍自身情况及项目特点编写施工组织设计，制订具体的质量保证措施，明确实施内容、方法和目标；二是在编写时要充分考虑各个实施阶段的安全性，消除施工方案的安全隐患。同时，要求各部门人员共同参与，从不同角度审视方案的可行性、安全性、经济性及高效性，不断进行方案优化，达到技术上严密合理、安全上稳妥可靠、经济消耗最小、施工周期最短的目的。

同时，在项目施工过程中，做到"三要"。一要严格把好备件材料购进入库；二要把握好每个细节，分工明确，统一指挥协调；三要严格控制施工过程的各个环节，各分支、分项环节均要全面管理到位。在实施全过程中，根据实际情况及时商议调整方案，做到理论联系实际。

设备管理信息化　北洺河铁矿推行设备信息化管理，动态掌握设备技术状况。在集团公司管理信息系统 ERP 运行平台的带动下，北洺河铁矿开发了设备运行日志管理平台，每月月底汇总主要设备运行状况，按照百分制折算设备运行状况分数，对各车间设备维护水平进行考核，随时掌握设备技术状况，为生产经营的顺利进行提供可靠保障。

大修改造合理化　北洺河铁矿注重合理大修与技术改造经济性研究，坚持做到大修改造合理化。其做法是：一是开展有选择的一次性大修，即各单位从年初就要有步骤、分周期安排大修任务，及早筹备备件材料来强化大修任务落实；二是大修的同时进行局部环节的技术改造，使新技术和新工艺注入到老设备中，达到投资少，针对性强，成效显著的目的。

创新能源管理　北洺河铁矿在设备管理实践中，不断创新能源管理体制，挖掘节能增效潜力。实行矿、车间（队）、班组三级网络能源管理体制，立足实际，结合现行国家和集团公司有关能源管理的新政策、法规，规范内部能源统计，形成节能激励约束机制。主要采取以下几方面措施：

一是规范能源计量管理。能源计量管理是能源管理的基础，机械动力科要明确能源计量范围，包括电、各类油脂、煤的消耗数据，机械动力科每年提前编制能源计量点网络图，按照能源计量点网络图的示意全面统计能源消耗，根据实际情况合理配备能源计量工具。

二是推动电、煤、油、水等能源消耗定额的分级执行，将各类能源定额分解到车间、班组及主要耗能设备。机械动力科结合企管科执行能源消耗定额的分级考核，并制订奖罚制度。

三是加大油、气、水的跑冒滴漏，长明灯和电炉子，不合理燃煤等现象的检查惩处，有规划、按周期进行检查。

四是采取技术措施进行节能管理。逐年加大节能技术措施推广、技术改造来减少消耗、降低成本。

专业技能培训　在实施培训的过程中，各车间充分考虑职工整体技术素质状况和不同的接受能力，采取多种方法，努力做到因材施教，不断提高员工技术素质。具体经验及做法如下：

（1）形式灵活多样，相互补充。一是抽生产间隙集中培训，以基本理论为主。二是联系工作实际进行相关内容的现场提问，这样可以当场了解职工的知识技能水平，及时进行正确的引导。实现教、学互动，理论、实践相结合。

（2）内容紧贴实际，力求实效。通过调查和职工反馈了解职工工作中遇到的难题，同时还将生产过程中出现的设备问题认真记录，在培训时进行讲解，提高职工解决实际问题的能力。

（3）课程精心规划，循序渐进。在培训的内容上，从最初机、电基本理论到设备的操作维护要领、工具的使用方法、安全要求，再到设备运行原理、简单识图，逐步深化，使职工技术水平不断得到提高。

权责界定明确　维修车间与采准车间、采矿车间之间及其他各车间维修班组和操作班组之间，一直存在责任分工不清、互相推诿的现象。北洺河铁矿按分工协作原则，界定各部门权责，进一步规范维修及报修制度。在维修车间与采准车间、采矿车间之间由机械动力科执行保养任务单、设备报修单，保养任务单下发后存根留存在机械动力科，设备报修单下发后存根留存在采准车间、采矿车间，维修车间留存两单据的执行联，提高各系统设备可靠度。

设立奖励基金　北洺河铁矿自 2007 年开始设立设备管理奖励基金，主要用于设备月检月评、基础工作检查和机电技术人员业绩讲评的奖励上，奖励范围主要是机电技术人员、操作维护类职工等。设备管理奖励基金主要用在以下几方面：一是合理创新设备管理办法，卓有成效的；二是月检月评中发现的表现突出的操作维护类岗位职工；三是机电技术创新、技术改造、合理化建议的推动者、实施者、提出者；四是机电技术人员业绩奖评优胜者；五是月检月评的小组成员、小组专家。

规范科室管理　机械动力科作为矿设备管理业务职能部门，科室管理的规范和标准要求关系到该矿设备管理的整体水平。为此制订了《专业技术基础工作综合评定考核方案》，规定了该科室周期性总结和整理的内容，并按时上报设备副矿长。同时，还规定按期召开设备例会，进行设备现场月检、各车间基础工作检查、比质比价阳光采购，无特殊原因不得随意后延。

（三）实践效果

北洺河铁矿经过对 TP 米模式设备精细化管理新举措的推行，使该矿各系统设备管理达到了前所未有的良好效果，一是设备对生产的影响降至为零；二是各系统设备安全高效运行，事故、故障、无计划停机率达到历史最低水平；三是为生产质量提供可靠保障，对生产数量达到产能冗余的目标；四是推行各项新技术，使设备运行成本大大降低。北洺河铁矿 TP 米模式设备精细化管理模式在公司内部尚属首创，为公司在新的历史时期，提高设备管理水平奠定了坚实基础。

附录 13 - 3

采矿车间设备管理结构图

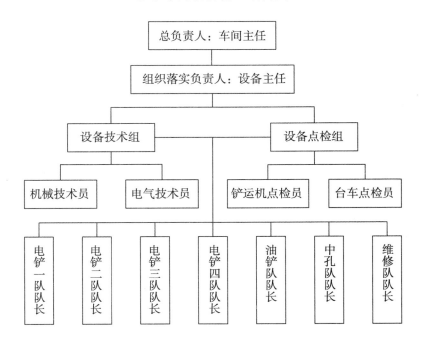

附录 13－4

提升车间盲竖井 2JTP－1.6 型绞车提升系统标准化检查客观打分表

检查人员：　　　　　检查日期：　　　　　共　页，第　页

序号	系统	检查部位	检查项目	检查标准	标准分	扣分原因	得分	备注
1	主轴装置	电动机	碳刷	接触良好，碳刷长度不低于 34 毫米，无火花现象，支架固定牢靠，恒压簧压力适中	10			
2			滑环	表面无深度划痕	10			
3			定子绕组	积尘不多	10			
4			转子绕组	积尘不多	10			
5			噪声	运行无杂音	10			
6			温度	温度 65℃以下	10			
7			风扇	冷却通风均匀，风速大，无中断现象	10			
8		减速机	箱体	固定可靠，工作正常，无振动，无杂音	10			
9			润滑	定期润滑，油量适当，结合面和各轴头无渗漏现象	10			
10			联轴器	前后联轴器无异常响声，轴承温度不超过 75℃	10			
11		主导轮	轮辐	无裂纹、变形、锈蚀现象；螺栓不松动	10			
12			滚筒	无裂纹、变形、锈蚀现象	10			
13			衬块	不得松动，磨损厚度不超过 2/3	10			
14			护罩	无锈蚀现象；观察口严密，不滴水	10			

续表

检查人员：　　　　　检查日期：　　　　　共　页，第　页

序号	系统	检查部位	检查项目	检查标准	标准分	扣分原因	得分	备注
15	制动系统	制动盘	表　面	无变形或深度划痕；清洁，无各种介质	10			
16			径向跳动	小于1.5毫米	10			
17			端面跳动	小于1.0毫米	10			
18		制动闸	闸瓦间隙	闸瓦与制动盘间隙在0.8～1.5毫米之间；闸瓦上端面无粉末	10			
19			接触面积	闸瓦与制动盘接触面积大于60%	10			
20			闸　瓦	无缺损、断裂现象；表面无油污	10			
21		制动油路	接头、开关	无漏油现象	10			
22		液压站	温　度	液压油温度小于70℃；温升小于34℃	10			
23			压　力	工作压力（5.5－6）米Pa；二级制动压力（2.5－3）米Pa；残压小于0.5米Pa	10			
24			泄　漏	表面无泄漏现象	10			
25			仪　表	压力表、温度表指示与实际相符	10			
26			电　机	运行无杂音，温度低于65℃	10			
27			油　泵	运行无杂音	10			
28			电磁阀	各电磁阀能按照要求动作	10			
29			液压油	油标指示不缺油，油质清亮	10			

续表

检查人员：　　　　　　　　检查日期：　　　　　　　　共　　页，第　　页

序号	系统	检查部位	检查项目	检查标准	标准分	扣分原因	得分	备注
30		监控器	开关	减速开关位置准确、动作正常；过卷开关正常	10			
31			电机	调零电机工作正常，无异味，无异常响声	10			
32			齿轮	传动准确，齿轮箱无杂音	10			
33			紧停按钮	动作灵活可靠	10			
34			动力制动电流表	指示 0～160A；	10			
35			液压站油压表	指示 0～5 米 pa；	10			
36			速度表	指示在 0～2 米/s；	10			
37	监控系统	操作台	可跳闸电流	0～200 米 A	10			
38			定子电流表	指示 0～400A 正常	10			
39			电源电压表	指示在 380 伏±10%范围内	10			
40			转换开关	各转换开关灵活可靠	10			
41			按钮	控制按钮灵活可靠	10			
42			深度指示器	机械粗针、精针指示正确	10			
43			指示灯	各指示灯指示正确	10			
44		反备保护仪		运行正常，显示正常	10			

续表

检查人员：　　　　　　　　检查日期：　　　　　　　　共　　页，第　　页

序号	系统	检查部位	检查项目	检查标准	标准分	扣分原因	得分	备注
45	监控系统	检测装置	闸瓦磨损	开关动作灵活，可靠	10			
46			闸盘偏摆	闸盘偏摆不超过 1 米米	10			
47			主测速机	固定可靠，温度小于 65℃；最高测速电压不超过 50 伏	10			
48			过速	罐笼速度超过 2.3 米/s 时，安全回路动作	10			
49			制动油压高	液压站油压超过 6.3 米 Pa，安全回路动作	10			
50		保护装置	闸瓦磨损	闸瓦磨损到规定值时，接近开关动作，安全回路动作	10			
51			过卷	罐笼（平衡锤）超过正常停车位置 500 米时，安全回路动作	10			
52			低压失压	当电网电压低于 350 伏，智能开关动作，切断供电回路	10			
53			急停	罐笼运行时，出现意外情况需要停车时，各操作台急停按钮都能动作安全回路，实现紧急停车	10			
54	电控柜	控制柜	电气元件	各电气元件动作灵活	10			
55			气味	柜内无异味	10			
56			端子排	接线不松动	10			

续表

检查人员：　　　　　　　　检查日期：　　　　　　　　共　　页，第　　页

序号	系统	检查部位	检查项目	检查标准	标准分	扣分原因	得分	备注
57	电控柜	动力制动柜	风机	冷却风机运转正常	10			
58			电气元件	柜内电气元件工作正常	10			
59			噪声	无异常声响	10			
60			气味	无异味	10			
61		电阻室	电阻	电阻接头无灼烧现象	10			
62	导向装置	轴承	轴承座	地脚螺栓紧固；无裂纹、锈蚀现象	10			
63			温度	温度不超过65℃，不振动，无杂音	10			
64			振动	运行平稳，无振动	10			
65			噪声	无异常声音	10			
66		天轮	轮辐	无裂纹、变形、锈蚀现象	10			
67			轮缘	无裂纹、变形、锈蚀现象	10			
68			衬块	不得松动，磨损厚度不超过2/3	10			

续表

检查人员：　　　　　　　检查日期：　　　　　　　共　　页，第　　页

序号	系统	检查部位	检查项目	检查标准	标准分	扣分原因	得分	备注
69	信号及操车系统	信号系统	-230信号操作台	信号声光齐全	10			
70				柜内无异味	10			
71				无异常声响	10			
72				柜内各控制继电器、接触器动作正常	10			
73				指示灯指示准确、正常	10			
74				各操作按钮灵活可靠	10			
75			各水平液压站	工作油压在5兆帕左右	10			
76				无漏油现象	10			
77				电磁阀能按要求动作	10			
78			各水平安全门	轨道润滑良好	10			
79				缓冲橡胶垫未破损	10			
80				各限位开关能按要求动作	10			
81		操车系统	各水平摇台	机械结构动作灵活可靠	10			
82				油路无泄漏现象	10			
83			各水平阻车器	基础稳固	10			
84				限位开关动作正常	10			
85				阻车器动作灵活可靠	10			
86				限位开关动作正常	10			

续表

检查人员：　　　　　　　　　检查日期：　　　　　　　　　共　　页，第　　页

序号	系统	检查部位	检查项目	检查标准	标准分	扣分原因	得分	备注
87	信号及操车系统	信号指令	工作执行信号	声光兼备	10			
88			提升中断指示信号	灯光保留信号	10			
89			提升种类信号	灯光保留信号，提升种类间有闭锁	10			
90			检修信号	灯光保留信号	10			
91			事故信号	采用直发式，声光兼备	10			
92			开车信号	采用井口转发式，声光兼备	10			
93			停车信号	采用直发式，音响信号	10			
94			信号类别	一停、二上、三下、四慢上、五慢下	10			
95		信号联锁	开车信号与卷扬控制回路闭锁	不发开车信号，提升机无法启动	10			
96			开车信号与各水平操车系统闭锁	各水平摇台抬起、安全门关闭、阻车器关闭，方可发开车信号	10			

续表

检查人员：　　　　　　检查部位：　　　　　　检查日期：　　　　　　共　　页，第　　页

序号	系统	检查部位	检查项目	检查标准	标准分	扣分原因	得分	备注
97	提升容器	罐笼	箱体	无变形、裂纹、锈蚀现象	10			
98			框架	无变形、裂纹、锈蚀现象	10			
99			罐耳	固定牢靠；导向套磨损间隙在 8 米米以内	10			
100			罐帘	拉动灵活，无变形、断链	10			
101			首绳悬挂	连接部分固定可靠	10			
102			地挡	罐内阻车器灵活	10			
103		平衡锤	框架	无变形、裂纹、锈蚀现象	10			
104			重锤	摆放整齐，无异常情况	10			
105			罐耳	固定牢靠；导向套磨损间隙小于 8 米米	10			
106			首绳悬挂	连接部分固定可靠	10			

续表

检查人员：　　　　　　检查日期：　　　　　　共　　页，第　　页

序号	系统	检查部位	检查项目	检查标准	标准分	扣分原因	得分	备注
107	钢丝绳	首绳（Φ24）	断丝	一个捻距内的断丝数小于5%（丝）	10			
108			径缩	不超过10%（直径应大于Φ毫米）	10			
109			腐蚀	钢丝不应有变黑、锈皮、点蚀麻坑等	10			
110			反弹波	各绳张力反弹波时间差不超过10%	10			
111			摆动	摆动幅度小，不相互干涉	10			
112	防过卷装置	过卷开关	机械开关	动作可靠，固定牢固，动作位置准确，接线不松动，防水性能好	10			
113		楔型罐道	安装	罐道保持楔型；固定可靠；磨损正常	10			
114			腐蚀	无裂纹、松动现象	10			
				合　计	1140			

说明：检查时需配备测温表、万用表、百分表、卡尺、卷尺、分贝表

附录 13 – 5

北洛河铁矿主要生产设备运行日志

设备名称	电动铲运机						柴油铲运机												采矿台车		
设备编号 运行情况	1#	2#	3#	4#	5#	6#	1#	2#	3#	4#	5#	6#	7#	8#	9#	10#	11#	12#	1#	2#	3#
运行时间																					
停机时间　故障停机时间																					
停机时间　检修停机时间																					
故障情况																					

设备名称	凿岩台车		移动式螺杆空压机（SMN475A）（高压）								移动式螺杆空压机 SA120A（低压）				SM A475A（低压）		JK 立方米.5×6 提升机
设备编号 运行情况	1#	2#	1#	2#	3#	4#	5#	6#	7#	8#	1#	2#	3#	4#	5#	6#	
运行时间																	
停机时间　故障停机时间																	
停机时间　检修停机时间																	
故障情况																	

续表

设备名称	14T 电机车						重板给矿机		破碎机		井下皮带运输机		地表皮带机			洗岩系统	JKM2.8×6 提升机
设备编号	1#	2#	3#	4#	5#	6#	1#	2#	1#	2#	1#	2#	1#	2#	3#		
运行情况 运行时间																	
停机时间 故障停机时间																	
停机时间 检修停机时间																	
故障情况																	

设备名称	湿式自磨机		湿式溢流球磨机			分级机		双梁桥式抓斗起重机	隔膜泵				浓缩机		JKMD2.25×4 提升机
设备编号	1#	2#	1#	2#	3#	1#	2#	1#	1#	2#	3#	4#	1#	2#	
运行情况 运行时间															
停机时间 故障停机时间															
停机时间 检修停机时间															
故障情况															

续表

运行情况\设备名称	-255 米水泵						D450-60/84×8 离心水泵（-128 米）											
设备编号	1#	2#	3#	4#	5#	6#	1#	2#	3#	4#	5#	6#	7#	8#	9#	10#		
运行时间																		
停机时间　故障停机时间																		
停机时间　检修停机时间																		
故障情况																		

运行情况\设备名称	110 千伏变电站		-110 米中央变电所		-122 米中央变电所		-245 米排水变电所			
设备编号	611	612	643	644	633	634	629	630		
变压器油温（℃）										
一次侧电压（千伏）										
一次侧电流（A）										
其他情况说明（运行方式、存在问题、检修情况）										
设备运行情况总结										

附录13-6

设备名称：电动铲运机　　规格型号：TORO-400E　　设备编号：　　工作小时数：

电动铲运机（　　）月份定期保养表

序号	项目内容	维修保养标准及要求	维修保养方法	保养周期	备注	上次保养时间	本次保养时间	保养负责人
1	整车检查	主要部件是否有裂痕或磨损等，查看仪表各读数是否正常	检查、试车	每周				
2	冲洗油冷却器	打开冷却器格子门，进行正确清洗	清洗	每周				
3	所有传动轴万向节加注黄油	用气动油注机润滑	润滑	每周				
4	检查轮胎磨损情况及压力	前轮：550千帕（5.5bar）；后轮：450千帕（4.5bar）	检查、调整	每周				
5	直观检查接触器箱	无明显损坏，密封正常	检查	每周				
6	直观检查拖拽电缆	无磨损和剪伤，电缆锚固牢靠	检查	每周				
7	检查电缆插头（配电柜）	电源断开，卸下插头检查，清洁插头及接线柱	检查	每周				
8	用压力表检查卷缆系统功能（须另附一只压力表）	放缆压力65bar，卷缆压力120bar，卷缆压力180bar	检测、调整	每周				

续表

设备名称：电动铲运机　　规格型号：TORO－400E　　设备编号：　　　　工作小时数：

序号	项目内容	维修保养标准及要求	维修保养方法	保养周期	备注	上次保养时间	本次保养时间	保养负责人
9	检查铲斗、大臂、中央铰接阻尼油缸的缓冲减震器	直观检查减震器的磨损情况和组装状况	检查、更换	每 周				
10	检查手刹和脚刹	脚刹：挡位二挡，松手刹，油门踏到底，机器不移动。手刹：挡位二挡，松脚刹，刹手刹，油门踏到底，机器不移动	试 车	每 周				
11	检查车轮螺母的拧紧扭矩	610N 米	检 查	125 小时				
12	检查顶棚门和门闩的状况	检查转向控制闭锁系统，打开门转向应不能工作	检 查	125 小时				
13	检查接线盒	检查所有接线盒潮湿与否，确保部件和接线盒安装正确，直观检查任何松动的接线柱并拧紧	检 查	125 小时				
14	检查电机接线盒	接线盒密封良好，内部线缆无破损，连接牢固	检测、调整	125 小时				

续表

设备名称：电动铲运机　　规格型号：TORO-400E　　设备编号：　　工作小时数：

序号	项目内容	维修保养标准及要求	维修保养方法	保养周期	备注	上次保养时间	本次保养时间	保养负责人
15	全面清洁电机	对输送环境空气的冷却空气管道进行清洁，电机外壳	清洁	250小时				
16	清洁电动机的接线盒	如果由灰尘或水汽渗透进接线盒，应对接线盒，特别对绝缘子进行清洁干燥；检查绝缘件和电缆插头	检查	250小时				
17	清洁多插脚接头	给接头抹合成润滑脂	润滑	250小时				
18	检查滑环	用真空吸尘方式清洁滑环并检查有无磨损	检查	250小时				
19	检查传动链	传动链不紧绷，不松地下垂，并涂抹润滑油	检查、润滑	250小时				
20	清洁接触器箱	检查线接头的拧紧程度	检查、清洁	250小时				
21	检查电动机和变速箱的安装件	检查安装托架的状态，必要时拧紧紧固件。润滑后拧紧力矩：电动机与托架-360N米，联轴节壳体与联轴节-45N米，变速箱与变速箱-300N米，变速箱托架与车架-640N米	检查、调整	250小时				
22	检查蓄电池	检查电缆连接、清洁状态，必要时更换	检查	250小时				

续表

设备名称：电动铲运机　　规格型号：TORO-400E　　设备编号：　　　工作小时数：

序号	项目内容	维修保养标准及要求	维修保养方法	保养周期	备注	上次保养时间	本次保养时间	保养负责人
23	检查行星齿轮减速器和差速器的油位	检查时始终确保前篦头处于向下的位置	检查	250小时				
24	给油门和刹车踏板以及挡位杆的活动连接部位加润滑油	动作灵活、可靠	润滑	250小时				
25	给司机座椅、车门、控制柜、供电柜等的销轴处加润滑油	动作灵活、可靠	润滑	250小时				
26	检查中心铰接外销轴的润滑及磨损	黄油应挤出，端盖内六角螺栓无松动	检查	250小时				
27	检查机下供电箱的漏电保护及地线保护器的功能是否完好、可靠	送1000伏，按试验按扭应跳闸可靠，测试值范围：电流100mA~160mA，时间小于30ms	检查	500小时				
28	对电机、电缆的绝缘性能进行检测	1000伏摇表测试，其绝缘阻值不低于0.5兆Ω	测试	500小时				
29	检查液压油油位、油质	大臂放到底，铲斗收回（都碰到挡块），油位应在两个油窗中任何一个看到。油液澄清	检查、更换	500小时				

续表

设备名称：电动铲运机　　规格型号：TORO－400E　　设备编号：　　工作小时数：　　保养负责人：

序号	项目内容	维修保养标准及要求	维修保养方法	保养周期	备注	上次保养时间	本次保养时间	
30	检查仪表盘上的指示灯和警示灯	按试验按钮，指示、警示灯应亮，喇叭、倒车蜂鸣器应响	检查	500 小时				
31	检查液力变速器、变速箱	油位正常，油液清洁，磁性堵头无异物；换挡平顺无异响	检查	500 小时				
32	检查前、后桥差矩器及轮边减速器	油位正常，油液清洁，观察磁性堵头上吸附物	检查	500 小时				
33	更换传动系统传动油滤芯	更换并清洗过滤器的连接器	更换	500 小时				
34	更换液压系统回油滤芯	若回油压力表超过 0.4bar 时就要更换（油温在正常温度、机器大臂，打开油箱盖）	更换	500 小时				
35	更换卷缆系统的高压滤芯	高压滤芯无渗漏	更换	500 小时				
36	更换辅助、先导回路的高压滤芯	清洁过滤器连接器，更换	更换	500 小时				
37	更换液压油箱呼吸器	呼吸器工作正常，无堵塞	更换	500 小时				

续表

序号	项目内容	维修保养标准及要求	维修保养方法	保养周期	备注	上次保养时间	本次保养时间	保养负责人
	设备名称：电动铲运机	**规格型号：TORO－400E**		**设备编号：**		**工作小时数：**		
38	检查桥的紧固件和摆动架的拧紧情况	润滑后拧紧扭矩：桥紧固螺母－1000NM，桥紧固防送螺母－500NM，摆动架米12－72NM，M16－160NM	检查	500 小时				
39	测量制动器摩擦片的磨损	摩擦片表面无明显划痕，深沟，无裂缝及破碎	检测、调整	500 小时				
40	检查传动轴法兰盘上的固定螺栓	UNF欧洲细牙螺纹标准紧固力矩45N·M	检查、紧固	500 小时				
41	检查中心铰接点处上、下销轴的同隙	千分尺读数0.2～0.4毫米	检查、调整	500 小时				
42	检查各工作机构及油缸销轴、衬套磨损情况	润滑良好，间隙在0.20－0.80毫米	检查、更换	500 小时				
43	检查导向侧辊及立辊	轴承润滑良好，轮缘磨损正常不超限	检查、更换	500 小时				
44	更换液压系统的液压油	清洗油箱，清洗吸油管滤网。油箱容量300升，大臂放平，铲斗放平；HM68号抗磨损液压油	清洗、更换	1000 小时				
45	更换前、后桥差矩器主减速边轮边减速器的齿轮油	两个桥的容量2×44升；SAE85W/90，gL－5	清洗、更换	1000 小时				

续表

设备名称：电动铲运机　规格型号：TORO-400E　设备编号：　工作小时数：　保养负责人：

序号	项目内容	维修保养标准及要求	维修保养方法	保养周期	备注	上次保养时间	本次保养时间	保养负责人
46	更换变矩器、变速箱的液力传动油	容量63升，清洗放油的磁性堵头；8号液力传动油	清洗、更换	1000小时				
47	测试先导系统压力	接测压表转动铲斗控制杆，压力应是25BAR	检测、调整	1000小时				
48	测试转向系统压力	接测压表使铲运机向左转到极限，压力应为125BAR	检测、调整	1000小时				
49	测试大臂系统压力	接测压表使落下大臂，使其靠住限位器，并使控制阀始终保持在"大臂下落"位置，压力应为180BAR	检测、调整	1000小时				
50	检查制动系统	测量脚刹车片的磨损检查制动系统蓄能器的冲气压力（60bar）	测量	1000小时				
51	检查照明、指示及报警的完好和动作准确性	照明、仪表指示齐全，报警装置灵敏可靠	检查	1000小时				
52	清洁控制箱及供电箱，并检查接线及元件的松紧程度	绝缘部位是否绝缘，触头是否完好，柜内无积水，如有及时排除并烘干	清洁、检查	1000小时				
53	清洁多芯电缆的插头及插座	插头及插座表面无水迹，无积尘，无变形	清洁	1000小时				

续表

设备名称：电动铲运机　规格型号：TORO-400E　设备编号：　工作小时数：

序号	项目内容	维修保养标准及要求	维修保养方法	保养周期	备注	上次保养时间	本次保养时间	保养负责人
54	滑环组建碳刷及滑环的检测和保养	刷架及建弹簧完好有效，碳刷磨损不超限。滑环与碳刷刷结合良好，磨损正常不超限	检查、调整	1000小时				
55	检查卷缆盘轴承	润滑良好，轴向间隙<0.80毫米	检查、调整	1000小时				
56	保养手持式灭火器	表指针位于绿色区，无腐蚀，安装牢靠	检查	1000小时				
57	清洗或更换制动系统两个加压阀滤芯	加压阀紧固无渗漏，无异常发热	清洗、更换	2000小时				
58	给电机轴承打黄油（包括两个冷却风机）	定期加注适量二硫化钼润滑油，加至旧油挤出	润滑	4000小时				
59	双变定期保养	检查双变内轴承的间隙，更换密封。检查变速箱摩擦片的磨损情况	检查、更换	5000小时				
60	前、后桥定期保养	更换密封件，调整主被动齿轮间隙，调整差速器行星轮、太阳轮行星轮间隙，调整减速器行星轮垫片，检查制动器摩擦片磨损情况	检查、调整	5000小时				

附录 13 – 7

北铭河铁矿井下无轨设备故障报修单

设备名称		规格型号		设备编号		投运时间	
报修单位		车间主管		报修人		报修时间	
报修原因							
承修单位		车间主管		承修人		起修时间	
工作小时数		大修时间		是否质保			
故障诊断及处理意见							
需更换材料、备件说明及明细							
报修部门意见							
处理过程及试车结果							
完工时间		报修部门确认					

附录 13 – 8

北洺河铁矿 2008 年机电技术员业绩讲评表

项目	序号	内　容		所占权重
		个人从以下五个方面进行述职：		
个人述职	1	设备基础工作管理		10%
	2	车间技术服务		30%
	3	单项工程及技术改造		30%
	4	合理化建议		20%
	5	其他临时工作		10%
			技术员填写完毕，交车间主管领导。车间主管领导根据所写材料进行评分，分值作为后续评比的依据。此项成绩占技术员评比总成绩权重60%	60%

续表

项目	序号	内　容	所占权重
基层班组评议		车间基层班组（队）根据技术员的述职材料及日常工作中技术员所起作用，对本季度技术员进行评议和打分。在此栏填写评议意见	10%
车间领导评议		车间领导班子根据技术员述职材料及技术员在日常设备管理中的表现，参照班组评议结果，对车间技术员进行评议和打分。在此栏填写评议意见	20%
机动评审小组评议		机动评审小组根据技术员所报材料，综合车间评议结果，进行最终评议	10%

说明：机电技术员讲评成绩＝个人述职分数×60%＋基层班组分数＋车间分数＋评审小组分数，满分100。个人述职满分100。

三、设备标准化检查

北洺河铁矿是一座大型现代化地下黑色金属矿山，设备管理是其生产经营的关键。随着该矿设备管理的不断发展，国内外先进设备的不断引进，为该矿生产任务的完成提供了强大的支撑。同时，由于设备技术含量和复杂程度不断增加，为更好发挥现代化生产设备的作用，服务于生产经营，需要探索设备管理工作的新方法、新思路。

（一）实施背景

北洺河铁矿主要设备共有八大类112种。包括采掘、运输、提升、选矿、通风、排水、供暖、供配电等系统设备。装备设施具有种类多、分布延伸面广、特种设备、移动设备较多的特点。

随着北洺河铁矿国外高技术装备的不断引进，设备管理提出了更高的要求，逐步推行预知维修与计划检修相结合的管理体系。如何提高设备的点检水平是做好预知维修的关键因素，而点检水平又在很大程度上决定于人员的技术水平和责任心。由于员工技术水平参差不齐，点检标准很多是师徒传承，人员素质相对滞后于高技术装备引进的步伐。因此，如何提高设备点检水平，制定科学合理的检查标准来指导设备维护工作成为该矿的一项重要课题。

鉴于此，北洺河铁矿在参照以往经验的基础上，建立了一套较为完整的设备标准化检查管理办法，制定了标准化检查制度，力求通过客观、科学的标准化检查，监测设备的实际运行状态，为预知维修提供决策依据。检查明细表见附录13-9。

附录13-9

检查明细表

每班保养计划

序号	项 目	检查情况
1	检查液压油油位	
2	检查变速箱油位	
3	电缆导向器、卷盘轴承和减震器油缸杆销加注黄油	
4	电缆导向器减震器油缸销加注黄油	
5	举升油缸销、倾卸油缸销和斗臂销加注黄油	
6	中央铰接销加注黄油	
7	转向油缸销加注黄油	
8	中央安装轴承加注黄油	
9	中央铰接处传动轴万向节加注黄油	
10	摆动桥加注黄油	
11	测试行驶和停车制动器的功能	
12	检查照明灯	
13	检查仪表和指示灯	
14	检查所有的控制装置是否能正常发挥作用	
15	检查电缆状况和紧固情况	
16	检查轮胎和车轮螺母	
17	检查主要部件有无漏油和安装是否正确	

每周保养计划

序号	项　目	检查情况
1	检查液压油油位	
2	检查变速箱的油位	
3	电缆导向器、卷盘轴承和减震器油缸杆销加注黄油	
4	电缆导向器减震器油缸销加注黄油	
5	举升油缸销、倾卸油缸销和斗臂销加注黄油	
6	大臂/铲斗销静止端加注黄油	
7	推板油缸销（选装）加注黄油	
8	中央铰接销加注黄油	
9	转向油缸销加注黄油	
10	中央安装轴承加注黄油	
11	中央铰接处传动轴万向节加注黄油	
12	传动轴加注黄油	
13	摆动桥加注黄油	
14	检查手持式灭火器	
15	测试行驶和停车制动器的功能	
16	检查照明灯	
17	检查仪表和指示灯	
18	检查所有的控制装置是否能正常发挥作用	
19	检查卷缆系统压力	
20	检查接触器箱的保护程度	
21	清洁拖曳电缆的插头	
22	直观检查拖曳电缆	
23	检查电缆状况和紧固情况	
24	检查轮胎压力	
25	检查轮胎和车轮螺母	
26	检查铲斗、大臂和中央铰接的减震器	
27	检查主要部件有无漏油和安装是否正确	
28	冲洗油冷却器	

（二）实施内容

北洺河铁矿设备标准化检查工作的开展主要有两个要点：一是标准化检查表的制定；二是标准化检查的实施。

标准化检查表的制定　落实设备标准化检查首先要有一套检查标准作为支撑。2009 年，北洺河铁矿根据生产实际要求和设备管理的特点，组成专项课题组，组织编写了《设备标准化检查客观打分表》，经过两年的实际运行，2011 年组织专项课题组再次进行修订与补充。《设备标准化检查客观打分表》是现场设备检查的重要依据。通过对设备操作、维护人员的知识提问，可进一步提高基层单位对职工培训工作的重视程度，提高操检人员的机电设备管理与操检的知识水平。

《设备标准化检查客观打分表》共编制了八大类，112 种设备，打分表按照设备结构分系统制定标准，每个系统内按照部位制定详细、客观的检查标准及检查项目，每一项根据重要程度设定不同的检查分值，对于不符合的直接扣分，并说明扣除原因，备注栏内注明检查注意事项及要点。

《设备标准化检查客观打分表》注重基础，力求实用，内容全面，标准统一，分值清晰，使设备检查人员操作方便，避免形成歧义的可能（见附录 13 - 10）。

标准化检查的实施　标准化检查是标准化管理的重要内容，北洺河铁矿结合企业实际，制订了一套科学的标准化检查方案。每月矿机械动力科至少组织一次标准化检查，由机械动力科随机抽取待检设备，在重点设备中抽取 1 台，在一般设备中抽取 1 台，一经抽取，严禁更改。

每月分组对矿所属 7 个车间进行标准化检查，参加人员主要是机械动力科相关人员、被检查车间主管主任和其他车间参检相关人员。参检人员按照《设备标准化检查客观打分表》逐项检查，客观打分。被检车间人员可对检查提出异议或对《设备标准化检查客观打分表》提出修改意见，检查负责人填表并收集意见反馈至科室。

检查出的问题，由机械动力科以《设备隐患整改通知单》形式下发到车间进行整改维护。

车间按照矿检查流程，定期（每周）执行本部门设备的标准化检查和日常的巡视检查。岗位人员、维修人员日常巡视检查，均以标准化打分表为依据逐项检查，上报并组织相应的计划检修排除隐患。

附录 13-10

柴油铲运机标准化检查客观打分表

设备所属车间：　　　　设备编号：　　　　检查人员：　　　　　　　　　年　月　日

序号	系统	检查部位	检查项目	检查标准	标准分	扣分原因	得分	备注
1	柴油机	外表	清洁	外表整洁，无油泥	10			
2			紧固	各连接螺栓、螺母紧固良好，无松动	15			
3			运转	机器运转正常，无异常响声，无抖动，无蓝烟，无黑烟	20			
4		进、排气系统	管路	进、排气管路固定牢固，无破损，无变形	10			
5			空气滤清器	外壳固定可靠，无破损，无变形，滤芯清洁；集尘器内无污物	10			
6			增压器（风冷机型无）	固定牢固，运转正常无杂音，外表无渗油	15			
7			排气净化器	固定牢固，外表无变形，严密无泄漏	15			
8		燃油系	输油泵	油管连接可靠，无泄漏，皮带松紧调整适当，挠度在10~15毫米	15			
9			滤清器	连接牢固，表面无油污，无泄漏，滴漏	10			
10			散热器	固定牢固，无油污，无堵塞，无渗漏	10			
11		冷却系	风扇	运转正常，无杂音；皮带松紧调整适当，挠度在10~15毫米	15			
12			冷却液	液位符合要求，质量符合规定标准	10			
13			冷却液温度	60℃~90℃	10			

续表

序号	系统	检查部位	检查项目	检查标准	标准分	扣分原因	得分	备注
14	柴油机	润滑系	机油油位	在机油尺的上下刻度线之间（凉车时）	15			
15			机油压力	0.2~0.5mPa	15			
16			机油温度	45℃~95℃	10			
17			机油质量	黏度符合使用要求，无杂质、水分	10			
18		变矩器	传动油位	设备运转时检查，在上下油开关之间	15			
19		变速箱	传动油压	1.65~1.93mPa	15			
20			传动油温	82℃~92℃	10			
21	传动系统	传动轴	螺栓及帽	各连接螺栓、螺母紧固良好，无松动	10			
22			转动	运转正常，无异常响声	10			
23			轮辋	轮辋螺栓、螺母紧固良好，无松动，轮辋挡圈、锁圈完好无变形	20			
24		驱动桥	齿轮油	油位符合要求，油质良好	10			
25			轮胎	气压充足，前5.5bar，后4.5bar，无严重破损	15			
26			运转	运转平稳，无异常响声	10			
27	转向系统	铰接部分	铰接上、下销	润滑良好，轴向间隙在0.5~1.5毫米	15			
28		左右油缸销轴	润滑良好，间隙在0.20~0.60毫米	10				
29		转向油缸	活塞杆与缸体	配合良好，无漏油现象	15			
30			高压油管	连接可靠，无漏油现象	10			
31			固定螺丝	紧固良好，无松动	10			
32		转向油泵	油管连接	连接可靠，无漏油现象。	10			

续表

序号	系统	检查部位	检查项目	检查标准	标准分	扣分原因	得分	备注
33	工作装置及液压系统	工作装置	铲斗	斗刃、侧刃无过度磨损，焊缝无裂纹	15			
34			大臂	各销轴孔无变形，周围无裂纹	10			
35			铲斗销轴	润滑良好，间隙在0.20~0.80毫米	10			
36			大臂销轴	润滑良好，间隙在0.20~0.80毫米	10			
37			连杆及摇臂销轴	润滑良好，间隙在0.20~0.80毫米				
38			举升、翻斗缸销轴	润滑良好，间隙在0.20~0.80毫米	10			
39		液压装置	油箱	油位在两观察窗之间，油质符合要求（无乳化等变质现象）	20			
40			油泵	紧固良好，无松动、漏油现象	10			
41			油压	13~15mPa（动作响应快）	15			
42			温度	≤80℃	10			
43		举升油缸	管路	连接可靠，无漏油现象	10			
44			活塞杆与缸体	配合良好，无漏油现象	15			
45		翻斗油缸	高压油管	连接可靠，无漏油现象	10			
46			活塞杆与缸体	配合良好，无漏油现象	15			
47			高压油管	连接可靠，无漏油现象	10			

续表

序号	系统	检查部位	检查项目	检查标准	标准分	扣分原因	得分	备注
48	制动系统	制动泵	制动油压	10~15mPa	15			
49			固定螺丝	紧固良好，无松动	10			
50			油管连接	连接可靠，无漏油现象	10			
51		制动器	制动性能	挂上二档，加油，车不行走	15			
52			油管连接	连接可靠，无漏油现象	10			
53	机架	司机室	外观及室内	清洁无污垢，紧固良好，无变形	10			
54		前、后机架	外观	外表清洁，无油泥，无变形、无开裂、腐蚀、磨损不超限	10			
55	电气系统	蓄电池	外观	外表清洁，无积尘，无油污，卡头螺栓、螺母紧固良好，无松动；极柱无严重氧化	10			
56			电解液	液位高出极板10~15毫米	10			
57		发电机	皮带	松紧合适，挠度在10~15毫米	10			
58			电压	充电信号正常，电压在24~28伏	10			
59		发动机	紧固	连接螺栓，螺母紧固良好，无松动	10			
60			运转	运转正常，无异常响声	10			
61		辅助设施	前后大灯	齐全有效，照明良好	15			
62			仪表灯等	齐全有效，仪表显示良好	10			
63			喇叭	喇叭齐全，声音清脆	15			
64		线路	连接	各接线端子连接牢固，无松动打火现象	10			
65			保险	空开或保险丝符合要求，过载保护正常	10			
66			搭铁线	齐全有效，电源总开关工作正常	10			
				合 计	790			

附录 13 – 11

重点设备、一般设备分类表

车间	序号	重点设备		一般设备	
		名　称	台数	名　称	台数
采准车间	1	掘进凿岩台车	3	喷浆机	10
	2	2 立方米柴油铲运机	4	地表电瓶车	2
	3	3 立方米柴油铲运机	2	散装料仓设备	1
	4	4 立方米柴油铲运机	2	东风井凿井绞车	1
	5	井下混凝土运料车	3	东风井装载机	2
	6	井下运矿卡车	1		
采矿车间	7	采矿凿岩台车	3	装药器	8
	8	2 立方米柴油铲运机	7	Yg90 钻机	2
	9	4 立方米柴油铲运机	1	碎石机	3
	10	4 立方米电动铲运机	5		

附录 13 – 12

2011 年 7 月份设备标准化检查安排表

检查日期：2011 年 7 月 18—20 日

序号	检查日期	设备所属车间	设备名称及编号		检查负责人	检查人员
			重点设备	普通设备		
1	18—20 日	提升车间				
2	18—20 日	选矿车间				
3	18—20 日	动力车间				
4	18—20 日	开拓工区				
5	18—20 日	采矿车间				
6	18—20 日	运输车间				
7	18—20 日	采准车间				
8	18—20 日	维修车间				

说明：

1. 提前一天将此表发至检查负责人、各车间设备主任及检查人员邮箱，各车间检查人员如有变动需及时通知机械动力科（保证人数）。

2. 检查过程中对上表中的设备重点检查，对检查途中遇到的该车间所有设备一并检查，排查各种安全隐患。

3. 对该车间的设备基础工作同步检查，并详细记录。

4. 检查结束后，各检查负责人负责整理检查结果（打分及文字说明），对检查中对需要车间整改的项目以设备隐患整改通知书的形式报谭立强。

附录 13－13

北洺河铁矿设备隐患整改通知书

编号：机字第【2－6】号

开拓工区：

机械动力科于 2012 年 2 月 15—17 日对你单位盲斜井、电机车设备进行了现场检查。经检查发现，设备存在在下述问题，请你单位在整改期限内完成整改，并把整改结果反馈给机械动力科，机械动力科安排复检。

2012 年 2 月 27 日

序号	检查项目	设备存在隐患	整改措施	责任人	整改期限	整改结果	反馈签字
1	盲斜井	一地轮损坏	修复	付宝华	3 天		
2	盲斜井	阻车器变形	修复	付宝华	3 天		
3							
4							

检查单位（签章）　　　　　　被检单位（签章）　　　　　　复检结果（签章）

第一联　机械动力科留存

备注：五日内将通知单返回机械动力科。

续表

北洺河铁矿设备隐患整改通知书

编号：机字第 [2-6] 号　　　　　　　　　　　　　　　　2012 年 2 月 27 日

开拓工区：

机械动力科于 2012 年 2 月 15—17 日对你单位盲斜井、电机车设备进行了现场检查。经检查发现，设备存在下述问题，请你单位在整改期限内完成整改，并把整改结果反馈给机械动力科，机械动力科安排复检。

序号	检查项目	设备存在隐患	整改措施	责任人	整改期限	整改结果	反馈签字
1	盲斜井	一地轮损坏	修复	付宝华	3 天		
2	盲斜井	阻车器变形	修复	付宝华	3 天		
3							
4							

检查单位（签章）　　　　　　　　被检单位（签章）　　　　　　　　复检结果（签章）

备注：五日内将通知单返回机械动力科。

第二联　隐患整改单位留存

179

续表

北洺河铁矿设备隐患整改通知书

编号：机字第【2－6】号　　　　　　　　　　　　　　　　　2012年2月27日

开拓工区：

机械动力科于2012年2月15—17日对你单位盲斜井、电机车设备进行了现场检查。经检查发现，设备存在下述问题，请你单位在整改期限内完成整改，并把整改结果反馈给机械动力科，机械动力科安排复检。

序号	检查项目	设备存在隐患	整改措施	责任人	整改期限	整改结果	反馈签字
1	盲斜井	一地轮损坏	修复	付宝华	3天		
2	盲斜井	阻车器变形	修复	付宝华	3天		
3							
4							

第三联　整改结果反馈

检查单位（签章）　　　　　　　被检单位（签章）　　　　　　　复检结果（签章）

备注：五日内将通知单返回机械动力科。

（三）实施效果

通过标准化打分表的编制和标准化检查制度的实施，北洺河铁矿的设备检查更为客观，减少了设备检查中人为主观因素的影响，杜绝了漏检现象，设备隐患能够及时发现与排除的最终目标得以实现，该矿的设备预知维护管理工作得到切实履行，无论是设备维护水平还是维护人员综合素质都得到极大的提升。

四、4 立方米电动铲运机经济高效运行管理

北洺河铁矿的 4 立方米电动铲运机（简称 4 立方米电铲）是在 2003 年投入的进口大型设备，在出矿作业过程中，电铲具有铲取力大、装矿多、噪声低、无空气污染和操作灵活方便等优点。但该设备是进口设备，铲斗容量大，自动化程度较高，液压传动、电气控制系统复杂，尾部接有一条 250 米的动力电缆，如果操作不当，不但难以发挥电铲的生产效率，还会给生产组织增加困难，而且电铲一旦出现故障不易维修。这些因素大大影响了电铲生产的经济性。因此，提高 4 立方米电铲应用的经济性，是该矿进行电铲管理的重点。

（一）影响因素

从 4 立方米电铲的实际使用情况来看，其应用的经济性受到以下因素的影响：

管理制度 为确保 4 立方米电铲在生产中的正常运行及有效使用，需要建立完善的电铲管理制度。但由于 4 立方米电铲是北洺河铁矿第一次使用的进口大型移动设备，在使用管理方面的经验为零，因而，如何保证其高效有序的使用，成为电铲应用的首要问题。

知识经验 由于 4 立方米电铲是北洺河铁矿首次接触的大型进口设备，对于电铲的原理、操作和保养等都不熟悉。如何保证电铲操作工的正确操作，正确保养设备是电铲应用的重要问题。

使用环境和布局 设备的使用环境是提高设备生产效率的重要因素，如何确定 4 立方米电铲工作范围的大小和使用环境，也是需要研究和考虑的问题。

进口备件国产化 4 立方米电铲是进口设备，所用备件不但进货周期长而且价格贵，为了降低电铲的生产成本，将一些技术和加工要求不高的备件进行国产化是降低电铲消耗的有效途径。

技术改造和创新 实践证明，用先进、实用技术改造设备，不仅具有投

资少、工期短、见效快等特点，而且还有利于优化整体结构、改变增长方式、提高企业的效益和竞争力。4 立方米电铲同样面临技术改造及创新问题。

矿石状况 矿石状况是影响电铲效率的主要因素之一。如果矿石爆破不好，大块率较高，既会影响电铲装矿，又会影响溜井放矿，从而影响生产的实际效率，造成生产成本的增大，生产经济性的降低。

其他影响因素 除上述影响因素外，北洺河铁矿 4 立方米电铲的安全停放部位选择、维修技术和处理故障的能力，车间设备本身老化状况等都能影响 4 立方米电铲的生产效率和成本消耗。

（二）提高电铲经济性应用的方法

在分析了影响 4 立方米电铲经济性应用的因素之后，北洺河铁矿积极探索提高 4 立方米电铲经济性应用的方法，以提高其生产效率和降低成本消耗。主要经验总结如下：

规范设备管理 提高 4 立方米电铲经济性应用的方法之一是进行规范的设备管理，关键是做好以下几项工作：

（1）完善设备管理制度。为更好操作、运用、管理新型设备，车间成立了以主任为组长，设备主任任为副组长，车间机械、电器技术员、各使用班组的班长为成员的三级设备管理网络。根据新型设备的结构、性能和操作要求，相继制定了《4 立方米电动铲运机操作、维护规程》、《4 立方米电动铲运机润滑制度》、《4 立方米电动铲运机司机岗位责任制》、《安全送电操作规程》、《电动铲运机应急预案》等设备管理制度，明确管理、技术、操作人员责任，通过制度的有效执行确保设备正常运行。

（2）强化安全培训，提高责任意识。采矿车间组织了多次操作工《电动铲运机安全操作规程》培训，使员工持证上岗率达到了 100％。并对以往发生的设备责任事故进行剖析，找出责任原因，提出处理方案，避免类似事故的再次发生。强化责任制落实，做好设备每两天的润滑、"创完好、无泄漏"专项活动，全面推行操作、维护规范化管理体系，杜绝责任事故发生。

组织培训，提高技能 采矿车间对 4 立方米电铲设备非常重视，专门派出员工外出学习培训，掌握 4 立方米电铲的操作技能。培训结束后，车间指定学习骨干人员为师傅，带领 8 名司机进行现场操作学习。并利用 4 立方米电铲到矿未下井之际，组织了全体操作人员进行了理论和实际相结合的培训，使操作人员基本了解了设备的结构原理、工作性能、点检维护部位、润滑要求等。

近九年来，矿及采矿车间每年组织两次电铲司机学习，学习电铲工作原理、出矿技巧和一般故障处理。每年组织"师带徒"活动，由技术水平较高的电铲司机传授操作水平较低的司机或新电铲司机。通过这项活动，设备完好率从 2004 年的 85% 提高到 2007 年的 98% 以上，故障率降到了 2% 以下，事故率为 0。这项活动既提高了操作工整体的操作水平，降低了生产消耗，提高了生产效率，又为企业培养了大批成熟的技术工人。

环境治理，合理布局　在设备管理中，北洺河铁矿通过对以往事故的分析发现，环境的不安全因素是威胁设备正常运转的重要因素。特别是设备运行工作区域内的废旧金属、石块等物品，既能扎坏设备轮胎又能对设备零件造成较大损伤，并且经常滑伤、滑断电缆。要想提高 4 立方米电铲的台效就必须对环境进行治理，采矿车间通过将采场内的路面垫平，对行车路上的石块、废旧金属进行清理，消灭了现场工作环境的不安全因素，使设备事故大幅度下降，为提高 4 立方米电铲台效创造了良好条件。

4 立方米电铲和油铲的区别在于电铲尾部有电缆，作业范围和电缆的长度有很大关系。北洺河铁矿通过测量及反复实验，得出结论：控制 5 条进路进行出矿能达到电铲较好的综合生产效率。这样既可以保证每小班总会有进路可以出矿，有进路进行破大块，又可以将电铲的装矿运距控制在较短范围，从而保证了电铲的最大生产效率。

进口备件国产化　北洺河铁矿机械动力科、采矿车间、维修车间针对 4 立方米电铲进口备件进货周期长和费用高等特点，将部分技术要求不高的备件进行了国产化。如：电铲铲斗、斗刃板、高压油管、动力电缆、轮胎等备件。经过几年的使用证明，进口备件国产化既保证了备件的及时供应，又节约了大量成本，保证了设备的正常运行。

加强技术改造和创新　采矿车间针对进口设备结构复杂，维修难度大，技术含量高等特点，在机械、液压、电气等方面组织了技术攻关小组。一方面向厂商学习，一方面自己通过查图纸找资料加强技术攻关，对先进技术进行消化、吸收和利用，形成了一套自己的维修办法。

同时，在生产中根据实际问题进行了技术改造。如电铲电缆防轧保护改造、供电柜漏电保护改造、卷缆压力适时参数优化、电铲照明改造等一些实用性改造和创新。通过在生产中不断的改造和创新，适时提高 4 立方米电铲的经济性，使电铲在降低自身消耗的情况下提高生产效率，为北洺河铁矿生产任务的完成奠定坚实的基础。

降低矿石大块率，完善辅助条件 作为4立方米电铲的主要铲运对象，如果矿石大块率较高，则需要将大块挑到别的进路进行爆破或当场进行爆破，这样就极大地降低4立方米电铲的工作效率，为此，采矿车间从头抓起，层层把关，严抓各个环节质量。

首先采矿车间根据矿地测图，严格进行中孔设计，仔细进行画线，使用进口 Simba – H1354 中孔台车进行施工，施工后严格进行复检，保证中孔较高的合格率；其次装药根据爆破通知单的具体要求进行操作，装药前要对炮孔进行吹孔，保证炮孔完好，通透，装药时要保证装药密度；爆破完成后才能防止矿石的大块的形成，有利于电铲的生产。

尽管采场大块率不断降低，但大块的形成还是不可避免，为了使采场大块对电铲生产的影响降到最低，避免电铲挑大块的无用功，采矿车间于2008年开始为电铲配备了碎石机，在电铲往溜井倒矿的期间内，碎石机进出矿进路破大块，破完后，电铲正好来装矿，配合好后，极大地提高了电铲的出矿效率。

电铲合理停放 电铲的停放，尤其是白班电铲的合理避炮，对减少不必要的损失有着重要的作用。爆破地震波是指炸药爆炸的部分能量转化为弹性波，在岩土中传播引起的震动。爆破地震波对爆区附近的地层、构筑物及设备等产生破坏作用。

爆破地震波强度的大小主要取决于使用炸药的性能、炸药量、爆源距离、岩石的性质、爆破方法及地层地形条件。为了最大限度地减小地震波的危害，北洺河铁矿采取了如下有效措施：

（1）爆破前调查了解爆破区域范围内建筑物、构筑物的结构，设备状况，井巷围岩稳定及支护等情况；

（2）根据爆区的周边环境，采用减震爆破方法和控制炸药量，如微差爆破、缓冲爆破、预裂爆破等爆破方法；

（3）爆破地震安全距离计算公式如下：$R = (k/v)^{1/a}Q^m$

式中 R——爆破安全距离（米）；

伏——地震安全速度，单位 cm/s，钢筋混凝土类 5cm/s；

Q——炸药量（kg）；

U——地震安全速度（cm/s）；

m——药量指数，取 1/3；

k、a——与爆破地点地形、地质等条件有关的系数和衰减指数，选取标准如表 13 - 3 所示。

表 13 - 3　与爆破地点地形、地质等条件有关的系数和衰减指数选取标准

岩　性	k	a
坚硬岩石	50 ~ 150	1. 3 ~ 1. 5
中硬岩石	150 ~ 250	1. 5 ~ 1. 8
软岩石	250 ~ 350	1. 8 ~ 2. 0

根据以上公式计算，采矿车间一般一排孔装药量为 1000 公斤，因此 R = $(350/5)^{1/2} 1000^{1/3}$ = 83. 7 米。根据近几年的经验，采矿车间每次大爆破时，需要将电铲停到距离爆破点 80 米外，中间要至少间隔两条进路，两个拐弯处才能保证电铲的停放安全，保证爆破不对设备造成损害。

（三）实践效果

北洺河铁矿在近九年的实践过程中，通过对电铲管理方法的不断改进，根据该矿作业条件和实际生产状况逐步改进电铲的技术参数，使其更加符合本矿的生产实际，从而提高电铲的生产效率，降低故障率，杜绝事故率，降低电铲生产成本，使电铲的经济性应用极大提高。连续三年以来，单台实际作业量 60 万吨以上，有效作业量 50 万吨以上；事故率为 0，故障率在 2% 以下；吨矿材料备件消耗 2 元以内。

附录 13 - 14

电动铲运机司机岗位责任制

1. 接受岗前培训，按《铲运机司机安全技术操作规程》和《TORO - 400E 电动铲运机操作规程》操作。

2. 每班按《设备点检制度》点检、润滑、紧固、调整、维护、保养铲运机，检查、紧固风、水、油、电管线接头，用高压试电笔检查配电柜至电铲间电缆绝缘情况，并做好记录，保证设备处于完好状态。

3. 作业前和作业中，保持车辆各种油、水贮量正常。

4. 负责更换铲运机轮胎，交回旧轮胎。

5. 负责作业现场的安全确认，包括巷道顶、帮、掌子面、道路、溜井设施、照明等，做到不安全不生产。

6. 装矿过程中注意左中右均衡出矿，保证均匀贫化，大于750米米的大块矿岩不得装入溜井。

7. 每排炮按计划出矿量出矿，不到截止品位，不得停止出矿；严禁出过头矿和低于截止品位的矿，保证出矿质量。

8. 负责在电缆经过的拐角栽杆，检查作业场地各处拐角栽杆，保证栽杆完好。

9. 配合一次爆破工、二次爆破工完成作业，及时向维修人员反映设备故障情况，配合维修人员修复设备。

10. 按规定程序启动、熄灭车辆、在规定地点停放车辆，保证车辆安全。

11. 出矿时，及时清理巷道中矿块浮石，避免擦伤轮胎。

12. 按计划进路装矿，保证完成每月计划出矿量。

13. 控制出矿消耗，降低出矿成本。

14. 完成上级交办的临时工作。

电动铲运机操作维护规程

第一条　电动铲运机操作规程

1. 防火和一般安全注意事项：

（1）电动铲运机司机必须经过专业培训，考核合格，获得安全操作许可证才能上岗开车，作业时不得少于2人，严禁单人作业。

（2）司机应经过井下安全教育，懂得各种易燃物的灭火原理，会正确使用灭火器，并掌握对电气设备灭火扑火的方法。

（3）司机室、井下维修硐室、车库、油库等必须常备灭火器具和操作高压电源用的绝缘手套、验电笔等。

（4）工作场所要有充分的照明，而且只允许用36伏电压作照明，绝不允许用明火代替照明灯进行检修。

（5）电动铲运机必须保持良好的润滑和整机清洁，同时应停放在通风良好、干燥、巷道顶板好、放炮时冲击波影响不到的地方。

（6）漏电保护箱应放置在绝对安全、干燥、通风好的地方。电缆固定桩牢固。高压电缆悬挂好，并距地面2.2米以上。

（7）操作中，司机不许吸烟。油库和检修场所应悬挂"严禁吸烟"和"注意防火"的警告牌。

（8）电动铲运机进入工作面之前，司机要认真检查巷道顶板、两帮的岩石情况；认真观察出矿迎头炮堆的安全情况。处理眉线的大块应由专业人员来完成，绝不允许司机用铲斗扒矿、钩矿、挑顶等。

（9）溜井口应有明显的"五有"装置（有溜井编号、有责任人、有栏杆、有挡墙、有红色信号）。主巷道交叉点、急转弯、陡坡等处应有行车警告牌。作业区的边界处应挂上"内有铲运机作业，非当班人员不得入内"的警告牌。

（10）作业前应检查转向、制动是否灵敏，制动压力在 96～128bar 之间，仪表显示是否正常。开车前必须注意周围是否有人，并提醒他人注意，确认无误后方可作业。

（11）严禁人员从举起的铲斗、大臂下通过、停留，严禁铲运机或其他设备碾压车载电缆；严禁用电铲进行撬顶板或起吊其他物品。

2. 电源安全检查事项：

（1）每班对漏电保护装置进行漏电试验并做好记录。

（2）每班要检查电缆悬挂是否正确；尾桩固定是否牢固可靠；电缆是否破皮及漏电等。

（3）司机送高压电源时要戴高压绝缘手套，绝不允许湿手进行操作。人上车前应该用电笔检验车身和主要电气元件，确认无漏电现象后方可上车驾驶。

3. 操作安全注意事项：

（1）司机在上车前必须检查漏电保护器及地线保护动作是否灵敏，若有问题，必须排除后方可上机。

（2）电动铲运机在每班作业前，司机必须严格检查制动系统（包括工作制动、紧急制动、停车制动）是否安全可靠。在运作中发现声音异常，应立即停机排除故障，决不允许带病作业。

（3）电动铲运机开动前，在其车辆后面及车架之间的中间铰接区不得站人。当需要在此区工作及在运输、吊装铲运机前，须用保险连杆联好前后机架，使之不能转动。

（4）不允许无灯、无喇叭行驶。在启动电机和开机前必须鸣喇叭，向周围发出警告信号。

（5）电动铲运机运行时，驾驶员的手、头等部位不得伸出驾驶室。必须保持一人开车，一人监视巷道内有无行人、地面电缆与导向架的动作协调情况。

（6）禁止用铲斗载人或载运导火线、雷管、炸药和其他易燃危险品。

（7）保证尾部电缆的收放平稳以及卷缆盘上的余留圈数，以确保高压电缆在允许范围内工作。

（8）严禁在斜坡道上停车，在工作迎头不允许停车检修。若故障处理需要停车，必须采取相应措施。

（9）必须具备下列条件司机才能离开操作室：a. 铲斗应平直放置地面；b. 变速箱处于空挡位置；c. 合上停车制动器；d. 关闭电机、切断电源。

（10）检修、调整、加油时必须停机后才可进行，同时必须把车停放在安全地带，不得停在有冒顶可能和溜井边缘（距溜井 8 米内）等危险地点。

（11）爆破时应把电动铲运机开到安全地点停放。遇淋水大时，应用防雨布将电机及卷缆部位遮好。

（12）出矿时，要求在迎头的全断面进行装矿，避免在一侧装矿，严禁进入采空区出矿。

（13）作业完毕，应将溜井防护栏安放牢固，将电动铲运机停至安全定置地点，铲斗平贴地面，合上停车制动器，关闭电机、切断电源。

（14）车轮应保持适当的充压，若发现车胎充气不足时，应停止工作，给车胎及时补气。给车胎充气时做到以下几点：a. 检查锁圈弹性是否下降，局部是否变形，如有缺陷，应予以更新；b. 使胎圈易于紧贴轮辋，进行充气；c. 检查气门咀、气阀等处是否漏气；d. 人员必须站在轮胎侧位；e. 按技术要求充气（前胎 5.5bar，后胎 4.5bar），禁止超压充气；f. 在充气过程中，充部分气后，应检查轮辋与胎圈、锁圈接触部位，其贴紧后方可继续充气。

（15）启动铲运机时要确认电缆附近没有人，应将卷缆阀松开然后缓缓旋紧，否则启动时电缆拉紧可能发生事故。

（16）不要仅仅依靠停车制动在斜坡道上停车，要用道木将四个轮子抵牢，并用铲车抵住巷道壁面。

（17）开关箱必须时刻关好，除合格的电工外，其他人员不得打开。

第二条　电动铲运机的维护和润滑

维护与润滑综述

TORO400 电动铲运机专门为条件艰难的矿山工作所设计。为了确保机械能够有效率的工作及运行更经济，定期维护保养是非常重要的。如果你严格遵循制定的维护保养计划，你会很容易发现可能存在的问题，这样可以保证在问题变得严重之前及时维修，以确保较低的维修成本，降低因此造成的停工时。

初次使用 50 个小时以后的维护步骤：更换传动装置的滤清器，更换制动冲洗回油过滤装置；视觉总体检查有否泄露和损坏；检查卷缆系统功能。

维护计划：

1. 检查传动装置油量。（每班）

让发动机运转。使齿轮变速杆处于空挡。油液处于工作温度。机器处于水平。

2. 检查液压系统油量。（每班）

铲斗和吊臂处于运输位置。油量处于检验玻璃仪表中。

3. 检查轮胎和车轮的螺母。（每班）

4. 检查车灯。（每班）

5. 测试脚踏制动器和停机制动器的功能。

脚踏制动器：最大电流/2 挡；停机制动器：最大电流/2 挡

6. 检查告警灯和信号灯。

7. 检查所有的管子和电缆，检查重要部件（是否泄漏和安装完好）。

8. 检查电缆状况及其是否绕紧。电缆正确处于卷筒中。如果机器附近的电缆有松动，旁路阀必须要打开。（每班）

9. 润滑传动轴连接处（在中间铰接处）

10. 润滑振动轴。（每班）

11. 润滑中心接销。（每班）

12. 润滑转向油缸销。（每班）

13. 润滑举升、翻转油缸的销，润滑举升臂的销。（每班）

14. 润滑 Z 型连接。（每班）

15. 润滑卷缆系统和轴承。（每班）

16. 润滑电缆牵引。（每班）

17. 润滑中心装配北轴承。（每班）

18. 总体清洁。（60 小时）

19. 清洗油冷装置和冷却片。（60 小时）

20. 润滑推进杆连接处。（60小时）

21. 润滑制动器与加速器脚踏板连接处。（60小时）

22. 润滑司机座位连接处和驾驶舱门连接处。（60小时）

23. 检查轮胎压力；前轮550bar，后轮400bar

24. 检查电流接触器是否旋紧，必要的话进行烘干。（60小时）

25. 检查接地泄漏防护系统。（60小时）

26. 用压力计检查卷缆系统功能。（60小时）

27. 清洁主要电流电缆的接触插头。（60小时）

28. 润滑举升臂销的固定端。（60小时）

29. 检查中心铰接连接。（125小时）

30. 彻底清洁电动机。（250小时）

31. 更换制动回油滤清器。如果背压超过了0.4bar，应提前更换。（250小时）

32. 检查行星轮毂中的油量。检查前后差速器中的油量。（250小时）

33. 清洁多销连接件。（250小时）

34. 清洁滑动环并检查其磨损情况。（250小时）

35. 清洁连接器盒。（250小时）

36. 更换传动油过滤器。（250小时）

37. 更换铲斗和转向液压装置的回油滤清器。（250小时）

38. 更换卷缆系统液压装置的高压过滤元件。（250小时）

39. 更换伺服系统滤油装置。（250小时）

40. 检查电动机和传动系统的装配。（250小时）

41. 检查轴的紧固螺钉和摆动系统的螺钉。（250小时）

42. 检查传动轴的法兰和螺钉旋紧扭矩。（250小时）

43. 用度盘式指示器检查中心铰接点。（250小时）

44. 检查液压系统的油液体积。

45. 清洁液压油箱和集油器。油量大约300升。（1000小时）

46. 更换前后差速装置中的油液和行星轮毂中的油液。2×44升（1000小时）

47. 检查制动系统。测量制动衬套的磨损情况，检查蓄能器加压前的压力。（1000小时）

48. 更换传动油。大约63升，清洁磁泄放塞。（1000小时）

49. 润滑电动机轴承。（2000小时）

50. 清洁/更换注油（液）阀中的两个过滤器。（2000小时）

安全送电操作规程

1. 严格履行交接班制度，对故障车、电缆必须交清、接明。

2. 送电前，必须检查各油位、传动部件、轮胎是否正常及电缆是否缠绕整齐。

每班要检查电缆悬挂是否正确：锚固器是否牢固；电缆是否破皮及漏电。穿戴齐劳保用品（绝缘雨靴，绝缘手套、验电笔）。

必须戴绝缘手套送电，绝不允许湿手进行操作。每次送电后必须对漏电保护进行实验，若有问题必须排除后方可上车。

上车前，必须验电，确认电缆、车身不漏电方可操作。

启动电机前，要松开卷缆阀，确认电缆附近没人。电机启动后慢慢收紧卷缆阀。

下车前，必须将铲斗落地，司机离开车，必须停电。

电铲保养时，必须停电，洗车时不得用水直接冲洗车上的配电盘、仪表盘、散热器电机和电器插头。

电动铲运机应急预案

1. 设备简介

电动铲运机是该矿的主要采矿设备，主要负责大采场的矿石铲装、运输、卸料工作，其拖动动力源是电动机工作，工作/传动系统采用液力机械方式，电动机电源是1000伏，功率是110千瓦，刹车制动采用全液压湿式多盘液压制动弹簧释放。每次装矿4立方米米（约9.6吨），行驶速度0～12千瓦/小时。

2. 一般故障及处理事项

操作工处理法：操作工应每班工作前对车辆设备进行细致的点检、维护、保养，当确认设备无故障隐患时方可进行作业，如发现设备故障时，应迅速检查故障存在部位，能自己处理的要进行处理，如不能处理的应迅速通知维修人员；

重大故障及处理事项：电动铲运机上下坡转移采场时必须采用刹车制动好的4立方米柴油铲运机引路防止窜坡造成事故。

设备着火的控制及措施：

①应经常性对电器电路进行点检，发现有电路老化、电器元件保护失灵现象应及时更换电器元件及电路或发现明口及时进行处理包裹好，防止短路引起火灾。②应及时处理设备漏油定时冲洗设备卫生，保持设备清洁，消灭易燃源。③每个班应检查灭火器压力是否在蓝区并懂得灭火器的使用方法，以便发现火灾迅速灭掉，防止事故发生。

掌子面埋车的控制及措施

设备应严格按规定禁止装空顶和过头矿，防止因装空顶或过头矿使矿岩石迅速下落造成埋车、砸坏设备等恶性事故发生。如出现埋车不要过于惊慌，不要急于向后开车以防晃动设备将引起大量矿岩下落，应及时向车间汇报，车间应迅速组织抢险队并由工作经验丰富的人员制订方案后将设备周边清理干净，然后使用其他设备牵引共同向后退，达到一次拖车成功，避免大的事故发生。

当遇到在装矿时忽然发生停电，应迅速查清是什么原因，如因配电柜单独跳闸，应迅速和上，如因其他原因应迅速通知修理电工，如确定短时间内处理不好则应采取用四立方米油铲进行将其拖至离掌子面8米的安全地方停放，防止矿石埋车。

电动铲运机司机交接班制度

交接班是一项很重要的工作，通过交接班可以对人员出勤情况、设备状况及井下生产作业情况做出交代，认真做好交接班工作是保证铲运机正常运转，确保安全生产的重要措施。

（1）当班任务完成后，作业现场必须清理干净，铲运机应停放在指定位置。

（2）交班司机在工作结束后负责对设备进行清扫、检查，完成例行保养中的点检工作，并填写好设备点检表。

（3）交班司机认真填写好交接班记录，按记录本上的要求逐项填写，不允许出现空白。

（4）交班司机必须交代清楚溜井矿源、迎头矿源、设备状况有无隐患或问题及工具是否齐全等。

（5）交班司机必须交代清楚作业现场顶板、裂隙等安全情况。

（6）交班司机必须交代清楚溜井"五有"装置及水、电、通风、巷道照明是否齐全和正常。

（7）接班司机应认真查看交接班记录，对存在的隐患进行复查，特别要对涉及人身安全和设备安全的重大隐患进行认真检查。

（8）接班司机接班后应按例行保养中的要求对设备进行点检，特别是对液压和传动油位进行检查（不足时，应添加），对各润滑点加注润滑油，等等。

（9）铲运机实行定期保养、检修和日常点检，接班司机在接班后，应配合其他工种人员进行工作，重点是检查和保养。

五、进口掘进凿岩台车效率管理

为克服7655钻机人工凿岩掘进的不利因素，北洺河铁矿于2004年进口TAMROCK AXERAD05掘进台车。该矿是五矿邯邢矿业有限公司第一个引进该种掘进凿岩台车的，在国内同行矿山也是较早引进者，因此对该种设备的操作、保养、维护、维修等均无可借鉴的经验。为试验好、应用好该设备，发挥其最大效率，北洺河铁矿细致钻研设备基础技术资料，学习国内仅有的同行经验，制订详细的实验方案，操作、点检、维护、保养规程，更新生产组织模式，修订作业参数，通过不懈努力，取得了试验应用成功，台效达到150米/月，为全国同行业使用该设备积累了经验。

（一）生产组织模式

北洺河铁矿引进第一台进口掘进凿岩台车TAMROCK AXERAD05，意味着掘进工程的机械化。采准车间担负着该矿各水平采准掘进工程，进口设备的到来，在一定程度上能缓解该矿掘进任务，为尽快了解设备使其投入生产，采准车间采取了一系列措施不断优化其生产组织模式。

试验摸索阶段　采准车间从7655人工掘进中挑选骨干人员赴梅山铁矿学习，经过一年的试验摸索阶段，2005年11月采准车间成立的掘进台车班组每月完成掘进180米，基本承担车间30%的掘进任务。

3班作业生产组织模式　2005年底至2012年采准车间不断优化掘进台车施工，使其到达最优状态。目前拥有进口掘进台车4台：3台AXERA D05，1台DD311，均来自山特维克公司，分别编号1、2、3、5。结合设备数量及状况，车间成立7个掘进班组，每个班组6个人，7个掘进班组根据作业部位及当月计划，分成3班作业（即夜班、白班、中班都有作业班组），每个班组保证一天一个爆破循环（施工作业程序如图13-3所示），即以白班生产（8：00—15：00）为例，当班作业人员为4人，两人操作台车进行布眼，两人进行文明生产和炸药领取，炮眼施工完，炸药领取到位后，4个人共同完成装药和连线，最后警戒爆破，从而完成一个掘进施工循环。7个班组以5天为基准，进行倒班作业，从而保证人员作业效率，避免长期夜班疲劳作业，每班当月平均完成70米掘进。

2012年采准车间全面使用掘进台车完成掘进任务，淘汰7655人工掘进，平均每月完成450米掘进任务，生产劳效显著提高，人均每天由0.5米提升至0.7米，单车效率达到150米/月，并且对于围岩破碎地段的支护留取了足够的时间（例如：白班掘进作业后，中班对其进行临时支护，夜班出渣），对人员的安全施工提供有力保障，从而提高了施工效率，加快了施工进度，保障采矿采场及时衔接。

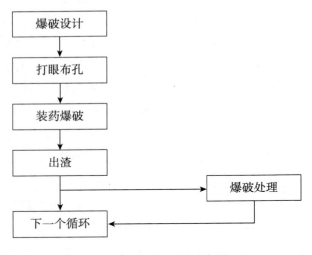

图13-3 施工作业程序图

（二）爆破技术管理经验

进口凿岩台车在使用过程中，采准车间对爆破参数不断优化改进，加之各项管理制度不断出台，最终达到一个比较理想的状态。掘进工程的施工质量明显提升，避免了以往7655掘进"冲天炮"现象的发生，巷道达到简易光面爆破效果，巷道成型基本符合三心拱设计要求，减少了爆破对周围围岩的扰动，提高了施工安全度，减少了支护费用的投入。具体做法主要从爆破参数设计、日常爆破记录规范以及相关制度管理三个方面着手，从而保障其施工效率。

爆破参数 由于凿岩台车打眼深度 3.3 米，远大于气腿式凿岩机的 1.5 米，因此爆破设计必须重新设计，包括布孔、装药及起爆，以下为掘进凿岩台车爆破参数。

1. 掏槽方式

只有掏槽爆破顺利，才能保证进尺。以往使用 7655 气腿钻时，钻杆长 1.6 米，打眼深度 1.5 米，采用楔形掏槽，效果良好，然而使用掘进台车后，打眼深度达到 3.3 米，楔形掏槽效果差，后改为直眼掏槽法，经过试验，效果良好。一个掏心眼（装药，直径 50 毫米），距离地板高 1.5 米～1.6 米，距离掏心眼周围 150 毫米～200 毫米平均钻 4～5 个空眼（直径 91 毫米），空眼成十字形、方形或者梅花形布置（见图 13－4）。

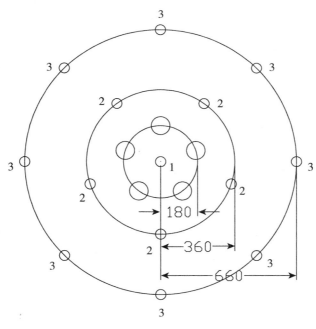

1、2、3——起爆顺序

图 13－4 直眼空眼式掏槽方式

2. 周边眼布置

根据简易光面爆破的要求，周边眼需要留半边孔，因此周边眼布置为：顶眼：从起拱位置开始，共 7 或 9 个，间距 550 毫米~750 毫米；帮眼：共 6 个，一边三个，间距 600 毫米~700 毫米；底眼：6 个，均匀布置。

周边眼应向巷道轮廓线外偏 3°~5°，保证眼底位于巷道轮廓线外 100 毫米~150 毫米。

3. 辅助眼

辅助眼根据上稀下密，中部均匀分布的原则，布置在掏槽眼和周边眼之间。

第一圈：距离第二圈辅助眼 500 毫米~600 毫米，有 9~10 个眼；

第二圈：距离第三圈辅助眼 500 毫米~600 毫米，有 16~20 个眼

4. 打眼顺序及打眼深度

打眼顺序：掏槽眼→顶眼和帮眼→辅助眼→底眼。打眼深度为 3.3 米。总眼数：60~66 个。

5. 装药

炮孔全部施工完后进行装药，装药前必须用高压水冲洗炮孔。采用 2# 岩石乳化炸药。炸药规格为 φ36 毫米×300 克×265 毫米和 φ32 毫米×300 克×300 毫米。

掏槽眼和辅助眼采用反向连续装药，装药系数为 0.7~0.9，周边眼采用空气间隔装药，装药系数为 0.3~0.45。底眼为了抛出底板矿岩，装药系数为 0.9。根据简易光面爆破要求，周边眼装药不耦合系数为 1.5~2.5，故周边眼采用规格为 φ32 毫米×300 克×300 毫米的炸药。另外，药卷直径小时，降低了孔内炸药爆炸的初始应力峰值，对掏槽效果不利，故炮眼用 φ36 毫米×300 克×265 毫米炸药。装药后炮眼必须进行堵塞，堵塞距离不小于 200 毫米。装药情况如表 13-4 所示。

表 13 - 4　　　　　　　　　台车掘进装药情况一览表

序号	炮眼名称	眼深（米）	数目（个）	单孔装药量（卷）	总药量（千克）	起爆顺序
1	掏心眼	3.3	1	11		I
2	空 眼	3.3	5			
3	掏槽 1	3.3	5	10		II
4	掏槽 2	3.3	8	10		III
5	辅助 1	3.3	9 ~ 10	9		IV
6	辅助 2	3.3	16 ~ 20	8		V
7	顶 眼	3.3	7 ~ 9	5		VI
8	帮 眼	3.3	6	6		VI
9	底 眼	3.3	6	12		VI
合 计			56 ~ 66		144 ~ 174	

根据不同的围岩，布孔方式略有不同，当矿岩性质坚硬时，采用图 13 - 7 所示的布孔方式，这种布孔空眼多，能够保证掏槽成功，且布眼数量多，间距小，可以保证矿岩充分爆破出来；当矿岩性质较软，或者中等坚硬时，采用图 13 - 5 或图 13 - 6 布孔方式。实际生产中，由于现场条件限制，不能完全按照设计施工，可能有一定偏差，但不会影响施工效果。

6. 连线与起爆

导爆管采用非电延期管，雷管对号入座，如表 13 - 4 所示共分 6 段爆破。连线采用并联方式，先将相邻导爆管按照同等数量连成一束，然后用与掏槽眼同型号的雷管引出，最后用起爆器引爆。

7. 实施效果

使用掘进台车施工掘进工程后，单循环进尺有明显增加，作业效率也明显提升，单人作业由 0.5 米/班提高到 0.7 米/班。简易光爆的实施也降低了支护的成本，提高了安全系数。多段起爆降低了大块率，增加了出渣效率，为后续作业减少二次爆破次数，总体效果良好。

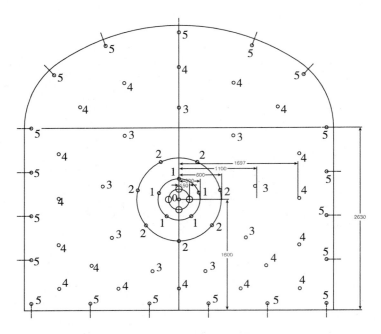

图 13-5　布孔方式图 1

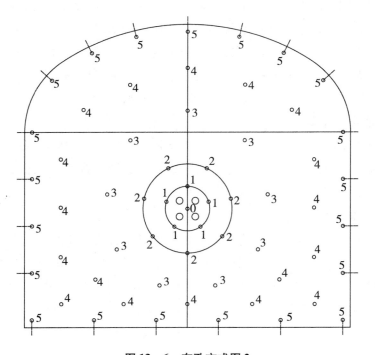

图 13-6　布孔方式图 2

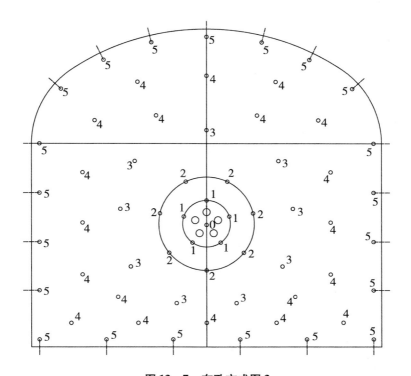

图 13 – 7　布孔方式图 3

建立日常爆破记录　由于矿岩性质是不断变化的，因此每一个循环爆破前都要对工作面矿岩性质充分了解，以适当调整爆破参数。同时，为了更好地分析和改进爆破参数，需要时刻掌握现场爆破情况和现场爆破参数，因此采准车间技术组制订了日常爆破记录表，用以记录每个爆破循环的爆破参数、围岩情况以及分析出现的爆破事故原因。除此之外，采准车间以周、月为单位定期统计火工材料消耗情况，分析结果以报表形式分发到施工班组，并请技术人员详细讲解分析结果，提醒相关班组下阶段工作的注意事项。

制定考核办法　为了更好地管理车间掘进爆破行为，采准车间技术组制定了相关的管理考核办法，主要有《采准车间光面爆破管理考核办法》、《采准车间火工材料消耗管理考核办法》、《采准车间调度安全员炸药票签票规定》等。

（三）设备管理经验

设备高效、经济运行得益于设备日常系统的运行管理，北洺河铁矿采取了多种措施保证设备运行质量，强化运行管理，确保设备高效运行。具体做法如下：

落实设备点检、维护　北洺河铁矿制订了操作工、点检员对设备进行双检，机电技术人员和设备主管进行巡检的阶梯形点检模式，对检查中发现的问题实行责任倒推制，即对之前一级的点检人员进行考核，从而达到增强职工点检意识的目的。设备的维护方面则要求在不影响正常生产的情况下，每天白班强制对一台设备进行清洗、润滑、修理，使设备保持良好的作业性能。此外采准车间与维修车间积极配合，按规定时间开展设备的点检定修、定保工作，把设备隐患消灭在萌芽状态。凿岩设备周保养时间如表13－5所示。

表13－5　　　　　　　　凿岩设备周保养时间表

项目＼日期	周一	周二	周三	周四	周五	周六	周日
开到台车硐室保养	1#	2#	3#	4#	5#	6#	锚杆台车
注油润滑	4#	5#	6#	锚杆台车	1#	2#	3#

推行设备周检月评考核机制　北洺河铁矿每周不定时对车间所有设备进行检查，对查出的问题责令班组限期整改，每月对各周的检查结果进行汇总，按成绩高低对班组进行奖惩。在检查过程中还对班队长、操作工进行操作规程、岗位责任制、现场知识问答内容进行提问，除了奖优罚劣之外月底还将提问结果张榜公布。

规范设备运行管理　采准车间的设备操作人员工资水平是以作业量多少来决定的，这种分配方式虽然能充分调动职工的积极性，但另一方面也造成了只顾产量、硬拼设备的被动局面。只要能生产就不考虑维修设备，慢慢导致小问题大处理，最后既影响了产量又增加了使用成本。为了改善这种局面，北洺河铁矿采取了以下措施：在设备运行过程中合理调配设备的使用，防止好设备的过度使用，对设备性能差的设备加强维护提升设备状况；规范作业人员的操作，加大对误操作和习惯性违章的惩罚力度；明令禁止非设备所在班组人员操作设备，这些人一旦操作，由于对设备状况不了解，容易对设备造成非正常损坏；对设备进行单机考核，综合设备月作业量、备件消耗、材料消耗、油料消耗等因素，对作业人员进行考核。

做好基础工作　基础工作一向是设备管理工作的弱项，容易被人忽视，采准车间在工作中重点对原始资料的填写进行了规范（如点检表、交接班记录、维修记录等），此外专门建立了设备故障台账、轮胎消耗台账、设备润滑台账、保养台账使车间对设备故障规律做到心中有数。

加强人员培训　针对台车作业量大幅增加，台车操作人员匮乏的实际情况，采准车间成立了台车培训班；定人员、定目标、限产量每季度可培养出合格的操作人员 4 人。此外定期对台车操作人员进行理论培训，使操作人员对设备结构、原理、常见故障有基本了解。

改变服务思路　生产组织调整后，相应的各班组的作业面为之前的两到三倍，要满足生产使用相应的风、水、电路就必须不断地大量延伸，不但工作量大而且成本消耗巨大。为了缓解生产、成本、劳动强度之间的矛盾，采准车间使用了直径 $\varphi38$ 和 $\varphi25$ 的无缝钢管取代风水胶管，并在钢管两头焊接快速接头，中间用短胶管连接，一方面大大提高了连接效率，另一方面大大节省了使用成本。

加强班组用电管理　车间设备作业场所频繁移动且环境恶劣，用电管理一直以来就是一个弱项。针对这一实际情况，采准车间为每一班组配备了专用的配电箱及照明变压器，并要求使用班组对电缆进行标准化吊挂，辅助班每周对各作业场所的用电情况进行检查和整理。

（四）实践效果

进口掘进凿岩台车经过将近九年的使用和管理，总结出以上各方面经验，这些经验及做法为设备高效运行提供了可靠保障，不仅给北洺河铁矿在掘进施工方面带来可观的经济效益，更是极大促进北洺河铁矿现代化矿山的建设进程，不断提升其生产管理水平。目前单台效率达到 150 米/月，光爆率 80% 以上，设备事故率为 0，停机率 2% 以下，材料备件 57 元/立方米，炸药单耗 0.33 千克/立方米，均处于行业较好水平。

附录 13 – 15

采准车间掘进工程日常爆破记录表

日期：			班次：	
施工地点：		施工班组：		记录人签字：

一、规格

1. 高度： （单位：米）	腰线以上：	规格：4.4m（宽）×4.1m（高）， 墙高2.6m，拱高1.5m 1.5m / 3.9m / 4.1m / 2.6m 1.1m 1.1m / 4.4m
	腰线以下：	
2. 宽度： （单位：米）	中心左：	
	中心右：	
3. 是否需要 放中线	是	
	否	
4. 是否需要 放腰线	是	
	否	

二、上炮爆破情况

1. 进尺（单位：米）			
2. 围岩情况	矿 石		岩 石
	软	中	硬
3. 出渣是否清理位	是		否

三、本炮施工情况

炮眼布置及装药情况

炮眼名称	眼深 （米）	数量 （个）	孔距 （毫米）	排距 （毫米）	装 药		非电管
					水胶（卷）	乳化（卷）	段数
掏心眼							
空 眼							
第一圈辅助眼							
第二圈辅助眼							
第三圈辅助眼							
第四圈辅助眼							
顶 眼			–				
帮 眼			–				
底 眼			–				
合 计	–		–		（千克）	（千克）	

六、移动设备协力维修

设备维修管理，是指依据企业的生产经营目标，通过一系列的技术、经济和组织措施，对设备寿命周期内的所有设备物质及价值运动形态进行的综合管理工作。北洺河铁矿移动设备维修经历了分散式维修管理、集中式维修管理以及专业化维修等三个阶段，其中，后两阶段属于协力维修，效果比分散式维修有本质性提高。

（一）管理背景

2005年之前，北洺河铁矿井下大型无轨移动设备管理采用分散维修管理体制，采矿、采准等生产车间均配有维修人员，设备的各类维护保养、零修以及大中修均由各生产车间的维修工段负责。维修体制的分散管理，导致在技术力量发挥不了专业化维修的优势，进而影响检修进度和质量；有些大中修的检修项目又因车间维修人员紧张而无法开工，延误了大中修项目的进度，错过了检修的最佳时期，造成设备故障不能够及时的解决；由于设备长期带病运行，致使设备的运行率和使用寿命受到不同程度的影响，而且计划检修或检修质量不能得到保证，加上操作工与维修工对日常的操作维护保养跟不上，造成设备检修的恶性循环，致使设备不能处于高效运作状态，效率差。同时，备件的计划和储备不能有效科学的管理，造成部分备件重复积压和有些备件没有储备，致使检修费用增加。尤其，设备遇到故障检修队伍像救火队一样四处忙，增加了劳动强度，职工产生怨言，对提高检修技术的培训也做不到，造成检修队伍的素质下降。

（二）管理举措

成立专业设备维修车间 北洺河铁矿为了改善设备维修状况、提高劳动生产率、降低设备维修费用、优化资源配置、提高生产效益，借鉴国内同行业先进的管理经验，决定将采准和采矿的维修人员整合集中，成立专业的设备维修车间。北洺河铁矿维修车间成立于2005年1月份，主要负责该矿井下大型无轨移动设备的生产维修、设备大中修等工作，是井下无轨移动设备专业化设备维修管理的单位。经过多年的运行，维修车间充分发挥了专业化设备维修管理的作用，为该矿井下大型无轨移动设备的高效运行发挥了较大作用。

建立设备维修管理机制 维修车间集中有关维修计划制订与实施的权限，

改善了维修工作的流程，根据所辖无轨移动设备的管理实际，逐步形成了预防性维修、故障检修、改进性维修相结合的设备维修管理机制。

（1）预防性维修，主要包括日常点检、设备润滑、检查、更换和定期检修等内燃，通过对设备的检查、检测，发现故障征兆以防止故障发生，使其保持在规定状态所进行的各种维修活动。预防性维修主要集中在八点班，集中维修人员对设备进行点检、巡检、定修、周保等工作，处理设备存在的故障隐患。

（2）故障检修，即设备发生故障后，生产车间及时通知维修人员去维修，属于事后维修，车间对设备出现的较大故障组织骨干力量集中攻关，保证故障得到及时处理。

（3）改进性维修，主要通过对设备进行改进或改装，以提高设备的固有可靠性、维修性和安全性水平。例如，原内燃铲运机在电气线路的设计中存在缺陷和隐患，经常发生电气故障而影响设备运行，车间利用设备检修期间对其进行电瓶安装位置、电气线路等部位进行了十余项改进，消除了设备安全隐患，保证了设备高效运行。

明确权责，科学考核　自维修人员整合集中后，北洛河铁矿专门对维修车间职责进行了明确，更加方便设备的管理。主要负责为井下无轨移动设备、空压机、变电站（所）、风水管路维修以及地表金加工设备的使用、维护和检修的管理工作。维修车间井下有 –110 米水平铲车检修硐室、–125 米水平铲车检修硐室、–125 米水平台车检修硐室 3 个硐室，地表有东风井一间金属结构加工厂房。

维修车间的考核主要与设备运行指标和经济消耗指标挂钩，即根据指标完成情况，结合服务车间的工作评价，核定职工收入。这一措施，提高了职工的工作积极性和主动性，增强了职工的责任感。

（三）管理效果

北洛河铁矿维修车间成立后，集中发挥专业优势，适应现代企业的发展要求，从以下各方面提升了企业管理效益：

保证维修质量　维修车间集中了大量经过专门培训、专业技术水平较高的维修技术人员；有各类专门的仪器、工具、器件、材料及设备；有专门的维修场所；了充足专用的各类备品配件供应；有在专业化维修过程中积累的大量维修经验可利用；有广泛的信息渠道及各类资料、数据，从而可充分利用最新的维修技术及工艺。所有这些，都为确保维修质量奠定了坚实物质基础。集中维修之前的 2004 年，主要采掘移动设备可开动率为 68.8%，集中维修之后的 2005 年，设备可开动率逐年升高到 85.5%、90.8%、96%，设备运行效率明显提高。最近三年设备可开动率都保持在 97%~98%。

提升维修能力　设备维修人员专业集中后，大量专业技术人员和经验丰富的技术工人汇集在一起，形成了专业的设备维修力量。在工作中，大家相互交流，集中进行技术攻关，攻克了集中前不能解决的一些技术难题。如：在以前进行 WJ-2C 内燃铲运机维修时，只是进行了简单的备件更换，对于总成备件全部外委修理，造成了成本的浪费，影响了设备维修的及时性。车间针对此情况专门成立了技术攻关小组，进行总成备件的修理，2007 年先后完成了 2 台内燃铲运机发动机修理、3 台内燃铲运机变矩器修理，修理后总成备件技术参数达到规定要求。在总成备件修理的技术上，初步掌握了内燃铲运机大修技术，并于 2008 年先后完成了 5 台 WJ-2C 内燃铲运机大修和 1 台 CY-4 内燃铲运机大修，完成掌握了柴油铲运机的综合维修技能，提高了专业化维修能力。

提高维修时效　在相同条件下，专业化维修所需的维修时间少于分散管理所需时间。例如：分散式维修时，更换一台发动机需要 20 多个小时，集中维修后相同工作仅需 8 小时并且当班就可完成；电动铲运机桥故障的判断处理在分散管理时需要 30 多个小时，集中维修后仅需 6~8 小时就可完成故障判断及维修更换，维修时间大大缩短，维修时效性得到明显提高。

降低维修成本　专业化维修减少了停机损失及相应的费用；减少了自修时由加班、人员、设备的组织及准备而相应产生的固定费用；避免可能出现的返修及相关费用；除此之外，由于专业化维修减少工时、材料消耗而在相同条件下降低相应的费用。如：2004 年内燃铲运机单机年消耗备件金额为 25.5 万元，集中维修后，2005—2009 年逐步降至 20.2 万元、17.5 万元、15.6 万元、12.4 万元、9.8 万元，2010 年以后保持在 10 万元以内。

通过对设备管理体制的创新，提高了设备管理工作效率，调动了职工的积极性，发挥了维修人员集中调度、维修力量均衡利用等优势，有力地支撑了生产任务的完成，取得了较好效果。2012 年，维修车间实现了主要采掘移动设备运行率高于 96%，设备停机率小于 2% 的成绩，在产能不断扩大的情况下，保证了设备高效运行。

七、设备台账价值应用

(一) 实施背景

在企业的生产经营活动中,设备管理台账是反映设备历史情况、技术情况及分布情况的原始记录,是设备基础管理不可或缺的内容之一。

北洺河铁矿2005年成立维修车间,成立之初设备维修还延续着成立之前的故障维修方式,设备出现问题才去维修,保养过程中出现应付了事的情况,因备件供应不及时导致设备停机等一些问题。造成设备运转率不高,设备经常因小毛病而停机,备件供应紊乱,给生产造成一定影响。

在生产经营过程中,维修车间借鉴其他企业的成熟管理经验,逐步建立起一套完善的设备运行、点检保养维修台账,并充分发挥台账的价值,预测和诊断设备管理中出现的问题,保证设备高效运行。

(二) 管理措施

建立设备台账体系 北洺河铁矿维修车间借鉴同行业的设备管理模式,摸索建立了设备技术状况台账、备件消耗台账、设备检修台账、设备事故台账、设备运行台账等一套设备管理台账,科学掌握设备运行状况。

(1) 设备技术状况台账,主要考核数据为设备完好率、甲级维护率。设备完好率是设备完好台日数与制度台日数的比值,是反映设备技术状况的指标,设备甲级维护率为设备甲级台数与设备数量的比值。

(2) 备件消耗台账,是对单台设备的所有备件消耗的统计明细,通过备件消耗台账,可以清楚地查询该设备所有备件消耗,消耗备件的数量和时间,对该设备的消耗情况有一个直观的了解。通过设备备件的消耗,可以分析该设备的备件更换周期、备件质量缺陷、设备技术缺陷等问题。

(3) 设备检修台账,统计设备的检修日期、检修类别、负责人、备件费用、材料费用,根据设备检修台账,可以了解设备的整体检修状况,科学制定设备检修时间、检修类型,保证设备可开动率。

(4) 事故台账,记录设备运行中发生设备事故的时间、事故类别、事故原因、责任人、影响时间、造成的损失及制订的整改措施等,对今后的设备使用提供了经验。

(5) 设备运行台账,记录设备作业台时、设备开动率、作业率。设备的开动率是设备实际开动的时间,其计算公式为:

设备开动率＝设备开动时间／正常上班时间

设备可动率＝（设备日历时间－设备保养维修停机时间）／日历时间

设备运转率，是一定时间内人或机器的实际运行时间和有效作业时间的比值，提高设备运转率可以提高工作效率，在单位时间生产出更多的产品，从而带来更高的效益。计算公式为：

设备运转率＝人或机器的实际运行时间／有效作业时间

发挥设备台账作用　设备台账的作用主要体现在以下几方面：

（1）统计总成备件的消耗周期，为设备运行做好备件储备。备件供给是设备运行的关键，尤其是较大总成备件进货周期长，价格昂贵，制约了设备运行。通过设备台账，可以掌握总成备件的消耗周期，为设备运行提供保障，例如：斗刃板、电缆是电动铲运机常用的较大总成备件，对 2006 年单台设备的使用数量进行统计，计算得出斗刃板的平均使用周期为 4 个月，电缆的平均使用周期为 2.8 个月。在进行备件计划编制过程中以此为依据，进行备件最低储备。

（2）分析设备故障类型，积极进行设备技术改造。自设备台账建立以来，通过分析备件消耗和故障停机率，从数据中掌握设备的技术状况，发现设备技术缺陷，并积极进行设备技术改造，可以有效提高设备运行效率。

例如：对集中维修的第一年 2005 年 1—12 月份 WJ－2C 内燃铲运机故障类型统计，其中液压系统故障占 47.8％，电气故障占 28.7％，为该设备的主要故障（见图 13－8）。液压系统备件消耗主要包括工作泵、阀组、液压缸等元件，通过工作现场分析发现，液压油含水和杂质、油质乳化是造成液压系统故障多、备件消耗增加的主要原因，针对此情况，维修车间把提高液压系统油品质量作为减少设备故障的措施：①改进了内燃铲运机的液压油箱密封，从源头上保证了油品质量；②规范维修人员作业标准，严格按照规程作业，更换液压元件时保持液压元件和系统的清洁度。电气系统故障主要集中在电气线路接头松动、电气元件安装位置不合理，在检修过程中，对设备的仪表盘重新设计制作、电瓶安装位置重新布置等进行了 10 余项改进。通过以上两项改进，WJ – 2C 内燃铲运机故障停机率从 2005 年的 8% 降至 2% 以下，设备开动率大大提高。设备台账发挥了指导设备维修，提高设备技术性能的作用。

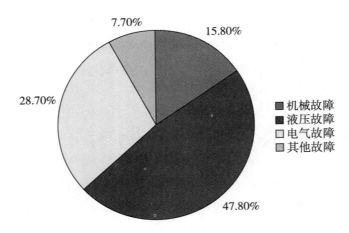

图 13 – 8　2005 年 1—12 月份 WJ – 2C 内燃铲运机故障类型统计图

（3）分析设备故障运行曲线，掌握设备运行规律。随着新型采掘移动设备的不断更新，设备正朝着精确化、自动化发展，设备的结构、设备运行与环境影响越来越复杂，给设备维修带来了更大的困难。如何摸清设备运行规律，掌握设备的大修周期十分重要。例如：TORO – 400E 电动铲运机自 2003 年底至今已使用 9 年，进过多年的使用掌握了该设备的数据，为做好设备大中修，提高设备经济运行提供了一定的依据。事故统计如图 13 – 9 所示。

通过统计分析，可发现：设备自 2003 年 12 月投入使用后，截止到 2004 年 12 月，由于新设备到矿，设备磨合期、操作维修人员不熟悉设备，造成了设备故障停机率较高；进入 2005 年以后，操作维修人员逐步掌握设备技术性能，设备运转进入稳定期，设备故障停机率保持平稳；随着设备老化，主要总成备件故障增加，自 2007 年后，设备进入故障停机率高发阶段，为保持设备较高的运行率就需要进行设备大修。

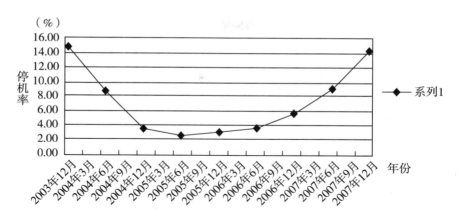

图 13 – 9　2003 年 12 月—2007 年 12 月

TORO 400E 电动铲运机单机设备故障率统计图

（4）指导预知维修，变事后维修为预知维修。在设备分散管理时，设备维修经常处于被动维修、事故维修，设备检修周期不确定，严重影响了设备的开动率。车间技术人员通过截取 2005 年间的设备检修台账数据，统计分析设备检修周期，制定了《柴油铲运设备定检定修、定检定保制度》，强制每台设备上半月必须进行一次定检定修，下半月进行一次定检定保，逐台设备进行，通过 6 年的运行，设备开动率从 2005 年的 80% 提高到了 2012 年间的 90% 以上，柴油铲运机定检定修、定检定保制度保持到现在。

规范设备台账管理　通过几年设备台账的运行，北洺河铁矿掌握了设备台账的作用，但离设备管理的零停机还有一定的差距，为进一步规范设备台账管理，更好地发挥设备台账对设备管理工作的指导作用，主要从两方面着手：

一是提高设备台账的真实性和准确性，设备台账的所有数据均从设备的各种原始记录中统计，这就要求维修人员必须提高自身的素质，详细记录设备原始记录，保证设备原始记录必须保持真实性和准确性，做台账的人员统计数据时保证数据的完成，设备台账才能发挥应有的作用。

二是结合现代新型设备管理软件，提升设备管理水平。随着设备管理技术的不断提升，现代化的设备管理软件不断研发，结合一些新型设备管理软件，可以进一步的提升设备管理水平。管理人员可以通过软件查到每个应该保养但没有保养的设备，以督促工作人员及时对设备进行保养，但这些软件的数据采集同样离不开基础的设备台账。

（三）管理效果

北洺河铁矿维修车间通过建立设备台账取得以下管理效果：

发现设备检修规律 北洺河铁矿维修车间自建立设备台账以来，逐步发挥了设备台账作用，通过对台账的归纳整理，找出设备检修运行的规律性，提高车辆的运行效率，为生产提供了有力保障。

提高设备运行效率 设备台账建立后，定期组织人员对台账的数据进行分析整理，发挥设备台账的指导作用，查找设备管理中存在的问题及设备中存在的缺陷，科学制定设备检修时间、做好备件储备，提高设备运行效率。

提供设备管理依据 设备台账经过几年的运行，充分发挥了分析指导作用，为设备管理提供了科学的依据。但随着一些新设备的引进、新的管理理念的提出，设备管理的水平也要不断地提高，设备管理台账也要不断的改进才能充分发挥利用好其作用，保证设备高效运行，为生产提供有力的设备保证。

八、标准化换绳作业

（一）实施背景

我国投产的大中型矿井中，立井多采用多绳摩擦轮式提升机作为主提升设备。多绳摩擦轮提升机具有重量轻、占地面积小、省电、投资少等优点，在我国被广泛应用。但根据《煤矿安全规程》规定，摩擦式提升钢丝绳（即首绳）的使用期限不得超过 2 年。因此对多数矿山主、副井均为摩擦式提升的矿井来说，平均每年需要更换一次首绳，更换首绳成为多绳摩擦轮提升系统中主要的一项工作。

目前，各矿采用的换绳方法各异，换绳装置也主要是自己设计、加工，没有正规的设计和计算，施工过程中存在安全隐患，同时也发生过多起换绳过程中钢丝绳滑落的事故。换绳工作对各矿来说都是一项难度大、技术性强、危险性高的工作。

（二）经验做法

北洺河铁矿自 2002 年以来，一直致力研究高效、安全的换绳方法，现已形成一套完善的标准化换绳作业方法，并成功地在主井、副井、西风井等提升机上得以应用，下面就以主井更换首绳为例，将其标准化作业方法介绍如下：

北洺河铁矿主井采用 JKM3.5×6 多绳摩擦式提升机，首绳为 6v×34 –Φ35 –1670 三角股镀锌钢丝绳，绳径 φ35mm，左右捻各 3 根，共 6 根。一端提升载重 26 吨箕斗（自重 21.5 吨），一端是 34.5 吨平衡锤。

标准化换绳作业中采用了"绳带绳法"。旧绳带新绳下井，新绳把旧绳带出。首先更换箕斗侧钢丝绳，将新旧绳分别固定在楔形绳环上，新绳与旧绳每 20 米使用绳夹板固定一次，旧绳承重，携带新绳下井；然后更换平衡锤侧钢丝绳，让新绳穿过桃型环固定好，新绳承重，随箕斗的提升回收旧绳。

六根钢丝绳一起进行更换，施工过程充分利用北洺河铁矿已有的液压调绳装置作为起重工具，以保证施工效率。施工程序如下：

主井首绳更换工程施工程序（一）

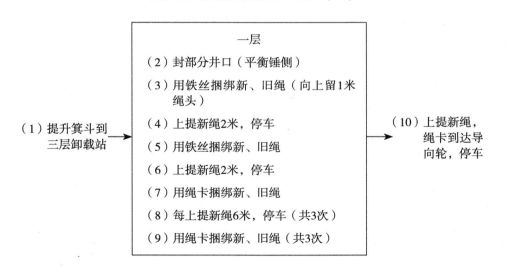

（1）提升箕斗到三层卸载站

一层
（2）封部分井口（平衡锤侧）
（3）用铁丝捆绑新、旧绳（向上留1米绳头）
（4）上提新绳2米，停车
（5）用铁丝捆绑新、旧绳
（6）上提新绳2米，停车
（7）用绳卡捆绑新、旧绳
（8）每上提新绳6米，停车（共3次）
（9）用绳卡捆绑新、旧绳（共3次）

（10）上提新绳，绳卡到达导向轮，停车

主井首绳更换工程施工程序（二）

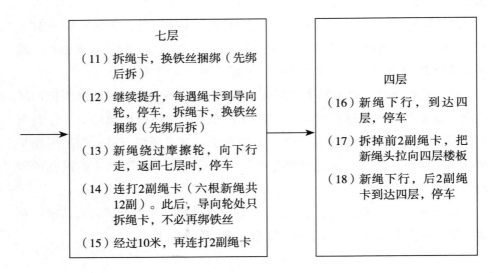

七层

（11）拆绳卡，换铁丝捆绑（先绑后拆）

（12）继续提升，每遇绳卡到导向轮，停车，拆绳卡，换铁丝捆绑（先绑后拆）

（13）新绳绕过摩擦轮，向下行走，返回七层时，停车

（14）连打2副绳卡（六根新绳共12副）。此后，导向轮处只拆绳卡，不必再绑铁丝

（15）经过10米，再连打2副绳卡

四层

（16）新绳下行，到达四层，停车

（17）拆掉前2副绳卡，把新绳头拉向四层楼板

（18）新绳下行，后2副绳卡到达四层，停车

主井首绳更换工程施工程序（三）

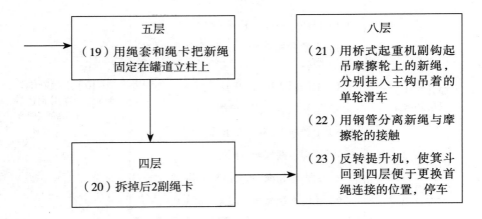

五层

（19）用绳套和绳卡把新绳固定在罐道立柱上

四层

（20）拆掉后2副绳卡

八层

（21）用桥式起重机副钩起吊摩擦轮上的新绳，分别挂入主钩吊着的单轮滑车

（22）用钢管分离新绳与摩擦轮的接触

（23）反转提升机，使箕斗回到四层便于更换首绳连接的位置，停车

主井首绳更换工程施工程序（四）

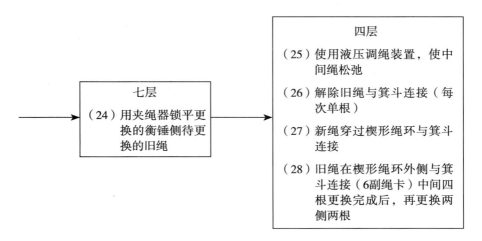

主井首绳更换工程施工程序（五）

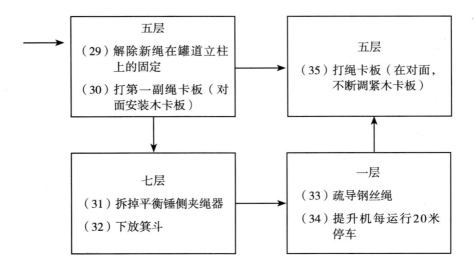

主井首绳更换工程施工程序（六）

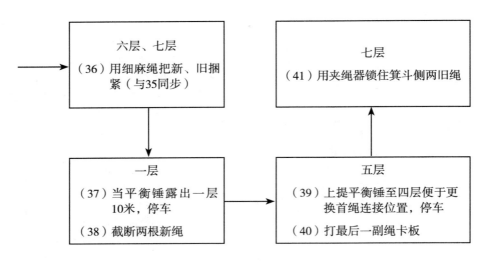

主井首绳更换工程施工程序（七）

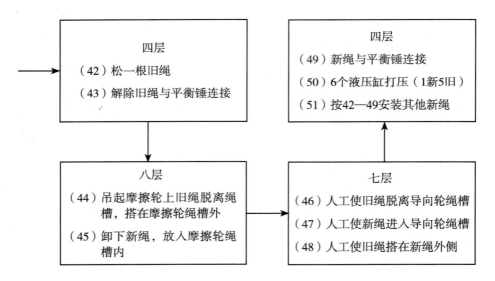

主井首绳更换工程施工程序（八）

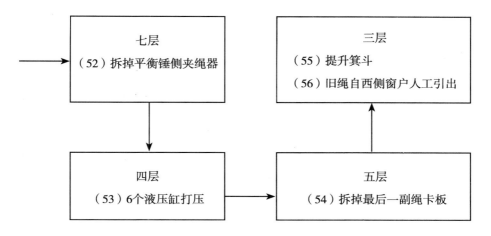

主井首绳更换工程施工程序（九）

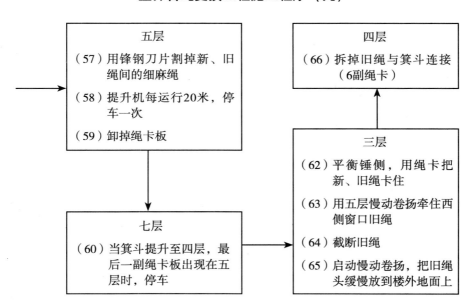

主井首绳更换工程施工程序（十）

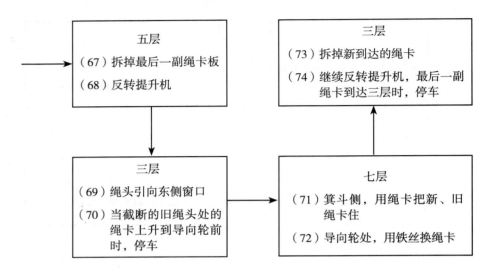

主井首绳更换工程施工程序（十一）

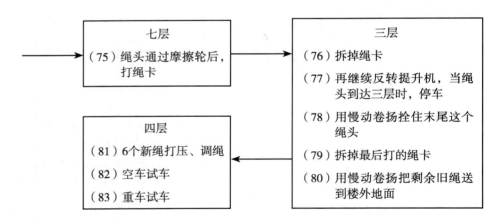

（三）实践效果

提高换绳作业标准化水平 标准化换绳作业，是将首绳更换工作的工作流程制定出标准化的作业方法，施工过程中严格按照该标准进行作业施工，其目的在于让工人了解从头到尾的施工程序，从而使换绳工作程序化、规范化、流程化，避免换绳过程中出现盲目施工现象，提升换绳作业的标准化水平。

提升职工操作熟练程度及施工效率　标准化换绳作业方法的制定，规范了施工流程，施工过程中减少了换绳的技术准备工作，有利于在施工中培养职工技术技能，提升职工操作熟练程度，进而提高整体施工效率和施工的安全性。

提高企业效益　标准化换绳作业方法实施以来，北洺河铁矿更换首绳 10 余次，每次均获得成功，取得了良好的经济效益和社会效益。

九、快速换模法在主井托罐装置更换中的应用

快速换模法（SMED），是精益生产理论中一种非常重要的工作方法，是由丰田汽车的工业工程师 Shigco Shingo 博士于 1969 年提出的。它根据加工企业需要频繁更换模具的现象，将换模活动分为内部转换和外部转换两种类型。内部转换活动需要在设备停止状态下完成，因此会造成换模停产时间增加。外部换模活动是不需要停止设备就可以完成的转换工作，可以在换模之前或之后完成，因此不影响换模时间。快速换模法的核心意义就是尽可能将内部活动转换为外部活动，并尽量简化剩余的内部转化活动，从而有效地缩短换模停机时间。

（一）应用背景

《煤矿安全规程》第三百九十六条规定：提升速度大于 3 米/秒的提升系统内，必须设防撞梁和托罐装置。防撞梁必须能够挡住过卷后上升的容器或平衡锤；托罐装置必须能够将撞击防撞梁后再下落的容器或配重托住，并保证其下落的距离不超过 0.5 米。根据此条规定，北洺河铁矿分别于 2004 年在副井、2008 年在西风井自行施工安装了防过卷、防过放缓冲托罐装置。2010年为增加主井提升系统的安全性，保证主井提升设施的安全运行，计划在主井安装防过卷、防过放缓冲托罐装置。

这次主井安装防过卷、防过放缓冲托罐装置（以下简称托罐装置），可借鉴副井、西风井的安装经验，但由于井塔与井架的结构不同，提升机的用途和提升容器的形式不同，致使安装中存在很多不同之处：

首先，主井是唯一承担了全矿的矿岩提升任务的井筒，托罐装置的安装如何尽量少的占用生产时间，缓解安装与生产的矛盾，是安装工程中应重点考虑的问题；

其次，副井托罐装置安装白班作业，四点、夜班利用生产间隙时间进行

补焊，安装工期达到 15 天；西风井仅白班作业（每天作业近 10 小时），整整安装了 22 天，参考这样的工期与实际工程量，主井安装工期更长，这是生产不允许的，必须通过优化方案、优化工时、优化现场组织等手段，合理地划分内、外部作业工序与时间，分期、分批的进行安装作业；

再次，副井井塔、西风井井架由于系统本身就有部分钢结构，所以安装工程较为简单，而主井安装位置（初步选择井上在五层、六层，井下在 −291 米水平）本身没有钢结构，因此主井安装托罐装置可以说是该矿托罐安装工作中施工作业项目最多、难度最大的一次，因此必须仔细优化方案，合理利用隐性工期，安排好施工工序，组织好人员，才能在本年度顺利完成。

在此种背景下，北洺河铁矿学习并应用了快速换模法（SMED）。按照 SMED 理论，在研究西风井、副井已有施工经验基础上，通过仔细划分作业步骤，将框架结构、立柱的焊接、梁窝开凿等诸多工序从内部作业中剥离，转换成外部作业，以减少停机时间；同时对剩余作业结合现场条件进行简化，总体达到更换影响时间最短。

（二）工时优化措施

主井托罐装置施工思想　主井托罐安装施工方案是在北洺河铁矿提出精矿产量再创新高的前提下计划实施的，施工前充分考虑施工方案的合理性：

（1）科学进行方案设计与优化，做好最优设计；充分利用 SMED 理论，分配好内部和外部作业步骤，并做好组织与准备工作，分期施工，尽量少的占用生产时间。

（2）方案设计中尽量不破坏原主井设施，尽量不影响日后换绳等其他维修作业，尽量将换绳作业的设施涵盖在本方案设计中。

（3）缓冲托罐装置的安装技术参数由厂家提供，施工增加的钢结构部分必须提前进行强度校核，安装完成后由生产厂家、安装单位、主管部门验收合格后正常使用。

简要设计方案　主井托罐安装工程主要包括井上和井下两部分，其中井上部分主要包括弹性防撞梁 2 套、防过卷缓冲装置 8 台、防过卷缓冲装置底座 8 个、托罐装置 8 个；井下部分主要包括防过放缓冲装置 8 个、防过放缓冲装置底座 8 个。

（1）弹性防撞梁设计。防撞梁是主井托罐装置安装中工程量较大的工作之一，利用原有四根罐道立柱做基础，在其上东西侧各焊接 20#槽钢，槽钢上横担45#工字钢，与原有的水泥梁联在一起（因撞击力是向上），保证防撞梁的强度。弹性防撞梁计划安装在井塔六层，六层地坪的标高+49.00米，防撞梁最下端设计在+45.37米水平，采用45#工字钢框架结构。

（2）托罐装置的安装。托罐装置安装在六层。在六层地板（+41.00米）沿楔形罐道支柱采用32#工字钢，做一框架，称下部框架，与罐道绳支柱连接；新制作立柱（采用两个工字钢对扣，10毫米钢板间断焊接，以下立柱同）沿井口南北侧焊接在工字钢框架上；再在立柱上采用32#工字钢焊接框架，边角采用10毫米钢板补强，制成上部框架结构；南北方向在上部框架上焊接四根工字钢。

托罐装置托爪位于+44.30米水平，两相邻托爪距离见图纸标注。

（3）防过卷缓冲装置的安装。防过卷装置安装在五层。在五楼地板（标高+41.00米）使用32#工字钢做框架结构，与已有的罐道绳立柱连接在一起，同时在东西两侧各使用φ28毫米U形卡与五层楼板横梁连接上，四角立300毫米高的立柱，立柱采用工字钢对焊的形式，上层再焊接32#工字钢框架结构，边角处使用10毫米后钢板制作筋板补强。横跨井口中间两根工字钢仅底部工字钢与罐道绳立柱连接，上部横担两根工字钢，不再制作框架结构，但边角需与罐道支柱连接补强。

上部防过卷横梁采用钢丝绳穿套管形式，布置在容器两侧，紧贴楔形罐道的内侧，标高布置在+39.37米水平。

钢丝绳选用φ18.5毫米的不旋转镀锌钢丝绳，一端布置在缓冲上，缠绕在缓冲器卷筒上，使用压板压紧，另一端通过钢丝绳卡（3个）与防过卷横梁连接起来。

（4）防过放缓冲装置的安装。防过放缓冲装置利用井底现有的方形罐道梁一根，固定四个可变力缓冲器，其中作用于箕斗侧两个，作用于平衡锤侧两个。

计量箕斗安装硐室侧一端在井壁上开凿井窝，深度600毫米，埋设支座，对面仅做支座。在两支座上放置32#工字钢，每端采用四条φ20高强度螺栓分别与支座连接可靠，安装另外两个缓冲器。

尾绳观察硐室采用同样的方法制作工字钢，安装平衡锤防过放用变力缓冲装置。

预埋梁保持与靠背梁的上部固定梁处同一水平，并且预埋梁两端分别与靠背梁的上部固定梁分别使用20#工字钢进行连接。

施工步骤及工时优化

（1）现场主要施工步骤。现场主要施工步骤包括 6 步：

1）制作六层箱体结构。清理六层地板井口附近异物，拆除栏杆，焊接下部框架结构；在井口南北侧各制作支柱三根，与下部框架结构焊接结实；焊接上部框架结构。各连接处采用 10 毫米筋板补强。

2）制作部分防撞梁钢结构。搭建脚手架，制作施工平台，平台上层高度距地面 3 米；使用 20#槽钢与楔形罐道支柱沿东西方向制作支撑梁，支撑梁中心距离七层井口主梁最低位置 610 毫米，两楔形罐道支柱中间焊接结实，两端采用 10 米米筋板补强。

在焊接好的框架上按照图纸标注尺寸南北向横穿三根 45#工字钢，工字钢与下部支撑槽钢采用米 14 螺栓连接。

45#工字钢下部米 16 螺栓吊挂 32#工字钢两根，32#工字钢下部使用 U 形卡固定缓冲橡胶块。完成弹性防撞梁的安装。

3）制作五层箱体结构。清理五层地板井口附近异物，拆除栏杆，焊接下部框架结构；在井口南北侧各制作支柱两根，与下部框架结构焊接结实；东西侧焊接上部框架结构。中间不再焊接上部钢结构，各连接处采用 10 米米筋板补强五层光电开关需要移位时，停机，进行拆装复位工作。

4）安装变力缓冲装置。在东西侧分别安装两台变力缓冲装置。

安装中间四套变力缓冲装置。

安装防过卷横梁，横梁安装在 +39.37 毫米水平，距离五层楼板 6.37 米，按照最大过卷长度 6 米进行设计。悬吊钢丝绳安装在六层框架上。

5）安装托罐装置。在六层做好的箱体接头上方，安装四根工字钢。

分别安装箕斗侧、平衡锤侧托罐装置，托罐装置预先安装好，先不进行紧固，待容器待托位置固定牢靠焊接好后才进行调整、固定。

6）井下防过放安装梁的制作。在计量斗硐室和尾绳观察硐室的井壁上使用电镐开凿梁窝，梁窝的深度不低于 600 毫米，预先埋设支座，支座的埋深不低于 500 毫米，外部露出部分不少于 400 毫米，使用水泥将制作浇注在梁窝内。

安装工字钢横梁，尾绳观察孔侧横梁可以先期安装。

安装平衡锤侧防过放装置。

（2）施工工时优化。主井托罐安装施工需仔细划分作业步骤，按照 SMED 理论来进行工时优化，主要作业流程及工时优化如表 13-6 所示。

表 13 – 6　　　　　　　　　　主要作业流程及工时优化表

序号	作业点	主要施工步骤	主要工程量	预计施工时间	
				内部	外部
1	六层	清理六层井口附近地板			8 班
2		拆护栏			
3		焊接下部框架结构	焊接工字钢 8 根，16 米		
4		焊接立柱	焊接立柱六根		
5		焊接上部框架结构	焊接工字钢 8 根，16 米		
6		框架上横穿工字钢	焊接工字钢 4 根，3.2 米/根	4 小时	
7		安装托罐装置	安装托罐装置 8 个		
8		搭脚手架	最上层 3 米高		4 小时
9		焊接支撑梁	焊接槽钢 6 根，8 米		6 小时
10		横穿工字钢	横穿 45#工字钢，12 米	4 小时	
11		吊挂工字钢及橡胶块	吊挂工字钢 2 根，5 米/根	6 小时	
12	五层	清理五层井口附近地板			6 班
13		拆护栏			
14		焊接下部框架结构	焊接工字钢 8 根，16 米		
15		焊接立柱	焊接立柱 4 根		
16		焊接上部框架结构	焊接工字钢 8 根，16 米		
17		安装东西变力缓冲装置	安装 4 套		2 班
18		安装中间变力缓冲装置	安装 4 套	4 小时	
19	井下	安装放过卷横梁	安装 4 套	4 小时	
20		指定位置开凿梁窝	井窝两个，座两个		24 小时
21		预作横梁支座	四个		
22		固定平衡锤侧横梁	一根，6 米	6 小时	
23		安装平衡锤侧防过放装置	四套	6 小时	
24		固定箕斗侧横梁	一根，6 米	8 小时	
25		安装箕斗侧防过放装置	四套		
26		调整、验收		4 小时	
合　　计				44 小时	418 小时

(三) 实践效果

通过优化施工，主要取得了三方面效果：

优化施工组织 主井托罐安装是系统工程，经工时优化后，充分利用外部工作时间，同时将部分内部工作转换成外部工作来处理，有效地降低了主井设备的停机时间，提高了主井设备的运行效率，支撑生产任务的完成，进而提高了全矿的效益。

工时优化之前，主井托罐预计停产施工时间 20 天，经过工时优化后，实际发生 1.9 天，施工时间减少 18 天，累计多提矿石 13 万余吨。

安全得到保障 通过对施工顺序的排布与优化，安全性得到提高，部分井筒内作业的项目被转移到井筒外，增加外部作业的同时，减少了井筒内作业时间，人员减少了进井作业，提高了整个施工过程的安全性。

工程质量有效提高 通过 SMED 理论分析与优化后，将内部作业尽量向外部作业转化，井筒内组装的框架结构等都可以在井筒外加工，铆焊件的加工质量得到提高，保证了精度和强度，进而提高了整个施工质量。

快速换模的有效实施依赖于相关的基础工作，如：良好的 6S 管理、生产线的平衡、员工的熟练技能、设备的维护以及其他相关部门的支持等。改善是点滴的积累，持续不断地改善才能不断地优化生产系统，以达到提高生产效率和降低成本的目的。

第四篇　党群建设篇

加强党群建设，发挥党员和党组织的先锋模范作用，提升企业管理水平，促进企业现代化建设是企业党组织的重要任务。北洺河铁矿在党群建设过程中，不断探索党建精细化管理、工团先进性建设，涌现了大量优秀经验，对促进北洺河铁矿又好又快发展发挥了积极促进作用。

党建精细化管理方面，该矿探索出了党员四位一体活动、五好支部建设、党员提案制度、职工思想纪实档案、廉洁文化建设、基层支部精细化管理等一系列方法，极具推广价值。工团建设方面，该矿开展的"创争"活动、五好班组建设及青年队伍建设等取得了显著的效果，对激发工团组织活力有很大促进作用。

第十四章　党建精细化管理

精细化是一种意识、观念、认真的态度及精益求精的文化。现代企业对精细化管理的定义是"五精四细"，"五精"即精华（文化、技术、智慧）、精髓（管理精髓、掌握管理精髓的管理者）、精品（质量、品牌）、精通（专家型管理者和员工）、精密（各种管理、生产关系链接有序、精准），"四细"即细分对象、细分职能和岗位、细化分解各项具体工作、细化管理制度各个落实环节。北洺河铁矿将精细化管理理念融入党建工作中，通过和谐矿山建设、党员四位一体活动、五好支部建设、党员提案制度、职工思想纪实档案建设、廉洁文化建设等活动，走出了一条独具特色的党建精细化管理之路。

一、和谐矿山建设

（一）建设背景

党的十六届六中全会强调，构建社会主义和谐社会，是我们党从中国特色社会主义事业总体布局和全面建设小康社会全局出发提出的重大战略任务，体现了全党全国各族人民的共同愿望。在新的历史条件下，随着矿山企业的全面建设和不断快速发展，一些新的隐性的矛盾逐渐凸显，这就意味着矿山企业在新的机遇和挑战面前，必须寻求新的办法加以解决。认真贯彻党的十六届六中全会精神，全面推进和谐矿山建设，对于促进矿山企业又好又快发展，具有重大的现实意义和深远的历史意义。2008 年，原邯邢冶金矿山管理局制订了《推进和谐矿山建设实施方案》，同年，北洺河铁矿党委下发〔2008〕21 号文件《关于印发〈北洺河铁矿推进和谐矿山建设实施方案〉的通知》，全面推进和谐矿山建设。

随着社会环境和矿山生产经营的不断变化，北洺河铁矿在发展的过程中必然面临众多新的问题和矛盾，主要集中体现在以下几个方面：

分配制度　北洺河铁矿采取的是密集紧凑型的生产形式，职工工作和生活节奏快，劳动强度大，原有的分配模式容易导致职工和单位之间产生矛盾和不和谐，北洺河铁矿对分配制度进行了改革，在深入调查研究的基础上，充分考虑各岗位劳动强度的不同，以岗位工资和效益工资两种形式严格划分等级和档次，采取了公平且不平均的岗效工资分配形式。

人事制度　以往沿用的干部选拔和任用制度往往更侧重于企业领导层的意见，职工群众的意见不能得到足够重视，部分干部公信力不够，不能得到职工认可，容易造成干群之间的不和谐，北洺河铁矿率先进行大胆改革，采取了全员竞聘的形式，力图做到人尽其才。

周边关系　由于占地、环境影响、企业用工等方面的问题，使得企业和地方存在着诸多矛盾，北洺河铁矿借助修路、劳务派遣用工、尾矿砂垫土造地、资助地方发展建设、开展工农联欢等形式优化周边环境，和谐企地关系。对于存在的矛盾，北洺河铁矿采取积极的措施予以化解和排除，同时，对于不合理的不和谐因素坚决予以打击和抵制。比如对违反劳动纪律、安全规程等违规违纪行为，通过严厉的惩处制度和措施防患于未然，对于职工中存在的不文明不道德行为，以企业道德观予以正确的引导，并通过舆论、宣传等手段营造良好的氛围。

（二）实施方案

指导思想　以党的十七大精神为指导，深入贯彻落实科学发展观，坚持以人为本，坚持又好又快发展，以营造和谐的劳动关系、保障职工的合法权益、改善职工的生产生活条件、帮助职工解决实际问题、优化周边环境为重点，深入推进"建设和谐矿山，争做文明职工"活动的深入，为该矿又好又快发展营造和谐的氛围，为邯邢矿业公司的改革、发展、稳定作贡献。

基本原则　坚持落实公司《2008年推进和谐矿山建设实施方案》，统领该矿和谐矿山建设工作；坚持落实《劳动法》、《劳动合同法》、《职工权益保障条例》，建立和谐的劳动关系维护职工的合法权益；坚持以矿的全面可持续发展为中心，开展和谐矿山建设活动；坚持职工利益无小事的观念，切实解决职工的实际问题和不断改善职工的生产生活条件；坚持"有理、有利、有节、有法可依"的原则，建立与政府的配合协同机制，优化周边环境。建立党组织统一领导，党政工联合推进，主管部门具体负责、分工协作的领导体制和工作机制，实现企业与职工、企业与社会、职工与环境的和谐发展。

重点工作 主要包括以下几方面的内容：

（1）贯彻《劳动合同法》，建立和谐的劳动关系，保障职工的合法权益。认真学习贯彻《劳动合同法》，按照《劳动合同法》的要求，加强对职工劳动合同的规范化管理；落实河北省《工资集体协商条例》，逐步建立企业工资协商的机制；积极探索建立工资正常增长机制，建立和谐的劳动关系，保障职工的合法权益。

一是确保劳动合同签订率100%，并积极推进劳动关系和谐单位创建活动。

二是认真做好社会保险统筹基金的缴纳和职工个人账户管理的计入工作，足额缴纳社会保险，确保社会保险统筹基金足额缴纳，职工参加医疗保险率达到100%。

三是积极研究和制订与岗位说明书相配套的绩效考核办法，推进分配制度改革的深入。进一步完善竞聘上岗机制，充分发挥每个员工的聪明才智，达到人尽其才、量才使用。

（2）认真落实依靠方针，推进职工民主管理。全心全意依靠工人阶级是我们党的根本指导方针。在创建和谐矿山过程中，要坚持党的全心全意依靠工人阶级的指导方针，充分尊重工人阶级的主人翁地位，维护他们的合法权益，调动广大职工的积极性、主动性和创造性。

一是落实职代会职权，推进职代会建设。积极发挥职代会主渠道作用，参政议政，在内部改革、各项政策的制定和实施过程中，积极反映职工群众的意愿，依法行使职代会各项职权和维护广大职工群众的合法权益。

二是进一步深化矿务公开工作，公开的层次要向班组延伸。落实公开组织，完善公开机制，每季对工程设备招投标、物资采购、招待费管理、工资发放、水电管理等职工关心的热点问题予以公开公布。

三是加强职代会制度建设，发挥职代会专门委员会的作用。每季度针对安全生产、内部管理、职工生活等，组织一次专项检查。

（3）坚持以人为本理念，不断改善职工的生产生活条件，维护职工的切身利益。

一是加强教育培训，促进职工素质的全面提高。从创建学习型企业入手，抓好教育培训，提升全员素质。积极实施人才发展战略，制定培训规划，完善培训机制，抓好培训落实。建立集中培训与自主学习、内外培训相结合的机制，重点结合该矿生产经营实际，加强对职工政治理论、专业技术、操作技能的培训，并通过层层开展岗位练兵、技术比武等活动，激发职工学习新知识、掌握新本领的积极性，造就以增强创新意识、提高创新能力为主要特征的新型劳动者，不断提高职工队伍素质。

二是加强安全文明生产，切实维护职工的生命安全和身体健康。建立健全安全生产责任体系和安全生产规章制度，认真开展隐患排查和治理，建立安全生产隐患排查制度，明确日常排查、定期排查和分级管理的任务、范围和责任。落实年度安全生产资金提取和使用计划，保证隐患整改的资金投入。制订安全生产教育培训计划，并认真组织实施。建立规范的安全教育培训档案，职工上岗前必须经过三级安全教育培训。安全生产管理人员和特种作业人员必须持证上岗、作业。加强职业危害防治，按标准为职工配备劳动防护用品。定期（每年一次）为职工进行职业健康检查，建立健康档案。每季度请公司医院专家为该矿女职工和家属开展妇科检查。采取多种形式开展安全教育，深入开展"安康杯"竞赛等活动，使安全理念深入人心，促进安全文化建设。

三是加强职工食堂管理，提高职工的生活质量。加强炊事员、服务员业务培训，提升工作技能，改进服务质量，提高饭菜质量。建立高标准的职工食堂，改善井下职工的就餐环境。大力开展文明宿舍建设，推行公寓式管理，改善和提高职工的住宿水平。

四是建立特困职工帮扶机制，组织好送温暖活动。要从解决群众最现实、最紧迫的问题入手，在力所能及的范围内努力解决职工的实际问题。要做好困难职工的摸底调查工作，建立困难职工档案，把关心困难职工的生活作为送温暖工程的大事来抓。

（4）加强矿区的环境建设，营造和谐稳定的氛围。要以《公民道德建设实施纲要》为指导，深入开展文明单位、文明职工、文明家庭等创建活动，在职工和家属中努力培育良好的社会公德、职业道德、家庭美德，建立平等友爱、融洽和谐的人际关系，努力营造和谐的矿区环境。

一是加强"三德"和社会主义荣辱观教育，搞好精神文明创建活动，开展好文明单位、文明职工、文明家庭、文明宿舍评选活动，做到明是非、知荣辱、崇尚科学、诚实守信，全面提升职工的文明程度和道德水平，营造文明和谐、健康向上的氛围。

二是加强企业文化建设，培养团队精神。通过成熟的企业文化凝心聚力，营造积极向上的工作氛围。完成服务楼企业文化长廊的设计及建设工作，让广大职工在上下班的过程中潜移默化地受到熏陶，接受教育。同时要结合企业文化建设，积极开展丰富多彩、健康向上的群众性文化娱乐活动，增强企业的凝聚力和向心力，培养职工相互协作的精神和能力，追求团队的整体效能。

三是落实好职工思想调查分析制度和"五必谈五必访"思想工作制度，完善职工思想工作纪实档案制度，做好各项基础工作，强化分析调查，及时掌握职工的思想脉搏，增强思想政治工作的前瞻性和针对性，解疑释惑，化解矛盾，稳定队伍。加强综合治理工作，严厉打击各种违法乱纪行为，维护矿区安定和职工安全，保证稳定的环境。

四是加强对矿区环境的治理和绿化、美化、亮化工作，建设清洁、优美的生态矿山、绿色矿山，为职工群众营造安居乐业、文明祥和的矿区环境。对工业园区的服务楼、办公楼进行粉刷，浴池重新装修，太阳能热水器投入使用，营造安心的工作环境。加强518院、建安小区的环境绿化、美化工作，扩大绿化面积，加强卫生管理，营造舒心的生活环境。利用人防技防等手段，提高矿区防范能力，实施门岗24小时严守，对重点部位安装电视监控和无线电报警系统，加强火工材料的管控和交通管理，强化暂住人口监管，严厉打击犯罪行为，营造和谐稳定的治安环境。

（5）加强阵地建设，丰富职工生活

一是加强图书室的管理，选购一批职工喜爱的新书，严格借阅制度，明确责任人，定期向广大职工开放，特别是要把阅览室的工作做细做实，力争在三年内职工图书馆藏书2万册，科技图书室藏书3000册，阅览室杂志品种近100种类，为职工读书学习营造良好的环境和氛围。

二是加强矿电视台自办节目的管理，充分利用自动播出系统，反映职工的工作和生活，起到教育和引导作用，培育职工高尚情操。

三是加强对文化中心乒乓球室、台球室的管理，定期向职工开放。在现场工业园区建设健身广场、篮球场等娱乐设施和活动场所，丰富广大职工的业余文化生活。

（6）建立和探索协调机制，建设和谐的周边环境。要把"协建"周边村镇作为建立和谐关系的重要举措来抓，实现关系和谐、共同发展。要采取灵活的工作方法，加强与地方政府及周边村镇的联络和沟通协调，寻求理解和支持，通过政企座谈、工农联谊、企地共建等形式，营造和谐的外部环境。

保障措施　保障措施主要包括以下内容：

一是加强四好班子和干部队伍建设，提高建设和谐的能力。按照"政治素质好、经营业绩好、团结协作好、作风形象好"的"四好班子"建设标准，强化两级班子成员的政治理论学习，增强班子成员的政治敏锐性，提高发现问题、分析问题和解决问题的能力，坚持班子民主生活会制度，开展批评与自我批评，保持廉洁，转变作风，以班子的模范作用带出一支懂经营、善管理、勇创新、增和谐的干部队伍，为和谐矿山创建提供组织保证。

二是科学组织生产，实现又好又快发展。强化生产组织过程中的工序化管理，促进生产各环节之间的相互协调和支持，使铁矿石产量保持在220万吨以上水平；抓好采矿、选厂、开拓三项主要工作，促进三条战线协调发展；继续深化精细化管理，通过实施过程管理，强化班组核算，工序化管理，堵漏洞降消耗，最大限度地提高经济效益。并在稳产高效前提下使职工生活水平不断提高，为和谐矿山创建提供物质保障。

三是加强企业精神和企业道德教育，凝心聚力。充分利用报刊、电视、网络、橱窗等各种形式，广泛开展企业精神和企业道德教育，培养职工艰苦奋斗、攻坚克难、乐于奉献、勇攀高峰、争创一流的精神，培育职工忠诚企业、爱岗敬业、爱企如家的主人翁精神，满腔热情地干好本职工作，把个人的理想追求融入到企业的发展之中，为企业发展尽心竭力，为和谐矿山建设提供精神动力。

四是建立和完善人才培养机制，营造"尊重劳动、尊重知识、尊重人才、尊重创造"的氛围。牢固树立人才是第一资源的观念，大力实施"人才战略"，完善人才培养机制，加大人才培养力度，不断提高队伍素质，全面提升综合能力，造就了一支思想过硬、业务精通的人才队伍，为和谐矿山建设提供人才支撑。

五是加强制度建设，提高执行力。要完善并认真执行关于劳动合同、劳动保障、工资分配、劳动用工以及民主管理、厂务公开、安全生产、职工培训等各项制度。同时，加强群众监督和组织监督，使和谐矿山建设真正落到实处，为和谐矿山建设提供制度保证。

六是加强典型的培养选树宣传，营造奋发向上的氛围。在创建活动中要及时发现选树和总结先进典型，以典型引路，用经验指导，推动创建活动向纵深开展。

组织领导 组织领导的主要内容有：

一是加强领导，明确责任。矿成立和谐矿山建设领导小组，由矿党委书记任组长，矿长和党委副书记、工会主席任副组长，党委工作部、矿长办公室、工会、人力资源科、安全管理科、物业管理科、经济护卫队等部门的主要负责人为小组成员。办公室设在党委工作部，负责和谐矿山建设的组织和协调工作，制定创建活动规划，组织考核与情况汇总；人力资源科负责和谐劳动关系建设、职工培训、劳动合同签订等；工会负责贯彻依靠方针、落实职工民主管理各项权利、文化生活、矿务公开工作；矿长办公室负责和谐周边关系创建；安全管理科负责安全生产管理；物业科负责环境卫生治理和文明宿舍建设；经济护卫队负责社会治安综合治理等工作。

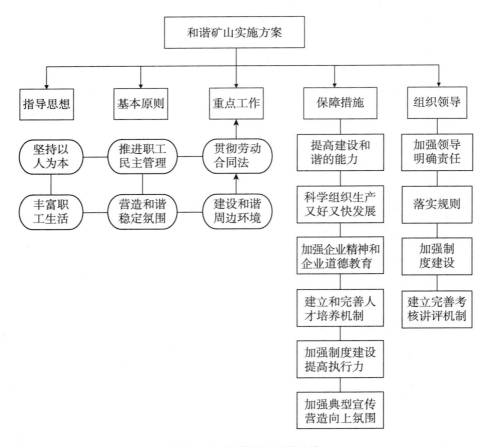

图 14－1 和谐矿山实施方案

二是落实规划。各支部（部门）要按照矿党委的要求，研究制订本单位（部门）和谐矿山建设的具体措施，规划全年和阶段重点工作，并认真抓好落实，创造性地开展工作，不断推进和谐矿山建设活动的持续开展。

三是加强制度建设。各支部（部门）要进一步完善并认真执行关于劳动合同、劳动保障、工资分配、劳动用工以及民主管理、厂务公开、安全生产、职工培训等各项制度，为和谐矿山建设提供制度保证。同时，加强群众监督和组织监督，使和谐矿山建设真正落到实处。

四是建立完善考核讲评机制。和谐矿山建设工作要纳入矿党建和精神文明建设考核之中，同布置、同考核，创建活动小组责任部门根据创建情况为各单位打分，考核中既要表扬奖励先进单位，也要批评督促创建活动落实不力的单位。

（三）实施效果

总体效益 北洺河铁矿党委结合矿山生产经营实际，大力推进和谐矿山建设，凝心聚力，营造良好的发展环境，为矿山生产经营任务的顺利完成保驾护航，取得了良好的实际效果。

社会效益 自 2008 年和谐矿山建设活动开展以来，北洺河铁矿营造了良好的内外部发展环境，企地关系融洽，员工归属感进一步增强，为企业美好的发展愿景和宏伟的蓝图所吸引，"与企业同发展，与企业同进步"的愿望强烈，矿山生产经营连攀新高。

经济效益 自 2008 年和谐矿山建设活动开展以来，当年铁矿石产量为222.8 万吨，2011 年达到 273 万吨，利润总额 2008 年为 11.1 亿元，2011 年达到 13.5 亿元。

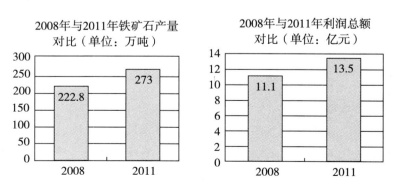

图 14 - 2 2008 年与 2011 年铁矿石产量及利润总额对比图

附录 14 - 1

北洺河铁矿文明标准

文明单位标准

(1) 党政领导勤政廉洁，团结协作，有大局意识、服务意识和创新意识。组织生活正常，有检查，有记录。

(2) 创建工作有规划、安排，有检查，有整改措施，领导重视，职工参与意识强。

(3) 各项制度健全，严格规范管理，单位干部职工工作严谨，遵守劳动纪律。

(4) 以"五好支部"建设为标准，单位整体综合素质较高。

(5) 大力开展"三德"和社会主义荣辱观教育，全面提升职工的文明程度和道德水平，营造文明和谐、健康向上的氛围。

(6) 加强安全文明生产管理，建立相应的工作制度，全年无重大人身和设备事故。

(7) 内外部环境整洁，无杂物堆放，无卫生死角，生产作业现场严格实行定置管理。

(8) 积极开展社会治安综合治理，重视法制教育，有严格的治安管理和安全防范措施，治安、安全责任制度健全、落实，无重大刑事、治安案件和恶性事故。一般治安、安全事故不超标。

(9) 加强计划生育工作，有专人管理，各项制度健全，三优教育落实，计划生育、晚婚晚育控制在规定的指标内，无计划外生育。

文明职工标准

(1) 严格遵守党纪国法，不盗窃、不赌博、不酗酒、不斗殴、不传看淫秽书刊和黄色录像。

(2) 遵守劳动纪律，不迟到、不早退、不脱岗、不睡岗、不违章。

(3) 顾全大局，维护稳定，不造谣传谣、不越级上访、不聚众闹事。

(4) 尊师爱徒，互相帮助，学习技术，钻研业务。

(5) 以礼待人，以诚为人，不讲粗话脏话、不恶话伤人、不讲空话假话、不欺骗他人。

（6）认真执行矿上岗着装要求，衣帽穿戴整洁、端庄。

（7）讲究卫生，维护环境，不随地吐痰、不乱扔杂物、不踩摘花草、不损伤树木。

（8）崇尚科学，移风易俗，婚丧俭办，不搞迷信。

（9）坚守正义，主持公道，勇于制止不良行为和违法事件的发生。

（10）关心子女，孝敬父母，夫妻恩爱，邻里和睦。

文明家庭标准

（1）家庭成员关心国事、矿情，拥护党的路线、方针和政策。

（2）家庭中有较浓郁的文化生活气息，积极参加社会文化活动，积极参加单位举行的文化娱乐活动。

（3）夫妻恩爱、互相关心体贴，工作上相互理解支持，在各自的岗位上积极努力勤奋工作。

（4）尊敬、孝顺长辈，自觉履行赡养义务，对子女教育有方，自觉搞好计划生育。

（5）讲究社会公德，与邻居关系和睦融洽，无纠纷。

（6）遵纪守法，移风易俗，讲究卫生，美化环境。

文明宿舍标准

（1）住宿职工应坚持四项基本原则和党的基本路线，自觉抵制各种错误思潮的影响，自觉遵守《宿舍管理实施细则》和矿各项规章制度。

（2）遵守公共道德和公共秩序，遵守治安、消防等各项制度；爱护公物，保持公共设施和家具的完好。

（3）宿舍内家具按指定位置摆放，床上及生活用品摆放整齐有序，不在墙上乱钉乱画。

（4）讲究卫生，不随地吐痰，不乱扔烟头、纸屑，经常打扫宿舍内卫生，保持地面干净无污迹，家具、窗台无尘土，窗明几净。赃物、剩余饭菜和污水应倒在指定的垃圾桶内。

（5）不在宿舍内打架斗殴、酗酒闹事、聚众赌博，不观看黄色录像及不健康读物，不做有损精神文明及扰乱公共秩序的事。

（6）住宿职工应按管理部门安排的房间和床位住宿，不私自调换房间或床位，不将无关人员带入宿舍，不留宿外来人员。

（7）不在宿舍内做饭，不乱接电线、照明及使用大功率电器具。

（8）不在宿舍内存放任何危险或禁用物品（如枪支弹药、火工材料、汽油、毒品等）。

（9）加强防火、防盗等安全意识，出门时应随手关闭电源，锁好门窗等。

二、四位一体党内活动

（一）活动背景

"四位一体"党内活动的含义　"四位一体"党内活动，即把北洺河铁矿长期坚持的党员责任区、示范岗、五保五无、增效立功这四项党内活动载体融为一体，形成"以党员五保五无为内容、以党员责任区为单元、以党员示范岗创建为重点、以党员增效立功为目的"的工作机制。

"四位一体"党内活动的目的　紧扣生产经营中心和改革发展大局，深化党建工作精细化管理，通过在全矿基层党组织和广大党员中广泛开展"四位一体"党内活动，努力打造邯邢矿业公司党建工作的活动品牌，切实发挥党组织的战斗堡垒作用和党员的先锋模范作用，使"四位一体"党内活动成为党组织和党员团结带领广大职工群众立足本职、开拓进取、攻坚克难，在企业生产经营和其他各项工作中争创佳绩、建功立业的平台，使党内活动形成相融互动、相互促进的工作格局和长效机制，推动企业生产经营和改革发展工作的顺利进行。

（二）实施内容及要求

活动具体内容　主要包括"五保五无"活动、党员责任区活动、党员示范岗活动、党员增效立功活动四个方面。

1. "五保五无"活动

"五保五无"活动是该矿基层党支部在生产经营的实践中不断总结、长期坚持，并能够有效发挥党员先锋模范作用的党内活动形式。其具体内容是：保成本、无亏损，保任务、无欠产，保质量、无次品，保安全、无事故，保思想、党员身边无违纪。各级党组织也可根据本单位的工作性质、任务情况和党员队伍的状况，确定不同岗位党员"五保五无"具体的内容，使每名党员都能够结合实际发挥先锋模范作用，在岗位上体现先进性。

2. 党员责任区活动

党员责任区是企业基层党组织根据其特点，围绕完成生产经营任务，发挥党员先锋模范作用的一种有效形式。通常根据党员不同的工作岗位、个人能力和活动范围，把需要党员承担和完成的各项工作任务以责任制的形式落实到每个党员，从而形成以一个或几个党员为主体，以一定数量的群众为对象，以一定区域为活动范围的党员责任区。在责任区内，党员以自己的模范行为，具体地教育、影响和带动周围的群众完成各项工作任务。党员责任区一般以党员所在行政班组、科室或根据党员周围群众的人数为基本区域划分。没有党员的班组，党组织可以根据党员工作性质相近的特点，跨班组组建责任区，也可根据本支部实际情况进行划分，做到不留"死角"。责任区内党员责任的主要内容是开展"五保五无"和增效活动。党组织要把责任区工作情况作为党员年度评议的一项内容和党员评优的重要依据，对责任区工作突出的党员给予表扬或表彰；对责任区作用不突出或发生问题的，应对党员进行批评教育，并检查分析党员的责任落实情况。

3. 党员示范岗活动

党员示范岗是党员立足岗位发挥先锋模范作用、展示旗帜形象的有效载体。通过党员示范岗活动，激励广大党员在完成责任区基本责任的基础上，更有效地发挥模范带头作用。在党员示范岗创建中，具体做到五个明确：一是明确示范标识。在党员示范岗区域明确示范岗的命名或标识，同时把不同岗位的党员先进性标准内容制作成标识牌，摆放在党员的工作区域，让党员时刻提醒、教育和约束自己。二是明确示范内容。党员示范岗的示范内容主要包括党员在思想觉悟、文明生产、工作技能与业绩、工作效率、工作作风、组织纪律观念等方面体现出来的先进性。三是明确创建标准和岗位规范。结合党员岗位实际和生产组织状况，重点围绕岗位环境标准、岗员行为标准和岗位的先进性标准、岗位作业标准等内容制定创建标准和岗位规范。四是明确申报条件和申报办法。示范岗可采取分级管理、逐级申报的办法进行，在管理上可实行基层党支部管理和单位党组织管理双轨运行机制。五是明确考核评定办法。党组织要对申报的党员示范岗对照示范标准严格考核评定。对已经确定为示范岗的党员岗位，要定期进行检查考核。通过严格考核，对示范岗作用发挥不够突出的党员岗位应取消其"示范岗"的命名，避免党员示范岗成为"终身"制，以此激发党员先进性作用的发挥。

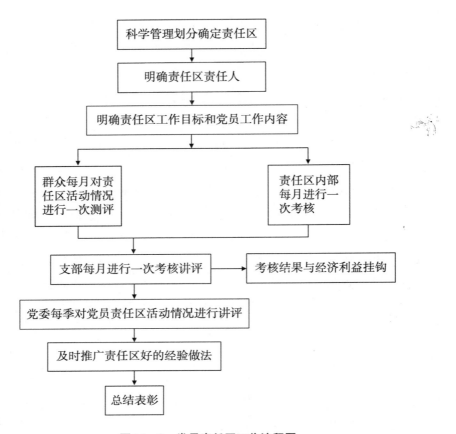

图14－3 党员责任区工作流程图

4. 党员增效立功活动

增效立功活动是把超额完成本单位生产经营主要任务作为党的基层组织和党员的基本责任，一般以党支部为单位组织开展。在具体操作中，要有计划、分步骤组织实施。一是要合理确定增效立功目标。每年初，要结合单位预算管理目标的制定，科学合理地确定党组织和党员的年度增效目标，把增效目标层层分解落实到党支部和每一名党员身上，并注重发挥好责任区的作用。二是明确党员增效立功的方式和途径。按照党建工作精细化管理的要求，认真分析党员队伍和党员所在岗位情况，组织党员结合生产经营或工作实际，选择确定增效的主要方式和途径，要求党员带领职工群众通过采取增产增效、提质增效、节支降耗增效、挖潜改造增效、技术创新增效、管理增效和义务奉献、修旧利废等形式广泛开展增效立功活动。三是要建立增效台账，严格考核。党小组和党支部均要建立党员增效管理和考核台账，对党员的增效情况每月进行考核，并在一定范围内公布。基层单位党组织要建立考核小组，吸收行政有关部门参加考核，制定考核办法，明确考核责任，确保考核数据的真实性，并坚持每季度考核、半年讲评、年终总结表彰。

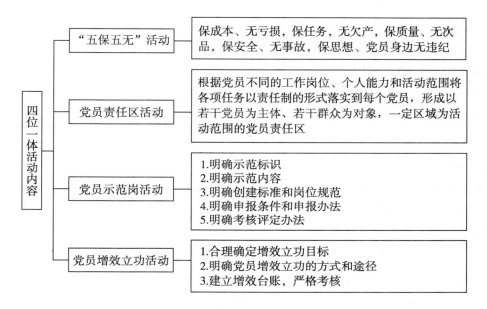

图 14－4　四位一体活动内容

　　实施要求　"四位一体"党内活动的实施要求主要包括：

　　"四位一体"党内活动是一个整体，相互联系，相互促进，密不可分。各单位党组织要在实践中不断地总结和完善"四位一体"活动载体的运行方式，努力探索这一活动载体中相互融合、相互促进的结合点和切入点，使其在企业生产经营活动中最大限度地发挥好作用。

　　各基层党支部要把"四位一体"党内活动纳入一体化考核。党员在责任区内开展"五保五无"、增效立功活动，活动情况均列入责任区的考核内容；党员示范岗实行逐级管理，动态调整，党员凡是完不成责任区责任内容的，其所在的岗位不能评为党员示范岗，待符合创建条件后，方可申报，予以命名挂牌。

　　（三）经验总结与实施效果

　　党员增效立功项目　2010 年初，党员增效立功"四优化"创效项目确定后，该矿党员创新做法，强化认定考核，加强组织领导，采取自下而上申报增效项目和自定目标的方式，充分调动广大党员参与活动的积极性，使增效立功活动力求做到切合工作实际、深挖潜、重实效，当年已完成增效 600 万元，三年累计完成增效 2050 万元。

自下而上申报确定项目，使活动更加切合实际。该矿党员增效立功项目的确定，是在矿总体增效目标和"四优化"创效项目的基础上，广泛发动每个党员责任区、每名党员结合岗位实际，寻找增效点，制订出切实可行的增效项目和增效措施，以项目表的形式上报党支部，支部通过梳理汇总向矿党委申报。2010 年活动开始，经党委工作部收集整理、增效立功领导小组认定，共确定增效立功项目 99 项，增效目标 322.312 万元。三年累计确定增效项目 210 项，实现增效 2050 万元。这种新的做法，一是充分调动了全体党员参与活动的积极性，集中了大家的智慧，对增效项目做到了深挖潜、重实效；二是克服了以往由矿党委根据支部大小下达增效指标，有时不切合实际的弊端；三是使大到几十万元、小至几百元的增效项目都有人去负责、去落实，真正做到了既抱西瓜，又拣芝麻。

加强组织领导，严格认定考核。年初成立了以矿党委书记为组长，党委工作部人员和职能科室负责人为成员的领导小组，对各支部增效立功活动开展情况进行检查、认定和考核，并将考核情况与党员责任区考核、季度党建和精神文明建设考核结合起来进行讲评和奖惩。在运行过程中，严格了考核认定程序，确定了节支增效、提质增效、科技增效、修旧利废等增效项目的认定科室部门。形成了三级考核制度，党员责任区每月结合责任区活动对增效情况进行一次考核讲评，基层支部每季度对党员责任区、党员个人增效情况进行考核认定，每季度各支部在上报增效指标完成数目的同时，上报增效项目认定表，认定表由基层考核组、有关单位行政领导和党支部联合认定签章，保证了指标的真实准确和活动的扎实有效。该矿对每季度增效项目和指标做好收集整理工作，结合党建和精神文明建设考核对各支部党员增效立功情况进行一次统计，每半年组织一次考核讲评。

党员责任区 2010 年，面对新的形势和任务的要求，北洺河铁矿党委努力探索融入中心、服务大局、发挥作用的途径和方法，结合单位实际，不断总结和巩固创先争优的成果，深入开展了"四位一体"党内实践活动，并突出深化"党员责任区"活动，较好地发挥了基层党组织、党员在企业经营发展中的战斗堡垒作用和先锋模范作用，推进了党建精细化管理，推动了全矿的高效平稳发展。2010 年是活动第一年，全矿提前 42 天超额完成了全年生产计划，采矿总量、矿石运输、矿石提升、选矿分别创出了建矿以来的最高纪录。2011 年、2012 年连续两年再创生产纪录，精矿产量分别达到 141 万吨和 150 万吨。

1. 适应形势，总结提高，不断提升活动的认识

一是结合"安全、平稳、高效、育才、和谐"的工作中心，明确了"巩固、融合、创新、深化"的工作思路，巩固责任区活动成果，把班组标准化建设、现场文明生产管理、ERP 体系建设融入责任区活动中，创新活动方式，推进责任区活动深化。

二是营造氛围，广泛发动。为了统一党员的思想，提高党员认识，矿党委采取措施，加大了责任区活动的宣传。利用橱窗、《洺河园》报纸、内部网站和电视、宣传牌板等多种形式，广泛宣传责任区开展的目的、意义；利用支部书记例会、党员大会、党小组活动日等宣传责任区活动的目标和要求，激励基层党支部结合自身特点，创造性地开展好活动。

三是加强培训，搞好引导。首先对支部书记进行培训，组织研讨交流会，提高认识。其次召开责任区区长座谈会和现场讲评观摩会，相互学习，相互交流，提高抓好责任区活动的责任感，增强工作能力。通过宣传教育、培训引导，进一步提高了对责任区活动的再认识，为推进责任区活动标准化建设奠定了基础。

图 14-5　支部书记培训教育

图 14 – 6　基层支部现场讲评观摩会

2. 注重结合，探索创新，不断提升活动的特色

一是责任区设置与行政建制相结合。各支部打破原区域设置，结合工段、班组的建制和工作区域进行责任区设置，使全矿232名一线党员均按照工段、班组划分了新的责任区，贴近了班组工作实际，增强了活动开展的针对性。

二是活动内容与车间任务落实相结合。基层各党支部结合本单位每月生产计划和预算指标，制定责任区每月工作目标，将目标分解为安全、生产、成本、质量、设备完好率、遵纪守法、党员增效立功等七项指标，在充分考虑责任区生产条件、设备状况、人员组织等客观因素的情况下，将指标量化分解到每一名党员，并发布给责任区内的党员和职工，做到了党员人人明确目标，职工个个心中有数，确保了责任区各项目标与生产经营同计划，同落实。

三是责任党员与生产班次相结合。以生产班次为单元，每班选出一名责任党员，班组长是党员的，班组长即是责任党员；班组长不是党员的，由责任区委派班内一名党员担任责任党员。责任党员认真履行职责，发挥作用，带领本班党员和职工，做好本班次的各项工作，实现了班组无责任死角，为责任区内出色完成各项工作奠定了基础。

3. 规范运作，强化考核，不断提升活动的质量

一是从基础入手，规范了责任区活动记录和活动台账。在广泛调研的基础上，矿党委结合各支部的活动特点，精心设计并推行了两级活动台账制度，责任区台账对责任区党员活动情况进行全面记录，支部台账对各责任区活动情况进行分别记录。选矿车间党支部还统一为党员制作了党员责任区纪实手册，用于记录党员在责任区内的活动，规范了基础，提升了活动水平。

二是从统一标准入手，规范了责任区考核。在多年活动实践的基础上，进一步完善了《党员责任区考核实施细则》，对责任区内 10 个方面的内容，实行百分制考核。对党员各项工作达标和责任区达标情况进行了严格界定，对不达标的严格按制度扣分，对完成指标突出和在"四优化"、创新创效等方面做出突出成绩的予以加分。并把责任区活动纳入党建目标管理考核之中，作为创先争优的依据。

三是从严格程序入手，规范了责任区讲评。建立完善了责任区三级讲评制度。即：责任区对党员实施月考核，月讲评；党支部对责任区实施月考核、季讲评，党委对支部进行季度考核、季讲评。支部每季度按照党员自身评、党员互相评、责任区内群众评和党组织评的"四评"方式，组织责任区评比活动。推行了责任区内"党员星级"评比，并将"评星"结果在责任区活动创建图板中进行公示，极大地激发和鼓舞了党员参与活动的积极性。

四是从标识入手，规范了责任区建设标示牌。党委投入资金 2 万余元，为党支部和责任区制作党员责任区标示图板 60 余块。分别挂在支部办公室和责任区，把考核结果在图板上进行公示，接受群众的监督。

五是从提高质量入手，开展了责任区讲评观摩活动。矿党委每季度选择两个责任区和一个党支部，组织责任区长和党支部书记开展责任区讲评观摩活动，大家相互借鉴，共同提高，促进了责任区活动的开展。

图 14 - 7 党员责任区讲评活动

4. 激发活力，发挥作用，推动全矿高效平稳发展

一是党建工作得到了进一步加强。矿党委通过抓责任区活动的提升，较好地推进了党建与生产经营的融合；通过抓创新和深化，激发了党组织的活力；通过抓基础，规范了党建活动，为创先争优活动的扎实开展夯实了基础。

二是责任区活动带动了班组管理水平的提高。责任区与班组建设的融合，实现了目标同一、责任同一、措施同一、考核同一，责任区规范的讲评活动，带动了班组的标准化建设，提升了班组工作的质量。

图 14 - 8　采矿车间党支部党员责任区

三是党员先锋作用得到进一步发挥。引导党员在生产经营、服务职工、攻坚克难、创新增效方面发挥了先锋模范作用，彰显了党员风采。安全上，广大党员严格遵守规章制度，带头落实各项安全举措，依托"HSE标准化"建设，积极参与"党员身边无事故"、"党员示范岗"活动，带动身边群众，不折不扣地执行安全管理制度，充分发挥党员在安全生产中的模范带头作用和监督保障作用，为安全生产构筑了坚实的安全屏障。生产上，广大党员紧紧围绕责任区生产目标，以"四优"党员为动力，主动承担急、难、险、重任务，塑造了党员形象，促进了全矿生产高产高效运行。

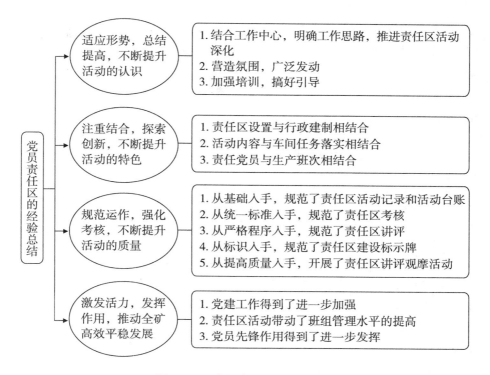

图 14 - 9　党员责任区的经验总结

案例 14 - 1

维修车间"党员增效立功"活动成绩斐然

2011 年，维修车间党支部结合矿党委要求，紧密结合车间工作实际，进一步深化"党员增效立功"活动，积极寻求增效点，确定增效项目，推动"党员增效立功"活动有效开展。

首先，车间支部编制了《维修车间党支部 2011 年党员增效立功表》，确定了 12 项增效项目，制定责任人，层层分解指标，落实到每名党员提高项目的执行力度；二是加强党员增效立功活动的监督考核，掌握项目实施动态。通过每月党员责任区讲评活动，各党员责任区向支部汇报当月增效立功活动完成情况，支部对项目完成好的责任人提出奖励，对未按期完成项目的责任人进行处罚，并协助项目责任人制订整改措施，促进了党员积极性的发挥和责任感的提高；三是以矿"四优化"、"合理化建议"为契机，充分调动广大党员、职工的参与意识与主动性，上半年共征集合理化建议 16 条，实施 16

条，实施率100%。截至2011年5月，维修车间党支部共完成了BF4米1013C型发动机维修、TORO400E型电动铲车运机铲斗修复等12件增效项目，累计创效约43万元。

附录14-2

北洺河铁矿"党员责任区"活动制度

制度名称	北洺河铁矿"党员责任区"活动制度	编号	1-1-15-13-06
编辑部门	党委工作部	考评部门	党委工作部
执行部门	矿属各党支部	监督部门	制度执行督察组

第一条　党员责任区活动是新时期加强党的基层组织建设的有效途径，是落实"创先争优"活动的重要形式，是体现党员先进性、发挥先锋模范作用的有效平台。为进一步发挥党员的先锋模范作用，推动该矿的各项工作上水平、上台阶，使责任区活动做到标准化、规范化、制度化，矿党委特制定本制度。

第二条　责任区的划分

各基层党支部以段队为单位划分责任区，每个责任区选取一名责任心强的优秀党员为责任区负责人，责任区内所有党员均为责任人。

第三条　责任内容

1. 严格执行安全规程，确保本岗位和本责任区内无事故。

2. 树立责任意识，确保本岗位和本责任区内无欠产。

3. 严肃成本管理，确保本岗位和本责任区内无超支。

4. 遵纪守法，确保本岗位和本责任区内无违纪违法。

5. 增强质量意识，确保本岗位和本责任区内工程、产品无欠质。

6. 加强设备维护保养，确保本岗位和本责任区内设备正常运行。

第四条　责任目标

各基层支部要根据矿有关规定和计划，每季度将安全指标、生产指标、成本指标、遵纪守法、质量指标、设备完好率、党员增效立功量化分解到各党员责任区。执行本制度后，考核党员的各项指标均在责任区内完成。

第五条　考核办法

1. 责任区负责人每月对责任人考核一次并向支部汇报工作。

2. 基层支部每月对责任区工作检查讲评一次。每季度对责任区考核一次，并根据考核结果进行综合讲评。

3. 党委工作部每季度结合党建和精神文明考核，对各支部责任区考核一次，考核结果作为精神文明考核奖罚的主要项目。

4. 责任区实行挂星考核，每完成一个指标挂一个星。

5. 考核结果作为评先争优的依据。

第六条 活动要求

1. 各基层支部要将党员责任区活动制度上墙，并根据矿下达指标每季度对各责任区责任目标进行调整，季度末根据考核结果将各责任区得星上墙公布。

2. 基层支部要建立"党员责任区绩效考核台账"和"党员绩效考核台账"，每季度根据考核结果上一次台账。党员在矿内调动时，"党员绩效考核卡"要随组织关系一同转接。

3. 各基层支部党小组的划分尽量同党员责任区的划分一致，责任区每月要组织一至两次活动，每季度召开一次生活会，要有活动记录本。

第七条 附 则

1. 本制度由矿党委工作部负责解释。

2. 本制度自二○一二年一月一日起施行。

编制日期		审核日期		批准日期	

三、五好支部建设

（一）建设背景

五好支部建设的目的 强基固本，创新提高，融入中心，把握和服务大局，把基层党支部建设成为贯彻落实科学发展观的实践者，建设成为带领职工完成生产任务的战斗堡垒，建设成为团结凝聚职工的核心，为生产经营任务和改革发展目标的实现提供坚强的组织保证。

五好支部建设内容 五好支部建设内容主要包括基础工做好、工作创新好、党员作用好、支部班子好、和谐发展好五个方面，起到强本固基、创新提高、融入中心、把握和服务大局的作用，为生产建设服务。

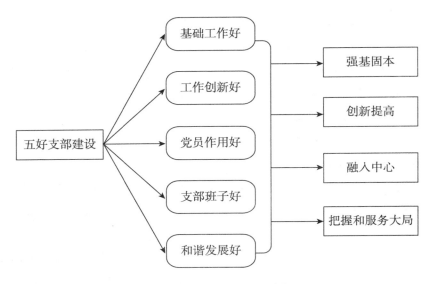

图 14 - 10　五好支部建设

（二）实施方案

五好支部的工作目标与创建　主要包括基础工作落实好、工作创新好、党员作用好、支部班子好、和谐发展好五个方面。

1. 基础工作落实好

第一，党支部工作制度健全完善，工作程序规范，考核方案落实，档案资料齐全。

第二，坚持"三会一课"制度，每月一次支委会、党小组学习和责任区活动讲评会，每季一次党员大会、党课和支部生活会及小组生活会，并有材料、有记录。

第三，建立"四簿、二册、三上墙"。即党员大会、党课记录簿、党员责任区讲评记录簿；班子民主生活会记录簿；支委会、班子会记录簿；班子学习记录簿；党员和入党积极分子队伍花名册；党支部组织机构、党旗、入党誓词上墙，责任区星级考核上墙，党支部工作职责上墙。

第四，建立入党积极分子培训、教育、思想汇报、考察等制度，严格程序，组织发展和转正工作规范。

第五，按时按标准交纳党费。

2. 工作创新好

第一，及时对党员和职工进行教育，注重教育的针对性和时效性，方式方法新，效果好。

第二，坚持"四位一体"的活动机制，结合实际深化活动载体，体现单位特色，党员突出实绩考核，科学规范。

第三，和谐单位创建活动有安排、有内容、有载体、有总结、有讲评。

第四，落实党委中心工作，结合本单位实际有创新、有特色、有实效。

3. 党员作用好

第一，支部党员理想信念坚定，宗旨意识强，为职工做好事，解难事，模范作用突出。

第二，党员责任区活动任务明确，责任具体，实现"无欠产、无事故、无违纪"。

第三，顾全大局，奉献意识强，三者利益关系处理的好，关键时刻冲锋陷阵。

4. 支部班子好

第一，支部班子健全，分工明确，党政同心，团结共事，密切协作，战斗力强。

第二，发挥政治核心作用，认真贯彻党的路线、方针、政策、国家法律法规和公司、矿的决定、决议，保证和监督党的大政方针、公司、矿的决策在本单位的贯彻执行。

第三，坚持民主集中制原则，积极参与本单位重大问题的决策，并保证顺利实施。

第四，重视和加强党员、职工培训教育，党建和思想工作扎实有效，"四有"职工达85%以上，党员队伍作用和职工队伍积极向上。

第五，融入生产经营中心，解决生产经营和职工队伍中的热点、难点和重点问题，保证行政工作的顺利进行。

5. 和谐发展好

第一，建立并坚持职工思想月分析制度，针对存在问题，责任落实，措施到位，《职工思想工作纪实档案》健全完善，不断深化。

第二，坚持"五必谈五必访"制度，干群团结和谐，职工团结友爱，互帮互助，遵纪守法，爱岗敬业。

第三，坚持每季一次的职工大会，有主题、有材料、有效果。

第四，坚持公开制度，单位民主气氛浓厚，职工主动参政议政，主人翁作用发挥得好，劳动关系和谐。

第五，超额完成生产经营任务，成本指标无超支。

考评办法　主要内容包括：

（1）考评范围：矿属各党支部

（2）考评步骤：

第一，根据创建标准，结合党建目标管理，认真总结，自行认定，进行申报。

第二，各考核组根据标准组织考核，党委工作部汇总后提交党委会议定。

第三，"五好"支部实行年度考评制，达标的作为评选先进支部的依据。

有下列情形之一者，不能申报"五好支部"：

第一，班子集体违纪，党员受到党内警告和行政记过处分的。

第二，单位职工出现违反计划生育政策的。

第三，单位发生刑事案件、国有资产丢失案件和职工犯罪的。

第四，生产任务未完成、成本预算超支、重点工作未达到规定的。

第五，生产工作中出现重大人身设备事故的。

第六，无集体和越级上访。

组织领导及考核　主要包括：

为切实搞好"五好支部"创建活动，该矿成立"五好支部"创建活动领导小组，由党委书记任组长。"五好支部"创建活动实行每季一考核，半年一讲评，年度评比表彰。

相关要求　包括以下几方面的内容：

（1）明确职责，落实责任。各党支部书记是创建工作的第一责任人，要组织制订本支部创建规划和措施，明确抓什么，怎么抓。要把创建工作任务分解到每位支部班子成员，提高其责任意识，充分发挥每个支部成员的积极性，形成支委会组织领导，支委分工负责，全体党员积极参与的创建工作机制，将创建工作落到实处。

（2）整体推进，突出特点。创建"五好支部"，重点在于建设，关键在于落实。既要坚持"五好"标准，做到整体推进，全面提高，又要结合本支部实际开展创建工作，做到各具特色。

（3）坚持标准，保证质量。创建"五好支部"是加强党的先进性建设的基础和根本，是一项长期工作，必须坚持标准，夯实基础，与时俱进，不断创新，才能推进创建工作的深入开展。

（4）各基层支部在创建活动中，要及时总结创建工作中取得的成绩和经验，对照标准寻找差距和薄弱环节，采取措施认真解决存在的问题和不足，提高支部工作水平。矿党委工作部在实施"五好支部"创建工作中要注意发现并精心培育先进典型，总结推广先进经验，加强工作指导，发挥先进典型的示范和辐射作用，推动全矿创建活动整体水平的提高。

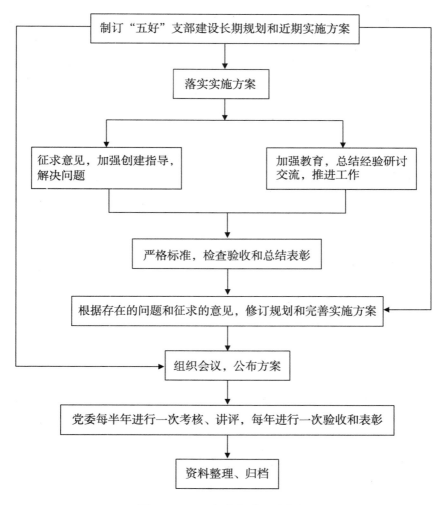

图 14-11 五好支部建设流程图

实施保障 实施保障主要包括：

针对该矿基层单位"一岗双责"的领导体制，为进一步搞好基层组织建设，充分发挥党员的先锋模范作用，稳定职工队伍，创造和谐的矿区环境，促进生产经营工作的顺利开展，矿党委在全矿各支部开展了"五好支部"创建活动，并在实施过程中采取多种措施促进活动的有效开展，通过一段时间的运行取得了良好效果。

（1）结合实际，确定"五好支部"创建内容。2007 年，矿党委针对北洺河铁矿"一岗双责"的实际，按照邯邢矿业公司《党建工作精细化管理实施细则》要求，本着"精、细、实"的原则，就是既要突出党建和思想政治工作的精、细管理，又切合实际，易于操作，更能促进工作的有效开展，确定了"基础工做好、工作创新好、党员作用好、支部作用好、和谐发展好"为内容的五好支部创建目标。

（2）加强组织领导，修改完善切合实际。为切实搞好"五好支部"创建活动，成立了以党委书记为首，党委副书记、工会主席为副组长，党群部门领导为成员的创建领导小组，召开了 3 次专题会议，认真征求各支部书记的意见和建议，对《实施意见》初稿进行了多次修改完善，使"五好支部"的创建更贴近基层党支部工作，更贴近党员群众，更贴近生产经营，更贴近北洺河铁矿"一岗双责"的实际。

（3）召开专题会议，创建活动全面铺开。7 月 18 日，矿党委召开了党支部书记会议，就活动的实施进行了详细的安排部署，成立了"五好支部"创建考核小组，实行季度一考核，半年一讲评，年度评比表彰的考核办法。目前，该矿"五好支部"创建活动正在有条不紊地开展当中，各党支部按照矿的安排，结合本单位实际，对"五好支部"的创建活动进行了进一步的深化、细化，使创建活动更贴近支部的实际。如后勤科党支部围绕"五好支部"创建活动，狠抓党员队伍建设，在食堂二楼设立了"党员岗位监督台"，不但强化了党员的党性观念还提升了党员履行职责，在岗位上保持先进性，发挥党员先锋模范作用的自觉意识。采准车间党支部结合车间实际，以"和谐发展好"为重点，做到了"宣传到位、预防到位、落实到位、跟踪到位"，把扎实开展思想政治工作当成"五好支部"创建的重点，积极化解职工工作和生活上的不良思想情绪，为职工办实事、办好事，保持了职工队伍的稳定，营造出了和谐发展的氛围。

（三）经验总结与实施效果

截至 2012 年，北洺河铁矿现有 16 个基层党支部，48 个党小组，28 个党员责任区，党员 392 人。矿党委把加强基层党支部建设作为推进企业科学发展的首要任务，紧紧围绕"抓基层、打基础、强组织、增活力"的主题要求，开展了"五好支部"创建活动，支部建设的加强和党员先锋模范作用的发挥，为全矿健康发展夯实了基层基础，注入了强大的动力。

加强支部建设 凝聚合力强班子 "火车跑得快，全靠车头带"，支部班子的战斗力直接影响支部的工作质量。首先，矿党委结合"主任、书记一肩挑"的领导体制，在选强配优支部书记的前提下，切实抓好党支部书记培训工作，将日常培训与外出培训相结合，把以会代训与汇报交流相结合，拓宽视野，提升党支部书记政治理论水平和业务工作能力。其次，抓好支部班子建设。矿党委把"四好"领导班子的要求细化为"五好支部"创建的 25 项考核内容，使创建活动更加科学、具体、规范。不断加强领导班子的思想建设、组织建设和作风建设。坚持民主集中制原则，严格党内组织生活制度，坚持"三会一课"、"四位一体"活动，提高了班子成员的分析问题、解决问题和科学民主决策的能力，支部班子成为两个文明建设的领导核心。

夯实基层党建 固本强基重实效 九层之台起于垒土。矿党委从实际出发，扎实推进基层基础建设。一是结合工作实际，在梳理流程、修订标准、规范程序的基础上，制定了《北洺河铁矿党建工作制度》、《北洺河铁矿党支部基础工作标准》，确保了各项标准细化、量化、具体化。二是完善资料抓基本。各支部严格按照工作标准，统一建立了"五夹五簿"。规范了各项记录，实现了支部各项记录翔实、齐全，各项基础资料统一规范，各种档案资料健全完善。三是规范运作抓完善。在创建过程中，矿党委注重细节抓深化，细化了"三会一课"等基本工作制度，规范了工作程序，促进了支部工作制度的严格落实和有效开展。

加强教育管理 提高素质壮队伍 打铁需要自身硬。矿党委把加强党员教育，提高党员素质作为创建"五好支部"的基础和保证，多措并举，大力加强党员队伍的教育和管理。一是强化党员教育和培训，采取集中辅导与自学的方式认真落实年度、季度党员教育培训计划，利用报纸、电视、网络开辟学习平台，两级党组织定期组织专题党课，利用多媒体举办十七大精神、科学发展观、创先争优专题辅导。同时，加大了科学技术、业务技能的培训力度，举办了各类专业技术培训班，推进党员理论和业务技能双提升。二是强化考核讲评，推进支部工作规范运行。矿党委按照考核标准，严格落实考核讲评制度，每季度对支部党建基础工作、中心工作、主题教育进行考核，根据考核情况每季度对支部党建工作进行讲评，有效促进了支部工作规范运行。

丰富活动内涵　创新载体搭平台　推进创先争优深入开展，关键要不断赋予活动新的内涵，增强支部工作动力，使支部工作常抓常新。矿党委从创新载体入手，为党组织和党员发挥作用搭建了平台。一是从贯彻落实《公司党建精细化制度汇编》入手，认真研究，深刻领会，努力在工作实践中提高学习、运用"汇编"的能力和水平。二是深化党支部"创先争优"竞赛活动，客观分析"四位一体"考核讲评制度，修订标准，丰富内容，把争做文明职工，创建和谐单位内容充实到"五好"党支部考评体系之中，激发了支部工作的活力。三是在党员中扎实开展了"党员责任区"、"党员责任区达标竞赛""党员示范岗"、党员"增效立功"、"主题党员日"、党员提案制度等丰富多彩的党内实践活动。拓宽党员发挥先锋模范作用的渠道，促进了党员作用的发挥。

发挥两个作用　融入中心促和谐　"五好支部"创建活动，必须有效地融入生产经营中心，创造性地开展活动，才能实现思想上、目标上、责任上、措施上、效果上的真正融合，使支部的战斗堡垒作用和党员的先锋模范作用得到更好的发挥。一是通过"五好支部"创建，促进了"一岗双责"领导体制和工作机制的高效运行，增强了支部班子的凝聚力和战斗力，营造一批懂党务、会管理、抓思想、带队伍的好班子和好书记，实现了两手抓两手硬。二是党员素质和能力得到明显的提升。在创建活动中，各支部突出重点、创新方法，大力实施党员素质提升工程，通过各种教育和培训，党员党性观念和责任意识、业务水平明显增强，在各项工作中彰显了先锋模范作用。三是各项载体激发了支部活力。支部的基础工作得到加强，创造性开展工作的能力普遍增强。四是"五好支部"创建活动，促进了全矿生产经营的健康高效运行。实现了科学发展、安全发展、和谐发展。

四、党员提案制度

（一）制度背景

为贯彻党的十七大精神，"尊重党员主体地位，保障党员民主权利"，推进党内基层民主建设，激发党员在企业发展中充分发挥党员先锋模范作用。近年来，北洺河铁矿党委结合实际，以落实和保障党员民主权利为重点，创新活动载体，探索开展了"党员提案"活动，集中了党员智慧，保障党员民主权利，激发了广大党员参与党内事务的积极性、主动性和创造性，有效助推了基层党内民主建设和党建水平的双提升。

党的十七大提出"要积极推进党内民主建设，尊重党员主体地位，保障党员民主权利，营造党内民主讨论环境"。党员是党的活动的主体，维护好、落实好党员的知情权、参与权、建议权和监督权，是激发广大党员的积极性、主动性、创造性的关键。面对当前邯邢矿业正处于加快发展的实际，如何采取有效的方式和途径，集中党员的智慧、凝聚党组织的力量，推动企业健康快速发展，北洺河铁矿党委结合中央精神和公司党委党建精细化的要求，对多年来党内活动载体进行了深入细致的调查研究和客观分析。

提高认识，把握内涵　矿党委深入实际，对多年来全矿和党员参与党内管理的主要方式进行了深入调查，对党内民主建设现状进行了客观分析。通过调查分析了解到，现实中对党员"知情权"、"参与权"、"监督权"有被"虚化"的情况；往往基层党支部对党员安排任务多，提要求多，强调党员讲义务、多奉献，部分党员将权利仅仅理解为对组织的一种服从，不能很好地表达自己的真实意愿；有些事关党内外重大事宜，由于中转环节多、时效差，导致党员不能及时了解情况，影响了部分党员的积极性；虽然党员参与党的建设活动的渠道也不少，但党员参与党内事务的主动性和积极性不高，党员的主体地位没有真正得到体现，严重影响了党员积极性的发挥。

探索党内民主的新载体　矿党委在认真学习十七大报告和《党员权利保障条例》的基础上，深感要集中党员智慧，凝聚党内力量，保障党员权利，尊重党员主体地位，就要进一步落实好党员的知情权、参与权、监督权，增强党员主体意识，调动党员主动参与党的建设的积极性，进一步拓展党员参与党内事务的渠道，形成交流沟通畅所欲言的民主氛围。在总结以往不同方式的基础上，2008年，矿党委提出了在党员中开展"党员提案"活动。目的是以落实党员知情权为基础，规范程序扩大党员提案影响力；以落实党员参与权为核心，强化措施激发党员提案积极性。以落实党员监督权为保障，完善制度提高党员提案办结率，使党员真正参与到党的建设活动中来，进一步发挥党员的积极性、主动性和创造性。

（二）实施办法

提案人　本制度所指参与党员提案的提案人为党组织关系在本矿的中共党员。

提案内容　主要包括：

第一，围绕发挥党委的政治核心作用、支部的战斗堡垒作用和党员的先锋模范作用，提出对于如何加强两级党组织和党员队伍思想建设、组织建设、制度建设等方面的意见和建议；

第二，围绕该矿党风和反腐倡廉工作，提出关于如何推进惩防体系建设和加强廉洁文化建设等方面的意见和建议；

第三，围绕党员作用的发挥和活动载体的创新，提出关于如何深化党员责任区、"五保五无"、党员示范岗、增效立功、创先争优、"五好"支部、"四好班子"建设等方面的意见和建议；

第四，围绕构建和谐矿山，提出关于如何加强和改进思想政治工作，加强素质工程建设和人才的培养、建立和谐的劳动关系、解决职工最关心、最直接、最现实的问题等方面的意见和建议；

第五，围绕落实科学发展观，实现该矿又好又快发展，提出关于如何创造性地开展工作、搞好节能减排、科学利用和合理使用资源、实现安全发展、科学发展、和谐发展，建设国内一流、国际知名矿山的等方面的意见和建议。

第六，其他方面的意见和建议。

提案形式　主要内容有：

第一，党员提案一般情况下为每季一次。遇有特殊情况可随时提出。

第二，党员提案活动以个人提案为主，也可以党小组或党员责任区提出。

第三，以填写《党员提案表》的形式提出。

表 14 - 1　　　　　　　　　　北洺河铁矿党员提案表

提案人	姓名		工种或职务	
	单位			
提案内容				
整改措施及建议				
党员提案工作小组意见				年　月　日 签字（盖章）
矿党委意见				年　月　日 签字（盖章）

提交及办理程序　党员提案工作程序主要分为提出提案、立案交办、办理答复、研讨交流、总结归等案五个过程。

第一，提出提案。提案人围绕提案内容，确立自己的提案和解决问题的办法，填写《党员提案表》。党员提案由各支部书记审核，属本支部处理解决的事宜由本支部负责答复和解决；属矿研究解决的事宜，由该支部党员提案负责人于三日内上交矿党员提案工作小组。

第二，立案交办。矿党员提案工作小组收到《党员提案表》后，对提案进行初步审议，并报矿党委审批，之后按照矿党委批示意见转交相关部门办理。

第三，办理答复。承办人接到交办的提案后，一般应在 15 日内办结，对情况复杂的提案，可适当延长办理时间，但一般应在一月内办结或提出办理意见。提案办结后应填写《党员提案办理情况反馈表》（一式两份），经矿党员提案工作小组报矿党委审阅后，会同承办人及基层党支部党员提案负责人向提案人做好答复工作。《党员提案办理情况反馈表》一份交给提案人保管，一份在征求提案人对答复情况的意见后，由矿党员提案工作小组登记存档。如提案人对提案办理结果不满意的，矿党员提案工作小组要重新进行研究，并提出办理意见。

案例 14 - 2

党员提案反馈卡

编号：20110301

提案人	任保平、代建得、赵平山、董辉、刘世敏、张志强、陈九湖、付宝华、刘进才、张恒、牛太国	单位	安全科、运输车间、选矿车间
提案内容：	组织红色学习，组织党员参加革命老区活动，进行爱国主义教育，提高党员在工作中的积极性和先进性。		

<u>党员提案解决和处理情况反馈</u>，矿党委适时组织了相关学习活动。

图为组织新党员到革命圣地西柏坡举行入党宣誓和学习活动

案例 14 - 3

二〇一一年三、四季度党员提案整改措施暨落实情况

2011 年三、四季度共下发动员提案表 220 份，收回有效党员提案 174 份。其中涉及企业党建方面共计 51 份，生产经营 96 份，生活服务 27 份。

一、党建方面

1. 吴少聪——支部生活常态化、严肃党组织会议纪律，提高组织严肃性。

答复：矿党委对基础工作进行了规范，并督促基层支部严格执行基本学习和工作制度，购买了相关学习资料，每年10月份前后举办理论研讨活动。

2. 夏冬花——与联通公司沟通，办理矿讯通业务，在不泄露企业机密的前提下，通过手机短信的形式向职工发布一些局情、矿情、安全、培训等信息。

答复：积极沟通协调，争取与联通公司达成协议。

3. 姜应民——利用食堂一、二楼的电视播放局、矿情教育的宣传片，提高职工爱矿敬业的思想觉悟，提高职工业余文化水平。

答复：矿电视台每天定时转播矿内新闻，并已在网站开通相关平台。

4. 付淑华——针对目前职工思想和工作情况，应当加强职工的道德教育和自身的文化水平及职业技能培训，抓好党员示范岗的典型教育。采取定期或不定期的与职工进行沟通。及时掌握职工的思想动态，充分发挥党组织的凝聚力和战斗力。要以点代面，鼓励和表扬工作中表现突出和优秀的职工及班组。

答复：矿党委坚持职工思想分析制度，并长期开展了"做文明职工，创和谐矿区"活动。

二、生产经营

1. 邱新生——副井井口上二层的梯子存在安全隐患，在每一台阶上焊上防滑条，防止人员从上滑落跌伤。

答复：提升车间立即整改。

2. 范金桥、张耀东、梁万晨、李林杰、庞红星——加强巷道的顶板管理和危险的处理，希望各车间每年对员工进行两次安全培训，矿里要对全体职工进行安全教育。

答复：进一步加大安全培训力度。

3. 王道民——加强车间一线成本管理。库存材料管理、分类，根据井下一线施工要求，分清材料及备件的常用、不常用，并做级别表识，减少库存材料及备件积压，盘活库存材料备件。

答复：相关部门加强库存清理盘查。

4. 李景山——为确保北洺河铁矿安全文明生产的顺利进行，实现矿各项生产经营目标，建议开展各种形式的矿情、公司情教育，并结合各单位的实际情况制订相应的奖惩制度，加强职工队伍的素质教育和技能提高，努力打造一支精干高效的职工队伍。

答复：矿党委长期坚持了多种形式的教育。

5. 陈应昌——合理利用空地，定期保养备件。选矿车间厂房东侧备件摆放凌乱，长年风吹日晒雨淋，一些备件生锈腐蚀，减少了使用寿命，建议搭建一个棚子，路面铺平，定期保养。

答复：立即整改。

6. 王用兵——建议矿安全科减少隐患排查次数，以免给职工造成负担，不利于工作。

答复：强化安全教育，提升职工安全自主意识。

7. 付东顺——井下粉尘烟雾大，改善通风条件，建立合理的通风系统。

答复：安全科牵头加强井下通风管理。

8. 目前地表成品混合支护料的配比方式是利用皮带传送机接三个料仓的连续电振落下的单料，而后混合成复合料。经长期观察，其配比偏差很大，井下应用的支护效果亦不好，故建议整改地表配料方式。

利用现有的地表单料储矿仓，分别放出达到正常配比的量，然后一并导入成品料混料机、扮成成品复合料，整改思路，可参照主井计量斗的工作原理，实现自动化控制，改造单料储料仓，在下部增设一个小计量斗，斗上设一个放料控制口，从而实现标准化配比，保证成品料的质量。

答复：即将着手料仓改造。

9. 曹杰—— −140 加装风水分离器，提高人身安全和设备安全。因 −140 水平处于最低水平面，风管中带有大量水分，安装风水分离器，定时排水，避免在生产中因水分大而造成的设备堵塞，同时避免对人身和设备造成的安全隐患。

答复：安全科、动力车间负责考证。

10. 魏学军——在 −110 水平 1 号采场 1 − 8 进路设置转弯警示牌。由于以前作业在 1 号采场联巷是直行路线，而现在电铲溜护设置在 1 − 8 进路，由于作业习惯容易在 1 − 8 进路形成转弯失误，而造成电铲导向轮的挤撞，所以建议设置明显的指示牌，提醒司机及时转弯。

答复：立即整改。

三、生活服务

1. 张战胜——井口职工上下井时间，食堂职工就餐时间，播放轻松的音乐，缓解心理压力。

答复：井口上下井文化长廊已经改建完工，由提升车间负责落实播放音乐，职工食堂由行政事务科参照落实。

2. 谷玉华——在大门岗西边安装升降杆。

答复：根据车辆停放情况再行研究。

3. 王用兵、吴建国、陈勤顺、武京伟、张相斌、崔杰——食堂饭菜花样少、质量差，卫生打扫不干净。倡导文明就餐，制定就餐人员行为规范。加强食堂卫生监督管理。

食堂餐桌上堆满使用过的餐具，影响新就餐者使用，并对餐具进行及时完整的消毒，建议制定就餐行为规范。

答复：结合"做文明职工，创和谐矿区"活动加强职工教育，行政事务科强化管理。

4. 奚美清——加强环保低碳意识的培养，杜绝使用塑料袋。

答复：行政事务科已经做出相关规定，各单位要进一步加强环保宣传。

第四，研讨交流。矿党委针对党员提案，每季研究一次，每半年召开一次研讨交流会，通报党员提案情况，就有关党的先进性建设，两级班子建设与和谐矿山建设等方面的内容，组织专题研讨交流会。

第五，总结归案。矿党员提案工作小组每半年对党员提案及办理情况进行总结，向矿党委提交报告，在向全矿党员公示的基础上整理归案。

为保证党员的积极参与和提案制度的良好运行。制订了《北洺河铁矿关于党员提案制度实施办法》，明确了方针，规范了运行程序，加强了组织领导和考核。首先从教育入手，分别召开支部书记会、党员座谈会、提案工作动员会，同时，利用网络、电视、报纸、党课等多种形式，宣传党员提案制度的重大意义和重要性，进而提高了党员对提案工作的认识和参与的积极性、主动性。

图 14 - 12　党员提案现场

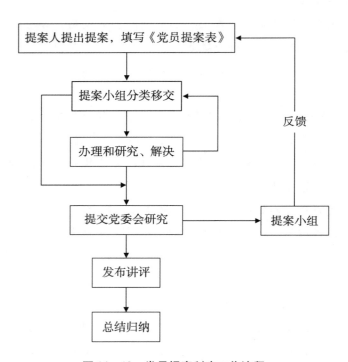

图 14 - 13　党员提案制度工作流程

（三）经验总结与实施效果

经验总结　截至 2012 年，实行"党员提案制"以来，全矿共有 1277 名次的党员参与提案，累计收到各类提案 1035 件，已办结 1007 件，党员群众满意率达到 95% 以上，有效解决了党员对所在党组织党内事务管理、党务公开、干部工作作风、党员生产生活问题等方面等一大批关系党员群众生活的实际问题。

实施效果　党员提案制在发挥党员主体作用、拓宽党内民主渠道、密切党群干群关系等方面取得了较好效果。

（1）党员提案制度是加强党员与党组织联系，增强党员参与党内民主建设的有效途径。党员提案制度实施以来，北洺河铁矿进一步规范了党内工作报告制度，矿党委每年向全体党员报告两次工作，基层党支部每季度向支部党员报告一次工作，遇有重大问题及时向党员通报情况，扩大了党员的知情权；党员积极参与提案活动，两年来党员提交提案涉及班子建设、党员教育、四位一体活动、企业文化、和谐矿山建设等方面 773 份，扩大了党员的参与权；及时公开党内活动、提案办理等重大事项，扩大了党员的监督权，对推进基层党内民主建设起到了积极的作用。

（2）实施党员提案制度是提升党建工作质量的有效手段。根据广大党员的提案，矿党委规范党务公开的内容、程序和形式，在班子建设、党员管理、党内活动、党建制度等方面进行逐步完善和加强，推进了党建精细化水平。提案中，许多党员对加强党建和业务知识教育培训提出了建议，矿党委采取"走出去，请进来"的方式，组织了外出考察学习、党支部书记培训班、新闻写作培训班；对中心组的学习和中层管理人员的教育，采取统一学习内容，交流和考核相结合的方法，班子集体学习采取学前交流、撰写体会的方式，提高了学习的自觉性，增强了学习能力和工作能力。针对基层工段和班组党员责任区活动质量不高的提案，矿党委立即责成有关部门采取党员责任区观摩、讲评的形式，取长补短，相互借鉴。并逐一深入到工段班组参加责任区讲评，进一步规范党员责任区活动，提高了党员责任区活动的质量和效果。

（3）实施党员提案制度是激发党员参与管理，促进生产经营任务全面完成。实施党员提案制度以来，党员主动参与企业管理、关注生产经营的意识明显增强，今年二季度，有 10 余名党员提交了加强教育管理促进党员作用发挥的提案，矿党委研究决定党员佩戴胸卡、党徽上岗，接收群众监督，并责成相关部门按规定加强对新入党党员的教育。针对加强各级人才培养的提案，结合职工实际需求，开展了师带徒、技能培训等工作，并聘请专家教授来矿为职工授课。

党员提案工作的实施，对北洺河铁矿的生产经营等各项工作提出了许多好的建议和措施，使生产组织更趋合理，工艺流程更趋完善，技术支持更加到位，后勤服务更加贴切，有效促进了生产经营目标的高限完成。

五、因势利导开展形势目标教育

（一）教育背景

开展形势目标教育活动是让职工认清形势、把握方向、增强干劲的重要途径之一，也是企业生存发展的现实需要。企业实现生产经营目标，离不开职工的努力工作，而职工个人的发展也依赖于企业的不断创新发展，面对不断变化的形势、困难和挑战，就需要适时地通过开展形势目标教育，引领职工了解企业的发展现状，奋斗目标，让职工真正参与到企业管理之中，为企业改革发展献计献策，为企业完成生产经营任务贡献力量。一直以来，北洺河铁矿党委坚持把扎实开展形势目标教育活动与企业生产经营和改革发展实际相结合，把解决思想问题与解决实际问题相结合，增强思想政治工作的针对性、实效性和主动性，为全矿生产经营目标的实现奠定扎实的思想政治基础。

（二）实施要求

每年的一月和六月，分别开展上半年与下半年形势目标教育活动并形成了教育机制。在活动中，每次都明确一个主题，以集团和公司的现实材料为基础，结合本单位实际，定期编发形势目标教育宣传资料，通过矿、车间、科室、班组层层宣讲。每年组织一到两次形势目标教育答题和知识竞赛，以检验形势目标教育的效果。

形势目标教育的三点要求：

方位全覆盖　在宣讲内容上，把自上而下的重要精神，包括中央文件，集团、公司及矿年初工作会报告传达到底。在宣教对象上，向广大干部、员工讲清、讲透，使全矿人人知形势、明任务、晓目标。

过程全跟进　围绕每年所明确的主题，把形势目标教育贯穿始终，并根据公司及矿不同时间节点召开的各类重大会议精神，细化、明确各个时期宣传教育的重点内容，做到一个阶段突出一个重点，一个时期围绕一个主题，使形势目标教育紧跟思想宣传主旋律、紧跟生产经营重点与建设发展过程。

范围全传播　利用网络、电视、报纸、党课等多种形式，宣传形势目标教育的重大意义和重要性，提高全矿干部职工的认识和参与的积极性、主动性。

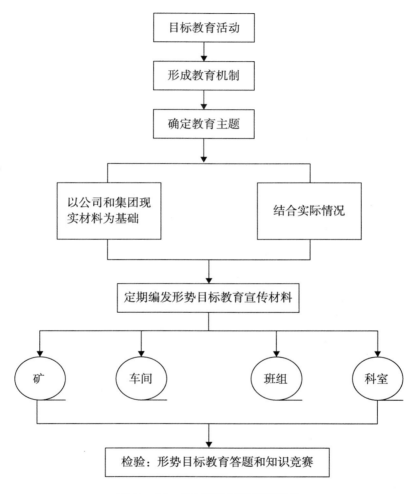

图 14 – 14　目标教育活动实施要求

（三）经验总结与实施效果

强化组织领导，健全活动制度，为开展形势目标教育活动奠定扎实基础

（1）成立领导小组，制订实施方案。矿党委把开展形势目标教育纳入党委工作的重要议事日程，纳入全矿党建和精神文明建设的总体规划，与生产经营和其他重点工作一样，同研究、同部署、同检查、同总结。矿党委每年初召开一次会议全面研究部署形势目标教育活动，每季度召开一次会议研究部署形势目标教育工作，并在每季度召开的形势目标教育会议上，对整个活动的指导思想、主要内容、主要措施、实施过程等都进行详细的安排布置，并在每季度形势目标教育会上进行发布，全面铺开教育活动。

（2）建立活动制度，严格考核落实。矿党委针对每季度的生产经营工作重点和难点工作，认真制订《形势目标教育安排意见》、《形势目标教育宣传教育活动考核办法》等制度，明确教育形式，细化教育内容，规范教育的范围，使形势目标宣传教育工作有的放矢。为确保活动落到实处，矿党委严格按照形势目标教育考核办法，进行严格考核，将该项活动列为一项党建和精神文明建设考核内容，每季度党建和精神文明考核听取支部对形势目标教育活动的总结，并进行认真的讲评，好的表扬、差的批评，促进了活动的顺利开展。

（3）转变工作作风，提供组织保障。矿党委制定了《矿领导干部联系点制度》和《政工干部联络员制度》，促使领导干部转变作风、深入一线基层，推进形势目标教育活动，每名矿领导负责一到两个生产单位，定期与所负责的联系点单位进行一次督促检查，并且参加基层单位的季度职工大会，在会上进行形势分析、任务宣传，统一思想、鼓舞干劲。为每名政工干部安排一个联系点单位，认真指导基层单位的党建工作和思想政治工作，尤其是把督促形势目标教育活动作为联络员的重点工作，对所负责的联系点单位进行教育材料的指导写作，教育方案的编写，教育活动全过程的督导，促进活动的深入开展。

明确教育主题，领导带头学习，使教育活动开展有的放矢

（1）深入开展调研，明确教育主题。开展形势目标教育活动要紧密围绕企业的生产经营中心，贴近实际，具有实际的指导作用。矿党委在开展形势目标教育之前，都要开展调研工作，利用座谈会、调查问卷，到基层找职工谈心的方式方法，掌握职工的思想脉搏、心理动态，在此基础上矿党委还要开展专题研讨会，对将要开展的形势目标教育活动，认真地确定主题，真正做到有针对性地解决生产经营过程中的新矛盾、新问题，有针对性地解决职工思想上的隐患，头脑里的不良情绪，使形势目标教育活动收到理想的效果。

（2）领导带头学习，深入基层指导。为确保形势目标教育活动的效果，矿党委强化两级班子政治理论学习，制定了具体的考勤和考核办法，除坚持正常的理论学习之外，还把每季度的形势目标教育材料提前发放到每位领导干部手中，组织大家认真学习和思考，切实使领导干部了解形势，吃透精神，认清责任和义务，为到基层开展宣讲奠定好的基础。同时，所有矿领导每人都负责一到两个单位的形势目标教育活动，定期与所对应的联系点单位进行一次督促和检查，带头对企业形势目标进行宣讲，促进了基层单位活动的开展，使活动效果更加明显。

（3）安排专人辅导，全员普及学习。形势目标教育宣传提纲完成后，矿党委组织召开全矿职工参加的形势目标教育动员大会，在会上矿党委书记亲自开展形势目标教育活动，而后成立形势目标教育活动宣讲团，由党委书记担任组长，党委副书记、工会主席任副组长，党委工作部、纪委、工会等党群部门的领导为成员，深入到基层单位队段、班组用鲜活的事例、生动的语言、把邯邢矿业公司和该矿的形势讲透，奋斗目标讲明，使职工做到了知形势、明任务。另外，各基层支部按照矿党委的安排部署，通过召开支部大会、党员大会、职工大会等形式，扎实开展形势目标教育活动，教育职工做到"三个明确"：明确工作目标，明确所处的位置、明确岗位职责；达到两个创造：创造岗位业绩，创造良好效益；实现"一个目标"：实现全年生产经营目标。

依托各种载体，丰富教育形式，推动形势目标教育活动扎实开展

（1）编发宣传提纲，专题会议布置。形势目标教育宣传提纲是开展形势目标教育活动的基层资料，是开展活动的总前提。为了开展好活动，矿党委在活动开始前经过调研之后，安排专人撰写宣传材料，然后经过部门、矿党委副书记，最后由党委书记把关定稿，通过文件形式下发，网站公布，材料定稿之后，召开党委会研究布置，然后召开全矿性的形势目标教育活动动员大会，依次是召开基层支部动员会、队段、班组层层开展形势目标教育活动，把活动逐级落到实处。

（2）利用各种媒体，展开强势宣传。形势目标教育活动全面铺开之后，矿党委充分利用多样的形式，营造浓厚的教育氛围，突出现代化媒体快捷、迅速、直观、效果突出的特点，在矿网站上建立了动态专栏，把形势目标教育材料制作成电视片在通勤车和各种重要会议上反复播放。另外，还通过橱窗、黑板报、标语等传统的方式方法，进一步营造氛围、鼓舞干劲，还利用矿报《洺河园》到班组，工人都能见得到的优势，加深了干部职工对宣传教育内容的了解。

（3）丰富教育形式，形成浓厚氛围。形势目标教育活动的最终对象是全体职工，目的是统一思想、凝聚人心、鼓舞干劲，促进目标的实现，因此必须进一步地丰富教育的形势、方法和途径，促进形势目标教育活动落到实处。矿党委在开展形势目标教育活动中，通过召开座谈会、讨论会、演讲会、学习会、先进典型事迹报告会等活动，把形势目标教育材料内容融入到各项活动中。如在 2008 年 8 月中旬开展的"讲形势、明责任、增效益、作贡献"主题演讲会，就是把下半年的形势目标教育活动主题作为演讲的内容，全矿有 15 个党支部，30 多人参加了演讲，1000 多人观看了演讲，有效地宣传了形势、目标和任务，激发了全矿职工的干劲，收到了事半功倍的效果。

紧密结合实际，突出教育重点，促进形势目标教育活动取得实效

（1）精辟分析形势，统一思想，用优势增强信心。开展形势目标教育的首要任务就是要把企业当前的形势讲透、思路讲清、目标讲明，从而统一大家思想，振奋精神。因此必须对企业的形势进行一个全方位、多角度的分析，切实讲明、讲透。如矿党委 2011 年开展以"讲形势，讲目标，讲责任，讲奉献，保证持续稳定发展"为主题的形势目标教育活动。

（2）明确责任地位，自我加压，用责任增添动力。开展形势目标教育活动在分析形势、统一思想的基础上就要让大家明白企业和自身当前所处的地位和应当承担的责任，使广大干群能够以超常的精神状态，自我加压，负重奋进，再创辉煌。如矿党委于 2012 年 9 月份在全矿范围内继续开展以"树信心、降成本、增效益、挑重担、作贡献、促和谐"为主题的形势目标教育活动，克服国际经济环境复杂多变、国内宏观经济持续走低、市场急速下滑、钢铁行业面临巨大的压力和挑战等困难，制订了《北洺河铁矿 2012 年降本增效行动方案》，明确了全矿 2012 年后四个月降本增效的奋斗目标和保证措施：①铁精矿成本从 301.16 元/吨下降 5%，下半年 285.62 元/吨，全年达到 286.10 元/吨；1～8 月份已经发生 292 元/吨，9～12 月份控制目标 274 元/吨。②管理费（可控制费用）下半年预算 500 万元，全年 1566.32 万元，1～8 月份已发生 1359 万元，剩余控制目标 207 万元。

（3）明确奋斗目标，找准方向，用目标凝聚人心。形势讲透了、目标讲明了、措施制订了，就必须进一步让大家明确奋斗目标，找准努力的方向，促进生产经营目标的全面完成。在 2010 年下半年开展的"讲形势、明责任、增效益、作贡献"为主题的形势目标教育活动中，矿党委指出当前集团公司战略转型正在不断深入，邯邢矿业公司的战略目标正在逐步实施，北洺河铁矿的支柱矿山地位也日益凸显。在认真总结上半年取得的成绩经验的同时，进一步明确了下半年及全年的奋斗目标和重点工作，使大家清醒地认识到关山在前，任重道远，凝聚了人心，全体干群心往一处想，劲往一处使，确保了各项生产经营目标的实现。

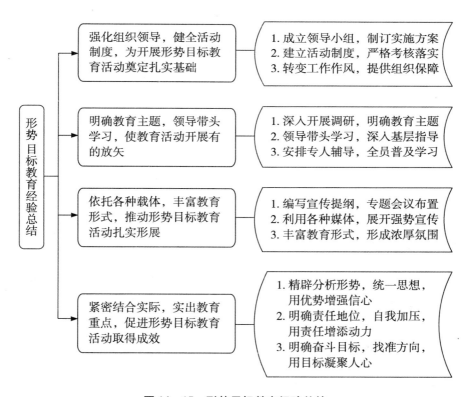

图 14 - 15　形势目标教育经验总结

案例 14 - 4

采准车间形势目标教育成效显著

2010 年，采准车间根据矿党委安排，并结合车间生产经营实际，积极组织开展了以"讲形势、讲目标、讲责任、讲利益，保安全、保质量、保效益、保和谐"为主题的形势目标教育活动。引导车间广大干部职工充分认清目前面临的形势和任务，把握大局，求真务实，锐意进取，全力投入到促进北洺河铁矿改革发展稳定的各项工作之中。

经过奋勇拼搏，车间各项生产经营任务得到了圆满完成，全体职工的思想认识提高到了一个崭新的高度。大家充分认识到在目前的形势下，要继续树立"过紧日子"的思想，心往一处想，劲往一处使，共同面对挑战，使车间形成了上下一心的良好局面。

安全方面，车间认真贯彻落实安全生产责任制，逐步完善各项安全管理制度。始终坚持"全员主体，依法治理，过程防控，安全每一天"的安全生产方针，严格遵守北洺河铁矿制定的各项安全生产制度和规定，把安全工作做得更加深入细致。不但确保了职工的生命安全，也为安全生产打下了扎实的基础。

在成本管理上，注意搞好工序成本管理及强化班组核算，努力降低生产成本。我车间广大干部职工，强管理，练内功，广泛开展节支增效活动，大家的节约意识得到了显著提高，有效减少了浪费。一季度，车间共节约成本 8 万多元。

为了维护全矿和谐稳定的大好局面，顺利迎接建矿 13 周年，车间积极防范，认真强化责任落实，严格加强火工品管理，没有一起火工材料丢失、被盗现象的发生。并充分做好职工群众的沟通现象，及时进行职工思想排查，化解矛盾，有效杜绝了群体性事件和越级上访事件的发生。

六、职工思想纪实档案

（一）建设背景

为了进一步加强职工思想政治工作，及时详细的记录职工的工作生活情况，使思想政治工作做到超前性、针对性和实效性，矿党委在全矿推行《职工思想工作纪实档案》制度。通过一段时间的运行，取得了较好的效果，创

造了不可估量的经济效益。

在推行《职工思想工作纪实档案》的同时，建立了《职工思想调查分析制度》，基层党支部每个月对职工的思想状况进行一次分析排查，党委每季针对职工存在的思想问题，开展一次专题调研。制订了《职工纪实档案管理制度》、《职工档案材料收集制度》等，从档案的建立、运行到管理做出了明确规定，并与《五必谈五必访》制度有机地结合起来，架起了与职工沟通的桥梁，增强了思想政治工作超前性、针对性和实效性。

（二）实施内容

职工思想纪实档案内容　《职工思想工作纪实档案》是基层党支部工作的主要责任和主要工作内容，是落实矿《思想工作五必谈五必访》制度，把思想工作做深做细做实的有效措施，是在生产经营过程中和职工日常生活中，做好职工个别性思想工作，化解具体矛盾，稳定职工队伍的有效途径。《职工思想工作纪实档案》的推行，对于充分发挥思想政治工作优势，及时掌握职工思想脉搏，了解职工工作、生活和学习情况，增强做好职工思想政治工作超前性、针对性和实效性，充分调动全矿职工的生产积极性、主动性和创造性，促进生产经营任务的全面完成有着十分重要的现实意义。

档案的建立和管理　主要内容包括：

（1）建立《职工思想工作纪实档案》

以党支部为单位，以职工个人为单元，按单位在册人数，每个职工建立一份个人思想工作档案。

（2）《职工思想工作纪实档案》的基本内容

第一，职工个人的基本情况：主要包括职工姓名、性别、籍贯、家庭住址、联系电话、工作简历、特长与爱好、职工个人家庭主要情况（职工妻子、子女基本情况）、供养直系亲属情况以及其他特殊情况等内容。

第二，纪实的主要内容：主要包括职工个人受到表彰奖励、处分、家庭纠纷、生病住院、家庭重大事件等内容。

表 14 - 2　　　　　　　　**职工思想纪实档案基本信息登记表**

姓名		性别		文化程度		政治面貌		照片
出生年月			参加工作时间			民族		
工作岗位			职务			联系电话		
籍贯					特长爱好			

家庭主要成员	称谓	姓名	出生年月	健康状况	工作单位、住址	

个人简历	起始年月日	工作单位	岗位职务

转接记录	
受表彰情况	
受处分情况	
家庭矛盾情况	
家庭成员病史	
家庭重大事件	
其他情况	
备　注	

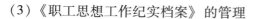

（3）《职工思想工作纪实档案》的管理

基层党支部要做好《职工思想工作纪实档案》的各项管理工作，要明确专人负责档案的记录、收集、整理、填写和归案。档案记录要做到规范、整洁、真实。严格为职工做好保密工作，做到专柜专人保管，不经党支部书记批准，《职工思想工作纪实档案》不准外借和随意翻阅。发现泄密事件要及时报告。

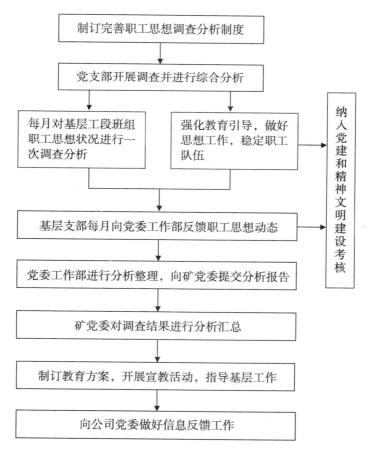

图 14–16　职工思想调查分析流程图

具体要求　主要包括以下内容：

（1）明确责任，严格落实。基层党支部书记为落实《职工思想工作纪实档案》的第一责任人，负责《职工思想工作纪实档案》在本支部的落实和管理。

（2）完善基础，狠抓落实。建立健全《职工思想工作纪实档案》的各项基础工作，从 2007 年元月 1 日正式实施运行。

（3）要把搞好《职工思想工作纪实档案》与贯彻落实矿党委下发的《五必谈五必访》制度有机地结合起来，促进思想政治工作的有效开展。

（三）实施效果

2012 年，累计排查和解决职工家庭、工作等各方面的问题 156 件（次），开展家访、谈心、慰问等活动 700 余人（次），把做好一人一事的思想政治工作落到了实处，确保了职工队伍的稳定，有效促进了生产经营工作的顺利开展。维修车间党支部还以给职工过"政治生日"的形式，激发职工士气，进一步丰富了纪实档案的内容，使思想政治工作更具实效性。

七、党风建设责任制

（一）建设背景

实行党风建设责任制是加强反腐倡廉建设的重大举措。近年来，北洺河铁矿严格按照《关于实行党风建设责任制的规定》，把责任制工作的落实作为反腐倡廉建设的"龙头"工程和系统工程来抓，形成了贯彻落实党风建设责任制工作的良好局面：实现了"四个到位"：①责任制落实到位，建立健全一级抓一级、层层抓落实，覆盖全矿的责任网络体系；②建章立制到位，围绕责任制落实制定出台相关配套制度；③监督检查到位，围绕中心工作开展效能监察和专项检查；④严肃查处到位，对各类违纪违法案件，严肃查处，决不姑息。通过落实党风建设责任制，有效促进了企业健康发展。

（二）实施方案

健全领导机制和工作机制　落实党风建设责任制，主体是关键。北洺河铁矿始终坚持党委统一领导、党政齐抓共管，"一把手"负总责，分管领导各负其责，一级抓一级、层层抓落实，以完善的领导体制和工作机制保证了责任制的落实。

1. 加强组织领导，健全协调运行机制

成立了以党委书记、矿长为组长，党委副书记、纪委书记为副组长的党风建设责任制领导小组。明确了党委书记、矿长对全矿党风建设负总责，矿领导班子其他成员根据分工对分管单位和科室的党风建设负直接领导责任。形成了"党委统一领导、党政齐抓共管、纪委组织协调、部门各负其责、职工支持参与"的领导体制和工作机制。每年都把贯彻落实党风责任制纳入矿改革发展的总体目标和战略规划，列入矿两级领导班子的议事日程，与生产经营同研究、同规划、同部署、同落实。同时为保证领导体制的正常运行，在实际工作中，逐步建立并完善了"四项"工作制度。即廉政教育制度、廉政诫勉谈话制度、廉政汇报制度、廉政讲评制度，四项制度有效地保证了党风责任制工作的有效运行。

2. 分解任务，明确责任，建立健全责任制体系

在落实党风廉政建设责任制工作中，以系统抓党风为主要手段，通过修订和完善党风建设责任制，使责任范围趋于规范，责任内容和责任目标更加明确。矿纪委每年都修订"系统抓党风建设实施办法"，明确每个系统的责任内容和责任目标。同时科学合理地划分责任范围，即机关科室按行政管理划分，基层单位按领导业务分管划分，形成责任网络。一是签订责任状。每年年初矿党委都与基层单位和机关科室签订《党风建设责任状》，将各岗位的党风责任内容以责任状的形式予以明确，便于组织监督和考核。二是领导人员公开承诺。矿两级领导进行了公开承诺。在承诺工作中，重点规范了承诺内容和承诺形式。承诺内容分通用承诺内容和特定承诺内容，通用承诺内容由矿纪委按有关要求统一制订；特定承诺内容，由领导人员本人与自己岗位结合制定；并向职工公开承诺，接受职工监督。三是党风汇报讲评。矿党委每半年和系统每季度进行一次党风汇报讲评。矿纪委参加汇报讲评会，对汇报讲评予以指导和监督。对汇报讲评材料进行收集整理，并装订成册。四是领导人员的述廉测廉。该矿领导人员述廉测廉分两个层次举行。处级干部由公司纪委组织，科级干部由矿纪委组织述廉测廉，建立起了述廉、评廉、考廉机制。

夯实思想基础　该矿始终结合党员干部队伍的思想实际，将责任教育作为一项基础性工作来抓，以"五项教育"为抓手，巩固"大宣教"格局，为落实党风廉政建设责任制奠定良好的思想和舆论基础。

一是抓党规党纪教育。利用各种学习日、党课、专题讲座、"一把手"讲廉洁党课、发放廉洁书籍、网络平台等形式，组织党员干部学习党章、反腐倡廉相关知识，交流警示心得等形式，教育党员干部增强法纪观念，树立正确的事业观、工作观和政绩观。

二是抓预防教育。定期对党员干部、重点岗位人员进行法制教育，举办"预防职务犯罪知识讲座"和"领导人员依法经营、廉洁从业知识培训活动"，在党员干部和重点岗位人员中树立了牢固的防腐拒变思想防线。

三是抓典型示范教育。矿每年选树一批勤廉兼优的先进典型，大力宣传，使大家学有典型、赶有目标，营造勤业廉洁的良好氛围。

四是抓重大节日教育。适逢元旦、春节、中秋、国庆等重大节日，矿纪委都要召开专题教育会，下发文件，提出要求，并突出抓好节前教育、节中督察、节后讲评三个环节，确保了党员干部的廉洁过节。

五是抓亲情助廉教育。利用助廉会、助廉信、助廉卡等形式，教育和引导领导人员家属，发挥家庭在反腐倡廉中的特殊作用，为全矿党风和反腐倡廉建设增色添香。

同时矿纪委还从创新载体入手，不断创新形式，丰富内涵，推动了廉洁文化深入开展。首先，以先进的理论为指导，探索培育形成了"廉洁诚信，勤勉务实"的廉洁理念。其次，以"七进七上"为抓手，多途径推进廉洁文化进机关、进矿区、进岗位、进家庭活动深入开展。开展党风建设和反腐倡廉知识竞赛，举办廉洁书画、漫画展活动，在矿区建设警示牌、矿务公开栏、承诺公开栏、开辟廉洁书屋、张贴廉洁春联、举办元宵廉洁文化灯展。矿领导、中层管理人员、重点岗位人员撰写个人廉洁从业格言。举行《清风洺河》专场文艺晚会。创建了副井廉洁文化景观，在副井–230北车场制作悬挂5副廉洁文化牌，把廉洁文化向井下延伸。通过开展形式多样、丰富多彩的教育活动，全矿党员干部廉洁从业意识、领导干部抓责任制的自觉性、责任感进一步增强，为落实党风责任制奠定了思想基础。

构建长效机制　近年来，该矿在巩固已有制度的基础上，坚持在制度的细化和延伸上下工夫，形成用制度管人管事的良好机制，以坚强的制度体系保证党风建设责任制的落实。

矿纪委根据矿实际情况，首先从补充完善制度入手，先后对企业的内部的管理制度，进行了两次大规模的梳理和完善，夯实了制度保障。

2006年，结合矿基建转生产的实际，矿纪委牵头对全矿的所有制度，进行全部梳理，废止基建制度15项，完善生产制度18项，新建经营管理制度23项，有效地促进了内部的管理。

2010年，结合邯邢矿业公司党委、纪委开展的"制度建设推进年"活动，矿纪委会同16个职能部门对全矿所有的管理制度分类别进行了一次全面、系统的清理和审查，按照"坚持、完善、废止"和"实际、管用、有效"原则进行分类登记、甄别完善。形成了"制度统领"、"教育防范"、"规范决策"、"规范行为"、"监督制约"和"预警惩处"等六大体系的制度体系，确保了重点部位得到重点关注，关键环节得到重点防范，权力运行得到监控，实现了北洺河铁矿制度建设的"具体化"、"本矿化"和"特色化"。

促进全面落实　该矿始终坚持"靠制度建设拓宽监督管理范围、靠制度建设保监督管理职能的履行"的工作思路。几年来，北洺河铁矿着重抓了以下几项监督：①"三管六外"领域的监督。制定并出台了《北洺河铁矿"三管六外"人员廉洁自律规范》，对其岗位、人员进行了明确界定，较详细全面地规范了"三管六外"人员的行为。同时为配合《规范》的落实，矿纪委将《规范》细化为各岗位的廉洁自律行为准则，张贴到各岗位上，时时刻刻警示和规范"三管六外"人员的行为。②基层单位成本、工资、奖金的监督。制定下发了"三公开"实施办法，明确公开形式、时间及公开的组织、责任人。每季度由矿纪委牵头组织对基层单位"三公开"监督检查一次，并将检查结果在支部书记例会上通报。各单位相应成立"三公开"执行小组，具体负责本单位"三公开"内容的收集整理，并按要求落实公开项目、公开措施。通过"三公开"有效地促进了基层班子的廉政建设。③基建工程的监督。在基建期间，该矿对工程从工程概算、标底制定、工程发标、工程招标、合同签订、工程决算等各环节实施全方位跟踪监督，严把编标、发标、开标、决算等四个关口，营造出了廉洁的工程建设环境，使该矿基本建设真正成为廉洁高效的"阳光"工程。④强化新竞聘干部的廉政监督。重点严把提拔前、上任前、上任后三个关口，即提拔前进行廉洁公示和廉洁谈话；上任前进行廉洁教育和党纪法规考试；上任后建立廉洁跟踪档案，为新竞聘上岗干部把好了廉政关。⑤推进党风监督员制度，从关键岗位的工作人员、专业技术人员和职工代表中聘任政治素质高、敢于负责、职工群众拥护同志担任党风监督员，促进对党风建设工作的日常监督和检查。⑥引导职工齐抓共管，通过信访、信箱、电话等渠道，向组织反映意见和问题。做到有音必复、有信必访，有疑必查。并对有问题反映的干部进行诫勉谈话，把一些苗头性问题消灭在萌芽状态，防止了腐败案件的发生。

通过认真贯彻实行党风建设责任制，健全完善责任制配套制度，逐级开展责任分解，自上而下形成了完整的党风建设责任体系。通过定期组织责任考核，严格执行责任追究，实现了领导人员的"一岗双责"，确保党风建设责任制工作真正落到实处，促进企业健康发展。

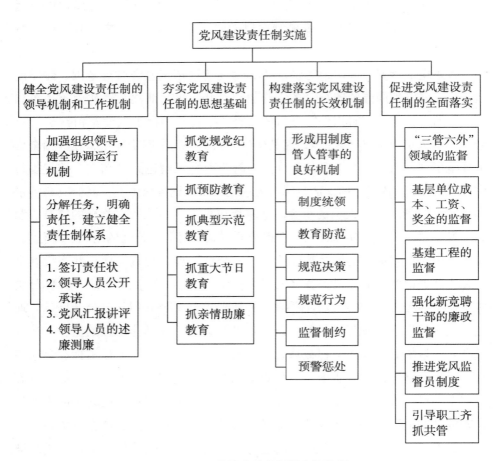

图 14-17　党风建设责任制实施流程

（三）经验总结与实施效果

实施效果　北洺河铁矿自建矿以来，共招投标 128 次，重大工程、重要装备和物资的投资达 10.8 亿元，投产后每年的成本费用多达两亿元，在如此大额的投资过程中，15 年来全矿党员干部无一人违法违纪，其中一个重要因素就是该矿重视发挥了监督的作用，把党风和反腐倡廉建设融入企业管理、夯实制度保障，突出监督重点、创新监督模式，注重纠偏提效、强化效能监察，为矿山的建设和发展创造了优良的软环境，保证了基建和生产的顺利进行。

经验总结　主要包括以下两个方面：

1. 健全的制度体系是提供监督的保障

严谨、完善的制度是更好推进工作的标准和保障。正是基于这样的认识，按照北洺河铁矿建矿的体制和模式，选准监督保障的途径，划定责任，实行分级管理，构筑起适合北洺河特色的监督工作格局，实现以制度促管理，以管理促成效。

首先，从规范决策行为入手，参与完善了企业重大决策、重要人事任免、重大项目安排和大额度资金使用决策程序，使权力运行得到监控，防止了决策失误和权力失控。先后对企业的内部的管理制度，进行了两次大规模的梳理和完善，按照"坚持、完善、废止"和"实际、管用、有效"的原则进行分类登记、甄别完善，最终形成了"制度统领"、"教育防范"、"规范决策"、"规范行为"、"监督制约"和"预警惩处"等六大制度体系，使北洺河铁矿制度建设实现"具体化"、"本矿化"和"特色化"。

其次，从健全管人管事机制入手，协助党委建立健全了"党委议事规则"、"党风建设责任制"、"廉洁自律若干规定"、专题民主生活会制度、廉政档案制度、重大事项报告制度、廉政警示谈话等制度，形成了靠制度管人的长效机制，使制度建设与经营管理深度融合，实现了党风建设与经济效益协调发展的双赢。

再次，从监督检查入手，以"制度建设推进年"为契机，对全矿所有的管理制度分类别进行了一次全面、系统的清理和审查，健全了诺廉、述廉、测廉、评廉、考廉制度、实施了《党内情况通报制度》、《矿务公开制度》、党风监督员制度和问责制度，确保了重点部位得到重点关注，关键环节得到重点防范。

2. 落实主体责任是监督的有效途径

预防腐败，制度是保障，监督是关键。该矿党委坚持每年修订《党风和反腐倡廉建设责任制实施细则》，把党风监督员制度、廉洁承诺、践诺、述廉评廉、廉洁谈话、廉洁文化建设方面的内容，纳入责任制体系。按照党政领导班子正职负总责和"谁主管，谁负责"的原则，进行了责任的分解，将责任细划，落实到人头，增强落实的责任感。

紧贴生产经营的中心，以开展廉洁自律公开承诺为重点，强化完善责任制落实，每年初，矿党委与中层管理人员签订《党风廉政建设责任状》，将党风和反腐倡廉建设目标与业务管理、精神文明等工作同布置、同落实、同检查、同考核。在组织开展的年度中层管理人员廉洁从业、廉洁自律承诺活动中，着重突出"四个结合"：一是与岗位职责相结合。以忠于职守，爱岗敬业，认真履行好自己的工作职责，做到转变作风，廉洁高效。二是与公司纪委"双十"规定相结合。自觉遵守"十不得"和"十不准"所要求的条款。三是与"八小时以外"活动相结合。不去不该去的场所，不做不该做的事情，不交不该交的朋友；四是与自己身份相结合。牢记党员和领导人员使命，始终保持艰苦奋斗的作风，自觉做到非法之财不取，违规之礼不收，损公之情不近。在每年民主评议领导班子活动中，述廉、评廉、考廉优良率达95%以上，职工群众满意率达98%以上。

图 14 - 18　党风和反腐倡廉工作成果

附录 14 - 3

党风和反腐倡廉建设责任制实施细则

制度名称	北洺河铁矿党风和反腐倡廉建设责任制实施细则	编　号	1 - 1 - 05 - 16 - 07
编辑部门	纪检监审科	考评部门	纪检监审科
执行部门	矿属各单位及相关组织	监督部门	制度执行督察组

第一章　总　则

第一条　为切实加强和改进党风建设，进一步明确该矿两级班子和领导人员对党风建设应负的责任，保证中央及上级的决策、部署和公司、矿各项决策、决定的贯彻落实，确保全矿生产经营的正常进行，维护全矿的稳定局面。根据中共中央、国务院印发的《关于实行党风廉政建设责任制的规定》、《中国五矿集团公司党风廉政建设责任制实施办法》和五矿邯邢矿业公司《党风和反腐倡廉建设责任制实施细则》，结合该矿党风和反腐倡廉建设实际，制定本细则。

第二条　执行党风和反腐倡廉建设责任制实施细则，要认真贯彻中央确定的"党委统一领导，党政齐抓共管，纪委组织协调，部门各负其责，依靠群众支持和参与"的领导体制和工作机制。

第三条　执行党风和反腐倡廉建设责任制实施细则，必须坚持"三个文明一起抓"的方针，党风和反腐倡廉建设工作要纳入矿领导班子和班子成员的工作目标进行管理，与企业生产经营、精神文明建设及各项业务工作同布置、同落实、同检查、同考核。

第四条　贯彻落实党风和反腐倡廉建设责任制，必须认真坚持从严治党和从严治矿，认真贯彻党的十七大精神，在坚决惩治腐败的基础上、更加注重治本，更加注重预防，更加注重制度建设，立足教育，着眼防范，明确责任。真正做到谁主管，谁负责；抓系统、系统抓；一级抓一级，层层抓落实，切实把工作落到实处，努力实现责任目标。

第二章　责任内容

第五条　矿党委、纪委、基层班子、科室责任内容。

一、矿党委

矿党委对全矿的党风和反腐倡廉建设负全面领导责任。重点抓好矿和矿属各单位领导班子的党风和反腐倡廉建设。

（一）发挥好政治领导核心作用，确保党和国家的路线、方针和政策的贯彻执行，确保全矿在政治上同党中央保持一致，确保全矿稳定，确保全矿生产经营目标实现。

（二）负责对贯彻落实《工作规划》工作的领导。抓好教育、制度、监督、改革、惩处工作，将反腐倡廉建设与党的思想建设、组织建设、作风建设、制度建设统一规划、统一布置、统一构建。坚持大宣教格局，对构建惩防体系负总责。

（三）领导全矿党风和反腐倡廉建设工作。抓好反腐倡廉工作任务的部署和落实。

（四）定期讨论和研究全矿党风和反腐倡廉建设工作。定期听取各系统抓党风建设工作情况汇报，根据党风和反腐倡廉建设情况和工作需要，讨论和决定党风和反腐倡廉建设工作的重大措施，并认真组织实施。

（五）贯彻落实好"三重一大"决策制度，确保重大决策、重要人事任免、重大项目安排和大额资金运作事项必须由领导班子集体作出决定，进一步防范决策风险。

（六）负责对全矿党风监督工作的领导。不断完善监督体系，充分发挥党风监督员、廉洁承诺和廉洁谈话等监督制度的作用；抓好党内监督工作，大

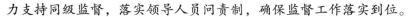
力支持同级监督，落实领导人员问责制，确保监督工作落实到位。

（七）实现和保持党内的团结和谐，以党内和谐带动干部队伍的和谐。营造既讲原则，又相互团结、信任、和谐共事的良好氛围，形成心齐、气顺、风正、劲足的局面。

（八）坚持和完善民主集中制，扩大党内民主，推行党务公开，严格党内生活，严肃党的纪律。

（九）负责抓好矿领导班子和矿属各单位领导班子的党风和反腐倡廉建设，强化组织监督和群众监督，及时发现和解决苗头性、倾向性和群众反映强烈的热点、焦点问题。

（十）决定对矿管班子和领导人员中的违纪案件和其他案件的查处。

（十一）抓好矿班子成员和副科级以上领导人员的廉洁教育。重点抓好各级领导人员特别是管人、管财、管物的领导人员及重点岗位管理人员的教育。

（十二）按照中共中央办公厅、国务院办公厅《国有企业领导人员廉洁从业若干规定》，对国企领导人员提出的"应当切实维护国家和出资人利益，不得有滥用职权、损害国有资产权益；应当忠实履行职责，不得有利用职权谋取私利以及损害本企业利益；应当正确行使经营管理权，防止可能侵害公共利益、企业利益行为的发生；应当勤俭节约，依据有关规定进行职务消费；应当加强作风建设，注重自身修养、增强社会责任意识，树立良好的公众形象"的要求，认真抓好贯彻落实。

（十三）定期组织（两次/年）党风和反腐倡廉建设工作检查，对检查中发现问题认真进行分析和解决，并进行讲评。

（十四）定期组织（一次/年）以廉洁内容为主的中层管理以上领导人员承诺和（一次/半年）述廉、测廉、评廉活动。

（十五）定期（两次/年）召开矿班子廉洁自律专题民主生活会。定期组织、指导各单位的领导人员召开廉洁自律专题民主生活会。

（十六）支持纪检监察工作，按照规定和工作需要，健全完善纪检监察组织，选配好纪检监察工作人员。

二、矿纪委责任

协助党委抓好全矿党风和反腐倡廉建设工作。坚持标本兼治，综合治理，惩防并举，注重预防的原则，坚决惩治腐败的同时，抓治本，抓预防，抓制度建设。

（一）负责协调组织《实施细则》的贯彻落实，围绕教育、制度、监督、改革、惩处，积极构建惩防腐败体系。

（二）抓好全矿违规违纪案件的查处工作，拓宽渠道发现案件线索，在矿党委的统一部署下，具体负责查处矿管领导班子和领导人员的违纪案件和其他重大案件。

（三）抓好党员领导人员的作风建设。围绕公司开展的"清风驻矿区，和谐促发展，争做勤廉之星"活动，扎实搞好主题宣传教育活动。

（四）定期检查党风和反腐倡廉建设工作。主动向矿党委汇报全矿党风和反腐倡廉建设状况和工作开展情况。

（五）抓好副科级以上领导人员的廉洁自律。组织和指导基层单位领导班子开展好廉洁自律专题民主生活会。按照中共中央办公厅、国务院办公厅关于《国有企业领导人员廉洁自律若干规定》要求，认真检查，严格考核。

（六）抓好党内监督工作。完善党风监督员、廉洁承诺、践诺、述廉、测廉和廉洁谈话制度，协助党政督促有关部门积极实施问责办法，严格追究有关人员的责任。

（七）抓好效能监察和专项治理。围绕全矿生产经营中的重点、难点、热点和反映强烈问题，组织协调职能部门开展效能监察，开展专项治理。

（八）发挥职能作用，督促和协调各单位抓好党风和反腐倡廉建设责任制的落实。

（九）受理党员的控告、申述及职工群众的来信来访，充分保障党员的权利。

（十）抓好纪检监察队伍建设。认真开展培训工作，全面提高纪检监察队伍整体素质。

三、基层党政班子责任

在矿党委的统一领导下，各基层单位班子对本单位党风和反腐倡廉建设工作负全面领导责任。

（一）认真贯彻落实矿党委、纪委关于党风和反腐倡廉建设工作部署，负责抓好本单位党风和反腐倡廉建设工作，结合本单位工作特点和实际，制订抓党风和反腐倡廉建设的年度工作计划，并负责具体抓好落实，单位"一把手"为党风和反腐倡廉建设的责任人。

（二）负责本单位廉洁教育工作和党风和反腐倡廉建设制度、规定的建立和完善。负责（一次/半年）班子廉洁自律专题民主生活会，确保生活会质量。负责本单位（两次/年）党风和反腐倡廉建设自查工作。

（三）按照矿纪委的统一部署，认真抓好本单位廉洁文化创建工作，认真落实廉洁承诺、践诺和述廉评廉工作，支持党风监督员开展工作。

（四）负责抓好本单位来信、来访工作，重大问题及时向矿纪委反馈。协助矿纪委和有关部门查处本单位的违纪案件。

（五）积极协助矿纪委开展"清风驻矿区，和谐促发展，争做勤廉之星"活动。

（六）积极搞好本单位的效能监察工作，确保局、矿政令畅通，提高管理。

（七）认真组织好上级有关廉洁自律规定的贯彻落实。

四、机关科室党风建设责任

责任范围：

正职对本科室党风和反腐倡廉建设负全面责任，副职按业务分管对分管范围内的党风和反腐倡廉建设负直接责任。

责任内容：

A．共同责任

1．负责本科室的党风和反腐倡廉建设工作，认真贯彻落实矿党委、纪委关于党风和反腐倡廉建设的各项制度，制订本科室抓党风和反腐倡廉建设的工作计划，并抓好落实。

2．按照矿党委要求，积极开展惩防体系的构建工作。根据矿《实施细则》内容，在教育、制度、监督、改革、惩处方面，按照科室职责范围做好牵头和配合工作。坚持反腐倡廉大宣教格局，积极开展廉洁文化建设。

3．负责本科室的廉洁教育、党风和反腐倡廉建设制度的建立和完善。负责组织（一次/季度）廉政法规学习和（一次/半年）党风建设自查工作。并按要求向矿党委和纪委报告党风和反腐倡廉建设情况。

4．负责定期向上级报告本科室党风和反腐倡廉建设情况，协助上级组织做好本科室廉洁自律、廉洁从业考核和案件查处工作。

5．认真抓好党员领导人员的作风建设。协助矿纪委开展"清风驻矿区，和谐促发展，争做勤廉之星"活动。

6. 负责对党员领导人员和其他管理人员的廉洁自律、廉洁从业教育工作。严格落实《国有企业领导人员廉洁从业若干规定》等制度。

7. 本科室有信访举报问题要及时向机关纪委反馈。并协助配合好调查处理工作。

8. 参与纠正和解决本科室发生的各类不正之风。

9. 严格执行廉洁自律有关规定，不随意给基层增加负担，不准接受车间、部门及业务关系单位的宴请和馈赠。

10. 认真贯彻执行并圆满完成纪委布置的党风和反腐倡廉建设及其他各项工作任务。

B. 特定责任

（一）党委工作部

1. 监督党的方针政策，上级党委指示和公司党委决议、决定的贯彻落实和执行情况，掌握情况及时汇报。

2. 做好会议、文件、印章等管理工作，不发生重大失误。

3. 健全有关制度，严格遵守政治纪律、组织纪律、经济工作纪律、群众纪律。

4. 加强对基层领导班子和领导人员、党员、团员和职工群众的思想工作，结合全矿中心工作开展好各项宣传教育工作。

5. 严格党员标准，按规定做好党员发展工作以及对不合格党员进行处置。

6. 严格遵守宣传纪律，按规定做好党的方针政策和公司、矿决定的宣传工作以及重大题材报道送审工作。

7. 抓好全矿来信来访工作，按政策规定做好上访人员稳定工作，妥善处理有关问题。

8. 做好全矿保密工作，健全制度，加强监督检查和指导考核工作。

9. 加强团员青年教育，积极做好团员发展、"双荐"以及不合格团员处置工作。

10. 加强征兵和民兵整组工作，严格程序，严格纪律，保证上级安排工作的顺利完成。

11. 搞好本部室的惩治和预防腐败体系建设。针对本部室腐败易生的环节，加强制度建设，制定完善操作程序，监督检查规章制度执行情况，防止

违规违纪问题的发生。

（二）监察审计科

1. 严格依照党和国家有关规定和矿整体工作要求，协助党委抓好党风和反腐倡廉建设工作的组织协调工作。

2. 根据企业情况，结合党员和各级领导人员思想实际，严格按照党中央国务院、中央纪委和上级纪检监察组织的政策规定和文件要求，有针对性地开展好党风、党性、党纪教育，抓好各级领导人员廉洁自律。

3. 严格按规定认真处理信访举报和查处违纪违法案件。做到事实清楚，证据确凿，定性准确，量纪恰当，手续完备，程序合法，严禁出现"关系案"、"人情案"，杜绝有案不查、有案不报。

4. 督促各单位、科室建立健全规章制度，加强对制度执行情况的督促检查，确保党风建设规范化、制度化。

5. 围绕企业改革、发展和稳定大局，按照上级文件规定认真开展效能监察，促进该矿生产经营各项工作。

6. 认真组织开展好"清风驻矿区，和谐促发展，争做勤廉之星"主题教育活动。

7. 按照公司和矿规定认真开展好内部财务收支审计；内部效益审计；内控制度评审；基层单位主要领导人任期经济责任审计；物资采购审计；工程项目审计；固定资产投资项目审计。

8. 坚持原则，严格按规定办，对于审计查出违规问题，及时纠正并做好相应处理，防止失职渎职问题发生。

9. 抓好经济合同管理及相关规章制度的制定和完善，按规定程序和要求搞好经济合同的审查并加强监督检查和整改，促进领导人员和合同管理人员廉洁自律、廉洁从业。

10. 认真抓好纪检监察机构和队伍建设。健全制度，加强学习和培训，不断提高纪检监察工作者的综合素质。

11. 搞好本科室的惩治和预防腐败体系建设。针对本科室腐败易生的环节，加强制度建设，制定完善操作程序，监督检查规章制度执行情况，防止违规违纪问题的发生。

（三）办公室

1. 认真做好全矿业务招待费审批把关和上交礼品登记制度，严格电话费用的管理和使用，并按照公司有关规定，定期向矿纪委提供书面报告。

2. 健全有关制度，采取有效措施，做好会议、文件、印章、档案的保密工作，做到不失职、渎职，不失密、泄密。

3. 不断改进工作作风，经常深入基层调查研究，掌握第一手材料，为领导提供准确可靠的工作和决策依据。

4. 严格按规定管理和使用公务车辆，严禁公车私用和领导人员公车私驾。健全制度，加强教育，在车辆备品备件采购和维修业务中防止发生以岗以权谋私，侵害企业利益的行为。

5. 处理民调、全矿性公务活动要坚持原则，照章办事，有情操作，自觉维护稳定局面，维护企业利益。

6. 搞好本科室的惩治和预防腐败体系建设。针对本部室腐败易生的环节，加强制度建设，制定完善操作程序，监督检查规章制度执行情况，防止违规违纪问题的发生。

（四）工会委员会

1. 按照《工会法》规定，履行职能，依法维护职工合法权益，组织职工参与企业管理。

2. 发挥桥梁纽带作用，做好职工思想政治工作，引导职工爱岗敬业，当好企业主人翁。

3. 严格财务管理，坚持收支合规合法，严禁私设"小金库"。

4. 搞好本科室的惩治和预防腐败体系建设。针对本科室腐败易生的环节，加强制度建设，制定完善操作程序，监督检查规章制度执行情况，防止违规违纪问题的发生。

（五）技术计划科

1. 做好矿中长期规划和年度生产经营计划的编制工作，严格计划编制、设计管理，确保无失职渎职问题的发生。

2. 严格依据《统计法》做好综合统计和生产经营统计工作，做到全面真实准确。

3. 加强对科技进步项目组织、实施、鉴定、评审、奖励的管理，秉公办事、不徇私情，促进该矿技术进步。

4. 加强技术基础工作管理，建立和完善图纸资料管理制度，定期检查落实，加强涉密人员教育，确保不出现工作失误和图纸资料失密、泄密问题，

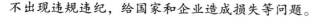

不出现违规违纪，给国家和企业造成损失等问题。

5. 搞好本科室的惩治和预防腐败体系建设。针对本科室腐败易生的环节，加强制度建设，制定完善操作程序，监督检查规章制度执行情况，防止违规违纪问题的发生。

（六）工程管理科

1. 严格工程项目立项审批程序，认真落实公司和矿招投标制度，规范合同的签订和管理，监督施工单位严格履行合同，确保在项目立项审批和合同签订过程中，不发生失职、渎职和违规违纪行为。

2. 加强工程现场管理，规范现场签证管理，严格现场签证程序，确保不发生工程现场签证损害企业利益和违规违纪行为。

3. 严格工程验收和结算程序，按合同约束办事，确保在工程验收、结算中不发生以岗谋私、营私舞弊、弄虚作假、虚报、瞒报等损害企业利益和违规违纪行为。

4. 搞好本科室的惩治和预防腐败体系建设。针对本科室腐败易生的环节，加强制度建设，制定完善操作程序，监督检查规章制度执行情况，加强科室工作人员廉洁自律教育，防止违规违纪问题的发生。

（七）周边关系办公室

1. 处理周边关系事务要坚持原则，照章办事，有情操作，自觉维护稳定局面，维护企业利益。

2. 搞好本科室的惩治和预防腐败体系建设。针对本科室腐败易生的环节，加强制度建设，制定完善操作程序，监督检查规章制度执行情况，防止违规违纪问题的发生。

（八）地质测量科

1. 严格执行国家关于矿山安全生产管理及地质、资源储量、矿山测量方面的政策法规和上级有关规定，不出现大的失误和违规违纪问题。

2. 加强地测资料的管理，建立和完善测量资料的收集、归档与保管制度，不出现失误、失密、泄密和违规违纪问题，保护国家和企业利益。

3. 做好工程质量和产品质量管理工作，严格质量验收标准，照章办事，不以岗谋私，营私舞弊，促进质量管理。

4. 做好矿产资源基础管理工作，完善基础工作管理制度，不出现失误、失密、泄密和违规违纪行为，保护国家和企业利益。

5. 做好矿产资源管理，不发生矿产资源监督管理不力或严重违规违纪问题。

6. 搞好本科室的惩治和预防腐败体系建设。针对本科室腐败易生的环节，加强制度建设，制定完善操作程序，监督检查规章制度执行情况，防止违规违纪问题的发生。

（九）经营预算科

1. 做好业绩考核工作，确保方案的制订、实施和考核工作不出现重大失误和违规违纪行为。

2. 做好企业管理制度的执行监督工作，提高执行力。

3. 搞好本科室的惩治和预防腐败体系建设。针对本科室腐败易生的环节，加强制度建设，制定完善操作程序，监督检查规章制度执行情况，防止违规违纪问题的发生。

（十）调度室

1. 做好生产协调工作，避免出现重大失误和失职、渎职现象。在对外交往中做到秉公办事、不徇私情，不出现违规违纪问题。

2. 搞好本科室的惩治和预防腐败体系建设。针对本科室腐败易生的环节，加强制度建设，制定完善操作程序，监督检查规章制度执行情况，防止违规违纪问题的发生。

（十一）安全管理科

1. 严格按照国家和上级有关法规制度，抓好全矿安全生产和环境保护工作的管理、监督和考核工作；经常深入基层和生产现场，掌握第一手资料，克服官僚主义，严禁玩忽职守；认真解决问题，及时处理隐患，对国家和企业财产负责，对职工群众利益负责。

2. 加强安全费用管理，按要求做好各项费用的预算和使用，确保安全费用规范、合理使用。

3. 严格执行劳动保护有关规定，做好劳保用品发放和使用情况的监督检查。

4. 搞好本科室的惩治和预防腐败体系建设。针对本科室腐败易生的环节，加强制度建设，制定完善操作程序，监督检查规章制度执行情况，防止违规违纪问题的发生。

（十二）机械动力科

1. 严格按照规定抓好全矿实物固定资产的使用、维护、检修以及处置报废管理，防止国有资产流失。

2. 按规定抓好设备采购招标工作，防止设备采购过程违规操作。

3. 强化固定资产管理，降低库存，盘活资金，杜绝不良投资和无效投资。

4. 完善设备采购制度，严把进货渠道，严格监督提货、验收、保管各环节，严禁个人收取回扣，杜绝商业贿赂和不正当交易行为，堵死假冒伪劣设备进矿渠道。

5. 强化设备日常管理，建立和完善管理制度，避免人为造成设备损坏和丢失等失职渎职行为。

6. 抓好全矿能源动力管理和节能工作。重点抓好定额和考核工作；通过健全制度，加强监督检查和教育，防止在电费计算和结算中失职、渎职等违纪行为。

7. 按规定做好计量管理，不得以岗以权谋私、损害国家和企业利益。

8. 搞好本科室的惩治和预防腐败体系建设。针对本科室腐败易生的环节，加强制度建设，制定完善操作程序，监督检查规章制度执行情况，防止违规违纪问题的发生。

（十三）物质供应科

1. 依据有关规定，建立完善公开招标、比质比价采购、供应商管理等各项制度，健全工作程序和工作标准，落实个人责任，实施责任追究。

2. 加强对物资采购过程和采购人员行为的管理，健全供应商的确定、供求双方廉洁协议、合同签订、质量管理、资金管理特别是付款方式等制度，完善监督制约机制，防止违纪违规行为发生。

3. 改进工作作风，主动为基层服务，做好质量跟踪服务，因采购物资质量问题造成损失的，要依照合同向供货方追讨赔偿损失，并严格追究有关人员的责任。

4. 搞好本科室的惩治和预防腐败体系建设。针对本科室腐败易生的环节，加强制度建设，制定完善操作程序，监督检查规章制度执行情况，防止违规违纪问题的发生。

（十四）财务科

1. 认真贯彻执行国家财政法规和各项财务会计制度，健全内部各项管理办法和机制，确保全矿财务管理和会计制度的规范运行。

2. 严格遵守国家和企业的各项财务制度，负责全矿贯彻执行情况的监督检查，坚持收支两条线，严禁设账外账和公款私存，坚决打击设假账、违规涂改销毁财务账目的违法犯罪行为。

3. 认真核算管理各种往来账目，避免差错给企业造成损失。审核报销工作必须严格按照规定程序和标准执行。

4. 按矿有关规定，抓好业务招待费使用情况的监督把关，向矿纪委报告（一次/半年）执行情况。

5. 加强全矿成本和预算管理，严格成本检查、分析和考核，客观公正的反映各项指标信息和提供业绩考核数据，不发生徇私舞弊和成本浪费现象。

6. 搞好本科室的惩治和预防腐败体系建设。针对本科室腐败易生的环节，加强制度建设，制定完善操作程序，监督检查规章制度执行情况，防止违规违纪问题的发生。

（十五）营销科

1. 严格保守公司、矿商业秘密，自觉维护企业利益。

2. 健全销售管理制度，完善装车、外运、挂结账等环节监管程序，防止企业利益损失。

3. 加强销售人员教育和管理，确保在销售和用户交往过程中，不发生损害企业利益，谋取私利行为的发生。

4. 搞好铁精粉销售、运输，确保产销平衡，及时回款，做到账物相符。维护正常生产秩序，保证国有资产不流失。

5. 搞好本科室的惩治和预防腐败体系建设。针对本科室腐败易生的环节，加强制度建设，制定完善操作程序，监督检查规章制度执行情况，防止违规违纪问题的发生。

（十六）人力资源科

1. 认真贯彻执行国家关于劳动人事方面的政策法规，根据矿生产经营和改革发展需要，做好劳动力总量控制和工资总额宏观控制及机构设置、定员定额工作。做好基层单位工资分配的监督检查，防止侵害职工利益的行为发生。

2. 在企业新增劳动力的招收、分配、安置；职工岗位调整、调动；返聘人员；劳动合同签订、续订、解除、终止、变更管理；职工奖惩管理；专业技术职务评聘考核；职工培训、工人技师评聘、职工技能鉴定；职工升级、奖金分配；岗位劳动评价、确定岗级标准；办理职工退休、退职手续，调整离退休金待遇；复转军人安置；职工工伤认定和因工、因病伤残的劳动能力鉴定和享受有关待遇、养老保险管理等工作中，要依据有关规定，制定和完善办事规则、程序。坚持公开、公正，秉公办事，有效防止以岗以权谋私行为的发生。

3. 严格干部管理程序，建立健全企业各级领导人员选拔任用、教育监督、管理考核程序，完善干部培养、考核、任免制度，组织基层领导班子和中层管理人员的考核工作，坚持任人唯贤的原则提拔干部。确保在培养、考核、任免干部中不发生严重失误和不正之风。

4. 参与全矿年度预算方案制订工作，加强对基层单位分配的监督检查，确保企业和职工利益不受侵害。

5. 搞好本科室的惩治和预防腐败体系建设。针对本科室腐败易生的环节，加强制度建设，制定完善操作程序，监督检查规章制度执行情况，防止违规违纪问题的发生。

（十七）信息中心

1. 认真贯彻执行国家电信和互联网及互联网行业政策、法规、制度，做好全矿网络系统的优质服务工作，保证系统正常运行。

2. 在进行计算机及附属设备、耗材采购过程中要坚持公开、公平、公正原则，纳入比价采购和指标采购系统，大宗采购与供货商必须签订采购合同。

3. 认真抓好网络安全和计算机信息保密工作，加强纪律教育，严格执行保密制度，避免泄密、失密现象的发生。

4. 搞好本科室的惩治和预防腐败体系建设。针对本科室腐败易生的环节，加强制度建设，制定完善操作程序，监督检查规章制度执行情况，防止违规违纪问题的发生。

（十八）保卫科

1. 严格执行执法人员管理，确保在执法、执勤中，不出现重大失误和违规、违纪问题。

2. 加强社会治安综合治理工作，确保在矿区不发生群殴、群访和重大工作失误现象。

3. 搞好本科室的惩治和预防腐败体系建设。针对本科室腐败易生的环节，加强制度建设，制定完善操作程序，监督检查规章制度执行情况，防止违规违纪问题的发生。

第六条　矿班子领导人员责任：

一、党委书记

对全矿党风和反腐倡廉建设负总责。对矿领导班子及其成员和矿属各单位领导班子的党风和反腐倡廉建设负直接领导责任。

（一）负责抓好矿党委对党中央及上级组织有关党风和反腐倡廉建设建设规定的学习和贯彻。

（二）对贯彻落实中央《工作规划》负总责。指导各部门按照矿《实施细则》认真开展惩防体系构建工作。对贯彻落实《工作规划》过程中出现的新情况、新问题，认真研究，制订措施，积极解决。

（三）认真抓好领导人员的廉洁自律和廉洁从业。

1. 管好矿班子成员，开展廉洁自律专题民主生活会，带头开展批评与自我批评。运用多种形式开展廉洁教育，对有不廉洁反映的班子成员进行诫勉谈话、批评教育。

2. 指导基层单位班子开好廉洁自律专题民主生活会。加强廉洁教育，对有不廉洁倾向的班子正职进行诫勉谈话、批评教育。

3. 组织落实好矿党风和反腐倡廉建设重大工作部署，组织安排全矿党风和反腐倡廉建设工作检查。抓好每半年一次的系统党风和反腐倡廉建设汇报讲评制度的落实。定期主持召开党委会，听取党风和反腐倡廉建设工作情况汇报，分析研究，提出指导意见。

4. 负责批阅矿管领导人员违纪和其他重大违纪问题的信访件；负责组织和协调矿管班子、矿管领导人员的违纪案件的查处。

5. 按照中共中央办公厅、国务院办公厅关于《国有企业领导人员廉洁从业若干规定》要求，带头认真贯彻执行。

6. 对全矿党风和反腐倡廉建设方面发生的重大问题和失误负责。指导健全完善党风监督员、廉洁承诺、践诺、述廉评廉和廉洁谈话制度。

7. 对直接分管范围内党风建设方面发生的重大问题和失误负责。对所直接管辖范围内的领导人员发生重大违法犯罪案件负责。

重点对以下直接分管范围内发生的违纪案件、不正之风和工作失误负主要领导责任或次要领导责任。

1. 党委参与企业重大问题决策工作：不深入调查研究或组织党委一班人讨论研究不充分，没有提出或提出的意见、建议有严重问题，对企业的生产经营、改革发展和稳定造成严重不利影响。

2. 矿管领导人员任免、审查、把关和使用过程中违反程序规定出现严重失误和违纪。

3. 矿和基层单位班子及基层班子正职发生重大违规违纪问题。

4. 党支部、党员队伍建设出现大的失误。

5. 组织工作：矿和基层班子及成员年度责任目标制定、考核出现严重失误问题；发现矿和基层班子及成员有严重不团结或其他违纪问题没及时做工作或没及时向矿党政班子汇报。

6. 稳定信访工作：发生到市以上重大集体上访事件，造成较大影响。

二、矿长

配合党委抓好全矿党风和反腐倡廉建设并负有领导责任。重点抓好行政系统和各级领导人员的党风和反腐倡廉建设。

（一）负责抓好中央和上级有关党风和反腐倡廉建设工作部署和指示的贯彻执行。

（二）负责贯彻落实党中央《工作规划》。按照矿《实施细则》要求，认真抓好惩防腐败体系构建工作。

（三）认真抓好领导人员廉洁自律。

1. 管好矿班子成员，配合党委书记开好廉洁自律专题民主生活会，并带头开展批评与自我批评。对有不廉洁反映的班子成员进行诫勉谈话、批评教育。

2. 支持并指导基层单位班子开好廉洁自律专题民主生活会。对有不廉洁反映的班子正职进行诫勉谈话、批评教育。

（四）落实好矿党委有关全矿党风和反腐倡廉建设各项工作任务。负责把党风建设工作列入矿务会工作重要议程。抓好各业务系统党风责任制的落实，检查和解决突出问题。

（五）负责批阅对矿管行政系统中层正职人员违纪和其他重大违纪问题的信访举报。

（六）支持矿纪委检查处理矿管班子和领导人员的违纪案件。支持矿纪委开展内部监督工作，支持建立完善党风监督员、廉洁承诺、践诺、述廉评廉和廉洁谈话制度。

（七）针对全矿生产经营中的重点、难点和热点问题，负责组织、指导和审定全矿性的效能监察工作。

（八）按照中共中央办公厅、国务院办公厅关于《国有企业领导人员廉洁从业若干规定》要求，带头贯彻执行。

（九）对全矿党风和反腐倡廉建设方面发生的重大问题和失误负责。

（十）对直接分管范围内党风和反腐倡廉建设方面发生的重大问题和失误负责。对所直接管辖范围内的干部发生重大违法犯罪案件负责。

重点对以下直接分管范围内发生的违纪案件、不正之风和工作失误负主要领导责任或次要领导责任。

办公室工作：督察、调研、信息工作、业务招待费使用、上交礼品登记、小车管理出现严重偏差或重大违纪问题。

三、党委副书记、纪委书记、人事副矿长

在矿党委统一领导下，协助矿党委书记抓好全矿的党风和反腐倡廉建设。具体抓好分管系统和部门的党风和反腐倡廉建设工作，对全矿的纪检监察和反腐倡廉工作负直接领导责任。

（一）协助党委书记抓好上级组织和矿党委有关党风和反腐倡廉建设规定的学习和贯彻。经常深入基层调查研究，发现问题及时向矿党委和上级纪检监察机关反映。

（二）协助党政主要领导抓好对同级班子成员的监督和基层各单位领导班子的党风和反腐倡廉建设。

（三）抓好贯彻落实党中央《工作规划》的组织协调工作。按照《实施细则》要求，抓好分管系统惩防体系构建的牵头和配合工作。

（四）协助党委书记具体组织落实有关全矿党风和反腐倡廉建设工作任务。具体组织矿管班子、矿管领导人员的违纪案件和其他重大案件的查处。

（五）定期开展全矿党风检查，组织检查基层单位抓党风和反腐倡廉建设工作情况，调查了解党和国家的路线、方针、政策和公司、矿各项决议、决定、决策的贯彻落实情况，并向矿党政班子和公司纪委、监察处汇报。

（六）负责"清风驻矿区、和谐促发展、争做勤廉之星"反腐倡廉教育活动的领导，并定期对活动的开展情况进行组织协调。

（七）负责组织、指导全矿纪检监察、审计和保卫等执纪部门开展监督检查工作；负责全矿人力资源管理工作；负责围绕全矿生产经营中的重点、难点和热点问题，开展效能监察。

（八）负责分管系统和部门的党风和反腐倡廉建设规划、责任制的制定和落实。

（九）负责组织（一次/半年）分管系统、部门抓党风和反腐倡廉建设情况的检查和分析，及时解决存在的问题，并向党政班子汇报。

（十）按照中共中央办公厅、国务院办公厅关于《国有企业领导人员廉洁从业若干规定》要求，带头贯彻执行。

（十一）对直接分管范围内党风和反腐倡廉建设方面发生的重大问题和失误负责。对所直接管辖范围内的领导人员发生重大违法犯罪案件负责。

重点对以下直接分管范围内发生的违纪案件、不正之风和工作失误负主要领导责任或次要领导责任。

1. 纪检监察工作：纪律检查、行政监察不利；对违纪案件没有按规定查处或对重大违规违纪问题没有及时向上级党组织报告；重要领导人员任免审查不力，出现明显问题；违反规定办案，出现严重失实问题和质量问题。

2. 宣传组织工作：宣传党的方针、政策和局矿决定出现严重偏差；违反党的宣传纪律问题；精神文明考核以及党的统战工作出现违纪或严重失误。

3. 人力资源工作：工效挂钩、工资（奖金）指标的测算、分配、考核、基层分配监督检查不力等出现重大失误。工人调配、复退军人安置、职工退休、职工劳动保险等方面发生的重大违纪案件、不正之风和工作失误。人事管理及人员和竞聘上岗工作出现严重失误和严重违纪问题。基层班子及班子成员考核出现失误和严重违纪问题。技术人员职称评定工作中的违纪问题。职工调配、职工劳动保险福利等方面发生的重大违纪案件、不正之风、工作失误和严重违纪问题。

4. 信访工作：发生重大集体上访事件，造成较大影响，出现不稳定局面。

5. 青年工作：共青团干部发生重大违法违纪案件和青年工作出现重大问题。

6. 保密工作：出现重大失泄密问题。

7. 审计工作：财务审计不实或大的违纪问题失察。

8. 保卫、武装工作：社会治安综合治理、内部保卫管理和征兵工作出现重大失误、发生重大违纪、违法问题。

四、生产副矿长

在矿党委统一领导下，协助党政主要领导抓好全矿党风和反腐倡廉建设，具体抓好分管系统和部门的党风和反腐倡廉建设，并负有直接领导责任。

（一）负责抓好分管系统对上级和矿党委有关党风和反腐倡廉建设工作重大决定及措施的贯彻落实。

（二）认真贯彻落实党中央《工作规划》。按照矿《实施细则》要求，抓好分管系统惩防体系构建的牵头和配合工作。

（三）抓好分管系统和部门的党风和反腐倡廉建设规划、责任制的制定，并认真组织实施。

（四）配合矿党委抓好分管系统和部门中矿管领导人员违纪案件和以权以职谋私等不正之风问题的查处和纠正。

（五）负责（一次/半年）分管系统和部门党风和反腐倡廉建设的检查和分析，及时解决存在的问题，并向党政班子汇报。

（六）按照中共中央办公厅、国务院办公厅关于《国有企业领导人员廉洁从业若干规定》要求，带头贯彻执行。

（七）对直接分管范围内党风和反腐倡廉建设方面发生的重大问题和失误负责。对所直接管辖范围内的领导人员发生重大违法犯罪案件负责。

重点对以下直接分管范围内发生的违纪案件、不正之风和工作失误负主要领导责任或次要领导责任。

1. 安全环保工作：对安全文明生产和环保工作监管不力，发生重大责任事故。

2. 生产调度工作：因生产调度协调不力或失职渎职，给生产造成严重影响。

3. 深部开拓和联采工作：对深部开拓工程和联采监管不力，发生重大责任事故。

4. 汽车队工作：对执行交通安全管理有关规定，发生大的交通事故。

五、设备矿长

在矿党委的统一领导下，协助党政主要领导抓好全矿党风和反腐倡廉建设，具体抓好分管系统和部门的党风和反腐倡廉建设建设，并负有直接领导责任。

（一）负责上级和矿有关党风和反腐倡廉建设工作重大决定及措施在分管系统的贯彻落实。

（二）抓好分管系统和部门的党风和反腐倡廉建设规划、责任制的制定，并负责组织实施。

（三）配合矿党政抓好分管系统和部门中矿管领导人员违纪案件和以权以职谋私等不正之风问题的查处和纠正。

（四）负责（一次/半年）分管系统和部门党风建设的检查和分析，及时解决存在的问题，并向党政班子汇报。

（五）按照中共中央办公厅、国务院办公厅关于《国有企业领导人员廉洁从业若干规定》要求，带头贯彻执行。

（六）对直接分管范围内党风建设方面发生的重大问题和失误负责。对所直接管辖范围内的干部发生重大违法犯罪案件负责。

重点对以下直接分管范围内发生的违纪案件、不正之风和工作失误负主要领导责任或次要领导责任。

1. 设备管理工作：固定资产实物监管不力，出现违规违纪问题，造成国有资产流失。设备选型不力，造成设备闲置浪费使国有资产流失。报废设备处理、备件管理出现严重失误或违规违纪问题。设备、备件采购和日常管理及报废设备处理出现严重失误或违法违纪问题。

2. 计量管理工作：出现严重违反国家规定以权以岗谋私，损害国家和企业利益的问题。对违反矿规定转供电和节能工作监管不力或出现违纪问题。账目管理等方面发生的违纪案件、不正之风和失误。

六、生活矿长、工会主席

在矿党委的统一领导下，协助党政主要领导抓好全矿党风和反腐倡廉建设，具体抓好分管系统和部门的党风和反腐倡廉建设，并负有直接领导责任。

（一）负责上级和矿有关党风和反腐倡廉建设工作重大决定及措施在分管系统的贯彻落实。

（二）抓好分管系统和部门的党风和反腐倡廉建设规划、责任制的制定，并负责组织实施。

（三）配合矿党政抓好分管系统和部门中矿管领导人员违纪案件和以权以职谋私等不正之风问题的查处和纠正。

（四）负责（一次/半年）分管系统和部门党风和反腐倡廉建设的检查和

分析，及时解决存在的问题，并向党政班子汇报。

（五）按照中共中央办公厅、国务院办公厅关于《国有企业领导人员廉洁从业若干规定》要求，带头贯彻执行。

（六）对直接分管范围内党风建设方面发生的重大问题和失误负责。对所直接管辖范围内的领导人员发生重大违法犯罪案件负责。

重点对以下直接分管范围内发生的违纪案件、不正之风和工作失误负主要领导责任或次要领导责任。

1. 工会工作：对企业执行劳动保护、安全技术、招待费使用、资源管理等国家法律、法规实行监督、检查方面不力，发挥工会作用或组织、召集职代会检查不力，发生大的问题。困难职工补助、工会经费和会费的使用管理等方面发生的重大违纪案件、不正之风和工作失误问题。

2. 物业工作：对职工食堂违反《食品卫生法》采购变质食物，发生重大食物中毒；医药卫生方面的药品、器械采购出现严重违纪问题和重大医疗责任事故。执行国家基本医疗保险政策、公积金规定出现重大失误，职工合法权益受到严重损害。计划生育发生重大违反计划生育政策问题。

3. 周边关系工作：周边关系处理出现重大违规违纪问题。

七、总工程师

在矿党委的统一领导下，协助党政主要领导抓好全矿党风和反腐倡廉建设，具体抓好分管系统和部门的党风建设，并负有直接领导责任。

（一）负责上级和矿有关党风和反腐倡廉建设工作重大决定及措施在分管系统的贯彻落实。

（二）抓好分管系统和部门的党风和反腐倡廉建设规划、责任制的制定，并负责组织实施。

（三）配合矿党政抓好分管系统和部门中矿管领导人员违纪案件和以权以职谋私等不正之风问题的查处和纠正。

（四）负责（一次/季度）分管系统和部门党风和反腐倡廉建设的检查和分析，及时解决存在的问题，并向党政班子汇报。

（五）按照中共中央办公厅、国务院办公厅关于《国有企业领导人员廉洁从业若干规定》要求，带头贯彻执行。

（六）对直接分管范围内党风和反腐倡廉建设方面发生的重大问题和失误负责。对所直接管辖范围内的领导人员发生重大违法犯罪案件负责。

重点对以下直接分管范围内发生的违纪案件、不正之风和工作失误负主要领导责任或次要领导责任。

1. 技术计划工作：重大技术项目评审监督出现明显失误，给企业造成大的损失；在计划统计中弄虚作假和违反统计法，给国家和企业造成较大损失。

2. 工程管理：在工程项目立项审批、招投标、合同签订、验收结算监督不力给企业造成大的损失或发生严重违法违纪问题。

3. 质量工作：在工程质量、产品质量管理中，营私舞弊，吃请受贿，监督不力给企业造成大的损失或发生严重的违法违纪问题。

4. 地测和资源工作：资源管理，对地测管理和资源管理中发生明显失误或以岗谋私现象，对图纸资料管理出现图纸资料失密、泄密，违规违纪，给国家和企业造成损失等问题。

八、总会计师

在矿党委的统一领导下，协助党政主要领导抓好全矿党风和反腐倡廉建设，具体抓好分管系统和部门的党风和反腐倡廉建设，并负有直接领导责任。

（一）负责上级和矿有关党风和反腐倡廉建设工作重大决定及措施在分管系统的贯彻落实。

（二）抓好分管系统和部门的党风和反腐倡廉建设规划、责任制的制定，并负责组织实施。

（三）配合矿党政抓好分管系统和部门中矿管领导人员违纪案件和以权以职谋私等不正之风问题的查处和纠正。

（四）负责（一次/半年）分管系统和部门党风和反腐倡廉建设的检查和分析，及时解决存在的问题，并向党政班子汇报。

（五）按照中共中央办公厅、国务院办公厅关于《国有企业领导人员廉洁从业若干规定》要求，带头贯彻执行。

（六）对直接分管范围内党风和反腐倡廉建设方面发生的重大问题和失误负责。对所直接管辖范围内的领导人员发生重大违法犯罪案件负责。

重点对以下直接分管范围内发生的违纪案件、不正之风和工作失误负主要领导责任或次要领导责任。

1. 财务管理工作：执行国家及上级财务管理政策发生重大偏差或出现严重违规违纪问题。全矿年度全面预算管理的编制、审定、实施与考核工作出现大的违规违纪行为。资金管理、发票管理、税金交纳等出现大的失误，或者检查、监督不力，发生大的违规违纪案件。固定资产价值核算、计提折旧的核算、维简费计提等的检查、监督不力，出现大的问题，给企业造成损失，或者发生大的违规违纪案件。物资费用、工程费用、销售收入及各种成本的核算出现大的失误。

2. 经营预算工作：对预算方案执行、预算考核、结算，以及在制度执行中出现重大失误或违规违纪问题。

3. 销售工作：对矿石、铁精矿销售监督、管理、考核不力，发生大的丢失、损耗问题。

4. 物资供应工作：坚持招标采购、集中采购、比质比价采购，防止采购活动中发生收受贿赂问题。认真负责物资采购工作，防止受骗上当造成经济损失。强化物资采购的管理职能，完善制度，监督检查基层单位执行物资管理的各项制度，发现问题及时纠正。

第三章　责任考核

第七条　矿党委负责组织（一次/半年）对系统贯彻落实党风和反腐倡廉建设责任制情况考核工作；负责（一次/半年）对矿属基层班子及领导人员落实党风和反腐倡廉建设责任制情况的考核。

第八条　矿纪委协助党委搞好（一次/半年）对矿属基层单位及中层管理人员落实党风建设责任制的考核工作。

第九条　党风和反腐倡廉建设责任制执行情况考核，总体上与生产经营、精神文明和业务考核同步进行，做到五个结合，即与领导班子、领导人员的工作责任目标相结合；与领导人员年度述职、民主评议、民主测评、综合考察相结合；与阶段性单项工作相结合；与责任追究和表彰相结合；考核结果与领导人员的业绩评价、奖惩和选拔使用相结合。

第十条　党风和反腐倡廉建设责任制执行情况考核工作，坚持系统领导听取（一次/半年）系统党风和反腐倡廉建设责任制执行情况工作汇报，召开（次/年）党委会，听取一次系统领导党风和反腐倡廉建设工作汇报，做好点评，并做好分析研究，提出指导意见。对考核中发现的党风和反腐倡廉问题，要及时研究解决。

第十一条　领导人员执行党风和反腐倡廉建设责任制执行情况，列为民主生活会和述职报告的一项重要内容，加强对党风和反腐倡廉建设责任制执行情况工作的组织协调和监督检查。

第四章　责任追究

第十二条　领导班子、领导人员违反本《细则》第五、第六条，有下列情形之一者，向上级党组织汇报，并建议给予组织处理或者党纪处分：

（一）对直接管辖范围内（系统、单位、部门）发生的不正之风不制止、不查处或者对上级机关交办的党风和反腐倡廉建设责任制责任范围内的事项拒不办理，或者对系统和单位严重违法违纪问题隐瞒不报、压制不查的，建议给予负直接责任的主管人员警告、严重警告处分，情节严重的给予撤销党内职务处分。

（二）直接管辖范围内的系统、单位和部门发生的重大案件，致使国家、企业资产和职工群众生命财产遭受重大损失或造成恶劣影响的，依据相关规定，建议给予负直接领导责任的主管人员相应处理。

（三）在领导人员选拔任用工作中，违反上级选拔任用规定及公司、矿规定选拔任用领导人员，造成恶劣影响的，建议给予负直接领导责任的主管领导警告、严重警告处分，情节严重者，建议给予撤销党内职务处分；对于在考察提拔任用中有明显违法违纪行为的人，建议给予严重警告、撤销党内职务处分或留党察看处分，情节严重的，建议给予开除党籍处分。

（四）授意、指示、强令下属人员违反生产管理、质量管理、资源管理、设备管理、物资管理、销售管理、物业管理、劳动人事管理、财务管理、审计管理、统计法规和组织工作制度、宣传工作纪律、纪检监察工作条例，弄虚作假的，建议给予负直接领导责任的主管人员警告、严重警告处分，情节严重的，建议给予留党察看或者开除党籍处分。

（五）授意、指示、强令下属人员阻挠、干扰、对抗监督检查或案件查处，或者对办案人、检举控告人、证明人打击报复的，建议给予负直接领导责任的主管人员严重警告或者撤销党内职务处分，情节严重的，建议给予留党察看或者开除党籍处分。

（六）对配偶、子女、亲属和身边工作人员严重违规违纪知情不管的，依照相关规定，建议上级组织对责任者作出相应处理；包庇、纵容的，建议给予撤销党内职务处分，情节严重的，建议给予留党察看或者开除党籍处分。

第十三条　具有上述情形之一，需要追究政纪责任的，比照所给予的党纪处分给予政纪处分；涉嫌犯罪的，及时向上级汇报，并移交司法机关追究刑事责任。

第十四条　实施责任追究，要按照对领导人员的管理权限规定，对矿班子及其成员的追究，需要给处分的由矿提出意见报局调查处理；对基层班子及成员和中层管理人员的追究，需要给处分的，由矿研究确定。

第十五条　实施责任追究要实事求是，分清集体责任和个人责任，主要领导责任和重要领导责任。

第十六条　需要对责任人问责的，依照中共中央办公厅、国务院办公厅《关于实行党政领导干部问责暂行规定》和《北洺河铁矿问责实施细则（试行)》执行。

第五章　附　则

第十七条　本《细则》未涉及的按中共中央、国务院制定的《关于实行党风廉政建设责任制的规定》执行。本《细则》与上级规定不符的，按上级规定执行。

第十八条　本《细则》由中共北洺河铁矿纪律检查委员会负责解释。

第十九条　本《细则》自下发之日起执行。

编制日期		审核日期		批准日期	

八、独具特色的廉洁文化建设

（一）建设背景

廉洁文化的重要性　企业廉洁文化是企业文化的重要组成部分，是企业构建惩治和预防腐败体系的重要保证，与党风廉政建设和社会主义荣辱观密切关联。它作为一种潜在的力量，为反腐倡廉提供了智力支持、思想保证和舆论氛围。加强廉洁文化建设的目的是要将廉洁文化的知识、观念、价值、信仰、规范及其行为方式"内化于心、外化于制、见之于行"，在全企业内部形成预防腐败的强大合力，让其成为一种潜移默化的文化，成为广大职工群众的行为准则；以廉洁文化来纠正职工群众中普遍存在的"笑贫不笑贪"的扭曲现象，改变"廉者不香，贪者不臭"的"腐败文化"，破除各种扭曲、颠倒的"廉耻观"，以形成"以廉为荣，以贪为耻"的强力的社会舆论氛围，使腐败思想和行为真正成为"过街老鼠"，这就是廉洁文化建设的目的和核心。

廉洁文化建设的必要性　北洺河铁矿自建矿以来，干部职工来自邯邢矿业公司各个单位，廉洁文化虽然"以廉为荣，以贪为耻"为主，但也存在不同的文化差异，在企业廉洁文化建设中首先弄清广大职工群众"廉耻观"上存在的问题。基于这种目的和思路，北洺河铁矿有针对性地开展廉洁文化活动，通过培育廉洁理念、完善廉洁制度、创新活动载体等方法，努力构建具有北洺河特色廉洁文化，使反腐倡廉工作向纵深发展，促进了企业和谐健康发展。

（二）"三三三"方案

北洺河铁矿党委、纪委在企业廉洁文化建设上从强化教育、完善制度、严格监督三个方面入手，在教育上以人为本，在制度上融入管理，在监督上切中要害，实招迭出，亮点纷呈，使反腐倡廉工作有了突破性进展，得到了深入推进，形成了风清气正的良好氛围，促进了企业和谐健康发展。

"三增强"育廉　反腐倡廉，教育是基础。几年来，矿纪委坚持把廉洁教育作为党风和反腐倡廉建设的基础，增强教育的针对性、广泛性和实效性，巩固"大宣教"格局，提升党员干部的廉洁自律意识。

1. 增强教育的针对性

定期对党员干部、重点岗位人员进行法制教育，利用各种学习日、党课、专题讲座、"一把手"讲廉洁党课、"送廉礼"等形式，编印了《廉洁学习读本》，发放给矿副科级以上领导人员及重点岗位人员，举办"预防职务犯罪知识讲座"和"领导人员依法经营、廉洁从业知识培训"活动，开展了廉洁知识、廉洁法规知识答卷活动。组织党员干部收看警示教育片、征集廉洁警句，交流警示心得等形式，敲响廉洁警钟，树立正确的事业观、工作观和政绩观。在固化形式、更新内容的基础上，开辟了廉洁文化图书室，购置了纪检监察业务书籍、党风廉政电教片党建理论书籍和党员干部培训教材。2011年矿纪委举办了廉洁书画展，矿党政一把手带头创作廉洁书法作品，还以"八个禁止、五十二个不准"为内容举办了廉政准则漫画展，以

廉洁文化作品为载体，使广大党员干部重温了《廉洁准则》，潜移默化受到
廉洁教育，取得良好的效果。

图 14－19　中层管理人员廉洁从业承诺会

2. 增强教育的广泛性

教育宣传中，扩大了宣传面，增强广大员工"崇廉"意识。通过在通勤
车上播放短片、网络视频等扩大媒体宣传，营造氛围。在此基础上，近年来
举办了"清风洺河"专题文艺晚会和"双安全"知识竞赛，力求年年更新教
育形式。2010 年矿选树一批"履职尽责"的先进典型，使大家学有典型、赶
有目标，营造勤业廉洁的良好氛围。2011 年在"清风驻矿区"主题教育活动
中开展了"学党史、遵党纪、跟党走"知识竞赛，选树"勤廉之星"进行大
力宣传，在矿区掀起学习党规党纪的新高潮。这些活动从多方面、多层次加
深了党员和群众对廉政理念的认识和理解，增强了廉洁文化的渗透力。如今，
"廉洁诚信，勤勉务实"的廉洁理念，已在企业达成了共识，成为矿区职工做
人的第一品格。

图 14 – 20　党内制度知识竞赛

3. 增强教育的渗透性

以廉洁文化"四进"为途径，创新载体，搞活形式，增强廉洁文化的鲜活力、吸引力、渗透力，使廉洁理念入眼、入耳、入脑、入心，达到了春雨润物的教育效果。

图 14 – 21　廉洁文化活动集锦

北洺河铁矿"双节"廉洁教育已形成制度，不断创新教育形式。每年通过在矿区举办元宵廉洁文化灯展、张贴廉洁春联，把廉洁文化融入节日文化之中，春节前，矿纪委统一印发《致全矿干部家属的助廉信》，作为一份特殊的节日礼物送到 76 位中层及以上领导干部家属手中，召开干部家属助廉座谈会，2010 年开展家书"嘱廉"活动，使廉洁文化更加人性化、亲情化，引导领导人员配偶、子女及亲友争当防腐倡廉的监督员，携手共建"廉洁、平安、温馨"的家庭港湾。家书"嘱廉"活动中，全矿共收到"嘱廉家书"70 余封，70 多名中层领导人员的子女和配偶的饱含深情的"嘱廉家书"，用浓浓亲情焕发出领导人员与家庭成员共筑幸福的"小家"，同创和谐洺河"大家"的积极性。今年春节开展"亲情助廉洁，同心促和谐"现场签名宣誓，元旦前夕，矿纪委为领导干部赠送《党员干部廉洁周历》，让办公桌上多了一道"清廉"风景。

廉洁文化景观建设也融合到了企业文化之中。文化中心、副井文化长廊的廉洁橱窗和格言牌都进行了更换、更新。廉洁文化延伸到了副井 – 230 北车场等井下现场，打造了矿井亮丽的风景线。"安全是发展的保证，清廉是幸福的基石"、"工作上争先创优永无止境，享受上不贪不占知足常乐……"一条条寓意深刻令人警醒的格言警句，时刻提醒北洺河铁矿党员领导人员要严于律己、廉洁从业。

"三注重"促廉　严谨、完善的制度是更好推进工作的标准和保障。在认真执行上级各项制度的同时，矿纪委结合实际，不断建立健全各项管理制度，以制度促管理，以管理促成效，从源头上加大了预防和治理腐败的力度。

1. 注重制度的长效性

矿纪委根据《纲要》的精神，首先从补充完善制度入手，于2006年和2010年先后对企业的内部的管理制度，进行了两次大规模的梳理和完善，确保了制度的长期有效性。

2006年，结合矿基建转生产的实际，矿纪委牵头对全矿的所有制度，进行全部梳理，废止基建制度15项，完善生产制度18项，新建经营管理制度23项，有效地促进了内部的管理。

2010年，结合邯邢矿业公司党委、纪委开展的"制度建设推进年"活动，矿纪委会同16个职能部门对全矿所有的管理制度分类别进行了一次全面、系统的清理和审查，按照"坚持、完善、废止"和"实际、管用、有效"原则进行分类登记、甄别完善。形成了包括"制度统领"、"教育防范"、"规范决策"、"规范行为"、"监督制约"和"预警惩处"六大体系，确保了重点部位得到重点关注，关键环节得到重点防范，权力运行得到监控，实现了北洺河铁矿制度建设的"具体化"、"本矿化"和"特色化"。

2. 注重制度的实用性

结合实际，根据矿行政机构和人员职责的调整，坚持每年修订"党风和反腐倡廉建设责任制实施细则"，签订《党风廉政建设责任状》，将党风和反腐倡廉建设目标与业务管理、精神文明等工作同布置、同落实、同检查、同考核。在监督上，做到了两个结合，即纵横结合、点面结合。

在纵向监督上，实施系统抓，各系统领导具体抓好本系统和分管范围内的党风和反腐倡廉建设情况，并负有直接领导责任，每季度向矿党委汇报本系统党风和反腐倡廉建设情况。

在横向监督上，做到了承诺示廉、个人述廉、群众评廉、组织考廉。每半年由矿纪委牵头，对全体中层干部进行一次廉洁从业情况测评，测评结果作为任免干部的重要依据。

3. 注重制度的融入性

矿纪委立足自身职能，在选好融入的途径上下工夫，取得阶段性成效。从规范决策行为入手，完善了企业重大决策、重要人事任免、重大项目安排和大额度资金使用决策程序，防止了决策失误和权力失控；从健全管人管事机制入手，建立健全了"党委议事规则"、"党风建设责任制"、"廉洁自律若干规定"、专题民主生活会制度、廉政档案制度、重大事项报告制度、廉政警示谈话制度，形成了靠制度管人的长效机制；从监督检查入手，健全了诺廉、述廉、测廉、评廉、考廉制度，实施了《党内情况通报制度》、《矿务公开制度》、党风监督员制度和问责制度，形成监督长效机制。

"三狠抓"固廉 制度是标，落实是本。为推进各项制度的有效落实，矿纪委积极探索，强化对制度执行的监督，在实践中拓出制约权力运行新途径，巩固廉洁文化。

1. 狠抓重要点

强化对"三管六外"领域和成本、工资、奖金的执行和公开的监督，规范"三公开"运行。纪委广开案件线索渠道，及时发现信息来源，引导职工齐抓共管，通过信访、公开举报信箱、电话等渠道，向组织反映意见和问题。做到有音必复、有信必访，有疑必查。聘请了政治素质高、敢于负责、职工群众拥护的党风监督员，促进对党风建设工作的日常监督和检查。在节日期间，矿纪委到车间进行了走访，了解支部、部门对履行"一岗双责"和落实党风责任制存在困难和问题，征集对矿纪委落实廉洁从业规定、融入中心、服务管理的意见和建议。并对有问题反映的干部进行诫勉谈话，把一些苗头性问题消除在萌芽状态，防止了腐败案件的发生。针对群众反映强烈的热点问题和管理薄弱环节，开展检查和监察，主动查找案件线索。几年来，共收到举报信 8 件、经排查立案 3 件、结案 3 件。

2. 狠抓切入点

从生产经营管理中的"热点"、"难点"、"薄弱点"出发，以推进企业管理、提升经济效益为目标，选准效能突破口，找准监察切入点，基建期间以节约资金、提高工程质量为重点，找准工程招投标、工程质量、物资设备采购、工程结算、大额资金运用的关键点，实施监察；生产期间突出强化内部管理，提高经济效益的增长点，加大对全面预算执行、节能减排、降本增效项目的监察。北洺河铁矿自建矿以来，招投标 128 次，重大工程、重要装备和物资的投资达10.8亿元，却无一人出现经济问题，无一人倒下。

图14－22　廉洁学习读本

3. 狠抓着力点

把监督渗透到管理工作的全过程，实施事前、事中、事后的过程监控。同时，注重运用先进技术手段，提高效能监察工作效率，在节能减排项目上，大力推进新技术，推广新工艺，应用节能新设备，提高了经济效益。

坚持月汇报，季考评奖惩制度，对每个项目工作情况，认真分析，查找问题，提出监察建议，按规定对有关责任人员进行奖罚兑现，促进了内部管理的大幅度提升。几年来，强化中层管理岗位、专业技术岗位竞聘监督，严把聘前、聘中、聘后三个关口，着力培育清正廉洁的选人用人环境，有效地推进了企业管理，提升了经济效益，确保全矿管理人员的勤廉高效。在每年民主评议领导班子活动中，述廉、评廉、考廉优良率达95%以上，职工群众满意率达98%以上。

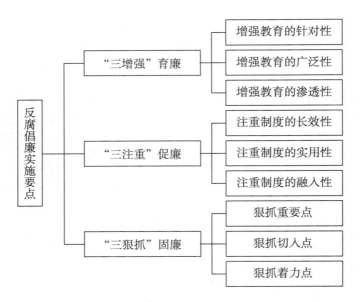

图 14 - 23　反腐倡廉实施要点

（三）经验总结与实施效果

强化制度，解决廉洁文化建设的领导机制和工作机制问题　廉洁文化建设是一种长期的基础性工作，北洺河铁矿在实践中认识到，要想使廉洁的思想、行为、方式真正渗透到广大职工群众中去，产生强大的社会强制力和公众内约力，首先要解决廉洁文化建设的领导机制和工作机制问题，要对制度、机制作进一步的健全和完善。为此，该矿坚持教育治本与制度约束"双管齐下"，努力把廉洁文化落到实处，促进了廉洁文化建设工作的顺利开展。

（1）注重效果，强化两级班子学习制度。矿两级班子形成定期学习制度，学习中纪委全会精神和胡锦涛等国家领导人的重要讲话及上级纪委有关规章制度。2012 年，还把"专题学习月"列入党委中心组重要学习内容，在党政领导班子带头学习的基础上，安排基层党支部开展专题学习活动。矿纪委还充分利用矿办公网站对这些内容进行了转发，以便矿中层领导人员进行学习浏览。

（2）注重考核，强化党风责任制落实。年初，根据矿两级领导班子成员调整及分工变化，修订和完善党风建设责任制，签订《党风建设责任状》，层层落实工作责任，建立了上对下的监督。组织中层领导人员廉洁公开承诺，建立了下对上的监督。年中，组织开展上半年系统党风讲评，形成一级抓一级，层层抓落实，切实履行"一岗双责"。年底对本年度党风责任落实情况进行全面考核、兑现奖惩，做到年初有安排，年中有讲评，年底有考核。同时，注重党风责任制日常监督。由纪委书记牵头，纪检监审科和党委工作部对各责任单位落实党风建设工作和主题教育活动情况进行检查，促进全年工作任务的完成。

在 2011 年的"清风驻矿区、和谐促发展、争做勤廉之星"主题教育中，矿选树了 5 名"勤廉之星"代表在纪检监察总结表彰大会上进行表彰，掀起了引导广大党员干部争做"勤廉之星"之潮。这样的廉政建设优胜竞赛评比，如同"军功章"，增强了党员干部的荣誉感和责任感，激发了他们自觉接受教育、搞好廉洁自律的内在动力。

（3）形成合力有利于发挥监督作用。"两个结合"强化监督。为推进各项制度的有效落实，该矿纪委强化对制度执行的监督，多方协调配合，形成合力，做到了两个结合，即纵横结合、点面结合。

在纵向监督上，实施系统抓，各系统领导具体抓好本系统和分管范围内的党风和反腐倡廉建设情况，并负有直接领导责任，每季度向矿党委汇报本系统党风和反腐倡廉建设情况。

在横向监督上，做到了承诺示廉、个人述廉、群众评廉、组织考廉。每半年对全体中层干部进行一次廉洁从业情况测评，测评结果作为任免干部的重要依据。

在点上，该矿在干部任免、经营管理的重要环节、物资采购与销售的进出口做到全过程参与，强化对"三管六外"领域和成本、工资、奖金的执行和公开的监督，规范"三公开"运行。对"三管六外"人员，定期进行诫勉谈话，并把其从业行为作为监督重点。

在面上，广开渠道，做到了"三个公开"，即：领导干部廉洁从业承诺公开；重大决策、年度生产经营、重大投资等涉及企业发展与职工切身利益相关内容进行矿务公开；基层单位做到工资、成本、奖金公开。通过信访、信箱、电话等公开渠道，引导职工齐抓共管，向组织反映意见和问题。做到有音必复、有信必访，有疑必查。对有问题反映的干部进行诫勉谈话，把一些苗头性问题消除在萌芽状态，防止了腐败案件的发生。几年来，强化中层管理岗位、专业技术岗位竞聘、职工子女招聘就业监督，严把聘前、聘中、聘后三个关口，着力培育清正廉洁的选人用人环境。在 2011 年的中层干部竞聘工作中，矿纪委明确了干部调整的纪律要求，从资格审查、现场答辩、调整后交接等环节进行重点监督，促进了中层干部调整、交接工作有序进行。

依靠"桥梁和纽带"发挥"三个作用"。该矿纪委推行了党风监督员制度，收到了较好的监督作用。从关键岗位的工作人员、专业技术人员和职工代表中聘任政治素质高、敢于负责、职工群众拥护同志担任党风监督员，促进对党风建设工作的日常监督和检查，发挥了的三个方面的监督作用：一是民主评议作用。党风监督员利用自身专业优势，通过明察暗访等方式，对生产经营中的不正之风予以纠正，推动了党员干部的廉洁高效；二是沟通协调作用。党风监督员既可以当好"群众的眼睛"，在反腐倡廉工作中充分集中民意，反映民情，起到反腐倡廉信息通报员的作用，在领导干部和职工群众之间架起"连心桥"，又可以把上级和本矿关于反腐倡廉相关政策、做法向职工群众宣传，引导群众积极参与到反腐倡廉工作中来；三是参谋顾问作用。党风监督员联系社会面广，接触人群阶层多，对本矿各项管理效能了解深入全面，积极参与到本单位的绩效评估工作中来，能充分发挥其特长，更好地为党风建设服务。

（4）注重纠偏提效是强化效能监察的突破口。在效能监察上，该矿注重从生产经营管理中的"热点"、"难点"、"薄弱点"入手，注重纠偏提效，选准效能突破口，找准监察切入点，开展不同的效能监察。

狠抓融合点。按确立的效能监察项目组建领导小组、项目工作组，实行效能监察项目分级管理；合理选配监察人员，效能监察领导小组，成员由矿主要领导和有关监督部门的人员组成，工作组成员由主管矿领导和有关管理、业务部门的人员组成，实现了"监"、"管"职能的合理分离，解决了多年困扰监察工作越权越位或工作不到位的问题；明确职责，领导小组主要任务是监督工作组完善制度、执行制度和堵塞管理漏洞，工作组负责监察项目的落实，完善内部管理和监控机制，组织监察活动；效能监察办公室负责联络沟通、业务指导和组织协调工作，实现了"监"、"管"的合理融合，从根本上解决了监察定位不准和与管理脱节的问题。

狠抓重要点。基建期间以节约资金，提高工程质量为重点，找准工程招投标、工程质量、物资设备采购、工程结算、大额资金运用的关键点，实施监察。招投标工作中，按照《北洺河铁矿招投标管理办法》，将工程预算编制化整为零，工作人员各管一块；在投标书汇总上掌握时间差，在招标会开始前 2 个小时确定，防止了泄标现象的发生。北洺河铁矿自建矿以来，招投标 128 次，重大工程、重要装备和物资的投资达 10.8 亿元，却无一人出现经济问题，无一人倒下，这得益于严格严密的制度和不折不扣的监督。

在生产期间，突出强化内部管理，提高经济效益的增长点，加大对全面预算执行、节能减排、降本增效项目的监察，有效地推进了企业管理，提升了经济效益，确保全矿管理人员的勤廉高效。矿纪委定期到车间进行走访，了解支部、部门对履行"一岗双责"和落实党风责任制存在的困难和问题，主动查找案件线索。几年来，共收到举报信 8 件、经排查立案 3 件、结案 3 件。

狠抓着力点。把监督渗透到管理工作的全过程，分别对成本管理、物资设备材料采购、工程管理、节能减排和安全管理等五个效能监察项目的监察程序、监察重点、监察档案进行梳理整合，制订出规范的项目访问、座谈、现场勘察、查阅原始记录、分析制度，实施监察建议操作程序，确保效能监察每个项目工作方案，有条理、有步骤地开展工作。2011 年五个重点项目共节约资金 170.48 万元，避免经济损失 65 万元，降低成本费用 132 万元，挽回经济损失 39 万元，2012 年上半年五个重点项目共节约资金 141 万元，避免经济损失 71.6 万元，降低成本费用 64 万元，挽回经济损失 34 万元。

表 14-3　　　　　　　　　　效益对比表

类别 ＼ 项目	2011 年五个重点项目	2012 年上半年五个重点项目
节约资金	170.48 万元	141 万元
避免经济损失	65 万元	71.6 万元
降低成本费用	132 万元	64 万元
挽回经济损失	39 万元	34 万元

（5）构建北洺河特色的反腐倡廉制度增强廉洁文化的约束作用。2011 年是"制度建设落实年"，在制度建设的基础上，根据年初矿行政机构和职责的变化情况，通过梳理权力运行的"关节点"、内部管理的"薄弱点"、问题易发的"风险点"，修订完善了《治理商业贿赂管理办法》、《物资管理规定》等 120 项制度，谋划出了教育防范、权力运行、行为规范、监督制约、预警

惩处的五大体系，确保重点部位得到重点关注，关键环节得到重点防范，权力运行得到监控，形成了北洺河特色的反腐倡廉制度体系。

图14-24 教育会及工作会

在制度的监督落实上，纪委对矿物资采购、工程管理等重点领域开展了监督检查，通过定期或不定期地现场督察，听取汇报、查阅资料、核对数据、找有关人员谈话、设举报箱等形式，从源头上防止腐败现象的发生。

培育核心理念解决廉洁文化渗入群众的问题 企业廉洁文化建设应与企

业文化建设同频共振，共同发展。基于以上认识，北洺河铁矿结合生产经营的实际，把廉洁文化建设纳入了党的建设和企业文化建设的整体规划，以构建廉洁文化理念为主题，广泛开展具有本单位特色的廉洁教育，营造"廉洁诚信勤勉务实"的企业廉洁文化氛围。

图 14 - 25　廉洁书屋

（1）建立领导工作格局，发挥导向作用。该矿把廉洁文化建设列入党委的重要议事日程，充分发挥廉洁文化的导向作用，形成了由党委统一领导、纪委组织协调、部门密切配合、职工广泛参与的廉洁文化建设格局，使企业廉洁文化与其他工作同部署、同检查、同考核、同奖惩，确保廉洁文化建设顺利推进。

（2）结合实际，导入廉洁文化理念。该矿围绕着"求实求精求发展、创业创新创一流"的企业精神和"爱岗敬业、诚信文明"的职业道德，创新思路，通过开展多种形式的教育活动，使廉洁文化理念根植于职工的思想，提高了党员干部的政治素质和道德情操。

在职工群众层面，让广大职工在活动中接受，在接受中感悟，在感悟中升华，把廉洁从业的理念灌输到方方面面，以廉洁文化的宣传、教育、引导和熏陶影响人、感化人、教育人，促进重要岗位人员"提高自律、接受他律、敢于律他"，在企业形成"廉荣腐耻"的良好风气。

该矿还成立了"廉洁书屋"，投入资金购置了电视和影碟机，充实了近百本廉洁文化方面的图书刊物，在图书内容上突出廉洁文化建设的基本理念、廉洁从业的基本要求、为人处世基本礼仪等，既方便了职工学习，更方便了基层支部集中学习，发挥了"廉洁书屋"的日常教育功能。

案例 14 - 5

北洺河铁矿"勤廉之星"李东生同志先进事迹

李东生，男，现年52岁，中共党员，现任动力车间主任兼党支部书记。李东生同志自担任车间领导职务以来，能按照矿党政领导的要求，以身作则，严于律己，廉洁自律，实现了自己的党风责任目标。他作为车间党政领导班子的带头人，始终认真坚持民主集中制原则，对各项工作总揽而不包揽，果断而不武断。对于重大问题，严格坚持集体研究制度，充分听取大家的意见和建议，努力提高科学决策的水平。对每一位副职都高度信任，善于用人，敢于放权，支持他们放心大胆地工作，形成了团结共事、和谐相处的良好局面。无论是做决策、办事情，他始终坚持依法办事、公正处事，处处以职工群众的利益为重，任何时候都不损害职工群众利益，牢固树立了正确的人生观、世界观和价值观。

他能够积极组织车间人员参与矿纪委组织的各项廉洁文化活动；认真组织学习矿纪委印制下发的北洺河铁矿《廉洁学习读本》和《国有企业领导人员廉洁自律若干规定》等规章制度，深刻领会其中的精神实质。工作中他始终牢记"堂堂正正做人、清清白白做事"的准则，牢固树立正确的权力观，慎用权、用好权，从不以权谋私、为己谋利，做到一尘不染，两袖清风。对于矿里安排的所有的工程建设项目，严格按照上级规定，实行集体研究，阳光操作，从不一个人说了算。在平常的工作生活中，坚持不懈地进行学习，自觉远离低级趣味的东西，谨小慎微，防微杜渐，始终保持一名共产党员的高风亮节。

案例 14 - 6

以"职工书屋"建设为平台——为职工成才铺路搭桥

随着该矿生产规模的不断扩大，职工对精神文化需求也日益增加。原有的矿山"文化学习"方式已不能满足构建"学习型"企业的要求。为给他们提供一个温馨的学习环境及成才平台，矿工会先后创建了井下、井上7个拥有各类图书近两万册、各类杂志报纸近30种、专业技术图书70余种、音像资料70多张的"职工书屋"。每天都有很多职工，（包括农民轮换工）利用班后业余时间到书屋看书和借书。矿工会还从提升职工队伍整体素质着眼入手，发挥工会的桥梁纽带作用，有计划、有目的、有步骤地把学习阵地延伸到井下峒室，通过学习，促进中、高级人才的脱颖而出；通过学习提高职工的职业道德观，真正树立"爱岗敬业、诚信文明"的理念；通过学习提高操作水平和质量，为矿山设备安全平稳运行提供保障；通过学习提高班组凝聚力，确保矿山和谐稳定发展；通过学习开阔了视野、增长了科学文化知识，增强了专业操作和维修技能。"职工书屋"为职工成才提供了一个平台，借助这一平台，许多职工步入了高科技岗位，有的成了矿山生产骨干，有的成了管理人员。"职工书屋"的建立，在满足了他们的精神需求，丰富了员工业余文化生活的同时，还对提高职工整体素质，技术改造，安全生产起到积极作用。近年来，北洺河铁矿先后为公司输出各类专业人才120多名，成为外埠矿山开发的骨干。不仅如此，"职工书屋"成为技术改造的有力推手。矿工会持续创新思路，创新工作方式，逐步形成了以"职工书屋"为平台的为安全生产提供保障的新模式。把"职工书屋"建设与技改、安全、生产牢牢捆绑在一起，通过这一特殊"加油站"，持续加大职工对科技创新和技术改造能力的再造和改善。近年来，征集、采纳合理化建议327项，立项211项，实施165项，累计创效2700万元。

矿工会用发展战略的眼光，独辟蹊径，探索和发现"职工书屋"内在规律，并赋予了其新的内涵。使得"职工书屋"成为矿山丰富职工文化生活、提高素质和能力的加油站；矿山技术改造的百宝箱，安全生产及降本增效的杀手锏；目标完成的推进器。

增强廉洁文化的渗透力解决廉洁文化的"结合点"和"突破口"问题
该矿以廉洁文化"四进"为途径，以融合融入为方式，创新载体，搞活形式，增强廉洁文化的鲜活力、吸引力、渗透力，使廉洁理念入眼、入耳、入脑、入心，达到了潜移默化、春雨润物的教育效果。

与节日文化相融合，寻找"结合点"。北洺河铁矿"双节"廉洁教育已形成制度，不断创新教育形式。一是在矿区举办元宵廉洁文化灯展、张贴廉洁春联，把廉洁文化融入节日文化之中，使廉洁文化更加人性化、亲情化。二是开展节日送"廉礼"活动。今年元旦前夕，矿纪委为领导干部赠送《党员干部廉洁周历》，让办公桌上多了一道"清廉"风景。在春节前夕发送廉洁短信和廉洁贺卡，在节日祝福中，温馨醒廉。三是在节日期间，矿纪委到车间进行了走访，了解支部、部门对履行"一岗双责"和落实党风责任制存在的困难和问题，征集对矿纪委落实廉洁从业规定、融入中心、服务管理的意见和建议。

与家庭教育相融合，抓住"突破口"。召开干部家属助廉、倡廉座谈会，组织中层以上干部、重点岗位人员及家属开展了"亲情助廉洁，同心促和谐"现场签名宣誓活动，引导领导人员配偶、子女及亲友争当防腐倡廉的监督员，携手共建"廉洁、平安、温馨"的家庭港湾。

与文化景观建设相融合，打造"风景线"。对文化中心、副井文化长廊的廉洁橱窗和格言牌等廉洁景观进行了更换、更新。在副井 -230北车场制作悬挂5副廉洁文化牌，把廉洁文化向井下延伸，打造了矿井亮丽的风景线。"安全是发展的保证，清廉是幸福的基石"、"工作上争先创优永无止境，享受上不贪不占知足常乐……"一条条寓意深刻令人警醒的格言警句，时刻提醒该矿党员领导人员要严于律己、廉洁从业。

案例 14 - 7

洺河廉花展新姿——廉洁文化景观建设侧记

为进一步推进企业文化和廉洁文化建设，充分发挥先进文化在和谐矿区建设中教育引导作用，近年来，矿党委、纪委立足矿区这个职工生产生活的聚集地，建设高标准的文化景观，并以文化景观为教育阵地和宣传窗口，进一步培养和引导了职工良好的道德操守，营造廉洁和谐的氛围，为企业发展提供了良好的精神和文化支撑。

提高认识　精细部署

矿党政领导高度重视文化景观建设，认真研究，精心部署，立足企业文化和廉洁文化建设的结合点，研究提出了景观建设思路，借廉洁文化景观建设之际，实现廉洁文化与企业文化的进一步融合，用文化的力量来教育人、感染人、塑造人，既推进了企业文化建设，又实现了廉洁文化建设从"文件"走向"文化"，从"会场"走向"广场"，从"机关"走向"基层"，营造了让职工群众"耳边有廉洁之声、眼中有廉洁之形、心中有廉洁之力"的良好氛围。

注重融合　打造精品

为高标准建设文化景观，矿党委、纪委立足实际，决定通过加强文化景观建设，促进矿区各种先进文化相互促进，共同发展。一是把企业文化、廉洁文化、安全文化、群众文化作为矿区景观建设的主要内容，加强融合，共同建设。二是选择职工集中的场合文化广场、职工服务楼、副井井口，建设对内宣传教育的阵地，对外展示企业形象的窗口。三是在布局上，将原有的和新建的、室内的和室外的、固定的和可换性、政治安全和生产安全相结合，使矿区所有的文化景观更加协调、严谨。四是对广场、服务楼、公示栏等原有廉洁景观，进行了丰富和延续。增设了宣传栏，增添了书籍、教育片，使廉洁文化遍置矿区的墙面、路面和桌面。五是突出重点，提高层次。在长廊中，廉洁文化以"以古鉴廉、以今兴廉、以廉兴企、以案教廉"为题分为 4 大部分，9 个方面，既有我党反腐败斗争的历史回顾和对当前工作的最新指示，又有古代廉吏的名言、现代腐败分子犯罪事实和忏悔；既有洺河近年来廉洁文化建设成果，又有党纪法规知识和加强党风建设的制度措施，图文并茂，内容丰富、寓意深刻……

效果初显　廉花绽放

画面是生动的，内容是丰富的。展板上一组组警言加深了对党员干部的教育和警示；长廊内一幅幅照片见证了洺河廉洁文化取得的丰硕成果，一石激起千层浪，文化景观这朵廉花，以它特有的新姿在洺河园里绽放。

与警示教育相融合，设立"高压线"。组织中层以上领导干部和重点岗位人员收看了《一个明星区长的堕落》、《国门惩腐》、《溃穴》和《学廉政准则做廉政模范（上、下）》警示教育片，从视觉上触动心灵，敲响廉洁警钟，并组织撰写观后感进行交流。

在固化形式、更新内容的基础上，矿纪委举办了廉洁书画展活动，矿党政一把手带头创作廉洁书法作品，以廉洁文化作品为载体，使广大党员干部潜移默化受到廉洁教育，取得良好的效果。

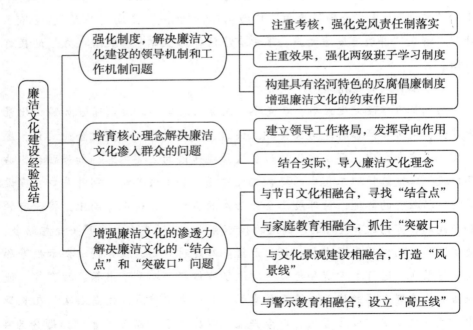

图 14-26　廉洁文化建设经验总结

矿纪委还以"八个禁止、五十二个不准"为内容举办了廉政准则漫画展，使中层领导人员及重点岗位人员重温了《廉洁准则》。组织编印了《廉洁学习读本》，发放给矿副科级以上领导人员及重点岗位人员，为检验效果，开展了廉洁知识、廉洁法规知识答卷活动。在主题教育活动中开展了"学党史、遵党纪、跟党走"知识竞赛，在矿区掀起学习党规党纪的新高潮。这些活动从多方面、多层次加深了党员干部对廉政理念的认识和理解，增强了廉洁文化的渗透力。

附录 14 - 4

党政主要负责人定期讲廉洁党课制度

制度名称	北洺河铁矿（中层班子）党政主要负责人定期讲廉洁党课制度	编　号	1 - 1 - 05 - 16 - 14
编辑部门	纪检监审科	考评部门	纪检监审科
执行部门	各单位	监督部门	制度执行督察组

第一章　总　则

第一条　为认真贯彻落实中共中央关于《建立健全惩防和预防腐败体系2008—2012年工作规划》和矿党委《工作规划实施细则》，切实加强对党员领导人员的党风和反腐倡廉教育，进一步筑牢党员领导人员思想道德防线，提高教育的针对性和有效性，促进全矿反腐倡廉宣传教育持续深入开展，特制定本制度。

第二条　授课的目的意义。推行党政主要负责人定期讲廉洁党课制度，旨在进一步促进该矿党员领导人员尤其是党政"一把手"重视和加大党风和反腐倡廉建设工作力度；进一步增强党员领导人员廉洁意识和表率意识；进一步全面落实党风建设责任制；进一步营造"以廉为荣，以贪为耻"的良好氛围，努力把该矿党风和反腐倡廉建设工作提高到一个新的水平。

第二章　授课人员、时间、内容

第三条　授课人员、授课时间

（一）授课人员：各单位支部书记、主任（科长）。

（二）授课时间：每人每年各授课 2 次以上，具体时间由各单位自定，每次授课时间不少于 1 小时。

第四条　授课主要内容

（一）党的基本理论教育；

（二）理想信念和从业道德教育；

（三）党的优良传统和作风教育；

（四）党纪条规和法律法规教育；

（五）国际国内反腐败斗争形势教育；

（六）正反典型教育。

第五条　党政主要负责人每年讲廉洁党课不少于 2 次，其他班子成员也要讲廉洁党课。

第六条　授课形式。由各单位党政主要负责人对本单位党员领导人员采取专题讲课的方式进行，并以座谈讨论、观看电教片、召开经验交流会等形式加以补充。

第七条　党政主要负责人讲廉洁党课前要认真备课，讲课立意要新、主题鲜明、内容充实、联系实际、注重解决实际问题，课后要认真组织座谈讨论，增强教育效果。在廉政党课教育中，要把党员领导人员作为教育重点。

第八条　落实领导同志讲廉洁党课登记制度，每次讲课后都要对讲课人姓名、职务，讲课时间、内容和听讲人员情况等进行登记，并及时报矿纪委。

第九条　要做好对受教育人员的考勤制度。严格考勤、考评，确保到课率和教育效果。

第十条　矿纪委将对各单位执行《北洺河铁矿党政主要负责人定期讲廉洁党课制度》的情况进行不定期检查和通报，并纳入年终党风责任制考核。

第三章　附　则

第十一条　本规定由矿纪委负责解释。

第十二条　本制度自下发之日起执行。

编制日期		审核日期		批准日期	

附录 14 - 5

领导人员廉洁从业若干规定实施细则

制度名称	北洺河铁矿领导人员廉洁从业若干规定实施细则（试行）	编　号	1 - 1 - 05 - 16 - 13
编辑部门	纪检监审科	考评部门	纪检监审科
执行部门	中层管理人员	监督部门	制度执行督察组

第一章　总　则

第一条　为贯彻落实中央纪委、中央组织部、监察部、国务院国资委《国有企业领导人员廉洁从业若干规定》，加强企业党风建设和反腐倡廉工作，促进企业领导人员廉洁从业，保障国有资产保值增值，结合企业实际，制定《北洺河铁矿领导人员廉洁从业若干规定实施细则（试行）》（以下简称《细则》）。

第二条　本细则适用于全矿中层以上管理人员。

第三条　领导人员应当遵守国家法律和企业规章制度，依法经营、廉洁从业、诚实守信、勤勉敬业、全心全意依靠职工群众，切实维护国家、社会、企业利益和职工群众的合法权益。

第二章　廉洁从业行为规范

第四条　领导人员应当忠实维护国家利益和出资人利益。不得有滥用职权，损害国家、出资人权益的下列行为：

（一）违反决策原则和程序决定企业生产经营的重大决策、重大项目安排、大额度资金运作事项及重要人事任免；

（二）违反规定决定企业重组改制、兼并、破产、产权交易、清产核资、资产评估等事项；

（三）违反规定对外投资、担保、融资、借贷、为他人代开信用证、外借企业资质、营业执照等；

（四）未经批准，或者批准后未办理保全国有资产的相关法律手续，用企业资产以个人或者他人名义在国（境）外注册公司、投资参股、购买上市公司股票、购置不动产或者进行其他经营活动；

（五）隐匿、侵占、转移企业资产；或者同评估机构合伙作弊低价处置企业资产，或者高价收购其他企业、个人的资产；

（六）授意、指使、强令财会人员从事违反财经制度的活动；

（七）弄虚作假、谎报、虚报业绩，骗取奖励和荣誉；

（八）偷逃国家税费或者故意拖延应缴国家税费，隐瞒、截留国有资本收益或者故意拖延应缴国有资本收益；

（九）违反规定决定企业领导人员的薪酬和福利待遇；

（十）其他滥用职权损害国家利益和出资人利益的行为。

第五条　领导人员应当忠实履行职责。不得有以权谋私、损害企业利益的下列行为：

（一）私自从事营利性经营活动，以单位名义私揽工程，非法牟利，或者在本企业的同类经营企业、关联企业和与本企业有业务关系的企业从事证券投资以外的投资入股；

（二）接受或者索取本企业的关联企业、与本企业有业务关系的企业，以及管理和服务对象提供的不正当利益；

（三）违反规定兼任下属企业或者其他企业、事业单位、行业组织、中介机构的领导职务，或者经批准兼职的，擅自领取兼职工资或者其他报酬；

（四）将企业经济往来中的折扣费、中介费、回扣、佣金、罚没收入、礼金等据为己有或者私分；

（五）违反规定将企业资产转移到个人名下或者其他企业谋取非法利益；

（六）利用企业商业秘密、知识产权、业务渠道和其他资源为个人或者他人从事牟利活动；或者利用职务上的便利，从事有偿中介活动；

（七）未经企业领导班子集体研究，决定重大捐赠、资助事项；

（八）违反规定设立"小金库"；

（九）其他谋取私利损害企业利益的行为。

第六条　领导人员应当以国家和企业利益为重，正确行使权力，对本人及亲属有可能损坏企业利益的行为，应当主动回避，防止可能出现的利益冲突。不得有下列行为：

（一）领导人员配偶、子女及其配偶违反规定，在与本企业有关联、依托关系的私营和外资企业投资入股；

（二）将国有资产委托、租赁、承包给自己的配偶、子女及其他有利益关系的人经营；

（三）利用职权为配偶、子女及其他有利益关系的人从事营利性经营活动提供各种便利条件；

（四）本人的配偶、子女及其他有利益关系的人投资经营的企业与企业领导人员所在企业发生非正常经济业务往来；

（五）按规定应当实行任职和公务回避而没有回避；

（六）违反规定，利用大操大办婚丧嫁娶事宜借机敛财；

（七）离职、退休或者退养后三年内，在与原任职企业有业务关系的私营、外资企业和中介机构担任职务、投资入股，或者在上述企业单位从事、代理与原任职企业经营业务相关的经营活动；或者在原任职企业下属单位分包工程；

（八）其他可能损害企业利益的行为。

第七条 领导人员应当增强民主管理意识，严格执行企业民主管理制度，自觉接受民主监督。不得有侵犯职工群众合法权益的下列行为：

（一）在涉及职工切身利益的重大事项中违反民主管理制度，谋取私利；

（二）按照规定应当公开、公示的事项而未公开、公示；

（三）在职工利益分配中，不依据企业章程和有关规定，暗箱操作，有失公平；

（四）违反劳动、安全、社会保障等法律法规，忽视职工安全卫生保护，危害职工生命、健康；

（五）其他侵犯职工群众合法权益的行为。

第八条 领导人员应当规范职务消费行为。不得有下列行为：

（一）在企业连续亏损期间，购买更换小汽车、装修办公室、添置高档办公用品等；

（二）违反规定用公款进行高消费娱乐活动；

（三）用公款支付或者报销应当由个人承担的购置住宅、住宅装修、物业管理等生活费用；

（四）超过规定标准报销差旅费、业务招待费；

（五）使用信用卡、签单等形式消费，不提供原始凭证和相应的情况说明；

（六）其他违反规定的职务消费行为。

第三章　实施与监督

第九条　各单位应当依据本细则建立健全监督制约机制，强化监督检查，保证本细则的贯彻落实。各单位支部书记、主任、科长为实施本细则的主要责任人。

第十条　各级领导人员应当将贯彻落实本细则的情况作为职代会述职述廉的一项重要内容，接受监督和民主测评。

第十一条　各单位应按照人事管理权限，加强对领导人员任职期间和离职、退休、内退后从业行为的管理，进行经常性的教育和监督，提出廉洁从业要求。完善企业领导人员的收入分配、薪酬管理制度，建立有效的激励和约束机制。

第十二条　领导人员在经济交往中无法拒收的现金、有价证券、支付凭证、贵重物品，应在收受一个月内交本级纪检监察部门或交单位作扶贫基金使用。未设纪检监察机构的交上级纪检监察部门。纪检监察部门登记后交财务部门，作为收入进账。其中贵重物品交办公室登记处理。

第十三条　领导班子年度民主生活会，每个班子成员都要对照本细则各项规定认真检查。

第十四条　领导人员执行本细则的情况，作为考察、考核的重要内容和任免奖惩的重要依据。

第十五条　纪检监察组织依据职责权限，对本细则的执行情况进行监督检查，并对违规行为进行处理或者提出处理建议。

第四章　对违反细则行为的处理

第十六条　领导人员违反本细则有关条款的，应当根据违规行为的情节轻重，依照《企业职工奖惩条例》和企业有关规定给予相应的政纪处理。党员领导人员违反本细则的，除依照前款处理外，依照《中国共产党纪律处分条例》给予相应的党纪处分。

第十七条　领导人员违反本细则的，还可以由有任免权的机构给予组织处理。组织处理措施可以单独使用，也可以与纪律处分合并使用。组织处理一般采取批评教育、责令检查、通报批评和免职等。

第十八条　领导人员违反本细则，依据第十六条、第十七条规定追究责任的同时，获取的不正当经济利益，应当责令退还；给企业造成经济损失的，应当承担经济赔偿责任。拒不退还或者拒不承担经济损失责任的，企业应当通过法律途径追究其责任。

第十九条　领导人员违反本细则受到撤职以上纪律处分的，五年内不得担任企业的领导职务。

第二十条　领导人员违反本细则涉嫌犯罪的，依法移送司法机关处理。

第五章　附　则

第二十一条　本细则由矿纪委、监察审计科负责解释。

第二十二条　本细则自下发之日起施行。

编制日期		审核日期		批准日期	

附录 14 -6

中层管理人员"诺廉、述廉、评廉、考廉"工作实施细则

制度名称	北洺河铁矿中层管理人员"诺廉、述廉、评廉、考廉"工作实施细则	编　号	1 - 1 - 05 - 16 - 15
编辑部门	纪检监审科	考评部门	纪检监审科
执行部门	矿中层管理人员	监督部门	制度执行督察组

为了加强该矿党风和反腐倡廉建设工作，不断提高中层管理人员的廉洁自律意识，推进全矿反腐倡廉建设向纵深发展，根据《国有企业领导人员廉洁从业若干规定》和上级纪委要求，结合该矿实际，现将全矿中层管理人员"诺廉、述廉、评廉、考廉"工作办法，进行修订完善。并提出如下实施意见：

第一条　范围和对象

参加"诺廉、述廉、评廉、考廉"的范围对象：全矿各科（室）、各单位中层管理人员。

第二条　主要内容

中层管理人员"诺廉、述廉、评廉、考廉"主要内容包括共性和个性两个方面：共性内容是执行中央、局、矿关于领导人员廉洁自律各项规定；个性内容根据中层管理人员不同岗位、职务特点设定。共性内容由矿纪委确定，个性内容由中层管理人员根据个人岗位撰写，单位领导班子集体研究确定，报矿纪委备案。

第三条　方法步骤

1. 诺廉：年初，每位中层管理人员都要根据矿纪委确定的共性内容和个人岗位确定的个性内容，制订廉洁自律承诺书，一式三份。一份报矿纪委备案，一份在车间公开栏或本单位显著位置进行公示，一份本人留存。诺廉要求本人手写并签字。新任或调整的中层管理人员要在到任1个月内结合廉洁谈话按要求进行承诺。

2. 述廉：每年年中和年底对照诺廉内容，中层管理人员要分别撰写述廉报告，可结合述职报告，报矿纪委存入个人廉洁档案。上半年的述廉报告作为民主生活会的主要内容；年底的述廉报告要总结一年的情况，作为年度评廉、考廉的必备材料。

3. 评廉：中层管理理人员廉洁自律情况的评价，一般在年底结合年度考核同步安排，同时进行，矿纪委也可视情况单独进行。评廉主要以民主测评方式进行。主要侧重对车间（科室）级领导班子及成员的评廉，参加民主测评会的范围是领导班子成员、段队（班组）长、职工代表、（单位人员较少的可全部参加）。班子成员要将述廉报告，提前交与与会人员。在民主测评会上，单位党政"一把手"代表班子及本人作述廉报告，其他班子成员书面述廉。然后，与会人员对领导班子和每位成员廉洁自律情况进行测评。

4. 考廉：根据领导班子及其成员述廉、评廉结果和廉洁自律考核情况，矿纪委负责对中层管理人员监督对象评定考廉结果，其档次分为优秀、较好、一般、较差四档。凡领导班子及成员有违法违纪问题或被追究责任，受到党政纪处分以及被司法机关处理的，领导班子及成员本人均不得评为优秀；在班子成员述廉、民主测评中较好及以上票达不到90%的本人不得评为优秀；领导班子较好以上票达不到90%的，领导班子不得评为优秀。

第四条　结果运用

1. 考廉结果与单位领导班子、中层管理人员年度考核挂钩。凡考廉结果达不到优秀的，领导班子不得评为实绩突出，个人不得评为优秀。

2. 领导班子考廉为较差的，将对领导班子进行调整。中层管理人员考廉为较差的，本人在下年度内不得提拔使用，不得授予先进工作者等荣誉称号。对问题严重、线索具体的，纪委要进行初核；对问题较轻的，由纪委按《廉洁谈话制度的意见》实施诫勉谈话。对特别优秀和问题严重的，纪委要形成书面专题报告。

3. 被考核单位的党支部要正确对待考廉结果，将其作为加强自身建设、评价推荐中层管理人员和年度考核工作的重要内容和依据。对存在的问题要立即研究整改措施，并向矿党委、纪委报告。

4. 矿纪委要及时向人力资源部门通报。人力资源部门要把考廉结果作为中层管理人员年度考核和使用的重要依据。

第五条　监督与处理

1. 矿纪委（监察科）具体负责对全矿中层管理人员"诺廉、述廉、评廉、考廉"工作的组织协调。公布监督举报电话（6287512），受理职工群众的监督举报。

2. 对职工群众有关"诺廉、述廉、评廉、考廉"工作中的来信来访，矿纪委要组织力量调查核实。对不按要求诺廉、述廉的，要责成本人说明情况，并限期纠正。

第六条　附　则

1. 本细则由矿纪委、监察科负责解释。

2. 本细则自下发之日起施行。

编制日期		审核日期		批准日期	

附录 14 - 7

反腐倡廉制度体系表

反腐倡廉制度体系	制度统领体系	建立惩治和预防腐败体系实施细则
		惩防体系实施细则
		党风和反腐倡廉建设责任制实施细则
	教育方法体系	党委中心组理论学习制度
		中层班子主要领导定期讲廉洁党课制度
		中层人员任职廉洁谈话制度
		中层人员"诺廉、述廉、评廉、考廉"实施细则
		中层管理人员实施诫勉谈话制度
		廉洁文化建设活动进家庭实施方案
	规范决策行为体系	党委会议制度
		党委参与重大决策制度
		矿领导班子民主决策制度
		矿长办公会议议事规则
		关于规范和执行"三重一大"制度的暂行规定
	规范行为体系	领导人员廉洁从业若干规定实施细则
		领导人员重大事项报告制度
		工农关系监督管理制度
		办公室车辆使用管理制度
		业务接待招待费使用管理制度
		精神文明建设和考核制度
		党费收交、使用和管理办法
		工会财务管理制度
		职工调配管理办法
		基层单位薪酬分配管理办法
		岗效工资制实施细则
		矿二次分配管理办法
		竞聘上岗管理办法

反腐倡廉制度体系	规范行为体系	干部管理制度
		专业技术岗位聘任管理办法
		技师聘任实施细则
		中层管理绩效考核办法
		业绩考核管理办法
		采掘生产中长期规划制度
		计划执行率管理考核办法
		统计制度
		工程设计制度
		矿技术资料使用管理办法
		成立矿工程管理小组的通知
		工程管理规定
		工程管理考核（试行）
		工程签证管理规定
		原矿质量管理及考核办法
		精矿质量管理及考核办法
		原料质量检验管理及考核办法
		能源管理办法
		转供电管理办法
		检斤计量管理办法
		外委加工管理办法
		外委维修管理办法
		物资采购管理办法
		备品备件采购考核细则
		废旧备件管理办法
		物资供应管理暂行办法
		物资管理规定
		采购管理暂行办法
		供应商管理制度
		废旧物资管理规定
		财务支出签字审批程序管理规定
		应收款项管理制度
		预算管理若干规定
		外委队领料、用电、设备租赁管理办法

续表

反腐倡廉制度体系	规范行为体系	成本核算规程
		定期办理日常报销业务规定
		安全文明生产考核办法
		营销管理实施细则
		电脑耗材管理办法
		计算机及网络使用管理制度
		医疗保险管理规定
		爆炸物品安全管理办法
		内部治安管理办法
		消防器材管理规定
		纪检监察办案工作制度
		住房公积金交纳提取制度
		关于加强住房公积金管理的通知
	监督制约体系	党内情况定期通况制度
		领导班子民主生活会制度
		党员代表提案制度
		招（议）标工作监督制度（试行）
		贯彻落实《全民所有制工业企业职工代表大会条例》实施细则
		关于进一步加强矿务公开民主管理实施细则
		领导人员任期、离任审计制度
	预警惩处体系	党性定期分析制度
		职工热点问题反映调查分析制度
		信访工作规定
		中层管理人员廉洁从业档案制度
		领导人员收受礼品登记制度
		职工合理化建议制度
		效能监察实施细则
		领导（中层管理）人员廉洁自律专题民主生活会制度
		党风监督员实施细则
		纪检监察信访举报管理制度
		问责实施细则

九、内控制度规范化建设

（一）建设背景

内部控制制度是企业内部为了有效地进行经营管理而制订的一系列相互联系、相互制约、相互监督的制度、措施和方法的总称。建立健全内控制度，对于提高企业会计信息质量，保护资产的安全、完整，促进企业规范健康发展，具有十分重要的现实意义。

北洺河铁矿结合 COSO 报告，在明确该矿所处的行业类型、规模、地域等方面的特征，综合所处的发展时期和自身管理实际情况之后，首先构建了自己的制度构架，明确了内部控制制度设计和建设的方向；其次重点从强化符合职务分离、授权审批、重大事项决策与执行程序、财产清查和定期内部审计这几方面的要求来加强制度和制约关系建设，将内部控制落实于企业各业务环节。最终建成包括十五个系统，168 项制度的制度体系，基本涵盖生产经营的各个方面。

（二）实施方案

实施原则　主要包括以下几个方面：

（1）合法性原则。以国家法律为基准，在规章制度的范围内来设计和制定企业的内部控制制度。这是该矿内控制度最基本的原则。

（2）长远性原则。内控制度制定要注重短期目标，又要考虑长远，使企业的内部控制制度具有长远的发展性。

（3）针对性原则。是指针对生产经营工作中的薄弱环节，针对容易出现错误的细节，对各个环节和细节加以有效控制，以提高管理能力。

（4）一贯性原则。是指内控制度一旦制订就必须具有连续性和一致性，不能朝令夕改，随时变动，否则就无法贯彻执行，并导致一些问题难以发现。

（5）适应性原则。是指内部控制制度应根据企业和社会的发展状况进行及时补充。近些年来，该矿一直对内部制度进行不断的修订和完善，一方面适应国家的宏观经济发展、产业的发展；另一方面适应该矿战略规划、发展规模和生产经营现状。

（6）经济性原则。是指制度在运用过程中，从经济角度看必须是合理的。一项制度的制订是为控制生产经营的某些环节、关键点，并最终落实到提高企业管理水平及增加效益上，若违背了这个观点，就没有意义了。

（7）适用性原则。是指内部控制制度的操作性要强，要切实可行，这是制定内部控制制度的一个关键点。内部控制制度的适用性可概括为"内容规范、易于理解、便于操作，灵活调整"。通过多年不断的修订和完善，该矿制度基本实现适用性的要求。

建设实施内容　主要包括以下几个方面：

第一，控制环境方面。建立了以矿长为核心、以各个生产单位和职能科室为主体的组织结构；以岗位说明书的形式明确矿内各个岗位的工作职责；建立全面预算管理体系，并于2005年开始执行；对于财务部门、预算部门、机动、供应特殊岗位的人员进行岗位、业务轮换，有效防止工作差错和不良行为；企业文化方面，建立了比较全面的企业文化系统，如企业目标、企业理念、企业精神、管理模式、分配观、企业形象系统等，为内控制度建设奠定了基调；人力资源方面：①制订了《职工调配管理办法》，规定了调入（招聘）人员的自然条件、素质要求，同时附带考察、考核、录用登记，试用、辞退、退回等一系列的规定程序，保证职工素质；②制订岗位说明书，明确每个岗位的性质、任务、职责范围、责任大小、工作标准、业务流程、沟通关系、工作环境以及岗位任职人员的资格条件等内容；③通过对职工进行定期的培训包括管理知识、岗位技能、岗位练兵、特种作业培训等，不断提升员工素质；在激励和约束机制方面，主要是从收入分配、职位晋升方面进行激励和约束，建立了考核制度，有《岗效工资实施细则》、《业绩管理考核办法》、《北洺河铁矿竞聘上岗管理办法》、《北洺河铁矿科级岗位管理暂行办法》、《北洺河铁矿专业技术岗位聘任暂行办法》等。

第二，在控制活动方面。内部控制活动是帮助执行管理指令的政策和程序，具体是采用相应的控制措施，将风险控制在可承受度之内，是实施内部控制的具体方式。也是北洺河铁矿制订制度关注的重点，常见的内控控制措施有：授权审批控制、不相容职务分离控制、会计系统控制、财产保护控制、预算控制、运营分析控制、绩效考评控制、重大风险预警机制、突发事件应急处理机制、电子信息技术控制等。

一是授权控制，主要是明确各级组织或相关岗位在处理经济业务时授权许可。该矿常见的有对资金的审批权限、物资采购的权限。前者在制度中规定了财务负责人、主管经营的矿长和矿长的审批权限限额，后者规定只有供应科、机动科、行政科有物资采购的权限，同时在该矿对物资的采购金额划分为 ABC 三类，授权不同权利层次的人审批和采购。

在明确授权责任的同时，在制度中明确了业务授权的批准流程，这在《预算外费用审批管理办法》、《物资采购管理办法》中都有所体现。

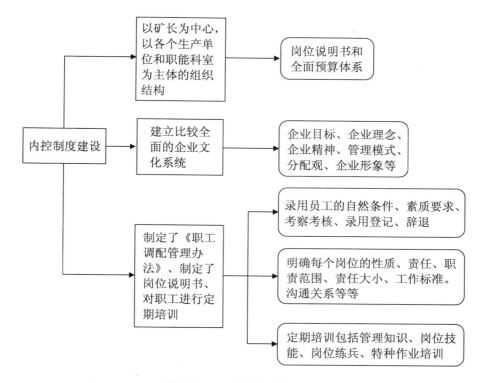

图 14 - 27　内控制度的实施

二是不相容职务分离控制，企业的经济活动一般分为授权、核准、执行、记录、审查等几个步骤，在该矿主要表现在：授权批准与业务经办、业务经办与记录、记录与财产保管、业务经办与稽核检查、授权批准与监督检查等，主要涉及工程的预算与审核，物资供应部门的计划与采购等业务。

在制订这些制度时，首先明确不相容岗位和职务，其次规定各个机构和岗位的职责权限，使不相容岗位和职务之间能够相互监督、相互制约，形成有效的制衡机制。

三是会计系统控制，会计作为一个控制信息系统，在该矿，主要是对管理层提供经营管理的诸多信息，主要用于管理决策。会计系统控制主要是通过对会计主体所发生的各项能用货币计量的经济业务进行记录、归集、分类、编报等而进行的控制。该矿是严格按照《会计法》和国家统一的会计制度的要求编制、报送、保管财务会计报告。随着 SAP 的使用，这一块的控制强度将会进一步的增强。

四是财产保全控制，财产保全控制主要包括接近控制、定期盘点控制等。接近控制主要是指严格限制无关人员对资产的接触，只有经过授权批准的人员才能接触资产。接近控制包括限制对资产本身的接触和通过文件批准方式对资产使用或分配的间接接触。

a. 限制接近，在该矿主要限制接近的有：现金，主要是财务科、行政科接触现金的地方，有指定专门出纳管理现金，并且要求出纳与其他人员相对隔离；其他易变现的资产，比如废旧物资，《废旧物资管理办法》规定只能由供应、机动按一定程序处理，其他单位无权处理；图纸、资料作为矿的一项重要资产，有严格的保密措施，限制人员阅读权限；材料、备件库，设有门岗，限制无关人员的直接接触，在《档案管理办法》、《文书管理制度》等中都有所体现。

b. 定期盘点是指定期对实物资产进行盘点，并将盘点结果与会计记录进行比较。盘点结果与会计记录如不一致，可能说明资产管理上出现错误、浪费、损失或其他不正常现象，应当及时采取相应的措施加强管理，这些在供应、机动、还有矿内三级库是一项常规性的管理内容。

五是预算控制，预算控制的内容涵盖了该矿生产经营活动的全过程，从基建到达产再到稳产，北洺河铁矿在上级有关部门的指导下编制了北洺河铁矿五年规划、达产计划、产量计划、矿内经营预算书、年度、季度、月度计划。

尤其是矿内年度经营预算，有明确的指导思想、编制原则、编制依据、内容和方法；预算编制、执行管理有明确的责、权归属；矿预算管理委员会的决策、指挥、协调、解释权等。

六是业绩分析控制，在该矿主要的业绩分析形式有工程业绩分析报告、资金成本报告、经营业绩汇报、管理业绩汇报，具体的报告内容和要求以及回报的周期，在《北洺河铁矿经营分析管理制度》有所规范。

七是绩效考评控制，该矿主要是对从组织的绩效进行考评控制，相关的办法有《北洺河铁矿组织绩效考核管理办法》。

八是重大风险预警机制和突发事件应急处理机制等，主要以《北洺河铁矿危险源辨识与风险评价的管理制度》、《北洺河铁矿应急管理制度》、《北洺河铁矿安全生产事故、事件管理制度》为基础制度。

九是电子信息技术控制。电子信息控制的内容包括两个方面：①实现内部控制手段的电子信息化，尽可能地减少和消除人为操纵的因素，变人工管理、人工控制为计算机、网络管理和控制；②对电子信息系统的控制。具体讲既要加强对系统开发、维护人员的控制，还要加强对数据和文字输入、输出、保存等有关人员的控制，保障电子信息系统及网络的安全。

在该矿主要是 SAP 系统的应用，主要应用于财务、机动、供应还有车间部分岗位，与此对应的制度《北洺河铁矿人力资源系统维护管理实施细则》等。

十是内部审计监督控制，这方面该矿首先根据矿内部管理业务和程序，融入相互牵制、相互制约制定制度，建立以"防"为主的事前控制体系。然后在会计部门常规性的会计核算的基础上，由财务部门对各个岗位、各项业务进行日常性和周期性的核查，建立以"堵"为主的事中控制。并将监督的过程和结果及时反馈给有关责任人和相关负责人。最后由纪检监审科通过内部常规稽核、离任审计、落实举报、监督审查会计报表等手段，对有关业务和会计部门实施内部控制，建立以查为主的事后控制。

2012 年，在对制度的规范过程中，所有的制度都增加了制度执行再监督程序。制度执行检查基本上由独立于执行部门的相关职能部门负责，通过独立的第三方对日常经常发生的业务进行事前、事中和事后的监督、检查，有利于及时发现问题，提出应对措施，使内控制度的执行更加有效。

内部审计主要参照的制度有《北洺河铁矿后续审计管理办法》、《北洺河铁矿经济责任审计规定》、《北洺河铁矿内部审计工作细则》。

（三）实施效果

（1）经过多年的内控制度建设，该矿内控制度体系不断完善，填补了制度的空白和漏洞，基本做到事事有人管，管事有制度。

（2）基本满足上级部门监管要求，圆满应对了矿内、外部审计，每年矿内外审计全通过，并受到好评。

（3）保证了该矿各项生产活动的合法合规，确保了正常的生产秩序。

（4）保证了资产安全和财务报告的真实、可靠性，有效地防止贪污、挪用单位资金和侵吞单位资产。

（5）促进了生产经营管理的效率和效果。

附录 14 – 8

内部控制评价工作底稿

1. 内部审核计划表

五矿邯邢矿业有限公司（北洺河铁矿）2011 年度内部审核计划

审核目的：评价本矿质量管理体系是否持续符合 GB/T19001 – 2008 的要求；是否持续满足规定目标（指标）的要求且保持有效运行；是否符合国家法律法规及其他要求；对本矿质量管理体系进行自我诊断（发现问题）、自我完善（采取纠正预防措施）。	
审核范围及被审核部门：范围：铁精矿的选矿生产和服务。被审核部门：矿长办公室、地质测量科、营销科、安全管理科、生产技术计划科、机械动力科、人力资源科、调度室、物资供应科、选矿车间。	
审核依据： 1. GB/T19001 – 2008 idt ISO 9001：2008 标准； 2. 局、矿的质量方针和质量目标、质量手册、程序文件和其他相关的质量管理体文件； 3. 国家有关的法律法规及其他要求。	
审核方法：集中式	
审核时间：2011 年 12 月 6 日	
编制/日期：	批准/日期：
武文生/2011 – 12 – 2	年　月　日

2. 内部审核实施计划表

五矿邯邢矿业有限公司（北洺河铁矿）内部审核实施计划

审核日期	2011 – 12 – 6
审核组成员	组长：　　　　　；组员：
审核范围	铁精矿的选矿生产和服务
审核目的	评价本矿质量管理体系是否持续符合 GB/T19001 – 2008 的要求；是否持续满足规定目标（指标）的要求且保持有效运行；是否符合国家法律法规及其他要求；对本矿质量管理体系进行自我诊断（发现问题）、自我完善（采取纠正预防措施）。

续表

审核依据	1. GB/T19001 - 2008 idt ISO9001：2008 标准； 2. 局、矿的质量方针和质量目标、质量手册、程序文件和其他相关的质量管理体文件； 3. 国家有关的法律法规及其他要求。			
日期	时间	受审部门	涉及要求及过程	审核员
12月6日	8：00—8：30	首次会议		全员
	8：30—9：30	矿办室	4.2.3, 4.2.4, 5.5.3	A C E
	8：30—10：00	质量管理科	7.5.3, 8.2.4, 8.3, 8.4, 8.5.2, 8.5.3	B D F
	9：30—10：45	机械动力科	6.3, 7.4,	A C E
	10：00—11：30	营销科	7.2, 7.5.5, 8.2.1	B D F
	10：45—11：30	生产技术计划科	5.5.1, 5.4.1	A C E
	14：00 - 15：00	人力资源科	6.2	A C E
	14：00 - 14：45	调度室	5.5.1, 5.4.1	B D F
	14：45 - 15：30	安全管理科	6.4	B D F
	15：30 - 16：30	物资供应科	7.4	B D F
	15：00 - 16：30	选矿车间	6.3, 6.4, 7.5, 8.2.4, 8.3	A C E
	16：30 - 16：45	内审组沟通交流		全员
	16：45 - 17：00	末次会议		全员
	审核 组长/日期：		管理者 代表/日期：	

3. 内部控制评价工作底稿_ 2.6 内部审计 . xls

4. 内部控制评价工作底稿_ 3 风险评估 . xls

5. 内部控制评价工作底稿_ 5 内部监督 . xls

6. 内部控制评价工作底稿_ 11.1 工程项目 . xls

7. 内部控制评价工作底稿_ 14 生产管理 . xls

8. 内部控制评价工作底稿_ 18 财务报告 . xls

十、动力车间党建精细化管理

(一) 管理背景

北洺河铁矿动力车间党支部在企业管理的熔炉中，充分发挥党支部在生产中的堡垒作用，依托党员责任区，党员的先进性发挥核心驱动力，以点带面，做好组织、思想、安全、责任考核的精细化管理，应用党员的模范带头作用言传身教，促使党支部管理精细化工作全面开展。

动力车间党支部在矿党支部管辖的 12 个党支部中被列为矿一类支部，为了切实保证为矿提供不竭的动力，保证供电、排水两大任务的圆满顺利完成，车间定期对所属的党员责任区、党员实行目标管理。目标管理是企业党建工作的基础，是加强基层党组织建设的一项重要措施。为了做好党员人人身上有目标，考核每名党员的业绩，2009 年以来，车间在推行党支部目标管理工作手册中，注重"精细化"管理，坚持"四到位"，不断提高车间党建工作的水平，应用党员的特长为群众服务，应用党员先进性发挥了党组织的政治核心作用、党支部的战斗堡垒作用和党员的先锋模范作用，为生产保驾护航。

党员思想认识必须到位 车间党的基层组织是党的全部工作和战斗力的基础，党支部作为党的组织体系最基层的一级组织，是直接对党员进行教育管理和监督的组织者和实施者，必须树立党员的威望。车间现有职工 113 名，设立机械、电气段两个党员责任区，党员 28 名，占职工总数的 26% 以上，很多党员常年在百米井下坚守岗位，参加党的活动少，缺乏组织的培养与教诲，但思想认识绝对不能丢失，每名党员必须在自己的岗位上发挥强有力的政治保障作用。因此，车间党支部推行党员责任区目标管理是非常有必要的，为了把党的基层组织建设的经常性工作落到实处，大力实施领航工程、聚力工程以及先锋工程，在推动企业发展中更好地发挥引领带动作用、凝心聚力作用以及先锋模范作用，使车间党建工作更加规范化、制度化、经常化，更好地为企业经营生产服务。在井下 -245 变电所，申彦峰、苗青峰两名党员除了干好自己的本职工作外，经常带领大家学习《党课参考》和《党支部工作指导》中的文章，提高每名职工的思想意识，把各项工作做得尽善尽美，做到哪里有党员，哪里就有亮点，成为职工学习的榜样。

党员责任区目标制定到位 车间党员责任区的目标管理是基层党建工作

的一个有效载体，是基层党组织抓好党建工作的一项行之有效的制度。为此，车间党支部结合车间工作的实际出发，印发了《动力车间党员责任区目标管理工作手册》，党员责任区的工作的总体目标是从班子建设、党支部组织生活制度、党员教育管理、党支部思想政治工作以及群众组织五个方面的内容来规范党员责任区工作。同时，注重"精细化"管理，把总体目标分解成12项具体的工作目标落实到每个党员，采取定性分析与定量考核相结合的办法，确定考核项目和考核要求以及评分标准，从而形成了《党员责任区工作目标管理考核表》、《党员模范作用考核表》，对达到或达不到考核要求的都有明确的得分或扣分数，使各项目标能够有计划、有步骤的完成，具有更强的操作性和实效性。钳工段党员责任区把每名党员的安全互保作为第一考核内容，实行"安全一票否决制"，电工段党员责任区把为民服务作为一项考核内容，定期参加学雷锋服务活动，深受职工的好评。

车间党支部考核到位　在工作中，人们通常愿意做被检查的事，没有检查，就没有考核，更没有工作动力。为此，车间落实了各项检查制度，分设备、安全、班组建设等6项内容，更把民主测评党员、班段长的工作常抓不懈。车间党支部始终坚持每季度一次由职工对领导班子和党员的履职情况作出全面、客观、公正、准确地评价，考核形式多样。为了探索新形势下加强基层党支部建设的新办法，全面、准确、科学地评价各党员的工作成效，车间党支部定期召开党员讨论会，制订切实可行的考核计划，明确考核的内容和方法，把工作部署、工作指导以及工作检查有机地统一起来进行考核。在考核中，特别愿意听职工群众的意见，相信群众的眼睛是雪亮的，每季度召开一次民主测评打分会，要求每名职工对每名党员的工作业绩、工作积极性、制度执行、违章违纪等四个方面进行测评，并根据测评的分数作为车间绩效奖金的分配依据，定期张榜公布，增加测评的透明性与公开性，提高了职工的积极性。对党员的季度考核实行百分制，车间党支部结合季度检查、年中抽查的情况，年底考核得出最后的结果，对于80分以下未达标的党员，车间进行集中勉励谈话，针对存在的问题，当面指出来，更好地进行指导工作。在矿党员的测评中，动力车间的28名党员和入党积极分子合格率达到100%，有一名党员被评为最佳党员。

党支部送温暖到位　党员心里有公司、矿这个"大家"，车间党支部更注重职工、党员这个"小家"，明白"小河无水大河干"的道理，只有小家建好了，大家才能充满活力蒸蒸日上。车间党支部建立了详细的职工纪实档案，对每名职工的家庭状况都作详细的了解，对单身职工和党员定期召开谈心会，了解他们的实际困难，积极开展"党员的五必谈五必访"活动，及时解决职工的"心病"。党员龙海的爱人有病到北京住院后，车间领导班子及时看望，并号召全车间职工捐款，解决了他们的燃眉之急。党员龙海的爱人出院后，逢人便说"我这条命是大家给的，一定让龙海好好工作，报答大家的恩情"。

除此之外，车间党支部注重党员的理论和业务学习，坚持落实"三会一课"制度，有计划、有安排、有制度地组织党员与职工学习理论和业务知识，很好地把季度支委会、半年党员大会、季度民主生活会以及季度党课落到实处。同时，在两级班子成员中开展了争创"四好班子"、"抓作风、树形象、当好带头人"、"讲党性、重品行、做表率"等主题教育活动；每年组织政工以及相关人员20人次参加城建党校及其他理论学习班的理论和业务培训；不定时地组织各类人员参加法律、经营、技术质量以及安全等方面的培训学习。为推进创先争优暨争创"四强四优"活动的深入开展，采用了领导班子分工挂点、定期点评、季度上报信息、开辟"创先争优在基层"专栏、放置征求意见箱以及签订党员承诺书等推进方式，促进活动在基层落地生根。做到党员责任区和党员力求"年年开新花结新果"，把党支部的精细化管理做到位。

（二）培训方案

北洺河铁矿动力车间担负着全矿高压供电、疏干排水、生产供水、生活供水、井下通风、供热、通信等任务，是矿山生产的大后勤。车间所辖各岗位责任重大，技术性强，任何一个环节出现问题，都有可能直接影响到全矿的生产。而车间的职工技术素质，参差不齐，不能适应岗位的需要，成为影响车间各系统安全运行的主要问题。针对这些情况，车间多措并举，在职工中扎实开展职工技术培训和岗位练兵活动，促进了职工素质的提高。

在培训计划方面，精心规划，循序渐进。

自车间实施培训以来，一是把培训工作列入年生产计划，年初做好全年的培训计划，培训计划有培训内容、时间、对象、目标和考核要求；根据培训计划，每季、每月进行有计划的开展，同时按照考核目标和要求定期做好考核工作；二是不断结合培训工作的经验，采取循序渐进、由浅入深地科学培训方法。每年都在培训的时间上、内容上、学时安排上精心规划，保证了培训内容的连续性。在课堂集中培训的时间上，每季度的第一个月为车间工会集中培训时间，每天培训 2 个小时。为了尽可能扩大培训的范围，车间工会专门把每天培训的时间安排在下午 3：30—5：30；其他的时间安排各工段组织培训。在培训的内容上，从最初机、电基本理论到工具的使用方法、安全要求，再到设备运行原理、简单制图，逐步深化，职工技术水平也不断提高。

在培训方式方面，因材施教、形式多样。

在实施培训的过程中，车间充分考虑职工整体技术素质状况和不同的接受能力，采取多种方法，尽可能地做到因材施教，并在职工能够接受的基础上，将培训的内容紧贴工作实际，收到立竿见影的培训效果。职工的文化水平和技术知识水平的高低，决定了其接受培训能力的不同。为了使不同素质水平的职工都尽可能的理解所培训的内容，车间采取了以下几种方法：第一是车间课堂集中培训，以基本理论为主；第二是安排各工段搞好专题培训，结合工段设备特点，对集中培训内容进行补充，并解决职工在实际工作中反映比较集中的问题；第三是车间工会牵头，组织技术水平高与技术差的签订师徒协议，以师带徒的形式对文化素质低、技术差的职工进行专门辅导；第四做到专业课与安全相结合的培训模式，安全课一改过去的千篇一律的安规课程，而是结合专业技术课提出案例、分析案例、提高安全辨识能力、努力提高职工的安全意识，做到安全作业无事故。

在培训氛围方面，轻松活泼，学教互动。

轻松的学教氛围，是增强培训效果的重要措施。车间在培训工作中，努力营造一个轻松活泼、比较浓厚的学习氛围，创建学习型班组，首先对职工进行正面的倡导同时积极地为班组员工创造学习技术、技能的条件，准备学习用品、准备锻炼提高技能的各种器材，提供锻炼场所；鼓励电工、变配电工采取各种方式进行学习。110 千伏变电站成为邯邢矿业公司第一个真正的学习型班组，车间办起了小图书架，学习型车间已经形成，给职工创造良好的学习环境。

调动职工学习的积极性。在车间课堂集中，为了活跃课堂氛围，授课人员采取了专业技术人员和有经验的老同志以授课为主讲，主任根据重点、难点进行辅讲，问答、讨论为辅的方法。在授课以培训理论知识为主，内容分为机电理论和实用技术两大部分，主要讲解机电技术的基本理论知识和相关安全知识。授课老师还采取了现场提问、问题讨论的形式。提问即授课老师就所讲的内容，联系工作实际进行相关内容的提问。通过提问来引导大家讨论，这样既可以当场了解职工的对所学内容的接受情况，及时进行正确的引导，又可以使大家在讨论中相互取长补短，丰富工作经验。实现了学与教的互动，理论与实践的结合。

在培训内容方面，紧贴实际，力求实效。

为丰富培训内容，车间工程技术人员对车间供水、供电系统及各变电所的图纸全部形成电子图纸，形成培训课件，共画成图纸 120 张，并打印成册，发放给电钳工和水泵及变电岗位，并充分利用矿电教室进行视频学习，收到了很好的效果，职工的学习热情有了很大的提高。车间利用下午 16：10 至 17：20 这段时间为车间全体操检工人进行安全规程进行视频培训，职工的安全操作技能有了很大的提高。三年累计培训 500 人次，200 多课时。

在抓好基本理论和操作规程培训的基础上，车间紧贴工作实际，确定了几个培训重点：①把车间编写制订的"事故预想应急方案"作为培训的重点。车间根据岗位的特殊性，为应对突发事件，专门制订供电、排水的应急预案。应急预案只有让每一名岗位人员熟练掌握，才能充分发挥它的功效。为此，车间安排各专业主任担任主讲，向职工讲解在事故发生以后，对各部位事故的判断和与之相应的应急预案的启动程序，提高职工对预案的熟练掌握程度。②把推进设备维护和保养工作的标准化作为重点。为了加强系统管理工作，车间编写制订的《预防性检查承包处理办法》，结合车间的制度，讲授设备点巡检的部位、方法、标准和维护维修的步骤、所需工具、安全事项等。③把解决实际工作中的问题作为重点。车间通过调查和职工反馈了解职工工作中遇到的难题，同时还将生产过程中出现的设备问题认真记录，在培训时进行讲解，提高职工解决实际问题的能力。④把节支降耗作为重点。培训中把易消耗的备品备件的性能、正确的使用方法、修配改代的技巧等内容进行讲解，提高职工的认识，以此来提高备品备件的工作效率和再利用率。此外在基本理论培训中，授课人员结合单位设备维修工作，进行举例，提高职工的感性认识，来提高培训工作的实效性。

（三）管理方案

动力车间现有职工 97 名，其中党员 18 名。目前，车间党支部共设电气、机械两个党小组，每个党小组也就是一个党员责任区，每个党员责任区又根据岗位不同，下设6个党员责任分区，共12个党员责任分区。矿党委确定了贯彻精细化管理理念，推行支部标准化建设工作之后，车间党支部根据党委的总体安排，在工作中通过完善支部工作制度，把支部工作做"精"；通过规范党支部工作程序，把支部工作做"细"；通过结合车间生产经营实际，把支部工作做"实"，推动了支部的标准化建设工作。

"精" 针对矿党委提出的推进支部标准化建设的目标。支部认真总结经验，进一步规范党支部制度、加强党员学习和提炼支部工作方法，把支部工作做精。

第一，精确定位。动力车间担负着全矿电、水、风、暖、通信等诸项关键性任务，是矿山生产的大后勤、主体生产车间的能源库。车间所辖各岗位责任重大，技术性强，任何一个环节出现问题，都有可能直接影响到全矿的生产。车间党支部自2002年以来，明确了党支部工作任务和支部书记、支部委员、党小组长、党员责任区负责人的责任、工作内容，使每个人的工作都做到有的放矢。按照该矿"一岗两责"的体制，车间主任同时又是党支部书记，各支部委员也都是兼职。支部一班人清醒地认识到绝不能重业务轻党建。虽然支部委员都担负着生产经营、设备管理的繁重任务，但绝不能把党支部工作摆在次要地位。通过多理解，多做换位思考，克服重经营管理轻支部工作的思想，确保支部工作精确定位。

第二，以学促精。过去在党支部工作中存在着忙于生产经营，轻视学习的现象。造成这种现象的原因客观上是因为工作多、时间紧、人员不易集中等，从主观上分析，存在对学习重视不够，学习内容不规范，学习目标不明确，学习要求不严格，存在学与不学差别不大或无从可学的现象。为了把支部工作做精，支部强化了支部委员的党建业务和政治理论的学习。通过制订学习计划，认真学习党章、党支部工作手册指南、党支部工作问答、党支部工作指导、共产党员杂志、上海支部杂志等有关的党建知识，提高了支部书记、支部委员、党小组长的工作能力和水平，为把支部工作做精奠定了基础。

第三，精确提炼支部工作方法。通过行之有效的工作方法，达到矿党委季度工作重点的高质量落实。党支部一是把班子学习作为班子建设的杀手锏，绝不借口忙于生产经营而轻视学习。二是主要依靠党员责任区来抓党员队伍管理。将支部委员、党小组长、各党员责任区负责人的工作情况作为考核个人工作成绩的重要内容，使他们"兼"而有责。三是超前的思维，经常性的教育职工，影响职工，力求在发挥主人翁作用上有所突破。通过形势目标教育，调动和增强了职工的责任感和积极性。利用思想教育阵营，让车间职工清醒地认识到北洺河是按工序排序车间的，动力车间是主生产工序以外的与各道工序都息息相关的环节，车间上下只有精确定位，才能使各项工作有机衔接、科学联系，才能保证整个系统完整的、高效的运行。做到"越位思考、定位工作"。

"细" 在党建工作中贯彻精细化管理理念，推进支部标准化建设，体现在"细"上，就是细化每一项工作，细分每一个环节，提高党建工作质量和效果。"细"字在动力车间党支部体现得尤为突出。

（1）支部季度工作安排，内容细。在每季度初，针对矿党委上季度党建和精神文明建设考核情况通报，总结上季度党建和精神文明建设的特点，积极查找党建和思想工作存在的不足，有效防止支部各项工作停滞不前、创新不够、支部无特色现象发生。在每季度初召开车间支委会，针对党委本季度工作重点，研究和部署本支部季度工作安排意见。在季度安排意见的内容上，突出一个细字。将党委重点工作内容细化分解、详细布置，每项工作规定落实方法、落实时间、参与范围、预期达到的效果等等。

（2）各种会议周密安排，过程细。每次开会，不管是支委会、党员大会、班子会、班子学习会还是民主生活会，该矿都认真安排会议议程，细致的准备会议的内容，做到有的放矢。例如：每半年的民主生活会，每次都严格按照党委规定的程序严格执行。即：征求意见、找准问题、确定议题；向党委请示报告；开展谈心活动、统一思想；召开生活会，开展批评与自我批评；向党委汇报生活会情况；制订措施，认真整改。

（3）在党支部工作制度上体现细。细化党支部基础工作，首先要建立健全党支部的各项制度。车间党支部结合本单位的实际，率先制定了《党支部制度汇编》，详细整理了车间支部委员会制度、领导班子民主生活会制度、党员学习工作制度、发展党员工作制度、党员管理制度、"党员责任区"活动制度、党支部联络员制度、"党员责任区"讲评制度等12项基本制度。同时，在建立制度的基础上，在党员中进行逐项逐条地学习，保证每位党员较细致的了解党支部基本制度内容，确保了支部基本工作制度的严格落实。

（4）细化党课全过程。除参加矿党委组织的党课外，支部还结合实际，每季度组织一次党课。①在上党课前对本支部党员现状进行了解和分析，找出党员思想中带有普遍性、倾向性的问题，使党课的针对性强。②根据调查了解的情况，认真撰写党课材料，报党委工作部审查。③按照矿党委对党课的安排，及时通知党员准时参加党课教育，提高党员的到课率。同时，邀请矿领导和联络员参加支部的党课。④课后，按要求组织党员讨论。⑤注意收集党员对党课内容的反响，包括提高党课质量的意见和建议，及时调整党课内容。

（5）职工访谈工作细。①细化落实矿下发的"五必访五必谈"工作制度。首先制度传达与制度上墙，党支部大会选任了四个敢于反映问题的支部联络员。②访谈多样化，工作细。可以在办公室、岗位上、路边遇到、职工家里等等。③针对人员具体情况，区分细。每位职工的情况是有很大差异性的，不能沿用一个模式对待不同的职工，不但得用其长，还得学会利其短，教育职工应善于接受和学习技术技能知识、团结本岗位职工形成合力。例如有个职工康同江，就不参加车间各种活动、会议，领导说的话听不进去，支部书记就在寻找切入点时发现他对他才出生的儿子感兴趣，咱就从他儿子谈起。④不厌其烦，不降低访谈数量。不能有厌烦心理，要善于换位思考，激发每位职工的工作积极性。譬如：-128米泵房这个岗位班组不团结，人员间矛盾比较多，支部书记就利用一周的每天下午一个半小时，谈了9次，每人一次。

"实"　理论联系实际是支部一贯坚持的马克思主义学风，支部工作一贯遵循实实在在，从而得到实实在在的效果，这也是我党的优良作风。

（1）理论联系实际。动力车间党支部始终强调支部各项工作要与实际工作相结合，边学习、边改进，以勤奋求实、勇于开拓、谦虚谨慎、艰苦奋斗的作风做好各项支部工作，启发党员用自己的工作在群众中树起一面展示党员风采的旗帜。一是根据实际情况完善党支部机构，成立各种专题小组，保证党支部工作稳步进行。根据个人特点，结合岗位需要选人用人。党支部选用严谨、多才多艺的人任组织纪检委员、分会主席，选用口才好的人任宣传委员，选用有组织特长的人任组织委员；成立宣传报道小组，选用有写作特长的人任组长；综合治理修小组，选用脾气耿直有胆有识的人任组长。二是理论联系实际上党课。根据该矿具体的生产、经营情况，结合车间的实际，将党课内容有针对性地定稿。

（2）不搞花架子，做实实在在的工作。车间党支部始终注重思想政治工作创新，坚持与时俱进，立足车间系统设备管理和职工思想实际，有针对性采取新方法，力求取得实效。首先，坚持以设备管理中的重点、难点和职工关心的热点问题，作为思想政治工作的突破口和最佳结合点。其次，是注重对工作的落实。实实在在做好设备的点巡检和技术改造力度，提高电气设备的可靠性。在岗位培训、学习型班组建设方面加大力度，使各岗位职工的操作技能和设备预防管理意识得到进一步提高。再次，动力支部对每个党员责任分区进行挂星考核，建立责任区考核数据台账，每月召开一次党员责任区活动讲评会，对本支部的活动情况进行讲评，做到量化与主观因素分析相结合来细化党员责任区讲评机制。在讲评党员责任区活动时推行360度评价方法，总结各责任区阶段性突出表现，指出各责任区及党员近期存在的不足现象，最后由支部书记全方位总结评价党员责任区落实情况。

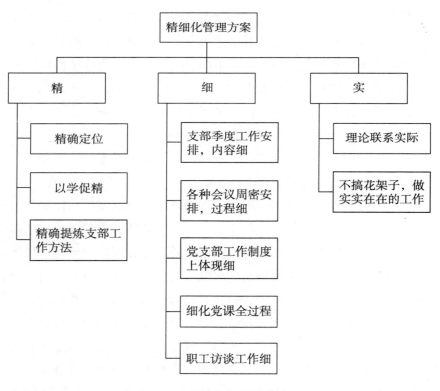

图 14－28　精细化管理方案

（四）实施效果

首先，通过抓全员素质，动力车间职工主人翁意识、操作技能都提高了；党员先锋模范作用凸显出来了；工程技术人员业务水平、主观能动性显现了；领导班子整体合力形成了。其次，全体党员面对车间设备维修任务紧张的局面，工资收入较低的困难形势，在保证所辖系统设备高效运行状况下，以优质完成生产应急性工程为己任，自觉为主体生产车间的实际需要作贡献。五年来先后完成了采场供电、采场供水、地表应急、井下应急等工程 100 余项。实现重大人身、设备事故零纪录。

实践证明，车间党支部是车间队伍稳定的基础。通过推行支部标准化建设工作，使党支部的战斗堡垒作用和党员的先锋模范作用得到充分发挥，各项工作也取得可喜的成绩。动力支部连续多次被评为局邯邢矿业公司、北洺河铁矿优秀党支部、先进集体。

十一、矿山特色的保卫工作

矿山保卫工作的重要性　企业内部治安保卫工作是社会管理综合治理的组成部分，是整个社会治安管理的重要方面，是事关企业能否正常生产、生活的大事。

保卫工作面临的严峻形势

一是随着企业改革的不断深入，进入企业务工的临时用工队伍壮大，有一些人文化素质不高，法制意识淡薄，不遵法守纪，受到利益的诱惑，有时会铤而走险，盗窃企业物资的侵财性犯罪时有发生。

二是在矿区周边，不同程度地存在着废品收购站，这就给犯罪分子提供了销赃渠道，是矿山治安的一大隐患。

三是该矿与周边 3 个乡 2 个镇 11 个行政村相毗邻，因周边关系不够和谐时常引起工农矛盾，成为当前危害矿山治安的重要行为因素之一。

内部保卫工作　内部保卫工作主要包括的内容有：

1. 目标

第一，为矿山发展创造良好的治安环境。做好矿区内部治安保卫工作，保护国有资产不受不法侵害，使矿山生产经营在稳定的环境中进行，为矿山发展创造良好的治安环境。特别是矿山企业用着爆炸物品，一旦流失被盗出问题，会影响社会稳定。做好矿区内部治安保卫工作，能够有效防范犯罪，为矿山减少或挽回经济损失。通过加强治安防范工作，与公安机关相互配合，打击盗窃等犯罪活动，使犯罪分子不敢对矿山资产及物资有非分之想。

第二，为矿山安全生产经营保驾护航。做好矿区内部治安保卫工作，打击违法犯罪行为，能够有效地防止矿山资产流失，保障矿山生产经营能够安全顺利进行。

第三，为矿山职工队伍营造和谐氛围。矿区内部治安保卫工作的好坏将直接影响着职工的切身利益。只有搞好矿区内部治安保卫工作，才能使矿山职工的生命财产安全得到保障，有了良好的治安环境才能使职工有安全感，没有后顾之忧，使职工全身心地投入到生产建设中去。

2. 措施

第一，强化治安防范，全力防止物资流失。打击盗窃行为，维护矿山财产安全，是每一个治安保卫人员一项长期而艰巨的任务。打击是治标，防范是治本。因此，突出重点，以防为主，强化内部防范，杜绝物资流失。

一是坚持多层值班制度。多年来，保卫科始终坚持以科领导、外勤、各班负责人等多层次的值班制度。每天24小时轮流值班，对各岗位值勤人员进行走动式管理，各岗执勤人员每日夜间必须向值班室"零"汇报，种种措施强化了值勤人员的工作责任心。

二是加强重要部位管理。针对矿区点多线长面广的特点和重要部位所在的位置、地段情况，采取巡逻与固定岗相配合、巡逻与守候相结合的方法。实行区域承包管理办法，选派有责任心、爱岗敬业的骨干队员看守火药库，进行分区承包，起到了较好的防范效果。

三是加大技术防范投入，全面提升技防能力。在各重点路段、部位已安装了85台"监控摄像头"，3台远红外线室内防盗报警器，初步构筑了信息化的治安防控网络。取得了较好的防范效果并起到了震慑犯罪分子的作用。

四是加强门卫管理规范化运行，防范物资流失。对外来人员及车辆严格登记，对出门物资严格收取《出门证》并认真查验，有效杜绝了矿用物资的流失。

第二，强化综治基础工作，维护矿区平安稳定。

一是健全组织网络，落实综治责任制。矿党委书记每年都与各基层单位签订《社会治安综合治理责任状》，及时调整治安综合治理委员会和基层单位综治工作组织机构及治保会，将综治工作纳入精神文明考核内容，由软任务变成硬指标，实现量化考核，与各单位干部的工资挂钩。

二是深入开展普法宣传活动。矿党委工作部根据职工的思想动态，有针对性地开展法制教育；加强了宣传阵地建设，在矿报《洺河园》开设法律专栏；牵头组织工会、团委、纪委等综治成员单位，积极拓宽宣传领域，增强宣传效果，做到了活动规模大、领域宽、内容丰富，形式多样，形成了干群齐心协力抓普法的良好氛围。

三是进一步加大流动人口规范化管理力度。对在矿区内施工的"三队"人员坚决做到先审查后用工，实行"谁用工，谁负责"原则，对需进入矿区施工的"三队"人员，必须携带身份证、照片到保卫科办理登记，负责人要签订治安、爆炸物品、消防责任书，每月初报一次用工花名册。对流动人口真正做到了"底数清、情况明、住址祥"。

四是坚持每周组织1~2次治安检查。特别注重节日期间的防火、防盗检查，每次都是科领导亲自带队，对办公大楼、物资仓库、生产车间等重点要害部位进行治安大检查，不断加大隐患排查整改力度。切实做到检查一遍，安全一片。

五是制订应急处置预案，落实安保措施。在重要节假日或重大活动来临之际，认真做好值班备勤工作。制订详尽的安保措施和应急预案，细化各项安保措施，强化责任落实。全科干群发扬无私奉献精神，节日期间全员上岗，并设立应急分队，24小时待命以应付突发事件。

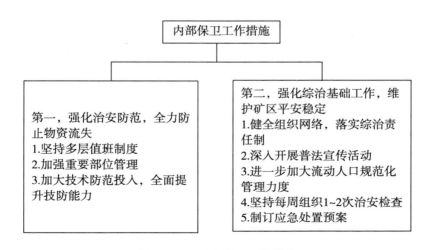

图14-29　内部保卫工作措施

外部保卫工作　外部保卫工作的主要内容包括：

1. 任务

任何单位都不是孤立存在的，都和周围社会毗邻单位有密切的联系，因此企业要同周围的农村、乡镇及其他单位做到相互配合，有效预防、制止犯罪活动和治安事件的发生，齐心协力抓好平安创建。

2. 措施

一是要紧紧依靠地方公安机关彻底铲除侵害企业利益的路霸、村霸和矿霸，为企业生产经营稳定发展扫清障碍。

二是由保卫部门配合工农办与周边乡村、单位建立联系制度，经常互通信息，及时发现、商讨、处理各种工农问题，消除治安隐患。只有大的环境稳定，小的环境才能平安。

三是兼顾双方利益，多年来该矿对周边农村发生的工农问题，除按政策、法律解决外，都本着兼顾双方利益的原则，通过协商妥善解决。特别是旱季农田需灌溉时，该矿都是尽力提供方便。保卫科积极配合矿工农办与周边乡村建立了联系制度，经常互通信息，及时发现、商讨、处理各种工农问题，做到相互配合，有效预防、制止村民犯罪活动和治安事件的发生，齐心协力抓好平安创建，这无形中消除了矿山的许多治安隐患。

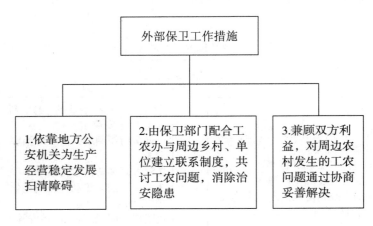

图 14 – 30　外部保卫工作措施

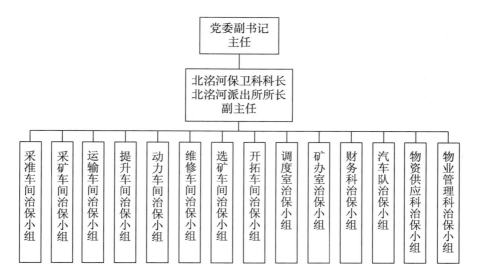

图 14 - 31　北洺河铁矿治安保卫网络图

案例 14 - 8

北洺河铁矿被省公安厅授予治安防范先进单位

2010 年，河北省公安厅授予北洺河铁矿年度企业事业单位治安防范先进单位荣誉称号，以表彰北洺河铁矿在治安防范工作中取得的突出成绩。

北洺河铁矿按照"主管领导亲自抓，分管领导具体抓，系统部门全面抓"的工作方针，坚持"预防为主、打防结合、群防群治"的工作方法，把社会治安综合治理工作放在首位，特别是在 60 年国庆期间，严格制订措施，加强防范，圆满完成了治安防范各项工作任务维护了矿区良好的治安秩序。

为确保矿区的安全稳定，针对矿山周边复杂情况，北洺河铁矿专门成立了由矿领导为组长的治安工作小组，在政府部门的大力支持之下，按照"三不留，一毁闭"的要求，对东风井、西风井、矿区周边临时建筑进行了集中清理整顿。另外，北洺河铁矿还加强对重点要害部位和危险源点的监控管理，加大巡视检查力度，在副井设立了治安检查点，确定责任人，死看死守。同时，对辖区内确定的多个要害部位，安装了视频监控设施，并安排值班人员日夜监控。有效防止了各类案件的发生。

在治安防范工作中，北洺河铁矿加强对广大职工群众的思想教育工作，重点是对法轮功人员和重点上访人员的监控帮教工作，发现邪教组织的各种非法活动以及影响稳定问题，做到及时向主管部门反映和及时处置。对各单位不稳定因素进行排查。加大了辖区外来暂住人口、各类重点人员的管控力度，进行了摸底登记，定期走访检查，实施重点监控管理，确保了矿区未发生严重刑事犯罪和进京寻衅滋事事件。

经过全矿干部职工共同努力，治安防范措施得到有效落实，确保了安全生产秩序和职工安居乐业，有效维护了矿区稳定和谐、治安安定的良好环境。

第十五章　工团建设

随着改革的进一步深化，企业必须与时俱进加强、创新和发展工团工作，充分发挥工团在企业生产经营工作中的战斗堡垒、桥梁纽带、先锋队生力军作用。北洺河铁矿在工团建设中主要有"创争"活动、五好班组建设及青年队伍建设三个方面。

一、创争活动打造新型员工

（一）活动背景

为深入贯彻落实党的十六大精神和"三个代表"重要思想，全面提高职工队伍素质，推动全矿形成"全员学习、全程学习、终身学习的学习型企业"，推进北洺河铁矿跨越式发展，实现邯邢矿业公司可持续发展的宏伟战略目标。根据邯邢矿山局〔2006〕96号文件精神，结合该矿实际，矿党政决定在全矿开展"创建学习型红旗班组（科室），争做知识型先进职工"的活动（以下简称"创争"活动）。

开展"创争"活动的指导思想　以"三个代表"重要思想和党的十六届五中全会精神为指导，全面落实邯邢矿业公司六届一次职代会精神，立足建设"国内一流，国际知名矿山"的奋斗目标，以建立学习竞争机制，调动发挥人力资源优势为手段；以提升职工队伍职业技能为核心，以培养学习型组织理念和行为为突破口，构筑多层次、终身教育培训体系。全面提升职工队伍综合素质，实现人才兴企，为实现该矿发展目标提供可持续稳定动力。

开展"创争"活动的总体目标　开展"创争"活动的总体目标是大力倡导终身学习的理念，提高职工的学习能力、实践能力和创新能力，普遍调动广大职工的学习积极性；努力营造尊重劳动、尊重知识、尊重人才、尊重创造的氛围，形成全员学习、全程学习、团队学习和工作学习化、学习工作化的运行机制；全面推进各类学习型组织的创建，促进全矿人才队伍建设，为各类人才脱颖而出搭建平台，努力造就一支有理想、有道德、有文化、有纪律的高素质职工队伍，为北洺河铁矿发展提供智力支持和人才保证。

（二）"争创"活动实施方案

主要方法和途径 其内容主要包括：

（1）开展形式多样的主题教育活动。要在职工中广泛开展爱国主义、集体主义、社会主义理想信念教育，帮助职工树立正确的世界观、人生观、价值观；加强职业理念、职业道德教育，培养职工高尚的道德情操和职业操守。

（2）创新学习活动载体，构筑职工学习平台。要针对不同专业、不同层面、不同工种的职工实际，设计丰富多彩的活动载体，吸引职工广泛参与；要立足班组，大力开展岗位培训、师带徒、岗位练兵、技术比武、技能竞赛、技术创新活动，激发和调动广大职工获取知识、更新知识、提高技能的积极性、主动性和创造性。

（3）深入开展职工读书自学活动。不断丰富读书自学活动的内容，创新读书自学活动载体，拓宽读书活动的领域，将读书自学与职工素质教育紧密结合起来，鼓励和引导职工学习、掌握现代科学技术知识，在实践中提高劳动技能、岗位技能，激励更多的职工岗位成才、自学成才。

（4）进一步整合教育培训资源，加大对职工的教育培训，满足职工日益增长的学习和发展的需求。广泛动员职工参与各类培训的同时，力所能及、拾遗补缺的组织开办各种适应性、实用型技能培训、合理化建议征集和各种论坛活动，集点子、集思路、集智慧，为广大职工更新知识、增长才干发挥作用。

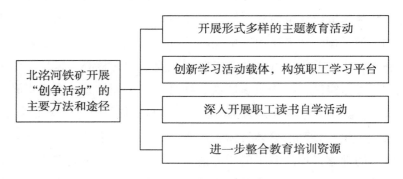

图 15-1 创争活动方法及途径

组织领导　主要从以下三个方面进行：

（1）为使"创建学习型红旗班组（车间、部门），争做知识型先进职工"活动扎实有效的开展，矿成立"创争"活动领导小组。成员由矿领导和各党支部、各部门负责人组成，宏观管理并指导全矿"创建"活动的开展。

（2）领导小组下设办公室，成员由党委工作部、人力资源科、工会、纪检监察部分人员组成，具体实施"创争"活动的各项工作要求，负责日常具体工作，并定期组织信息和经验交流，检查、监督和评估工作开展情况。

（3）各单位（部门）成立相应组织领导机构，制订相关工作计划和要求，加强对本单位（部门）"创争"活动的领导。

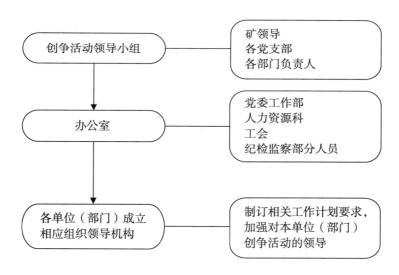

图 15 - 2　创争活动领导小组

表彰奖励　从 2006 年开始，矿工会在全矿组织开展"学习型红旗班组（车间、部门）、知识型先进职工"评选活动，每年根据该矿的实际情况，在全矿评选出 5 ~ 10 个学习型班组（车间、部门）和 10 ~ 20 名知识型先进职工，以矿党政名义给予命名表彰。

具体要求　主要包括以下五个方面：

（1）加强领导，高度重视。各单位要把"创争"活动列入重要议事日程，精心组织，周密部署，扎实推进。进一步调动和发挥职工参与活动的积极性、主动性和创造性，重点放在抓好建设学习型班组和造就"能工巧匠"

上，努力为职工学习构筑平台，创造优良的成才环境。

（2）落实职工教育培训计划。各单位（部门）要切实采取措施，将教育培训工作纳入日常工作范畴。人力资源科和工会要建立健全职工教育培训制度，认真制订、落实职工教育培训计划和各项保障措施。工会要加大源头参与管理的力度，实施全程参与，要将规划、经费保证纳入职代会、矿务公开、集体合同内容，从制度上监督职工学习培训权利的落实。要把"创争"活动与管理创新结合起来，通过创新提高企业的竞争力。

（3）把"创争"活动与劳动竞赛、师带徒、岗位练兵、技术比武和班组预算、班组建设活动结合起来，不断丰富"创争"的活动内容，同时，通过各种有效活动的有机结合，激励职工在学中练，在练中提高，达到学以致用的有效结合。

（4）发挥典型的示范作用。在开展"创争"活动中进行试点，每年评选出一批创建"学习型班组（车间、部门）"和知识型先进职工，宣传和推广他们的创建经验，把学习典型经验与学习身边的先进结合起来，把典型示范与普遍提高结合起来，推动"创争"活动广泛深入地开展。

（5）各单位根据各自实际情况和"创建"活动的需要，结合本方案，制定具体的目标和实施细则并报矿工会，矿工会将定期的对各单位开展"创争"活动进行检查和调研。并将"创争"活动列入年终考核的一项重要内容。

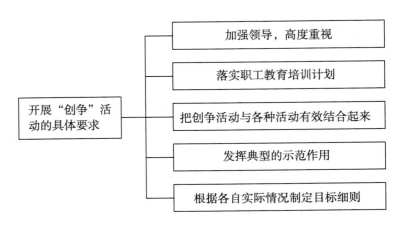

图 15-3　创争活动具体要求

（三）"工人先锋号"活动实施方案

"工人先锋号"创建活动是职工经济技术活动的深化和新载体，是"争创"活动的表现形式，是抓基层打基础，吸引更多的职工参与到经济技术创新活动的重要抓手。北洺河铁矿工会围绕公司和矿的生产经营中心，以创建"工人先锋号"活动为抓手，以开展形式多样的劳动竞赛为载体，贴近实际，贴近职工，融入中心，主动服从服务于企业两个文明建设，全面超额完成了各项生产经营任务。运输车间、动力车间分别荣获邯郸市"工人先锋号"称号，提升车间荣获"全国工人先锋号"荣誉称号。

加强领导，健全机制，确保创建活动顺利开展

成立了由矿工会主席为组长的创建"工人先锋号"活动领导小组，制定了《创建"工人先锋号"活动实施意见》，明确了创建活动的指导思想、目标任务和创建内容，确保了创建活动的稳步进行。在具体考核中，北洺河铁矿将"安全质量标准化、生产经营指标、劳动竞赛、职工队伍建设、技术创新"等，全部纳入到创建工人先锋号活动中进行考核，制订了一整套具体的活动考核细则，坚持每月一检查、每季一考核、一年一表彰奖励。

加强宣传，凝聚人心，营造浓厚创建活动氛围

为营造浓厚的创建活动氛围，广造创建活动声势，北洺河铁矿在生产车间及办公场所悬挂了开展创建工人先锋号活动的标语、条幅，利用板报、橱窗、广播、内部网络及各种会议等宣传工具和媒体进行了广泛的宣传动员。分层次就如何搞好创建活动，有重点、针对性组织工会干部、班组长骨干和工会积极分子进行了专题培训。大力宣讲创建工人先锋号活动的重要性，大力宣讲开展以"争创一流工作、一流服务、一流业绩、一流团队"为主要内容的创建工人先锋号活动，对于推动企业发展、加快企业发展的重要意义和目的，让"创建"活动深入到职工心中，成为干部职工的自觉行动。

突出特色，实施"四个融入"，扎实推进创建活动

——突出安康杯活动，融入安全管理，促进了企业安全生产。结合每年的全国安全生产月活动主题，重点开展了安全生产事故警示教育、"我为安全献一计活动"、职工代表安全检查、图片及书法展、矿嫂下井慰问等主题活动。通过开展"我为安全进一言"主题签字和"我为安全献一计活动"合理化建议活动，矿工会将收集的建议，在矿"安全例会"上组织专家进行筛选、整理和评选，根据"合理化建议"的科技含量和应用范围以及创新性、实用性和可推广价值等，评出一二三等奖并给予表彰奖励；通过开展"安全设施和文明生产专项整治行动"，矿工会将查出的隐患和问题提交安全科，以"四定表"形式下发车间，待问题全部整改完成，在矿务公开栏进行了公示。通过"安康杯"活动的开展，提高各级安管人员工作的主动性，全矿职工安全意识有了明显提高，安全工作执行力进一步加强，2012年6月13日，邯郸市还在该矿举行了地下矿山井下透水事故应急演练，充分展示了该矿对井下突发透水事故的应急处置能力和协同作战能力。

——突出全员参与，融入劳动竞赛，确保了各项目标的实现。一是成立劳动竞赛领导小组。为了确保劳动竞赛活动顺利开展，矿成立了以矿长为组长、其他领导班子成员为副组长、各部门主要负责人为成员的劳动竞赛活动领导小组，下设劳动竞赛活动办公室（矿工会），形成了以矿领导为核心、工会组织牵头协调、各部门负责人具体抓落实、全体职工积极参与的全面覆盖工作格局。二是广泛宣传，积极动员。为了营造全员参与劳动竞赛活动的氛围，利用生产调度会、政工例会、橱窗等多种形式对劳动竞赛活动进行了广泛宣传、积极动员和安排部署，通过宣传、动员和引导，提高广大职工对竞赛活动的思想认识，从而做到有目的、有重点地参加劳动竞赛活动。三是制订计划和实施方案。为了把劳动竞赛活动落到实处，矿工会制订了详细的竞赛活动实施方案，包括季度、年度总结评比表彰等，这些切实可行的计划和实施方案，使整个竞赛活动进一步得到细化和深化，基本实现了有组织、有领导、有计划、有检查、有评比，促进了活动的切实有效开展。四是结合实际，总结提高。为不断深化竞赛活动，矿工会每年对竞赛活动的经验以及存在的不足进行总结回顾，对竞赛活动实施办法进一步加以修订，使竞赛活动的内容、办法、考评等不断得到完善，做到各项活动开展有计划、有部署、有检查、有总结、有评比、有奖励。

——突出人才培养，融入教育培训，提升职工队伍整体素质。按照"创建学习型企业、争做知识型员工"要求，北洺河铁矿采用多途径、多形式加强了干部职工队伍的培训教育，使职工队伍素质显著提高。一是加强了职工队伍的培训和教育，把培训作为员工最大的福利，通过调研根据每位职工的培训需求，征求各方面、各部门的建议，对教育培训"量身定做"，结合劳资等相关业务部门分批分期举办各类培训班，同时结合各工种岗位实际，加强了岗位操作规程、安全操作规程、精细化管理等应知应会相关知识的培训教育，促使职工队伍素质明显提升。二是开展岗位技术练兵活动，营造比、学、赶、帮、超的创先争优氛围。通过技能比武，把经常性的岗位练兵当成提高各岗位、工种的实际操作能力和提升工作能力的有效手段，把学习、工作和岗位练兵活动有机地结合起来，把练兵活动取得的成功经验应用到今后的实际工作中去，做到在实战中练兵，在实干中提高，更好地履行自己的职能，不断适应新时期、新发展，为公司又好又快地发展作出积极的贡献。在2011年10月份举办的集团公司第一届职工技能大赛中，该矿4名选手取得了矿山测量工第一名的好成绩。

——突出降本增效，融入科技创新，推动企业健康发展。大力倡导自主创新，在职工群众中广发开展了"小技术、小窍门、小革新、小节约、小建议、小发明、小设计、小绝活"为主题"八小创新"活动和定期组织开展提合理化建议活动，建立了职工创新激励机制，把职工群众中蕴藏的无穷智慧和创造潜能凝聚起来、激发出来，开创了人才辈出、人尽其才的新局面。近年来，共收到职工群众合理化建议120多条。对有价值的建议及时提交矿有关科室部门付诸实施。如2009年12月提升车间"智庆周工作室"经过认真钻研，实施了主井提升系统速度图优化改造项目，通过调速装置参数调整和对PLC控制系统速度图的优化，缩短了单趟运行时间，使一次提升周期缩短20秒，每天多提升矿石780吨，年可多提矿石28万吨，仅此一项年可多创效近3000万元，年可节约电能10万度。特别是主井提升班在2011年元月"开门红"活动中，创出了日提升矿石12480吨，创金属地下矿山行业最好水平。

通过创建活动积极引导职工为企业发展作贡献，为推动公司跨越式发展发挥了工会组织应有的作用。面对当前国际经济危机给企业发展带来的困境，北洺河铁矿将进一步总结经验、查找不足，紧紧围绕企业生产经营，通过开展"工人先锋号"创建、节能减排和劳动竞赛等活动，实现劳动竞赛领域有新拓展，节能减排工作有新实效，发挥工人先锋号作用有新突破，为促进企业和谐稳定健康发展作出新的更大的贡献。

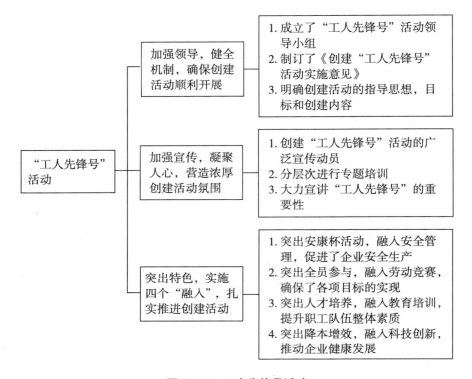

图 15 – 4　工人先锋号活动

（四）经验总结与实施效果

"创建学习型组织、争做知识型职工"活动，是在新的历史条件下，适应企业改革发展要求，加快职工队伍知识化进程，切实维护职工的学习权、发展权的重大举措。北洺河铁矿工会以提高职工整体素质为目标，以建立长效制度机制为重点，紧密结合企业改革发展实际，不断深化"创争"活动，增强了广大职工的学习力和创造力，提升了企业的凝聚力和竞争力，实现了企业与职工的和谐稳定发展。2007 年荣获邯郸市"创争工作"先进单位称号。

深化理念，着力营造"创争"的良好氛围　班组作为企业最基层、最活跃的组织，它不仅是企业各项工作的具体实践者，更是企业培养和锻炼人才的重要场所和基地。职工素质的高低，班组建设的水平，直接决定该矿山可持续发展能力和竞争力。随着"创建"活动的不断深入，矿党政领导清醒地意识到，思想是行动的前提，要保持矿山的又好又快发展和实现"国内一流，国际知名"的奋斗目标，"创争"活动也要随着时代的发展，更新"创争"

理念，赋予"创争"活动新的内容和内涵。只有不断将"团队学习，终身学习"的理念引向深入，全面提高团队素质，推动班组建设迈上新台阶，才是践行科学发展观，实现科学发展、和谐发展、持续发展，推进矿山又好又快发展的保证。为加强基层班组建设，提高广大职工对新时期"创争"的新认识。该矿从强化理念入手，在全矿着力营造创建"学习型班组"活动深入推进的浓厚氛围。一是利用各种会议动员班组。矿充分利用"创争"推进会、车间职工会、班组座谈会等，安排部署班组"创争"活动，大力宣传开展班组"创争"活动的目的和意义，动员班组和职工以实际行动投入班组"创争"活动。二是利用上级精神要求班组。结合学习上级"努力创建学习型企业，培育学习型职工"的活动要求，让职工积极参与班组"创争"活动。三是利用成功经验引导班组。组织收看国内学习型组织标兵单位、学习型标兵班组等知名企业关于班组学习取得成功的经典案例，让广大职工充分认知学习是提高班组水平和提高企业整体竞争力的必然途径。四是利用企业发展的远景激励班组。结合邯邢矿业公司、该矿发展的远景激励班组和职工，只有通过不断学习，熟练掌握各种业务知识，切实搞好班组建设，提高班组的整体技能和管理水平，适应企业发展的要求，才能共享企业发展的成果。

广泛的宣传、积极的引导，使"创争"理念深入人心，达成共识，在全矿形成了以班组为中心，全员融入、全员参与"创争"活动的浓厚氛围。

找准支点，构建班组"创争"活动新格局 该矿作为支柱矿山，面对管理的精细化和设备装备现代化的发展实际，为满足生产发展和管理提升的需要，矿党政着手从企业的长远发展入手，在加大班组建设的基础上，以完善班组培训工作体系为支点，多举并行，积极构建班组建设的"创争"新格局。一是高度重视，加强领导，成立了由党委书记、矿长任组长，工会主席、人力资源主管副矿长任副组长，工会、人力资源、党委工作部等部门负责人为成员的班组"创争"活动领导小组，全面加强了对班组"创争"活动的领导。二是大力支持，严格考评。北洺河铁矿对班组"创建"高度重视，筹资近10余万元在选矿车间、提升车间、动力车间等6个基层单位建立起职工书屋，配备了电视机、DVD卡拉OK系统，使职工学习寓教于乐。维修车间将学习资料、书籍放在井下维修硐室，为职工岗位学习、岗位成才提供保障。同时，在全矿80个班组中开展了"五好班组"创建竞赛活动，深化以"落实岗位责任，抓好工序管理，强化班组核算，提高经济效益"为内容的主题竞赛活动，使"学习型班组"创建更具操作性。三是按照企业发展的中长期规划，有计划地对全矿管理型班组开展"充电工程"和"加压工程"，聘请有关专家、教授为管理层讲授市场经济知识和有关法律法规，并根据企业的发展，不断更新充实了精细化管理、QC质量管理、6S管理和学习型班组等方面的知识，全面提升了管理班组的管理水平和知识层面。四是对生产和技术型班组，坚持"请进来、送出去"的培训方式对其进行轮训。同时，邀请中国矿业大学、武汉科技大学等专业院校的专家教授来矿举办矿山工程技术和机电工程技术讲座，拓宽了生产和技术型班组的培养渠道，提升了班组的技术和管理水平。2007年，外出培训生产和技术班组8期，举办讲座18次，培训人员近380人次。五是坚持立足班组、学以致用、岗位成才的原则，加强对操作性班组的培训，对不同工种、岗位、不同阶段的操作性班组分层次实施岗位技能培训，使每个班组职工都能及时根据企业发展和岗位掌握所需要的新知识和新技能。仅2007年，全矿共举办各类、各层次操作性班组岗位培训63期，培训1318人次。六是加强专业班组人员培训，先后5次组织全矿12个专业技术班组500多人次到程潮、梅山、洛阳等地进行电动铲运机、凿岩台车、掘进台车、提升机等新型设备运用和发展使用前景内容的培训。极大地提高班组人员的专业技能，使得职工能够从容应对不断更新的设备和流程。七是构建梯队，加强新入矿班组人员培训。根据需要，先后对公司大专班毕业生、东北工业大学毕业实习生和复转军人等新入矿职工开展不同专业培训1200人次，既丰富了新进班组人员的专业知识，又为企业的长远发展建立了人才梯队。

多措并举，上下联动，大大激发了班组职工的学习积极性，促进了全矿职工素质的明显提升。截至目前，全矿获得高级职业资格证书的由原来的107人增加到现在的295人，工人技师达到98人，职工整体素质有了大幅度提升。

选准切入点，打造"创争"活动的新平台　为改变班组固有的学习模式和管理方式，矿有关部门通力配合，积极创新载体，多形式为班组提供实践、交流、展示的平台，帮助班组在学习和实践中更好地实现技能提高和自主创新。一是用典型引导班组创建。组织收看全国学习型标兵班组事迹报告会、金牌工人许振超、自学成才的专家型技术工人窦铁城事迹，大力开展"创学习型班组，争做智能型职工"活动，有效地引导了班组树立"创争"目标，让职工看到了班组"创争"带来的效果，激发了班组在实践中学习，在交流中提高，实现班组的自我完善、自我提高的积极性。在典型的引导下，全矿涌现出采矿电铲班、维修铲修班、运输溜井维修班等积极开展活动，致力提高素质的学习型班组和以智庆周、李壮科、颜成文等为首的学习型班组带头人，在全矿产生强烈反响，推动了班组"创争"活动向纵深发展。二是用比练促进班组创建。北洺河铁矿把"学练比"竞赛活动，作为培育班组创造力和创新力的有效形式，在班组和工种中广泛开展班组对口赛、班组交流赛、岗位练兵和技术比武活动。2007年至2012年，先后在全矿80个班组和29个工种810名岗位人员中，开展了不同形式的岗位练兵和技术比武。通过练兵和比武，使提升主井班、110千伏变电站和选矿磨矿班等一批技能过硬、善于创新、精细管理的品牌班组脱颖而出，提升了班组的专业技能和创新能力。三是用项目平台激励班组创建。为激励班组创建，矿党政多措并举，大力引导班组以项目攻关为平台，引导班组开展项目攻关和技术革新活动。通过大力开展职工经济技术创新活动，极大地激发了职工立足班组，刻苦钻研，勇于革新的积极性和创造性，一批在公司和行业有影响的科研项目——高效率采矿方法试验研究、主井信号传输改造、地下矿山中孔自动化设计系统研究、选矿变频技术改造、干选废石运送及粉矿回收系统改造、选厂自动化系统完善及磁滑轮甩岩系统优化等50余项，在采准、采矿、提升、维修、选矿班组人员的努力下，先后获得邯邢矿业公司和冶金系统科技进步奖，5名个人被矿授予优秀科技带头人、科技明星等光荣称号。

"创争"活动的开展实现企业与职工双赢 班组"创争"活动的深入开展，极大地优化了班组队伍建设，改善了班组的知识结构和技能结构，促进了职工素质的综合提升。截至2012年8月，北洺河铁矿在册职工1543人，具有研究生学历人员11人，大学本科学历人员149人，大学专科学历人员256人，分别占总人数的0.7%、9.66%、16.59%。具备高级职称人员15人（教授级高工1人），中级职称人员87人、初级职称人员143人，分别占管理类、专业技术类岗位在岗人员（245人）的6.12%、35.51%、58.37%。高级技师26人，技师93人，高级工344人，中级工311人，初级工及以下477人，分别占操作维护类岗位在岗人员（1251）总数的2.08%、7.43%、27.5%、24.86%、38.13%。人员从学历、职称、职业技能等级结构来看，无论在量和质上均有大幅提升。仅2008年以来，共计向矿业公司各新建矿山输送各类人才134人，其中输送中层管理人员24人，专业技术人才26人，高技能人才84人。员工离职率从2009年起呈逐年减少趋势。副井提升班、主井卷扬班、联合泵站、选矿磨矿班等一批优秀班组，先后被命名为国家级青年文明号和巾帼文明示范岗。班组创新活动的开展，进一步促进了各项技术指标、劳动效率和经济效益攀升，促进了管理理念和管理方式的飞跃，提升了企业核心竞争实力，推进进了支柱矿山的又好又快发展，并多次荣获"邯郸市文明单位"、"河北省环境保护先进企业"、"全国冶金行业八大优秀厂矿"等荣誉。

经过多年努力，"创争"活动逐步形成党委领导、工会主抓、相关部门协作配合的工作格局，"创争"活动取得显著成效。在今后的工作中，北洺河铁矿将班组"创争"活动作为企业的一项制度，常抓不懈，将班组"创争"活动与企业管理相结合，与企业长远战略相结合，与职工成长相结合，在不断深化中，寻求最佳活动载体，实现活动的最终目的，推动该矿又好又快发展，为公司的发展作出更大的贡献。

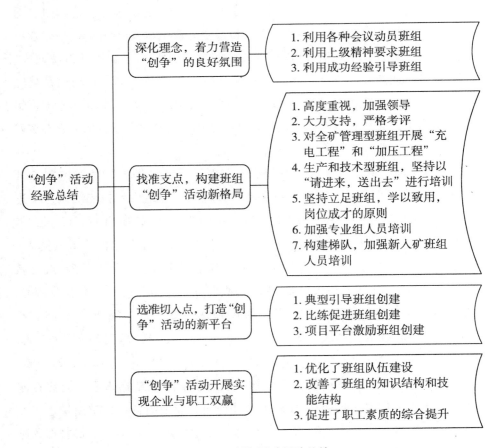

图 15−5　创争活动经验总结

案例 15 - 1

维修车间创建学习型班组成效显著

维修车间努力构建学习型班组，为职工成才创造条件，取得了明显效果。维修车间担负着全矿井下无轨移动设备的维修、保养工作。所涉及的都是国内外先进设备。如 SIMBAH1354 台车、TORO - 400E 电铲、D05 掘进台车等，都是高、精、尖设备。要维修好这些设备，这就对维修工人的素质、技术要求比较高。职工的技术水平的高低、熟练程度将直接影响设备的维修质量和运行情况。全车间员工也都充分认识到这一点，大力开展了学习技术活动。

车间铲修钳工队利用维修车辆的间隙，加强对设备的原理，操作维护知识和劳动技能的学习。在 -110 水平维修硐室内设置了资料柜，放有各种资料和技能培训的书籍，供职工学习翻阅。大家学习过程中相互探讨，相互提问，或是一人提出问题多人回答。相互交流在工作中遇到的故障处理方法和改进措施，一些好的建议和方法，一旦确认能收到良好效果，马上实施并推广。在工作中还注重对新工人的培养，处理故障过程中由经验多的师傅讲给新职工，所注意的事项，技术要领、安全措施等，做好了传、帮、带工作。班队还组织一些有奖问答活动，通过颁发一些小的物质奖励（如指甲钳、钥匙扣等奖品），来鼓励职工的学习劲头。东西虽小，但效果很好，提高了大家的学习兴趣，营造良好的学习氛围，争创学习型班组。通过这些学习活动，使得新职工很快进入了角色，老师傅在传授技术经验的同时不仅巩固了已有的知识，又拓展了自己的思维，提升了自身的素质。大家工作生活在一个宽松、友好、团结、上进的团队中。

案例 15 - 2

北洺河铁矿提升车间北洺河速度事迹

北洺河铁矿提升车间主井提升班成立于 2002 年，现有职工 18 名，女职工 14 名，承担着全矿年 220 万吨以上的铁矿石提升任务，设备技术含量高，生产任务艰巨，安全责任重大，被称为矿山生产的咽喉要道。建班 6 年来，主井提升班全体姐妹们以创一流工作业绩为宗旨，以安全、文明、优质、高效为目标，爱岗敬业，脚踏实地，无私奉献，取得了令人瞩目的好成绩。班组累计提矿 1095 万吨。连续五年被局矿评为"三八"红旗集体、巾帼文明岗，2006、2007 年连续两年被邯郸市妇联授予市级"三八"红旗集体，巾帼文明岗。

为尽快适应提升机现代化操作要求，该班组克服了孩子小、家务繁重的困难，利用一切时间熟悉设备性能，背诵操作规程，仅用了一个月时间，对 20 余条 800 多字安全操作规程全部做到了耳熟能详。为提高操作水平，采取"每日一题，每周一练，每季一赛"的方式，开展内部培训和技术比武，激励班组成员学习专业知识，苦练操作技能，有效促进了班组全员素质的提高。全班成员全部达到了省级操作考核标准，有一名同志被评为邯郸市"操作能手"，两名同志成为矿山局岗位"操作明星"，有十人次被邯郸市、矿山局和本矿评为先进工作者、三八红旗手、岗位能手。

"生命重如山，安全大如天"，该班组时刻牢记"安全第一，预防为主"的工作方针，在工作中像对待孩子一样，高度关注机器的运行状态，从严落实巡查点检记录，先后建立了班前会制度、运行记录制度、班组安全确认制度、班组交接制度和设备运行档案，率先在全局开展了班组安全作业标准化建设，并在工作中总结出一套"望、闻、问、切"的点检巡查方式，及时反馈设备信息，一旦发现有问题，及时进行处理。班组成员刘学平、霍彩霞在一次值夜班时，听到箕斗有异响，及时停车查看，发现一根铁管卡在了箕斗开口处，致使箕斗不能完全下放，立即通知维修人员进行处理，避免了矿石坠井的严重事故；班组成员田利梅，在操作中发现尾绳有异常现象，立即停车汇报，经维修工检查，发现尾绳发生断丝，及时进行了更换，为矿挽回了几十万元的经济损失。良好的安全意识和严谨的工作态度，使提升机自投产运行以来，没有发生一起安全事故，实现了安全生产每一天。

在工作中，还注重采用多种形式提高生产效益。广泛开展了"三比三争两杜绝"活动，比技术，争创一流质量；比产量，争创一流效益；比作风，争创一流形象；杜绝违章作业，杜绝安全事故，激发了班组成员的生产积极性。同时，不断加强班组管理，开展节能降耗和技术创新活动，实现了由"生产型班组"向"效益型班组"的转变。从消除跑、冒、滴、漏着手，加强提升机运行合理分析，提出节能型操作规范，几年来，节能降耗 130 余万元、修旧利废 40 多项，节约资金 20 余万元。围绕高效生产和设备材料管理，大力开展"五小"活动，向矿、车间合理化建议累计60余条，实施小改造20余项，产生效益100余万元。

一分耕耘一分收获。通过全班的共同努力，实现了连续6年人员和设备事故为零，而且大大突破了主井提升机年设计产量180万吨的提升能力，2007年，达到了265万吨，超设计能力85万吨，设备作业率提高了47%。为北洺河铁矿创造冶金矿山史上"一年半达产，二年超产"的"洺河速度"作出了积极的贡献。

附录 15 - 1

"创建学习型红旗班组（车间、部门），争做知识型先进职工"的标准与条件

1. 学习型红旗班组（部门、车间）

（1）在广大职工中普及终身学习的理念，形成团队学习、全员学习、全过程学习的制度和氛围，建成学习型团队，并取得一定实效。

（2）有创建学习型的班组（部门、车间）长远规划、近期目标和实施办法，有健全的组织领导体系，有明确的培养目标和任务。

（3）职工学习热情、学习成果和劳动创造得到充分肯定和尊重，形成工作学习化、学习工作化，实现学习成果与工作成果的共享与互动，推动组织的持续发展。

（4）领导带头，教育资源充分利用，建立终身学习和学以致用的激励机制。

（5）职工队伍的思想道德素质、职业文明程度、科学文化素质和技术技能水平得到不断提高，通过开展"创争"活动，使组织创新力和竞争力不断增强。

（6）圆满完成矿规定的各类人员培训任务。

2. 知识型先进职工基本条件

（1）热爱党、热爱祖国、热爱社会主义，拥护党的基本路线和纲领；有科学、正确的世界观、人生观、价值观；有良好的职业道德、甘于奉献，拼搏进取。

（2）确立终身学习理念，具有强烈学习要求，明确的学习目标和完善的

学习计划，结合工作实践学习，以学习促进工作。

（3）具备所从事工作岗位必备的文化和专业知识，不断学习新知识、掌握新技能，在团队学习中发挥突出作用，学习事迹突出，成效显著。

（4）有较强的实践能力，具备适应岗位变化要求、适应社会需要的技能和本领。

（5）有较强的创新能力，善于运用学习、掌握先进科学文化技术知识，充分发挥自身潜能，不断创新，在本职工作岗位上有突出业绩并有创造性的贡献。

二、五好班组夯实车间管理基础

（一）建设背景

班组是企业的细胞，是安全生产工作的第一线，加强班组建设是熔炼一线队伍、夯实企业基础、提高企业活力和核心竞争力的长期战略任务。自2007年至今，北洺河铁矿工会按照"经济效益好、安全质量好、思想作风好、业务素质好、民主管理好"的基本要求，先后创建"五好班组"15个，通过"创建"活动，各基层班组机制健全、制度完善、管理规范，职工队伍素质提高，职工创新能力和管理能力提升，班组建设得到巩固和强化。在实现集学习、创新、和谐为一体班组的同时，为该矿乃至公司提供了物质和人才支撑。

建立机制　为创建五好班组"铺路"　班组是企业的最基层组织，是企业的细胞，加强班组建设，创建五好班组，是企业管理的重要内容，是建设高素质职工队伍的重要环节，是一项"固根强本"的基础工程。矿工会充分认识到了开展"五好班组"创建的关键性，重要性和紧迫性。为推动"五好班组"创建活动的开展，矿成立了由矿长、党委书记为组长，工会主席、副矿长为副组长，各车间和各职能科室负责人为成员的"创建"活动领导小组。领导小组下设办公室，负责"五好班组"创建的日常管理工作。

"五好班组"创建，做到了"三同"。一是与党委"同心"。工会牵头主抓"五好班组"创建，要在党委的统一领导下开展工作，各项规章制度的建立和党委的要求相一致；二是与行政"同向"。围绕该矿的安全生产开展"创建"，使之真正成为安全、生产经营、管理的前沿阵地；三是与各职能部门"同步"，相互配合协调，形成合力，共同筑牢管理基础。为了保证"创建"活动质量，领导小组进一步明确了各基层单位、科室的职责，细化量化管理、考核指标，增强可操作性。同时建立了矿、车间、段队、班组"创建"活动联络员制度，把"触角"延伸到生产一线。在第一时间掌握"创建"活动的情况，以便于及时协调和决策。

完善制度　为创建五好班组"护航"　科学、完善的制度是"五好班组"创建的重要保证。北洺河铁矿先后完善了"五好班组"周检查、月例会、季考核等8项"五好班组"管理制度，形成了完整的班组管理制度体系。各基层单位根据创建"五好班组"要求，结合本单位实际制订具体的"五好班组"管理制度。做到内容指标化、要求标准化、步骤程序化、考核数据化、管理系统化。为了确保各项管理制度的落实，该矿实行联责考核。班组出现"三违"或事故的，班组职工全部联责考核，具体考核比例由各单位制定，形成了班组联责考核机制，班组职工互相监督、互相促进。同时建立了班组安全、质量、生产、成本等记分制度，加大安全管理及"手指口述"法现场落实的考核，每天考核、公示，促进班组现场安全管理。除此之外北洺河铁矿还加大了对班组长的考核。对班组长安全、质量标准化、出勤率、生产任务完成和综合治理等5个方面的考核，每月兑现。

提升素质　为创建五好班组"把关"　提高班组长的综合素质，对实现安全生产尤为重要，北洺河铁矿通过加强班组长的选拔培训管理，逐步实现班组长由生产型向管理型转变。

在选拔任用上严把"三关"：①"准入关"，对班组长的选拔任用，按照班组长任职7项标准进行选拔，由所在单位提名上报，基层单位行政部门审查、培训，经考试合格后以行政文件正式下文聘用，并纳入生产骨干管理体系。每年对所有的班组长进行调整一次，通过业绩考核，职工测评，符合任职条件的，才能予以续聘。②"培训关"。该矿不断推进职工素质工程建设，严把班组长的培训关。采取自学和培训相结合的方法，每年对在岗的班组长进行培训。在培训中注重班组长的综合能力的提高，鼓励班组长参加各类文化、业务技能学习，对成绩突出的给予奖励。截至目前，在岗班组长的文化程度高中（中技）以上的达92%，技术等级全部达到中级工以上，班组长中的技师由原来的不足28%上升到63%以上。在生产和管理上发挥重要作用。③"聘用关"。该矿把班组长纳入到矿人才库，实行电子文案统一管理，推行竞聘制，聘期为一年。车间负责班组长的日常管理，对不参加培训或培训考试不合格、有"三违"行为和严重违反规章制度的班组长随时给予解聘，打破班组长"终身制",进而增强班组长紧迫感和责任感。

构筑堡垒　为创建五好班组"固基"　矿工会积极探索构建重点,把"五好班组"创建与安全标准化、"HSE 体系"建设、本质化安全管理建设和"安康杯"活动紧密联系起来;把"五好班组"创建与经营目标责任制考核,降本增效、创新创效工作紧密联系起来。使"创建"活动形式上成为企业的常态工作,内容上成为企业管理的有机组成部分。矿工会持续创新"创建"活动思路,创新工作方式,逐步形成了以技术革新为"创建"推手,为安全生产提供保障的新模式,把"创建"、竞赛、合理化建议与技改、安全、生产经营牢牢捆绑在一起,给职工安全加设一道"防火墙"。矿工会通过"创建"这一特殊"加油站",持续加大"五好班组"对科技创新和技术改造的奖励力度。以"技改创新,优化升级"为突破,与各技术科室协同推进"优化系统、优化方案、优化组织、优化管理"四优化进程。2010 年至 2011 年,征集、采纳合理化建议 829 项、立项 271 项、实施 184 项,累计实现创效 4708 万元。

"创建"活动呈现出三个显著特点:①职工的广泛参与和积极响应,凝结了集体的智慧和力量,确保了高效、安全生产;②班组整体创新意识和能力增强;③职工积极参与班组管理,主人翁和责任意识大大提升。在近年来所完成的技改项目中,有 32% 是由职工提议和建议的,涉及安全、生产运行、节能降耗、进口备件国产化等各个层面。不仅优化了配置,而且创造了可观的经济效益。同时积累了宝贵经验,先后有多家国内外企业、学院、专家、高管来矿进行学习、参观考察、交流。

激活细胞　为创建五好班组"给力"　北洺河铁矿坚持班组"四化"管理,深入开展群众性经济技术创新活动,激活了班组这个"细胞"。

一是坚持学习教育日常化。全面开展班组"三个一"学习活动,做到"一日一题、一周一案、一月一考",下发了专门文件,从出题、审核、检查、考核等方面对"三个一"活动进行了规范。改善班组职工的学习条件,完善了职工书屋。近年,又专门为基层单位配备安全、技术、管理方面的书籍 3 万多册,开通了职工宿舍网线,为职工学习、交流、成才搭建了平台。矿文化中心职工书屋被评为"全国职工书屋"。

二是坚持技术比武常态化。每年开展矿、车间、段队、班组 4 级技术比武、岗位练兵活动,制订了技术比武活动计划,每年安排举行 10 个以上工种的技术比武。该矿在邯郸市举办的技术比武大赛上多次名列前茅。

三是坚持职工培训多样化。推行基层单位自主培训，将培训工作向基层延伸，由基层单位自己列出培训计划，进行自主培训，改变了以往培训重理论轻实践的现象，解决了工学矛盾。与此同时，开展班组"名师带徒"活动，100 多对师徒签订了"名师带徒"合同。

四是坚持激励措施制度化。坚持每季度开展"小改小革"评选活动，健全了"小改小革"评选制度，凡是有利于安全生产、经营管理、改革发展等方面的小改小革都要给予奖励，从而调动了职工积极性，形成了比、学、赶、帮、超的良好氛围。2010 年，以智庆周命名的工作室提交的《主井液压系统改造方案》建议项目，根据不同季节的环境条件，对风冷机组进行分频段、变风量段控制，进而保证主井提升机的正常运行。改造后经过近一段时间的现场考察、监控，设备运行良好，确保了生产系统的顺利进行。据统计每年可多提矿石 8000 吨。这项技术在全国属首创，同时，解决了竖井生产多年来的安全提升难题，为国内同行业解决同类问题积累了宝贵经验。

（二）建设内容

北洺河铁矿五好班组建设的主要内容包括以下几个方面：

安全生产好　2008 年以来，矿工会以"五好班组"创建为载体，积极参与基层安全管理，促进安全生产目标的实现，实现全年重伤以上人身伤亡事故为零，重大设备事故为零的好成绩。

一是矿工会组织职工代表对该矿基层单位的安全生产进行监督、视察，把职工代表对安全生产提出的意见和建议，涉及哪个部门的，都要拿出整改措施及落实方案；矿工会逐条、按部门去督办、去落实，并向党委汇报，从而使大家意识到安全生产是北洺河铁矿的天字号工程，必须常抓不懈。

二是为增强职工的安全意识，在第六个安全活动月之际，矿工会与安环科、党委工作部联合，围绕"综合治理、保障平安"这一活动主题，结合本单位实际开展了宣传教育活动，承办了邯郸市非煤矿山安全知识电视竞赛；举办北洺河铁矿"安康杯"安全知识竞赛，并向全矿基层生产单位赠送了《非煤矿山安全知识培训教材》；另外 9 月 1 日还邀请了中央电视台 3 套《星光大道》冠军得主及北京星光艺术团来该矿演出"平安是福"安全综艺晚会。通过各种活动的有效开展，进一步提高了全矿职工的安全生产意识，提升了安全管理人员的管理水平，为实现北洺河铁矿"安全每一天"，确保全矿安全文明生产再上新的台阶奠定了基础。

任务完成好　矿工会紧紧依托局、矿的生产形势，不断地深入基层，狠抓班组岗位的标准化建设，坚持不懈地开展岗位劳动竞赛和技术革新活动，并形成长效机制，向管理和制度要效益，取得了明显的效果。比如选矿车间为完成全年铁精矿的生产任务，对班组管理采取了一系列的新措施：首先，重新划定了管理网络，形成了厂内、厂外、电工三大动态管理板块，实行班长管理负责制。车间结合生产工作的实际需要，制定了《选矿车间班组长考核细则》，包括生产任务、班组成本、安全管理、技改增效等共计150多项考核方法，实行严格的奖罚制度，充分体现责、权、利的三到位。其次，车间采用"金点子"工程，广泛征求车间党员和职工的意见，对车间的生产任务、成本管理、安全、设备检修等一系列的问题，广泛地征求意见，体现车间的民主化管理，收集好的管理方法50多条，充分地应用到选矿各工序管理中。最后，车间形成一种严格明确的管理措施，体现落实，成立了"选矿车间监督管理小组"，明确了管理人员，每月对各班组的生产情况、成本管理、劳保用品的穿戴及违章违纪等情况进行严格的考核，量化打分，确立最优班组，把班组岗位劳动竞赛做到真实有效。

成本控制好　结合矿生产经营实际，为了确保生产任务超额完成，矿工会继续抓好班组成本核算劳动竞赛工作。在车间行政班组的基础上，建立了班组成本管理制度和考核办法，开展班组成本分析活动，指标细化，加大班组成本核算考核。通过劳动竞赛活动，促进了低成本的生产任务高效完成。比如采矿车间以开展"五好班组"创建活动为契机，狠抓岗位责任制落实，严格工序管理，强化班组核算，使车间经济效益不断提高。采矿车间通过开展班组成本核算竞赛，创新载体，以安全生产为前提，以年度生产经营任务为中心，以构建和谐班组为目标，充分调动职工的积极、主动性和创造性，通过生产技术管理科学化，成本管理细致化，把班组成本核算竞赛活动融入生产之中，建立奖惩激励机制，牢固树立职工管理意识、效益意识、成本意识、质量意识。

民主管理好　矿工会充分发挥民主管理、民主监督职能，建立以车间职工代表为组织的信息反馈管理机制，拓宽民主参与渠道，及时反映职工心声，调动职工的积极性和创造性，为领导了解民情、职工参与企业管理、集中职工集体智慧搭建坚实平台，真正体现职工代表参与企业民主管理的作用。

①制定印发了《基层单位民主管理委员会工作条例》。②要求班组事务公开透明，尊重职工权利，重大事项经班组长以上管理人员讨论，按时召开班组会，上下级沟通渠道畅通。③做好厂务公开工作。就矿上的重大决策、职工普遍关心的热点问题、涉及职工切身利益的问题，及时以适当的方式，在适当的范围进行公开。④积极主动配合行政抓好职工生活福利工作。为了确保职工生活质量，矿工会成立了由职工代表组成的伙食委员会，采取"看、问、议"的形式，与职工代表面对面地交谈。⑤开展"女职工妇科疾病团体保险"活动，为260名女职工投保，维护了女工的合法权益。⑥针对北洛河铁矿年轻职工多，职工子女上学难这一问题，在今年新学期开学期间，矿工会多次与地方政府协商，使28名职工子女顺利入学，解决了职工的后顾之忧。

精神文明好　矿工会为了实现生产和精神文明建设双丰收，开展"创建学习型企业，争做知识型员工"活动，打造品牌职工队伍。

一是积极为职工搭建学习、成才的平台，深入开展岗位练兵和技术比武活动，组织矿有关职能部门对操作人员进行等级技能培训。8月份，选矿车间进行了车间全员大比武，通过理论考核和技术比武，在供矿、磨矿、抓斗等8个班组中选出14名"岗位明星"并进行了奖励，激发了职工学技术，学知识的热情。矿工会根据职工的需要，在原有的两个车间学习园地基础上，又建立了维修车间－95空压机站学习园地，提升车间副井学习园地。方便了职工现场学习，方便了职工在现场解决问题，促进了职工素质提高。

二是以"师带徒"活动搭建共同提高平台。为了全面实施素质增效战略，贯彻"人人是人才"的人才理念，矿工会、人力资源科、机动科等部门以"素质增效"为目标，大力推行"师带徒"活动。针对职工对提高自身技能和专业知识的需求，建立新型师徒关系，通过师徒结对、签订师徒合同来引导和激励职工苦练本领，为职工提高技术技能水平搭建平台。

三是加大培训力度，促进职工职业技能提升。结合职业技术技能鉴定考试，矿工会、人力资源科组织专业人员对安全检察员、变电站值班员、水泵工等11个工种450人进行了培训，通过培训考核，职工的理论知识与操作水平都得到了提高，为企业长期发展夯实了基础。

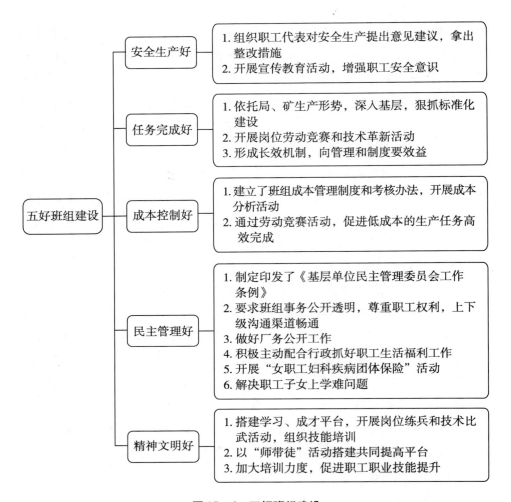

图 15－6　五好班组建设

（三）实施方案

制度名称	北洺河铁矿 五好班组创建实施方案	编　号	1－1－15－15－13
编辑部门	工　会	考评部门	工　会
执行部门	矿属基层工会	监督部门	制度执行督察组

第一章　总　则

第一条　为加强班组建设、全面提升职工队伍综合素质，根据矿、车间年度生产经营任务，在全矿各生产单位开展以安全生产好、任务完成好、成本控制好、民主管理好、精神文明好为内容的"五好班组"创建活动，特制订本制度。

第二条　通过"创建"活动，使全矿基层班组制度建设进一步完善，机制进一步健全，各项管理形成规范化、制度化；职工队伍整体素质得到普遍提高，职工技能水平进一步提升；全面提升班组的学习能力、创新能力和管理能力。班组建设得到巩固和加强，真正使基层班组建设成为一个学习型组织，为该矿的发展凝聚动力。

第二章　创建内容

第三条　安全生产好。班组安全生产制度健全，责任明确，建立高效安全的生产模式，提高安全防护意识，班组成员认真学习执行安全操作规程，杜绝违章现象发生。

第四条　任务完成好。以矿、车间下达的各项生产经营指标为中心，开展"比质量"、"比效率"的竞赛活动，提高班组团队执行力，全面优质完成各项任务，各类生产指标在同工种或同行业领先。

第五条　成本控制好。建立了班组成本管理制度和考核办法，坚持班组成本分析活动，指标细化，考核严格，记录齐全。

第六条　民主管理好。实行班务公开，工资奖金分配公开透明，张榜公布；班组重大事宜集体讨论决定，班组成员每季提合理化建议不少于20条。

第七条　精神文明好。班组成员在工作和生活中相互关心、帮助、爱护，班组成员学技术、学知识氛围浓厚，技术操作水平在班组中处于领先地位；班组成员之间劳动关系和谐，职工无违纪，班组文化生活丰富活跃。

第三章　组织领导

第八条　为了切实开展好"五好班组"的创建活动，矿成立"创建"活动领导小组：

组长：矿长　党委书记

副组长：矿领导班子其他成员

成员：党委工作部　工会　纪委　调度室　人力资源科

经营预算科　安全管理科　保卫科　财务科等单位

领导小组下设五个专项考核小组，分别为：

安全文明生产考核小组：

组长：安全科科长

成员：安全科副科长　车间主管安全副主任

产量质量考核小组：

组长：总调度长

成员：车间主管技术副主任

成本控制考核小组：

组长：财务科科长

成员：车间主管生产副主任

民主管理考核小组：

组长：工会副主席

成员：车间工会主席

精神文明考核小组：

组长：党委工作部部长

成员：车间支部书记

领导小组下设办公室，办公室设在矿工会。具体负责创建活动的组织、协调、指导工作。各单位要成立以支部书记、工会主席为负责人的创建领导机构，并将名单报矿工会。

第四章　创建范围

第九条　开拓工区、采准车间、采矿车间、运输车间、提升车间、动力车间、维修车间、选矿车间、汽车队、行政事务科。

第五章　考核评比

第十条　矿"五好班组"的创建活动，实行季考核讲评，半年总结，年度评比挂牌制度。矿工会每年在五一国际劳动节前夕对"五好班组"创建达标的班组进行表彰。参加创建活动的班组首先向车间申请，车间向矿申报，由矿组织有关部门考核评比总结表彰。各单位受表彰的"五好班组"，荣誉只管当年，次年如落标则予摘牌；各单位应将"五好班组"创建作为加强车间和职工队伍管理的重要工作，纳入对集体和班组长考核、评先选优的必备条件，形成有效的约束和激励机制。

第六章　附　则

第十一条　本制度由北洺河铁矿工会负责解释，自发布之日起执行。

编制日期		审核日期		批准日期	

（四）经验总结与实施效果

北洺河铁矿"五好班组"创建以来，首先成立了创建活动领导小组以及五个专项考核小组，制订了《五好班组创建实施方案》和五好班组创建指导思想、创建目标、创建范围、创建内容和考评标准。同时结合矿工序管理实际协助。7个基层单位制订了相应的车间班组创建标准及考核标准，使基层班组制度建设进一步完善，机制进一步健全，各项管理形成规范化、制度化；职工队伍整体素质得到普遍提高，职工技能水平进一步提升；全面提升了班组的学习能力、创新能力和管理能力。班组建设得到巩固和加强，真正使基层班组建设成为一个学习型组织，为该矿的发展提供了有用的高素质队伍，为该矿全面超额完成各项任务打下了坚实的基础。2012年完成铁矿石266万吨，铁精矿完成150万吨，创历史新高。矿工会先后荣获了"全国模范职工之家"、"河北省模范职工之家"、"省职代会星级单位"、邯郸市"劳动竞赛工作先进集体"、安康杯优胜单位、厂务公开先进等多项荣誉称号。同时，提升车间荣获全国"工人先锋号"，主井提升班被授予"全国三八红旗集体"。2010年邯郸市总工会在主井挂牌成立智庆周工作室。矿工会为北洺河铁矿获得"全国十佳矿山"和"全国绿色矿山"奠定了扎实的基础。这些成绩的取得是和该矿当前开展的"五好班组"创建分不开的。

2011年提升车间提交的《主井提升机改造》项目。四优化技改小组，根据车间实地测绘的数据，调整了调速装置参数和对PLC进行序程修改，这项技改大大缩短了单趟运行时间，使一次提升周期缩短20秒，每天可多提矿石30余斗，年可多提矿石28.47万吨，创效3000万元。不仅如此，主井提升机优化设计后，由于提升机的单趟运行时间缩短，年可节约电能10万度，并且降低了材料备件的损耗，获得了显著的经济效益。

案例 15 – 3

夯实基础　创新载体
北洺河铁矿"五好班组"创建活动的情况汇报

北洺河铁矿工会紧紧围绕经济效益中心，积极贯彻精细化管理理念，学习落实科学发展观，创新劳动竞赛载体，在全矿 80 个班组中开展了"五好班组"创建竞赛活动，深化以"落实岗位责任，抓好工序管理，强化班组核算，提高经济效益"为内容的主题竞赛活动，全面落实岗位责任，促进了经济效益的提高。几年来，先后荣获了邯郸市"劳动竞赛工作先进集体"、"邯郸市模范职工之家"、"邯郸市企业文化建设先进单位"、"邯郸市劳动竞赛先进集体"、邯郸市"创争工作"先进单位、邯郸市"安康杯"优胜单位和"河北省模范职工之家"等多项荣誉称号。

一、科学引导，强化学习

北洺河铁矿工会自 2007 年 5 月下发《"五好班组"创建实施方案》以后，各基层单位迅速组织学习落实，对照方案，结合自身实际，分析存在的主要问题，积极探寻好的想法和做法，激发职工的自主创建精神，制订出操作性较强的措施方案；引导职工积极参与，使班组长与组员之间、班组与班组之间、班组与车间之间敞开心扉，沟通思想，形成互学，互动的良好氛围。为了进一步培养职工浓厚的学习兴趣，提高工作热情，矿工会与车间结合，在选矿车间、动力车间 11 千伏电站、提升车间主井提升班、维修车间维修峒室和物业管理科等建立职工书屋，定期或不定期的组织"创建总结"、"经验互谈"等活动，建立"日练兵、周度互动培训、月度集中学习"等制度，通过"车载电视、《洺河园》小报、互联网"等形式在公共场合进行宣讲。

2007 年至 2008 年上半年，矿工会向各车间班组投入学习书籍、用品累计超过 5 万元，并在矿文化中心建立科技图书室、增加文体设施，为职工活动提供阵地。在 2008 年五一前夕，矿对 16 个在创建活动中取得优胜的班组进行了命名表彰，促进了"五好班组"创建活动的开展。

二、明确目标，规范内容，严格考核

重心下移、面向班组、同步实施、同步考核是五好班组创建的工作方针。矿工会首先把"五好班组"创建活动的重心放在班组，夯实创建基础。其次，把"五好班组"创建的内容统一进行规范，即：①安全生产好，杜绝重大机

电设备事故和轻伤以上的人身事故；完成任务质量达标；安全管理制度规范健全；质量控制制度规范健全；班组执行力强、岗位责任目标明确；交接班制度健全。②任务完成好，矿、车间下达的生产任务能够按时完成；班组有阶段生产计划、目标；生产、设备运转正常。③成本控制好，班组成本费用不超预算；成本费用控制机制健全；班组成本费用台账记录健全。④民主管理好，班组事务公开透明；尊重职工权利，重大事项经民主讨论；按时召开班组会，上下级沟通渠道畅通。⑤精神文明好，班组劳动关系和谐；班组成员遵章守纪，无违法违纪行为；班组文化活动丰富多彩，班组经常学习，有共同学习愿景和目标；班组及成员经济技术创新能力强、有成果。再次，严格考核，实行季讲评，半年总结，年度评比挂牌制度。在以"五好班组"创建为落实岗位责任制载体的基础上，还制订出了操作性强的考核标准和实施细则，实行百分制考核，并设置专门的职能机构抓落实，严考核，奖惩分明，建立起了系统的、完整的监督考核体系，激发了职工工作的主动性和创造性，促进了企业经济效益不断提高。

三、创建效果明显，为塑造品牌职工队伍提供平台

通过"五好班组"创建活动，北洺河铁矿职工的主人翁意识、综合素质、创新能力、责任意识都得到了提升，为打造"职业道德好、业务技术精、执行能力强"品牌职工队伍，为企业科学持续发展提供了智力支持和人才保证。

一是职工主人翁意识增强了，树立了"在岗一分钟，敬业六十秒"的观念。动力车间、维修工车间在工作中做到了机电设备实现"三好"（管好、用好、修好）"四会"（会使用、会保养、会检查、会排除故障），认真记录每次设备故障、现象和处理方法，对每次检修都要作出检修确认签字，对自己所负责的设备检修工作负责，杜绝过去坏了就修，敷衍了事的工作作风，设备综合完好率达到95%以上，待修率5%以下，事故率1%以下。全矿一年来重大人身和设备事故发生率为零，保证了安全生产平稳运行。

二是职工的综合素质达到了提高。"五好班组"创建活动的开展，激发了广大职工提高自身素质的自觉性，在全矿掀起了"争创知识型员工"的热潮。矿工会也积极为职工搭建学习、成才的平台，深入开展岗位练兵和技术比武活动，组织矿有关职能部门对操作人员进行等级技能培训。开展了普通工种技能等级培训和初、中、高级升级鉴定，目前全矿211人都拿到了相应的资

格证书；技师（高级技师）培训 47 人，其中 20 人已通过了劳动厅鉴定，27 人已培训完毕，通过了理论与实际操作考试与论文答辩；矿山特有工种的技能等级培训在局人力资源部的业务指导下，组织了矿专业技术人员出鉴定试题 396 套，包括支护工、凿岩爆破工、掘进工、主提升机操作工、尾矿工等 17 个工种，磨矿、过滤、磁选、铲运机司机四个工种 67 人已通过冶金行业特有工种技能理论考试。在冶金行业组织的地质、测量、司机、掘进、爆破五个工种的理论考试中，合格率达 95%。同时，全矿职工学历层次也有了大幅提高，大专以上学历职工 349 人，初级以上专业技术人共计 225 人，其中取得高级职称 17 人，中级职称 96 人。

三是自主创新，共建和谐。在创建活动中，各参赛班组团队坚强有力、工作高效有序、生活丰富多彩、人人心情舒畅，班组成员和谐。选矿车间在五好班组创建活动中广泛开展技术创新和技术改造活动，成效显著。自去年以来，选矿车间合理化建议和技术改造项目近百项。主要取得了《干选废石运送及粉矿回收系统改造》、《选厂自动化系统完善及磁滑轮甩岩系统优化》等 10 余项科研成果。其中粉矿回收系统预计全年回收粉矿 1.8 万吨，创效约 400 万元；自动化排岩系统于 2008 年元月份正式通过验收投入使用，该系统日均排岩 1500 吨，为提高选矿生产效率发挥了重要作用。元月份，选矿车间完成铁精矿 10.18 万吨，创造了历史最高纪录，为全局生产任务的完成奠定了基础。提升车间主井提升班在创建活动中，注重以"团结、和谐、互助、友爱"为工作方针，发挥员工的创新意识，提倡全员参与、民主管理，激发职工的主人翁意识，通过班前十分钟（班前会）让职工参与班务管理，提高班组成员的自主管理能力和团队战斗力；积极倡导职工"勤动脑、勤动手"，在工作中总结出一套"望闻问切"的点检方法，并经常在一起交流学习。将班组建设成为温暖、和谐的"小家"。

四是促进了各项生产经营指标的实现，提升了企业经济效益。2007 年，全矿铁矿石产量再创历史新高，安全形势运行平稳，设备效率明显提升，技术改造硕果累累，经济运行质量稳步提升，团队精神明显增强，企业内部和谐稳定。铁矿石：预算 206 万吨，实际完成 237.58 万吨，超预算 31.58 万吨，完成预算的 115.3%，提前 50 天完成全年矿石生产任务。

铁精矿：预算 100 万吨，实际完成 108.62 万吨，超预算 8.62 万吨，完成预算的 108.6%，提前 25 天完成全年铁精矿生产任务。

采准掘进：预算6600米，实际完成7445米，超预算845米。

内部利润：全年预算3.75亿元，实际完成4.3亿元，超预算5500万元。

表15－1　　　　　　　　　　取得效果对比表

名　称	预　算	实际完成	超预算	欠计划
铁矿石	206万吨	237.58万吨	31.58万吨	
铁精矿	100万吨	108.62万吨	8.62万吨	
采准掘进	6600米	7445米	845米	
内部利润	3.75亿元	4.3亿元		5500万元

案例15－4

北洺河铁矿女子卷扬班全国青年文明号事迹

张玉霞，38岁，现为北洺河铁矿副井卷扬班班长。副井卷扬班是由8名女职工组成的生产班组。几年来，班组姐妹们团结协作，奋发拼搏，圆满完成了矿及车间布置的各项任务，创造连续4年安全高效运行的佳绩，多次被局、矿授予十佳青年安全岗、先进生产班组、集团"先进文明岗"，全国"青年文明号"等荣誉称号。作为车间生产咽喉部位的班长，张玉霞首先带头遵守安全操作规程和各项劳动纪律，并且对班内有违反制度和纪律的行为，照章严惩，就事不就人。在设备点检工作上即细且精，绝不放过任何一个小环节。对设备细心养护，对环境精心治理，全年设备完好率达到100%，连年被评为"红旗设备"。班组的文明生产工作多次受到各级领导的好评，成为外来参观人员的必到之处，起到了很好的窗口作用。这些成绩的取得，正是坚持不懈地抓安全、抓生产、抓文明生产、抓班组建设的结果。

为加强班组安全工作，强化安全管理，她始终要求班组成员，牢记"安全第一，预防为主，综合治理"的方针，要求所有岗位人员都能做到熟知了解本岗位职责和作业程序，能认真落实每周安全日活动，班组每天坚持召开班前会，以"工前五分钟"的形式开展危险预测、预知和预防活动，总结上一班的安全生产情况，并布置当天的主要工作任务，细心观察组员的精神状态和劳保用品穿戴情况，对班中可能出现的各种危险因素进行辨识，预测可能发生的事故，经过讨论制订相应的危险预知对策及预防措施，并进行安全交底，使各类事故隐患消失在萌芽状态中。为不断提高班组成员的操作技术，实现安全文明生产，从建立学习型班组入手，注重创建学习氛围。根据班组情况，张玉霞制订了《技术学习计划》，购置了学习资料，并将各种学习资料进行分类，建立学习书柜。还制订了学习推进计划，学习目的等项目，为职工树立终身学习的理念意识打下基础。她还和车间技术人员一起将《卷扬工操作安全规程》、《卷扬工操作技术规程》及《卷扬工设备使用与维护规程》、《设备检点制度》等学习资料进行修改、整理上墙，增强班组集体学习氛围。制订成员业绩考核细则，每月召开讨论会，对较好的工作方法进行交流和学习，并形成一个长效机制，坚持不懈的开展下去，极大地提高了成员的操作技能。同时，还主动邀请来技术人员来班组进行现场讲座，加快技术普及的速度和效率；并积极参加操作维护等培训和交流活动，将技术工作作为日常工作的一部分，制度化、习惯化、意识化，推上日常工作的轨道。在新的一年里，张玉霞会带领全班组以全新的面貌投入到生产之中，再接再厉，为该矿生产经营作出更大的贡献。

三、创建青年职工快速成长平台

（一）建设背景

随着现代企业制度的建立和企业中干部队伍年轻化、知识化程度的不断提高，青年在职工中占有的比例逐渐增多，北洺河铁矿现有在岗职工1500余人，35岁以下青年职工占到了将近50％，是矿山生产的生力军。青年一代是智力和体力最具有优势、可塑性最强的群体，是当前和今后促进企业发展的重要力量，抓好青年职工队伍建设，做好新形势下的青年工作对企业发展来说至关重要。

北洺河铁矿共青团组织在上级团组织和矿党委的指导和支持下，紧密结合企业生产经营和青年特点，围绕矿党政中心开展工作，始终坚持"服务企业生产经营，服务青年成长成才"的原则，抓基层打基础，抓教育强素质，以提升青工整体素质为着眼点，以青年集体建设为抓手，全力实施青年主题实践活动，充分发挥党的助手和后备军作用，为青年成长成才搭建了平台，为生产经营作出了突出贡献。

（二）建设方案

紧扣生产经营抓思想教育，努力促进青工思想道德水平的提升

一是深入贯彻落实公司和矿工作会议精神，通过青年论坛、工作交流等形式，依托报纸、网络、电视、宣传栏等，积极有效地教育和引导广大青年转变观念，树立信心，增强青年员工对企业重大决策的理解和执行力，不断激发青年立足岗位、勤奋学习、建功立业的热情，促使广大团员青年统一思想，提高认识，明确前进方向，增强自豪感和自信心。

二是加强形势目标教育和对青年职工的理想信念教育。结合矿党委形势目标教育和相关活动，先后开展了团员意识教育、"我与祖国共奋进，我与企业同发展"活动、"提素质，树形象"活动和"秉承先辈精神，青春奉献洛河"革命传统教育，引导青年职工树立和实践"爱岗敬业，诚信文明"的企业道德，促使广大青工养成良好的职业道德和个人品德，提升文明素质和道德水平，努力营造团结、友爱、文明、有序、和谐的发展氛围。

三是进一步加强对青工思想动态的调研工作。每年4、5月份，矿团委以问卷形式开展专项调查，深入了解了基层团支部在日常工作中遇到的各种问题和广大青工迫切需要解决的问题、对共青团工作的意见和建议。在调研的基础上开展好有针对性的思想教育工作，帮助广大青年解决问题、疏导认识、化解矛盾。

以活动彰显组织活力，积极打造一流共青品牌

一是加强组织和队伍建设，提升服务青年的能力，培养和打造一支素质过硬的青年人才队伍。矿团委不断改进工作方法，探索青年人才培养的新途径，加强团员青年和团干部的培训学习工作，通过深入开展业务培训、拜师学艺、技术比武、岗位练兵等活动，大力加强各类青年人才队伍建设。建立和完善有效机制，努力为青年人才搭建展露身手的有利平台，并以选树"杰出青年"、"青年岗位能手"、"优秀团员"为抓手，树立矿山青年的良好形象，激励和带动更多的青年学习先进、争当先进、赶超先进。同时，不断加强基层组织建设，加大对基层支部的管理和考核力度，督促他们贯彻执行好团内的各项规章制度，积极搞好团的活动阵地建设，充分利用活动平台发挥团组织的生力军作用，并引导和支持基层团支部积极主动开展自主性的活动，增强团组织的影响力和凝聚力。

二是以"奉献"为主题深入开展青年志愿者行动。规范志愿者服务队的管理，坚持长期开展"学雷锋树新风"、节日送温暖、义务献血、向灾区和贫困地区捐助等服务活动。

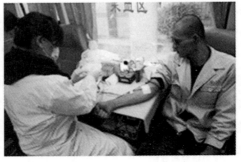

图 15 - 7　爱心总动员

三是把青年突击队、青安岗、青年文明岗、文明号等活动切实融入到生产经营当中，注重在活动中打造一流共青品牌，以此带领广大青工立足岗位作贡献，并为矿生产经营积极出谋划策，青年突击队还结合民兵突击队和复转军人突击队开展各种劳动竞赛，发挥突出作用。青年文明号认真开展创建工作，内练素质，外树形象，基础工作扎实，成员素质过硬，创建主题鲜明，受到了团市委的好评。

图 15 - 8　青年文明号活动获奖

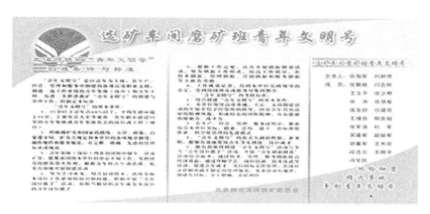

图15-9　青年文明号成果

四是不断创新共青团活动方式，创新工作载体，开展"青春洺河"系列活动。矿团委在矿报《洺河园》设立专题版块，在内部网站上创建共青团工作平台，并结合QQ群等交流方式，及时、有效地为团员青年提供工作动态、信息沟通、学习交流等服务。还筹备创建了"影像洺河"摄影协会，聘请专家授课并现场指导，为矿内广大摄影爱好者搭建成长平台。每年组织青年职工卡拉OK大赛等文娱活动，丰富青工的业余文化生活。还积极组织未婚青年参加团市委举办的"青春之约·和谐之旅"青年交友活动，联合人力资源科与武安市、涉县劳动局共同组织联谊活动，搭建交友互联平台，关心未婚青年职工生活，帮助他们解除后顾之忧。

（三）实施效果

在全矿广大团员青年的共同努力下，全矿目前创建并命名了7支青年突击队、16个青年安全生产示范岗、5个青年文明号和11个青年志愿者服务集体。北洺河铁矿共青团工作得到了各级领导的肯定和赞扬，矿团委和下属团支部连续被公司团委、团邯郸市委、集团公司团委评为优秀基层团组织，创建的青年集体和多名青年个人先后受到市以上表彰，3个青年文明号被团市委和共青团中央授予荣誉称号。

案例 15 - 5

河北省青年岗位能手——北洺河铁矿提升车间技术组长孟繁顺

孟繁顺，男，28岁，毕业于长春工程学院，电气工程及其自动化专业，本科学历。现为中国五矿集团邯邢矿山局北洺河铁矿提升车间技术组长，团支部书记，副井青年文明号负责人。

他先后完成该矿副井信号改造、主井液压站改造、提升电视监控系统改造、提升系统照明改造、西风井高压换向器改造、破碎变频改造等大的改造项目30余项，各类小改小革、技术革新项目50余项；完成了提升机电控、监控系统安全可靠性综合研究、提升机电控系统安全运行综合治理、皮带防撕裂安全运行综合研究、提升车间节能减排项目研究等多项科研合同，并在实际中解决多次疑难问题和排除设备故障。

在工作中，他以身作则，对技术组成员严格要求，加强对专业技术的学习研究，强化设备管理，提高技术服务质量，为车间各项工作的开展提供了技术保障。

1. 注重学习，提高素质。他刻苦学习、苦练内功，将电气理论和提升系统维修有机地结合起来，使系统的维护、维修有理论和技术上的支持。为了更加透彻地了解提升系统运行规律和工作特点，他不拘泥所熟悉的电气知识，努力学习机械理论，力求在提升系统上成为一个名副其实的技术能手。他还订阅了《矿山机械》、《金属矿山》等杂志，从中收集有关提升系统机电方面的技术资料和先进技术理论，开拓自己的视野，了解提升机械的发展趋势，对设备的使用和维护形成了自己的一套理论和思路，在车间实行收到了良好的成效，为全面完成矿下达的提升任务和设备的安全运行提供了保障。

2. 率先垂范、以技服人。作为一名技术人员，他对自己的工作精益求精，虚心向有一技之长的职工和其他技术人员请教，逐步完善了自己的工作理论，提高了自己的业务水平。2007年副井信号改造期间，他认真研究图纸，推敲工作中的每一个细节，及时做好与厂家技术人员的沟通，提前做好前期准备工作，在信号改造工程中，由于采用光缆传输信号，在硬件组态过程中出现信号传输中断，经检测各元件工作正常，他查阅相关资料仔细排查每一个元件，排查一切可能出现的问题，直到凌晨2：30分，终于将故障排除，成功实现通信网络连接，保障了工程的顺利进行。

3. 技术改造，精益求精。副井信号操作系统原设计采用电缆做通信网络，容易受到外界干扰，造成运行不够稳定。他查阅相关资料，深入工作现场与操作工进行沟通，结合北洺河铁矿副井的实际情况，经过与原创技术人员研讨，对副井信号系统进行改进，原设计各中断水平没有去向选择功能，只能靠对讲电话和井上操作人员沟通，这样操作烦琐容易出现误操作现象，他针对这一点制订了修改方案，克服了中断水平选择和井上人员的操作可能出现冲突及信号闭锁等问题，让副井提升系统可以不用其他辅助设备，独立完成所有操作。这样不仅使副井运行更加安全，操作更加方便，也大大地提升了运行效率，得到了职工的一致好评。

4. 攻关克难，精心钻研。盲竖井主要负责破碎工段人员及物料上下，设计比较早，技术比较落后，而且操作人员较少，就要求操作尽量简单，但考虑到经费问题，不能使用先进的PLC控制，这就给改造增加了难度。他同其他技术人员，每天都深入现场，与操作工及使用人员沟通，中午不休息，认真研究现场情况，力争掌握每一个环节，并查阅大量的图纸及相关资料，最后提出可行性较强的盲竖井改造方案。

5. 技术挖潜，节能增效。他与相关技术人员一起对主井系统进行优化，提高了设备运行的经济性，而且每天可比以前节约出2个小时的时间用来点巡检、保养、维护和检修设备，保证了设备安全稳定运行。由于单趟运行时间缩短，使一次提升周期由原来的96秒缩短到86秒，这样一个提矿周期比原来节省了20秒的时间，既节约了电能，又提高了工作效率，每天可多提矿石30余斗，年可多提矿石30万吨，真正做到了增产增效。

6. 立足服务，开拓创新。作为副井青年文明号负责人，他将文明生产工作细化到工作场所的每一个角落，要求成员每天坚持对作业区进行清扫，定期对车场进行消毒，保证职工的身心健康。还和矿团委一起在井口成立了青安岗广播站，每天利用职工上下班时间宣传局、矿重要精神和各项安全条例、规章制度，对候罐职工及来宾进行安全温馨提示。他牵头在车间内开展了卷扬青工技能竞赛，电、钳工技术比武，信号技能竞赛，安全知识竞赛等活动，并将技能竞赛制度化、经常化，促进了文明号成员岗位技能操作水平的提高。

该同志在工作中勤勤恳恳、任劳任怨，在技术上不断学习，不断创新，敢于攻坚克难，迅速提高自身技术水平，成为业务骨干，岗位能手，是青年技术人员中的典范。

案例 15-6

北洺河铁矿提升车间副井青年文明号事迹

北洺河铁矿提升车间的副井，井深 514 米，罐笼上下两层，每罐承载 72 人，升降一次单程经过 3 个水平，需一分半钟，每天运行 200 多趟，提升职工近 700 人次，下放生产用料 160 吨，排岩 180 吨，设备哪怕发生微小的故障，都会影响职工的生命安全和全矿的正常生产，可以说是全矿生产的咽喉部位。

提升车间副井青年文明号于 2000 年 11 月，以车间青年技术人员和副井卷扬班为主要班底创建。该号共有员工 23 人，平均年龄 33 岁，其中 35 岁以下青年 15 人，占全号的 65%，28 岁以下团员 5 人。自创建以来，该号以岗位安全为根本，以服务生产为宗旨，以岗位成才为追求，以创效立功为目的开展创建活动，激励团员青年，为矿山的生产建设和企业文化建设作出了突出贡献。该车间团支部连续 5 年被授予局红旗团支部，连续四年被授予邯郸市红旗团支部，2005 年被评为中央企业"五四红旗团支部"，副井被授予局十佳青年安全生产示范岗，邯郸市青年安全示范岗，副井青年文明号 2003 年被授予中央企业团工委青年文明号称号，2007 年五矿集团公司在该矿召开青年文明号创建工作推进会。

一、抓基础，规范管理注重成效

副井青年文明号创建之初，就本着矿"求实求精求发展、创业创新创一流"的企业精神，高标准，严要求，提出了"副井永远争第一"的工作理念，将建设标准定为不仅要在全矿、全局争第一，更要向全国一流看齐。在矿党委的充分关注和矿团委的直接指导下，车间团支部围绕车间中心工作，制定了创建"青年文明号"的总体目标和计划，制作了创建标准牌悬挂在岗位上，使创建的标志明显，创建气氛浓厚，创建工作有形化。进一步完善了工作规范，在文明号班组内细化了各类规章制度八项，并制订了服务承诺制、文明用语标准、巡查检查制度，对副井提出了一整套规范的管理标准和检查措施。

副井青年文明号的管理实施"检查制度化，程序标准化，服务优质化，培训系统化"。班组工作的规程和制度上墙，要求文明号成员提供优质服务，对待各方面的问询都要耐心细致，不急、不烦，讲究文明礼貌。车间各职能组组成督导组，定期对副井的安全生产、文明生产及班组建设的工作进行检查和指导，对文明号成员进行考核，奖优罚劣。并定期对文明号成员进行技术技能、岗位责任、安全规范等多方面的培训，提高班组整体素质。

二、抓安全，双管齐下铸就企业安全

副井作为井下人员运输的命脉，"提升安全，安全提升"是文明号每一名成员的庄重承诺。他们将高标准的安全责任目标落实到每个人身上，树立"安全第一"的思想，使安全工作做到"四到位"，即：安全生产责任到位，开展安全教育认识到位，隐患整改落实到位，查处违章及时到位。让安全深入每一个人的心中，以安全保证优质服务。

严抓细管立足岗位保安全。为了保证设备有一个良好的工作状态，该号成员对待提升设备像对待孩子一样细心呵护，做到班班清洁卫生，使设备始终保持原来面貌，常见常新；他们还协同车间技术组制订了点检本，认真做好点检工作，使技术人员和管理人员清楚地了解和发现设备运行情况以及设备出现的故障和隐患，为及时处理设备故障和今后的设备管理工作提供了原始资料和理论依据。为了强化岗位安全意识，提升岗位操作水平，他们还同车间技术人员一起补充完善了《副井卷扬操作规程》，同时制订了《副井卷扬班组安全标准化实施细则》等17项规章制度，统一制作成标准牌悬挂在工作岗位上。对于安全操作规程、正确的操作程序，通过班前班后安全教育、业余时间自学和定期的集中学习，使每名成员做到熟记于心、运用自如。副井安全运行七年，提升职工153万余人次，下放生产物料近50万吨，并成功地完成了防水闸门、巷道重轨等矿重点工程大型物料的下放任务，没有出现一例操作失误。

以人为本营造氛围促安全。为了使职工对安全入眼、入耳、入脑、入心，他们在副井口放置了"我为安全进一言"、"亲情安全寄语"和大幅的"安"字展牌，悬挂安全警示牌7块、温馨提示牌13块，同时他们还和矿团委一起在井口成立了青安岗广播站，青年文明号成员每天轮流利用职工上下班时间宣传局、矿重要精神和各项安全条例、规章制度，对上下井职工进行耳濡目染人性化安全教育，提高他们的安全意识，为保障企业的安全生产起到了警钟长鸣的作用。

三、抓服务，文明上岗塑造优中之优

北洺河铁矿以其超快的建矿速度、现代化矿山新模式和十年来的辉煌战绩引起了世人的关注，经常有国内外同行到矿考察学习。副井作为提升车间和北洺河铁矿的窗口单位，文明生产工作自然摆到文明号建设的重要位置来抓。该号自创办以来，圆满接待了朝鲜、芬兰等六国外宾的参观交流，国内6个企业公司的考察学习以及15次200多人次各级领导的检查指导，以其良好的形象和优质的服务受到了来矿人员的一致好评。

该号在日常工作中将文明生产工作细化到工作场所的每一个角落，为职工创造一个良好的候罐环境，他们为职工配备了候罐座椅，每天坚持对作业区进行清扫，定期对车场进行消毒，保证职工的身心健康。他们还利用井口青安岗广播站，以规范的文明用语，对候罐来宾进行安全温馨提示，给上下井职工送上温暖的问候和乘罐提醒。该号责任范围内设备保持本色，内部设施整齐划一，室内物品摆放整齐，地面卫生班班打扫，充分展示副井形象，由"副井要我做什么"变为"我为副井做什么"。女子卷扬班的姐妹们发现部分设备、设施表面出现锈蚀现象时，征得车间的同意，大家主动放弃休息时间一起来到班上，利用卷扬的工作间隙为设备除锈、刷漆，使设备保持了崭新的面貌；卷扬机上的戈培油在卷扬机工作时，容易甩在附近的地板上，即不美观又污染环境，如不及时清理，被检修人员踩在鞋上，会被带的到处都是，她们便自制了小铲子，一停车就去清理，一个班下来，多的时候得清理七八十次，虽然很烦琐辛苦，但是出色的工作、优美的环境受到了各级领导的好评，女子卷扬班连续5年被局授予巾帼文明岗，2005年获邯郸市、五矿集团公司巾帼文明岗，2006年获河北省巾帼文明岗。

四、抓教育，引导青工立足岗位成才

副井卷扬操作技术含量高、责任重大。这要求副井的职工不仅要一专，还要多能。一专，要对自己的岗位技能专；多能，同时熟悉相关岗位技能。这样才能更好地熟悉整个工艺流程，保证系统正常运行。因此，学习成了这里永恒的主题。

——积极开展"创争"活动。为了增强学习气氛，给职工的学习提供良好的学习环境，他们积极开展"创建学习型班组，争做知识型员工"活动，系统性地制订学习计划、学习内容，从思想、技术、生活、服务意识等诸多方面展开学习，通过深入学习统一思想认识，提高技能水平，并且开展互督互促活动，决不让一名成员掉队。

——积极开展岗位练兵，技能比武活动。为了激发青工争当职工明星、岗位能手的积极性，更好地促进文明号成员岗位技能操作水平的提高，该号牵头在车间内开展了卷扬青工技能竞赛，电、钳工技术比武，信号技能竞赛，安全知识竞赛等活动，并将技能竞赛制度化、经常化。

——注重拓展培训，创造和培养复合型人才。为使职工达到一职多能、操检合一的水平，该号利用工余时间请各职能组的工程技术人员给职工讲课，在讲课过程中，发现问题，解决问题。仅去年一年，共进行培训 6 次，共计 200 余人次。现在能在精通本职岗位的基础上，熟练掌握其他岗位技能的职工占职工总数的 90% 以上，能够熟练掌握两种以上非本职岗位技能的占 70% 以上。

全国青年文明号是副井全号人员的不懈追求，为了这一目标，他们会继续坚持以"为井下职工把好关、站好岗、服好务"为工作主题。用优质、高效、规范、文明的工作，让跳跃的青春在"青年文明号"的旗帜下闪烁耀眼的光芒。

图 15 – 10　青年文明号活动仪式

附录 15 – 2

北洺河铁矿青年安全生产示范岗活动管理制度

制度名称	北洺河铁矿青年安全生产示范岗活动管理制度	编　号	1 – 1 – 15 – 13 – 14
编辑部门	团　委	考评部门	团　委
执行部门	矿属各团支部	监督部门	制度执行督察组

第一章　总　则

第一条　为进一步建立党政工团齐抓共管安全生产的管理体系，充分发挥青年职工在企业安全生产中的主力军作用，提高青年职工的安全意识，强化青年职工的安全思想教育、安全技能培训和安全监督管理，促进该矿安全生产水平不断提高，结合该矿生产经营实际，制订本办法。

第二条　创建"青年安全生产示范岗"活动是指以青年职工为主体，以安全生产示范为导向，以安全思想教育、安全技能培训、安全监督管理为内容，以确保企业安全生产为目的的群众性青年安全实践活动。创建"青年安全生产示范岗"活动的主题是"安全生产、青年当先"。

第三条　通过创建活动，深化青年职工对安全生产重要性的认识，促进青年职工进一步掌握安全生产操作技能，提高安全生产和处理突发事故的能力，做到防患于未然。通过创建活动，组织动员广大青年职工投身安全生产实践，强化安全生产意识，营造安全生产氛围，提高安全生产技能，促进企业安全生产。

第二章　基本条件

第四条　创建"示范岗"的集体中35周岁以下青年应占全体职工的60%以上，负责人中至少有一位年龄不超过35周岁。

第五条　创建"示范岗"的集体必须文明从业，各项经济技术指标在同行中领先。

第六条　具有切实可行的创建规划和行之有效的创建措施，经常开展丰富多彩的主题活动，在确保安全生产方面创造了先进经验。

第七条　定期开展安全大检查和安全性评价，广泛开展安全监督活动，对发现的不安全现象和隐患及时制止和处理。严格执行各项安全生产法律、法规和规章制度以及岗位现场管理规范，无违章作业、违反劳动纪律的现象，无重伤以上事故。

第八条　创建"示范岗"的集体安全教育制度健全，安全教育体系规范，岗位安全技术培训有计划，有措施，有内容，有记录。创建集体成员应具有较强的安全生产意识、较高的安全生产技能，做到"不伤害自己，不伤害他人，不被他人伤害"。能够熟练掌握安全技术，在业务技术比武以及安全生产为主要内容的岗位练兵中成绩突出。

第九条　设立了"青年安全生产监督岗"，至少配备一名具有一定生产实践经验、熟悉安全规程和各种操作规程的青年职工担任"青年安全生产监督员"，悬挂了"创建青年安全生产示范岗"标志。

第三章　活动组织

第十条　各基层团支部以"号"、"手"、"队"活动和青工创新创效活动领导小组为依托，由团支部组成创建活动实施机构，制订方案，抓好落实。各支部以往开展的各项青年安全生产活动，要在名称和操作上向创建"青年安全生产示范岗"活动并轨。

第十一条　各基层团支部是本单位创建"青年安全生产示范岗"的主要责任部门，负责会同有关职能部门对创建活动进行组织、指导、申报、考核、监督，团支部应定期深入创建活动现场，及时了解和解决创建过程中遇到的问题，确立正确的活动导向，保证创建活动健康有序地开展。

第十二条　各基层团支部要及时建立"青年安全生产示范岗"管理档案，不断完善"青年安全生产示范岗"创建活动程序，实现管理工作科学化、规范化、制度化。要注重调动青年文明号集体、青年岗位能手和青年志愿者在创建"青年安全生产示范岗"活动中的积极作用，以点带面，整体推进。

第十三条　创建活动要以加强各项生产管理工作、提高设备健康水平为基础，积极创新安全生产管理，不断完善安全生产制度建设，认真开展安全生产宣传教育和安全生产技能培训，组织青年职工为企业安全生产献计献策。

第四章　创建措施

第十四条　以广播、电视、网络、报刊、墙报等为阵地，广泛宣传安全生产方针政策和法律法规、企业各项安全生产规章制度，提高青年职工对安全生产重要意义的认识。通过印发岗位安全宣传手册，悬挂安全警示牌和安全标语，开展事故反思活动，举办因违章指挥、违章作业、违反劳动纪律而造成重大事故的案例教育，强化青年职工的安全意识，增强投身安全生产实践的主动性，自觉实现由"要我安全"到"我要安全"的转变。

第十五条　把安全生产培训作为培养青年岗位能手的一项重要内容，纳入青年职工技术业务培训序列，通过举办安全生产知识培训班、开展安全生产知识竞赛等方式，组织青年职工认真学习掌握安全生产操作规程和技术标准。

第十六条　开展事故应急预演、岗位危险预知训练等以安全生产为内容的岗位练兵、技术比武活动，帮助青年职工掌握安全生产操作技能，提高安全生产和处理突发事故的能力，努力做到"三不伤害"。围绕安全生产中的薄弱环节，组织青年职工开展安全管理和安全技术创新，推广应用新成果，促进企业安全生产技术、管理水平的改进，不断提高企业的安全防范能力。

第十七条　强化安全生产监督管理。根据创建目标的要求，将安全生产的责任、创建活动的各项工作任务有效落实到岗位负责人和每个成员，增强青年职工安全生产责任感和紧迫感。创建集体负责人、青年安全监督员负责带领班组成员建立安全性评价制度，组织他们积极查找事故隐患，充分发挥监督作用。

第十八条　定期组织岗位全体职工开展安全大检查，消除各种隐患，把事故消灭在萌芽状态。采取举办安全生产点子大赛、召开事故隐患现场分析整改会、开展安全生产合理化建议活动等方式，组织青年职工为企业安全生产献计献策，形成群众性安全生产实践活动的热潮。

第五章　活动考评

第十九条　申报"青年安全生产示范岗"必须具备创建的基本条件，并经所在单位同意后上报。

第二十条　"青年安全生产示范岗"的考评由矿团委负责牵头，会同矿安全管理科联合进行。

第二十一条　北洺河铁矿"青年安全生产示范岗"实行挂牌制度，牌匾规格统一，要悬挂在生产现场，自觉接受监督。

第二十二条 出现下列情况之一，创建单位的创建活动重新开始：已经命名的"青年安全生产示范岗"被取消荣誉称号；发生人身伤亡事故；发生工程质量事故；发生火灾、交通事故；发生违法违纪事件；发生人员责任事故及重要设备损坏事故；发生隐瞒轻伤及以上事故；主要经济技术指标未完成。

第二十三条 "青年安全生产示范岗"实行动态考核管理，每年由矿团委会同矿安全管理科对已命名的"青年安全生产示范岗"进行一次复查考核，符合标准的给予重新认定，否则限期整改，到期仍不合格者，撤销其荣誉称号。

第二十四条 凡因各种原因造成"示范岗"年龄结构发生变化，不符合本办法第四条规定的集体，不再继续认定其荣誉称号。

第六章 附 则

第二十五条 本办法适用于北洺河铁矿"青年安全生产示范岗"活动。矿所属各团支部可参照本办法制订本单位的实施办法。

第二十六条 本制度由矿团委负责解释。

第二十七条 本制度自二〇一二年一月一日起施行。

编制日期		审核日期		批准日期	

附录 15-3

北洺河铁矿"青年文明号"创建条件与标准

"青年文明号"是以青年为主体，在生产、经营、管理和服务中创建的体现高度职业文明，创建一流工作业绩的青年集体（岗位）和青年工程。为进一步推进该矿"青年文明号"的创建与管理工作，特制定本标准。

1. "青年文明号"的基本条件

（1）35岁以下青年占60%以上，平均年龄应低于35岁，主要负责人至少要有一名年龄不超过35岁的青年集体或青年集体负责的岗位或工程（项目）。

（2）积极拥护党和国家的路线、方针、政策，自觉遵守局、矿有关规定和本单位的各项规章制度、操作规程和服务规范，有完整、明确、先进的管理标准或规范。

（3）青年集体（岗位）所在的团组织健全、活动正常，能紧密围绕本单位的中心开展工作，发挥团员的模范带头作用，根据青年特点生动活泼、扎实有效地开展创建活动。

（4）努力学习业务，刻苦钻研技术，熟练掌握本岗位工作必需的知识和技能，积极开展"青年岗位能手"活动，有相当数量的青年成为本岗位的青年岗位能手。

（5）根据工作需要，认真开展创新创效活动，努力创新工作模式，提高工作质量，在技术创新、管理创新、营销创新和服务创新等方面有突破。

（6）工作成效显著，得到本单位党政领导的肯定，受到周围群众或服务对象的赞誉。

2. "青年文明号"的考核标准

（1）符合创建"青年文明号"的基本条件。

（2）本单位领导高度重视，关心、支持创建活动的开展并给予经常性的指导，团员青年具有良好的精神风貌，形成特有的团队精神，具有很强的凝聚力、战斗力。

（3）在生产、经营、管理、服务过程中，紧密结合本单位实际，摸索、总结、建立一套标准化作业、科学化管理的先进模式。

（4）"青年文明号"的负责人政治性强，业务精，能够有效地带领青年争先创优、岗位成才。

（5）能有机地将创建"青年文明号"活动与争当"青年岗位能手"活动、开展"青年创新创效"活动结合起来，通过技术、管理、服务创新提高经济效益；通过拜师学艺、岗位培训、技术比武等活动，促进青年成才。实行目标责任管理，在岗位责任制基础上制订出管理规范，务求活动有规律，创建有目标，分工明确，责任到位。

附录 15－4

北洛河铁矿共青团工作考核细则

项目		考核项目	标准分值	考核得分		最后核定得分
				自评	考核小组初审	
基础建设工作	班子建设	团的班子健全，能按规定选配基层团干部（3分）；基层团干部平均年龄不超过30周岁（1分）；班子团结协作，能很好地发挥作用（2分）	6			
	基层组织建设	按期换届，及时调整、理顺基层团组织设置（4分）；积极开展团建创新试点和五四红旗团支部创建工作（4分）；建立严格的团费收缴管理制度，并按规定如数及时上缴团费（4分）	12			
	制度和阵地建设	支部"三会一课"制度坚持正常，能准时参加矿团委召开的会议（3分）；台账齐全，内容详尽，装订规范，有年度工作计划、总结，有会议、活动记录，有团干部名册、基层团组织建团情况，年终团内统计准确齐全，并及时上报（3分）；健全考核、奖惩措施（2分）；建有固定的团活动场所	10			
	团员队伍建设	积极开展增强团员意识主题教育活动并努力探求教育的长效机制（2分）；加强团务管理，团员档案管理规范（2分）；推优工作制度化，团员入党经团组织推荐，有推优记录，做好团组织主要负责人的推优工作（1分）	5			

续表

项目		考核项目	标准分值	考核得分		最后核定得分
				自评	考核小组初审	
宣传教育工作	思想教育	以"三个代表"重要思想、爱国主义教育、革命传统教育为主要内容，卓有成效地开展思想教育工作（3分）；能完成上级统一安排的重点活动，每季度都安排1个以上主题教育活动（1分）；常规活动能正常开展（1分）	5			
	青年志愿者服务集体	青年志愿者服务集体要有健全的组织机构、服务机制、完善的服务内容，有稳定的志愿者队伍和规范的志愿者名册，保证每个团员青年一年至少开展一次大型活动（3分）；青年志愿服务一年志愿服务不少于2次，并及时将开展志愿服务情况上报矿团委备案（2分）	5			
	信息上报、调研	及时向矿团委上报有关工作、活动信息（5分）；进行青年工作调研，有1篇以上调研文章（3分）	8			
	宣传报道	充分利用本单位广播、板报、内部刊物等宣传媒体，介绍共青团工作，宣传青年中的好人好事（3分）；要及时反映共青团工作成果，广泛宣传典型，协助完成本团员青年同宣传报道任务，在市级报刊上发表共青团工作稿件，每篇加1分，在省级报刊上发表共青团工作稿件，每篇加2分，在国家级报刊上发表共青团工作稿件，每篇加3分（5分）。	8			
	青年文化活动	积极开展青年文化活动，逐步形成特色（5分）	5			

续表

项目	考核项目	标准分值	考核得分		最后核定得分
			自评	考核小组初审	
阵地建设工作	青年文明号、文明岗和青年岗位突击队、岗位能手创建活动	15			
	青年文明号，文明岗工作正常化，要有活动内容，有统一规范的工作台账；有监督考核机制（4分）；积极培树市局级青年岗位能手（3分）；能开展培养、提高青工业务技能为目标的各项技能比武活动，能参加上级团组织的实用技术培训，有条件的加强对青工的实用技术培训，每一项青工的综合贡献（4分）；不断提高青工岗位综合素质，发挥青年在生产经营中的先锋模范和生力军作用（4分）				
	青年创新创效活动	10			
	创新创效活动要有领导小组，有制度和考评机构（5分）；年内组织召开会议或活动1次（3分）；有创新创效成果（2分）				
附项	自报项	4			
	由基层团组织根据企业党政中心工作的实际情况，确定3项左右的工作内容和工作目标（如突击队等），在自我评价的基础上，年终矿团委统一考评				
	会议及活动考勤	7			
	矿团委会议及指定参加的集中性活动实行考勤制度，会议迟到及缺勤按累计次数扣分，每缺勤一次扣1分，每迟到一次扣0.5分。集中性活动未经矿团委同意不参加扣3分				
	加分项				
	凡有活动在全国性新闻媒体上宣传报道或受到全国级表彰，一项加6分；在省级新闻媒体上宣传报道或受到省级表彰，一项加4分；在市级新闻媒体上宣传报道或受到市级表彰，一项加2分；在局新闻媒体上宣传报道或受到局级表彰，一项加1分				